MW01010241

D'UN ORIENT L'AUTRE

CAHIERS DE LA SOCIÉTÉ ASIATIQUE
Nouvelle Série
IV

D'UN ORIENT L'AUTRE

Actes des troisièmes journées de l'Orient

Bordeaux, 2-4 octobre 2002

Édités par

Jean-Louis BACQUÉ-GRAMMONT,
Angel PINO et Samaha KHOURY

Éditions Peeters
Paris-Louvain
2005

Ouvrage publié avec le concours financier
du Centre d'études et de recherches sur l'Extrême-Orient (CEREO)
et du Centre d'études et de recherches sur le monde arabe et musulman (CERMAM)
de l'université Michel de Montaigne Bordeaux 3,
et celui de la Région Aquitaine

ISBN 90-429-1537-4 (Peeters Leuven)
ISBN 2-87723-827-X (Peeters France)
D. 2004/0602/139

Bondgenotenlaan 153, B-3000 LEUVEN

Imprimé en Belgique

AVANT-PROPOS

Jean-Louis BACQUÉ-GRAMMONT,
Angel PINO et Samaha KHOURY

Ce livre rassemble les actes des troisièmes journées de l'Orient de la Société Asiatique, qui se sont tenues du 2 au 4 novembre 2002 à Bordeaux, et furent organisées conjointement par le Centre d'études et de recherches sur l'Extrême-Orient (CEREO) et le Centre d'études et de recherches sur le monde arabe et musulman (CERMAM) de l'université Michel de Montaigne Bordeaux 3. La manifestation faisait suite aux deux expériences tentées précédemment par la Société Asiatique de mettre en place un *Orientalistentag* à la manière française, la première à Aix-en-Provence, avec un colloque centré sur les soucis conjoncturels de l'orientalisme en France (23-25 septembre 1993), et la deuxième à Paris, à l'Institut de France, avec un colloque plus historique qui avait pour titre: «Orients et orientalisme: hommes, sociétés, institutions» (27 et 28 mars 1996).

Elle a réuni une cinquantaine d'orientalistes appartenant à plusieurs institutions basées en France — à Paris ou en province — et à l'étranger: Academia Sinica (Taipei), Bibliothèque nationale de France (Paris), Collège de France (Paris), Centre national de la recherche scientifique (CNRS), École française d'Extrême-Orient (EFEO, Paris et Kualalumpur), École des hautes études en sciences sociales (EHESS, Paris), École pratique des hautes études (EPHE, Paris), Institut français d'études anatoliennes (IFEA, Istanbul), Institut national des langues et civilisations orientales (INALCO, Paris), Institut de recherche sur le Maghreb contemporain (IRMC, Tunis), université Charles-de-Gaulle-Lille 3, université Jean Moulin Lyon 3, université de la Rochelle, université Michel de Montaigne Bordeaux 3, université Paris IX-Dauphine, université de la Sorbonne nouvelle (Paris III)

Ce sont les textes de trente-cinq des interventions soumises à cette occasion que nous publions ici. Ils sont regroupés en deux parties, suivant les deux thèmes qui figuraient à l'ordre du jour: «Itinéraires de la connaissance du monde» et «Formes littéraires et aires culturelles».

Indépendamment de leurs mérites sur le plan scientifique, nous ne saurions trop insister sur leur qualité en matière de communication:

l'ensemble des participants ayant parfaitement compris que le but de la rencontre reposait en grande partie sur l'établissement d'un dialogue pluridisciplinaire et intersectoriel, chacun s'est imposé de traiter d'un sujet susceptible de retenir l'attention d'un auditoire plus large que celui de ses collègues immédiats, et, éventuellement, de déboucher sur de vastes courants d'intérêt.

Résolument pluridisciplinaires, donc, les troisièmes journées de l'Orient ont touché aux divers secteurs géographiques et aux différentes époques entrant dans le champ d'étude traditionnel de la Société Asiatique: des pharaons consorts à la situation actuelle des Gagaouzes en République de Moldavie, le spectre des questions débattues par les participants — antiquisants ou bien spécialistes du monde moderne ou contemporain, sinologues ou encore islamisants — n'a connu aucune limite.

Que les responsables de l'université Michel de Montaigne, MM. Frédéric Dutheil et Singaravélou, alors respectivement président de l'université et vice-président de son conseil scientifique — devenus entretemps président du Pôle universitaire de Bordeaux et président de l'université Michel de Montaigne —, soient remerciés pour l'accueil extrêmement cordial qu'ils nous ont réservé, de même que Mme Françoise Mandouce, responsable de la cellule Revaled, laquelle a pris en charge avec zèle et efficacité tous les problèmes matériels du colloque. Merci également au Conseil régional d'Aquitaine et à l'UFR Langues étrangères et Langues étrangères appliquées de l'université Michel de Montaigne pour leur soutien financier.

Entière liberté a été laissée aux auteurs quant à la façon d'exposer leur travail, qu'il s'agisse des références bibliographiques ou des citations, voire de l'économie des notes, quitte à accepter qu'ils dérogent parfois aux strictes règles du code typographique. Sauf nécessité absolue contraire, il n'a été usé que des alphabets de translittération propres aux langues concernées, avec ou sans les signes diacritiques.

CHAPITRE I

PROLOGUE

PRÉSENTATION

Daniel GIMARET*

Quelques mots pour dire mon plaisir et ma satisfaction d'ouvrir les Troisièmes Journées de l'Orient. Ces Journées, organisées ici, à Bordeaux, sous l'égide de la Société Asiatique, avec le concours d'un nombre considérable de conférenciers, portent, en effet, un triple témoignage de vitalité:

— Vitalité des études orientalistes à Bordeaux. Il est vrai : rien d'étonnant. Bordeaux, port de mer, ouvert sur l'Atlantique, le grand large. Pas étonnant qu'on s'y intéresse aux pays lointains. Mais enfin, traditionnellement, la vocation de Bordeaux le tourne plutôt vers l'Afrique et l'Amérique. Il est donc très remarquable qu'au sein de l'Université bordelaise, on se soit tourné aussi de l'autre côté, vers l'Asie, l'Asie et son indispensable prolongement nord-africain. À Michel de Montaigne, l'Asie est, certes, partiellement, mais puissamment présente, et par ses deux extrémités: d'une part, le monde arabe et ce qui s'y rattache; d'autre part, l'Orient extrême (Chine, Japon, Corée). Les exposés qui vont suivre (notamment celui de M. Billion) diront plus en détail l'orientalisme à Bordeaux. Un des mérites de ces Journées de l'Orient aura été de le mettre en pleine lumière.

— Vitalité des études orientalistes en France en général. Plusieurs dizaines de conférenciers vont intervenir, venus de Bordeaux, mais aussi de tous les autres horizons. Je me rappelle avec quelle rapidité, quelle facilité, Jean-Louis Bacqué-Grammont, aidé d'Angel Pino et de Samaha Khoury, a pu dresser cette liste impressionnante. Il n'y avait apparemment que l'embarras du choix. Nous aurons là, à échelle réduite, un véritable Congrès des Orientalistes, à l'image de celui qui se tient internationalement, avec la même diversité de sujets, de disciplines, d'époques, de sites géographiques. Le grand nombre des conférenciers a conduit les organisateurs à faire se dérouler simultanément les deux sessions consacrées chacune à l'un des deux thèmes unificateurs : «Itinéraires de la connaissance du monde», «Formes littéraires et aires culturelles». Pour le simple public, dont je suis, cela risque d'être parfois un crève-cœur d'avoir à se décider pour l'une ou l'autre. Il va falloir aussi que les présidents de séance fassent merveille pour que les horaires prévus soient à peu près respectés... Mais cela n'est pas mon affaire.

— Vitalité enfin de notre Société Asiatique. Avec ses 180 ans bien sonnés, cette vieille dame qu'est la Société Asiatique montre qu'elle est toujours là, toujours alerte, toujours active ; que sa mission fondatrice est toujours

* Président de la Société Asiatique.

d'actualité : susciter, promouvoir, encourager les études relatives à l'Orient, tout ce qui contribue (formule de Paul Claudel) à la «connaissance de l'Est». Il est vrai que, pour certains qui se veulent «de leur temps», une telle institution n'a plus lieu d'être. L'Orient en tant que tel n'est pas une notion pertinente. Il y a simplement, en Asie comme ailleurs, des sociétés auxquelles s'appliquent, quelles qu'elles soient, les mêmes disciplines fondamentales: archéologie, linguistique, ethnologie, etc. C'est dans cette optique qu'il y a une quinzaine d'années, le CNRS a cru bon de supprimer la section des Langues et civilisations orientales. Le terme d'orientalisme est, lui aussi, décrié et a fait l'objet naguère, dans les milieux islamisants, d'une polémique assez sotte. Il n'empêche qu'encore aujourd'hui, entre tous ceux qui, comme nous, ont voué leur carrière à l'étude de tel ou tel recoin de l'immense Asie, il existe une solidarité de fait, je dirais même une complicité. Parce que nos études, en dépit des très réels progrès accomplis, sont loin d'être suffisamment représentées dans notre appareil universitaire, et ont souvent, de ce fait, des intérêts liés... Et parce qu'aussi nous avons le sentiment, chacun dans notre spécialité, de participer à une œuvre commune : aujourd'hui surtout où l'Asie est quasi constamment présente dans nos media, mais de façon terriblement circonstancielle et superficielle, comprendre et faire connaître la réalité des sociétés qui la peuplent, dans la longue durée de son histoire. À cette fin, notre Société Asiatique continue d'avoir son rôle à jouer, et ces Journées de l'Orient, organisées à son initiative, en sont une preuve parmi d'autres.

Je déclare donc, avec un grand plaisir, ouvertes ces Troisièmes Journées de l'Orient, dont je ne doute pas qu'elles auront plein succès, et avec mes très vifs remerciements à tous ceux qui, à quelque degré que ce soit, en auront permis la réalisation.

LES ÉTUDES ORIENTALES ET EXTRÊME-ORIENTALES À L'UNIVERSITÉ MICHEL DE MONTAIGNE BORDEAUX 3. ÉTAT DES LIEUX

Roger BILLION*

En tant que directeur de l'UFR où sont regroupées les études appartenant à l'orientalisme, permettez-moi tout d'abord de souhaiter la bienvenue à l'ensemble des participants et de dire combien nous sommes fiers que la Société asiatique, grâce à l'action de notre collègue, le Professeur Angel Pino, ait choisi Bordeaux et notre université pour la tenue de ces Troisièmes Journées de l'Orient.

Il n'est pas question ici de traiter de l'orientalisme à Bordeaux, mais de faire une simple présentation des études orientalistes dans notre université. Celles-ci ont tout d'abord été concentrées autour de deux pôles anciens qui ont connu un essor considérable au cours des cinquante dernières années: les études arabes et les études chinoises.

Les études arabes, nées en 1947, sont, sans contexte, les plus développées suite aux efforts et aux travaux de Messieurs les professeurs Idriss, Bergé et Langhade auxquels ont succédé aujourd'hui les professeurs Mallet, Khoury et Finianos. Proposant un cursus national complet du DEUG au 3e cycle, les études arabes, sous la férule d'une dizaine d'enseignants regroupés au sein du CERMAM (Centre d'études et de recherches sur le monde arabe et musulman), rassemblent plus de 250 étudiants dont 28 sont inscrits en DEA. À la filière traditionnelle de Langue, littérature et civilisation arabes, il convient d'ajouter les enseignements proposés dans le cadre de la filière Langues étrangères appliquées anglais-arabe qui, du DEUG à la maîtrise, s'adressent à près de 60 étudiants. Outre ces enseignements, le département d'études orientales offre par ailleurs des enseignements d'hébreu. Signalons d'autre part qu'un enseignement de persan avait été mis en place il y a quelques années avec la nomination de Monsieur le Professeur Mortazzavi qui nous a, hélas, quittés trop tôt, sa disparition ayant entraîné la suppression de l'étude de cette langue.

* Directeur de l'UFR LE-LEA (Langues étrangères et Langues étrangères appliquées) de l'université Michel de Montaigne Bordeaux 3.

Quant aux études extrême-orientales, elles ont été limitées, pendant plus de trente ans, aux seules études chinoises. Sous l'impulsion de Monsieur le Professeur André Lévy, les années 80-90 ont vu la section de chinois se transformer en 1989 en département d'études extrême-orientales du fait de la création d'un enseignement de coréen et du développement des études indiennes et japonaises.

Madame Lévy, aujourd'hui à la retraite, avait permis, par son dynamisme, d'asseoir un enseignement du sanskrit débouchant sur un diplôme d'études indiennes fort apprécié par ceux qui souhaitaient en particulier se spécialiser dans l'étude des religions. Cet enseignement est malheureusement aujourd'hui moribond et risque de disparaître dans un avenir proche.

Les études japonaises, de création récente, ont connu lors de la dernière décennie un développement remarquable. Confinées pendant plusieurs années à des enseignements optionnels, elles ont enfin pu répondre à l'importante demande étudiante pour cette discipline grâce à l'obtention d'une double habilitation du DEUG jusqu'à la maîtrise: Langue, littérature et civilisation japonaises et Langues étrangères appliquées anglais-japonais. Le département d'études japonaises compte aujourd'hui plus de 200 étudiants encadrés par une petite dizaine d'enseignants.

C'est en 1959, à l'initiative du Professeur Yves Hervouet, qu'est créée une chaire de chinois. L'Université de Bordeaux devenait ainsi le premier établissement de province à offrir un cycle complet d'études chinoises, y compris un 3e cycle qui depuis a disparu. Le Professeur Hervouet, spécialiste d'histoire littéraire, bien connu pour ses travaux sur les poèmes en prose et en particulier pour son ouvrage *Un poète de cour sous les Han, Sima Xiangrou*, restera à Bordeaux jusqu'en 1968 et sera remplacé en 1969 par un autre éminent sinologue, membre de l'EFEO, le Professeur André Lévy, spécialiste de la nouvelle et du roman en langue vulgaire, auteur de très nombreux travaux et traductions parmi lesquels nous citerons simplement ses *Études sur le conte et le roman chinois* (1971) et *Le Conte en langue vulgaire du XVIIe siècle* (1981). Le quart de siècle durant lequel le professeur André Lévy a dirigé les études chinoises à Bordeaux a été marqué par une profonde mutation du contenu des enseignements du fait des événements de 1968 et de l'ouverture de la Chine continentale au cours des deux dernières décennies du XXe siècle. La section de chinois, devenue en 1989 département d'études extrême-orientales, puis département d'études chinoises, a vu le nombre de ses enseignants-chercheurs passer de trois en 1969 à six aujourd'hui. Le contenu des enseignements s'est orienté vers la Chine moderne et contemporaine sans délaisser pour autant les études classiques. Habilité pour les deux cursus (Langue, littérature et civilisation chinoises et Langues étrangères appliquées anglais-chinois), le département compte aujourd'hui plus de 200 étudiants.

Dans le but de dynamiser la recherche en sinologie et en japonologie, le professeur André Lévy avait obtenu en 1993 la création du CEREO (Centre d'études et de recherches sur l'Extrême-Orient), dirigé depuis 1999 par le Professeur Angel Pino, coorganisateur avec le CERMAM, la Société Asiatique et l'UFR LE/LEA de ces Troisièmes Journées de l'Orient auxquelles je souhaite un franc succès.

L'ÉCOLE FRANÇAISE D'EXTRÊME-ORIENT AUJOURD'HUI

Jean-Pierre DRÈGE
Directeur de l'École française d'Extrême-Orient

Lors de sa fondation, en décembre 1898, sous le nom de Mission archéologique permanente en Indochine, l'Ecole française d'Extrême-Orient reçut pour tâche «de travailler à l'exploration archéologique et philologique de la presqu'île indochinoise, de favoriser par tous les moyens la connaissance de son histoire, de ses monuments, de ses idiomes», ainsi que «de contribuer à l'étude érudite des régions et des civilisations voisines: Inde, Chine, Malaisie, etc.». A ces missions, venaient s'ajouter l'enseignement et la formation méthodologique de jeunes chercheurs et la création de bibliothèques et de musées.

Quitte à afficher un parti pris conservateur, on peut dire que ces objectifs n'ont pas changé jusqu'à aujourd'hui. Il a été possible de le constater lors des événements qui ont marqué la célébration du centenaire de l'EFEO au cours des années 2000 et 2001, par l'organisation de colloques et de conférences au Japon, en Inde, à Hong Kong, au Vietnam, en Thaïlande, en Malaisie, au Cambodge, en Indonésie et bien sûr en France, où l'œuvre de l'EFEO fut évoquée solennellement à l'Institut de France, alors que les tendances de la recherche présente étaient abordées lors d'un colloque au Palais du Luxembourg. Une histoire illustrée de l'EFEO était en outre publiée, sous le titre *Un siècle pour Asie*. Un recueil de notices biographiques des membres scientifiques de l'EFEO, intitulé *Chercheurs d'Asie*, vient en outre de paraître. Le va et vient entre l'actualité et le siècle passé a en outre été présenté lors d'une exposition au musée Guimet.

Je ne reviendrai donc pas vraiment sur cette histoire au cours de laquelle, l'EFEO a été ballottée par les bouleversements politiques qui l'ont amenée à se transformer radicalement lorsque son siège dut quitter Hanoi pour Paris au milieu des années 1950. Cette époque coïncide avec une explosion des sciences sociales et une évolution dans l'approche de l'Asie aussi bien quant aux problématiques qu'aux méthodes de recherche et de travail. A une période de rayonnement à partir du siège de Hanoi, rayonnement qui a conduit les chercheurs et les équipes de l'EFEO d'abord au Cambodge et au Laos, pays de l'Indochine française, et dans une moindre mesure en Thaïlande ou en Birmanie, ou encore en Chine, au Japon ou en Inde, a succédé une période de redéploiement à partir du nouveau siège de Paris. Dès lors, l'étude de l'Asie se faisait d'une certaine manière du dehors. L'ouverture d'antennes et de centres dans la plupart des pays de l'Asie du Sud, du Sud-Est et de l'Est a été progressive, pour aboutir aujourd'hui au nombre de 17, à savoir à Pondichéry et Pune en Inde, à Yangon au Myanmar, à Bangkok et à Chiang Mai en Thaïlande, à Vientiane au Laos, à Phnom Penh et à Siem Reap au Cambodge, à Hanoi au Vietnam, à Kuala Lumpur en Malaisie, à Jakarta en Indonésie, à Pékin et à Hong Kong en Chine ainsi qu'à Taipei, à Seoul en Corée, enfin à Kyoto et à Tokyo au Japon. L'Ecole n'est présente ni au Sri Lanka, ni au Népal, ni aux Philippines, ni en Mongolie. On peut également remarquer que les pays islamiques de l'Asie centrale ou méridionale ont été délaissés. Mais l'EFEO n'a pas en réalité vocation à couvrir toute l'Asie et à s'étendre indéfiniment. Prétendre étudier l'Asie dans un faisceau de disciplines avec seulement 42 chercheurs est déjà une gageure intenable. Encore faut-il souligner que les effectifs des membres de l'EFEO se sont accrus en 2000 de 30%, en passant de 32 à 42. Ce fut une première réponse de la tutelle à un projet de développement de l'Ecole, grâce au ministre de l'Education nationale et de la Recherche, Claude Allègre. Depuis, d'autres perspectives sont apparues dont l'avenir dira si elles prennent corps.

A l'heure actuelle, l'Ecole est installée, à Paris, dans les locaux de la Maison de l'Asie, rénovés au début des années 1990, à proximité du musée Guimet et du musée de l'Homme. Elle en gère le fonctionnement en association avec l'Ecole des hautes études en sciences sociales et l'Ecole pratique des hautes études qui y ont placé plusieurs de leurs équipes de recherche et l'essentiel de leurs fonds documentaires sur l'Asie. Il est certain que ces locaux sont trop exigus pour qu'une véritable Maison de l'Asie ait pu s'y développer, à l'échelle de ce continent et des études qui s'y rapportent. C'est l'une des raisons qui ont poussé plusieurs des locataires de cette Maison à s'intéresser au projet de constitution d'une vaste bibliothèque sur le site dit ZAC Rive gauche ou Tolbiac. En effet, une grande bibliothèque à forte tendance asiatique, réunissant les fonds de la Bibliothèque interuniversitaire des langues orientales et ceux des universités Paris 1, Paris 3, Paris 4, Paris 7, de l'Ecole pratique des hautes études et de l'Ecole des hautes études en sciences sociales verra le jour à l'horizon 2007, sous le nom de Bibliothèque universitaire des langues et civilisations (BULAC). L'EFEO a pris le parti de se joindre à cette opération d'envergure qui devrait permettre, si les conditions sont réunies, de disposer à Paris d'un pôle documentaire performant. Toutes les questions posées par ce projet cependant ne sont pas résolues, notamment par la destination des ouvrages et périodiques qui se trouveront en double ou en triple exemplaire et surtout par celle des 70 000 photographies que l'Ecole possède, notamment du Cambodge, dont le fonds est en cours de numérisation, ou encore par les archives scientifiques et les papiers laissés par de grands savants tels que Henri Parmentier ou Henri Marchal ou encore Bernard-Philippe Groslier.

De Paris donc essaiment environ les trois quarts des chercheurs de l'établissement, installés en Asie généralement pour des périodes de trois à six ans. Outre leurs propres recherches, ils gèrent les centres et antennes de l'EFEO et surtout nourrissent la coopération scientifique avec les partenaires asiatiques de l'Ecole.

L'ensemble des recherches menées à l'EFEO est regroupé au sein de huit équipes, six équipes d'accueil et deux jeunes équipes, selon la dénomination du ministère de tutelle. Ces équipes s'articulent avec les 17 antennes asiatiques actuelles de l'Ecole, certaines équipes s'appuyant sur plusieurs antennes dans plusieurs pays, d'autres sur une seule. Ces huit équipes, qui font porter leurs travaux sur l'indologie, le bouddhisme de l'Asie du Sud-Est, l'histoire et l'anthropologie de la Chine, l'anthropologie du Japon contemporain, les bouddhismes d'Extrême-Orient, l'archéologie de l'Asie du Sud-Est maritime, l'histoire du Vietnam et l'archéologie du monde khmer, regroupent dans leurs programmes non seulement les membres scientifiques de l'EFEO, mais également des chercheurs d'autres établissements français, européens ou asiatiques.

Ces recherches sont déterminées autour de trois grands axes. Le premier de ces axes porte sur l'archéologie, en Indonésie, au Vietnam, en Malaisie, au Laos et au Cambodge ainsi que sur l'histoire de l'art et de l'architecture dans plusieurs de ces pays auxquels il faut ajouter l'Inde, la Thaïlande et le Japon. Ces travaux sont complétés par des actions de sauvegarde et de restauration du patrimoine monumental, au Cambodge, à Angkor bien sûr, mais aussi au Laos et au Bhoutan. Dans la plupart des cas, ces actions de préservation, comme les fouilles archéologiques, bénéficient du soutien du ministère des Affaires étrangères. Le deuxième ensemble est plus composite encore puisqu'il associe les traditions écrites et religieuses, à savoir les recherches philologiques, linguistiques, épigraphiques, codicologiques, et celles sur l'histoire ancienne et récente des religions ainsi que sur l'histoire des littératures. La part prise par les religions et notamment le bouddhisme dans cette perspective est particulièrement importante, tant en Asie du Sud-Est qu'en Chine ou au Japon. Le dernier axe recouvre les divers champs de l'histoire économique, sociale, institutionnelle, culturelle, religieuse, de l'histoire des sciences et des techniques, qui viennent peu à peu s'ajouter aux travaux d'ethnologie et d'anthropologie qui ont pris racine à l'Ecole dès ses débuts. D'autres champs seront défrichés à l'avenir en s'efforçant d'utiliser au mieux le contact avec le terrain, puisque la grande particularité de l'EFEO est de mettre ses chercheurs en contact direct et prolongé avec les lieux mêmes de leurs études. Ces recherches sont réalisées le plus souvent dans le cadre d'accords avec des partenaires asiatiques. Une bonne vingtaine de conventions institutionnelles ont ainsi été signées.

Les antennes de l'EFEO accueillent non seulement des chercheurs, mais également des boursiers. La formation à la recherche des plus jeunes a été développée depuis deux ans à l'Ecole, grâce à une offre de bourses d'une durée de un à six mois qui permettent de faciliter, pour les doctorants, voire les post-doctorants, des séjours en Asie à proximité des antennes de l'Ecole. Une cinquantaine de bourses ont ainsi été accordées en 2000 et 2001.

L'EFEO participe directement à la publication des résultats des travaux de ses membres, même si bon nombre sont également publiés ailleurs. Cinq collections éditées à Paris rassemblent les ouvrages, au rythme de 5 ou 6 par an. Ces collections, de même que les trois périodiques en langues occidentales de l'EFEO, sont ouvertes aux chercheurs d'autres établissements. C'est le cas du *Bulletin* de l'Ecole, comme des *Arts asiatiques* et des *Cahiers d'Extrême-Asie* édités à Kyoto. Les antennes de l'Ecole française d'Extrême-Orient sont en même temps des lieux de diffusion de la recherche française, par l'organisation de conférences, comme à Pékin ou à Taipei et, depuis peu, à Kyoto et à Siem Reap, ou par des publications, livres et périodiques publiant les traductions de travaux scientifiques français dans les langues locales. C'est le cas au Vietnam, en Malaisie, en Indonésie et en Chine. Le site Internet de l'EFEO est en développement et propose non seulement des informations, mais dès à présent des articles en ligne.

L'une des mutations importantes que l'EFEO connaît actuellement est due au changement de statut de ses membres scientifiques. Jadis membres temporaires, sous diverses appellations, comme il le sont encore dans les autres écoles françaises à l'étranger, puis contractuels permanents ou à durée déterminée, ils deviennent des directeurs d'études et des maîtres de conférences titulaires. Cette modification a pour conséquence d'en faire des enseignants chercheurs appelés à dispenser un enseignement. Pour autant, l'EFEO ne se transforme pas elle-même en établissement d'enseignement supérieur. Les directeurs d'études et maîtres de conférences de l'EFEO seront donc amenés à participer aux formations d'enseignement de plusieurs universités et grands établissements. Dès cette année, plusieurs d'entre eux enseignent à l'Ecole pratique des hautes études ainsi qu'aux universités de Lyon Lumière et de Toulouse Le Mirail. D'autres lieux sont envisagés, l'Ecole des hautes études en sciences sociales, l'Institut national des langues et civilisations orientales, l'université de Denis-Diderot, l'université de Lille-Charles de Gaulle. En Asie également, les membres de l'EFEO auront à enseigner. Un autre aspect de cette transformation du statut des personnels scientifiques est le renforcement de l'accueil en détachement de chercheurs et d'enseignants-chercheurs titulaires. A terme, huit ou neuf postes seront ainsi réservés au détachement afin de faciliter l'accès au terrain asiatique pour des maîtres de conférences ou des professeurs des universités, des professeurs agrégés, voire des chercheurs du CNRS.

L'implantation affirmée de l'EFEO dans le dispositif universitaire et scientifique français sur le territoire métropolitain permet de se poser de nouvelles question sur la présence du siège de l'Ecole en France. L'EFEO est en effet la seule des grandes Ecoles françaises à l'étranger qui soit confrontée à une séparation de son administration et de ses services scientifiques, et ce depuis le retrait du Vietnam et l'installation en France du siège de l'EFEO dans les années 1950. On peut donc s'interroger sur le retour en Asie des services administratifs de l'Ecole pour reconstituer un véritable réseau intra-asiatique qui substitue à un système de relations entre Paris et chacune des antennes un ensemble de relations appréhendant l'Asie dans sa totalité et dans sa diversité. C'est là un chantier à ouvrir.

CHAPITRE II

ITINÉRAIRES DE LA CONNAISSANCE DU MONDE

L'HISTOIRE ET LA SAGESSE D'AḤIQAR: FORTUNE LITTÉRAIRE DE LA VIE D'UN DIGNITAIRE ARAMÉEN À LA COUR ASSYRIENNE[1]

Françoise BRIQUEL-CHATONNET
Laboratoire des études sémitiques anciennes
CNRS – Collège de France, Paris

Le texte portant le titre «Histoire et sagesse d'Aḥiqar» est un document qui a connu dans le monde antique, médiéval et jusqu'à une époque assez récente[2] une fortune extraordinaire. Connu d'abord en tant que tel en syriaque[3], son contenu a très tôt été rapproché de l'histoire de la vie d'Ésope, qui contient elle aussi un certain nombre de maximes très proches et dont La Fontaine a donné une traduction célèbre. Comme la tradition attribuait à Démocrite, au Ve siècle avant J.-C., la traduction de la «stèle d'Achicharos», on a d'abord pensé que le texte grec était premier et que la tradition syriaque en était une adaptation qui s'inscrivait dans le large courant de traduction des œuvres grecques en syriaque qui a caractérisé la culture du Proche-Orient, d'abord à la fin de l'époque byzantine puis à la cour des souverains abbassides. D'autres, s'appuyant sur la mention du personnage et de l'histoire d'Aḥiqar dans le livre de Tobie, supposaient plutôt un original hébreu. La découverte des documents araméens d'Éléphantine, où on a reconnu une version araméenne de ce texte en *scriptio superior* sur des fragments d'un papyrus utilisé déjà en 475 (11e année de Xerxès) pour des comptes de douane[4], a montré l'antiquité et la priorité du texte sémitique, dont le contenu est de plus parfaitement bien inséré dans le contexte historique de l'administration de l'empire assyrien au VIIe siècle avant J.-C.

[1] Ce travail s'inscrit dans le cadre de la préparation de l'introduction et de la traduction du texte syriaque de L'histoire et la sagesse d'Aḥiqar, dans *Ecrits intertestamentaires* II, sous la direction de M. Philonenko, Bibliothèque de la Pléiade, Gallimard, Paris.

[2] La plupart des manuscrits syriaques qui contiennent ce texte sont du XIXe siècle.

[3] Pour une recension des manuscrits syriaques comprenant ce texte, voir BROCK, 1969, 205-206. On y ajoutera le ms Strasbourg 4122 (BRIQUEL CHATONNET, 1997, 210).

[4] PORTEN YARDENI, 1993, C 1.1, p. 24-53 (texte) et planches 1-9, où est reconstitué l'ordre originel du papyrus d'après l'ordre des mois du compte de douane déchiffré dans la *scriptio inferior*. Traduction en français par GRELOT, 1972, 429-452 selon un ordre des colonnes alors établi différemment. Grelot s'est depuis rallié sans réserves à cette nouvelle reconstruction du texte (GRELOT 2001).

L'argument du texte, tel qu'il est préservé dans les versions syriaques[5], les plus complètes, est le suivant: Aḥiqar[6], scribe et gardien du sceau du roi, se désole de ne pas avoir de fils pour «jeter de la terre sur ses yeux après sa mort», c'est-à-dire lui rendre les derniers honneurs. Il fait des sacrifices au(x) dieu(x) et la réponse est la suivante: «Prends pour fils le fils de ta sœur.» Il adopte donc son neveu Nādin[7], l'élève dans les conditions les plus luxueuses et lui enseigne sa sagesse. «*Et comme il était encore enfant, je lui donnai huit nourrices, je fis grandir mon fils dans le miel et je le couchai sur des tapis. Je le revêtis de lin fin et de pourpre. Mon fils grandit, il poussa comme un cèdre. Et quand mon fils eut grandi, je lui enseignai les lettres et la sagesse.... Je ne cessais pas d'instruire mon fils, jusqu'à ce que je l'aie gavé d'enseignement comme de pain et d'eau.*» Suit une liste de maximes dans la plus pure tradition de la sagesse orientale ancienne[8]: «*Mon fils, si tu entends une parole, qu'elle meure dans ton cœur! Ne la révèle à personne de peur qu'elle ne soit un charbon ardent dans ta bouche et qu'elle ne te brûle, et qu'elle ne fasse une tache dans ton âme... Mon fils, ne te presse pas comme l'amandier qui fleurit le premier (en avance), mais dont le fruit est consommé en dernier. Au contraire, sois égal et savoureux comme le mûrier, qui fleurit en dernier, et dont le fruit est mangé en premier.... Mon fils, il est préférable de retourner des pierres avec un homme sage que de boire du vin avec un homme sot. ... Mon fils, si des eaux s'élèvent sans terre, et qu'un oiseau vole sans ailes, qu'un corbeau est blanc comme de la neige et que l'amer devient doux comme du miel, alors le sot deviendra sage.*» Devenu vieux et fatigué, Aḥiqar obtient du souverain assyrien que Nādin lui succède. Mais le neveu dilapide les biens de son oncle et a peur d'être finalement déshérité au profit de son frère. Aussi monte-t-il de toutes pièces une trahison supposée d'Aḥiqar et obtient-il du roi qu'Aḥiqar soit condamné à mort.

[5] CONYBEARE, RENDEL HARRIS, LEWIS, 1913. NAU, 1909; NAU, 1918-1919.

[6] Aḥiqar ('ḤYQR) est le seul des protagonistes de l'histoire qui porte un nom araméen. Celui-ci, qui signifie «Le frère est honoré», n'est pas attesté en tant que tel dans l'onomastique des inscriptions araméennes, mais chacun des deux éléments l'est indépendamment. Voir MARAQTEN 1988, p. 66-68 ('Ḥ'BY, 'ḤMLK etc.) et 226 ('DQR, MWQR, 'MHYQR): dans ce nom, le mot «frère» est une désignation de la divinité, comme dans le nom du roi de Byblos Aḥirôm «mon frère est élevé».

[7] Ce nom est assyrien. C'est une forme de participe actif du verbe *nadānu* «donner», donc un nom propre théophore abrégé auquel manque le théonyme et l'objet du don: voir par exemple *Nabû-nādin-aplu*: «Nabu donne un fils», *Enlil-nādin-šum* «Enlil donne un fils». Sur le nom Nādin, TALLQVIST, 1914, 165.

[8] L'ordre restitué des colonnes dans la version araméenne permet de voir que l'ensemble des maximes étaient regroupées à la fin et non insérées dans le récit.

Nabū-šum-iškun[9] est chargé de l'exécution. Mais il a autrefois été épargné par Aḫiqar quand le roi voulait le faire mettre à mort. Aussi accepte-t-il de cacher Aḫiqar dans une cave sous sa maison et de tuer un esclave à sa place[10].

Apprenant la mort d'Aḫiqar, le pharaon comprend que le roi d'Assyrie est maintenant à sa merci. Il lui pose alors un piège en lui demandant de lui construire un palais entre ciel et terre. S'il envoie quelqu'un capable de le faire et de répondre à toutes les énigmes qu'il lui posera, lui-même pharaon lui versera le tribut de l'Égypte pour trois ans. Sinon, c'est le roi d'Assour qui lui versera le tribut de son pays. Le roi d'Assyrie catastrophé réalise la perte qu'il a faite avec la mort d'Aḫiqar et se lamente de ne pouvoir le rappeler à la vie. Nabū-šum-iškun, après s'être fait promettre l'impunité, révèle alors sa supercherie et le roi va lui-même délivrer Aḫiqar. Celui-ci accepte de partir en Égypte, répond à toutes les demandes du pharaon. Il utilise un stratagème: deux aiglons auparavant dressés à cela portent deux enfants qui réclament en l'air des briques et du mortier. Aḫiqar montre ainsi qu'il a rempli sa part de contrat et rapporte finalement le tribut de l'Égypte. Il retrouve alors sa place à la cour, lance une série de diatribes contre Nādin, souvent appelées improprement seconde série de maximes: «*Mon fils, tu as été pour moi comme celui qui voit son compagnon qui tremble de froid, qui saisit une jarre d'eau et la lui jette dessus.... Mon fils, tu as été pour moi comme la marmite à laquelle on a fait des anses en or, mais dont on n'a pas gratté la suie qui se trouve sur le fond... Mon fils, je t'ai fait manger tout ce qu'il y avait d'agréable. Et toi, mon fils, tu m'as fait manger du pain dans la poussière. Et je n'ai pas été rassasié.*» L'histoire se termine par la mort de Nādin.

[9] Ce nom est connu par la version araméenne ancienne. Il s'agit encore d'un nom assyrien de facture commune, qui signifie: «Nabū a établi, assigné un fils». Voir TALLQVIST, 1914, 160-161. Dans les versions syriaques, il se trouve sous la forme YBWSMYKSKYNTY ou YBWSMK MSKYN KNTY, qui est manifestement le résultat d'une transmission déformée due au fait que le nom n'était plus compris. Le passage du N au Y pour la première lettre est une confusion facile dans l'écriture syriaque. Dans la version arabe, telle qu'elle a été éditée dans CONYBEARE, RENDEL HARRIS, LEWIS, 1913, le nom a été réinterprété, sous une forme courante dans l'onomastique arabe où l'on désigne volontiers un homme par rapport à son fils aîné: Abu Samik.

[10] C'est là que le récit s'interrrompt dans la version araméenne, mais la reconstitution du papyrus par Porten et Yardeni permet de supposer une large lacune de 4 colonnes avant le début de la partie conservée des maximes, correspondant aux comptes des mois de Meḫir, Phamenoth et Pharmuti. Il est impossible de savoir où se plaçait le passage du récit aux proverbes. La partie égyptienne de l'aventure d'Aḫiqar existait donc peut-être dans la version ancienne.

Le propos de cette étude est de retracer l'histoire, dans l'Antiquité, de ce texte qui se trouve au carrefour de traditions littéraires variées et a traversé les cultures et les siècles.

L'ORIGINE DE L'ŒUVRE

Un personnage réel?

En 1959, la question de l'historicité du personnage d'Aḥiqar, jusque là tenu pour purement légendaire[11], a été posée suite à la découverte dans les fouilles d'Uruk (Warka) d'une tablette datant de l'an 147 de l'ère séleucide[12]. On y lit ces mots: «Au temps du roi Assarhaddon, Aba-ninnu-dari fut l'*ummanu* (Sage), celui que les Araméens appellent Aḥiqar»[13]. Aḥiqar était donc considéré à l'époque hellénistique comme un *ummanu*, c'est-à-dire appartenant à cette lignée de lettrés mise en parallèle avec celle des rois. Les *ummanu*, venant après les *apkallu* qui sont des êtres hybrides et mythiques, pour la plupart anté-diluviens, sont à la fois des sages et des savants[14]. La version araméenne du roman rejoint ici la tradition mésopotamienne.

En soi, ce texte prouve seulement la popularité du personnage, non son existence réelle: il n'est pas assuré que la lignée des *ummanu* soit beaucoup plus historique que celle des *apkallu*. Mais la mention d'un double nom du personnage, assyrien et araméen, pourrait incliner à accorder à la notice une valeur historique. En effet, après la conquête des royaumes araméens par l'Assyrie, achevée en 732 par la prise de Damas et en 720 par celle de Hamat, les Araméens et la culture araméenne ont joué un rôle de plus en plus important dans l'empire assyrien[15]: les recherches archéologiques de ces dernières décennies ont permis d'exhumer un grand nombre de tablettes d'argile incisées avec des

[11] On notera quand même que VON SODEN, 1936 avait pensé pouvoir déceler sous les personnages de Aḥiqar et Nādin un modèle historique, Adad-šum-uṣur, chef exorciste de la cour d'Assarhaddon et son fils Arad-Gula. Récemment, FALES, 1993, 149-152, a repris la comparaison, n'excluant pas que l'histoire ait pu influencer l'auteur du roman d' Aḥiqar, mais insistant sur l'importance de la réélaboration. Voir aussi OLMSTEAD, 1936, 242-243 qui identifiait aussi la plupart des protagonistes du récit, notamment Aḥiqar et Nādin avec des personnages mentionnés dans des lettres de l'époque d'Assarhaddon.

[12] VAN DIJK, 1963, 217. La tablette est datée de 10 Ayaru 147 de l'ère séleucide, soit 16 mai 165 avant J.-C.

[13] PARPOLA, 1983, 449: W 20030,7, ll. 19-20: [*ana tar-ṣi*] ^{Id}*aš+šur*-ŠEŠ-SUM LUGAL ^{I}a-ba-^{d}ninnu-da-ri *um-man-nu* [šá ^{LÚ}]*aḫ-la-mi-mu-ú i-qab-bu-ú* ^{I}a-ḫu-ʾa-qa-a-ri.

[14] *D.C.M.*, 746-748, *s.v.* Sagesse (F. Joannès).

[15] TADMOR, 1982. DION, 1997, 217-220.

signes alphabétiques notant des textes en araméen, écrites donc par des scribes araméens[16]. Cette situation est précisément celle de l'empire assyrien au VIIe siècle, notamment sous Sennacherib (705-680) et son fils Assarhaddon (680-669). Or le roman araméen commence sous le règne du premier et, après le passage des années et sa mort, se poursuit sous le règne du second. La version syriaque situe Aḥiqar seulement sous le règne de Sennacherib et fait de lui, de façon erronée, le fils de Assarhaddon. Mais le contexte historique, à travers cette erreur, reste bien réel. Si Aḥiqar a existé, l'hypothèse la plus probable est qu'il était un Araméen et qu'il avait été obligé de prendre un nom assyrien, de se conformer aux modes de la cour assyrienne[17]. On connaît aussi des réussites de Phéniciens à la cour de Ninive[18].

Le contexte historique et culturel est bien celui de l'empire assyrien. On a vu que l'onomastique est cohérente avec ce milieu[19]. Il ne serait donc pas impossible qu'une première version de l'histoire remonte au VIIe siècle et qu'elle ait été composée dans un milieu assyro-araméen en Syrie ou en Mésopotamie: rappelons que le texte est connu par une copie du Ve siècle, mais dans un contexte totalement différent, une garnison araméophone d'Égypte, où il n'a guère pu prendre naissance. Mais l'histoire s'est-elle cristallisée pour autant autour d'un personnage authentique?

En fait, Aba-ninnu-dari est bien connu par ailleurs en tant que lettré de l'époque médio-babylonienne, au IIe millénaire, un savant qui aurait peut-être écrit des conseils de sagesse[20]. De ce fait, la double onomastique, plutôt que de correspondre à une situation réelle d'acculturation d'un Araméen dans l'administration assyrienne, pourrait refléter un processus d'assimilation, à époque tardive, entre un sage *ummanu* particulièrement célèbre, Aba-ninnu-dari, et le personnage d'Aḥiqar, dont la tradition voulait qu'il ait été actif sous le règne d'Assarhaddon: il est possible que ce soit plutôt l'histoire déjà célèbre d'Aḥiqar qui ait valu à celui-ci d'être inclus, peut-être seulement à l'époque séleucide, dans la liste des *ummanu*. Il ne me semble pas, actuellement, que l'on puisse se fonder sur cette mention pour affirmer l'existence historique d'Aḥiqar.

16 Pour des exemples dans la capitale de l'empire, FALES 1986. Sur le bilinguisme de l'empire, KAUFMAN 1974, 5.
17 GARELLI, 1987.
18 LIPIŃSKI, 1983; 1991.
19 Voir *supra* n. 7 et 9.
20 PARPOLA, 1983, 440.

Quelle a été la langue originale de composition?

Puisque l'histoire d'Aḥiqar trouve son origine dans ce contexte bilingue, on peut se poser la question de la langue originelle de la composition: la version araméenne représente-t-elle cette version originelle ou est-elle déjà une traduction[21]? L'hypothèse d'une version secondaire a été soutenue vigoureusement par F. Nau[22], qui se fondait surtout sur l'allusion de Clément d'Alexandrie à l'insertion par Démocrite de la «stèle d'Aḥiqar» dans ses propres écrits et sous son propre nom[23]: pour lui cette stèle ne pouvait avoir été inscrite qu'en écriture cunéiforme. De plus, la langue lui semblait être une langue de traduction. Il suggérait le perse, langue d'où avait aussi été traduite l'inscription de Behistoun[24]. Pour Cowley également [25], la langue originale était la langue dominante de l'époque de ces papyri et l'histoire était traduite du perse. Plus récemment, P. Grelot affirmait: «la recension araméenne d'Eléphantine est de beaucoup la plus ancienne; elle reflète directement l'original akkadien»[26]. Enfin, se fondant sur le genre autobiographique du récit d'Aḥiqar, qui a des parallèles nombreux en Mésopotamie à toutes les époques, et particulièrement dans des inscriptions sur des stèles[27], M.J. Luzzato suggérait encore récemment que le récit araméen serait la traduction du texte inscrit à l'origine en assyrien sur une stèle[28].

Cependant, le raisonnement ne peut guère être soutenu ainsi: dès les IXe-VIIIe siècles, on connaît à la périphérie de l'empire assyrien des stèles portant des inscriptions soit bilingue assyro-araméenne, comme

[21] Sur toute cette question, LINDENBERGER, 1983, 16-17.

[22] NAU, 1920, 92-94. On notera cependant que dans NAU, 1909, 110-111 il affirmait que la langue du premier écrit, celui utilisé notamment par Démocrite, ne pouvait avoir été que l'araméen.

[23] Clément d'Alexandrie, *Stromates* I, 15, 69, 1 sq (*P.G.* VIII, col. 772 et 773): «Les ouvrages moraux composés par Démocrite proviennent des Babyloniens, car on dit qu'il inséra dans ses propres écrits la traduction de la stèle d'Akikaros en écrivant en tête: Voici ce que dit Démocrite».

[24] Le texte de cette inscription royale de Darius gravée en Iran sur la paroi d'une falaise et inscrite en écriture cunéiforme en trois langues (accadienne, élamite et vieux-perse) a été retrouvé sur un papyrus en araméen également à Élephantine (GREENFIELD ET PORTEN, 1982, 60-71, pl. 25-28).

[25] COWLEY, 1923, 205-206.

[26] GRELOT, 1972, 429. Cependant, GRELOT, 2001 n'évoque plus qu'un texte araméen.

[27] Par exemple autobiographie de Narām-Sin, autobiographie de Darius dans l'inscription de Behistun. Sur ce parallèle, voir *infra*.

[28] LUZZATO., 1992, 10-12 et 1994, 274-275. Aussi bien NAU, 1909, 35-36 que Luzzato admettent qu'il ne s'agit pas forcément d'une stèle de pierre. Le mot grec *stèlèn* pourrait avoir été un moyen de rendre en grec la notion de «tablette». Mais pour l'un comme pour l'autre, «tablette» implique «écriture cunéiforme».

celle de Tell Fekheriye[29], soit en araméen (stèle de Boukan dans l'Azerbaidjan iranien)[30]. Et même si l'allusion à Démocrite renvoyait à une écriture sur tablette d'argile, on a vu plus haut que ce support a aussi été utilisé pour noter l'araméen. On ne peut établir une correspondance directe entre la mention d'une stèle, ou d'un support, et la langue du texte original. Tout au plus peut-on exclure le perse, qui renvoie à une époque ultérieure au contexte.

Certes, le vocabulaire est celui de l'administration assyrienne. Je n'en épinglerai qu'un terme, celui qui désigne le «tribut» que le pharaon espère obtenir du roi d'Assyrie et que, finalement, il paie lui-même: *madātā* est le décalque direct de l'accadien *maddattu* (<*mandattu*)[31], qui désignait le tribut versé par les royaumes soumis à l'empire. Le mot est attesté en syriaque essentiellement dans le texte biblique[32], où il désigne notamment le tribut versé par les souverains d'Israël. Cela même montre que le terme technique s'était répandu avec le concept qu'il désignait[33] et sa présence n'implique pas une rédaction dans une langue autre que l'araméen.

Un autre argument souvent avancé est l'importance du dieu Shamash dans les proverbes araméens, comme garant de la justice: c'est en effet son rôle en Mésopotamie. Mais, là encore, si cela confirme que le texte relève de la culture et des modes de pensée de l'empire assyrien, on ne peut rien en conclure pour la langue de rédaction.

On a souvent mis en exergue le proverbe araméen n° 79 (l. 165) («Il n'y a pas de lion dans la mer; pourquoi appelle-t-on l'amas des eaux "golfe du Lion"[34]»): c'est le seul qui semble s'expliquer seulement par l'accadien, dans la mesure où il se termine sur le mot *labum*, «lion» en accadien. Mais le premier mot du proverbe est *'rhy*, «lion» en araméen: il y a donc un jeu de mot sur le mot «lion», dont le sens ne nous est plus compréhensible et là encore, le contexte d'une culture largement bilingue pourrait suffire à expliquer l'utilisation d'un mot accadien en araméen[35]. Inversement, d'autres proverbes, comme le n° 44 (l. 128) qui

[29] ABOU-ASSAF, BORDREUIL, MILLARD, 1982.

[30] TEIXIDOR, 1997-1998. LEMAIRE 1998.

[31] *CAD* M, tome 1, 13-16.

[32] PAYNE-SMITH, 1901, t. II, col. 2011-2012.

[33] Le mot est déjà attesté en araméen d'époque perse sous la forme MNDH: il est donc entré très tôt dans cette langue. Cependant, on notera que le syriaque est la seule langue qui a intégré le T final du féminin dans la structure du mot et l'a considéré comme une radicale: KAUFMAN, 1974, 67, 145.

[34] 'RYH L' 'YTY BYM' 'L KN YQR'WN LQR/P' LB'. Traduction GRELOT, 2001, 524. Littéralement: «ils appellent le QR/P' "lion"».

[35] LINDENBERGER, 1985, 502.

fait un jeu de mot entre *ḥṭ* «flèche» et *ḥṭ* «péché»[36] n'a de sens qu'en araméen. Il semble donc que l'on doive se ranger à l'hypothèse araméenne[37].

Des genres littéraires anciens

Le texte mêle des genres littéraires très divers, courants dans la littérature orientale ancienne. Il comprend en fait deux parties bien distinctes, plus ou moins raccordées entre elles selon les versions:

– La première est un roman d'aventure, plein de rebondissements, centré sur un personnage principal. Ce roman est écrit à la première personne et se présente donc comme une autobiographie. Or l'autobiographie fictive de rois et de grands personnages est un genre bien représenté dans la littérature accadienne, très formalisé et qui avait une valeur didactique[38]: il existait ainsi quatre copies de l'autobiographie du souverain Naram-Sîn, petit-fils de Sargon d'Akkad et dernier de la dynastie, dans la bibliothèque d'Assurbanipal à Ninive. Une autre autobiographie célèbre, relatant une vie mouvementée, est l'histoire d'Idrimi, roi d'Alalakh au XVIe siècle: sur sa statue est gravé un texte de 104 lignes en accadien[39], qui relate, à la 1e personne, son histoire, marquée par la fuite encore enfant suite à des troubles, l'exil et le retour après sept ans: «C'est moi, Idrimi, fils d'Ilimilimma, serviteur du dieu Teshub, de la déesse Hebat et de la déesse Šauška, Dame d'Alalakh, ma Dame»[40]. On se souviendra à ce propos que le seul autre texte «littéraire» retrouvé dans les papyri araméens d'Élephantine est l'inscription de Behistun qui est une autobiographie de Darius, une autobiographie réelle et non fictive, même s'il s'agit d'un texte de célébration et de propagande.

L'autobiographie d'Aḥiqar combine, au fil des péripéties, plusieurs thèmes: la disgrâce et la réhabilitation d'un ministre, dont le parallèle le

[36] PORTEN-YARDENI, 1993, p. 42-43. Voir aussi la traduction de LINDENBERGER, 1985, 503. On notera cependant que GRELOT 2001, 521 retient le sens de «flèche» dans les deux cas.

[37] FALES, 1993, 147-148.

[38] GRAYSON, 1975, 5-6.

[39] SMITH, 1949.

[40] La question de la date de cette autobiographie (contemporaine ou non du roi, donc réelle ou fictive) est largement débattue. L'hypothèse d'une composition tardive a été avancée par SASSON, 1981. *Contra*, voir OLLER, 1989.

[41] REDFORD, 1970, 97.

plus célèbre est l'histoire de Joseph à la cour de pharaon, à la fin du livre de la Genèse[41], mais qui a aussi des modèles égyptiens, comme les mésaventures de Sinouhé, également écrites à la première personne[42], et babyloniens: les proverbes bilingues suméro-accadiens évoquent même comme une catégorie générale le ministre tombé en disgrâce et rappelé à la cour quand on a besoin de lui[43]. Le thème de compétition entre souverains pour la résolution d'énigmes est également un classique de la littérature orientale ancienne: il forme la trame de la «Dispute entre Apopi et Seqenenra»[44], le premier étant un roi Hyksos et le second un pharaon de Haute-Égypte[45]. On le retrouve chez Plutarque, dans le motif du «banquet des Sept Sages» (151 b-d), mais aussi, dans un contexte plus proche, dans l'histoire de Salomon et la reine de Saba[46].

– La deuxième partie est une collections de maximes ou de proverbes, conçue comme l'enseignement d'un sage à son fils: en Égypte, où le genre littéraire est bien représenté[47], on connaît même des collections de préceptes mis dans la bouche d'un souverain (Kheti III, Amenenhat) et destinés au prince héritier[48]. En Mésopotamie, d'importantes collections de proverbes sont insérées dans le même cadre[49] et le même motif a été exploité dans la littérature biblique, notamment à travers le livre des Proverbes, qui est attribué à Salomon, le modèle de sagesse en Israël[50]. On trouve au

[42] Connu par de nombreuses copies. Édition par Blackmann, 1932, 1-41. Traduction Lalouette, 1987, 226-240.

[43] «Le ministre sage, dont son roi n'a pas reconnu la justice et toute personne de valeur oubliée par son maître, quand le besoin se fera sentir de lui, il retrouvera sa place» (II. 56-63). Voir Lambert 1960, 239 ; Reiner, 1961, 7-8.

[44] Dans lequel Grotanelli, 1982, 560, voit une source directe d'une des énigmes posées par le pharaon à Aḥiqar, celle du bruit fait par l'étalon à Assur, entendu par les cavales en Égypte.

[45] Lefebvre, 1949, 131-136.

[46] La littérature juive d'époque hellénistique a développé ce thème à propos de Salomon, prototype du sage, en mettant en scène une compétition d'énigmes entre Hiram roi de Tyr et Salomon, dans laquelle le souverain phénicien n'est vainqueur que grâce à l'aide d'un jeune homme, Abdémon. Voir Dion (Flavius Josèphe, *Contre Apion* I. 114-115 et *Antiquités Juives* VIII. 148-149) et Ménandre d'Ephèse (*Contre Apion* I. 120 et *Antiquités Juives* VIII. 146). Sur ces passages, Briquel-Chatonnet, 1992, 55-58.

[47] Lalouette, 1984, 235-260: on notera que l'une de ces collections est attribuée à un vizir, Ptahhotep, et l'autre à un scribe, Anii, deux fonctions qui correspondent plus ou moins à celles d'Aḥiqar.

[48] Lalouette, 1984, 49-59. On y ajoutera les instructions de Hordjedef, fils de Chéops, à son fils, dont seuls quelques extraits ont été conservés.

[49] Comme les instructions de Šurrupak à son fils: Alster, 1974.

[50] Sur le caractère tardif de la cristallisation de ce thème de la sagesse sur le personnage de Salomon, voir Scott, 1955. Plus généralement sur la sagesse biblique et son cadre proche-oriental, Crenshaw, 1998.

début du livre une introduction très proche de celle des maximes d'Aḥiqar: «Écoute mon fils l'instruction de son père et ne repousse pas l'enseignement de ta mère, car ils sont un bandeau gracieux pour ta tête et un collier pour ton cou. Mon fils, si des pécheurs te sollicitent, ne va pas acquiescer...» (Pr 1, 8-10). C'est le cas aussi en Sir 3, 1: «Moi qui suis votre père, écoutez-moi, enfants, et agissez ainsi afin d'être sauvés». Quant aux proverbes eux-mêmes, qui mettent parfois en scène des animaux sous la forme de très courtes fables, on trouve dans la littérature accadienne nombre de ceux-ci[51], du même style que ceux qui forment l'enseignement d'Aḥiqar. L'un d'eux «Quand le chien du potier entre dans le four, il aboie contre son maître»[52] se retrouve à peu près dans les mêmes termes dans la collection syriaque des proverbes d'Aḥiqar[53].

Le texte a-t-il été composé à l'origine comme une unité littéraire?

Puis que cette œuvre, comme nous l'avons vu, combine deux parties de genre littéraire très différent, une question subsidiaire se pose: a-t-elle été composée à l'origine telle qu'elle est ou est-elle le résultat de la combinaison de deux textes rédigés indépendamment, un récit et des maximes? De fait, le papyrus d'Éléphantine sépare complètement les deux parties, alors que les maximes de sagesse sont insérées dans deux endroits différents du texte dans la suite de la tradition littéraire[54]. On peut donc se demander si cette combinaison des deux ne serait pas même postérieure au Ve siècle. En outre, alors que la Vie d'Ésope, inspirée d'Aḥiqar, comprend une seule collection de Proverbes insérée après le retour d'Ésope d'Égypte, la version syriaque et celles qui en dérivent les séparent en deux, au moment de l'éducation du neveu, et après le retour d'Égypte: la combinaison est donc fluctuante dans la tradition[55]. Enfin, dans le papyrus, la présentation matérielle diffère: alors

[51] LAMBERT, 1960. On notera que des copies de ces collections de sagesse ont été retouvées à Emar et à Ougarit, ce qui montre que le genre était connu dans le Nord de la Syrie dès la fin du IIe millénaire.

[52] LAMBERT, 1960, 281.

[53] «Mon fils tu as été pour moi comme le chien qui entre dans le four des potiers pour se réchauffer. Et, après s'être réchauffé, il se lève pour aboyer contre eux»: Maxime 17 de la seconde série selon le ms. de Cambridge, CONYBEARE, RENDEL HARRIS, LEWIS, 1913, p. 70 (en chiffres syriaques). On notera que dans le ms. de Mgr Graffin édité par NAU F., 1920, 70, le proverbe a une forme sensiblement différente et plus neutre: «Mon fils, tu m'as été comme le chien qui, à cause du froid, entre dans une maison pour se chauffer et quand il s'est chauffé, il commence à japper contre les habitants de la maison».

[54] PORTEN YARDENI, 1993, C 1.1, p. 24-53 (texte) et planches 1-9.

[55] LINDENBERGER, 1983, 17-18.

que le récit est écrit en suivant, les maximes de sagesse sont le plus souvent mises chaque fois à la ligne, ou parfois séparées par un signe graphique: les deux ensembles étaient donc ressentis comme hétérogènes.

L'hypothèse d'une composition dans des milieux différents trouve un appui dans les différences de langue entre les deux parties[56]. Tandis que le récit présente des caractères phonétiques, morphologiques et syntaxiques[57] de l'araméen standard, dit «d'empire», qui dérive de la branche orientale de l'araméen, et l'usage de nombreux vocables empruntés à l'accadien[58], les proverbes relèveraient de la branche occidentale: on notera particulièrement le style des proverbes, souvent composés selon un rythme binaire fréquent aussi bien dans la poésie biblique que dans les textes mythologiques d'Ougarit.

Le récit des aventures du héros correspond sans doute à une élaboration précise, à un moment donné, entre le VIIe siècle, où l'intrigue est située, et le Ve, date du témoin manuscrit. Il est de plus probable que la composition de ce «roman historique» a été élaborée un certain temps après la mort d'Assarhaddon[59] et de ses contemporains, qui en étaient les protagonistes, et peut-être même la chute de l'empire assyrien en 612: le cadre de l'histoire acquérait alors une valeur plus symbolique, tout en étant encore familier. Le VIe siècle est donc une date plausible. Inversement, il est probable que les maximes de sagesse appartiennent à un fond ancien[60], qu'elles circulaient déjà pour la plupart et que l'auteur du texte s'est surtout contenté de les rassembler en les mettant dans la bouche d'Aḥiqar.

Quelle était l'ampleur de la version araméenne ancienne?

Le texte araméen, tel qu'on l'a retrouvé à Éléphantine, s'interrompt quand le serviteur Nabu-sum-iskun rapporte à Assarhaddon la mise à mort d'Aḥiqar et tout l'épisode égyptien du roman transmis par la tradition grecque et la version syriaque et ses dérivées manque[61]. Mais cela

[56] Le fait a été souligné par KUTSCHER, 1970, surtout 363-365, GREENFIELD, 1978 et surtout LINDENBERGER, 1983, 279-304, auxquels on renvoie pour la discussion des faits linguistiques.

[57] Par exemple construction du complément de nom avec la particule *zy* au lieu de l'état constuit.

[58] Par exemple pour *ṣbt*, voir GREENFIELD 1962, 292-293.

[59] TEIXIDOR, 2000, 681; 2003, 147.

[60] LINDENBERGER, 1983, 20 note que les textes présentant le plus de ressemblances sur le plan linguistique sont des environs de 700.

[61] LUZZATO, 1992 pense que la version araméenne est un abrégé, où les maximes auraient été reclassées à la fin et à valeur moralisatrice, et que la version syriaque transmet le texte authentique.

ne suffit pas à prouver qu'il ne comportait pas la deuxième partie: le papyrus est très mutilé et les éditeurs ont montré que quatre colonnes manquent entre la fin actuelle du récit et le début de la partie conservée des proverbes[62]. Dans l'impossibilité de reconstituer ce qui manque des proverbes au début, on ne peut déterminer l'ampleur de la lacune du récit et donc si le concours d'énigmes est ancien. Tout ce que l'on peut dire de sûr, c'est qu'il est inséré dans l'histoire d'Ésope (voir *infra*) et donc qu'il remonte à l'Antiquité.

Certes, cette deuxième partie n'est pas nécessaire à l'économie générale de l'histoire du mauvais neveu puni et forme une digression. Certains détails pourraient être plus tardifs que le corps de l'histoire[63]. On a aussi souligné que c'est dans cet épisode qui voit la joute d'esprit entre Pharaon et Aḥiqar que les influences égyptiennes sont les plus importantes[64]. Cependant, autant la partie assyrienne du récit est bien insérée dans un contexte historique, autant le contexte égyptien est flou: aucune institution précise n'est évoquée, le souverain est seulement nommé de façon générique «pharaon», comme dans les parties les plus anciennes de la Bible hébraïque[65]. On remarquera que c'est le contraire pour l'histoire d'Ésope, qui décrit une Assyrie imaginaire, quand le contexte égyptien est remarquablement historique[66]. Si donc cette seconde partie du roman avait été ajoutée en Égypte, on attendrait un contexte plus réaliste. Et si cette partie était reprise à la *Vie d'Ésope*, il est peu probable qu'elle aurait gommé le contexte égyptien. Aussi est-il plus logique de supposer que la rédaction ancienne comportait déjà la compétition avec pharaon, même si tel ou tel détail, quelques unes des énigmes posées par le pharaon, peuvent être d'insertion plus récente.

[62] Porten, Yardeni, 1993, C 1.1, planche 1.

[63] Voir Redford, 1970, 204, n. 5, pour l'influence de la connaissance du zodiaque (2e moitié du Ier millénaire) quand le pharaon est comparé à un dieu auquel le soleil, la lune et les étoiles sont soumis.

[64] Voir *supra* n. 44.

[65] Dans le texte biblique, les souverains égyptiens que rencontrent Abraham, Joseph, Moïse ou Salomon sont seulement désignés sous le terme générique de «pharaon». Le premier qui est appelé par son nom est Sheshonq, à l'occasion de son expédition asiatique de la fin du Xe siècle (1 R 14, 24-25). De même Nechao (2 R 23, 33). Or la fin du Xe siècle marque vraisemblablement le début, dans le récit biblique, de la partie fondée sur des documents historiques (Bordreuil et Briquel Chatonnet, 2000, 253-254).

[66] Je suis redevable de cette réflexion à M. Tardieu, cours au Collège de France 2002-2003.

La célébrité d'un sage

L'histoire d'Aḥiqar a connu dès l'Antiquité une grande diffusion et s'est transmise dans diverses cultures.

Aḥiqar dans la Bible

Aḥiqar est mentionné dans le livre de Tobit, un des livres connus en grec et reconnus comme deutérocanoniques dans la Bible catholique[67]. La concordance a posé problème aux exégètes du XIXe siècle, car si l'on admettait que l'histoire d'Aḥiqar était un conte, il fallait en conclure la même chose pour ce livre qui appartenait au canon de la Bible catholique. On a donc souvent postulé que le livre de Tobit était plus ancien et que celui d'Aḥiqar était un développement sur le personnage du neveu de Tobit mentionné dans le texte biblique. Un tel scénario, qui cherchait surtout à prouver que la Bible avait dit vrai et donc racontait des événements réels, est hors de propos. C'est bien le roman de Tobit qui s'est raccroché à l'histoire déjà célèbre d'Aḥiqar.

Je rappelle la trame du roman: Tobit, un Israélite pieux fidèle au culte de Jérusalem bien qu'il habite dans le royaume dissident du Nord, est déporté avec ses compatriotes à Ninive. Il y fait fortune mais sa piété lui vaut l'animosité de Sennacherib et il doit tout abandonner et se cacher. A la mort du souverain assyrien, son fils Sacherdon (Assarhaddon) monte sur le trône et met à la tête de son administration comme échanson et garde du sceau royal, Achichar «le fils de mon frère Anaël». Achichar intervient en faveur de son oncle qui peut revenir à Ninive (Tob 1, 21-22). Il le recueille ensuite quand Tobit devient provisoirement aveugle (2,10), vient plus tard pour le mariage de son cousin Tobias (11, 19). L'histoire d'Achichar est surtout évoquée à la fin du livre et je donne ici la version du manuscrit Sinaiticus qui est la plus proche de l'histoire originelle: «Vois, mon enfant, tout ce que Nadab a fait à Achikar qui l'avait élevé: n'a-t-il pas été précipité vivant dans la terre? Dieu lui a donné en retour le déshonneur à sa face, Achikar est sorti vers la lumière, et Nadab est entré dans les ténèbres éternelles, parce qu'il avait cherché à tuer Achikar; celui-ci, en faisant l'aumône,

[67] La découverte du texte en araméen et en hébreu à Qumrân (édité par FITZMYER, 1995a) a relancé le débat sur la langue originale. On admet maintenant (FITZMYER, 1995b) que le texte a d'abord été composé en araméen, puis traduit en grec. La version hébraïque, dans une langue très artificielle, serait une composition tardive, peut-être même faite sur le grec.

est sorti du piège mortel que Nadab lui avait tendu, et Nadab est tombé dans le piège mortel, lequel l'a fait périr» (Tob 14, 10[68]).

Ce texte, qui fait donc d'Aḥiqar le neveu de Tobit, témoigne de la popularité du roman dans le monde juif de l'époque hellénistique et spécialement en Palestine[69]. Son histoire a valeur d'*exemplum*, on peut s'y référer par une simple allusion, immédiatement évocatrice aux lecteurs. Il montre surtout que, dès cette époque, Aḥiqar a été judaïsé[70]: il est devenu un juif pieux et fidèle, présent à la cour de Ninive non comme Araméen mais comme déporté du royaume de Samarie. La version syriaque, qui hésite entre le paganisme et le monothéisme pour le personnage d'Aḥiqar[71], porte sans doute la marque de cette influence. De fait, aucune trace de christianisation ne s'y dessine, ce qui est remarquable pour une œuvre ayant eu une grande importance dans l'Orient chrétien.

Les mentions dans la littérature grecque

Les mentions du personnage d'Aḥiqar sont rares et tardives dans la littérature grecque. La plus ancienne citation directe est dans Strabon[72], qui établit une liste des sages de l'Antiquité, dont Moïse, et range Achaïkaros parmi les «Bosporéniens»[73]. Les autres mentions sont secondaires: ainsi que nous l'avons vu[74], d'après Clément d'Alexandrie[75],

[68] Traduction de A. Guillaumont, la Pléiade.

[69] La rédaction en araméen exclut qu'il ait été composé dans la communauté juive d'Égypte, alors hellénisée.

[70] On trouve peu de références au texte dans la littérature juive ultérieure. Il en existe cependant un exemple significatif dans le Talmud (Bekhorot 8b) à propos de la dispute entre Rabbi Joshua ben Hananiah et les sages d'Athènes: on y trouve la même anecdote de la tour à construire dans le ciel et la même ruse des aiglons portant des enfants, la même demande de coudre une meule de pierre et la même réponse qu'avait faite Aḥiqar au pharaon, exiger pour cela des courroies de pierre. Enfin, la demande de tordre des cordes en sable y est aussi présente (GINZBERG, 1901, 289. NAU, 1909, 66-67).

[71] Au début du récit, Aḥiqar fait un sacrifice pour obtenir la naissance d'un fils. Selon le ms de Cambridge (CONYBEARE, RENDEL HARRIS, LEWIS, 1913, 37 [en chiffres syriaques]), ce sacrifice est fait «à Dieu mon Seigneur». D'après le ms de Mgr Graffin (NAU, 1920, 17) Aḥiqar offre des sacrifices «aux dieux» et c'est parce qu'ils ne répondent pas qu'il se tourne vers Dieu. Celui-ci lui reproche d'avoir fait appel d'abord aux idoles et lui annonce que c'est pour cela qu'il n'aura pas de fils. On notera que la version araméenne ancienne n'évoque pas de sacrifice: Aḥiqar prend directement son neveu comme héritier.

[72] *Geog*. XVI, 2, 39.

[73] REINACH, 1899 suggère de corriger «Borsippéniens», c'est-à-dire habitants de la ville de Borsippa, en Babylonie.

[74] *Supra* n. 23.

[75] *Stromates* I, 15, 69, 1 sq (*P.G.* VIII, col. 772 et 773).

Démocrite, un auteur du Ve siècle, aurait recopié la «stèle» d'Akikaros en mettant le texte sous son propre nom. Des listes tardives mentionnent aussi un ouvrage intitulé Achikaros qui aurait été écrit par Théophraste[76], un disciple d'Aristote et son successeur à la tête du Lycée[77].

M.J. Luzzato[78] a essayé de démontrer que l'œuvre avait pénétré la littérature grecque à une époque déjà ancienne et que l'hypothèse d'une traduction de l'histoire d'Aḥiqar par Démocrite d'Abdère dès le Ve siècle avant J.-C. est plausible. Bien plus, outre une sentence dans *Les Guêpes* d'Aristophane[79] qu'elle rapproche d'une des maximes de l'Aḥiqar araméen, elle voit des analogies entre certaines maximes d'Aḥiqar et d'autres que l'on trouve dans la collection élégiaque que l'on a mis sous le nom de Théognide de Mégare[80] et qui correspond à la culture du symposium aristocratique du VIe siècle. On se situerait là tout à fait à l'origine de la tradition écrite araméenne. Cependant, il faut remarquer que ces analogies sont toutes assez vagues, et reposent uniquement sur les proverbes. Or on a vu que, probablement au VIe siècle, on a inclus dans un récit narratif toute une collection de proverbes et de maximes, que le niveau de langue dans lequel ils ont été transmis fait remonter au moins au début du VIIe siècle, mais qui en tout état de cause appartiennent sans doute à un fonds de sagesse fort ancien. Les analogies tiennent vraisemblablement plus au fait que la sagesse orientale, transmise sous forme de proverbes, avait largement pénétré le monde grec dès l'époque archaïque, qu'à une influence directe du texte même de l'Aḥiqar araméen.

En fait, c'est essentiellement à travers la «Vie d'Ésope»[81] que les aventures d'Aḥiqar ont connu une diffusion en Grèce. Une bonne partie de la trame des aventures du fabuliste est en effet une simple

[76] DIOG. LAERC. 5, 50.

[77] On mentionnera pour mémoire ici que le portrait d'Aḥiqar (dont le nom est cependant lacunaire du début) se trouve probablement sur une mosaïque provenant de Trèves, associant les muses et des sages mentionnés par Clément d'Alexandrie (KÜCHLER, 1979, 352-355).

[78] LUZZATO, 1992; 1994.

[79] Celui-ci met dans la bouche de Philocléon une réplique d'Esope à une femme qualifiée de chienne «ma petite chienne, si tu pouvais échanger ta sale langue contre une mesure de blé, ma parole que tu ne ferais pas une mauvaise affaire». Cette réplique ferait allusion à la sentence 38 d'Aḥiqar dans la version syriaque: «*Mon fils, rends ta langue douce et fais goûter ton éloquence, car la queue du chien lui procure de la nourriture (du pain) et sa bouche des coups.*»

[80] WEST, 1993.

[81] TARDIEU, 2002-2003.

démarque de celles d'Aḥiqar. Cette histoire est connue principalement par deux recensions tardives d'époque médiévale, dont l'une, attribuée pendant longtemps à l'écrivain byzantin Maxime Planude, fut traduite par La Fontaine en tête du recueil de ses propres fables et se trouve en tête de toutes les éditions de celles-ci. Mais un fragment conservé sur un papyrus[82] du IIIe siècle ap. J.-C. confirme que le texte remonte à l'Antiquité[83].

L'histoire, dans sa seconde partie, suit exactement la même trame que le roman d'Aḥiqar: arrivé à la cour de Lycerus, roi de Babylone, dont il est le sage conseiller, Ésope connaît avec son fils adoptif les mêmes mésaventures qu'Aḥiqar. Une trahison est simulée par de fausses lettres, Ésope est condamné à mort, mais sauvé par un officier du roi, Hermippe, qui est son ami et qui le cache dans un tombeau. Le roi d'Égypte, Nectanebo, provoque alors Lycérus et le défie de lui envoyer quelqu'un capable de lui construire une tour en l'air et de répondre à toutes ses questions. Lycérus regrette alors Ésope, et Hermippe révèle sa supercherie. Libéré, Ésope part en Égypte, résout le défi par le même stratagème des aiglons et des enfants, répond aux mêmes énigmes qu'Aḥiqar et rapporte à Babylone les présents du roi d'Égypte. L'histoire diffère ensuite, Ésope partant vers Delphes, où il est accusé traîtreusement de sacrilège et mis à mort.

Dans sa partie centrale, le récit suit donc pas à pas l'histoire d'Aḥiqar et les deux textes ne peuvent être indépendants, même s'ils reprennent des thèmes bien connus[84]. Mais les maximes qu'Ésope dit à son neveu sont différentes de celles mises dans la bouche d'Aḥiqar, qui se rapprochent plus des «fables» mises sous le nom d'Ésope. En fait, on a sans doute cristallisé un récit inspiré d'Aḥiqar autour du phrygien Ésope à cause de la collection de fables du corpus ésopique, qui mettaient en scène des animaux à la manière des maximes d'Aḥiqar. Mais le récit n'est pas pour autant directement copié du roman d'Aḥiqar: le déplacement de Ninive à Babylone, le nom grec du roi de Babylone et des autres protagonistes de l'histoire, l'insertion de l'épisode égyptien sous le règne, historique, d'un Nectanebo montrent qu'il a fait l'objet d'une élaboration propre.

[82] Oxyrinche 3720.

[83] Sur la tradition textuelle relative à Ésope, PERRY, 1936; 1952. GROTANELLI, 1982.

[84] Contra GROTANELLI, 1982, 559-560: «The personalities and biographies of both Aesop and Aḫiqar were created at the same time around a common set of proverbs, fables, maxims and narrative motifs and traditions.»

Aḥiqar en Égypte

L'histoire d'Aḥiqar a également connu une certaine fortune en milieu égyptien dont témoignent trois fragments de papyrus en démotique[85], du Ier siècle ap. J.-C., dont deux au moins contiennent une transcription du nom d'Aḥiqar.

On mentionnera aussi l'histoire égyptienne de Ḥy-Ḥr, en démotique également, conservée sur un ostracon[86], qui semble s'en inspirer. Selon Betrò, le nom du héros qui se présente actuellement comme un théophore formé sur le nom de Horus ne s'explique pas dans le système onomastique égyptien: c'est probablement une transcription du nom Aḥiqar égyptianisé. La trame du récit, malheureusement lacunaire; offre également des rapprochements: elle est centrée sur la disgrâce de Ḥi-Ḥor, un mage de la cour du pharaon, qui pour des raisons que l'on ne saisit pas est jeté dans les prisons royales d'Éléphantine. Enfin le fait que l'histoire trouve son cadre à Éléphantine, lieu de résidence de la garnison araméenne et sans doute de pénétration de ce récit en Égypte, alors qu'un mage de cour aurait dû opérer dans une ville de résidence royale, pourrait être le signe que le récit a été élaboré dans ce haut-lieu de la culture araméenne en Égypte et donc témoigner de sa dépendance par rapport à Aḥiqar.

La place centrale tenue par la version syriaque et son rôle dans l'adaptation du texte

La version syriaque de l'histoire d'Aḥiqar est la première version complète du texte que nous ayons conservée, et la source de toute la tradition ultérieure. Son rapport avec la version araméenne ancienne n'est pas facile à déterminer: sans doute faut-il parler plutôt d'une évolution progressive du texte, qui a suivi celle de la langue, que d'une traduction proprement dite. Rappelons en effet que le syriaque est une forme de l'araméen, celle qui était parlée et écrite au début de notre ère à Édesse. Pour autant, même dans les parties qui nous ont été conservées du texte araméen, les deux textes ne sont pas des décalques identiques. Certaines différences sont dues à la transmission sur une longue durée de données qui n'étaient plus familières. La déformation du nom de Nabū-šum-iškun, évoquée plus haut[87], ou l'inversion de l'ordre des souverains

[85] Le premier a été signalé par SPIEGELBERG, 1930 et le second par ZAUZICH, 1976. Voir aussi ZAUZICH, 1978 et KÜCHLER, 1979, 333-337.

[86] BETRÒ, 2000.

[87] *Supra* n. 9.

assyriens en sont des exemples. On a vu également que le texte a été repris dans une perspective monothéiste, sans doute en milieu juif. Inversement, rien n'indique une perspective chrétienne, ce qui est remarquable et exceptionnel pour un texte transmis ainsi en milieu ecclésiastique.

La comparaison du texte conservé sur le papyrus d'Éléphantine avec celles des versions plus récentes, pour les parties où les deux sont conservées, révèle que l'écriture du texte araméen est plus sobre que celle des versions syriaques. Le texte syriaque comprend plus de détails. Ainsi, au début de l'histoire, quand Aḥiqar cherche à tout prix à avoir une descendance, il épouse soixante femmes, à qui il fait construire soixante palais; puis il fait un grand sacrifice. Plus loin, la traîtrise de Nādin est suscitée par la jalousie envers son frère alors qu'aucune raison n'est donnée dans le texte araméen. Sa trahison seulement évoquée dans le papyrus araméen, tandis que la version syriaque détaille des lettres qu'il écrit au roi de Perse et d'Élam et au pharaon pour leur livrer Assur. Enfin, dans la ruse visant à sauver Aḥiqar, seul Nabū-šum-iškun joue un rôle, quand la version syriaque fait intervenir l'épouse d'Aḥiqar.

Dès lors se pose une question sur l'histoire du texte: peut-on supposer que la version longue est originelle et que l'araméen n'en est qu'un résumé[88]? Ou au contraire l'histoire a-t-elle subi une amplification, avec l'ajout de nombreux détails qui relèvent du conte? En partie les deux sans doute. Certains détails de la version syriaque sont sans doute anciens: le nom du frère de Nādin, par exemple, relève bien de l'onomastique accadienne[89]. La mention d'un roi de Perse et d'Élam ne s'explique guère après la conquête de Babylone par Alexandre. Il est donc possible qu'une version plus longue ait circulé dès une époque fort ancienne. Mais d'autres informations, comme les soixante femmes et les soixante palais, semblent typiques d'une amplification qui relève du conte.

Je ne mentionnerai ici que rapidement les différentes versions[90] qui ont été faites de cette histoire au Moyen-Âge et ensuite: le texte a été traduit en arabe, un certain nombre de manuscrits chrétiens le copiant en caractères syriaques (*garshouni*). Ḥaiqar a ensuite frayé son chemin jusque dans les *Mille et une nuits* et la même histoire pourrait être à l'origine du personnage de Loqman le sage dans le Coran. On connaît

[88] LUZZATO, 1992, suppose que c'est un abrégé à tendance moralisatrice.

[89] Nabuzardan, qui vient de Nabū-zēr-iddin «Nabu a donné une semence». Voir TALLQUIST 1914, 164.

[90] CONYBEARE, RENDEL HARRIS, LEWIS, 1913.

une version en arménien, en vieux-slave, en éthiopien[91], en turc. Des versions plus récentes en géorgien, serbe et russe[92] et en roumain ont également été recensées. Nous sortons ici du cadre de l'Antiquité mais on retiendra que, parmi les œuvres du corpus apocryphe, Aḥiqar est une de celles qui a eu la plus grande notoriété.

LA FORTUNE DES THÈMES LITTÉRAIRES

Cette question pourrait faire l'objet d'une vaste enquête, mais elle est plus difficile à cerner car certains thèmes appartiennent à un fonds très ancien et peuvent avoir trouvé leur voie indépendamment de la tradition relative à Aḥiqar. Je retiendrai ici seulement deux exemples.

Le palais construit dans le ciel

Un parallèle intéressant se retrouve déjà chez Aristophane, *les Oiseaux*, avec la ville appelée Néphélococcygie que Pisthetairos fait construire dans le ciel par les oiseaux pour empêcher les dieux de communiquer avec les hommes et de recevoir les sacrifices et ainsi faire pression sur eux[93]: «Je suis d'avis que les oiseaux aient une ville unique et ensuite qu'ils entourent de murailles en grosses briques cuites, comme Babylone, l'air entier et tout l'espace intermédiaire». La construction d'une ville fortifiée dans le ciel, et le rôle des oiseaux, ne sont pas sans évoquer le défi posé par le pharaon et résolu par Aḥiqar. Mais le thème est général, et l'histoire a pu circuler indépendamment.

Le rapprochement me semble plus significatif avec les *Actes de Thomas l'apôtre*[94]: Thomas, arrivé comme esclave du marchand Habban chez le roi Goundapharos en Inde, est présenté comme un habile artisan. Il promet au roi de lui construire un palais mais, à son insu, dépense au fur et à mesure tout l'argent qui lui est confié dans ce but en le distribuant aux pauvres. Quand le roi découvre la supercherie et s'indigne, Thomas lui répond qu'il a bien construit un palais, mais qu'il ne pourra le voir que lorsqu'il sera sorti de ce monde. De fait, le frère du roi meurt et découvre dans toute sa réalité magnifique le palais que Thomas a construit pour le roi dans les cieux. On retrouve, dans ce texte, l'idée du

[91] Une version éthiopienne a été retrouvée et publiée plus récemment par SCHNEIDER, 1978. Elle semble provenir d'une recension arabe différente de celles qui sont connues.

[92] Sur la tradition dans les langues slaves, LÜDTKE 1911, 218-219.

[93] LUZZATO, 1992.

[94] POIRIER et TISSOT, 1997, 1344-1350.

sage, ici chrétien, qui doit entreprend de construire un palais pour le roi dans le ciel. Mais, alors qu'Aḥiqar éludait la difficulté par une pirouette, Thomas la transcende: il montre sa supériorité sur les sages païens, en construisant de plus un palais merveilleux et éternel. Composé sans doute à l'origine en syriaque, à Édesse, dans la première moitié du 3e siècle, cet épisode suppose que l'histoire d'Aḥiqar y était familière. C'est sans doute à Édesse que ce texte bien connu des juifs est entré dans la culture chrétienne.

La réhabilitation d'un sage

Sous d'autres noms, la trame du roman a frayé son chemin vers l'Orient. On retrouve en effet exactement la même intrigue, le sage banni de la cour et enfermé dans un souterrain, et finalement réhabilité car il est le seul à pouvoir résoudre le défi au roi posé par un souverain étranger sous peine d'être soumis au tribut, dans l'histoire de Buzurjmihr, ministre du roi Chosrau Anushirwan relatée par al-Tha'âlibi et Firdausi[95]. Chez ce dernier, le personnage du neveu est encore présent, même si ce n'est plus lui le traître. Du monde iranien, elle a atteint l'Inde où une histoire tout à fait analogue est reliée au roi Nanda dans une compilation du XIIe siècle. Dans les deux cas, la trame du récit est suffisamment proche pour que l'on puisse penser de façon assurée à une dépendance littéraire.

Nous n'avons fait qu'évoquer ici le destin de ce texte à travers la littérature de l'Europe orientale, du Proche et du Moyen Orient aux époques médiévale et moderne. Retenons surtout que l'«histoire et la sagesse d'Aḥiqar» présente un intérêt particulier pour l'histoire de la culture araméenne. C'est la seule œuvre de la littérature araméenne ancienne à avoir traversé les siècles et survécu à la christianisation de la région. Au XIXe siècle encore, le texte syriaque était copié dans les couvents de l'Église syriaque orientale et on connaît aussi des copies en néo-syriaque[96], le parler moderne des chrétiens du Proche-Orient, vraisemblablement retraduites de l'arabe. C'est à ce titre un témoignage de continuité tout à fait exceptionnel.

[95] KRAPPE, 1941.

[96] LIDZBARSKI, 1896a, I, 1-77 (texte néo-syriaque et arabe), II, 1-41 (traduction allemande). Cette dernière est reprise en 1896b, 1-41.

BIBLIOGRAPHIE

ABOU-ASSAF A., BORDREUIL P., MILLARD A. R., 1982: *La statue de Tell Fekherye et son inscription bilingue assyro-araméenne*, Paris.

ALSTER B., 1974: *The Instructions of Šurrupak: A Sumerian Proverb Collection*, Mesopotamia 2, Copenhague.

BETRÒ M., 2000: «La storia del mago Hi-Hor: variazioni egiziane sul tema di Ahiqar», *Donum Natalicum. Studi presentati a Claudio Saporetti in occasione del suo 60. Compleanno*, éd. P. Negri Scafa et P. Gentili, Rome, 23-35.

BLACKMANN A.M., 1932: *Middle Egyptian Stories*, Bibliotheca Aegyptiaca, vol. II, part. 1, Bruxelles.

BORDREUIL P., BRIQUEL-CHATONNET F., 2000: *Le temps de la Bible*, Paris.

BRIQUEL-CHATONNET F., 1992: *Les relations entre les cités phéniciennes et les royaumes d'Israël et de Juda*, Studia Phoenicia 12, OLA 46, Leuven.

BRIQUEL-CHATONNET F., 1997: *Manuscrits syriaques. Bibliothèque nationale de France (manuscrits entrés depuis 1911, nos 356-435). Aix-en-Provence, bibliothèque Méjanes. Lyon, bibliothèque municipale. Strasbourg, Bibliothèque nationale et universitaire. Catalogue*, Paris, Bibliothèque nationale de France.

BROCK S., 1969: «Notes on Some Texts in the Mingana Collection», *JSS* 14, 205-226.

CAD : *The Chicago Assyrian Dictionary*, 1956-.

CONYBEARE F.C., RENDEL HARRIS J., LEWIS A. S., 1913: *The Story of Aḥikar from the Aramaic, Syriac, Arabic, Armenian, Ethiopic, Old Turkish, Greek and Slavonic Versions*[2], Cambridge.

COWLEY A., 1923: *Aramaic Papyri of the Fifth Century B.C.*, Oxford.

CRENSHAW J.L., 1998: *Old Testament Wisdom. An Introduction*, 2e éd. révisée, Louisville (Kentucky).

D.C.M.: *Dictionnaire de la civilisation mésopotamienne*, s. d. F. Joannès et C. Michel, Paris, 2001.

DION P.-E., 1997: *Les Araméens à l'âge du Fer: histoire politique et structures sociales*, Études bibliques n.s. 34, Paris.

FALES F. M., 1986: *Aramaic Epigraphs on Clay Tablets of the Neo-Assyrian Period*, Studi Semitici n.s. 2, Rome.

FALES F.M., 1993: «Storia di Ahiqar tra Oriente e Grecia: la prospettiva dall'Antico Oriente», *Quaderni di Storia* 38, 143-166.

FITZMYER J.A., 1995a: «Tobit», *Qumran Cave 4 XIV, Parabiblical Texts Part 2*, DJD XIX, Oxford, 1-76.

FITZMYER J.A., 1995b: «The Aramaic and Hebrew Fragments of Tobit from Qumran Cave 4», *CBQ* 57, 655-675.

GARELLI P., 1982: «Importance et rôle des Araméens dans l'administration de l'empire assyrien», dans *Mesopotamien und seine Nachbarn. Politische und kulturelle Wechselbeziehungen im Alten Vorderasien vom 4. bis 1. Jahrtausend v. chr.*, XXV. Rencontre assyriologique internationale, éd. H.-J. Nissen et J. Renger, Berlin, 437-447.

GINZBERG L., 1901: «Aḥikar», *The Jewish Encyclopedia*, New York, vol. 1, 287-290.

GRAYSON A.K., 1975: *Babylonian Historical-Literary Texts, Toronto Semitic Texts and Studies*, Toronto/Buffalo.

GRELOT P., 1972: *Documents araméens d'Eléphantine*, LAPO, Paris.

GRELOT P., 2001: «Les Proverbes d'Aḥîqar», *RB* 108, 511-528.

GREENFIELD J.C., 1962: «Studies in Aramaic Lexicography I», *JAOS* 82, 290-299.

GREENFIELD J.C., 1971: «The Background and Parallel to a Proverb of Ahiqar», *Hommages à André Dupont-Sommer*, éd. A. Caquot et M. Philonenko, Paris, 49-59.

GREENFIELD J.C., 1978: «The Dialects of Early Aramaic», *JNES* 37, 93-99.

GREENFIELD J. C. et PORTEN B., 1982: *The Bisitun Inscription of Darius the Great. Aramaic Version*, Corpus Inscriptionum Iranicum, Part I: Inscriptions of Ancient Iran, vol. V: The Aramaic Versions of the Achemenian Inscriptions, Texts 1, Londres.

GROTANELLI C., 1982: «Aesop in Babylon», dans *Mesopotamien und seine Nachbarn. Politische und kulturelle Wechselbeziehungen im Alten Vorderasien vom 4. bis 1. Jahrtausend v. chr.*, XXV. Rencontre assriologique internationale, éd. H.-J. Nissen et J. Renger, Berlin, 555-572.

KAUFMAN S.A., 1974: *The Akkadian Influences on Aramaic*, The oriental Institute of the University of Chicago. Assyriological studies n° 19, Chicago/Londres.

KRAPPE, A.H., 1941: «Is the Story of Aḥikar the Wise of Indian Origin?», *JAOS* 61, 280-284.

KÜCHLER M., 1979: *Frühjüdische Weisheitstraditionen. Zum Forgang weisheitlichen Denkens im Bereich des frühjüdischen Jahweglaubens*, OBO 26, Göttingen.

KUTSCHER E.Y., 1970: «Aramaic», *Linguistics in South West Asia and North Africa*, Current Trends in Linguistics, vol 6, éd. T.A.Sebeok, La Haye/Paris, 347-412 (repris dans *Hebrew and Aramaic Studies*, Jérusalem, The Hebrew University, 1977, 90-155).

LALOUETTE C., 1984: *Textes sacrés et textes profanes de l'ancienne Égypte*, tome I: *Des Pharaons et des hommes*, Connaissance de l'Orient, Paris, Gallimard.

LALOUETTE C., 1987: *Textes sacrés et textes profanes de l'ancienne Égypte*, tome II: *Mythes, contes et poésies*, Connaissance de l'Orient, Paris, Gallimard.

LAMBERT W.G., 1960: *Babylonian Wisdom Literature*, Oxford.

LEFEBVRE G., 1949: *Romans et contes égyptiens*, Paris.

LEMAIRE A., 1998: «Une inscription araméenne du VIIIe s. av. J.-C. trouvée à Bukân (Azerbaïdjan iranien)», *Studia Iranica* 27, 15-30.

LIDZBARSKI M., 1896a: *Die Neu-aramäischen Handschriften der Königlichen Bibliothek zu Berlin*, Weimar, réimp. Hildesheim 1973.

LIDZBARSKI M., 1896b: *Geschichten und Lieder aus den neu-aramäsichen Handschriften der Königlichen Bibliothek zu Berlin*, Beiträge zur Volks- und Völkerkunde, 4. Band, Weimar.

LINDENBERGER J.M., 1983: *The Aramaic Proverbs of Ahiqar*, The John Hopkins Near Eastern Studies, Baltimore/Londres.

LINDENBERGER J.M., 1985: «Ahiqar, a New Translation and Introduction», *The Old Testament Pseudepigrapha*, éd. J. H. Charlesworth, Londres, 479-507.

LIPIŃSKI E., 1983: Les Phéniciens à Ninive au temps des Sargonides: Ahoubasti, portier en chef», *Atti del I Congresso Internazionale di Studi Fenici e Punici* (Collezione di Studi Fenici 16), Rome, vol. I, 125-134.

LIPIŃSKI E., 1991: «Phéniciens en Assyrie: l'éponyme Milkiram et la surintendante Amat-ashtart», *Atti del II Congresso Internazionale di Studi Fenici e Punici* (Collezione di Studi Fenici 30), Rome, vol. I, 151-154.

LÜDTKE W., 1911: «Beiträge zu slavischen Apokryphen», *ZAW* 31, 218-235.

LUZZATO M.J., 1992: «Grecia e vicino Oriente: tracce della 'storia di Ahiqar' nella cultura greca tra VI et V secolo A.C.», *Quaderni di Storia* 36, 5-84.

LUZZATO M. J., 1994: «Ancora sulla "Storia di Ahiqar"», *Quaderni di Storia* 39, 253-277.

MARAQTEN M., 1988: *Die semitischen Personennamen in den alt- und reicharamäischen Inschriften aus Vorderasien*, Texte und Studien zur Orientalistik 5, Hildesheim.

NAU F., 1909: *Histoire et sagesse d'Aḥikar l'Assyrien*, Paris.

NAU F., 1920: *Documents relatifs à Aḥiqar*, Paris (édition à part de l'article paru dans *ROC* 21, 274-307 et 356-400).

OLLER G.H., 1989: «The Inscription of Idrimi: A Pseudo-Autobiography?», *DUMU-E$_2$-DUB-BA-A. Studies in Honor of Ake W. Sjöberg*, éd. H. Behrens, D. Loding, M. T. Roth, Occasional Publications of the Samuel Noah Kramer Fund 11, Philadelphie, 411-417.

OLMSTEAD A.T., 1936, «Intertestamental Studies», *JAOS* 56, 242-257.

PARPOLA S., 1983: *Letters from Assyrian Scholars to the Kings Esarhaddon and Assurbanipal*, Part II: Commentaries and Appendices, AOAT 5/2, Neukirchen-Vluyn.

PAYNE-SMITH R., 1901: *Thesaurus syriacus*, 4 tomes, Oxford.

PERRY B. E., 1936: *Studies in the Text History of the Life and Fables of Aesop*, Hanford (Penn).

PERRY B.E., 1952: *Aesopica: A Series of Texts relating to Aesop or ascribed to him*, Urbana (Ill).

POIRIER P.H. et TISSOT Y., 1997: «Les actes de Thomas», *Écrits apocryphes chrétiens*, éd. F. Bovon et P. Geoltrain, Bibliothèque de la Pléiade, Paris, 1321-1470.

PORTEN B. ET YARDENI A., 1993: *Textbook of Aramaic Documents from Ancient Egypt*, vol. 3: *Literature. Accounts. Lists*, Jerusalem, The Hebrew University.

REDFORD D.B., 1970: *A Study of the Biblical Story of Joseph (Genesis 37-50)*, VTS vol. XX, Leyde.

REINACH T., 1899: «Un conte babylonien dans la littérature juive. Le roman d'Akhikhar», *REJ* 38, 1-13.

REINER E., 1961: «The Etiological Myth of the "Seven Sages"», *Orientalia* 30, 1-11.

SASSON J.M., 1981: «On Idrimi and Šarruwa the Scribe», *Studies in the Civilization and Culture of Nuzi and the Hurrians in Honor of Ernest R. Lacheman on his Seventy-Fifth Birthday*, Winona Lake (In), 309-324.

SCHNEIDER R., 1978: «L'histoire d'Ahiqar en éthiopien», *Annales d'Éthiopie* 11, 141-152.

SCOTT R.B.Y., 1955: «Solomon and the Beginnings of Wisdom in Israel», *Wisdom in Israel and in the Ancient Near East presented to H. H. Rowley*, éd. M. Noth et D. Winton Thomas, VTS III, Leyde.

SMITH S., 1949: *The Statue of Idrimi*, Occasional Publications of the British Institute of Archaeology in Ankara n° 1, Londres.

SPIEGELBERG W., 1930: «Achikar in einem demotischen Texte der römischen Kaiserzeit», *OLZ* XXXIII/12, 961.

TADMOR H., 1982: «The Aramaization of Assyria: Aspects of Western Impact», dans *Mesopotamien und seine Nachbarn. Politische und kulturelle Wechselbeziehungen im Alten Vorderasien vom 4. bis 1. Jahrtausend v. chr.*, XXV. Rencontre assyriologique internationale, éd. H.-J. Nissen et J. Renger, Berlin, 449-470.

TALLQVIST K.L., 1914: *Assyrian Personal Names*, Helsingfors (rep. Hildesheim, 1966).

TARDIEU M., 2002-2003: «Vie et fables d'Ésope, de l'Égypte à l'Asie Centrale», *Annuaire du Collège de France*, 581-586.

TEIXIDOR J. 1997-1988: «La stèle de Boukan», *Annuaire du Collège de France*, 732-734.

TEIXIDOR J., 1999-2000: «Des Araméens errants de la Bible aux tribus aramaïsées de l'Arabie: permanences et emprunts», *Annuaire du Collège de France*, 679-698.

TEIXIDOR J., 2003: *Mon père, l'Araméen errant*, Paris.

VAN DIJK J., 1963: «Ausgrabungen in Warka», *AfO* XX, 215-218.

VON SODEN, 1936: «Die Unterweltvision eines assyrischen Kronprinzen. Nebst einigen Beobachtungen zur Vorgeschichte des Aḫiqar-Romans», *ZA* n.f. IX, 1-31.

WEST M. L., 1993: *Greek Lyric Poetry*, Oxford.

ZAUZICH K., 1976: «Demotische Fragmente zum Ahikar-Roman», dans *Folio Rara. Wolfgang Voigt LXV.Diem Natalem Celebranti ab Amicis et Catalogorum Codicum Orientalium Conscribendum Collegis Dedicata*, éd. H. Franke, W. Heissig, W. Treue, Wiesbaden, 180-185.

ZAUZICH K., 1978: «Neue literarische Texte in demotischer Schrift», *Enchoria* VIII/2, 33-38.

AfO:	*Archiv für Orientforschung.*
AOAT:	Alten Orient und Altes Testament, Neukirchen-Vluyn.
CBQ:	*The Catholic Biblical Quarterly*
DJD:	Discoveries in the Judaean Desert
JAOS:	*Journal of the American Oriental Society*
JNES:	*Journal of Near Eastern Studies*
JSS:	*Journal of Semitic Studies*
LAPO:	Littératures anciennes du Proche-Orient, Paris.
OBO:	Orbis Biblicus et Orientalis, Göttingen.
OLA:	Orientalia Lovaniensia Analecta, Leuven.
OLZ:	*Orientalische Literatur Zeitung*
RB:	*Revue Biblique*
REJ:	*Revue des études juives*
ROC:	*Revue de l'Orient Chrétien*
VTS:	Supplements to Vetus Testamentum, Leyde
ZA:	*Zeitschrift für Assyriologie*
ZAW:	*Zeitschrift für die alttestamentliche Wissenschaft*

LA FOLIE DE LYCURGUE
DE L'ARABIE À L'ÉGYPTE ANCIENNES

Vincent RONDOT
CNRS-UMR 8027-Université Charles-de-Gaulle-Lille 3

Au milieu du IIe siècle après J.-C., en l'an VIII d'Antonin de Pieux, furent frappées à Alexandrie trois émissions monétaires représentant trois épisodes de la geste de Lycurgue: son combat avec la nymphe Ambrosia, ses attaques contre la vigne de Dionysos et le moment où il se retrouve prisonnier des pampres[1]. La raison qui a présidé au choix de ce thème dans le contexte alexandrin de l'époque est restée inexpliquée, tant à cause du caractère exceptionnel de ces émissions monétaires que de la personnalité singulière du héros.

À quatre reprises essentiellement, sous les empereurs Domitien, Trajan, Hadrien et Antonin le Pieux, furent émises à Alexandrie des séries monétaires appelées «monnaies de nomes» parce qu'elles «portent au revers le nom en grec d'un des nomes d'Égypte et l'*interpretatio classica* de l'image de la divinité indigène majeure (ou celle de son animal sacré ou d'un attribut propre à l'évoquer)» et constituent ainsi «un véritable atlas illustré des cultes locaux indigènes»[2]. Si les monnaies «au Lycurgue» ne sont pas à proprement parler des monnaies de nomes, puisque n'y figure pas le nom de l'une des provinces administratives de l'Égypte, elles ont cependant été émises la même année que la série — la dernière — des monnaies de nomes frappées sous Antonin le Pieux et sont également contemporaines d'une autre émission de caractère exceptionnel, celle aux signes zodiacaux[3]. L'originalité du motif (ce sont les seules monnaies romaines à illustrer le mythe de Lycurgue) ainsi que la

[1] A. Farnoux, *LIMC* VI, 1992, p. 309-319, n° 53, 68 et 81; V. Rondot, «Le dieu à la bipenne c'est Lycurgue», *RdE* 52, 2001, p. 224 et pl. 32.

[2] J.-Cl. Grenier, «Une hypothèse sur l'origine des monnaies de nomes», *Stud. J. Quaegebeur* II, (*OLA* 85), 1998, p. 1331-1340. B. Jaeger, V. Tran tan Tinh, *LIMC* VIII, 1997, p. 883-890 *s. v.* «Nomoi aigyptiakoi»; également M. Amandry, Fr. Planet, «À propos du monnayage du nome coptite», *Topoi Suppl.* 3, 2002, p. 161-177.

[3] J. Vogt, *Die Alexandrinischen Münzen* II, 1924, 2e éd. 1976, p. 70; A. Geissen, *Katalog Alexandrinischer Kaisermünzen zu der Sammlung des Instituts für Altertumskunde der Universität zu Köln* II, (*Pap. Coloniensia* 5), 1978, p. 246-265.

date choisie pour ces émissions sont deux éléments suffisants pour donner à ces frappes un caractère remarquable et une spécificité qui demande à être expliquée.

Lycurgue est un roi thrace qui s'est révolté contre le thiase de Dionysos et que le dieu a puni en le frappant de folie. Dans sa démence, qui connaît plusieurs péripéties, Lycurgue s'est saisi d'une hache à double tranchant — la *bouplèx* ou bipenne, réservée au sacrifice des bœufs — et a tenté de tuer sa femme et ses fils, s'est tranché un pied en voulant couper la vigne, a engagé, enfin, un combat avec la nymphe Ambrosia, l'une des nourrices de Dionysos. Ce dernier épisode a été particulièrement prisé par la tradition mosaïstique, et des sols décorés du motif du combat de Lycurgue et Ambrosia nous sont connus en de nombreux points du pourtour méditerranéen, dès le Ier siècle avant J.-C., mais surtout aux IIe-IIIe siècles après J.-C.[4]. La source littéraire qui nous raconte avec le plus de détails le duel du héros et de la nymphe est le chant XXI des *Dionysiaques* du poète alexandrin Nonnos de Panopolis (Ve siècle après J.-C.). Nous y est longuement décrit leur affrontement, qui se tint dans une ville du nom de Nysa, le moment où Gè sauva la nymphe en la transformant en vigne, condamnant Lycurgue qu'étouffèrent les ceps et les vrilles. Comment ensuite Héra, émue du martyre du héros, le délivra et permit sa rédemption[5].

Nous allons voir que plusieurs sources iconographiques égyptiennes, documentant un fait religieux encore peu connu, permettent de rendre compte de la présence du héros Lycurgue au revers de ces monnaies frappées à Alexandrie sous Antonin le Pieux.

Ont été découverts dans la province du Fayoum, organisée autour du lac Moeris, plusieurs tableaux faits de planches de bois prises dans un cadre et peints de divinités. Ces objets servaient de support au culte dans

[4] Ph. Bruneau, Cl. Vatin, «Lycurgue et Ambrosia sur une nouvelle mosaïque de Délos», *BCH* 90 (1966), p. 391-427; Ph. Bruneau, «Le répertoire mosaïstique et sa transmission», *La transmission de l'image dans l'Antiquité*, (*Ateliers* 21), Cahiers de la Maison de la Recherche Université Charles-de-Gaulle-Lille 3, 1999, p. 45-50; A. Farnoux, *LIMC* VI, 1992, p. 313 sq., n° 33 à 43.

[5] N. Hopkinson et F. Vian, *Les Dionysiaques, Chants XX-XXIX*, Les Belles lettres, 1994, p. 60-66; P. Chuvin, *Mythologie et géographie dionysiaques. Recherches sur l'œuvre de Nonnos de Panopolis*, (*Vates* 2), 1991, p. 254-268. Mes remerciements à M. Chuvin pour les courriers que nous avons échangés alors que la rédaction de cet article était en cours.

les salles annexes des temples, les chapelles privées, et dans les maisons, en fonctionnant à la manière d'icônes[6]. On s'accorde en général à dater ces tableaux du IIe siècle après J.-C. et si certains représentent des dieux typiquement et fondamentalement égyptiens, quand bien même ils apparaissent dans des postures et des vêtements hellénistiques[7], d'autres figurent des divinités plus originales, aux traits, attitudes et vêtements particuliers. En 1933, M. Rostovtzeff présentait plusieurs de ces documents et proposait une origine proche-orientale ou syrienne pour les dieux qui y sont figurés[8]. Quelques années plus tard, Fr. Cumont s'intéressa à deux tableaux dont il avait fait l'acquisition et qui représentent tous deux un personnage brandissant une hache à double tranchant au-dessus de sa tête[9]. Il formula trois hypothèses d'identification avec trois dieux que caractérise le port de la bipenne: Zeus Dolichénos, Zeus Labraundos, Lycurgue enfin.

Les deux tableaux dont il est question sont peints de la même composition dans laquelle sont figurés deux personnages principaux. Celui de droite est bien connu: il s'agit du dieu thrace Hèrôn dont nous savons par une documentation relativement abondante (dans laquelle l'onomastique grecque tient une grande place) qu'il recevait un culte dans le Fayoum dès la fin du IIe siècle avant J.-C.[10]. C'est le dieu représenté à gauche de Hèrôn qui nous intéresse ici. De la main droite, il brandit audessus de sa tête une bipenne. De la main gauche, il serre dans son poing une lance verticale, une branche feuillue et un serpent qui se love autour

[6] En dernier lieu Th. F. Mathews, «The Emperor and the Icon», *Acta ad Archaeologiam et Artium Historiam Pertinentia* XV, p. 165-177 avec, p. 175-177, une liste de ces tableaux.

[7] V. Rondot, *Le temple de Soknebtynis et son dromos, Tebtynis* II, *FIFAO* 50, 2004, § 41-48.

[8] «Kleinasiatische und syrische Götter im römischen Aegypten», *Aegyptus* 13, 1933, p. 493-513.

[9] «Un dieu supposé syrien, associé à Hérôn en Égypte», *Mélanges syriens offerts à Monsieur René Dussaud* I, 1939, p. 1-9. Les deux tableaux sont aujourd'hui, l'un à Bruxelles (MRAH INV. E. 7409), V. Rondot, *RdE* 52, 2001, p. 219 sq. et pl. 29, doc. 1, l'autre dans une collection privée, *Id.*, *ib.*, p. 220, doc. 2; M. Rassart-Debergh, *Le monde copte* 18 (1990), p. 39, fig. 1; *Id.*, *BSAC* 30 (1991), p. 43-47; *Id.*, *CdE* LXVI (1991), p. 353-355, fig. 3-5.

[10] E. Will, *LIMC* V, 1990, *s. v.* «Heron», p. 391-394. Cet écart des dates auxquelles Hèrôn (IIe siècle av. J.-C.) et son acolyte à la bipenne (Ier siècle ap. J.-C.) sont connus en Égypte pose question. Diodore de Sicile (I, XVII-XX), qui écrit au Ier siècle av. J.-C., raconte l'expédition pacifique organisée par Osiris pour «apprendre à l'humanité à cultiver la vigne et à semer les céréales». La troupe se rend d'abord en Éthiopie, puis traverse l'Arabie jusqu'aux confins de l'Inde, parcourt une partie de l'Asie, traverse l'Hellespont et passe en Europe. Là, on apprend qu'en Thrace, Osiris «tua le roi des Barbares, Lycourgos, qui s'opposait à ses actions». Nous nous contenterons ici d'enregistrer la référence.

de la lance. À ses pieds, sous le bras armé de la double hache, est représentée à plus petite échelle une femme parée de bijoux. Le costume du dieu se compose d'une tunique richement brodée, avec une ceinture nouée sous la poitrine, de pantalons décorés de motifs à losanges et frangés d'un feston de petits glands, de bottes nouées avec bande blanche sur le devant, d'une cape enfin, tenue par une fibule.

Sans revenir sur les arguments développés par Fr. Cumont en faveur de l'une ou l'autre de ses hypothèses, je voudrais ne retenir que celle de l'identification à Lycurgue proposée en conclusion: la double hache levée pour frapper, la présence de la femme à plus petite échelle et le costume particulier du dieu me paraissent en effet être les trois arguments qui permettent de justifier que l'*interpretatio graeca* ait reconnu Lycurgue et Ambrosia dans ces deux personnages. L'attitude du dieu, à n'en pas douter, est belliqueuse: le geste du bras levé et prêt à s'abattre parle de lui-même mais également le visage à l'air courroucé et aux yeux exorbités; cette colère divine aura trouvé son équivalent dans la démence de Lycurgue. On a proposé un temps que la femme aux pieds du dieu, dans le tableau maintenant à Bruxelles, puisse être l'orante, la donatrice. Puisque l'on connaît un deuxième exemple de cette figuration féminine sur le tableau aujourd'hui dans une collection privée, nous sommes amenés à comprendre qu'il s'agit bien plutôt de la parèdre du dieu principal, dans laquelle l'*interpretatio graeca* aura reconnu Ambrosia, elle aussi associée à un homme brandissant la double hache. Le vêtement du dieu est lui aussi caractéristique. S'il ne peut être attribué à un peuple particulier, il évoque fortement le costume «scythe», celui des Amazones par exemple, autres manieuses de bipenne, et correspond assez bien à l'habillement que le monde grec considérait depuis longtemps comme typique de «l'Oriental». Nous sommes loin ici du canon classique des représentations de Lycurgue (figuré nu, chaussé des *embades* et couvert parfois d'une cape) pour la raison que l'*interpretatio graeca* est absente des conventions iconographiques mises en œuvre dans ces deux tableaux: le dieu est figuré tel que se le représentaient ses adorateurs et ainsi, son vêtement indique son origine ethnique, à chercher quelque part au Proche-Orient.

On connaît dans le Hauran, au sud-est de Damas, plusieurs dédicaces grecques attestant un culte à un dieu Lycurgue[11]. L'iconographie hellé-

[11] D. Sourdel, *Les cultes du Hauran à l'époque romaine*, 1952, p. 81-84; A. Farnoux, *LIMC* VI, p. 309; M. Sartre, *D'Alexandre à Zénobie. Histoire du Levant antique IVe siècle av. J.-C. — IIIe siècle ap. J.-C.*, Paris, 2001, p. 890.

nistique du héros, dans un cadre officiel ou cultuel, est également présente dans la région, à Apamée en Syrie, à Baalbek au Liban, et à Qasr Rabba en Jordanie[12]. Ces documents épigraphiques et iconographiques de la province d'Arabie et de ses abords nous renseignent donc sur le culte à un dieu que nous ne connaissons pour le moment qu'à travers son *interpretatio graeca* — onomastique et iconographique — même si, sur l'argument que des inscriptions le décrivent comme «celui qui ne boit jamais de vin», on a proposé que le dieu des Arabes Shai' al-Qaum puisse se cacher derrière Lycurgue[13].

Ces données fournies par l'archéologie trouvent une correspondance parfaite avec ce que nous dit Nonnos de Panopolis, dans la conclusion qu'il fait au combat de Lycurgue et Ambrosia[14]: «<Héra> s'approche de l'Arabie. Alors que le fils d'Ényalios [Lycurgue] succombe dans cette végétale bataille, elle lui rend la vie, armée de l'épée en fer d'Arès. Contre les Bacchantes, elle dégaine la lame étincelante du glaive divin et met en fuite la troupe féminine de Cybèle. Puis, tranchant de son fer les feuillages d'Ambroisie, elle délivre Lycurgue de la vigne qui l'enchaîne. Et elle apaise le Dieu aux crins d'azur qui ébranle le sol, son frère, ainsi que Zeus son époux et sa mère Rhéa: elle protège Lycurgue afin qu'il prenne place parmi les Immortels. Les Arabes, sur des autels ruisselants de graisse, se concilient, tel un dieu, le fils de Dryas par des sacrifices; mais, au lieu de verser le suc, doux comme le miel, de la vendange de

[12] A. Farnoux, *LIMC* VI, p. 316, n° 71, p. 315, n° 46; J. Calzini Gysens, L. Marino, «L'architecture du temple de Qasr Rabba (Jordanie). Considérations préliminaires aux fouilles», *Sanctuaires du Proche-Orient hellénistique et romain*, *Topoi* 9/2, 1999, p. 849-856 et fig. 2.

[13] En dernier lieu E. A. Knauf, «Dushara and Shai' al-Qaum», *Aram* 2, 1990, p. 175-183, cité par M. Sartre, *op. cit.*, p. 890, n. 24. Knauf rappelle que les attestations de «Shai' al-Qaum/Lucurgus, the wine-shunning god» remontent toutes au Ier et IIe siècles après J.-C., ce qui correspond bien à ce que nous savons des dates du dieu à la bipenne en Égypte. Le même auteur propose de reconnaître Shai' al-Qaum dans un dieu chamelier armé d'une lance reproduit sur des monnayages nabatéens. On comprendrait mal cependant, dans ce cas, pourquoi l'*interpetatio graeca* aurait retenu, pour l'identifier, un héros armé d'une double hache. Il insiste en tout cas sur le caractère belliqueux et militaire du dieu. À la page 491 de son ouvrage, M. Sartre cite le passage de Strabon qui nous raconte l'expédition désastreuse engagée sous Auguste en 25-26 avant J.-C. contre l'Arabie Heureuse, avec à sa tête le préfet d'Égypte Aelius Gallus. Des ennemis que les Romains eurent à combattre Strabon nous dit qu'ils «sont très peu belliqueux de leur nature, et [que] rien n'égale la maladresse avec laquelle ils manient leurs différentes armes, l'arc, l'épée, la fronde, voire *la hache à double tranchant* qui était l'arme du plus grand nombre».

[14] La Nysa où se tient le combat, parmi les nombreuses villes à porter ce nom, est à reconnaître soit dans Beisan-Scythopolis (P. Chuvin, *Mythologie et géographie dionysiaques*, p. 258-264), soit dans Soueida-Dionysias (G. W. Bowersock, «The Hellenistic Leja'», Colloque de Tours sur la Syrie hellénistique (M. Sartre éd.), *Topoi Suppl.* 4, 2003, p. 341-348).

Dionysos, ce sont des libations de sang qu'ils offrent à Lycurgue, le rebelle à Bacchos[15].»

Ainsi, les attestations épigraphiques d'un culte à un dieu identifié à Lycurgue dans la province d'Arabie, comme la diffusion de son iconographie classique dans la même région, d'une part, les précisions concordantes fournies par les *Dionysiaques*, d'autre part, paraissent suffire à étayer l'hypothèse que ce dieu des Arabes ait été importé en Égypte à l'occasion de l'installation de ses adorateurs, tout particulièrement dans le Fayoum[16].

La démonstration pourrait alors s'arrêter là si d'autres documents égyptiens ne fournissaient des attestations supplémentaires de la présence de Lycurgue le long de la vallée du Nil et ne venaient renforcer cette proposition d'explication des deux tableaux du Fayoum. Dans la ville proche d'Ahnas el-Médina / Héracléopolis magna, dans des tombes cette fois, datées des IIIe-Ve siècles, trois reliefs au moins représentent un homme, nu ou habillé, et qui fait le geste d'empoigner des pampres de vignes[17]. Ce détail est la clé qui permet de reconnaître le personnage. On ne peut, en effet, retenir une identification avec Dionysos, souvent proposée, puisque ce dieu n'est jamais représenté agrippant la vigne, mais seulement encadré par elle, quelle que soit son attitude[18].

Au contraire, la posture du personnage sur le relief du Louvre, nu, chaussé des *embades*, jambes légèrement écartées et les bras pris dans les pampres, est celle qui caractérise Lycurgue sur le verre sans doute alexandrin conservé au British Museum et couramment appelé «Verre de Lycurgue»[19], celle également qu'ont reproduit les reliefs d'Apamée et, très probablement, de Qasr Rabba évoqués plus haut.

[15] N. Hopkinson et F. Vian, *Les Dionysiaques, Chants XX-XXIX*, Les Belles lettres, 1994, p. 66.

[16] Sur la présence des Arabes en Égypte, M. E. Abd el-Ghani, «The Arabs in Ptolemaic and Roman Egypt through Papyri and Inscriptions», *Egitto e storia antica*, Bologne, 1989, p. 233-242; et pour le Fayoum, A. E. Hanson, «Egyptians, Greeks, Romans, *Arabes*, and *Ioudaioi* in the first century A. D. Tax archive from Philadelphia: P. Mich. Inv. 880 recto and P. Princ. III 152 revised», *Life in a Multi-Cultural Society, SAOC* 51, 1992, p. 133-145.

[17] 1) CAIRE, MUSÉE COPTE 7049; 2) CAIRE, MUSÉE COPTE 7035; 3) LOUVRE E 26106; V. Rondot, *loc. cit.*, p. 225 sq. et pl. XXXIII-XXXV, avec bibliographie antérieure.

[18] Chr. Augé, P. Linant de Bellefonds, *LIMC* III, p. 514-531 et particulièrement 530 sq. (Dionysos en Égypte).

[19] E. Coche de La Ferté, *Mon. Piot* 48 (1954), p. 131-162 et p. 132, fig. 1, reproduit dans V. Rondot, *loc. cit.*, p. 228.

Le relief 7049 du musée copte du Caire offre quant à lui une iconographie originale. L'homme nu et agrippant les pampres est représenté allongé cette fois avec, à côté de lui, une femme debout, vêtue d'une robe, portant une *bulla* et brandissant une arme. En nous en tenant à l'hypothèse que les poings crispés sur la vigne désignent Lycurgue et lui seul, on peut alors proposer que cette scène représente le moment où le héros martyr est sauvé de l'étouffement par Héra «armée de l'épée en fer d'Arès». Même s'il est vêtu d'une longue robe, c'est Lycurgue que nous reconnaîtrons également dans le relief 7035 du musée copte, représenté dans la même posture allongée et toujours agrippant la vigne.

Les études de Th. K. Thomas ont clarifié la description et l'interprétation du corpus de sculptures funéraires auquel appartiennent ces trois reliefs et permettent de rendre compte des conventions de représentation des personnages divins dans lesquels on souhaitait que le mort s'identifie dans l'autre monde (*consecratio in formam deorum*)[20]. On s'explique alors comment, dans le décor de certaines tombes de l'Égypte de l'Antiquité tardive, aux côtés de Daphné, Dionysos, Héraclès, Léda ou encore Orphée, Lycurgue a pu être intégré à ce panthéon des dieux de l'héroïsation, puisqu'il avait lui-même connu la rédemption ayant permis «qu'il prenne place parmi les Immortels».

De l'ensemble de cette documentation, nous pouvons retenir que des Arabes venus du Hauran ou de Nabatène s'installer dans le Fayoum au Ier siècle après J.-C. ont apporté avec eux leurs dieux et (imitant une pratique égyptienne de l'époque?) ont fait réaliser les icônes qui permettaient le culte. Au nombre de ces divinités figurait un dieu belliqueux à la bipenne accompagné de sa parèdre. L'administration romaine d'Alexandrie en a tenu compte en retenant l'*interpretatio graeca* sous laquelle on avait reconnu ce dieu pour frapper des monnaies représentant Lycurgue brandissant sa double hache[21]. Ce sont ainsi implantés, dans certaines régions de l'Égypte, le mythe et l'iconographie du héros Lycurgue, permettant qu'ils soient repris dans les décors de tombes des IIIe-Ve siècles, à Héracléopolis magna notamment. Bien que l'on sache dans quel milieu panhellénique Nonnos de Panopolis composa à Alexan-

[20] Th. K. Thomas, *Late Antique Egyptian Funerary Sculpture. Images for this World and the Next*, 2000.

[21] On signalera également le décor d'une lampe trouvée dans la ville fayoumique de Dimè / Soknopaiou-Nésos et qui représente Lycurgue prisonnier des pampres (ANN ARBOR. KELSEY MUSEUM 22253), A. Farnoux, *LIMC* VI, p. 317, n° 79; V. Rondot, *loc. cit.*, p. 223, doc. 7.

drie, dans la seconde moitié du Ve siècle, ses *Dionysiaques*, on pourra suggérer que s'il est notre source textuelle la plus détaillée sur le mythe du combat de Lycurgue et Ambrosia, c'est peut-être aussi parce que l'histoire du héros était en son temps bien connue dans certaines villes de la vallée du Nil.

Liste des Abréviations

Aegyptus	= *Aegyptus. Rivista italiana di egittologia e di papirologia* (Milan)
BCH	= *Bulletin de correspondance hellénique* (Paris)
BSAC	= *Bulletin de la Société d'archéologie copte* (le Caire)
CdE	= *Chronique d'Égypte.* Fondation égyptologique Reine Élisabeth (Bruxelles)
FIFAO	= *Fouilles de l'Institut français d'archéologie orientale* (le Caire)
LIMC	= *Lexicon iconographicum mythologiae classicae* (Zurich, Munich)
OLA	= *Orientalia lovaniensia analecta* (Louvain)
RdE	= *Revue d'égyptologie.* Société française d'égyptologie (Le Caire, puis Paris)
SAOC	= *Studies in Ancient Oriental Civilizations* (Chicago)

GÉOGRAPHIES DES ORIGINES DANS LA LÉGENDE ARABE D'ALEXANDRE LE GRAND

François de POLIGNAC
Centre Louis Gernet (CNRS/EHESS)

Dès l'Antiquité, la marche d'Alexandre en Asie jusqu'à l'Inde fut perçue non seulement comme une conquête, mais aussi comme une exploration. Les contacts d'Alexandre avec Aristote, son ancien précepteur, la présence de familiers du philosophe, dont son propre neveu Callisthène, dans l'expédition, la découverte de mondes insoupçonnés, l'acharnement du conquérant à parcourir de nouvelles régions, ont transformé la campagne militaire en aventure de la connaissance. La profonde impression suscitée par cette ouverture sur l'inconnu imprégna toute la culture hellénistique et marqua en particulier toute la tradition historiographique d'Alexandre et la genèse de sa légende, dès la biographie du conquérant rédigée par Clitarque dans l'Alexandrie de la fin du IVe siècle. Elle imprègne donc aussi le texte qui, à partir du IIe ou du IIIe siècle ap. J.-C., constitua le principal vecteur (mais non le seul) de la légende, la *Vie d'Alexandre le Macédonien* mise en forme à Alexandrie à partir de matériaux plus anciens par un anonyme maintenant désigné comme le "Pseudo-Callisthène"[1]. A ce moment, Alexandre n'est plus seulement le vainqueur de la Grèce, de Darius et de Poros. Il soumet aussi Rome, l'Occident et l'Inde entière, et son désir insatiable le mène au-delà des bornes dressées par tous les grands conquérants qui sont supposés l'avoir précédé: Héraclès et Dionysos, le pharaon Sésostris et Cyrus l'Ancien; il atteint les limites extrêmes de l'univers en rencontrant et en combattant les peuples et les animaux les plus étranges qu'on puisse imaginer. Le Macédonien est le maître du monde habité, le souverain universel par excellence. La dimension fantastique et merveilleuse de ses aventures et la fascination pour les confins inaccessibles furent encore accentuées dans des versions ultérieures, ou dans des textes qui circulaient parallèlement comme la *Lettre d'Alexandre à Aristote sur les*

[1] Le livre de C. Jovanno, *Naissances et métamorphoses du Roman d'Alexandre*, Paris 2002, donne maintenant une vue très complète de l'histoire du Pseudo-Callisthène grec.

merveilles de l'Inde[2]. De nouveaux développements, inspirés de légendes qui étaient apparues indépendamment, trouvèrent place dans les recensions byzantines des VIIe/VIIIe siècles du Pseudo-Callisthène et connurent un succès quasi universel: le voyage du héros dans les ténèbres du Pays des Bienheureux, où il manque découvrir la source d'immortalité; sa plongée au fond de l'Océan sous une cloche de verre; enfin sa montée dans les airs dans une nacelle tirée par des aigles ou des griffons, épisode particulièrement célèbre en Occident où il donna naissance à une tradition iconographique foisonnante.

Cette dimension est évidemment présente dans les textes arabes qui traitent de l'histoire d'Alexandre. Elle est même renforcée par la proximité constante entre le conquérant macédonien et "l'homme aux deux cornes", *Dhu l-Qarnayn*, du Coran (sourate 18, La caverne, 82-99): que les deux personnages soient ou non reconnus comme identifiables l'un à l'autre, la comparaison récurrente entre leurs exploits ne pouvait qu'accentuer l'intérêt pour les aventures d'Alexandre aux confins du monde habité. C'est en effet sur ces confins, en parcourant la terre entière sur laquelle il a reçu de Dieu "un accès à toute chose", que le "Bicornu" trouve d'un côté la source sombre où le soleil se couche, de l'autre le lieu où le soleil se lève, et atteint enfin l'endroit "entre les deux montagnes" où il érige le mur de fer et d'airain destiné à contenir les peuples de Gog et Magog jusqu'au jour du Jugement. De ce fait, on constate que la légende d'Alexandre tend souvent dans les textes arabes à se focaliser sur la découverte des extrémités du monde et sur la connaissance de tout ce qui est à la limite de l'accessible, sinon même au delà: Alexandre, sous son nom propre ou sous celui de Dhu l-Qarnayn, est en effet souvent présenté comme le dernier à avoir pu franchir un seuil pour explorer un espace ou une forme de savoir, auxquels il interdit ensuite l'accès. En opérant ainsi la clôture du monde et la délimitation entre l'atteignable et l'inatteignable dont l'édification du mur de Gog et Magog est le symbole, Alexandre/Dhu l-Qarnayn ouvrait aussi un temps d'attente de la révélation qui confère à ses exploits une dimension eschatologique[3].

La conquête d'Alexandre s'était néanmoins déroulée dans un espace qui coïncidait en grande partie, de l'Egypte à l'Asie centrale, avec celui que les armées arabes avaient parcouru à leur tour et qui avait été unifié

[2] L. L. Gunderson, *Alexander's letter to Aristotle about India*, Meisenheim 1980.

[3] Je renvoie sur ce point à ce que j'ai écrit dans "Alexandre, maître des seuils et des passages", dans *Alexandre le Grand dans les littératures occidentales et proche-orientales*, L. Harff-Lancner, Cl. Kappler et Fr. Suard éd., Paris 1999, p. 215-225.

sous l'autorité califale. Des monuments comme ceux d'Alexandrie ou d'autres vestiges impressionnants de Mésopotamie ou de Perse, non seulement témoignaient encore du passage du conquérant, mais semblaient montrer que le cœur même de son empire ne faisait qu'un avec celui de l'empire musulman[4]. Dès lors, les limites extrêmes de la conquête d'Alexandre et celles de la conquête arabe paraissaient devoir se superposer, et rechercher les lieux des exploits qui avaient donné au héros une dimension eschatologique revenait à s'aventurer aux frontières de l'empire musulman. Ce processus est bien illustré par les récits de trois expéditions célèbres lancées sur les traces d'Alexandre qui, toutes, cherchent à retrouver les vestiges de ses hauts faits au bout du monde et à dépasser les seuils qu'il avait franchis: celle de Mûsâ b. Nusayr, le conquérant du Maghreb et de l'Andalousie, à la recherche de la ville de cuivre; celle de Maslama, le prince marwanide qui guerroya en Anatolie et menaça Byzance en 716, à la recherche de la source du Tigre; enfin celle de l'interprète Sallâm, parti en quête du mur de Gog et Magog.

La première est un des thèmes les plus célèbres de la littérature des merveilles[5]. La ville de cuivre (ou selon les cas, d'*al-baht*, une substance que l'on identifie généralement à l'aétite), cité totalement impénétrable construite par Salomon et les djinns, rayonne d'un éclat inquiétant dans les déserts des confins occidentaux. Selon Ibn al-Faqîh qui le premier, au début du Xe siècle, en donne un récit détaillé dans le *Livre des pays*, sans doute d'après la narration que Mûsâ b. Nusayr lui-même aurait laissé, c'est à la suite de la conquête du Maghreb que ce dernier aurait reçu du calife Abd el-Malik (685-705) l'ordre de monter une expédition pour trouver la ville de cuivre; Mûsâ la découvrit après une marche de quarante-trois jours mais ne put y pénétrer[6]. Mais dans l'ouvrage, l'épisode fait immédiatement suite à une série d'aventures d'Alexandre/Dhu l-Qarnayn aux confins occidentaux du monde, proches de celles que l'on trouve dans certaines versions grecques tardives du Pseudo-Callisthène (e et g en particulier): le franchissement du fleuve de sable ou *wadi ar-raml* qui, comme le fleuve du sabbat des légendes juives, cesse de couler et livre le passage le samedi; la rencontre des Brahmanes; l'érection du cavalier de cuivre qui, au bout du monde, balise le seuil que nul ne

[4] F. de Polignac, "L'imaginaire arabe et le mythe de la fondation légitime", dans *Alexandrie entre deux mondes* (=*Revue de l'Occident méditerranéen et musulman* 46) R. Ilbert éd., 1987, p. 55-63.

[5] A. Miquel, *Géographie du monde arabo-musulman*, II, Paris 1975, p. 491-493.

[6] Ibn al-Faqîh, *Mukhtasar kitâb al-buldân*, BGA V, Leyde 1885, p. 88-91; *Abrégé du livre des pays*, trad. H. Massé, Paris 1973, p. 109-112.

doit plus franchir; la rencontre des peuples bienheureux des confins, assimilables aux Gymnosophistes des textes classiques. De plus, comme Charles Genequand l'a bien montré, la ville inviolable ceinturée de ses remparts de bronze remonte en dernière analyse à la cité interdite des Amazones, retranchée sur une île, à laquelle Alexandre se voit interdire l'accès dans le Pseudo-Callisthène. Il est donc logique que certains récits aient attribué à Alexandre la découverte de la ville de cuivre, qui n'a été reportée sur Musa b. Nusayr qu'à la suite d'un processus classique de transfert d'un héros conquérant à un autre[7].

C'est dans le même contexte des dernières conquêtes ummayades, cette fois sous le calife al-Walîd (705-515), que prend place l'aventure de Maslama aux sources du Tigre rapportée par le géographe al-Muqaddasi dans son *Livre pour la meilleure répartition des provinces*[8]. Parvenu lors de ses campagnes en Haute-Mésopotamie devant la "Porte des ténèbres" (*bab az-zulmât*), la grotte où le fleuve prend naissance, le prince marwanide voulut rééditer l'exploit de Dhu l-Qarnayn qui, disait-on, avait été le premier et jusqu'alors le seul à s'aventurer dans ses profondeurs. Mais les torches de ses soldats s'éteignirent dès qu'ils commencèrent à s'enfoncer dans la grotte et Maslama dut renoncer à son projet. La limite atteinte en ces lieux est double. D'une part, la grotte est située dans la région de la frontière de l'islam avec l'empire byzantin, frontière sensible, "combattante", comme le signale la présence, au-dessus de la grotte, d'un poste fortifié, un *ribât* appelé précisément "*ribât* de Dhu l-Qarnayn"[9]. D'autre part, le nom de "porte des ténèbres" donné à la grotte où se situe la source du Tigre suscite un parallèle avec l'exploration du "pays des ténèbres" par Alexandre qui figure dans les versions byzantines du Pseudo-Callisthène, exploration au cours de laquelle le héros manque de peu découvrir la source de vie.

Ces deux explorations ont donc lieu dans la foulée de la conquête musulmane, là où celle-ci atteint ses limites, et permettent ainsi de calquer les itinéraires de certains de ses héros sur celui d'Alexandre. La troisième, également très célèbre: l'expédition vers le mur de Gog et Magog telle qu'elle est rapportée en premier lieu par Ibn Khordadbeh dans *Le livre des itinéraires et des royaumes*, s'insère dans un autre

[7] Ch. Genequand, "Autour de la ville de bronze: d'Alexandre à Salomon", *Arabica* 39, 1992, p. 328-345.

[8] *Ahsan at-taqâsîm fî ma'rifat al-aqâlîm* (composé vers 985-990), éd. De Goeje, BGA III, p. 136; trad. A. Miquel, Damas 1963, § 49.

[9] *Ibidem*, p. 146. Miquel, *Géographie* II, p. 472-476.

contexte[10]. Suite à un songe où le calife abbasside al Watiq (842-847), frère et successeur d'al-Mamûn, a vu que le mur de Gog et Magog s'était fissuré -premier signe de l'invasion prochaine de ces peuples monstrueux et innombrables dont le déferlement marquerait la fin des temps-, l'interprète (turc) Sallâm est envoyé vérifier *de visu* l'état du rempart légendaire. Le contexte de l'épisode n'est plus la conquête, mais ce qu'on appelle l' "inquisition mu'tazilite", cette politique de réforme doctrinale "éclairée" mais autoritaire de l'islam promue par al-Mamûn et al-Watiq qui rencontra la résistance des traditionalistes prenant appui sur les milieux populaires, et suscita ainsi d'âpres conflits religieux et politiques. Il est difficile de préciser si la recherche du mur de Gog et Magog avait une signification doctrinale particulière dans la controverse avec les traditionalistes. Mais le songe attribué au calife pourrait indiquer que l'angoisse des temps derniers, de la venue du jugement et du châtiment divin, était susceptible d'être manipulée dans le conflit: prouver que le rempart était intact, que la catastrophe n'était pas imminente, donc que la politique de réforme entreprise par les califes n'avait pas déclenché la colère divine, était sans doute un argument important dans l'affrontement avec les traditionalistes, voire même une réponse directe à certaines de leurs accusations[11].

Selon le récit de Sallâm transmis par Ibn Khordadbeh, l'expédition partie de Sâmarrâ se dirigea vers le Caucase: ses étapes chez le gouverneur d'Arménie à Tiflis et dans différentes principautés sont retracées jusqu'à l'arrivée chez le roi des Khazars dont la capitale était Sarîr, l'anciennes Shîz sassanide. Jusque là donc, on reste en terrain connu, en deçà de la "porte des portes", la passe de Derbend qui, entre le Caucase et la mer Caspienne, marquait la limite de l'empire. Puis l'expédition fait le saut dans l'inconnu: cinquante-six jours de marche au total (soixante-trois dans certains manuscrits) dans des contrés désolées, malsaines ou dévastées. L'itinéraire fait alors mention à nouveau d'un lieu repérable: la ville d'Ikâ, ou Igu, dans le Xin-Kiang oriental, où Alexandre aurait campé et au delà de laquelle l'expédition découvre la muraille aux dimensions fantastiques. L'ambiance qui règne en ces terres lointaines évoque immanquablement le *Désert des Tartares* de Dino Buzzati: génération après génération, une garnison monte une garde suspendue

[10] *K. al-masâlik wa-l mamâlik*, ed. et trad. de Goeje, BGA VI, Leyde 1889, p. 162-170 (texte), 125-131 (traduction).

[11] Rappelons que la première rédaction de l'ouvrage par Ibn Khordadbeh, qui en tant que membre de la chancellerie califale tenait le récit directement de Sallâm, date de 846, donc du vivant d'al-Watiq et en pleine période de troubles.

hors du temps (les musulmans qui vivent dans le secteur ignorent le nom du calife), répétant immuablement les mêmes gestes dans l'attente de l'irruption hypothétique des hordes sauvages... S'étant assuré de la solidité du rempart et après en avoir prélévé un peu de poussière en guise de preuve, Sallâm ramena l'expédition par le Khorasan et l'Iran.

Comme l'a relevé André Miquel, ce texte mêle notations réalistes et échappées imaginaires[12]. Qu'il incorpore un récit relatif à la grande muraille de Chine est vraisemblable; mais il ne se réduit pas pour autant à la narration fidèle d'un voyage vers l'Asie centrale et les confins chinois. Si l'itinéraire de retour par le pays de Lob (lac Lob-Nor, bassin du Tarim), Samarcande, Bokhara, Balkh et l'Iran correspond bien à une des routes de la soie, l'itinéraire de départ obéit à une tout autre nécessité, celle de se conformer à une géographie mythique ancienne qui plaçait traditionnellement Gog et Magog vers le nord, au delà du Caucase dont les "portes" avaient été fermées par des fortifications[13]. Le récit est donc construit selon deux logiques et deux orientations distinctes: l'une est fondée sur la tradition légendaire qui oblige à aller chercher la muraille de Gog et Magog vers le nord, et l'autre repose sur l'expérience qui permet d'évoquer une muraille située à l'extrême est et à laquelle on accède par l'Iran et l'Asie centrale. Entre les deux, la contradiction est résolue et le raccord effectué grâce aux deux mois de voyage dans des terres totalement inconnues, dépourvues de tout repère et de toute vie.

Ce montage confirme cependant une représentation de l'espace analogue à celle des deux autres épisodes d'exploration: sitôt franchie la limite de l'empire musulman, on arrive dans un espace sans repère, hors du temps et de l'histoire, qui est le théâtre de la mission eschatologique de clôture du monde par Alexandre Dhu l-Qarnayn. Sans la coupure introduite par les régions désertiques que l'expédition est censée avoir traversées sitôt après le Caucase, la muraille de Gog et Magog appartiendrait à une géographie concrète, donc politique, soumise aux fluctuations de l'histoire. Même si Sallâm retrouve des musulmans à proximité de la muraille, ceux-ci ignorent tout de l'histoire du monde et vivent pour ainsi dire dans un autre espace-temps. Ainsi se trouvait résolue une contradiction fondamentale. Dieu avait en effet conféré à Dhu l-Qarnayn autorité sur toute l'étendue de la terre. L'islam avait lui aussi vocation à l'universalité mais, pour des raisons contingentes, ne s'étendait pas à toute la terre habitée; sa mission historique, la propagation de

[12] Miquel, *Géographie* II, p. 497-507.

[13] A. R. Anderson, *Alexander's Gate. Gog and Magog and the Enclosed Nations*, Cambridge (Mass.) 1932.

la révélation muhammadienne, ne pouvait cependant être considérée inférieure à celle dont Dhu l-Qarnayn avait été investi. Retrouver, là même où les armées musulmanes s'étaient arrêtées, les signes de la clôture du monde, les seuils qu'Alexandre Dhu l-Qarnayn avait été le dernier à franchir et dont il avait ensuite interdit le passage, équivalait à superposer exactement les deux conquêtes et à faire coïncider frontière politique et limite eschatologique: ainsi, même dans les régions où un adversaire historique comme Byzance se maintenait, comme en Anatolie, l'idée d'universalité et en quelque sorte de perfection, de complétude de la conquête était sauvegardée.

Dans tous ces récits également, c'est en s'aventurant aux limites de l'espace que l'on accède aux traces des origines, au moment inaugural de l'attente eschatologique ouverte par la clôture du monde. Mais une autre géographie des origines transparaît dans des textes visant à rattacher la légende de Dhu l-Qarnayn à des traditions nationales plus étroitement circonscrites. Alexandre en effet ne fut pas le seul conquérant candidat à l'identification avec la figure mythique de "l'homme aux deux cornes". Celle-ci était sans doute assez ancienne au Proche-Orient où la corne fut très tôt un signe de contact avec la puissance divine; ses attributs ont pu être reportés sur plusieurs personnages dont les exploits ont à leur tour enrichi la légende d'épisodes et de significations nouvelles. Moïse par exemple a de toute évidence été un "Bicornu", et c'est ce qui pourrait expliquer que l'épisode de la découverte manquée de la source de vie lui soit associé dans le Coran (XVIII, 60-82); Cyrus le Grand, conquérant de l'Orient et de l'Occident, a peut-être revêtu la même dimension légendaire[14]. Dans le monde arabe, des traditions sudarabiques très vivaces ont longtemps soutenu que le Dhu l-Qarnayn du Coran était un roi des dynasties préislamiques du Yémen, himyarites ou Tubba. Les exploits et itinéraires du Bicornu sont alors réinterprétés en vue d'exalter l'histoire yéménite et de lui donner une place prééminente dans l'économie de la révélation. Un texte particulièrement éclairant, de ce point de vue, est celui qui figure dans le *Livre des couronnes du Himyar* dont l'auteur, Ibn Hishâm (m. en 834), transmet un long récit sur Dhu l-Qarnayn attribué à Wahb b. Munabbih, célèbre traditioniste

[14] Moïse: F. de Polignac, "L'homme aux deux cornes: une image d'Alexandre du symbolisme grec à l'apocalyptique musulmane", *Mélanges de l'Ecole Française de Rome, Aniquité,* 96, 1984-1, 29-51. Cyrus: Abu'l-Kalâm Azâd, *Kurosh-e Kabir (Zu l-qarneyn),* Téhéran 1369/1990 (1re éd. 1953); S. Musa Mir Modarres, *Kurosh-e Kabir va Zu l-qarneyn*, s.l., 1373/1994 (je remercie A. M. Piemontese de m'avoir signalé ces deux titres). Voir aussi R. Macuh, "Pseudo-callisthenes Orientalis and the Problem of Dhu l-Qarnain", *Greco-Arabica* 4, 1991, p. 223-264.

sudarabique du premier siècle de l'hégire (655/720)[15]. Dhu l-Qarnayn y est identifié au roi himyarite Saab b. al-Harith, mais le récit comporte la plupart des épisodes qui constituaient aussi la légende d'Alexandre. Ce roi, visité par des songes que personne ne réussit à interpréter, part pour Jérusalem (en passant par La Mecque) où vit un prophète qui pourra lui en dévoiler le sens (L, p. 278-284; KT, p. 82-85). Ce prophète est Moïse al-Khidr qui, le premier, donne le nom de "Bicornu" à Saab parce que celui-ci "tient les deux cornes du soleil", et lui explique qu'il a reçu de Dieu autorité sur toute la terre (L, p. 284-286; KT, p. 85-87). Saab entame alors ses pérégrinations qui le mènent, en compagnie de Moïse al-Khidr, vers les extrémités du monde.

On peut distinguer, dans le récit de ces aventures, deux parties assez différentes l'une de l'autre. La première est constituée par le voyage vers l'extrême Occident, au cours duquel Dhu l-Qarnayn conquiert le pays des Noirs et "l'île d'Andalousie", puis explore l'Océan et ses îles. Les références géographiques y sont rares et vagues, et c'est dans un espace de confins indéterminé que le conquérant rencontre le fleuve de sable et atteint la contrée des ténèbres où il découvre la vallée des diamants et la source de vie, à laquelle seul al-Khidr peut boire (L, p. 286-294; KT, p. 87-94). Ce n'est qu'à propos de l'évocation de la mission de Girgir, prophète envoyé par Abraham en Occident pour répandre la parole divine, que des mentions plus précises de peuples apparaissent: on apprend ainsi que "l'île d'Andalousie" abrite des nations de descendants de Japhet tels que les Basques, les Francs, les Galiciens et les Goths (L, p. 289-290; KT, p. 90-91). A l'inverse, le récit des voyages en Orient est très largement organisé autour de lieux et de personnages associés à la mise en place originelle des peuples issus des fils de Noé: Sem, Ham et Japhet. Revenus au pays de Shâm en passant par l'Egypte, Dhu l-Qarnayn et Moïse al-Khidr continuent leur route vers l'Iraq et la Perse. Ils découvrent alors le palais blanc de Mijdal, une des merveilles du monde, qui avait été édifié par ʿAbir, un descendant de Sem[16]. Or ʿAbir, qui

[15] Ibn Hishâm, *Kitab at-tijân fi mulûk al-Himyar*: édition du passage concernant Dhu l-Qarnayn par M. Lidzbarski, "Zu den arabischen Alexandergeschichten", *Zeitschrift für Assyriologie* VIII, 1893, p. 263-312 (ci-dessous: L); édition complète, Haiderabad 1347 hg/1928-29 (ci-dessous: KT), avec quelques différences par rapport au texte publié par Lidzbarski. Voir R. G. Khoury, *Wahb B. Munabbih*, Wiesbaden (Codices arabici antiqui 1) 1972, et T. Nagel, *Alexander der Grosse in der frühislamischen Volksliteratur*, Walldorf-Hessen, 1978. Je remercie André Miquel de m'avoir aidé à identifier certains des lieux mentionnés dans ce texte et Saber Mansouri de m'avoir aidé à résoudre quelques difficultés textuelles.

[16] Selon Yâkût, *Muʿjam al-buldân*, s.v., Mijdal était le nom d'un tell surmonté d'un château dans la vallée du Khabour en Syrie. Un "château blanc" était cependant aussi connu dans les environs de Raqqa (Yâqût, s. v. Qasr al-abyad). Les questions de localisa-

vécut à l'époque de la tour de Babel et de la division de l'humanité en plusieurs langues, est l'inventeur de la langue arabe, qu'il avait découverte sur des manuscrits déposés auprès de Noé et dont il avait transmis la connaissance à l'un de ses fils, Hûd le prophète; celui-ci est l'ancêtre des Banu Qahtân, la lignée à laquelle Saab appartenait. Le second fils de ʿAbir, Fâligh, parla le persan et resta vivre au palais de Mijdal; il est à l'origine des Banu Adnân qui ne quitèrent la Perse qu'à l'époque où Abraham leur enjoignit de rejoindre les Banu Qahtân dans la péninsule arabique. Abraham, descendant de Fâligh, appartenait aux Banu Adnân, mais avait confié son fils Ismaël, ancêtre du prophète Muhammad, aux Banu Qahtân de La Mecque: ceux-ci, déjà dépositaires de la langue arabe, devenaient ainsi dépositaires de l'histoire de la révélation réservée à leurs descendants (L, p. 298-300; KT, p. 96-98).

A partir de la découverte du lieu fondateur de l'histoire et de lignée arabes, et à l'instar de ce qui est rapporté à propos de ʿAbir qui avait donné son nom à l'Iraq parce qu'il avait été le premier à y planter (*ʿarraqa*) des palmiers, les parcours de Saab Dhu l-Qarnayn sont le prétexte à une œuvre de dénomination de peuples et de lieux et d'organisation du monde où la langue arabe sert de fil conducteur, de lien logique. Sitôt après avoir trouvé le palais de Mijdal, le conquérant gagne les montagnes près de Nihâwand en Perse et y trouve les passages qui, à partir d'une grande vallée, mènent respectivement à Jâbârsâ et Jâbâlqâ, deux cités légendaires des confins du monde, peuplées de croyants, qui forment comme l'antithèse de Gog et Magog[17]; à Hérât, Merv et Samarcande; à Balkh; et enfin vers les contrées de Gog et Magog: savant dosage, là encore, de géographie réelle et mythique (L, p. 300-301; KT, p. 99-100). Ayant suivi la première de ces vallées, il s'empare de l'Arménie et, fidèle à sa mission de clôture du monde coïncidant, dans ce cas aussi, avec la délimitation de la frontière des empires, donne son nom de "porte des portes" (*bâb el abouab*) à la passe de Derbend dans le Caucase. Là, dans "l'île d'Arménie", il laisse la tribu de Iljân fils de Japhet qui, parce qu'elle a été laissée (*târâkâ*, passif *tûrikû*), reçoit le nom de "Turcs" (L, p. 301-302; KT, p. 100-101). Le lien avec l'identification des lieux et la généalogie des peuples se relâche à nouveau quand le récit évoque l'arrivée de Dhu l-Qarnayn à la demeure des anges à l'extrémité du monde, après une année de navigation sur l'Océan (L, p. 302-304; KT, p. 101-102). Paradoxalement, la construction de la

tion des sites mentionnés dans le texte sont discutées par Nagel, *Alexander der Grosse* , p. 44-50.

[17] Sur ces deux cités, voir Miquel, *Géographie* II, p. 507-508.

muraille de Gog et Magog ramène ensuite le récit vers des contrées localisables: Dhu l-Qarnayn aurait construit entre la muraille et l'Arménie un pont monumental qu'on mettait sept mois à parcourir (L, p. 304-305; KT, p. 102-103). De là, le conquérant gagne l'Inde où il trouve un peuple de la descendance de ʿIrjân, autre fils de Japhet, dont les membres sont appelés *tarjumâniyun* parce que -ici une glose paraît insérée dans le texte- ils auraient traduit (*tarjama*) les textes d'Abraham d'où ils tiraient les principes de leur conduite vertueuse (L, p. 305-308; KT, p. 103-105). Ces "traducteurs" méritent une attention particulière. D'un côté, il suffit de déplacer trois points diacritiques pour lire *brahmâniyûn* à la place de *tarjumâniyûn*, et ce peuple de sages mène une vie de perfection ascétique tout à fait conforme à la description classique des Gymnosophistes qu'Alexandre rencontre en Inde; il essaie d'ailleurs de convertir Saab au détachement de la même façon que les Gymnosophistes essaient de convaincre Alexandre de la vanité de son entreprise. Il est donc tentant d'identifier ces "traducteurs" aux "Brahmanes" inséparables de la légende d'Alexandre, réinterprétés selon la logique de la langue arabe où *brahmâniyun* n'avait aucun sens; une trace possible de cette transformation figurerait chez Ibn al-Faqîh, dont le texte donne *barjumâniyun*, lu comme "Brahmanes", dans l'épisode de la rencontre d'Alexandre avec les sages au-delà du fleuve de sable (voir *supra*). D'un autre côté, la mention de traducteurs de la sagesse d'Abraham et la qualification d'"Israélites" donnée par Ibn al-Faqîh à ses "Brahmanes" peut aussi orienter vers la pratique du Targum, traduction/interprétation de la Bible, dans les synagogues, comme racine possible du nom et du récit. Sans doute deux visions grecque et juive des "sages des confins" confluent-elles ici en produisant une certaine hésitation entre deux graphies de termes partiellement confondus malgré leurs différences de sens et d'origines[18].

Quoi qu'il en soit, l'organisation du monde en vue de l'accueil de la parole divine, confiée à Saab Dhu l-Qarnayn, est vue ici au prisme d'une part de la langue arabe, dont l'invention est le préalable fondateur, la racine d'une dénomination des identités et des lieux qui tend à réunifier le monde après la confusion née de la tour de Babel, d'autre part des traditions spécifiquement sudarabiques exaltant la lignée des descendants de Qahtân et son rôle dans l'économie de la révélation. C'est par un processus analogue que la légende d'Alexandre fut pareillement iranisée,

[18] La racine "targumique" est suggérée par Nagel, *Alexander der Grosse* , p. 24, n. 1. Cette question est débattue par M. Casari, *Alessandro e Utopia nei romanzi persiani medievali*, Rome 1999 (*Rivista Studi orientali* 72, Suppl. nº 1), p. 72-73.

rattachée à plusieurs hauts lieux de l'histoire perse (Hamadân, Ispahan, Shîz) chez certains auteurs d'expression arabe, puis intégrée dans les traditions nationales perses dans la version révisée de la *Chronique* de Tabarî et dans les grands poèmes de Nezâmi et Firdousi[19]. Il y a un point cependant sur lequel le récit de Wahb fait preuve d'une grande originalité par rapport aux autres versions de la légende d'Alexandre: c'est l'ampleur des navigations du héros. C'est au terme d'une année de navigation sur l'Océan que Saab découvre la demeure terrestre des anges (L, p. 302-304; KT, p. 101-102). Avant cela, à l'extrémité occidentale du monde, il parvient à s'aventurer sur l'Océan déchaîné en démultipliant un exploit propre à la légende du fondateur d'Alexandrie: la construction du Phare. En construisant à intervalles réguliers des tours surmontées de statues de bronze où il enferme les vents et dont le charme permet de calmer l'Océan sur une certaine distance, Dhu l-Qarnayn arrive jusqu'aux îles où se trouve la source dans laquelle le soleil se couche (L, p. 286-287; KT, p. 87-88). On retrouve dans ce récit plusieurs aspects des légendes qui s'étaient développées autour du Phare d'Alexandrie et du pouvoir magique des statues ou autres dispositifs qui le surmontaient[20], mais l'image d'un Dhu l-Qarnayn navigateur océanique est assez rare et ne revient que très épisodiquement: par exemple dans le *Dârâb-name* ou roman d'Alexandre persan de Tarsusi (XIIe siècle), où le héros accomplit une vaste circumnavigation du monde, ou encore dans le *Cihân nümâ* turc de Kâtib Çelebî (XVIIe siècle), auteur qui privilégie aussi l'identification yéménite de Dhu l-Qarnayn et évoque (mais pour le réfuter) le récit d'une tentative de traversée de l'Océan[21].

Dans cet ensemble des récits gravitant autour de la légende d'Alexandre, que le conquérant macédonien y soit évoqué en son nom propre ou transparaisse derrière la figure du "Bicornu", ou d'un roi yéménite légendaire, ou encore des héros historiques de la conquête musulmane, la géographie des origines est donc traversée par deux types de parcours,

[19] Ch.-H. de Fouchécour, "Alexandre, le macédonien iranisé", dans *Alexandre le Grand dans les littératures...* (voir note 3), p. 227-241.

[20] F. de Polignac, "Al-Iskandariya: œil du monde et frontière de l'inconnu", *Mélanges de l'Ecole Française de Rome, Moyen Age, Temps Modernes*, 96, 1984-1, p. 425-439.

[21] Tarsusi: A. M. Piemontese, "Alexandre le circumnavigateur dans le roman persan de Tarsusi", dans *Alexandre le Grand, figure de l'incomplétude* (actes de la table-ronde de la Fondation Hugot du Collège de France, 1997), *Mélanges de l'Ecole Française de Rome, Moyen Age*, 112, 2000, p. 97-112. Kâtib Çelebî: J.-L. Bacqué-Grammont, "L'expédition envoyée par Alexandre sur l'autre rive de la mer immense", sous presse dans les Actes du colloque «Proverbes, contes et littérature sapientiale en Orient», *Cahiers du Journal Asiatique*, V.

deux itinéraires de connaissance différents. L'un, privilégiant la dimension eschatologique des exploits de Dhu l-Qarnayn, tend à détacher le conquérant des espaces familiers pour focaliser sa légende sur les confins, les seuils où la mise en place de la frontière entre l'accessible et l'inaccessible se confond plus ou moins avec celle des frontières du monde islamique. L'autre au contraire articule l'exploration et la connaissance du monde sur les traditions, la langue et la culture d'un groupe particulier – en l'occurrence, les Arabes du sud – afin de lui conférer, à travers la mise en ordre opéré par le conquérant, une place prééminente dans l'organisation du monde. Mais ces deux courants jamais ne se séparent radicalement ni ne fusionnent complètement: c'est en les combinant de différentes manières que la légende de Dhu l-Qarnayn n'a cessé de se construire et de proposer l'image d'un héros littéralement insaisissable qui échappe à toute tentative de figer son identité, de l'enfermer dans une appropriation définitive, en passant sur l'autre rive du fleuve, où nul ne peut le suivre.

LA DIÉTÉTIQUE DU VOYAGEUR

Michel PERRET
(INALCO)

Dans les itinéraires de la connaissance du monde les voyageurs tiennent une place considérable, la première peut-être, au moins chronologiquement puiqu'ils ont été les premiers à découvrir, à décrire, les territoires inconnus, même si ce n'était pas leur objectif premier, même si leur raison d'être n'était pas le voyage et s'ils ne faisaient pas professsion d'écrire (et étaient dans ce cas la plupart des marins, des soldats, des commerçants, des missionnaires, des pèlerins etc. qui ont, depuis toujours, parcouru le monde).

Leurs écrits constituent donc une source de connaissance irrempaçable, qu'il faut, évidemment, passer au crible de la critique de texte, comme tout document, en sachant que tout voyageur emporte avec lui sa boussole, son bagage de préjugés et de présupposés à travers lesquels il verra, puis décrira la réalité. S'il est un domaine où ce prisme déformant est particulièrement actif, c'est celui de la nourriture, parce qu'il concerne le voyageur dans sa survie quotidienne, tout au long du voyage. L'observation peut en être quelque peu perturbée, voire déformée, mais la curiosité ne sera jamais en défaut, car le voyageur veut savoir ce qu'il mange et, pour cela, il observe ce que mangent les autres. Sa vie en dépend, ou, du moins, son confort quotidien.

D'où mon propos: quel rapport du voyageur à la nourriture? que mange-t-il et que dit-il de ce qu'il mange? que voit-il et que nous apprend-il de la nourriture et des habitudes alimentaires des pays qu'il traverse. C'est ce que j'appelle: la diététique du voyageur. Nous allons l'approcher à travers quelques exemples très hétérogènes, dans le temps, dans l'espace comme dans la nature des voyages envisagés et dans le type d'écrits qu'ils ont engendrés. Et à travers cette approche très fragmentaire essayer d'analyser ce que les écrits des voyageurs (principalement de ceux qui font profession d'écrire et plus particulièrement ceux qui se donnent pour tâche de décrire les sociétés: explorateurs et grands voyageurs de jadis tous un peu encyclopédistes, ethnologues et scientifiques de tous ordres aujourd'hui, écrivains-voyageurs aussi qui sont parfois les plus perspicaces) ont apporté à la connaissance des systèmes alimentaires et des cuisines du monde. On devra s'interroger sur la pertinence d'un regard extérieur, qui est à la mesure de l'expérience directe qu'ils ont eue (beaucoup parlent de ce qu'ils n'ont pas vu mais qu'on leur a raconté ou de ce qu'ils ont vu mais qu'ils n'ont pas expérimenté, ce qui est le plus souvent le cas), à la mesure aussi du filtre de leurs préjugés et de leurs présupposés intellectuels, de leurs affects et de leurs dispositions physiques (souvent très prégnants, pouvant aller juqu'à la maladie, alors que l'observation des faits sociaux n'engage pas à ce point le corps).

*

On ne s'étonnera pas de voir de nombreux voyageurs (la plupart peut-être) quelque peu inquiets lorsqu'ils sont confrontés avec des nourritures étrangères, surtout lorsqu'ils doivent ingurgiter des mets dont ils ignorent la nature ou qui sont considérés, dans leur propre culture, comme immangeables, voire impurs. S'il y a peu ou pas de vrais interdits en Occident, il y a des répugnances ou des refus qui sont aussi forts qu'un interdit et il y a, surtout, une peur panique de la nourriture dangereuse qui incite à refuser toute nouveauté alimentaire[1] (d'où la longue résistance à l'adoption des plantes américaines après la conquête du Nouveau Monde: on sait, par exemple que la tomate et la pomme de terre, connus dès la fin du XVe siècle ne furent couramment consommées en Europe qu'à partir de la fin du XVIIIe).

Les jugements sur la nourriture sont, parfois, la simple expression du mépris ou du rejet de l'autre. Ainsi peut-on interpréter ce que dit de la nourriture à la cour de Byzance (au milieu du Xe siècle) l'évêque Liutprand de Crémone, ambassadeur de l'empereur Othon Ier auprès du souverain de Byzance Nicéphore Phocas (que Liutprand qualifie seulement de "roi des Grecs" pour le ramener à un rang inférieur). Dans le compte-rendu de son voyage (*Relatio de legatione Constantinopolitana*) il dit le dégoût profond que lui inspire le mouton gras que l'on sert à la cour, l'excessive quantité d'huile dans laquelle baignent tous les plats et l'immonde sauce de poisson qu'il refuse d'avaler (en fait c'est l'héritier du *garum* romain). C'est une manière de déconsidérer l'adversaire réduit au rang de barbare par cette nourriture infecte, alors qu'on sait bien (et

[1] Cf à ce sujet, Madeleine Ferrières, *Histoire des peurs alimentaires, du Moyen Age à l'aube du XXe siècle*. Paris, Seuil, 2002, chapitre 5.

Liutprand en est, évidemment, conscient) que Byzance est la quintessence du raffinement, alors que le Saint Empire Romain Germanique est encore bien rustique[2].

Diplomate, Liutprand n'était qu'un voyageur d'occasion. Le franciscain Jean de Plan Carpin, envoyé extraordinaire du pape Innocent IV auprès des Mongols en 1245, traversa toute l'Europe et la moitié de l'Asie dans un voyage qui dura près de deux ans. Bien qu'il ait pratiqué quotidiennement la diète des Mongols qu'il décrit avec beaucoup de précision et même parfois de sympathie, il n'en transmet pas moins, dans sa fameuse "*Histoire des Mongols*", quelques images horrifiées. Ainsi: "*Leur nourriture est faite de tout ce qui peut se mettre sous la dent. Ils consomment en effet des chiens, des loups, des renards et des chevaux et au besoin de la chair humaine. (...) Ils mangent les humeurs des juments avec leurs poulains. Bien plus nous les avons vus manger des poux. (...) Nous les avons vus même manger des rats*[3]." Il ne s'agit pas là de préjugés mais de l'image qu'il perçoit d'un pays dévasté par la guerre. L'accusation d'anthopophagie n'est sans doute pas fondée, mais le visage de l'autre fait toujours peur.

La nouveauté aussi. Ainsi, Guillaume de Rubrouck, successeur de Plan Carpin dans la mission chez les Mongols auprès desquels il se rend en 1253-1255, observateur très attentif et déjà préparé par les récits de Plan Carpin, mentionne son appréhension devant les nouvelles nourritures qui lui sont offertes. Lorsqu'on lui présente pour la première fois du lait de jument fermenté (le fameux *koumys*) et qu'il doit le boire, il frissonne et se couvre de sueur par peur d'avaler cette boisson inconnue. Mais il note, aussitôt après, qu'il l'a trouvée excellente[4].

La confrontation avec des nourritures inconnues sucite toujours la peur ou, du moins, la méfiance, parfois le rejet, même chez les voyageurs les plus aguerris. Ainsi le grand négociant Jean-Baptiste Tavernier (né à Paris en 1605, mort à Moscou en 1689) qui fit six voyages en Perse et en Turquie pour ses affaires au milieu du XVIIe siècle, évitait les

[2] Cf: E. Kislinger, *Les Chrétiens d'Orient: règles et réalités alimentaires dans le monde byzantin*, in Flandrin et Montanari *Histoire de l'alimentation*, Paris, Fayard, 1996, chap. XIX, p. 341.

[3] Ed. L. Hambis et J. Becquet, 1965, citée par J. Legrand, *La cuisine mongole*, in *Cuisines d'Orient et d'ailleurs*, Glénat, 1995, p. 118.

[4] *The Mongol Mission. Narratives and letters of the franciscan missionaries in Mongolia and China in the thirteenth and fourteenth centuries.* Edited by Chr. Dawson. London, 1955.

risques en voyageant toujours avec de grandes caravanes bien approvisionnées et ne goûtait, aux étapes, que la cuisine raffinée des princes qu'il visitait ou des commerçants et religieux arméniens qui étaient ses principaux partenaires. Cela ne l'empêchait pas d'éprouver, à l'occasion, de violentes émotions devant certaines pratiques étranges avec lesquelles il se trouvait confronté. Ainsi raconte-t-il[5] qu'ayant rencontré une groupe de Tartares qu'il avait eu la curiosité d'aller voir, se régalant de la viande crue de deux chevaux qu'ils venaient d'abattre, il fut dégoûté pendant plus de huit jours de toute sorte de viande. Est-ce le fait qu'il s'agissait de chevaux ou de viande crue, ou les deux? Il n'y a là rien que de très banal, mais l'anecdore rapportée renforce la croyance dans la barbarie des Tartares.

On s'étonnera, par contre, de voir un ethnologue aussi averti que Marcel Griaule affirmer son dégoût invincible pour la nourritue éthiopienne (pourtant exquise et nullement rebutante pour un palais occidental), une complète allergie qu'il confesse d'une manière véhémente dans le récit de sa première mission en 1928: "*Certaines gens s'habituent* 'dit-il' *à la cuisine indigène, aux galettes acides, aux excès de piment, aux odeurs de fumée, au beurre innommable. D'autres font des essais loyaux, tendent le cou au passage du bol alimentaire, espacent savamment les bouchées et finissent, tôt ou tard, par vomir le tout. Les deux voyageurs appartenaient à cette dernière espèce. Chacun son goût*[6]."

On le pardonne plus volontiers à Rimbaud qui n'était pas là pour faire de l'ethnographie. Dans ses amères lamentations sur les conditions de vie à Harar il écrit le 4 août 1888: "*N'est-ce pas misérable cette existence sans famille, sans occupation intellectuelle, perdu au milieu des nègres... obligé de parler leurs baragouins, de manger de leurs sales mets, de subir mille ennuis?*" Ce n'est, évidemment, pas chez lui qu'il faudra chercher des renseignements sur la cuisine éthiopienne. C'était le dernier de ses soucis.

A l'inverse, on trouvera le meilleur exemple de curiosité alimentaire et de goût pour la cuisine étrangère chez Montaigne. Car le frileux Montaigne fut un voyageur hardi, curieux de tout voir, de tout essayer, de tout noter, comme il le fit lors de son voyage en Italie. Parti de Meaux le

[5] J.-B. Tavernier, *Les Six voyages en Turquie et en Perse*. Paris, Maspero, 1981, t. I, p. 58.

[6] M. Griaule, *Les Flambeurs d'hommes*. Paris, Calmann-Lévy, 1934 (rééd. Berg International, 1991).

6 septembre 1580 il est de retour chez lui plus d'un an après, le 30 novembre 1581, ayant traversé la Suisse, l'Allemagne du Sud, l'Autriche et une grande partie de l'Italie, dans une tournée des villes d'eaux pour soigner sa gravelle. Son journal de voyage (qui ne parut qu'en 1774) contient, tout au long du récit, d'importantes et précises notations sur les ressources agricoles, l'alimentation, la cuisine, la boisson et le service de table, fondées sur une pratique quotidienne car il se fait un devoir (et un plaisir) de tout expérimenter. Sans doute accorde-t-il tant d'importance à la nourriture parce qu'il s'intéresse en priorité aux effets des cures qu'il entreprend, donc au bon fonctionnement de son corps. Mais c'est aussi, et peut-être surtout, la philosophie des *Essais* mise en pratique: la curiosité, la tolérance, la liberté et la mobilité d'esprit. "*Le voyage me semble un exercice profitabl*e" dit-il dans les *Essais* (III, 9) "*L'âme y a une continuelle exercitation à remarquer des choses incognües et nouvelles*" et, ajoute-t-il plus loin: "*Quand j'ay esté ailleurs qu'en France et que, pour me faire courtoisie, on m'a demandé si je voulays estre servy à la Françoise, je m'en suis moqué et me suis toujours jetté aux tables les plus espesses d'étrangers*[7]." Il ne s'étonne pas de la diversité des façons et des habitudes: "*Chaque usage a sa raison* 'dit-il'. *Soyent des assiettes d'estain, de bois, de terre; bouilli ou rosti; beurre ou huyle, de noix ou d'olive; chaud ou froid, tout m'est un. J'ai honte voir nos hommes enyvrés de cette sotte humeur de s'effaroucher des formes contraires aux leurs*[8]" Et ailleurs: "*Chacun appelle barbarie ce qui n'est pas de son usage*" (I, 31).

Il regrette de n'avoir point emmené de cuisinier pour recueillir les recettes et les lui refaire ensuite. Mais il prend des notes autant qu'il peut et interroge même longuement le maître d'hôtel du Cardinal Caraffa afin qu'il lui parle de cette "science de gueule" dont il a la charge. Montaigne est ainsi le type du voyageur curieux et hédoniste. Il est vrai qu'il n'était pas allé très loin et qu'il n'a pas eu à subir de bien dures conditions de vie.

*

D'autres ont affronté la faim, l'hostilité de la nature et de la population et n'ont pas toujours su s'y adapter. C'est le cas de la malheureuse

[7] Les citations des *Essais* sont faites d'après l'édition de Pierre Villey (1924, rééd. PUF, 1992, 3 v.)
[8] *Essais*, t. III, p. 985.

expédition danoise au Yemen en 1761-63 dont Carlsten Niebuhr a laissé le récit dans deux grands ouvrages: *Description de l'Arabie*, parue en 1772 et *Voyage en Arabie* en 1776. L'équipe comprenait au départ cinq personnes, plus un domestique suédois (et, temporairement, un cuisinier grec). Niebuhr fut le seul rescapé: deux moururent au Yemen, deux autres en mer, et un cinquième à Bombay. Niebuhr, soucieux, de ne pas décourager de futurs explorateurs écrit: "*Quoique la mort ait presque détruit notre societé, personne n'en doit être effrayé, ni craindre d'entreprendre le voyage au Yemen.*" L'explication qu'il donne de ce désastre est, précisément, fondée sur la diététique, sur le mauvais usage de la nourriture qu'il impute surtout à ses compagnons: "*Je suis persuadé que nous nous sommes exposés nous-mêmes à des maladies dont d'autres peuvent aisément se garantir. Notre societé était trop nombreuse pour que nous nous accomodassions d'abord à la manière de vivre du pays. Pendant plusieurs mois nous ne pûmes nous pourvoir ni de vin ni d'autre boisson forte à laquelle nous étions accoutumés; nous mangions cependant continuellement de la viande qui est regardée comme une nourriture malsaine dans les pays chauds. (...) Je crois que deux Européens qui auraient une égale passion du voyage et qui sauraient se conformer aux mœurs et nourritures des Arabes pourraient parcourir toutes leurs provinces, Hedjasz excepté.*[9]" Lorsqu'il voyageait seul — ce fut le cas en Arabie pour plusieurs de ses incursions à l'intérieur et, plus tard, en Inde et en Perse — il partageait toujours la nourritures des habitants. Et il s'en trouva bien. Il ramena donc une riche moisson d'informations sur les ressources alimentaires, la nourriture, la cuisine, les repas en Arabie du Sud à la fin du XVIIIe siècle qui constituent un précieux ensemble documentaire, exactement daté.

S'immerger dans une population au point de se fondre en elle et de passer inaperçu fut l'ambition (naïve et, le plus souvent, illusoire) de beaucoup de voyageurs, comme le célèbre Richard-Francis Burton (traducteur hardi des Mille et Une Nuits et explorateur de l'Afrique orientale où il allait à la recherche des sources du Nil) qui se rendit à La Mecque et dans la cité fermée de Harar où aucun Européen n'était admis[10]. Mais c'est une chose infiniment difficile, pour laquelle la pratique courante de la langue et l'accoutumance aux habitudes alimentaires

[9] *Description de l'Arabie, d'après les observations et recherches faites dans le pays même par M. Niebuhr*, Paris, 1779, 2 v. (éd. originale: Copenhague, 1772), Préface.

[10] R. Burton, *First footsteps in East Africa or an exploration of Harar (1854-55)*, London, 1856.

sont indispensables. C'est ce qui explique, sans doute l'échec de l'infiltration des milieux fondamentalistes musulmans par les espions américains, comme l'expliquait récemment un ancien agent de la CIA dans un article d'*Atlantic Monthly* (cité par *le Monde*[11]): "*La CIA ne dispose d'aucun agent capable de jouer le rôle d'un fondamentaliste musulman prêt à passer des années de sa vie à avaler une nourriture infecte, sans la moindre femme, dans les montagnes d'Afghanistan.*" Toujours le même refrain.

C'est à quoi excellait, par contre, si l'on en croit ses écrits, Alexandra David-Neel. Dans le voyage au Tibet qu'elle entreprit en 1924 (et qui la mena jusqu'à Lhassa, contrairement à ses infructueuses tentatives précédentes) elle se fait passer pour une mendiante bouddhiste accomplissant un pèlerinage en compagnie d'un jeune lama qui se fait passer, lui, pour son fils. Ils n'ont, évidemment, pas d'autres ressources que de manger la nourriture de tous les voyageurs et pèlerins tibétains de modeste condition: thé salé au beurre et tsampa, et à faire bonne figure devant les quelques nourritures plus copieuses (et pas toujours appétissantes) qu'on leur offre quelquefois. Ainsi raconte-t-elle son invincible dégoût (auquel elle n'échappe qu'en simulant la maladie) devant un ragoût de bas morceaux de viande et d'abats dont se régalent ses hôtes, mais aussi, à l'inverse, le régal que lui furent des beignets frits dont elle avait suivi toute la préparation avec convoitise, après plusieurs jours de jeûne. Excellente observatrice, elle décrit la cuisine populaire tibétaine avec beaucoup de précision par de simples notations de son expérience quotidienne[12].

On peut voir aussi dans ce dénuement, qui peut aller jusqu'à la faim aiguë pendant plusieurs jours, une sorte d'expérience mystique, une épreuve physiologique volontairement assumée. Face à Montaigne, voyageur hédoniste, Alexandra David-Neel est la figure du voyageur ascète pour qui la moisson d'informations passe par la connaissance de la douleur. Attitude poussée à ses limites extrêmes par le romancier Peter Mathiesen qui rapporte dans son hallucinant récit d'une expédition hivernale au Tibet[13] une expérience presque intolérable de l'extrême. Ici ce n'est plus tellement ce qu'on mange qu'il observe, mais les limites possibles d'une diététique du dénuement et de la faim.

[11] *Le Monde*, 30 septembre - 1er octobre 2001, p. 15.

[12] A. David-Neel, *Voyage d'une Parisienne à Lhassa*. Paris, Plon, 1927.

[13] P. Mathiesen, *The Snow Leopard*, 1978 (trad. française: *Le Léopard des neiges*, Gallimard, 1983).

C'est là une entreprise littéraire, mais il y aurait aussi place dans l'histoire de l'alimentation, pour une diététique du manque et pour l'étude des économies de substitution qui tâchent de pallier les déficits alimentaires par le recours à des ressources complémentaires, comme les céréales sauvages, par exemple. Les ethnologues africanistes du Sahel connaissent bien cela[14].

L'observateur idéal serait le voyageur qui appliquerait à la lettre les conseils que donnait le désormais mythique *Manuel d'Ethnologie* de Marcel Mauss: "*Ne pas croire. Ne pas croire qu'on sait parce qu'on a vu. Ne pas s'emporter. Chercher à vivre dans et de la societé indigène.*" Le contraire de ce que font, trop souvent, des voyageurs trop pressés ou mus par d'autres préoccupations. Ce qui ne les empêche pas d'être, à l'occasion, d'excellents observateurs et de fournir, dans la longue durée (si l'on a la chance de pouvoir recourir à des voyageurs anciens) les meilleures informations sur le système alimentaire et la cuisine des pays qu'ils ont traversés, même s'ils ne les ont expérimentés qu'à leurs corps défendant et parfois avec réticence. Ils n'en sont que plus attentifs.

*

Cette profondeur de champ on la trouve, par exemple, en Éthiopie qui a été parcourue par de nombreux voyageurs depuis cinq siècles et qui bénéficie, par ailleurs, d'une importante documentation écrite plus ancienne encore. Les chroniques royales, à peu près ininterrompues depuis le XVe siècle, décrivent, souvent avec précision, les banquets princiers et les fastes de la cour. La plus récente (celle de l'empereur Ménélik) consacre des dizaines de pages à détailler la succession des plats et des services lors de quelques festins mémorables offerts par l'empereur. Les vies des saints (nombreuses en ce pays de monachisme, héritier de la tradition des pères du désert) renseignent sur la diététique du jeûne et de l'abstinence. Mais c'est, sans doute, chez les voyageurs qu'il faut chercher le plus de détails sur la cuisine populaire comme sur la cuisine princière avant les enquêtes contemporaines des géographes ou des ethnologues et les livres de cuisine modernes. Les voyageurs permettent une vision diachronique, l'esquisse d'une histoire de l'alimentation.

[14] Voir par ex. M.-J. Tubiana, «Aliments de base et nourritures de substitution au Sahel», in *Cuisines d'Orient et d'ailleurs, op. cit.* p. 299-303.

Le premier c'est Alvarez[15], chapelain de l'ambassade portugaise de 1520. Il décrit très longuement les fastes de la table impériale au XVIe siècle et donne, par exemple, d'une manière très précise une recette d'un grand raffinement (une poularde désossée, farcie et reconstituée) qui témoigne de la dextérité des cuisiniers de la cour et aussi, de son grand sens de l'observation. Bel exemple de curiosité gastronomique, surtout venant de la part d'un modeste religieux.

Au milieu du XVIIIe siècle le franciscain Remedio Prutky[16] ramène d'un voyage assez bref (nov. 1751 - janv. 1753) des indications sur la nourriture fort intéressantes. Ce qui le frappe avant tout, et le choque profondément, c'est la consommation de viande crue qu'il désigne par son nom exact, *brendo*, et dont il décrit les modalités de consommation très particulières. Il a vu, il n'a certainement pas goûté, car il exprime son profond dégoût (une vue qui donne la nausée à des Européens, dit-il). Le préjugé, ou le réflexe du corps qui provoque la nausée, n'empêche pas l'observation, s'il fausse quelquefois le jugement. Il note aussi les différents mets du repas du prince: viande crue, viande grillée, galettes, sauces pimentées. Il remarque l'usage, très spécifique, de la bile comme assaisonnement et le prix qu'on attache au *shiro*, purée pimentée de pois chiches, consommée surtout en temps de carême, que les Ethiopiens, dit-il, consomment avec délectation alors que pour un Européen il n'est pas comestible (affirmation étrange, sans doute fait-il allusion à de fortes doses de piment que son estomac ne supportait pas). Mais il apprécie très clairement l'hydromel qui est, dit-il, une boisson excellente et très bonne pour la santé, comparable à d'excellents muscats.

Le plus disert et le mieux informé de ces voyageurs anciens c'est incontestablement James Bruce, un gentilhomme écossais qui séjourna en Éthiopie de 1769 à 1773. Deux siècles après Alvarez il décrit longuement les banquets pléthoriques qui se donnent au palais impérial et le cérémonial de la cour. Plus que de la cuisine il parle de l'ordonnance des repas et des manières de table, qu'il juge parfois choquantes, dans un tableau assez fort d'une societé de cour très dispendieuse. Il apporte une information précieuse sur un point jusqu'ici non vérifié: l'usage du vin en Éthiopie au XVIIIe siècle, alors qu'il a complètement disparu depuis

[15] F. Alvarez, *Ho Preste Joao das Indias*, 1540. Bonne édition critique en anglais par Beckingham & Huntingford: *The Prester John of the Indies*. Cambridge Univ. Press, Hakluyt Society, 1961, 2 v.

[16] *Prutky's travels to Ethiopia and other countries*. Edited by J. H. Arrowsmith-Brown. London, the Hakluyt Society, 1991.

(sauf la réintrodution contemporaine, limitée). Il en parle en connaisseur, puisqu'il avait été courtier en vins dans sa jeunesse, et le compare au meilleur Côte Rôtie, un vin rare, qu'il peut difficilement confondre avec l'hydromel (alors que d'autres voyageurs font parfois la confusion, appelant vin toute boisson alcoolisée). Son témoignage est précieux, malheureusement unique et invérifiable, mais la question se pose d'autant plus que la vigne pousse naturellement en Éthiopie, dans la zone intermédiaire des hauts plateaux.

Comme Bruce, Antoine et Arnauld d'Abbadie résidèrent longtemps en Éthiopie, un siècle plus tard (de 1837 à 1848), surtout à la cour, chez les princes et dans les camps. Ils vécurent pendant douze ans de la vie de leurs hôtes éthiopiens, partageant, évidemment, leur nourriture quotidienne et leur manière de vivre. Il s'y étaient soigneusement préparés, surtout Antoine, le scientifique, comme le rapporte Gaston Darboux, secrétaire perpétuel de l'Académie des Sciences dans son éloge posthume d'Antoine en 1907. En vue de futures privations il avait changé son régime alimentaire, proscrivant toute viande et s'accoutumant à ne se nourrir que d'œufs, de légumes et de lait. Pas de chance, car c'est la viande et notamment la viande crue qui était à l'honneur sur les tables princières et chez les soldats en campagne. Les deux frères y firent honneur, notamment Arnauld le bon vivant[17]. Dans son long compte rendu de voyage il donne souvent des tableaux hauts en couleurs des festins princiers, sans échapper à une certaine emphase, à une forme de mise en scène qui se retrouve chez la plupart des voyageurs désireux de transmettre l'éblouissement qu'ils ont eux-mêmes éprouvé. C'est l'autre écueil de cette découverte de l'Autre: au lieu du rejet, la fascination qui peut aussi déformer le regard. Ce jeu de fascination/répulsion face aux societés ou aux cultures étrangères (surtout les plus éloignées) est particulièrement fort pour la nourriture, pour le système alimentaire de l'Autre parce qu'il touche au plus profond, au plus intime, c'est à dire le fonctionnement du corps, et qu'il implique une participation de l'observateur qui n'est pas d'usage pour les autres domaines d'observation du voyageur ou de l'ethnologue.

La nourriture est, presque toujours, presque partout, au cœur du sentiment d'identité, donc de l'affirmation de la différence, donc aussi du

[17] A. d'Abbadie, *Douze ans de séjour dans la Haute-Ethiopie (Abyssinie)*. Introduction, édition, notes et index par J.-M. Allier, Città del Vaticano, Biblioteca Apostolica Vaticana, 4 v. 1980-1999.

rejet et de l'intolérance, et le partage de la nourriture (ou le refus de partage) un acte fondamental de la vie sociale. Ainsi, en Ethiopie dans les régions où cohabitent, le plus souvent pacifiquement, chrétiens et musulmans, l'interdit de commensalité entre les deux groupes est-il le signe de l'affirmation identitaire, et son non-respect peut apparaître comme un acte d'apostasie[18]. L'étude des systèmes alimentaires est bien au cœur de l'étude des sociétés. Consciemment ou non, tous les voyageurs l'ont bien perçu.

[18] Cf à ce sujet la thèse récemment soutenue et non encore publiée de Eloi Ficquet: *Du barbare au mystique. Anthropologie historique des recompositions identitaires et religieuses dans le Wällo (Ethiopie centrale).* EHESS, décembre 2002.

L'ÎLE *MADEIGASCAR* DÉCRITE PAR MARCO POLO EST-ELLE BIEN MADAGASCAR? RÉÉVALUATION DES HYPOTHÈSES

Claude ALLIBERT
(INALCO)

L'océan Indien occidental, comme tous les secteurs d'étude, comprend ses zones d'ombre et présente des problèmes non éclaircis que les chercheurs ont abordé sans y apporter des réponses décisives. On évoquera pour exemples la question de l'origine ethnique des premiers habitants de Madagascar, les Vazimba[1], celle de la nature des migrations Wakwak[2], celles de l'oiseau Rokh[3] et des termes Komr[4] et Kanbalu.

Nous aborderons ici un autre problème de même type qui est celui de la connaissance que Marco Polo pouvait avoir de l'île de Madagascar. Certes, il ne s'agit pas, en réalité, de se demander si Marco Polo est allé à Madagascar ou non. S'il est vrai que la parfaite connaissance que nous avons de l'itinéraire de Marco Polo apporte la preuve qu'il n'y est jamais allé, il importe de retenir que ses déplacements le long des côtes orientales de l'océan Indien (sa visite à Sumatra, son itinéraire indien) l'ont mis en relation avec des informateurs qui lui ont beaucoup appris sur cet océan.

Notre intention n'est même pas prioritairement d'étudier l'origine du terme employé par le grand voyageur pour désigner la Grande Ile, mais plutôt de tenter de discerner s'il en eût une réelle connaissance ou si la confusion entre Mogadiscio (en Somalie) et l'île rouge affirmée par nombreux de nos prédécesseurs est à prendre pour vérité définitive.

En réalité, des décennies ont passé depuis que les grands spécialistes que furent Grandidier et Ferrand ont apporté une meilleure connaissance de Madagascar qui permettent, à notre avis, de rectifier des avis prétendûment définitifs assènés par des arabisants fort compétents sur le plan de la langue mais peu ou mal au fait de la grande île et du monde austronésien et bantu qui la constituait.

[1] On se reportera à Grandidier et Ferrand.
[2] Voir Allibert et les références qui figurent dans l'article.
[3] Allibert C. 1992.
[4] Allibert C. 2001.

Nous nous proposerons donc d'opérer une réévaluation factuelle du texte de Marco Polo. Trois points ont retenu notre attention.

L'oiseau Rokh est-il l'Æepyornis?

L'oiseau Rokh a été décrit par les auteurs arabes dès le Xe siècle. Ils lui ont attribué des caractéristiques exceptionnelles (taille immense, force prodigieuse). De tels attributs ont en apparence dépourvu de toute crédibilité ces récits qu'il a fallu réévaluer. C'est ce à quoi je me suis appliqué pour démontrer que la plume de l'oiseau Rokh n'était que la découverte par les Arabes du grand bambou associé à un grand ratite, l'Æpyornis, qui vivait sur l'île Komr (*djazirat al-Komr*), à savoir l'île de Madagascar.

Ce constat fait, il importe de voir ce que Marco Polo nous dit de l'oiseau Roc:

a) il a vu une plume mais il n'a pas vu l'oiseau. On constatera que seul Marco Polo s'en tient à ce distinguo entre son propre témoignage et ce que les autres affirment.
b) il déclare que le mot Roc vient du nom qui lui est donné dans l'île. A notre connaissance, il est le premier et le seul à attribuer aux habitants de l'île le nom qui sert à désigner l'oiseau[5] et non pas d'oiseau éléphant (*simurgh*, *filmurgh*, oiseau éléphant) comme certains Arabes le nomment alors que d'autres disent qu'il transporte un éléphant[6]. L'affaire est d'importance et a été reprise par Ramiandrasoa[7] qui pense que le terme se retrouve dans certains toponymes (en particulier *androka* — où l'on trouve le *roka* — et plus particulièrement dans le sud de la grande île où effectivement il avait ses lieux de ponte[8].
c) il affirme que cet oiseau n'est pas le griffon mais, dit-il, il a toutes les caractéristiques d'un aigle.
d) notons aussi une information donnée uniquement par Marco Polo concernant la migration du Rokh du Sud vers les Hautes Terres et

[5] Yule (1875, p. 405): «The people of those isles call the bird Ruc, and it has no other name... but enormous as they be they are fashioned just like an eagle». Devic lui associera le terme malais *angka*.

[6] On voit comment le glissement mythologique a pu s'opérer «oiseau immense... oiseau éléphant (*fil-murgh*, vu la taille)... oiseau qui est si grand qu'il transporte les éléphants).

[7] Ramiandrasoa F., 1967.

[8] Des œufs immenses et entiers y ont été retrouvés dans les dunes côtières.

qui est majeure (les ratites migrent effectivement, comme c'est le cas de l'autruche[9]).

La nature de l'oiseau, ses migrations, sa plume, le terme employé pour le désigner et attribué à la population de l'île de Madeigascar mis en correspondance avec les évocations arabes qui le localisent sur l'île de Komr (définitivement la Grande Ile), mais avec des évocations plus précises et conformes aux réalités zoologiques ne laissent aucun doute sur l'authenticité du témoignage. Marco Polo informe le lecteur d'une réalité et l'emplacement en est Madagascar, car l'Æpyornis n'a pas connu d'autres implantations[10].

Si les auteurs anciens n'ont jamais utilisé cette information pour confirmer l'identité du *Madeigascar* de Marco Polo avec la grande île, c'est que les témoignages archéo-paléontologiques n'avaient pas été encore apportés. Marsden[11] dit que Marco Polo place l'oiseau Roc à Madagascar car personne ne peut y aller voir. En réalité, quand Marsden écrit, l'Æpyornis n'est pas encore connu.

Ainsi, des auteurs aussi compétents que Hambis se sont mépris qui dit qu'il ne faut pas fait état de l'Æpyornis au sujet du Rokh[12].

Sanglier ou buffle?

«They related indeed that there were some of those boars as big as buffalo»[13].

Cette déclaration n'est pas recevable en l'état, car on sait bien que les sangliers malgaches sont d'une taille nettement inférieure à celle d'un buffle. La même exagération peut être remarquée dans l'évaluation du poids des défenses dites de sangliers considérablement exagérée (14 livres[14]) qui auraient plus à voir avec des défenses d'éléphants que

[9] Je remercie ma collègue et amie Mme Chauviré-Mourer pour cette information.

[10] Même s'il est présenté à la côte africaine, à Sofala des Zendjs, dans les *Merveilles de l'Inde* (Sauvaget J..,1954, p. 303).

[11] Marsden, 1818, 1440: «personne ne peut y aller voir. Toutefois, il ajoute «the circumstance may not be altogether imaginary... it may have taken its rise from the occasional sight of a real bird of vast dimensions» (p. 710, note 1440). Je serai beaucoup moins indulgent avec Decary (1938, p. 7) qui ne voit dans l'oiseau Rokh qu'un animal mythologique et qu'il ne veut en aucune façon associer à l'Æpyornis. Son erreur fut de ne pas tenir compte de la localisation du grand oiseau sur l'île de Komr et de ne retenir que le merveilleux.

[12] Hambis L., 1955, note 289.

[13] Yule H., 1875, p. 405.

[14] Selon Decary (1950, p. 40), «le sanglier malgache Potamochaerus larvatus de lambo (à vérifier) a des défenses moins développées que celles du sanglier d'Europe».

Marco Polo signale, il est vrai, à tort à Madagascar. Est-ce à dire qu'il se méprend entièrement et télescope Afrique et Madagascar? Il semble bien qu'il y ait effectivement confusion avec l'Afrique à moins que Marco Polo évoque des dépôts d'ivoire. La confusion est double: les défenses en question sont bien celles d'éléphants africains mais elles sont attribuées à des sangliers malgaches associés aux buffles de l'Asie du Sud-Est[15].

Pour ce qui est de l'association sanglier/buffle, il y a une remarque à faire. La parité sanglier/buffle repose non pas sur une réalité corporelle mais sur une équation linguistique que les historiens et les linguistes n'avaient pas prise en compte et qui n'a jamais fait réévaluer l'interprétation du texte par la suite, même après le constat de Dahl qui s'étonna de l'emploi du même terme pour signifier deux animaux différents et apporta l'explication suivante

> «Le changement sémantique en malgache semble étrange mais, à part le bœuf sauvage qu'on n'a que dans certaines régions, le sanglier est le plus grand gibier à Madagascar[16].»

En effet, les Malgaches ont utilisé le terme *lambo* pour désigner le sanglier alors que le mot sert en maanjan (Bornéo) pour nommer le buffle.

Il m'est avis que l'informateur connaissait les deux côtés (malgache et indonésien) de l'océan Indien pour affirmer cette équivalence linguistique qui va être transformée chez Marco Polo en équivalence zoologique. Cela signifie une confusion zoologique fondée sur un soubassement linguistique impliquant la connaissance des deux langues austronésiennes, et peut-être l'une mieux que l'autre.

Les auteurs chinois (par exemple Chao Ju-kua) évaluent à 100 *katti* (50 kg) le poids des défenses d'éléphant à la côte africaine.

[15] On prendra en compte l'affirmation qu'il y a dans l'île de *Madeigascar* et l'île de Zanzibar «un si grand commerce d'éléphants que c'est merveille». Ni l'une ni l'autre île n'ont eu des éléphants mais il n'est pas exclu que Zanzibar, et éventuellement un port de Madagascar, aient pu être des dépôts d'ivoire.

[16] Dahl O. Ch., 1951, p. 318. On dit que c'est Ralambo (vers 1575-1610) qui aurait levé l'interdit de manger le zébu. On remarquera que si c'est lui qui a effectivement levé ce tabou, cela peut bien apparaître dans son nom, mais dans ce cas, notons que c'est le terme austronésien *lambo* signifiant buffle qui y apparaît et non pas le mot sanglier puisqu'il s'agit de la levée du tabou de consommation du bovidé ! A moins, mais c'est pure spéculation, qu'il ait été l'auteur de la substitution du mot *aombe* à *lambo* levant le tabou de l'emploi du mot plutôt que la consommation de l'animal qui, en l'occurrence, comme le montrent les fouilles archéologiques, avait commencé bien avant.

LES RENSEIGNEMENTS MARITIMES

Deux déclarations sont à évaluer. Il s'agit d'abord de l'évocation du courant qui est au sud de Madagascar et qui entraîne les navires. Il ne fait aucun doute qu'il s'agit ici du courant qui descend du cap Delgado jusqu'au cap des Aiguilles toute l'année[17], ce qui montre que l'autre extrémité de l'océan était connue de la côte de Coromandel.

La seconde affirmation est tout aussi intéressante et est reconduite sur la carte de Martin Behaim (1492) qui figure une île Madagascar aux formes imaginaires et donne le texte suivant qu'il tire (comme il le dit) du chapitre 39 de Marco Polo[18]:

> «Die schifftent aus India da St Thomas begraben ligt und aufs dem landt moabar genant fahren mit lhren Schffen bis auf diese Insel genannt Madagascare gewonlich in zwanzig tagen und wen si wieder hoim keren in Moabar wer mögen si kaum in drei monaten hoim zu kommen[19] ...»

Il importe avant tout de noter le lien commercial entre l'Inde orientale (sous terminologie arabe «Moabar») et Madagascar. Pour ce qui est de l'estimation apportée par Marco Polo, je ferai usage de l'avis que m'a donné le commandant Jouannes que j'ai consulté. Pour lui,

> «le cas du voyage Maabar-Zanj/ Madagascar est assez simple. La mousson de NE s'établit fin Novembre au Coromandel/Ceylan. En partant en Décembre/Janvier, le courant de mousson est déjà bien établi et le voyage se fait avec vent et courant favorables ou à peu près, d'où un voyage rapide...
>
> Le voyage retour Zanj-Maabar pose le problème du moment que choisissaient les Cholas de l'époque pour cette traversée. Je suppose que ces marins, comme plus tard les marins arabes, évitaient de se trouver à la mer au fort de la mousson de SW.
>
> «Ces 90 jours forment la "fermeture" (de la mer), dit Ibn Majid,
> Qui voyage en ces jours mérite de souffrir

[17] Je remercie ici le commandant C. Jouannes qui a longtemps fréquenté l'océan Indien et qui me confirme cette opinion déjà avancée par Marsden, (1818, p. 710, note 1439) en ces termes: «this mention of the current between Madagascar and the continent says Dr Vincent (according to the Dean of Westminster) is an illustrious truth, the more remarkable as Marco Polo was never on this coast himself, but must have derived his knowledge of the fact from the Malays or Arabs who were the only navigators of the Indian Ocean in his age». Marsden poursuit: «The circumstances of the current are particularly described by J. de Barros (dec. I, liv. VII, op. IV).

[18] Le texte de Marco Polo est le suivant: «Les nefs qui viennent de Maabar à cette île viennent en vingt ou vingt-cinq jours mais que, quand elles retournent à Maabar, y vont péniblement en trois mois: c'est parce que le courant va toujours vers le Midi, et que jamais il ne va en un autre sens que le Midi» (Marco Polo, ed. 1982, p. 481).

[19] Le texte est en allemand de l'époque et la carte reproduite in Grandidier A. *et al.*, *COACM*, tome I, 1903, planche X bis.

Du tourment du remords et de la solitude
Et de maintes angoisses et de maintes douleurs».

Par ailleurs, on peut éliminer la saison de la mousson de NE où les vents et les courants contraires s'opposaient à la marche de ces navires qui ne remontaient pas ou très mal au vent.

Il reste donc les deux saisons du début de la mousson de SW et de sa fin. Ibn Majid ne donne pas de date de voyage depuis le Sawahil vers le Sud de l'Inde mais Sulaiman al-Mahri fixe au 19 Septembre le départ du voyage vers Mogadiscio et les Maldives. Les courants sont alors favorables depuis le NW de Madagascar jusqu'à Ceylan. Par ailleurs, on bénéficie tout au long du trajet de la fin de la mousson d'Ouest qui se termine à la mi Décembre au Coromandel. Il y aurait donc ici également un voyage rapide. Mais les navires chola pouvaient-ils supporter les brises encore fraîches et la houle de la fin de mousson? Il semble, selon Marco Polo, que cette saison n'était pas utilisée. Ne reste plus que la saison de début de *küs* (début de mousson de SW) que les Arabes utilisaient pour revenir au pays depuis le Zanj ou pour rallier le Gujerat et le Konkan. Le départ se faisait vers la mi-Avril. Les marins évoqués par Marco Polo ne se lançaient pas directement vers le Cap Comorin de peur, sans doute, d'être pris en chemin par le gros temps d'Ouest. Il était plus sûr de rejoindre le Gujerat où la mousson de SW s'établissait 3 à 4 semaines plus tard que dans le Sud. On devait y relâcher en attente de la date propice aux voyages vers le Cap Comorin et le Golfe du Bengale, en principe début Septembre selon nos auteurs. Cette solution aurait ma faveur si ce n'est que le voyage retour durerait alors cinq mois et non trois[20].»

On voit que l'estimation apportée par Marco Polo est confirmée dans son ensemble par un officier de marine[21], ce qui indique la bonne connaissance que ses informateurs avaient de l'océan, de ses vents et courants, d'une rive à l'autre.

Pour conclure

1. S'il est sûr que Marco Polo n'est jamais allé à Madagascar, il apporte cependant des informations qui ne sont pas de pures inventions, même si de nombreuses confusions (éléphant, mauvaise information

[20] Note de M. Jouannès à qui j'évoquais les voyages retour de Vasco de Gama (le premier de Calicut à Mogadiscio de 3 mois 3 jours, et le second de Calicut à Mozambique de 49 jours: «Vasco de Gama, à son premier voyage de Malindi à Calicut, a choisi la route directe au début de la mousson de SW (24 avril). Il fit la deuxième traversée en pleine force de la mousson de SW (3 août). Ses navires pouvaient supporter cette épreuve alors que les navires arabes, comme le dit Villiers, «would quickly disintegrate in anything like weather». Quelles pouvaient être les compétences des navires austronésiens?

[21] Je tiens à remercier de tout cœur M. Claude Jouannès qui unit la connaissance du «terrain» au savoir arabe et maritime et qui est toujours prêt à mettre sa science au service de la recherche.

reprise par Foigny, etc) peuvent être relevées. De telles précisions (oiseau éléphant migrateur spécifique à l'île de Madagascar et attribué dès le Xe siècle par les auteurs arabes à cette île, l'association énoncée du sanglier malgache avec le buffle austronésien exprimée en termes zoologiques alors qu'elle s'exprime initialement en termes linguistiques) ne peuvent qu'apporter la certitude que Marco Polo a bien décrit l'île de Madagascar et non pas Mogadiscio, même si certains chevauchements se ressentent.

Le *Madeigascar* de Marco Polo est donc en partie documenté par la Grande Ile, même si le télescopage avec l'Afrique se produit par endroits. Il est le meilleur informateur européen connu à ce jour. Aucun des Portugais qui viendront plus tard (XVIe siècle) ne signalera l'Æpyornis (peut-être déjà en voie de disparition).

2. Le problème est celui des informateurs. D'où tient-il les informations et de qui? Tout n'est pas apporté par les Arabes: la preuve en est que l'île ne porte pas le nom que les Arabes lui donnaient depuis longtemps (*djazirat al-Kom*r). Les Arabes sont bien les informateurs pour l'oiseau Rokh (il le dit lui-même) même si le terme n'est pas, à ses dires, arabe. Lui-même nous renseigne sur «des messagers *qu'il a vus* envoyés par le Khan, comme le déclare justement Marsden[22]:

> «This information must have been obtained either from the Arabian traders by whom it was frequented or from those messengers whom Kublaï had sent to examine the state of the country.»

Hambis de son côté reconnaît la richesse de son savoir en dépit d'une certaine confusion des lieux:

> «Il semble que Marco Polo ait été un de ceux qui furent le mieux informé, bien que par ouï-dire; il a attribué à Madagascar certains renseignements qui concernent la côte orientale de l'Afrique: l'existence d'éléphants, de chameaux, le commerce de l'ivoire, etc[23].»

Ce qui est intéressant, c'est que le lien commercial entre l'Inde orientale (pourtant sous terminologie arabe «Moabar») et Madagascar est conçue et sans doute réelle car Marco Polo est passé par l'Inde occidentale au retour et à visiter également Maabar dont il donne une description. Rappelons aussi qu'il visita six petits états de l'île de Sumatra sans comprendre qu'il s'agissait d'une partie de ce qui restait de la grande

[22] Marsden W., 1818, p. 708, note 1432

[23] Hambis L., 1955, p. 411, note 288. Mais il n'a pas les moyens de voir que des caractères malgaches sont aussi décrits.

thalassocratie de Srivijaya. Tibbetts[24] a attiré l'attention sur l'itinéraire semblable de Marco Polo et d'Ibn Said par Maabar avec retour sur leurs pas après une brève remontée de la côte orientale de l'Inde. Maabar constituait un grande marché des pierres précieuses entre autres. Le contact Sumatra-Maabar, c'est-à-dire des mondes austronésien et indo-arabe est affirmé. C'est dans cette zone que Marco Polo a dû obtenir certaines de ses informations car, comme le déclare Coédès[25]:

> «Les vrais héritiers de la prospérité commerciale de Crîvijaya furent les Arabes qui monopolisèrent le trafic des épices.»

3. On peut enfin évoquer le nom qu'il fut le premier à donner à la Grande Ile dont l'orthographe a varié d'édition en édition.

> «In Ramusio's text it is named Magascar, in the Basle edition Madaigascar, in the older Latin, Mandaygaster and in the epitomes, Mandeigascar[26].»

Les avis diffèrent sur l'origine du mot. Pour Hambis, il s'agissait de la mauvaise transcription de Mogadiscio (Mogedaxo) dont le résultat fut la confusion entre Mogadiscio et Madagascar. Il importe de rappeler que les Arabes qui l'informèrent savaient depuis longtemps l'existence de l'île Komr qu'ils ont eux-mêmes nommée. Pourquoi n'emploie-t-il pas le terme Komr? Cela peut tenir au fait qu'il apprit l'existence d'un autre terme.

En réalité, nous sommes ici au centre de la controverse qui opposa Grandidier et Ferrand sur le *Madeigasbar* de Marco Polo. Grandidier tenait pour une mauvaise transcription de Mogadiscio, Ferrand au contraire pensait que c'était bien Madagascar.

Pelliot suit l'avis de Grandidier. A mon avis, il n'argumente pas sur l'oiseau Roc et ne tient pas compte du fait que les auteurs arabes l'associent tous à l'île Komr. Le grand sinisant néglige à tort l'apport arabe qui associe l'oiseau Rokh à l'île Komr et les données paléontologiques.

Ferrand s'appuie sur l'écriture Mala(da)gas-bar en utilisant Flacourt qui évoque le terme *malagasy* pour désigner la population du sud de l'île auquel il ajoute le mot *bar*, signifiant côte ou pays, voyant dans le terme Madagascar une mauvaise transcription de Madagasbar (pays des Malgaches), qu'il met en parallèle avec Zanzibar (pays des Zanj).

Ramiandrasoa[27] rejoint Ferrand et pense que le mot Rok est effectivement malgache parce qu'on le retrouve dans des toponymes, le site

[24] Tibbetts G. R., 1979, p. 96.
[25] Coédès G., 1948, p. 407.
[26] Marsden W., 1818, p. 708, note 1431.
[27] Ramiandrasoa F., 1967.

d'Androka entre autres dans le sud de l'île, c'est-à-dire précisément où l'on a une accumulation de débris d'œufs d'Æpyornis.

Personnellement je prendrais plutôt partie pour Ferrand et Ramiandrasoa. Certes, évoquer le vocabulaire de Megiser qui donne Rok n'est pas suffisant pour apporter la preuve de l'origine malgache du terme qui aurait pu être pris à Marco Polo plutôt qu'être obtenu sur enquête. Mais je pense que les trois raisons évoquées dans cet article apportent matière à valider l'opinion de Ferrand. La faiblesse des autres exégèses antérieures tient au fait que la connaissance du fait malgache (histoire, zoologie, linguistique) était insuffisante, comme je pense l'avoir montré pour partie dans mon article sur l'oiseau Rokh[28].

De toute manière, même si l'on persiste à penser que le nom donné par Marco Polo à l'île de Madagascar vient de Mogadiscio, rien n'autorise à rejeter pour autant les informations données sur cette île qui indiscutablement, à mon avis, s'appliquent pour partie (et partie seulement) à Madagascar.

Finalement, que le terme utilisé par Marco Polo soit une corruption de Mogadiscio selon l'avis de Grandidier ou une authentique appellation donnée à partir de termes employés par le monde austro-indien comme le pensait Ferrand, là est moins l'intérêt que dans le fait que le contact entre la Grande Ile et l'Asie du Sud et du Sud-Est — voire le continent asiatique depuis la Chine jusqu'à l'Inde du Sud — est affirmé conjointement au savoir arabo-persan que les auteurs arabes confirment dès le IXe siècle.

BIBLIOGRAPHIE

Allibert C., 1992, «Le monde austronésien et la civilisation du bambou. Une plume qui pèse lourd: l'oiseau Rokh des auteurs arabes». Antananarivo, *Taloha*, (11), p. 167-181.

Allibert C., 2001, «Le mot "komr" dans l'océan Indien (avec une note sur Qanbalu)», Paris, INALCO, *Etudes Océan Indien* n° 31, p. 13-33.

Coedès G., 1948, *Les états hindouisés d'Indochine et d'Indonésie*, Paris, E. de Broccard.

Dahl Otto Ch., 1951, *Malgache et Maanjan*, Oslo, Egede-Instituttet.

Decary R., 1938, «La légende du Rokh et l'Aepyornis», Tananarive, Extrait du *Bulletin de l'Académie Malgache*, Nouvelle série, t. XX (1937), 7 pages.

Decary, R. 1950, *La faune malgache*, Paris, Payot.

[28] Allibert C., 1992.

Devic M., 1883, *Le pays des Zendjs ou la côte orientale d'Afrique au moyen-âge*. Paris, Hachette.

Dez J., 1965, «Quelques hypothèses formulées par la linguistique comparée à l'usage de l'archéologie», Tananarive, *Taloha 1*, annales de l'université de Madagascar, p. 197-213.

Duyvendak J. J. L., 1949, *China's discovery of Africa*, London, Probsthain.

Ferrand G., 1905-06, «Trois étymologies arabico-malgaches», Paris, *Mémoires de la société linguistique de Paris*, t. 13, p. 413-430.

Filesi T., 1962, *China and Africa in the Middle-Ages*, London, Frank Cass.

Grandidier A., 1892, *Histoire de la géographie de Madagascar*, p. 26.

Grandidier A. et alii., 1903, *Collection des ouvrages anciens concernant Madagascar*, t.1. Paris, Comité de Madagascar.

Hambis L., 1955, *La description du monde*. Texte intégral en français moderne avec introduction et notes. Paris, Klincksieck.

Marsden W., 1818, *The travels of Marco Polo* (p. 706-711).

Pauthier M. G., 1865, *Le livre de Marco Polo*, Paris, Lib. Firmin Didot frères.

Pelliot P., 1963, *Notes on Marco Polo*, II, Paris, Imp. nat., A. Maisonneuve, p. 779-781.

Ramiandrasoa F., 1967, «L'oiseau "Rok" et le "Madeigascar" dans le livre de Marco Polo», *Revue de Madagascar*, p. 55-68.

Ramusio, 1827, *Il Milione di Messer Polo*.

Sauvaget J., 1954, *Les Merveilles de l'Inde*, une œuvre posthume de Jean Sauvaget. Damas, Institut français. XXXV+313 p.

Teyssier P. et Valentin P., 1995, *Voyages de Vasco de Gama, relations des expéditions de 1497-1499 et 1502-1503* (traduites et annotées par), Paris, ed. Chandeigne.

Tibbetts G.R., 1979, *A study of the Arabic texts containing material on South-East Asia*, Leiden and London, Brill.

Wheatley P.,1975, «Analecta sino-africana recensa», in *East Africa and the Orient*, (ed. Chittick et Rotberg), p. 76-114. (voir p. 94, notes 57, 58) (texte amélioré de l'article publié dans *Geographers and the tropics*, de 1964).

Yule H., 1875, *The book of Ser Marco Polo, the Venitian, concerning the kingdoms and marvels of the East*. London, John Murray.

LES VOYAGES D'ABRAHAM DANS LA TRADITION MYSTIQUE MUSULMANE

Pierre LORY
EPHE, Ve section

La tradition musulmane fait grand cas du récit du voyage nocturne et de l'ascension céleste du prophète Muhammad qui, guidé par l'ange Gabriel, aurait accompli en un instant un voyage miraculeux de La Mecque à Jérusalem, puis, à partir de Jérusalem aurait traversé les sept Cieux jusqu'à rencontrer, au-delà du septième Ciel, la Présence divine elle-même. Ce récit s'est construit à partir de quelques versets du Coran très elliptiques, et qui pourraient désigner bien d'autres aperceptions visionnaires, mais qui se sont trouvées augmentés au fil des générations par des données issues du hadîth, jusqu'à constituer un récit cadre complet[1]. Ce récit dit du *mi'râj* est très connu et occupe une place centrale dans la tradition spirituelle de l'Islam classique[2]. Mais il est intéressant de noter que cette ascension céleste avait un antécédent, en occurrence le voyage accompli par Abraham. Le Coran y fait une allusion assez brève: «Ainsi, nous avons fait voir à Abraham le royaume des cieux et de la terre, et (cela) afin qu'il soit parmi les convaincus» (*Kadhâlika nurî Ibrâhîma malakûta al-samâwâti wa-al-ardi wa-li-yakûna min al-mûqinîn*, VI 75). Les exégètes sunnites anciens rapportent ce verset à un voyage céleste au cours duquel le patriarche aurait contemplé les cieux et la terre, le Trône de Dieu et les demeures de l'au-delà. La question dogmatique qui les arrête d'abord est de savoir si Abraham a accompli ces trajets dans son corps — comme le prophète Muhammad, selon le dogme — ou simplement en esprit. Cette seconde éventualité marquerait une expérience nettement moins spectaculaire, car partagée par de nombreux autres croyants, notamment au cours des rêves de portée reli-

[1] Le point de la recherche sur l'élaboration de ce récit est donné dans M.A. Amir-Moezzi (dir.), *Le voyage initiatique en terre d'Islam — Ascensions célestes et itinéraires spirituels*, Louvain-Paris, Peeters, 1996, avec notamment les articles de Cl. Gilliot et J. van Ess. L'ouvrage contient en outre plusieurs chapitres sur les exégèses mystiques de ce récit.

[2] Il a d'ailleurs débordé le cadre de la culture musulmane, puisque plusieurs traductions en langues occidentales ont vu le jour durant le Moyen Âge, notamment en latin (cf. *Le Livre de l'Echelle de Mahomet*, Le Livre de Poche, Lettres gothiques, 1991).

gieuse. L'antériorité de l'expérience d'Abraham par rapport à celle de Muhammad ne doit en effet pas se doubler d'une supériorité sur lui. En scrutant les tenants et aboutissants de son voyage, on trace aussi les contours que la théologie et la mystique musulmane veulent donner à l'exploration du surnaturel.

Avant d'aller plus avant dans les affirmations de la tradition musulmane, il faut se souvenir que le thème du voyage céleste d'Abraham était déjà ancien. Il est notamment véhiculé par deux textes bien connus et diffusés au Proche Orient depuis le premier siècle de notre ère.

- Le *Testament d'Abraham*, écrit en grec, raconte comment Abraham, parvenu à l'âge de 999 ans et appelé par Dieu à quitter la vie terrestre, n'accepte de mourir qu'après une visite de l'univers. Accompagné d'un cortège céleste, il parcourt la terre, y observant ce qu'elle contient de joies et d'injustices; il peut également contempler le destin des âmes après leur mort, le Jugement prononcé à leur endroit.
- L'*Apocalypse d'Abraham*, transmise dans une version slave mais écrite originellement en hébreu, décrit sa rupture d'avec son père, fabricant d'idoles, suivie d'un voyage céleste en compagnie de l'ange Yaoel. Lors de ce trajet, Abraham s'entretient notamment avec le démon Azazel, aperçoit Adam et Eve, tout ce qui se passe sur la terre et dans les sept firmaments. A proximité du Trône, une voix divine s'adresse à lui. Ce texte riche en considérations doctrinales évoque plusieurs thèmes coraniques[3].

Il est difficile de savoir comment les principaux thèmes de ces livres étaient connus en Arabie au VIIe siècle, et en particulier s'ils correspondent aux mystérieux 'feuillets d'Abraham' (*suhuf Ibrâhîm*) auxquels fait allusion le Coran (LIII 36-38 et LXXXVII 18-19). Par contre, il est certain que les commentaires du Coran ont puisé dans ces textes et dans des traditions midrashiques voisines pour expliciter le verset cité plus haut. Ils racontent, avec plus ou moins de détails, comment Abraham put contempler les sept Terres, les sept Cieux, le Trône de Dieu, comment il put constater les péchés des hommes. Muqâtil ibn Sulaymân (m. 767), l'auteur du plus ancien commentaire coranique qui nous soit parvenu,

[3] Ces deux textes ont été traduits, présentés et annotés respectivement par F. Schmidt et par B. et M. Philonenko dans le volume *La Bible — Ecrits intertestamentaires*, Gallimard, Bibliothèque de la Pléiade, 1987.

considère visiblement ce voyage comme une ascension en son corps: («Gabriel éleva Abraham jusqu'au Royaume [des Cieux et de la Terre]» — *fa-rafa'a-hu Jibrîl ilâ al-malakût*)[4]. Tabarî (m. 923) nous fournit ici les matériaux les plus abondants et divers sur ce voyage, où l'on identifie aisément des récits issus du *Testament* et de l'*Apocalypse d'Abraham*. Il n'aborde cependant pas la question de la nature — corporelle ou simplement visionnaire — de cette ascension; celle-ci ne devait donc pas se poser avec beaucoup d'acuité. Il remarque simplement que la connaissance qu'Abraham a ainsi reçue n'était pas une acquisition par apprentissage et transmission, mais par vision directe (*hiss^{an} wa-lâ khabar^{an}*)[5]. Sans ignorer ces positions, les exégètes postérieurs interprèteront plus nettement ce récit comme celui d'une vision, d'un voyage en esprit, non corporel. Râzî (m. 1209) passe en revue les diverses interprétations, et explicite l'idée qu'Abraham aura bénéficié ici d'une 'vision du cœur', c'est à dire d'une intellection soudaine et globale du monde, de son harmonie, de son rapport au Créateur[6]. «Les preuves de la seigneurialité de Dieu lui ont fait comprendre le royaume des cieux et de la terre», interprète Baydâwî (m. 1291), c'est à dire qu'il aurait acquis un degré de connaissance et de certitude supérieur[7]. «Nous lui avons ouvert les voies de l'évidence», glose Ibn Kathîr (m. 1373) sur un registre voisin[8]. L'idée du voyage céleste d'Abraham, on le voit, s'estompe progressivement au cours des siècles, pour laisser place à une conception beaucoup plus édulcorée de l'expérience du patriarche du monothéisme. On constate comment au fil des siècles la doctrine de l'insupérabilité du prophète Muhammad par rapport à tous les autres prophètes s'est consolidée. Dans le Coran, Abraham préfigure Muhammad sous bien des aspects. Comme lui, il rompit avec un milieu familial et clanique polythéiste et hostile à sa foi en un Dieu unique. Comme lui, il choisit un exil loin de sa cité natale pour pouvoir pratiquer en toute rectitude le culte auquel il se sentait appelé. Comme lui, il est resté en contact direct avec Dieu. Mais précisément, l'Abraham du Coran n'est mentionné que comme argument, exemple, illustration, démarquage de Muhammad par rapport à son milieu tribal qurayshite païen (et donc, en principe du moins, descendant d'Abraham par Ismaël) ainsi que par rapport aux positions des Juifs et des Chrétiens de l'Arabie (qui s'annexeraient indû-

[4] *Tafsîr Muqâtil ibn Sulaymân*, éd. par A.M. Shahâta, Le Caire, 1969, vol. I p. 383.

[5] *Jâmi' al-bayân 'an tafsîr al-Qur'ân*, Le Caire 1968, vol. VII, p. 244-247.

[6] *Mafâtîh al-ghayb*, Beyrouth 1990, vol. XIII, pp. 34-38.

[7] *"Tubsiru-hu dalâ'il al-rubûbiyya malakût al-samawâti wa-al-ard"*, *Anwâr al-tanzîl wa-asrâr al-ta'wîl*, Beyrouth, Dâr al-Jîl, s.d., p. 182.

[8] *"nubayyinu la-hu wajh al-dalâla"*, *Tafsîr al-Qur'ân al-'azîm*, III, p. 54-55.

ment cette figure). La dogmatique ultérieure a été plus loin encore: pour elle, le prophète de l'Islam se doit de dépasser tous ses devanciers et parachever leur prédication. Cette supériorité est illustrée de façon fort claire dans le récit du *mi'râj*. Porté par sa monture céleste, Muhammad traverse chacun des sept Cieux, croisant à chaque Ciel un prophète du passé: Adam au premier, Jésus au second etc. Au septième Ciel, il rencontre précisément Abraham, s'entretient avec lui — et passe outre, pour aller, au-delà encore, en présence de Dieu Lui-même.

Ce verset de la vision du Royaume des Cieux et de la Terre fut également commenté par plusieurs grands mystiques qui ont entrepris d'exposer les sens cachés, spirituels du Texte sacré. Pour eux, chaque verset du Coran contient des significations éclairant le croyant sur le chemin de l'union à Dieu. Ici, la question de la modalité du voyage — dans son corps ou non — perd sa raison d'être. Pour les Soufis, Dieu seul est réel. Les hommes qui ne Le connaissent pas, qui s'attachent à leur vie terrestre comme étant le socle de la réalité, sont plongés dans l'illusion, leur vie est comme un rêve, même s'ils sont par ailleurs de bons croyants et de vrais pratiquants. Le corps n'est pas ici une donnée plus réelle que l'esprit — bien au contraire, il gêne et obstrue la perception des sens métaphysiques. Le verset VI 75 dit au fond qu'Abraham a connu la réalité 'face à face', qu'il ait vécu cela avec ou sans son corps n'a plus beaucoup d'importance. Plusieurs Soufis s'interrogent par contre sur ce qu'il a perçu en fait. Nasrâbâdî (m. 977) fait remarquer que le verset ne dit pas «Abraham a vu», mais «Nous avons fait voir à Abraham» (*nurî* et non *ra'â*), car celui-ci ne pouvait avoir accès aux créatures des Cieux et de la terre en tant que telles, mais les a vues dans leurs essences (littéralement: leurs racines, *usûl*) et par assistance divine[9]. Selon plusieurs autres, Abraham a re-connu la réalité prééternelle des choses qu'il avait approchée avant de naître, alors qu'il était un esprit élu dans la pensée de Dieu. Cette idée que les hommes, et tout particulièrement les prophètes, préexistaient à la création terrestre et que leur savoir surnaturel correspond à une profonde réminiscence de cet état se trouve à des degrés divers chez Sahl Tustarî (m. 896)[10], Qushayrî (m. 1072)[11] et

[9] Cité par Sulamî, *Haqâ'iq al-tafsîr*, Beyrouth 2000, vol. I, p. 205. Nous complétons la lecture de cette édition assez lacunaire par celle du ms Brit. Mus. Or. 9433.

[10] V. l'ouvrage de G. Böwering, *The Mystical Vision of Existence in Classical Islam — The Qur'ânic Hermeneutics of the Sûfî Sahl At-Tustarî (d. 283/896)*, Berlin — New York, Walter de Gruyter 1980, chap. IV.

[11] *Latâ'if al-ishârât*, Le Caire 1981, vol. I, p. 484.

surtout chez Rûzbehân Baqlî de Chiraz (m. 1209)[12]; elle se fonde sur le 'verset du Covenant' abondamment cité et médité par les Soufis: «Et quand ton Seigneur préleva des fils d'Adam de leurs reins leur progéniture et les rendit témoins sur eux-mêmes: 'Ne suis-Je pas votre Seigneur?' — 'Mais oui, nous en témoignons!', dc sorte que vous ne puissiez dire au Jour de la Résurrection: 'Nous n'y avons pas fait attention'» (Coran VII 172). Ainsi, Abraham observe le monde et redécouvre, petit à petit, les traces du Divin en ce monde qu'il avait connues dans la prééternité; ce que suggère la contemplation des astres évoquée dans les versets suivants (VI 76-79). Plus tardif, Qâshânî (m. 1329) considère que la structure intérieure du monde s'est dévoilée alors à Abraham, qui a découvert comment les forces spirituelles cachées animent et régissent le monde. Chaque être existant dans le monde sensible est mû, animé, guidé par une force célestielle (*malakûtiyya*). Abraham comprit ainsi comment le Dieu unique régit une multiplicité indéfinie d'êtres créés[13].

Pourquoi donc cette vision fut-elle accordée à Abraham? Et d'abord, lui qui était prophète, en quoi avait-il besoin de croire? À cela, les Soufis répondent que la foi connaît des paliers, des étapes, qu'elle grandit et s'affermit indéfiniment. Si Abraham avait besoin d'un surcroît de foi, c'est «afin de supporter les assauts de l'Immensité divine» affirme Kharrâz (m. 899)[14], témoin de la difficulté, de la violence, voire du danger que représente la quête mystique, qui est désir de l'être humain limité de rencontrer l'Absolu illimité. Cette vision du Royaume lui fut accordée afin qu'il en vienne à ne plus s'occuper que du Roi, suggère un Soufi anonyme cité Sulamî[15]: Dieu Se réserve ainsi quelques âmes d'élite pour l'intimité de son Amour, et les dispense des étapes longues et périlleuses auxquelles faisait allusion Kharrâz. Cette grâce fut accordée à Abraham afin qu'il réalise le sens du monothéisme, pense Qushayrî[16]. Râzî, qui est pourtant avant tout théologien et non mystique, attire l'attention sur le premier mot du verset, «ainsi» ou «de cette manière» (*kadhâlika*), qui semble faire lien avec le verset qui précède. Or celui-ci mentionne la rupture d'Abraham d'avec son père: «Et

[12] *'Arâ'is al-bayân fî tafsîr al-Qur'ân*, Cawnpore 1884, vol. I, p. 218.Voir également ses traités traduits et largement commentés par P. Ballanfat: *Quatre traités inédits de Rûzbehân Baqlî Shîrâzî*, Téhéran, IFRI, 1998; et *L'Itinéraire des esprits, suivi du Traité de la sainteté*, Paris, Les Deux Océans, 2000.

[13] *Ta'wîlât al-Qur'ân* publié sous le titre *Tafsīr al-Qur'ān al-karīm li-al-shaykh Ibn 'Arabī*, Beyrouth 1968, vol. I, p. 382.

[14] Cité par Sulamî, *op. cit.* vol. I, p. 204.

[15] *Op. cit.* vol. I, p. 204.

[16] *Op. cit.* vol. I, p. 484.

lorsqu'Abraham dit à son père Âzar: Prends-tu des idoles comme divinités? Je te vois toi et ton peuple dans un égarement évident» (VI 74). «Ainsi» signifierait alors que, pour celui qui se détourne de l'erreur, la vérité du Royaume se montre naturellement, car Dieu ne la cache à personne; mais ce sont les hommes qui s'occupent de tout autre chose que de chercher le vrai. Il note également que le verset ne dit pas «nous avons fait voir à Abraham», mais bien «nous faisons / ferons voir à Abraham», en mode inaccompli[17]. Ce qui conduit les «hommes réalisés» (*al-muhaqqaqûn*) à comprendre que si «le voyage vers Dieu a une fin, le voyage en Lui n'en a pas»[18].

L'exemple de ces quelques exégèses de cet unique verset coranique montre combien le Texte sacré de l'Islam peut être interprété de façon différentes, en fonction d'enjeux très variables. Dans les deux cas, la primauté du prophète Muhammad est sauvegardée, car les Soufis ne contestent pas du tout le dogme sunnite. Mais le rôle d'Abraham n'en est pas occulté pour autant. Si son exemple est moins parfait que celui de Muhammad, il est aussi plus facilement reproductible. Il peut servir de modèle pour tout Soufi à la recherche de l'absolu. Tout ce que les Soufis ont écrit au sujet de l'ascension d'Abraham doit en effet être reporté à l'expérience mystique qu'ils cherchent à repérer au fil des sourates coraniques. Abraham devient ainsi le «père des croyants», non par ascendance charnelle, mais parce que son modèle, indéfiniment médité, est resté fécond pour de nombreux chercheurs d'absolu après lui.

[17] L'arabe ancien ne faisait pas usage de 'temps' (passé, présent, futur) mais de deux 'aspects': un 'accompli' dénotant un processus achevé, et un 'inaccompli' référant à un processus en cours. C'est le contexte qui détermine l'interprétation temporelle à donner, non tant la forme grammaticale. Ainsi, il peut arriver qu'un processus achevé mais toujours opérant soit exprimé par un accompli, mais doive être compris comme un fait présent voire futur.

[18] Râzî, *op. cit.* vol. XIII 35.

UNE TEINTURE DE PHILOSOPHIE SUR UNE COMPARAISON HABITUELLE DANS LA *MUQADDIMA* D'IBN KHALDOUN

Dominique MALLET
Centre d'études et de recherches sur le monde arabe et musulman
Université Michel de Montaigne Bordeaux 3

Ces quelques remarques s'inscrivent dans une réflexion sur l'esthétique de l'exposé philosophique. Elles interrogent un aspect du style littéraire de la *Muqaddima* d'Ibn Khaldoun. C'est qu'à son sujet le jugement prévalent est sévère. Quelques-uns des traducteurs de l'ouvrage — de Slane[1], Franz Rosenthal[2] — parlent d'un «style inégal», de «répétitions nombreuses», qui alourdissent un texte souffrant des marques d'une lecture orale, articulée dans une langue commune. Le jugement de Sauvaget récapitule ces impressions: «Sans doute, écrivait-il, la présentation de l'ouvrage n'est-elle pas à l'abri des critiques: un vocabulaire trop personnel et de continuelles négligences de syntaxe qui obscurcissent le texte, un style trop concis pour exprimer clairement des idées abstraites, un certain désordre dans le détail de l'exposé, des répétitions, tout cela contribue à faire de *l'Introduction* d'Ibn Khaldoun un livre d'un abord difficile[3].»

Ibn Khaldoun prend, de toute évidence (et mis à part les premières pages d'ouverture) le contre-pied du style guindé de ses contemporains, convenus de cultiver les assonances, de s'adresser à un public trié, initié aux règles de la prose rythmée et rimée des belles-lettres. Il s'adresse à tous, également. Cette liberté stylistique est liée à l'objet de la *Muqaddima*, tout à la fois, récit édifiant utile à l'action politique et discipline théorique très abstraite sur la nature et les causes des choses humaines[4]. Elle livre un texte affranchi des lieux communs et dont la rhétorique, délibérément choisie pour servir au mieux la complication des desseins de l'auteur, penche vers une langue parlée. Or il existe une figure du discours

[1] *Les Prolègomènes*, vol. I, p. II.
[2] *The Muqaddimah, An Introduction to History*, p. lxviii sq. et cxi sq.
[3] *Historiens arabes*, p. 137.
[4] V. Muhsin Mahdi, *Ibn Khaldûn's Philosophy oh History*, The University of Chicago Press, 2e impression 1971, p. 113 sq.

toute désignée pour expliquer à un large public des sujets difficiles et abstraits: la comparaison... et plus précisément, la comparaison figurative, ou «philosophique», puisque c'est ainsi que Fontanier nommait le rapprochement d'un objet abstrait à un objet sensible «par manière d'éclaircissement ou de preuve; la poésie elle-même, ajoutait-il, en offre de ce genre: «Puissent jusques au ciel vos soupirs innocens/ Monter comme l'odeur d'un agréable encens (Elise aux jeunes israélites, dans *Esther*)»[5].

Une comparaison comporte un élément comparé, le «thème» (à l'instant, les soupirs), et un élément comparant, le «phore» (l'odeur de l'encens). Le dépouillement du texte de la *Muqaddima* montre quelle attraction mentale exerce, sur l'esprit de son rédacteur et dans le choix des «phores», c'est-à-dire des éléments sensibles passant pour éclairants, une image entre toutes, celle de la teinture: *al-sibgha*, plus rarement celle, voisine, de son résultat: la couleur, *lawn* (*talawwana*, se colorer). Le mot *sibgha* apparaît plus de trente fois dans le volumineux ouvrage. Trente occurrences, cela fait beaucoup, beaucoup plus en tout cas que dans les autres textes voisins, par le sujet ou par l'époque, à la seule exception des *Badâ'i' al-suluk fî tabâ'i' al-muluk* tout au long desquels Muhammad b. al-Azraq (Kahhâla, vol. 11, p. 43; m. 896/1491) glose, justement, la *Muqaddima*. Quant aux «thèmes» de cette comparaison, ils sont au nombre d'une vingtaine. Etendons-les sur un fil. Leur rapide inventaire montre que l'on trouve, dans cette teinturerie-là, autant de cuves à peu près qu'il y a de concepts fondamentaux dans la théorie d'Ibn Khaldoun. Trempant, macérant en leurs fonds, les hommes s'imprègnent...

- de la religion (au moins cinq fois), *sibgha dîniyya* : Q, I, p. 273; Q, I, p. 284; Q, I, p. 286; Q, II, p. 175; Q, II, p. 176;
- du commandement, *sibghat al-ri'âsa* : Q, I, p. 279;
- de l'autorité royale (au moins quatre fois), *sibghat al-mulk* :Q, I, p. 281; Q, I, p. 283; Q, I, p. 336; Q, I, p. 337;
- de l'exercice du pouvoir autocratique, *sibghat al-istibdâd*: Q, I, p. 282;
- de la domination dans le bas-monde, *sibghat al-ghalab fî l-'âlam* : Q, I, p. 283;
- du califat, *sibghat al-khilâfa* : Q, I, p. 283;
- du commandement et de l'exercice du pouvoir autocratique, *sibghat al-ri'âsa wa-l-istibdâd*: Q, I, p. 335;

[5] *Les Figures du Discours*, coll. Champs linguistiques, Paris 1977 p. 378; v. également B. Dupriez, *Gradus, Les procédés littéraires*, coll. 10/18, Paris 1989.

- de l'exercice de l'autorité royale et de la domination, *sibghat al-mulk wa-l-ghalab*: Q, I, p. 336;
- de la soumission et de l'obéissance (quatre fois), *sibghat al-inqiyâd wa-l-idh'ân,* et *sibghat al-inqiyâd wa-l-taslîm*: Q, I, p. 383, 384 et Q, II, p. 111 (deux fois);
- du sentiment d'appartenir à un même groupe, *sibghat tilka al-'asabiyya*: Q, II, p. 109;
- de la pratique des arts et des techniques, *al-sanâ'i'*: Q, II, p. 250, Q, II, p. 309, Q, II, p. 310;
- de la culture sédentaire, *sibghat al-hadâra* : Q, II, p. 253;
- des habitudes, *sibghat al-'awâ'id*: Q, II, p. 256;
- de la dépravation morale, *sibghat al-'radhîla* : Q, II, p. 258;
- du mal et de l'insincérité, *sibghat al-sharr wa al-safsafa* : Q, II, p. 258-9;
- de la disposition à la recherche des causes, *lawn yahsul li-l-nafs wa sibgha tastahkim min al-khawd fî l-asbâb* : Q, III, p. 28;
- de la profession de l'unicité divine, *sibghat al-tawhîd*: Q, III, p. 29
- de la disposition (*malaka*) à l'étude (trois fois): Q, III, p. 253 et Q, III, p. 346 et 347;

Le retour régulier de cette image dans le tissu discursif du traité forme un motif qui pourrait contribuer à en ordonner le foisonnement. Que recherche Ibn Khaldoun dans cette comparaison-là et qui le fascine au point qu'inlassablement il y retourne[6]? Quelle intelligibilité demande-t-il au teinturier? Dans la logique dont ses maîtres lui auront rebattu les oreilles, la couleur est un «accident» («blanc» est communément reçu, depuis Aristote, comme l'exemple de ces propriétés qui n'appartiennent

[6] Voir *Coran*, al-*baqra*, (II), 138: "*Sibghata llâhi wa man ahsanu mina llâhi Sibghratan wa nahnu lahu 'âbidûn?*": Berque: «Une teinture de Dieu! Mais qui peut mieux teindre que Dieu quand nous L'adorons...» Blachère et Masson: «l'Onction de Dieu». Berque relève une probable allusion ironique au baptême chrétien, «mais la puissance évocatoire de *çibgha* en passe de loin la dénotation»; voir Lane: originellement, «altérer». *sabgh* est utilisé par les chrétiens au sens d'immerger le nouveau-né dans l'eau, de le baptiser: *Sabagha waladahu fî l — nasrâniyya*. V, *tasabbagha fî — dîn*, de là *sibgha*, au sens de religion (synon.: *dîn, milla, sharî'a*, attestations dans le *Qâmûs* de Fayrouzabadi, dans le *Tâj al-'Arûs*, etc. *sibghatu allâh*, c'est-à-dire *dîn allâh... fitrat allâh...* Le *Tafsfîr al-Jalâlayn* glose Coran, II, 38 ainsi: Dieu nous a imposé cette teinture (*sabaghanâ allâh*), c'est-à-dire la religion dans laquelle il a créé les hommes pour que ses effets paraissent comme la teinture dont le vêtement est impregné. Voir, à ce sujet, Gérard Troupeau, «Un exemple des difficultés de l'exégèse coranique: le sens du mot *sibgha* (S. II, v. 138) dans *Communio* n° 15, 5-6 — septembre décembre 1991, article repris dans G. Troupeau, *Etudes sur la grammaire et la lexicographie arabes, recueils d'articles sélectionnés*, Damas, PIFD, 2002, p. 213-220.

qu'incidemment à la chose). Le même objet paraît sombre ou clair selon la situation de celui qui le perçoit par rapport à la source de la lumière, teinté différemment selon les écrans que l'on peut interposer entre lui et la rétine au fond de laquelle il vient renverser son image. Bref, le propre de la couleur est de se répandre à la surface des choses sans jamais en affecter la nature, l'essence intime, *or il n'y a pas de science de l'accidentel.*

Mais beaucoup plus qu'à une teinture de philosophie, c'est à une philosophie de la teinture que ces textes convient. C'est qu'il y a couleur et couleur, teinture et ripolin. Ibn Khaldoun n'imagine pas un fluide qui se répandrait uniformément sur la surface des choses, s'écoulerait, pour la lisser, au fond de ses moindres aspérités, la couvrirait entièrement, qui la cacherait aussi et demeurerait, une fois séché, comme un film opaque et uniforme renvoyant différemment la lumière. Il n'imagine pas une pellicule huileuse qui se dessècherait avec le temps pour finir par s'écailler en plaques racornies et découvrir la surface sur laquelle elle s'épandait, comme elle était, exactement, le jour où elle fut recouverte.

La teinture, elle, s'installe lentement, pénètre le tissu, s'insinue entre ses fibres pour qu'il s'en imprègne. Ensuite, elle passe, elle pâlit, elle fane, elle s'estompe, lentement, de nouveau, mais à la fin, elle demeure tout de même, comme un éclat affaibli dont les vibrations continuent à faire frisonner l'étoffe déployée devant l'observateur attentif. Couleurs, oui, mais sans vivacité, couleurs tantôt timides, se révélant peu à peu, s'affirmant, tantôt passées et s'effaçant au contraire, à peine visibles, mais toujours tenaces, indélébiles. La comparaison ne va jamais dans le sens d'une couleur vive, nette, tranchée. Ce n'est pas lorsque, franchement appliquée, elle crie sa valeur qu'elle intéresse l'écrivain, mais quand elle s'affirme, qu'elle s'avive peu à peu ou qu'elle ternit, au contraire, s'épuise jusqu'à s'exténuer presque tout à fait. La teinture se prête à une comparaison intensive. Même lorsque la teinte est actuellement imprimée, la coloration n'est pas instantanée. Le tissu s'en imbibe de plus en plus profondément. La qualité de la couleur n'est pas d'être apparente, de jurer, voire même d'être là, fixée, maintenant et pour longtemps mais de s'intensifier progressivement et de s'atténuer par degrés, par gradients, mais sans jamais disparaître complètement, de modifier continûment sa densité, son éclat, à chaque instant de la durée de l'étoffe, d'en accompager la vie, dès qu'elle est teinte, lui imprimant, à chacun des moments de son évolution vers l'usure, une valeur, un reflet nouveaux, particuliers, d'en signaler l'essentiel changement. Seules les formes verbales assignées à l'expression de l'effort vers un but, d'un élan tendu vers un objet dont l'emprise est désirée, mais différée — «*istihkâm*» *versus* «*istihâla*» — peuvent signifier son intrinsèque variabilité, l'impossibilité de lui assigner un état stable, son mode toujours différent d'exister. La teinte est l'inscription des tendances de la durée, la récapitulation actuelle de son passé et de son futur, la contraction de sa trajectoire en chacun de ses points.

Sur la lenteur de l'imprégnation on retiendra par exemple qu'un vizir, s'il parvient à écarter le prince de l'exercice du pouvoir, doit se garder d'afficher les insignes de la souveraineté[7]. Qu'il le laisse jouer avec les hochets de la royauté — faire étalage de ses titres, s'asseoir sur le trône, se faire appeler «Votre Majesté», vivre enfermé au milieu de ses femmes et qu'il se contente de jouir de l'exercice réel, mais caché, de sa puissance... s'il entreprenait de s'arroger ouvertement les attributs extérieurs du pouvoir, il trouverait promptement la mort *puisqu'il n'a pas encore acquis la teinture* qui le ferait apparaître, lui, convenable aux prérogatives royales et détermineraient les autres à se soumettre à lui et à lui obéir[8]. Qu'il attende, donc, jusqu'à la durable fixation sur sa personne de *la teinture du commandement et de la domination* (*sibghat al-ri'âsa wa-l-istibdâd*)... ainsi l'autorité royale lui reviendra-t-elle à la longue et sera-t-il à même de transmettre le pouvoir, après qu'il s'en soit longtemps acquitté en cachette, à sa descendance. Et ce n'est pas une teinture de légitimité qu'il acquiert ainsi, mais une teinture réellement légitimante: bientôt les commencements de son pouvoir seront oubliés, les membres de sa famille seront *colorés comme des chefs* (*istahkamat li-ahl dhalika al-nasab sibghat al-ri'âsa*)[9]. Ses sujets, se soumettront à la *couleur devenue sienne de la supériorité matérielle* (*sibghat al-ghalab fî l-'âlam*) et regarderont comme un article de foi qu'une obéissance entière lui est due[10].

Une fois le tissu lentement imprégné, il lui arrive d'emprisonner si bien la teinte qu'elle en partage le sort jusqu'à ce qu'il s'effrange et s'effiloche à tous les vents. Peinture et teinture à la fois, qui protège ce qu'elle couvre et en prolonge la vie, mais aussi en épouse si étroitement la substance qu'elle l'accompagne jusqu'à son terme après qu'elle ne lui fut pourtant appliquée qu'une fois. Elle donne à ceux qui la recueillent

[7] *Muqaddima,* III, 19; QI, p. 335.
[8] *Muqaddima,* III, 20; QI, p. 337.
[9] *Muqaddima,* III, 2; QI, p. 279.
[10] *Muqaddima,* III, 3; QI, p. 283.

un supplément de vie! Celui qui, le premier, parvient à exercer l'autorité royale «L'esprit de commandement et de domination, esprit dont la famille royale a contracté *une forte teinture* (*sibghat al-mulk wa-l-ghalab*), se conserve dans sa postérité et garantit la durée de la dynastie»[11]. Il advient que la teinte soit à ce point prégnante qu'elle ne dure pas moins longtemps que l'étoffe qui la supporte: «Les arts, en Espagne, arrivèrent tous à la perfection [...]; aussi ces arts ont-ils donné à la civilisation espagnole *une teinture si persistante* qu'elle ne disparaîtra qu'avec elle. *C'est ainsi que le teint d'une étoffe, quand il a bien pris, subsiste tant que dure cette étoffe*[12].»

La durée de la lente captation de la teinte, l'insensible commencement de la coloration comme une aube timide, puis sa ténacité, son intime et opiniâtre association au textile, tout cela imprime à l'imagination — elle se représente quelque altération chimique dont il faut attendre les résultats, l'image pneumatique d'un temps qui se gonfle comme une voile et dont les bords et le centre dont courbés différemment —... lui imprime des directions qui l'écartent d'autres univers de correspondances, tout aussi riches, mais sous d'autres aspects. Que la teinte, souvent, subsiste aussi longtemps que l'étoffe suscite une nouvelle comparaison avec la chaleur et la vie: Quand les dynasties se délitent, que le luxe dissout tout à fait *la teinture du sentiment d'appartenir à même groupe (sibghat al-'asabiyya)* au point que les chefs en viennent à vendre leurs services pour protéger l'État, il arrive toutefois qu'aucune insurrection ne survienne. Les sujets sont à ce point imprégnés d'une *teinture d'obéissance* (*sibghat al-taslîm wa-l-inqiyâd*) qu'ils en deviennent incapables de former le projet d'une révolte: «La dynastie sera plus encore à l'abri des mouvements populaires et des insurrections, pour autant que ceux-ci viennent des groupes et des tribus. Elle continue ainsi *jusqu'à ce que sa vitalité s'éteigne, ainsi que s'éteint la chaleur naturelle du corps quand on le prive d'aliments*. Enfin son heure prédestinée arrive. Le terme est écrit[13], chaque dynastie trouve sa fin et Dieu mesure le jour et la nuit[14].

[11] *Muqaddima,* III, 20; QI, p. 336.

[12] *Muqaddima,* V, 17; QII, p. 310.

[13] Coran, XIII:38.

[14] Coran, 73:20, *Muqaddima*, III, 45; QII, p. 111. Henri Bergson composait aussi la teinte et la vie: «Le sentiment lui-même est *un être qui vit* [...]; il *vit* parce que la durée où il se développe est une durée dont les moments se pénètrent: en séparant ces moments les uns des autres, en déroulant le temps dans l'espace, *nous avons fait perdre à ce sentiment son animation et sa couleur*).» Henri Bergson, *Les Données immédiates de la Conscience*, Paris, PUF, 1965, p. 99 (c'est moi-même qui souligne[D.M.]).

Ibn Khaldoun risque, ailleurs, une nouvelle et troisième comparaison. Evoquant ce qu'il advint, après que les hilâliens eussent dévasté l'Ifriqiyya, de la «*teinture fragile de culture sédentaire*» que les Aghlabides et leurs alliés devaient au luxe et à la grandeur passée de Cairouan, il remarque «qu'elle fut tellement imparfaite qu'elle ne subsista que 400 ans et disparut après que les Arabes hilâliens se fussent emparés du pays: *istahâlat sibghat al-hadâra bi-mâ kânat ghayr mustahkama.... Quelque légère trace en aura demeuré jusqu'à maintenant (baqiya athar khafiyy)*[15]. Sur ces traces, il revient quelques pages plus loin: «nous trouvons ainsi à Cairouan, à Marrakech et à la Cala Ibn Hammâd, un reste des arts qui y avaient fleuri autrefois, et, cependant, ces villes sont aujourd'hui ruinées, ou peu s'en faut. L'homme habitué à observer est le seul capable de reconnaître l'existence de ces arts; il en découvre les traces qui indiquent ce qu'ils ont dû être, *de même qu'en examinant les traces d'une écriture à moitié effacée on parvient à la lire* (*ka-athar al-khatt al-mamhû fî l-kitâb*)[16]».

L'historien, cette fois, se fait paléographe. Entre la persistance des suites bien réglées de gestes techniques dans la fabrication des œuvres et celle des lettres calligraphiées sur une page, entre le précis entremêlement des industries humaines qui compose une culture et la distingue des autres et les textes consignés dans une même langue, composés des mêmes mots, eux-mêmes issus de caractères identiques ordonnés différemment, et qu'enferment des reliures semblables, les correspondances sont suggestives. À «l'homme habitué à observer» la culture sédentaire s'offre comme un livre. Les ouvriers disparus y auront inscrit la détermination de leurs activités techniques. Les arts deviennent des mots qui énoncent l'essence de leurs civilisations révolues quand elles furent florissantes.

Que la teinture de l'obéissance soit comme l'écriture effacée de la chaleur du corps de la dynastie n'est pas, évidemment, du meilleur effet rhétorique (le Sapeur Camembert n'aurait pas désavoué la comparaison, peut être, tout au plus, aurait-il préféré que *la teinture de l'écriture effaçasse la chaleur de la dynastie sur le corps de l'obéissance...*), mais peu importe: le salmigondis comparatif trahit la mécanique des images. Les deux derniers rapprochements échouent sur un point essentiel; quant au dernier — celui scripturaire — parce que l'habileté du scribe, sa ferme disposition acquise à former les lettres, sa vivacité et sa sûreté dans

[15] *Muqaddima,* IV, 17; QII, p. 253.
[16] *Muqaddima,* V, 17; QII, p. 311.

l'écriture, achoppent sur l'illustration des lentes mises en place de l'histoire: au regard de leur durée, la dictée d'un livre, la copie d'un manuscrit paraissent comme un instant; quant au premier — celui vitaliste — parce qu'il n'est pas de vie sans chaleur ni de chaleur sans vie, tout au moins dans un corps organique. La comparaison réussit à rendre la longévité du «thème». Elle en restitue le mouvement, l'élan, la pulsation, ce gonflement de la voile signalé tout à l'heure, ces timides commencements, l'épanouissement et le déclin jusqu'à la disparition. Elle n'est pas moins représentative que la tremblante persistance de la teinte dans les fibres du tissu qui s'effiloche. Mais il faudrait, pour que les images tinctoriale et vitaliste fussent équivalentes, que la vie se passât de chaleur, qu'elle la précédât et que celle-ci — la chaleur — perdurât après la mort, qu'elle lui succédât: il faut une tenace ambition pour exercer le pouvoir; il faut l'exercer durablement pour en prendre la teinte, mais sa couleur, quand elle est acquise tient lieu de l'ambition défaillante, elle relaye elle-même sa cause déficiente et le pouvoir se maintient. Il s'alimente de lui même, s'automatise, et c'est pour cela qu'il persévère dans l'être si longtemps. La médiation tinctoriale autorise un déplacement de l'efficience, son transfert de la cause aux effets, elle infiltre jusque dans l'histoire des États l'apparente circularité de la thématique aristotélicienne de la vertu: la pratique des actions justes rend juste: «Quand une chose devient usuelle à l'âme, elle finit par faire partie de son caractère, de sa constitution et de sa nature; c'est que l'âme peut revêtir de nombreuses couleurs. (*sârat min kuluqihâ wa jibillatihâ wa tabî'atihâ li'annahâ kathîratu al-talawwun*...)[17].»

Aux crispations, aux vives contractions de l'enfantement succèdent d'interminables décrépitudes. Chacune des comparaisons concurrentes est à même d'illustrer un aspect de l'histoire, mais aucune ne peut rendre la changeante asymétrie de ses versants. Son temps est arythmique. Ce qui impose la teinture en philosophie, c'est la nécessité où se trouve Ibn Khaldoun d'introduire une durée dans l'histoire pour y installer la raison, d'en faire comme un rideau qui tantôt se plisserait à l'endroit des fronces reserrées et se tendrait ensuite en vagues déploiements: il s'agit bien du même rideau, mais son ourlet est beaucoup plus long que son bandeau. Quelque cent vingt années à peine suffisent pour que prospère, décline et meure une dynastie[18], or il en faut beaucoup plus pour que

[17] *Muqqadima* I, 5e discours préliminaire, QI, p. 162; cf. Aristote, *Éthique à Nicomaque*, II, 1, 1103a 12 sq.: «Les dispositions morales proviennent d'actes qui leurs sont semblables.»

[18] *Muqaddima*, III, 12, QI, p. 305, sq.

disparaissent à la fin les gestes, les techniques, les compétences, les habitudes qui continuent à la signaler à d'autres dynasties venues entre-temps occuper le devant de la scène. En un peu plus d'un siècle s'accomplit un cycle qui rabat sur la vie bédouine une population qu'il en avait arrachée, mais cet accomplissement prend place dans un temps huileux, linéaire, qu'il ne mesure pas et qui le contient, dans un temps que traversent des teintures rémanentes, des industries visqueuses (au sens propre, évidemment) qui perdurent bien à l'écart de la précipitation politique, de l'empressement des ambitions, de ces accès quelquefois fulgurants à la domination du monde, ou de la brutale rapidité du déclin des royautés.

Bien plus encore; les lois des cultures humaines procèdent par causes suffisantes: le sentiment d'appartenir à un même groupe *cause* l'accession à l'autorité royale[19]; le luxe et le bien-être *causent* son empêchement[20]; la sauvagerie d'un peuple *cause* l'étendue de son autorité[21]; la conquête arabe *cause* la destruction du pays conquis[22]; la religion qu'embrassent les Arabes *cause* leur accession à l'autorité royale[23], celle-ci *cause* à son tour la fondation des villes[24], etc. Or des formes si contraignantes de détermination, si elles expliquent le surgissement des événements, en précipitent aussi la succession. Pourquoi faut-il tant d'années — cent vingt au moins — au politique pour qu'il accomplisse son entière révolution? C'est beaucoup plus qu'il n'en faut pour un pronunciamiento, pour soulever quelques casernes et tendre, au dessus des boulevards, des calicots de criardes inscriptions entre les réverbères. Pourquoi Moïse, quittant l'Égypte, n'a-t-il pas conduit son peuple au pas de charge jusqu'à la terre promise? Pourquoi fallait-il que les Hébreux errassent quarante année durant dans le désert? Parce que sortant d'Égypte ils avaient macéré si longtemps au fond des cuves de l'esclavage, s'étaient si profondément imprégnés de la teinte de la soumission que le Tout-Puissant dut lui même attendre, afin d'accomplir les desseins qu'il nourrissait pour eux, qu'une génération disparaisse et qu'une autre la remplace pour que s'atténue leur lâcheté acquise[25]. Même la puissance divine s'arrête à la chimie des teinturiers! Les dynasties doi-

19 *Muqaddima,* II, 16; III, 1.
20 *Muqaddima,* II, 17.
21 *Muqaddima,* II, 20.
22 *Muqaddima,* II, 25.
23 *Muqaddima,* II, 26.
24 *Muqaddima,* IV,1.
25 *Muqaddima,* II, 18; QI, p. 256-257.

vent vivre cent vingt années au moins, car telle est la mesure du temps qu'il faut aux hommes — trois générations — pour qu'ils changent de teinte, c'est-à-dire que passe sur eux l'éclat premier de la *'asabiyya* par toutes les nuances de l'atténuation jusqu'à son effacement: la première génération est colorée du sentiment d'appartenir au même groupe, la seconde ne l'est déjà plus mais croit tout de même l'être et se souvient en tout cas que ses prédécesseurs l'étaient encore; la troisième en a oublié jusqu'au souvenir[26].

Deux formes de l'imprégnation de la teinte dans l'étoffe des hommes, donc, la première politique moins tenace que l'autre, technique, deux pulsations asynchrones, deux temporalités dont les écarts sont variables mais qui se correspondent quelquefois, comme l'ourlet du rideau et son bandeau tombent tout de même d'aplomb. Mais ni la longueur du premier ni celle du second ne suffisent à expliquer comme la lumière diffuse à travers le voile. Aucune, prise à part, ne donne la mesure de l'éclairement ni n'explique la répartition des ombres. Les «emprunts» figurent ces correspondances. Ils sont aux points de contact entre les cercles que décrit le politique au-dessus de la vie bédouine et les lignes étirées que les industries tracent dans le caractère des hommes et dans l'histoire du monde: «Nous trouvons que les patries des Arabes et les places dont ils prirent possession avaient en somme peu d'industries. Regarde comme les nations [arabes] durent les importer de Chine, d'Inde, des pays turcs et des nations chrétiennes[27]!» Comme l'histoire ne laisse pas aux civilisations sédentaires le temps qu'il leur faudrait pour parvenir au mieux des habiletés techniques, il est heureux que les industries et le pouvoir soient décalés: les cultures recueillent les compétences étrangères des civilisations vieillies, s'imprègnent des teintures restées là, rémanentes. Les expressions pratiques et intellectuelles les plus raffinées d'une civilisation citadine restent quelquefois, et tout naturellement, entre les mains des minorités qu'elle accueille, sourdement imprégnées de leurs teintes, qu'elles ravivent[28].

[26] *Muqaddima,* III, 12; Q1, p. 307-308.
[27] *Muqaddima,* V 19, QII, p. 313.
[28] V. Rosenthal, *The Muqqadimah*, vol. I, introduction, p. lxxxiii-lxxxiv et D. Mallet, «cultures en couleurs: «La plupart de ceux qui, en islam, ont transmis la science sont des non-Arabes», dans V. Heuberger, Geneviève Humbert-Knitel et Elisabeth Vyslonzil (Eds), *L'héritage des Empires Ottoman et Austro-Hongrois en Orient et en Occident, Cultures en couleurs*, Peter Lang, Europaïscher Verlag des Wissenschaften, Frankfurt am Main, Berlin, Bern Bruxelles, New-York, Oxford, Wien, 2001, p. 23-31.

C'est bien comme les avatars d'une couleur que la *Muqqadima* pense la modification. Comme il n'y a pas de science (tout au moins antique ou médiévale) de l'accidentel, et comme les ambitions épistémologiques d'Ibn Khaldoun sont extrêmes, il faut encore montrer que la teinte n'est pas un accident comme les autres. Au fond des cuves où les hommes trempent leur caractère, il en est une, celle de la religion dont l'effet permet de mettre à l'épreuve cette hypothèse. L'accident traverse l'apparence et s'infiltre jusqu'à la nature des choses, qu'elle change. Il n'est que de se souvenir des pages souvent citées du premier chapitre de la *Muqaddima*: les Arabes sont une nation sauvage *(umma wahshiyya)*, tellement accoutumée à la sauvagerie et à ses causes qu'elle leur est devenue naturelle *(sârat lahum khuluqan wa jibilla)*. Leur nature les projette aux antipodes de la civilisation *(hâdhihi al-tabî'a munâfiya li-l-'umrân)*. Ils détruisent les maisons pour ne prendre dans leurs décombres que les quelques pierres dont ils ont besoin pour fabriquer les foyers de leurs feux, ils mettent à bas les charpentes pour s'en faire des piquets de tente. La nature même de leur être est la négation de la construction, laquelle est le principe de la civilisation: *sârat tabî'atu wujûdihim munâfiyatan li-l-binâ' alladhî huwa asl al-'umrân*[29]. Elle les rend essentiellement inaptes à l'administration politique des peuples qu'ils subjuguent[30]. Pour parvenir à exercer sur eux l'autorité royale auquel les dispose l'intensité toute spéciale de leur *'asabîyya*[31], ils doivent moins changer, que se changer, s'habiller — si l'habillage était sous l'épiderme — d'une nature bien différente, renoncer à leur fierté, à la jalousie et à l'envie qui les portent à s'entre-déchirer. Qu'ils macèrent dans la religion et sa teinture altèrera leur quiddité: l'autorité royale leur surviendra «après que leur nature se soit complètement transformée»: *yahdur ilayhâ ba'd inqilâb tabâ'ihim wa tabaddulihâ bi sibgha dîniyya tamhû dhâlika minhum...*

La teinture est une emprise intime, intérieure, insistante, durable... une apparence, certes, mais tant mêlée aux fibres textiles, à leur entrecroisement, et qui les penètre si profondément qu'elle infuse, perfuse, la nature du tissu. Un accident, mais un accident qui récuse sa contingence, qui s'en éloigne autant que possible pour venir là, se pencher au bord des propriétés textiles les plus substantielles, confiner à la nature des hommes et la changer du tout au tout.

[29] *Muqqadima*, II, 25, QI, p. 270-271.
[30] *Muqqadima* II, 27, QI, p. 274-275.
[31] *Muqqadima*, II, 16, QI, p. 252-253.

LE *MINGXIN BAOJIAN* 明心寶鑑 *(MIROIR PRÉCIEUX POUR ÉCLAIRER L'ESPRIT)*, PREMIER LIVRE CHINOIS TRADUIT DANS UNE LANGUE OCCIDENTALE (LE CASTILLAN)

CHAN Hing-ho*

Sauf à retrouver un manuscrit encore totalement inconnu, en l'état actuel des connaissances, il semble que la première traduction du chinois dans une langue occidentale ait été, en 1592, le *Mingxin baojian*, un manuel élémentaire d'éducation compilé au début de la dynastie Ming. Ce travail a été effectué aux Philippines par un missionnaire dominicain espagnol, Juan Cobo (1546?-1592). Le manuscrit bilingue chinois-castillan fut offert au roi d'Espagne Philippe II (1527-1598), trois ans après la mort de Cobo, le 23 novembre 1595, par un confrère, Miguel de Benavides. Le manuscrit est conservé à la Bibliothèque nationale de Madrid[1]. Sous l'égide de l'UNESCO, une édition, reproduisant le manuscrit par photocomposition, accompagnée de notes dues à Carlos Sanz[2], a été publiée en 1959.

Le *Mingxin baojian* appartient à la catégorie des *mengshu,* ouvrages didactiques destinés aux adolescents et aux adultes, véhicules d'apprentissage de la langue et de transmission des principes d'éducation morale. La préface est signée Fan Liben (*zi*: Congdao), originaire de Wulin (actuelle ville de Hangzhou), qui est en même temps le compilateur de l'ouvrage[3]. Elle est datée 1393 (16e jour du deuxième mois de la

* CNRS, membre associé du Centre d'études et de recherches sur l'Extrême-Orient (CEREO) de l'université Michel de Montaigne Bordeaux 3. L'auteur remercie Isabelle Landry-Deron, qui a bien voulu revoir son texte avec lui, et qui avait accepté de le présenter, en son absence, lors des Journées de l'Orient. Cette communication reprend, en l'actualisant, la matière d'un premier article publié il y a une dizaine d'années: «Diyi bu fanyi cheng Xifang wenzi de Zhongguo shu: "Mingxin baojian"» [Le Premier Livre chinois traduit dans une langue occidentale: le *Mingxin baojian*], *Zhongwai wenxue [Littératures chinoise et étrangères]*, Taipei, vol. 21, n° 4, septembre 1992, p. 72-78.

[1] Biblioteca National, Madrid, Mss. n° 6040, 153 f°.

[2] Carlos Sanz (éd.), *Beng Sim Po Cam o Espejo Rico del Claro Corazón, primer libro chino traducido en lengua castellana por Fr. Juan Cobo, O. P. (a. 1592)*, Madrid, Librería general Victoriano Suárez, 1959.

[3] Paul Pelliot, dans son article «Notes sur quelques livres ou documents conservés en Espagne», *T'oung Pao*, série II, vol. 26, 1929, p. 43-50, n'attribue à Fan Liben que le rôle

26e année de l'ère Hongwu). Fan Liben est également l'auteur d'un deuxième recueil, *Zhijia jieyao [Principes directeurs pour diriger la famille]*, en deux parties, dont une copie est conservée au Japon. L'une des deux préfaces de cet ouvrage, qui porte la date de 1406, est l'œuvre d'un dénommé Zhu Min, de Wuxing (actuelle ville de Huzhou, Zhejiang). Elle nous apprend que Fan Liben était un homme de grande moralité qui vivait en marge du monde, et qui passait le temps en composant des livres[4].

L'édition originale est perdue. L'exemplaire le plus ancien actuellement conservé a été retrouvé en Corée[5]. C'est un ouvrage composite qui synthétise deux traditions: d'une part, la tradition du courant confucéen orthodoxe rassemblant des textes issus des livres canoniques et des citations néo-confucéennes des anciens sages; d'autre part, la tradition des scènes de genre, historiettes et dictons issus de la tradition populaire. Ces manuels amalgamaient les enseignements confucéens, taoïstes et bouddhistes. Le *Mingxin baojian* comprend deux parties, chaque partie se découpant en dix sections, totalisant quelque huit cents rubriques. Fan Liben explique dans sa préface qu'il a dressé un recueil des articles essentiels du savoir populaire tirés des compilations établies par ses prédécesseurs. La multiplicité des citations, reproduites dans des variantes plus ou moins transformées par le temps, confère à l'ouvrage un caractère disparate.

L'ouvrage est mentionné dans plusieurs bibliographies datant des Ming[6]. Il a circulé en Corée, au Viêt-nam et au Japon. La plus ancienne édition retrouvée au Japon date de 1631. De fait, sa circulation fut encore plus durable hors de Chine qu'en Chine même, et il continue d'être lu au Japon et au Viêt-nam. De nos jours encore, on le trouve cou-

de responsable de l'édition (p. 46). De son côté, Paul Demiéville attribue le *Mingxin baojian* à Wang Heng (1561-1609): cf. *L'œuvre de Wang le zélateur, suivie des Instructions domestiques de l'aïeul, poèmes populaires des T'ang (VIIIe-Xe siècles), édités, traduits et commentés d'après des manuscrits de Touen-houang*, Paris, Collège de France et Institut des hautes études chinoises, 1982, p. 17, note 33.

4 Voir Albert Chan, SJ, *Chinese Books and Documents in the Jesuit Archives in Rome: A Descriptive Catalogue, Japonica-Sinica I-IV*, Armonk (New York), 2002, p. 180-183.

5 *Xinkan jiaozheng dazi Mingxin baojian [Édition nouvelle et corrigée du* Mingxin baojian, *composée en gros caractères]*, édition de 1454, retrouvée par le professeur Yi Usong de l'Université Songgyun'gwan de Séoul. Cette édition contient la préface complète du compilateur. Voir l'édition en fac-similé, Séoul, 1990.

6 Ainsi le catalogue *Wenyuange shumu [Catalogue Wenyuange]* (1441). La collection impériale a possédé deux exemplaires, perdus à la date de l'inventaire. Le *Mige shumu [Catalogue Mige]* cite le nom de l'auteur de manière erronée.

ramment dans les librairies de la Corée du sud où il est considéré comme un manuel de base d'apprentissage du chinois.

La lecture du *Mingxin baojian* par Juan Cobo atteste, par sa diffusion hors de Chine, dans les communautés d'immigrants, la sphère de rayonnement de la culture chinoise dans les dernières années du XVIe siècle.

Dès juin 1590, le premier évêque des Philippines, Domingo de Salazar (1512-1594), annonça à Philippe II l'envoi en présent d'un manuscrit chinois et de sa traduction. Le titre de l'ouvrage n'est pas explicitement mentionné mais l'évêque accompagne l'annonce de ce commentaire:

> À mon humble avis, ce livre mérite de retenir l'attention. Il met en lumière la force de la rationalité de l'esprit humain. Quoique son propos ne contienne rien de proprement religieux, il n'est pas éloigné des principes que nous enseigne notre seigneur Jésus-Christ. Il faut noter que ce serait une erreur de croire qu'il peut être possible de recourir à la force pour diffuser la bonne parole dans un pays comme la Chine. Dans cette nation, l'arme de la raison est la plus efficace[7].

Cet extrait, tiré de la *Carta relacion de las cosas de la China y de los Chinos del parian de Manila*, montre qu'à cette date la traduction devait être déjà bien avancée et que l'évêque connaissait la teneur et le contenu du livre.

L'identité du traducteur est connue parce que son nom apparaît dans la dédicace au roi d'Espagne. Les données biographiques dont on dispose sur Juan Cobo proviennent de l'*Historia de la Provincia del Santo Rosario de la Orden de Predicatores de Filipinas, Japon, y China*[8], chronique du dominicain Don Fray Diego Aduarte (1569-1639), qui fut publiée à Manille en 1640. L'auteur ne rencontra pas personnellement Juan Cobo, mais il recueillit ses informations peu après la mort de celui-ci, lors de sa propre arrivée aux Philippines, en 1595.

Juan Cobo naquit à Consuegra, région de Tolède, aux environs de 1546. Il partit pour la Nouvelle Espagne, peut-être en 1585. À Mexico, en charge pour sa communauté des œuvres sociales, il entra en conflit avec le gouverneur de Mexico, lequel réclama son renvoi. Il arriva à Manille en 1588, un an après la fondation de la province dominicaine des Philippines. Il semble que ce séjour ait été envisagé comme une étape intermédiaire, alors qu'il partait évangéliser le Fujian, et qu'il devait être mis à profit pour apprendre le chinois. Mais Juan Cobo

[7] Domingo De Salazar, O. P., *Carta relacion de las cosas de la China y de los Chinos del parian de Manila*, Manille, 24 juin 1590, Retana, Archivo del bibliofilo filipino, Madrid, 1895-1905, vol. III, p. 79-80; E.F. Rios (éd.), *Felipe de Jesus, el Santo criollo,* Mexico, 1954.

n'apprit jamais le mandarin. Le titre, tel qu'il a été romanisé dans le manuscrit offert à Philippe II, *Beng Sim Po Cam*, est transcrit en *Minnan hua*, dialecte du sud du Fujian et du nord de la province de Canton, alors majoritairement parlé dans les communautés chinoises des Philippines. Il en va de même pour le nom du traducteur: Gaobou yan (en mandarin: Gaowu xian). Et on observe que dans le manuscrit tous les noms propres suivent une phonétisation des parlers du sud.

La communauté chinoise de Manille était alors forte de 10 000 personnes. Elle était en majorité originaire du sud du Fujian, en particulier de la région de Quanzhou. Elle était composée de marchands et d'armateurs enrichis dans les trafics maritimes, lesquels se multiplièrent à partir du règne de Wanli (1572-1619). Ces commerçants, qui faisaient la navette entre leur province natale et les Philippines, étaient appelés *Sangleyes*[9].

Sous l'autorité administrative espagnole, les Chinois de Manille résidaient dans un *parian*, ou quartier chinois, depuis 1583. L'établissement de la suzeraineté espagnole sur les Philippines remontait à 1565, celle de Manille comme capitale à 1571. À son arrivée à Manille, Cobo fut nommé en charge de cette communauté avec son confrère Miguel de Benavides, arrivé un an auparavant. Ensemble, ils fondèrent un hôpital de quatre-vingts lits, l'*Hospital de los Chinos*.

Cobo avait dépassé la quarantaine quand il arriva aux Philippines. D'après la chronique d'Aduarte, il était de stature impressionnante. Le gouverneur des Philippines et les personnalités éminentes de la communauté locale assistèrent à son premier sermon prononcé en dialecte Minnan, au terme duquel Cobo répondit aux questions des auditeurs.

Juan Cobo est également l'auteur d'un catéchisme en chinois, *Tianzhujiao jiaoyi [La Doctrine catholique] (Doctrina christiana en letra y lengua china)*[10], et on lui doit les *Wuji Tianzhu zhengjiao zhenchuan shilu [Principes catholiques de la véritable religion de Dieu transmis fidèlement]*[11].

[8] Diego Aduarte, O. P., *Historia de la Provincia del Santo Rosario de la Orden de Predicatores de Filipinas, Japon, y China, Manila*, 1640; rééd. Manuel Ferrero, O. P., Madrid, CSIC, 1962-1963.

[9] Paul Pelliot propose l'étymologie *changlai* (voir le *Journal asiatique*, t. 4, 1914, p. 201; et le *T'oung Pao*, série II, vol. 26, 1928, p. 50). Il est plus probable que si l'origine de l'appellation vient du dialecte Minnan, il s'agit de *qianglai*.

[10] *Doctrina christiana en letra y lengua china, compuesta por los padres ministros de los Sangleyes de la orden de Sancto Domingo*, Biblioteca Apostolica Vaticana, Riserva V 73. Cf. Carlos Sanz (éd.), *Primitivas relaciones de Espana con Asia y Oceania, Los primeros libros impresos en Filipinas*, Madrid, 1958.

[11] Cf. José Antonio Cervera Jiménez, «Les Apports scientifiques des premiers mis-

Ces deux ouvrages furent imprimés en 1593. Ils font partie des trois premiers livres publiés aux Philippines. À titre de comparaison, le *Tianzhu shengjiao shilu [Véritable Aspect de la sainte religion de Dieu]*, composé par le missionnaire jésuite Michele Ruggieri (1543-1607), était paru neuf ans plus tôt, en 1584. Quant aux *Tianzhu shiyi [Vraie Doctrine au sujet de Dieu]*, de Matteo Ricci (1552-1610), ils seront publiés plus tard. Juan Cobo est le premier Européen ayant écrit en chinois pour vulgariser des connaissances scientifiques européennes. Il indique en particulier la rotondité de la terre.

Lorsque l'unificateur du Japon Toyotomi Hideyoshi (1536-1598), après avoir attaqué la Corée, menaça d'envahir les Philippines si un tribut ne lui était payé, Juan Cobo fut nommé ambassadeur auprès de lui, par le gouverneur des Philippines, en août 1592. Il fut reçu avec tous les honneurs au Japon et réussit à négocier un traité favorable. Pressé de rentrer aux Philippines pour annoncer la bonne nouvelle, il s'embarqua malgré des vents violents. Le récit de la mort de Juan Cobo est controversé, tout l'équipage ayant disparu. Le bateau fut emporté vers les côtes de Taiwan. Pour les uns, il périt par noyade; pour les autres, il fut tué par les aborigènes. Quatre ans plus tard, un ancien gouverneur des Philippines, Luis Pérez Dasmariñas, utilisera l'argument de la mort de Cobo pour réclamer la conquête de Taiwan[12].

Il ne semble pas que ce soit Juan Cobo qui, le premier, a découvert le *Mingxin baojian*. Dans un manuscrit conservé à la British Library, le «Bocabulario de lengua sangleya» — œuvre attribuée à Martin de Rada (1533-1578), un augustin qui se rendit au Fujian en 1575 —, on trouve, à l'entrée *«cam»*, c'est-à-dire à la romanisation en dialecte Minnan du mot «miroir» *(jian)*, des commentaires sur chacun des termes composant le titre *Beng Sim Po Cam*[13] qui semblent indiquer que Rada connaissait le titre. Cette indication renforce l'évidence d'une large circulation de l'ouvrage à la fin des Ming au Fujian et dans les communautés extérieures qui entretenaient des liens ténus avec cette province.

sionnaires aux Philippines: l'exemple du frère Juan Cobo», conférence donnée à l'EHESS, Paris, le 3 juin 1999; Liu Dun, «Western knowledge of Geography Reflected in Juan Cobo's *Shilu* (1593)», Conference on History of Mathematics, Macao, 10-12 octobre 1998.

12 Cf. «The First Memorial of the Conquest of Isla Hermosa that Luis Pérez Dasmariñas sent to Francisco Tello, Governor General of the Philippines», in José Eugenio Borao Mateo, *Spaniards in Taiwan*, vol. 1 (1582-1641), Taipei, SMC Publishing Inc., 2201, p. 21-23.

13 British Library, Mss. Add. 25317. Cf. Pascale Girard, *Les Religieux occidentaux en Chine à l'époque moderne: essai d'analyse textuelle comparée*, Centre culturel Calouste Gulbenkian, Lisbonne-Paris, 2000, p. 285.

Si l'on ne peut répondre avec précision à la question de savoir comment l'ouvrage arriva à la connaissance des missionnaires étrangers, du moins peut-on penser que sa diffusion importante le désignait assez naturellement pour que sa lecture leur fût recommandée, d'autant que le contenu moral véhiculé par l'ouvrage fut jugé en homothétie avec les thèmes chrétiens.

L'observation du manuscrit de la traduction permet-elle de tirer des conclusions sur le degré de maîtrise du chinois de Juan Cobo? Il est vraisemblable que Juan Cobo commença l'apprentissage du chinois dans le *Mingxin baojian*. Le bref délai qui sépare son arrivée aux Philippines en 1588 de l'annonce de cette traduction au roi d'Espagne, en 1590, par l'évêque de Manille, autorise cette déduction. Cette traduction se fit à une époque où les outils de référence — grammaires, livres d'exercices et autres dictionnaires — n'avaient pas encore vu le jour.

Juan Cobo a travaillé sur une édition ancienne du *Mingxin baojian*, comprenant la préface. Sa traduction représente environ 90 % de l'original. L'effort de mise en regard, dans le manuscrit de la traduction, du chinois et du castillan[14] prouve la volonté didactique (il s'agissait de bien faire comprendre aux destinataires le parallélisme des deux textes) et le désir de rendre sensible le sérieux de l'entreprise.

Il est évident que le traducteur travailla avec des informateurs multiples, car on observe de nombreuses variantes dans la translittération des mêmes caractères. La citation romanisée du *Jingxinglu*, par exemple, un ouvrage d'éducation morale de la dynastie Yuan, fréquemment mentionné (à trente-six reprises) dans le *Mingxin baojian*, fait l'objet de neuf variantes de transcription. Kangjie Shao xiansheng, c'est-à-dire le néo-confucéen Shao Kangjie (1011-1077), est translittéré de six manières différentes. Cette disparité est le signe que Cobo dut recourir à l'aide de plusieurs assistants, la caractéristique des dialectes du Fujian du sud étant l'extrême abondance des accents, variables d'un district à l'autre, voire d'un village à l'autre. D'autre part, il eut probablement recours à des informateurs dont les niveaux d'éducation étaient disparates, car beaucoup des translittérations retenues n'utilisent pas les formes lettrées de la prononciation. Les nombreuses erreurs de translittération semblent imputables au savoir rudimentaire des personnes qui contribuèrent à la mise au point du texte ou que Cobo put recruter comme professeurs.

[14] Le parallélisme de la pagination comporte des erreurs: le texte espagnol des pages 35 à 48 du manuscrit (Carlos Sanz (éd.), p. 78-91) n'est pas la traduction du chinois.

Le texte est accompagné de notes dont certaines sont fautives. Par exemple, dans le premier chapitre, faisant référence à une citation du *Jingxinglu*, à propos des anciens royaumes de l'époque des «Printemps et Automnes», Wu et Yue, géographiquement localisés dans les provinces actuelles du Jiangsu et du Zhejiang, une note les situe respectivement dans les régions de Nankin et de Canton. Le traducteur (mais cette remarque ne diminue en rien la qualité de pionnier de Cobo) dépendait entièrement de ses informateurs, lesquels furent sans doute sélectionnés au hasard. Les limites de ses propres connaissances, toutes fraîches, l'engageaient à faire une confiance non critique à ses aides. On peut le vérifier, par exemple, dans la traduction de l'expression *Guling Chen xiansheng* [Maître Chen du village de Guling], *«El antiguo maestro Lentin». Gu* est ici compris comme un équivalent de *gudai*; *ling* est combiné avec *chen* et traité comme s'il s'agissait d'un nom propre.

La traduction de Cobo est restée très longtemps dans l'ombre. Le dominicain Domingo Fernandez Navarrete (1618-1686) écrit, dans ses *Tratados*, publiés à Madrid en 1676, que le *Mingxin baojian* est le premier livre chinois qu'il lut lorsqu'il arriva en Chine, mais il ne parle pas de la traduction de Cobo. Cependant le tome premier des *Tratados* contient des morceaux traduits du *Mingxin baojian*[15]. D'autre part, l'ouvrage chinois fut envoyé en Europe: la Bibliothèque Vaticane en possède trois exemplaires, plus une liasse de fragments[16]. À l'époque moderne, la première résurgence du travail de Cobo est due à Paul Pelliot qui découvrit le manuscrit de Madrid et y consacra, en 1929, un article dans le *T'oung Pao,* En 1952, le père Fang Hao, professeur à l'université Zhengzhi de Taipei, lut l'ouvrage et le commenta dans un article intitulé «Documents littéraires chinois conservés en Espagne et au Portugal»[17]. En 1958, il prononça une conférence à Madrid qui éveilla la curiosité des milieux académiques espagnols. Le manuscrit de Cobo fut montré à la Bibliothèque nationale de Madrid à l'occasion de

[15] Domingo Fernandez Navarrete, *Tratados historicos, politicos, ethicos y religiosos de la Monarchia de China*, Madrid, 1676, p. 174-224.

[16] Borgia Cinese, 331/1° a; 443/2°; Vaticano Estr. Oriente 49; Raccolta Generale Oriente 263/6°-7°. Cf. Paul Pelliot, *Inventaire sommaire des manuscrits et imprimés chinois de la Bibliothèque Vaticane*, revised and edited by Takata Tokio, Italian School of East Asian Studies, Reference series 1, Istituto Italiano di Cultura, Kyoto, 1995.

[17] Fang Hao, «Liuluo yu Xi Pu de Zhongguo wenxian» [Documents littéraires chinois conservés en Espagne et au Portugal], in *Fang Hao liushi zidinggao [Les Œuvres de Fang Hao établies définitivement par lui-même lors de son soixantième anniversaire]*, Taipei, Taiwan xuesheng shuju, 1969, p. 1743-1790.

l'exposition «Est-Ouest: Premiers contacts culturels entre l'Espagne, l'Asie et l'Océanie». Une plaque commémorative fut également inaugurée dans la ville natale de Cobo pour honorer la mémoire de cet homme qui défricha un chemin si plein d'embûches, et qui, au dire de Fang Hao, doit être considéré comme le père de la sinologie espagnole.

LE PARFAIT BONHEUR DES PEUPLES : TRADUCTION D'EXTRAITS D'UN MANUEL CHINOIS POUR FONCTIONNAIRES DE LA FIN DU XVIIe SIÈCLE

Isabelle LANDRY-DERON

La compréhension d'une époque s'éveille lorsque s'ordonnent les multiples facettes qui éclairent sa diversité. Les premières traductions en langue occidentale d'extraits de livres chinois offrent un champ très intéressant d'étude des parties microscopiques qui ont contribué à la chaîne vivante des préoccupations des contemporains.

Deux publications jésuites, le quinzième recueil de la collection des *Lettres édifiantes et curieuses* paru en 1722[1] et le volume deux de la *Description de l'empire de la Chine* signée du père Jean-Baptiste Du Halde (1674-1743) publiée à Paris en 1735[2] contiennent des extraits en français d'un manuel de fonctionnaire de la fin du XVIIe siècle, le *Fuhui quanshu* 福惠全書 (Traité exhaustif du bonheur et de la bienveillance) de Huang Liuhong 黃六鴻 (1633-?)[3]. La version est due à l'un des missionnaires de la mission jésuite française en Chine, le père François-Xavier Dentrecolles (1664-1741)[4].

Dans les *Lettres édifiantes*, le titre *Fuhui quanshu* est traduit *Le Parfait Bonheur des peuples*. Dans la *Description,* la traduction est *L'Art de rendre le peuple heureux*. Les ouvrages français ne fournissent ni la romanisation du titre original chinois ni le nom de l'auteur.

Si l'on met bout à bout ce travail de traduction, fractionné en deux livraisons publiées à treize ans d'intervalle, l'ensemble porte sur huit mille trois cents caractères chinois, soit trente-huit pages, que le français rend sur un total de cent trente pages, compte non tenu des différences

[1] *Lettres édifiantes et curieuses* (ci-après *LEC*), éd. originale, XV (1722) p. 83-182; éd. de 1877, 3, p. 292-307.

[2] Du Halde, Jean-Baptiste, *Description géographique, historique, chronologique, politique et physique de l'empire de la Chine et de la Tartarie chinoise* (ci-après *Desc.*), 2, éd. 1735: p. 259-284.

[3] Ci-après *FHQS*, *Cf.* texte in *Guanzhen shu jicheng*, 3, p. 211-591. Pour une présentation de l'ouvrage, *cf.* Will, Pierre-Étienne, "Bureaucratie officielle et bureaucratie réelle", *Études chinoises*, VIII, n° 1, p. 71-101.

[4] Dans sa pratique d'éditeur, Du Halde ne nomme pas systématiquement les contributeurs de sa compilation. Dans le cas des traductions du *Fuhui quanshu*, Dentrecolles est explicitement cité, *LEC* XV, p. 83; *Desc.*, 2 (1735) p. 259.

de format entre les deux éditions[5] et d'un appareil de quarante-sept "*remarques*", dues au traducteur, qui enfle le texte pour s'efforcer d'apporter au lecteur occidental les éléments jugés nécessaires à la compréhension. La traduction concerne quatorze des deux cent dix-neuf sections du livre (avec coupures pour certaines), soit à peine 3 % environ de l'original. Le découpage des sections est respecté. Les *Lettres édifiantes* en contiennent dix, la *Description,* quatre, dans un ordre de présentation bouleversé par rapport à l'original. Les extraits sont puisés dans les chapitres 13, 24, 25, 26 et 31[6].

La Bibliothèque nationale possède un manuscrit de traduction des extraits publiés dans la *Description,* qui n'est pas de l'écriture de Dentrecolles[7]. Dans le même volume est relié une lettre autographe du traducteur à un destinataire inconnu[8].

[5] In-8° pour les *Lettres édifiantes et curieuses*, in-folio pour la *Description*.

[6] Correspondances *LEC* (1722) / *FHQS* (1699):
- "Projet d'un Hôtel de miséricorde pour les enfans exposés" 育養嬰兒 p. 101-123 (31/15b-19b).
- "Édit portant défense de noyer les petits enfans" 禁溺子女 p. 123-125 (31/19b-20a).
- "Édit public qui destine un lieu aux sépultures de charité" 立義塚 p. 126-134 (26/13b-15a).
- "Édit sur le soin que doit avoir un mandarin d'exciter les laboureurs au travail" 勸農功 p. 134-138 (26/1a-b).
- "Édit sur la compassion qu'on doit avoir des pauvres orphelins et des pauvres veuves" 卹孤貧 p. 138-144 (26/12b-13b).
- "Édit sur le soin de rendre aux voyageurs les chemins aisés et commodes" 平治道塗 p. 144-149 (31/5b-6a).
- "Édit par lequel on exhorte les maîtres à ne pas traiter leurs esclaves avec dureté" 禁凌錮僕婢 p. 149-157 (31/13a-b).
- "Édit sur l'éducation de la jeunesse et sur la compassion qu'on doit avoir pour les prisonniers" 卹囚餘論 p.157-169 (13/ 10b-12b).
- "Formule de prière à Tchim-hoam" 旱災告城隍文 p. 169-174 (24/13a-b).
- "Édit pour l'entretien des barques de miséricorde destinées à secourir ceux qui font naufrage, ou qui sont en danger de le faire" 建救生船 p. 174-180 (31/21a-b).

Correspondances *Desc*. 2 (1735) / *FHQS* (1699):
- "Extrait d'un Livre Chinois, intitulé: l'Art de rendre le peuple heureux, en établissant des écoles publiques. Y Hio" 立義學 p. 259-266 (25/11b-15b).
- "Extrait du Chapitre des examens particuliers des jeunes Etudians, qui sont Sieou tsai, ou qui prétendent à ce grade" 生童課試 p. 275-277 (25/15b-16b).
- "Traduction du Chapitre Kiang hio, ou modèle que donne l'Auteur d'un discours tel qu'il se peur faite dans le Hio, ou Salle des Assemblées des Lettrez" 講學 p. 277-279 (25/16b-17b).
- "Traduction du Chapitre Chinois où est proposé le Projet, & les Réglemens d'une Académie, ou Société de Sçavans" 學規儀注 p. 279-284 (25/23a-27a). Ces identifications complètent les points 6, 10, 11 de Pfister, *Notices*, vol. 2, p. 545-549.

[7] BnF: Ms. Fr 17238 f°14v-74.

[8] *Ibidem*, f° 1, lettre datée Jao Tcheou (Jaozhou), 19 may 1716. Mention en marge: "Réception en France 12 juin 1718".

Ma contribution se propose d'éclaircir les canaux de transmission qui permirent la présentation, sous le règne de Louis XV, par un compilateur résidant à Paris, qui n'est jamais allé en Chine et n'a jamais appris le chinois, d'un travail effectué en Chine sous le règne de l'empereur Kangxi (1654, r.1662-1722). Si l'on en croit une critique du *Journal des Sçavans*, commentant les extraits du *Fuhui quanshu* concernant l'éducation publiés dans la *Description*, la traduction fut très bien reçue:

> Rien n'est plus admirable que ce qu'on lit sur la maniere dont on fait étudier les jeunes Chinois [...] on en prendra une idée d'autant plus juste que le P. Du Halde place [...] l'Extrait d'un livre chinois qui traite des écoles publiques [...] il est difficile de lire cet article sans souhaiter qu'on adoptât dans nos Universités quelques-uns de ces usages. Docte et Docteur deviendroient peut-être dans notre langue des mots sinonimes[9].

LE *FUHUI QUANSHU* ET SON AUTEUR HUANG LIUHONG

Le *Fuhui quanshu*, dont la préface est datée du 25 novembre 1694, mais dont les plus anciennes éditions connues datent de 1699, est un manuel de fonctionnaire qui aborde sur une longueur inhabituelle (32 *juan* 卷, 761 pages *recto verso*) les aspects de son activité professionnelle auxquels un magistrat de l'administration territoriale pouvait être confronté au cours de sa carrière, rédigé par un homme ayant eu l'expérience du terrain et qui, soucieux de la transmettre au terme de sa vie active, la coucha sur papier à l'usage de ses pairs[10].

Il ne s'agit pas d'un recueil d'instructions à l'usage du personnel subalterne des *yamen*. Le traité s'adresse aux titulaires de la charge de magistrat de district, dont on sait combien les examens qui permettaient l'accession aux charges administratives pouvaient leur donner le sentiment d'une impréparation aux tâches qui les attendaient. La ligne directrice est de communiquer les recommandations d'un praticien ayant une haute idée de sa fonction, dans un souci d'amélioration du service administratif et du rappel des grands principes éthiques d'équité devant permettre le respect de la justice sociale et le maintien de l'ordre public. L'auteur descend souvent dans un infini détail qui expose à des répétitions dont il s'excuse dans sa préface, et qui confine parfois à la verbosité, mais établit la valeur de son témoignage sur l'état d'esprit d'un

9 *Journal des Sçavans*, décembre 1735, p. 670.

10 Pour la biographie de Huang Liuhong, *cf.* Huang Liu-hung, *A Complete Book Concerning Happiness and Benevolence*, Tucson, 1984, p. 16-52.

magistrat au début de la dynastie mandchoue. Grâce à une traduction en anglais, fortement abrégée mais conséquente[11], l'ouvrage est l'un des mieux connus en Occident des manuels de fonctionnaires du début de la dynastie Qing.

On ne possède que peu de renseignements sur Huang Liuhong. Son lieu de naissance est Xinchang 新昌 dans la province centrale du Jiangxi. Il décéda sans doute à Wuxian 吳縣, district de la banlieue de Suzhou, où il prit sa retraite. Sa date de naissance, 1633, est déduite des renseignements fournis dans la monographie locale de son lieu de naissance où il figure sur la liste des lauréats de l'examen provincial (*juren*) de 1651, à l'âge de 19 ans (*sui*). Au début de sa carrière, dans les années 1670, Huang Liuhong servit comme magistrat dans un district assez désolé de la province côtière du Shandong, Tancheng 郯城, ville mentionnée dans l'un des extraits traduits par le père Dentrecolles, mais dont il n'a pas jugé nécessaire de transmettre l'information au lecteur occidental. Huang aurait ensuite servi au Zhili, puis dans la capitale, au ministère des rites, puis au ministère des Travaux publics.

Le *Fuhui quanshu* dépeint des réalités sociales assez sombres. L'administrateur évoque de nombreux cas de meurtres, viols, vengeances, suicides, et déplore un climat d'insécurité et de violence, un banditisme endémique qui n'ont pas été traduits par le missionnaire. Lorsqu'on compare le tableau de la vie rurale chinoise à la fin du XVIIe siècle qu'en a tiré Jonathan Spence avec les premiers reflets du fonctionnement de la société tels qu'ils purent être appréhendés en Europe au travers du même titre, on ne peut qu'être frappé par le contraste entre les centres d'intérêt qu'y trouvent les historiens modernes et ceux qui ont retenu l'attention du père Dentrecolles[12].

LE TRADUCTEUR: FRANÇOIS-XAVIER DENTRECOLLES

Dentrecolles naquit en 1664[13]. Une incertitude flotte sur son lieu de naissance, dans le diocèse de Limoges ou de Lyon. Il fit ses études au collège jésuite de Lyon. Il partit de France, qu'il ne revit jamais, en 1698 et arriva en Chine en juin 1699, soit l'année même de la première édi-

[11] *Ibidem.*

[12] *Cf.* Spence, Jonathan, *The death of woman Wang*. L'histoire est tirée du *FHQS* (14/21-28).

[13] Pour des notices biographiques sur Dentrecolles, *Cf.* Pfister, Louis, *Notices*, n° 242, vol. 2, p. 539-549 et Dehergne, Joseph, *Répertoire*, p. 73.

tion connue du *Fuhui quanshu*. Il fut envoyé comme missionnaire au Jiangxi, dans la ville de Raozhou 饒州 (moderne Poyang 鄱陽) où il obtint l'autorisation de bâtir une église.

Il avait été recruté par le père Joachim Bouvet (1656-1730), l'un des mathématiciens envoyés en Chine par Louis XIV en 1685, qui était revenu en France chercher des renforts pour la mission. La mission jésuite française en Chine acquit un statut autonome par rapport à la mission jésuite portugaise en 1700.

Depuis 1711, les *Lettres édifiantes et curieuses* publiaient régulièrement la signature de Dentrecolles. Avant la parution de la traduction des extraits du *Fuhui quanshu* publiés en 1722 dans le recueil XV de la collection, les lecteurs fidèles du titre avaient déjà pu lire cinq lettres de lui[14], dont la première des deux très fameuses lettres expliquant les techniques de fabrication de la porcelaine chinoise, auxquelles son nom est attaché[15]. La France ne savait pas encore produire la porcelaine dure. La formule de la pâte blanche translucide facile à modeler, dont la déformation à la cuisson n'était pas à redouter, n'était encore connue en Europe que de la Saxe, qui l'avait trouvée par hasard en 1709 à Meissen et la gardait jalousement. Dentrecolles avait envoyé des échantillons des argiles réfractaires (kaolin et pétuntsé), dont le mélange est indispensable, à l'académicien Réaumur (1683-1757). Ce dernier a fait état devant l'Académie des sciences des communications du missionnaire[16]. C'est à la manufacture impériale de Jingdezhen, auprès des porcelainiers convertis au christianisme, que Dentrecolles avait enquêté sur les procédés de fabrication. Les *Lettres édifiantes et curieuses* publieront au total dix lettres, dont, en 1731, celle sur l'ancienneté de la pratique de la variolisation en Chine, que Voltaire rendra célèbre[17].

Dentrecolles fut nommé, Supérieur général de la mission jésuite française, fonction qu'il exercera jusqu'en 1719 depuis sa résidence du Jiangxi. Il mourut à Pékin en 1741.

[14] *LEC* IX (1711) p. 304-321; X (1713) p. 119-155; XI (1715) p. 180-233; XII (1717) p. 253-365; XIII (1718) p. 300-393.

[15] La seconde paraîtra dans le recueil XVI (1724) p. 318-368. Du Halde republiera les deux lettres dans sa *Description,* 2, (1735) p. 177-204. Le texte est repris in *Encyclopédie, ou Dictionnaire des Arts, des Métiers*, tome 13 (1765) p. 106-117.

[16] *Mémoires de l'Académie des Sciences pour l'année 1727*, Paris, 1729, p. 185-203 et *Mémoires de l'Académie des Sciences pour l'année 1729*, Paris, 1731, p. 325 *passim.*

[17] *LEC* XX (1731) p. 46-99; Voltaire, "Onzième Lettre sur l'insertion de la Petite Vérole", *Lettres sur les Anglois* (1734). Reprise à l'article "Inoculation" du *Dictionnaire philosophique*. En France, l'inoculation, ancêtre de la vaccination, ne sera autorisée qu'en 1764, à la suite d'une bataille dans laquelle s'investit tout le parti philosophique. En Angleterre, elle avait été introduite au début du XVIIIe siècle, en provenance de Constantinople, par l'épouse de l'ambassadeur d'Angleterre, Lady Wortley-Montagu.

De Raozhou, le 19 mai 1716, Dentrecolles écrivit, peut-être à Du Halde:

> Je continue d'envoyer à Votre Révérence selon que j'en trouve le loisir, des traductions de quelques livres Chinois: c'est le moyen d'apprendre en Europe des Chinois mêmes ce que c'est que la Chine. Je vas présentement entretenir Votre Révérence des Colleges et des classes de ce païs. J'ay été en partie déterminé à écrire sur le sujet parce que le dernier Gouverneur de la ville où je suis, a luy seul peu avant sa mort fondé un de ces colleges. On l'a bâti à côté de la Sale de Confucius; une troupe de ces jeunes lettrés de 19 a 20 ans vint il n'y a pas long tems me rendre visite; leur maître qui est un Docteur de ma connoissance me les avoit envoyez durant les vacances du nouvel an. De même tout recemment le Mandarin de Kim te chim [Jingdezhen], lieu de la porcelaine où j'ay aussy une Église, a fait assez près de son hôtel un (*Y hio*) ou édifice pour l'instruction des enfans du lieu: ce sont là comme les basses classes.
> J'ay eu à cette occasion la curiosité de m'instruire dans les livres, et de m'informer de ce qui regarde ces Colleges chinois. Je crois faire / plaisir à Votre Révérence, en luy écrivant ce que j'ay appris [...][18].

Si l'on en croit cette lettre, l'initiative du choix du *Fuhui quanshu* revint à Dentrecolles. Installé depuis plus de quinze ans au Jiangxi, seul étranger de la province, il semble bien intégré dans son environnement. Le christianisme bénéficie encore de la tolérance de l'empereur Kangxi, qui mourra en 1722, et les notables n'hésitent pas à rendre des visites de courtoisie à un missionnaire étranger. Le prosélytisme chrétien sera proscrit dans les provinces par le fils de Kangxi, l'empereur Yongzheng en 1724, qui ne tolérera plus, à la Cour, que des missionnaires versés dans les sciences et les langues.

D'après ce témoignage, Dentrecolles paraît suivre avec attention la vie locale. Il semble suffisamment à l'aise en chinois pour chercher dans la littérature des compléments d'informations à ce qu'il observe dans la vie quotidienne. Aucun renseignement précis ne permet de déterminer si Dentrecolles eut recours à un catéchiste comprenant le latin ou le français pour effectuer sa traduction.

Une autre lettre apporte des compléments d'informations sur les circonstances de la rédaction de la traduction[19]. Elle est adressée à une dame anglaise dont l'anonymat est préservé et dont Dentrecolles précise qu'il ne la connaît pas. Le préambule présente la destinataire comme une personne charitable envoyant régulièrement des dons, spécifiquement

[18] Bibliothèque nationale de France (BnF): MS. Fr. 17238 f°13-13v.

[19] Pékin 17 octobre 1720 (parue dans les *Lettre édifiantes et curieuses* de 1722).

destinés à l'entretien des catéchistes chargés d'administrer le baptême à des nouveaux nés abandonnés dans les rues.

> J'ai cru que vous verriez volontiers quelques extraits d'un livre chinois qui m'est depuis peu tombé entre les mains [...] Le livre dont j'ai tiré les extraits que je traduits, a pour titre: *Le Parfait bonheur des peuples*. J'aurois mieux aimé l'intituler: *le Parfait mandarin faisant le bonheur des peuples*, parce qu'en effet l'auteur de ce livre étoit un excellent mandarin, qui n'a fait que se copier lui-même en prescrivant les devoirs d'un gouverneur de ville [...][20].

La formule "*un livre qui m'est depuis peu tombé entre les mains*", par laquelle Dentrecolles évoque la manière dont il prit connaissance du *Fuhui quanshu*, laisse toutes les suppositions ouvertes. Elle semble approximative. Si les données évoquées plus haut dans la lettre de 1716 sont justes, Dentrecolles avait déjà lu l'ouvrage, au moins partiellement, depuis quatre ans. Mais Dentrecolles parle de Huang Liuhong comme de quelqu'un sur le compte duquel il a des informations. Quoiqu'on ne puisse l'exclure, puisque l'on ne connaît pas la date de décès de Huang, il paraît peu probable que le missionnaire ait pu le rencontrer; en tout cas, lui-même ne le précise pas. Cependant, il put l'avoir connu, au moins de réputation, auprès de proches. Huang, originaire de Xinchang, ville proche de Jingdezhen était-il une célébrité locale? L'un des magistrats de la connaissance de Dentrecolles lui en a-t-il parlé, en lui recommandant la lecture du manuel d'un ancien collègue? Quelle que soit la manière dont Dentrecolles a découvert le *Fuhui quanshu*, il est certain que le fait qu'il l'ait lu dès 1716 atteste que l'ouvrage circulait suffisamment au Jiangxi pour qu'il "*tombe entre les mains*" d'un prêtre étranger.

L'ÉDITEUR DE LA TRADUCTION: JEAN-BAPTISTE DU HALDE

Entré dans la Compagnie de Jésus à l'âge de dix-huit ans, de dix ans le cadet de Dentrecolles, Du Halde avait débuté sa carrière comme enseignant de belles lettres dans le réseau d'enseignement dirigé par les jésuites, en particulier dans l'établissement le plus prestigieux, le collège parisien baptisé Louis-le-Grand. Il supervisait l'édition des *Lettres édifiantes et curieuses* depuis 1709. La collection était la vitrine de l'activité missionnaire de la Compagnie. Elle remporta un succès immédiat, y

[20] *LEC* XV (1722), p. 100.

compris hors de France[21]. Le premier volume, paru en 1702, fut réimprimé trois fois dans les quinze années qui ont suivi la première édition. Le succès tenait à un savant dosage entre l'"édifiant" et le "curieux" qui sut attirer bien au-delà des bénéficiaires potentiels des missions et des cercles intéressés à l'évangélisation. La collection complète figure dans les inventaires des bibliothèques de Voltaire et Turgot[22].

Les *Lettres édifiantes et curieuses* ne concernaient pas que la Chine, mais, en 1735, dans la préface de la *Description,* c'est à son expérience de vingt-quatre ans d'éditeur des *Lettres édifiantes et curieuses* que Du Halde attribue ce qu'il considère comme son expertise sur le sujet[23]. La *Description de l'empire de la Chine* est régulièrement mentionnée comme un jalon de la "vie de l'esprit" au XVIIIe siècle. Elle fut la source incontournable des informations disponibles sur la Chine jusqu'à la réouverture forcée de la Chine par les Traités inégaux, dans les années 1840. C'est Voltaire qui a assuré sa notoriété durable, en incluant Du Halde dans son "Catalogue de la plupart des écrivains qui ont parû dans la Siècle de Louis XIV pour servir à l'histoire littéraire de ce temps", avec ce commentaire:

> Quoiqu'il ne soit point sorti de Paris, et qu'il n'ait point su le Chinois, a donné, sur les mémoires de ses confrères la plus ample et la meilleure description de l'empire de la Chine qu'on ait dans le monde[24].

L'œuvre est une compilation. À la fin de sa préface, Du Halde énumère vingt-sept noms de missionnaires *"dont les Memoires manuscrits & imprimez ont servi à la composition de cet Ouvrage"*[25]. Dentrecolles fut l'un des contributeurs les plus féconds de la *Description*[26].

Les extraits parvenus jusqu'en France de la traduction du *Fuhui quanshu* par Dentrecolles ne préjugent pas de sa longueur originale. La copie,

[21] "Ces lettres répondent parfaitement à leur titre, et si elles édifient la piété du lecteur, elles ne satisfont pas moins sa curiosité [...] Les auteurs sont gens que l'on peut en croire", John Locke, *Histoire de la navigation*, Londres, 1702; trad. française, Paris, 1722, vol. II, p. 122; cité *in* Duchet Monique, *Anthropologie et Histoire au siècle des Lumières,* Paris: Maspero, 1971, p. 77.

[22] *Catalogue des livres de la bibliothèque de Voltaire,* Moscou-Léningrad: Bibliothèque publique Saltykov-Chtchedrine, Académie des Sciences de l'URSS, 1961, no 2104; *Inventaire des livres de Turgot*, no 215, cité *in* Duchet, Monique, *op. cit.,* p. 402.

[23] *Desc.* 1, préface, p. ix.

[24] Voltaire, *Le Siècle de Louis XIV*, in *Œuvres historiques*, éd. par René Pomeau, Paris: Gallimard ("Bibliothèque de la Pléiade"), 1957, p. 1160. Addition de 1756.

[25] *Desc.* 1, p. lj. Pour des précisions au sujet des relations de travail entre Du Halde et les vingt-sept missionnaires travaillant sur le terrain en Chine, *cf.* Landry-Deron, Isabelle, *La Preuve par la Chine*, ch. II, p. 49-70 et ch. IV, p. 103-142.

[26] *Ibid.*, p. 70.

conservée à la Bibliothèque nationale, peut représenter la totalité des extraits concernant l'éducation mais la perte des originaux des *Lettres édifiantes et curieuses* ne permet pas de savoir si Du Halde posséda dans son cabinet un travail plus complet dont il ne publia que des morceaux choisis.

Si l'on en croit les dates des deux lettres citées plus haut, Dentrecolles envoya en France sa traduction en deux livraisons: une première partie, le 19 mai 1716; une deuxième, le 19 octobre 1720. La première partie a une unité thématique: les quatre extraits sont tirés du chapitre 25 du *Fuhui quanshu*, consacré à l'éducation. Si elle arriva bien en France le 12 juin 1718, comme l'indique la note du copiste, Du Halde l'archiva dans son cabinet de travail pendant dix-sept années avant de la publier. La deuxième livraison, au contraire, fut imprimée très rapidement: deux ans à peine après son départ de Chine. Cette livraison-là n'a pas d'unité de ponction. Les extraits sont puisés dans des chapitres très éloignés (13, 24, 26, 31), avec une prédominance du chapitre 31 "Shuzheng bu" 庶政部 traitant de diverses questions administratives. Cette fragmentation pose la question de la finalité du choix du *Fuhui quanshu*. Quelle part en revint à Dentrecolles, quelle part à Du Halde qui donna la priorité à des extraits assez disparates en apparence et garda sous le coude un texte recelant une réelle unité, qui sera cassée dans la *Description*[27]?

LE CONTEXTE DE LA PUBLICATION DE LA TRADUCTION

L'épître, signée Du Halde, en tête du recueil XV des *Lettres édifiantes et curieuses*, dans lequel parut la première livraison de la traduction du *Fuhui quanshu* contient une charge contre l'ouvrage *Anciennes relations des Indes et de la Chine de deux voyageurs Mahométans qui y allèrent*

[27] Tableau synoptique des pages de la *Description*, 2, concernant l'éducation:
p. 259-264: Traduction des pages 11b-15b du chapitre 25 du *Fuhui quanshu*.
p. 264-266: Traduction d'un ouvrage non identifié *.
p. 266-269: Traduction d'extraits de Zhu Xi (1130-1200).
p. 269-275: Traduction d'extraits du *Riji gushi* 日記故事 de Yu Shao 虞韶 de la dynastie Yuan (1271-1368).
p. 275-277: Traduction des pages 15b-16b du chapitre 25 du *Fuhui quanshu*.
p. 277-279: Traduction des pages 16b-17b du chapitre 25 du *Fuhui quanshu*.
p. 279-283: Traduction des pages 23a-27a du chapitre 25 du *Fuhui quanshu*.
* Localisation de ce manuscrit de traduction, également de Dentrecolles: BnF: Ms. Fr.17238 f°14v-27; aucune indication de provenance, sauf cet indice ténu: *"Voici ce qu'on trouve dans un livre assez récent approuvé par deux des premiers Docteurs de la Cour"*.

dans le neuvième siècle publié par l'abbé Eusèbe Renaudot (1646-1720) en 1718. Membre de l'Académie depuis 1689, professeur d'Arabe au Collège de France, conservateur des manuscrits orientaux de la Bibliothèque du Roi, l'abbé y avait découvert et traduit un manuscrit arabe, rédigé par deux marchands qui séjournèrent à Canton sous les Tang. Le texte atteste de l'ancienneté des rapports commerciaux entre les côtes de l'Egypte, de l'Arabie, des pays riverains du Golfe persique, l'Inde et la Chine. Renaudot avait cru bon de l'augmenter d'*"éclaircissements"* contenant des généralités tendancieuses dépréciatives pour les Chinois. Il n'est pas exclus que Du Halde recevant la traduction d'un livre chinois mettant en relief l'organisation de diverses activités charitables ait considéré qu'elle pouvait servir d'antidote aux affirmations de Renaudot. Le préambule à l'extrait concernant le fragment concernant les orphelinats[28] adressé à la dame anglaise justifie ainsi l'entreprise de traduction:

> Vous y trouverez des sentimens d'une compassion naturelle à l'égard des enfans exposés et des autres malheureux, qui vous affectionneront encore davantage à une nation où l'on naît avec des inclinations bienfaisantes, et qui vous inspireront de l'estime pour les Sages de la Chine.

L'idée de chercher dans un ouvrage chinois un argumentaire contre Renaudot fut partagée par d'autres membres de la mission française. Le père de Prémare (1666-1736), qui jugeait que *"la morale chinoise ne se propose point d'autre bornes que de perfectionner tout l'empire"*, estimait aussi que la lecture de la littérature chinoise permettrait de s'en convaincre. Il critiqua Renaudot sur cet argument:

> Il [Renaudot] prouve ce qu'il avance, sur ce que des mandarins gouvernent mal le peuple, d'où il conclut que les lois du gouvernement chinois ne valent rien[29].

Le cadre des polémiques sur la vertu des païens laissait le champ ouvert à des arguments tellement biseautés que l'évocation de certains aspects sombres de la société du temps, qui n'étaient sans doute pas inconnus des missionnaires résidents, ne trouvait pas de place dans des *Lettres édifiantes*. Dentrecolles raconte, par exemple, dans une remarque placée à la fin de la traduction de l'extrait intitulé *Formule de prière à*

[28] "Projet d'un Hôtel de miséricorde pour les enfans exposés", traduisant les pages 15b-19b du chapitre 31 du *Fuhui quanshu*. A. Leung a déjà signalé que la source de cet extrait (avec renvoi à l'éd. Paris: Garnier-Flammarion, 1979, p. 225 des *Lettres édifiantes et curieuses*) est la section "Yuyang ying'er" 育養嬰兒 (Nourrir les nouveaux-nés), *Cf.* Leung, Angela Kiche, "L'accueil des enfants abandonnés dans la Chine du Bas-Yangzi aux XVIIe et XVIIIe siècles", *Études chinoises*, IV, n° 1 (printemps 1985) p. 50, note 62.

[29] *LEC* XIX (1729) p. 502.

Tchim-hoam qu'il a lu un *"recueil de jugements rendus avec sagesse où le mandarin dit au criminel qu'il interroge que* [Chenghuang 城隍, le Gardien de la ville] *lui a révélé telle ou telle circonstance cachée."* Il n'est pas exclus de penser qu'il soit fait ici allusion à l'élucidation du crime passionnel de la dame Wang dont Huang Liuhong soupçonnait le mari, qu'il confondit par intimidation, en lui faisant croire que Chenghuang lui en avait révélé les circonstances, plutôt qu'en le soumettant à la torture.

Il est difficile de comprendre toutes les imbrications de la sélectivité des extraits choisis et leur impact sur l'esprit des lecteurs contemporains. Mais certains traits rapportés sur l'organisation sociale chinoise firent mouche. Sur le sujet de l'entretien des chemins, par exemple, on sait que deux jeunes convertis chinois, Ko et Yang, qui avaient fait leurs études dans les collèges jésuites parisiens, repartirent dans leur pays, en 1765, avec un questionnaire sur la question rédigé par l'ingénieur Jean-Rodolphe Perronet (1708-1794) qui avait mis en place le système de bornage des routes à partir du point fixe de Notre-Dame[30]. Le questionnaire fait référence aux ouvrages de Du Halde.

La densité du maillage scolaire suscita aussi l'intérêt.

> [...] il n'y a peut-être point de village, où l'on en trouve plutôt deux [écoles] qu'une. Ici un jeune homme qui n'a point étudié, est une preuve vivante de l'extrême pauvreté de ses parens. C'est un proverbe chinois: qu'il y a plus de maîtres que d'écoliers, et plus de Médecins que de malades. [...] il n'y a guère de familles, qui ne fassent étudier quelques-uns de leurs enfans, dans l'espérance qu'ils parviendroient comme d'autres: & parce que le plus souvent leurs efforts sont inutiles, ils se trouvent réduits à enseigner la jeunesse[31].

Sur quatre-vingt-deux entrées de la table des matières du volume deux de l'édition originale de la *Description* renvoyant à des pages qui traitent de l'éducation, trente-six renvoient aux extraits de traduction du *Fuhui quanshu*, soit 43%.

La traduction "Écoles publiques" pour le chinois *yixue* 義學 (romanisé Y Hio) peut entraîner une confusion. Dans l'article XXXVII de

[30] "Éclaircissements que l'on désireroit d'avoir sur les canaux et les chemins de Chine", Bibliothèque de l'Institut: Ms. 1526 f° 48-51, précédé d'une lettre autographe de Perronet datée 29 décembre 1764. La section *Pingzhi daotu* 平治道塗 du *Fuhui quanshu* (31 / 5b-6a), traduite "Édit sur le soin de rendre aux voyageurs les chemins aisés et commodes" par Dentrecolles recommande la plantation d'ormes, de saules et de pins le long des routes par les riverains. Perronet demande dans son questionnaire: "Les arbres sont-ils plantés en-deça ou au-delà des fossés?" Sur Gao Ren 高仁 et Yang Zhide 楊稚德 (ou Yang Cide 楊慈德), *cf.* Cordier, Henri, 1920.

[31] *Desc.* 2, p. 263.

l'Édit de Nantes (1598), il désigne des établissements scolaires financés et gérés par une communauté confessionnelle. En Chine, le système des *yixue*, qui se développe sous la dynastie des Qing (1644-1911), participait d'un mouvement de fondations philanthropiques que voulait promouvoir Huang Liuhong. Huang déplorait la modicité du financement public qui ne permettrait plus d'honorer la scolarisation jusqu'au niveau du canton, telle qu'elle avait été préconisée par une ordonnance de l'empereur Hongwu, fondateur de la dynastie des Ming (1368-1644). Huang prône un financement caritatif auprès des élites locales pour pallier aux défaillances du gouvernement central.

En maintenant dans le texte français les translittérations "Chou" et "Tsiang", Dentrecolles n'explique pas les réalités différentes que représentaient les écoles de village (*shu* 塾) et les écoles gérées par les clans (*xiang* 庠). Le texte fut inévitablement découvert avec une certaine approximation, mais éveilla l'intérêt. En 1735, lorsque cet extrait de la traduction du *Fuhui quanshu* fut lu dans la *Description* de Du Halde, la monarchie qui, dans le contexte de reconquête des "Indes intérieures" de l'après Révocation de l'édit de Nantes, avait lancé un grand mouvement d'instruction populaire, pour éradiquer les ferments hérétiques dispensés à domicile ou à la veillée, ayant mobilisé des communautés de prêtres ou de religieux venus de la ville (Oratoriens, Doctrinaires, Lazaristes, Jésuites, Capucins, Frères de la Charité) relâchait ses efforts. L'appareil administratif, au grand dam des communautés enseignantes et du bas-clergé, craignait alors le dépeuplement des campagnes.

La résistance à l'instruction populaire était vive au cours du XVIIIe siècle et les auteurs d'une étude sur l'éducation en France rappellent ce passage de *La Nouvelle Héloïse* :

> N'instruisez pas l'enfant du villageois car il ne lui convient pas d'être instruit[32].

Chaque touche de couleur apportée à la cartographie intellectuelle du XVIIIe siècle enrichit notre vision. La connaissance de ce que le grand romaniste allemand Werner Krauss a nommé les "insectes littéraires", ces travaux laborieux dont les ailes desséchées ne sont plus toujours perçues par la postérité, stimule en particulier l'image des flux d'échanges et de réflexion qui travaillèrent à la formation du monde moderne.

[32] Rousseau, Jean-Jacques, *Julie ou la Nouvelle Héloïse, Œuvres complètes*, Paris: Gallimard ("Bibliothèque de la Pléiade"), II, p. 566-567, cité in Chartier, Roger *et al.*, *L'éducation en France du XVIe au XVIIIe siècles*, p. 38.

Bibliographie

Chartier, Roger, Julia, Dominique, Compère, Marie-Madeleine, *L'éducation en France du XVIe au XVIIIe siècles*, Paris: Société d'édition d'enseignement supérieur, 1976.

Cordier, Henri, "Les Chinois de Turgot", in *Mélanges d'histoire et de géographie orientales*, Paris, 1914-1923, 4 vol., vol. II (1920), p. 31-39.

Dehergne, Joseph, *Répertoire des Jésuites de Chine de 1552 à 1800,* Rome / Paris: Institutum Historicum Societatis Iesu — Letouzey & Ané, 1973.

Du Halde, Jean-Baptiste, *Description géographique, historique, chronologique, politique et physique de l'empire de la Chine et de la Tartarie chinoise*, Paris: P.-G. Le Mercier, 4 tomes in-fol. Avec Approbation et Privilège du Roy, 1735; Rééd. La Haye: Henri Scheurleer, 1736, 4 tomes in-4°.

Duchet, Monique, *Anthropologie et Histoire au siècle des Lumières,* Paris: Maspero, 1971.

Fuhui quanshu, in *Guanzhen shu jicheng* 官箴書集成, Liu Junwen, Zhang Chengshi, Tian Tao (éd.), Guanzhen shu jicheng bianzuan weiyuanhui, Hefei: Huangshan shushe, 1997, 10 vol.

Huang Liu-hung, *A Complete Book Concerning Happiness and Benevolence. Fu-hui ch'üan-shu: A Manual for Local Magistrates in Seventeeth century China,* Translated and edited by Djang Chu [Zhang Chu], Tucson: The University of Arizona Press, 1984.

Lettres édifiantes et curieuses des Missions étrangères par quelques missionnaires de la Compagnie de Jésus, Paris: Nicolas Le Clerc, 1702-1776, 34 vol. in-12 (I-XXXIV). Rééd. Paris, 1877, 4 vol. Anthologie moderne: I. & J.-L. Vissière (éd.), *Lettres édifiantes et curieuses de Chine par des missionnaires jésuites (1702-1776)*, Paris: Garnier-Flammarion, 1979.

Landry-Deron, Isabelle, "Les Mathématiciens envoyés en Chine par Louis XIV en 1685", Archiv for History of Exact Sciences, 55 (2001), p. 423-463.

Landry-Deron, Isabelle, *La Preuve par la Chine, La "Description" de J.-B. Du Halde, jésuite, 1735*, Paris: Éditions de l'École des Hautes Études en Sciences Sociales, 2002.

Leung, Angela Kiche 梁其姿, "L'accueil des enfants abandonnés dans la Chine du Bas-Yangzi aux XVIIe et XVIIIe siècles", *Études chinoises*, IV, n° 1 (printemps 1985) p. 24-51.

Pfister, Louis, *Notices biographiques et bibliographiques sur les Jésuites de l'ancienne mission de Chine,* Chang-haï (Variétés sinologiques 59-60), 1932-1934, 2 vol.

[Renaudot, abbé Eusèbe,] *Anciennes Relations des Indes et de la Chine de deux Voyageurs Mahométans qui y allèrent dans le neuvième siècle, traduites d'Arabe,* Paris, 1718.

Spence, Jonathan D., *The death of woman Wang, Rural life in China in the seventeenth century,* New-York: The Viking Press, 1978.

Will, Pierre-Étienne, "Bureaucratie officielle et bureaucratie réelle", *Études chinoises*, VIII, n° 1 (printemps 1989) p. 69-142.

RÉACTIONS ANTI-PORTUGAISES DANS LE GOLFE PERSIQUE (1521-1529)*

Dejanirah COUTO
EPHE, IVe section

La double conquête d'Ormuz par Afonso de Albuquerque (1507 et 1515), amena les Portugais à exercer leur protectorat sur les domaines d'un royaume «mi-continental, mi-insulaire»[1] qui regroupait les îles du golfe Persique, quelques districts de terre ferme d'Iran et les ports de l'Oman. Des intérêts politiques et économiques très divers régissaient ces régions, théâtre de conflits et de rivalités séculaires opposant les élites locales d'origine arabe à l'administration d'Ormuz, représentée en majorité par des dignitaires persans.

Bien que régulièrement menacées par les tribus bédouines de l'intérieur, les élites arabes, sourcilleuses à l'égard d'Ormuz, qui leur imposait tributs et redevances, étaient toujours promptes à se soulever[2]. De son côté, le grand *emporium* maritime de l'île de Ǧarūn subissait également des pressions, puisque les provinces persanes de l'intérieur cherchaient à briser continuellement son hégémonie sur le littoral maritime[3].

Enserrés dans un système complexe d'alliances et de dépendances politiques nouées et dénouées au rythme des intrigues et des destitutions, les liens économiques traditionnels contribuaient néanmoins à préserver

* Cet article est une version remaniée et augmentée de l'article du même nom paru dans *Aquém e Além da Taprobana, Estudos Luso-orientais à memória de Jean Aubin e Denys Lombard*, ed. Luís Filipe F.R.Thomaz, Centro de História de Além-Mar, Faculdade de Ciências Sociais e Humanas, Universidade Nova de Lisboa, Lisbonne, 2002, p. 191-221.

[1] Cf. Jean Aubin, «Le royaume d'Ormuz», *Mare Luso-Indicum,* 5, II (1973), p. 79; Sur la première conquête d'Ormuz par Albuquerque, cf. Jean Aubin, «Cojeatar et Albuquerque» *Mare Luso-Indicum,* IV[2], I (1971), p. 99-134 (suivi des documents annexes, p. 137 sq.), republié dans *Le latin et l'astrolabe,* vol. II, Centre Culturel Calouste Gulbenkian, Commission Nationale pour les Commémorations des Découvertes Portugaises (dorénavant CNCDP) Lisbonne-Paris, 2000, p. 149-196; sur la seconde, cf. António Dias Farinha, «A Dupla Conquista de Ormuz por Afonso de Albuquerque», in *Studia,* 48 (1989), p. 445-472, ainsi que «Os Portugueses no Golfo Pérsico (1507-1538). Contribuição Documental e Crítica para a sua História», *Mare Liberum,* 3 (1991), p. 24-26, et p. 33-45 (documents).

[2] Sur les incursions bédouines, Werner Caskel «Eine unbekannte Dynastie in Arabien», in *Oriens,* 1 (1949), p. 66-71 et Jean Aubin, «Le royaume d'Ormuz», p. 123-127.

[3] C'était le cas de Lār, Jean Aubin, «Le royaume d'Ormuz», p. 142-143.

l'équilibre régional. Ces rééquilibrages, d'autant plus complexes qu'ils reflétaient les clivages existants au sein de la société arabo-persane, jouaient sur les clientélismes, liens de vassalité et particularismes locaux.

La clé de voûte de l'ensemble reposait sur une conception particulière du protectorat. Dans les zones éloignées, Ormuz avait accepté de formes de pouvoir nominal, qui, sous forme d'une allégeance (voire d'une simple reconnaissance) à la dynastie royale, ne remettaient pas en cause l'indépendance *de facto* des populations locales[4]. Dès leur installation définitive à Ormuz, les Portugais ont été ainsi confrontés aux difficultés de l'exercice d' un double protectorat, dans un environnement qui leur était étranger par la langue, la religion, les mœurs et les traditions politiques.

La montée des Ottomans

Des bouleversements lointains ont rendu cette situation encore plus complexe. S'imposant peu à peu comme la première puissance de l'Orient islamique, les Ottomans avaient balayé, avec la conquête de la Syrie et de l'Egypte entre 1514 et 1517, l'Empire Mamelouk[5]. Cette victoire, qui leur avait ouvert les portes de la mer Rouge et du Yémen[6] allait

[4] À propos de Ğāsk et de Ğagīn, sur la côte iranienne du Makrān, *ibid.*, p. 143-144.

[5] Cf. Jean Louis Bacqué-Grammont, Les *Ottomans, les Safavides et leurs voisins. Contribution à l'histoire des relations internationales dans l'Orient islamique de 1514 à 1524,* LVI, Nederlands Historisch-Archaeologisch Instituut, Istanbul, 1987, p. 187-234; du même, «L'apogée de l'Empire ottoman: les événements (1512-1606)», dans *Histoire de l'Empire ottoman*, dir. Robert Mantran, Fayard, Paris, 1989, p. 143-145; Jean Aubin, «La crise égyptienne de 1510-1512. Venise, Louis XII et le Sultan», *Moyen Orient & Océan Indien*, VI (1989), p. 123-150; Palmira Brummett, *Ottoman Seapower and Levantine Diplomacy in the Age of Discovery,* State University of New York Press, New York, 1994, p. 51-87; sur les Mamelouks, cf. David Ayalon, *Studies on the Mamluks of Egypt 1250-1517*, Variorum Reprints, London, 1977; du même, *The Mamluk Military Society: Collected Studies*, Variorum Reprints, London, 1979; *Mamluks, Mongols and Eunuchs*, Ashgate, Burlington (Vt.), 2002.

[6] L'Hedjaz ayant reconnu la suprématie du Sultan ottoman sur les Villes saintes. Sur la confuse situation politique en mer Rouge, et les incursions portugaises dans la région en 1517, l'exposé le plus complet est celui de Jean-Louis Bacqué-Grammont et Anne Kroell, *Mamelouks, Ottomans et Portugais en mer Rouge — l'affaire de Djeddah en 1517,* Supplément aux annales islamologiques, Cahier nº 12, IFAO, Le Caire, 1988, p. 1-46; Sur les circonstances de la défaite d'Amīr Ḥusayn, Jean Aubin, «Albuquerque et le Cambaye», p. 12-17; Michel Lesure, «Un document ottoman de 1525 sur l'Inde portugaise et les pays de la mer Rouge», *Mare Luso-Indicum*, III, 1976, p. 137-160 (ce document a été publié à plusieurs reprises par des chercheurs turcs: cf. Fevzi Kurdoğlu, *Meşhur Türk Amirali Selman Reis lâyihası* dans *Deniz Mecmuası*, 47, 1943, nº 336, p. 67-73, Cengiz Orhonlu, *XVI asrin ilk yarısında Kızıldeniz sahillerinde Osmanlılar*, dans

bientôt inciter le Sultan d'Istanbul à se mesurer aux Safavides de Perse[7]. En quelques décennies, le prestige de l'Empire ottoman rayonna au-delà des régions militairement et politiquement dominées; grâce aux liens économiques tissés avec les états côtiers de l'Inde occidentale, et grâce à «l'émigration blanche» vers les mêmes états[8], leur zone d'influence gagna progressivement au-delà de la mer d'Arabie, après avoir atteint rapidement les villes du golfe Persique et de l'Oman.

À la même époque, les Portugais redoublaient leurs efforts pour asseoir leur suprématie dans l'océan Indien, combattant sans relâche les Musulmans sur terre et sur mer. Les expéditions d'Afonso de Albuquerque contre le Oman et Ormuz en 1507, la défaite infligée par le vice-roi D. Francisco de Almeida à l'escadre mamelouke de Qanṣawh al-Ġawrī devant Diu en 1509, la conquête de Goa en 1510, de Malacca en 1511 et d'Ormuz en 1515 par Afonso de Albuquerque, témoignent de cette politique[9].

La rivalité luso-ottomane était alors inévitable. Elle s'est déroulée en plusieurs phases, alternant des moments de paix et de conflit, et prit dif-

Tarih Dergisi, 12, 1961, p. 1-24; Muhammad Yakub Mughul, *Kanuni Devri. Osmanlıların Hint Okyanusu Politikası ve Osmanlı-Hint Müslümanları Münasebetleri 1517-1538,* Istanbul, 1974. Sur la situation en mer Rouge cf. encore Dejanirah Couto, «Les Ottomans et l'Inde portugaise», *Vasco da Gama et l'Inde,* vol. I, Fondation Calouste Gulbenkian, Paris, 1999, p. 186-187, et de la même «No rasto de Hadim Süleyman Pacha: alguns aspectos do comércio do Mar Vermelho nos anos de 1538-1540», *A Carreira da India e as Rotas dos Estreitos,* Angra do Heroísmo, 1998, p. 493.

[7] Jean Louis Bacqué-Grammont, Les *Ottomans, les Safavides et leurs voisins. Contribution à l'histoire des relations internationales dans l'Orient islamique de 1514 à 1524,* LVI, Nederlands Historisch-Archaeologisch Instituut, Istanbul, 1987, p. 1-72; sur la question, cf. encore Adel Allouche, *The Origins and Development of the Ottoman-Safavid Conflict (906-962/1500-1550),* Islamkundlische Untersuchungen Series, nº 91, Klaus Schwartz, Berlin, 1983.

[8] Sur l'émigration turco-persane vers l'Inde, cf. Jean Aubin, «Le royaume d'Ormuz», p. 175 sq.; Dejanirah Couto, «Les Ottomans...», p. 181-184 ; Richard Maxwell Eaton, *Sufis of Bijapur, 1300-1700, Social Roles of Sufis in Medieval India,* Munshiram Manoharlal Publishers, 1996, p. 42-43.

[9] Cf. en particulier, João Paulo Oliveira e Costa et Victor Luís Gaspar Rodrigues, *Portugal y Oriente: el Proyecto Indiano del Rey Juan,* ed. Mapfre, Madrid, 1992, p. 69-104; Sanjay Subrahmanyam, *O Império Asiático Português, 1500-1700, Uma História Política e Económica,* Difel, Lisbonne, 1995, p. 77-98 (version portugaise de *The Portuguese Empire in Asia 1500-1700,* Longman Group UK Limited, London, 1993); Luís Filipe F.R. Thomaz, «Os Portugueses e a Rota das Especiarias», *De Ceuta a Timor,* Difel, Lisbonne, 1994, p. 169-187; du même, «A Política Oriental de D. Manuel I e suas Contracorrentes», *ibid.,* p. 189-206; Joaquim Candeias Silva, *O Fundador do «Estado Português da India» D. Francisco de Almeida 1457 (?) -1510,* CNCDP/ Imprensa Nacional — Casa da Moeda, Lisbonne, 1995, p. 189-203; Vitor Luís Gaspar Rodrigues, «O Reforço do Poder Naval Português no Oriente com Afonso de Albuquerque (1510-1515): suas implicações», *Anais de História de Além-Mar,* III, 2002, p. 155-163.

férents visages selon les périodes, les régions, les enjeux régionaux et locaux. Trois grandes phases la caractérisent: la première, qui concerne directement cette étude, va de la conquête de l'Egypte et de la Syrie en 1517, jusqu'à celle de l'Iraq en 1535. Les deux adversaires, qui ne se sont pas encore affrontés directement, ne s'épient pas moins, et les réseaux d'information y jouent un rôle prépondérant. C'est l'époque où les instructeurs militaires mamelouks et turcs, des hommes d'armes rescapés des expéditions en mer Rouge, prodiguent leurs conseils aussi bien aux notables persans d'Ormuz désireux de chasser les Portugais qu'aux émirs arabes qui souhaitent se soustraire à la tutelle du royaume. Ils leur fournissent de l'artillerie, dirigent la construction et l'équipement des flottilles locales[10]. Dans un jeu où toutes les combinaisons sont possibles, ces personnages, qui agissent plus ou moins en marge du pouvoir ottoman, contribuent néanmoins à son prestige. Ils font jouer les particularismes locaux, exploitent les aspirations autonomistes et les intérêts d'ordre privé des notables, si ce n'est l'amertume de la population contre la souveraineté d'Ormuz et l'emprise de leurs maîtres lusitaniens.

Pour les Portugais, il s'agit de relever un défi important. Leur faible nombre et la dispersion de leurs moyens logistiques à l'échelle de l'empire «né de la mer», leur interdit d'endiguer cette lente infiltration dans le golfe, d'autant plus qu'ils sont appelés à assister militairement le roi d'Ormuz, à écraser les rébellions locales et les incursions bédouines dans les domaines de l'empire.

La révolte de Muqrin

Tête de pont des oasis du Golfe arabo-persique, fertiles et riches en eaux vives, les îles de Bahreïn constituèrent depuis des siècles l'une des zones clés de cette région. Gouvernées par la dynastie bédouine des Banū Ǧarwān au XIVe siècle, elle furent ensuite dominées par Ormuz,

[10] Rappelons que cette rivalité se dessine en termes politiques avec Süleyman le Magnifique et non sous Selim Ier: Jean Aubin, «La politique orientale de Selim Ier», *Res orientales VI: Itinéraire d'Orient, Hommages à Claude Cahen,* Paris, 1994, p. 197-216; sur les instructeurs, cf. Halil Inalcik, «The Socio-political Effects of the Diffusion of Fire-Arms in the Middle East», *War, Technology and Society in the Middle East*, ed. V.J. Parry et Malcom E. Yapp, Oxford University Press, London, New York, Toronto, 1975, p. 196-210. Sur la puissance militaire des Mamelouks, voir, en général, David Ayalon, *Gunpowder and Fire Arms in the Mamluk Kingdom, a Challenge to a Medieval Society,* Vallentine, Mitchell and C°, London, 1956.

qui les céda à la puissante famille des Banū Ǧabr. Leur réintégration dans les domaines ormuzis date de 1485[11].

Par la suite, comme dans d'autres régions du Golfe, Ormuz finit par en laisser l'usufruit aux bédouins moyennant le versement d'une annuité. Vers 1520, l'archipel de Bahreïn (comme les oasis d'al-Ḥasa et de Qaṭīf sur la rive arabe) se trouva sous l'autorité de l'émir Muqrin, fils de Aǧwad b. Zāmil des Banū Ǧabr[12]. Les Portugais prirent connaissance de son existence en octobre 1515, quand Ormuz glissa définitivement sous l'étreinte d'Afonso de Albuquerque. Muqrin envoya au capitaine portugais de la forteresse, Pero de Albuquerque, un message et trois chevaux à titre de présent protocolaire[13].

La double allégeance n'empêcha pas l'émir, comme d'ailleurs d'autres potentats locaux, de manifester son indépendance. Il contesta plusieurs fois le versement du tribut traditionnel mais les Portugais le contraignirent à payer, augmentant le règlement[14], après chaque refus, en guise de punition.

[11] Jean Aubin, «Le royaume d'Ormuz» *Mare Luso-Indicum*, 5, II, (1973), p. 124 et note 291. Sur cette reconquête, due à Salgur Shah, cf. également Jean Aubin, «Cojeatar e Albuquerque», p. 104-105 et note 21, ainsi que J.C. Wilkinson, «Al Bahrayn and Uman», *Al Watheekah*, 7, July (1985), p. 231-251, et Monik Kervran, Arlette Nègre et Michele Pirazzoli t'Sertsevens, «Fouilles à Qal'at al-Bahrein — Excavation of Qal'at al-Bahrain «, 1ère partie, (1977-1979), Ministère de l'information, Direction de l'Archéologie et des Musées, Bahrain, 1982, p. 6-7. Sur la géographie et l'importance économique de la région, cf. J.G. Lorimer, *Gazetteer of the Persian Gulf, Oman, and Central Arabia,* (II: Geographical and Statistical), Superintendent Government Printing, Calcutta, 1908, p. 212 sq. et 245-247; Charles D. Belgrave, «Bahrain», *Journal of the Royal Central Asian Society*, XV(4)(1928), p. 440-445; Arnold T. Wilson, *The Persian Gulf: un Historical Sketch from the Earliest Times to the beginning of the Twentieth Century,* London, 1954. Sur Bahreïn, cf. Abbas Faroughy, *The Bahrein Islands, 750-1951 — A Contribution to the Study of Power Politics in the Persian Gulf (...) an Historical, Economic and Geographical Survey (...),* Verry, Fischer and C°, New York, 1951; Ahmad Mustafa Abu Hakima, *The Rise and Development of Bahrain and Kuwait,* Beirut, 1965; article «al-Baḥrayn», *Encyclopédie de l'Islam,* I, E.J. Brill, Leyden, 1960, p. 969-973, ainsi que les communications du colloque *Bahrein through the Ages* (vol. II, *The History*), éd. Abdullah bin Khalid al Kahalifa et Michael Rice, Kegan Paul International, London, New York, 1993.

[12] Malgré la mise au point de Jean Aubin, «Le royaume d'Ormuz», p. 125, note 301, à propos de la confuse filiation de Muqrin, (João de Barros, *Asia,* {éd. fac-similé}, Imprensa National-Casa da Moeda, Lisbonne, 1992, III,vi, 2, f°161, fait de Muqrin le petit-fils d'Aǧwad), Salih Özbaran, «Bahrain in the sixteenth century», *Al-Watheekah,* 5, July (1989), p. 229, a suivi Barros sans critique, considérant Muqrin fils de Zamīl et petit-fils de Aǧwad. Même confusion dans Charles F. Beckingham, «Some notes on the Portuguese in Oman», *The Journal of Oman Studies,* 6/1, 1983, p. 16.

[13] Pero de Alpoim à D.Manuel, d'Ormuz, le 11.1X.1515, ANTT, *Fragmentos*, 4-1-87, document publié par António Dias Farinha, «A dupla conquista...», p. 465-472; cf. également, du même, «Os Portugueses no Golfo Pérsico...», p. 38: «*chegaram dous embaixadores do senhor de Laçaa humm dos filhos de B[em] Jebra que reyna nesta parte da terra d'Arabia [cujo] he Barem e Catife...*».

[14] Barros, III, vii, 2, f° 182.

Un nouveau refus intervint en 1521. Apprenant la nouvelle, le capitaine d'Ormuz, D. Garcia Coutinho, fit appareiller une galère et deux fustes avec 120 hommes, et 40 *terradas* ormuzies transportant environ 1.200 combattants. Néanmoins, le vent dispersa la petite escadre face au cap Bardistān et les embarcations dérivèrent vers Ormuz; une seule *terrada*, commandée par Gomes de Souto Maior, atteignit Bahreïn[15]. Le capitaine descendit à terre avec l'équipage et six Portugais. Mais comme Muqrin s'était absenté entre-temps à la Mecque le combat n' eut pas lieu[16].

Si l'ambition de Muqrin était de faire de Bahreïn une puissance maritime régionale, il ne disposait pas de véritable flotte. Ce furent les Ottomans, qu'il rencontra lors de son voyage à La Mecque qui l'aidèrent à en bâtir une. En effet, lorsque l'émir prit connaissance, à son retour, de la tentative de débarquement portugais, il se mit immédiatement à réorganiser sa défense. Des armes blanches, de la poudre et de l'artillerie furent entassées dans les entrepôts. Grâce à l'aide de conseillers turcs, ce réarmement fut bientôt suivi de la construction de fustes. En attendant une nouvelle attaque portugaise, la flotte fut affectée à l'interception des embarcations naviguant entre Basra et Ormuz[17].

Ses activités inquiétèrent bientôt Portugais et Ormuzis. Ces derniers, surtout, s'en voulurent d'exercer un contrôle moins rigoureux sur les navires de la rive arabe du Golfe[18]. Toutefois, la fronde de l'émir ne recelait que des dangers pour Ormuz. En refusant de verser

[15] Cette expédition de reconnaissance n'est pas signalée par Gaspar Correia. Selon Barros, Gomes de Souto Maior était parti d'Ormuz sur une galère (Barros, III,vi, f° 162). Sur les *terradas (ṭarrādah, pl. ṭarārīd)* embarcation typique du Golfe à l'époque, cf. Robert B.Sergeant, *The Portuguese off the South Arabian Coast — Hadrami Chronicles*, Oxford Clarendon Press, 1963, Annexe II, p. 136-137 (avec bibliographie).

[16] Barros, (III,vi, f° 162) et Fernão Lopes de Castanheda, *História do Descobrimento e Conquista da India pelos Portugueses*, V, lix, Lello & Irmão, Porto, 1979, p. 97, indiquent que Muqrin était marié avec une fille du chérif de la Mecque. L' *Ḥağğ* de l'émir et ses largesses à la Mecque en 926/1520 (d'après Ibn Iyâs) sont mentionnés par W. Caskel, «Eine «unbekannte» Dynastie...», p. 67. Cependant, Muqrin n'a pas pu être à la Mecque précisément pour le *Ḥağğ* entre mai et début juillet 1521, au moment de la première tentative de débarquement des Portugais (comme le prétend Barros) car l'*ʿīd al-Kabīr* de 1521 tomba en novembre.

[17] Selon Castanheda, qui ne mentionne pas l'intervention des Turcs, plus de 140 *terradas* (IV, lix, p. 97). Sur la question cf. encore Salih Özbaran, «The Ottoman Turks and the Portuguese in the Persian Gulf, 1534-1581», *Journal of Asian History*, 6/1, 1972, p. 46-47. (Article republié dans *The Ottoman Response to European Expansion — Studies on Ottoman-Portuguese Relations in the Indian Ocean and Ottoman Administration in the Arab Lands during the Sixteenth Century»*, The Isis Press, Istanbul, 1994, p. 121).

[18] Cf. à ce sujet, Jean Aubin, «Le royaume d'Ormuz», p. 143.

les traditionnels cinq mille *ašrafī* des revenus de Bahreïn, celui-ci incitait aussi les Ormuzis à ne pas verser leur propre tribut *(pareas)* aux Portugais[19].

Pour dénouer la situation, le Gouverneur Diogo Lopes de Sequeira fit appareiller à nouveau sept navires contre Bahreïn[20], et chargea son neveu António Correia de commander l'expédition. Ce dernier réunit un détachement de quatre cents hommes (dont une centaine de *fidalgos*) renforcé par des arquebusiers, des arbalétriers et des piquiers[21]. Les Ormuzis participèrent avec 3.000 hommes, 1.500 archers et autant de piquiers, embarqués sur 200 *terradas,* commandées par le très puissant Ra'īs Šaraf ad-Dīn Luṭf Allāh Fālī, vizir du royaume[22].

L'escadre prit la mer le 15 juin 1521, mais le voyage fut de courte durée. Deux jours après le départ une forte tempête dispersa les navires. Le mauvais temps dura six jours; le 21 juin ne naviguaient de conserve que la nef capitaine et le navire de João Pereira. Les *terradas*, que leurs capitaines ormuzis faisaient mouiller d'ordinaire dans les grèves de la côte à l'annonce de mauvais temps, avaient échoué en grand nombre. Ce désastre, dû à l'imprévoyance des capitaines portugais et à leur méconnaissance des conditions de navigation dans le Golfe, ne fit qu'aggraver les réticences des Ormuzis qui, comme lors de l'expédition précédente, allaient à Bahreïn à contre-cœur[23].

La date du débarquement sur l'île demeure incertaine. Selon Barros et Castanheda, il eut lieu le samedi 27 juillet. Leurs chroniques notent qu'Antonio Correia attendit pendant six jours, au large, que ses bâtiments soient réunis. Ce n'est qu'après qu'il donna l'assaut.

Les sources passent sous silence les activités des autres bâtiments de l'escadre pendant les trois semaines écoulées entre le départ d'Ormuz et le débarquement à Bahreïn. Un possible, et léger décalage des dates (les deux textes rapportent qu'Antonio Correia aurait voulu attaquer le 25 juillet, jour de Santiago) n'éclaire pas non plus leurs agissements.

[19] Barros, III,vi, 3, fº 161v°.

[20] Barros, III,vi, 3, fº 161v°. Castanheda (V, lix, p. 97-98) indique le même nombre spécifiant le type d'embarcations: deux galions (António Correia et Gonçalo Pereira), une galère (Fernando Eanes de Souto Maior), une caravelle (João Pereira), deux fustes (Lourenço de Moura et Cristovão Cernache) et une dernière nef dont le type et le capitaine demeurent inconnus. Gaspar Correia rajoute un navire et change leur typologie (*Lendas da India*, II, na Imprensa da Universidade, Coimbra, 1925, p. 648).

[21] Même chiffre dans Barros (*ibid.*, fº 162), Castanheda (ibid., p. 98.) et Correia (*ibid.*, p. 648).

[22] Castanheda, *ibid.*, p 98; Barros, *ibid.*, fº 161v°; Correia, *ibid.*, p. 648.

[23] Comme il ressort du témoignage de Barros, pour qui cette incurie prend des allures de sabotage (*ibid.*, fº 162).

L'hypothèse de la course dans le Golfe reste la plus plausible, et elle expliquerait le mutisme des textes.

Muqrin disposait de 12.000 hommes à pied, de 300 cavaliers arabes, de 400 archers persans et de 20 arquebusiers turcs (*tufengcis)*. Les Ottomans encadraient les Bahreïnis qu'ils avaient initié au maniement des armes à feu. Bien urbanisée, Bahreïn, avec ses belles demeures[24], avait été entourée d'une forte palissade (*tranqueira)* du côté du rivage, percée de quelques portes. Des pièces d'artillerie étaient venues renforcer le dispositif de défense.

Les opérations militaires luso-ormuzies ont été gâchées, d'emblée, par la méfiance réciproque, puisque les deux commandants n'ont pas pu se mettre d'accord sur le jour de l'assaut. António Correia, au vu des forces qui lui restaient (environ 200 hommes) désira attaquer le 25; trouvant la date peu propice, Ra'īs Šaraf ad-Dīn suggéra d'attendre jusqu'au 27 juillet. Une deuxième dissension surgit à propos de l'ordonnance du combat. Selon Castanheda, António Correia proposa que chacun des alliés frappe à des endroits différents[25], mais cette tactique fut refusée par le vizir, moins désireux de se battre que de surveiller les Portugais.

Ces derniers se sont ainsi retrouvés seuls au moment de l'attaque. Les Ormuzis, regroupés sur des radeaux lancés à la mer, ont attendu au large l'issue de la confrontation. Si les troupes d'Antonio Correia avaient été battues, les forces du roi d'Ormuz auraient sans doute achevé les survivants[26].

La rencontre fut rude; selon ses adversaires, Muqrin combattit avec ardeur. Le sort fut néanmoins favorable aux Portugais, qui le blessèrent. Il réussit à s'enfuir, mais le gouverneur de Bahreïn et des nobles de son entourage périrent dans la confrontation. La mort du gouverneur sonna la débandade des forces insulaires.

En dépit du malaise général, António Correia laissa aux hommes du vizir la tâche de poursuivre les rescapés dans les rues de la ville, tâche qui tourna vite au pillage. Les Portugais occupèrent le palais de Muqrin, anéantirent la flotte de Bahreïn et incendièrent les quelques embarcations mouillées dans la rade. Une galéote construite par les Turcs fut tou-

[24] Description dans Castanheda (V, lix, p. 98), et dans Barros (III, vi, 5, f° 164v°). Sur l'urbanisation et le paysage de l'île, cf. encore les observations de Jean Aubin, «Le royaume d'Ormuz», p. 99.

[25] Castanheda, V, lix, p. 98; Barros, III,vi, 5, f° 164v°: «*porque eram muytos & mais gente nam muy fiel, pareçeo cousa mais segura cada hum pelejar a sua parte*».

[26] Castanheda, V, lx, p. 101. Barros passe sous silence ces tiraillements.

tefois ramenée à Ormuz comme butin[27]. D'autres incidents émaillèrent la suite des combats. Un incendie éclata à bord de la nef capitaine portugaise sans qu'on puisse déterminer qui des deux, Barheïnis ou Ormuzis, l'avait allumé.

Les Portugais furent rassurés par les nouvelles parvenues à leur camp cinq jours plus tard. Muqrin venait de mourir dans la mosquée où il s'était réfugié[28]. Sur demande de Ra'īs Šaraf ad-Dīn, le corps, ramené au camp ormuzi, fut décapité, et la tête momifiée envoyée à Ormuz. Elle fut enterrée sous un petit tumulus surmonté d'une inscription édifiante (en guise d'avertissement) relatant les circonstances du soulèvement et le sort de son mentor[29].

Généreusement gratifié, António Correia reçut le privilège de faire figurer sur ses armes la tête de Muqrin[30]. Par suggestion du roi d'Ormuz, Tūrān Šāh IV, Ra'īs Nūr ad-Dīn remplaça pendant quelque temps l'émir; un nouveau gouverneur fut ensuite installé sur l'île[31].

Le sort de Muqrin servit de leçon aux oasis de la rive arabe. La forteresse de Qaṭīf, favorable aux insurgés, bascula à son tour du côté d'Ormuz. Šayḫ Aḥmad, un neveu de Muqrin, demanda à voir rapidement António Correia; il se proposa de prêter allégeance aux Portugais et de leur rendre Qaṭīf, en échange d'un sauf-conduit lui permettant de regagner la terre ferme avec les siens[32].

[27] Selon Castanheda 147 barques (*terradas*) furent alors détruites (V, lix, p. 101). Barros précise qu'il s'agissait de la flotte de pêche aux perles (*aljofar*).

[28] Sa mort à la mosquée est signalée seulement par Barros (III, vi, 5, fº 166). Il s'agissait de la mosquée près du rivage, aperçue par Souto Maior lors de sa mission de reconnaissance (*ibid.*, fº 162): *«entrou dentro pela ilha ate hua mesquita que seria da ribeira hua boa legua»*. Il pourrait s'agir de la mosquée de Sūq al-Ḫāmis, appelée dans le décret de 990/1852 *mashad:* cf. Ludvik Kalus, *Inscriptions arabes des îles de Bahrain. Contribution à l'histoire de Bahrain entre les XIe et XVIIe siècles (V^e-XIe de l'Hégire)*, Geuthner, Paris, 1990, p. 107, note 4. Cette dernière mosquée, la plus importante de l'île, est en effet située non loin du rivage (cf., *ibid.*, la carte «île d'Uwal, détail de la partie nord, avec les lieux des inscriptions et des toponymes identifiés d'après les inscriptions».

[29] Castanheda, V, lix, p. 102. Correia indique seulement que la tête fut exposée sur le pilori de la place principale d'Ormuz (II, p. 650).

[30] Il reçut du Gouverneur 5.000 *ašrafī* et partagea 5.000 autres avec les fidalgos qui l'avaient accompagné (Correia, *ibid.*, p. 651). Les soldats pillèrent la ville (*ibid.*, p. 650). Sur lui, cf., en général, Ronald Bishop Smith, *Antonio Correa Bahrem,* Lisbonne, 1977.

[31] Dubuxá (Correia, *ibid.*, p. 650); Bucat, *«arabio de naçã»* (Barros, III, vi, 4, fº166vº); Bubacahum, *«mouro arabio capitão principal»* (Castanheda, V, lxx, p. 116), c'est-à-dire Bū Bakr était-t-il originaire de Bahreïn? Selon Barros la population en fut satisfaite, car *«sofrem muy mal serem governados por gente Parsea polo ódio que entre sy tem»* (Barros, III, vi, 5, fº 166vº et 167). Quant à Muqrin, il était, comme on l'a vu, Djabride.

[32] Castanheda, V,lxx, p. 116. Correia est le seul à signaler qu'à cette occasion Ayres

La paix qui s'ensuivit fut pourtant de courte durée, et la maîtrise sur Bahreïn et Qaṭīf, éphémère. Le soulèvement qui éclata à la fin de 1521, remit à nouveau en question la tutelle lusitanienne sur Ormuz.

Le soulèvement d'Ormuz

Nous appréhendons encore imparfaitement les ressorts de l'insurrection anti-portugaise de 1521. Jean Aubin nota que «l'étranglement de Bhatkal, décidé par D.Manuel en vue de développer Goa, fut une des causes de la révolte d'Ormuz contre les Portugais»[33]. Bhatkal, port côtier du Kanara, devait largement sa prospérité au traditionnel commerce de chevaux avec le golfe Persique; il assurait, avec Honavar et Cananor, «le renouvellement de la cavalerie de Vijayanagar, et probablement de celle des princes du Venad». Les Gujeratis, maîtres de ce négoce, y étaient influents. Il n'est donc pas impossible que ces marchands, lésés par la manœuvre de D. Manuel, aient conspiré contre la présence portugaise à Ormuz. Il reste que la documentation, à notre connaissance, n'établit de lien évident entre les milieux marchands de Bhatkal et leurs homonymes de l'emporium du golfe Persique. Seule la coïncidence entre le soulèvement ormuzi et les séditions signalées dans plusieurs possessions asiatiques en 1521-1522 — pourrait suggérer une telle connivence[34].

En réalité, le mécontentement contre les Portugais était si vif, qu'il n'avait besoin d'inspiration étrangère pour se métamorphoser en conspiration. Il fut alimenté par l'imposition du tribut, vécue comme une humiliation, par les exactions commises à l'égard de la population, et par l'implication des Portugais dans les conflits d'intérêts qui opposaient le

Correia, le frère d'Antonio Correia, se rendit en compagnie de Ra'īs Šaraf ad-Dīn à Qaṭīf. La nouvelle de la mort de Muqrin étant déjà arrivée dans l'oasis, la rébellion s'éteignit rapidement. Ra'īs Šaraf ad-Dīn y laissa un détachement d'une centaine d'hommes et un de ses parents comme capitaine du fort, à la place de Šeyḫ Aḥmad (Correia, II, p. 651).

[33] Jean Aubin, «Marchands de mer Rouge et du golfe Persique au tournant des 15e et 16e siècles», *Marchands et hommes d'affaires asiatiques, dans l'océan Indien et la mer de Chine 13e-20e siècles*, EHESS, Paris, 1987, p. 85.

[34] Cf. Geneviève Bouchon, «L'évolution de la piraterie sur la côte malabare au cours du XVIe siècle», *L'Asie du Sud à l'époque des Grandes Découvertes*, Variorum Reprints, London, 1987, p. 750. Sur le rôle de Bahtkal dans le commerce des chevaux, cf., de la même, «Les musulmans du Kerala à l'époque de la découverte portugaise», *ibid.*, p. 43. L'article de Parviz Mohebbi, «Transport maritime des chevaux du golfe Persique vers l'Inde, XIIIe-XIXe siècles» ne nous a pas été accessible. Cf. toutefois, du même, *Techniques et ressources en Iran du 7e au 19e siècles*, Institut français de recherche en Iran, Téhéran, 1996.

vizir à son roi et à l'aristocratie foncière ormuzi, elle même déchirée par des intérêts antagoniques.

Les *pareas* établies par Afonso de Albuquerque en 1508 s'élevaient à 15.000 *ašrafī* annuels. Toutefois, Ormuz opposa dès le départ une résistance opiniâtre au versement de ce montant. Envoyé pour chercher le tribut, Diogo Fernandes de Beja rapporta au Gouverneur, selon Barros, 20.000 *ašrafī* de moins par rapport à l'ensemble des annuités qui auraient dû être encaissées. En 1514, les arriérés s'élevaient à 65.000 *ašrafī,* mais Ormuz ne s'acquitta réellement que de 10.000. Dans un souci d'apaisement, D.Francisco de Almeida et Duarte de Lemos avaient déjà consenti, chacun, à déduire 5.000 *ašrafī* du montant fixé. Au temps du mandat de Lopo Soares de Albergaria (1515-1518) le tribut avait atteint 25.000 *ašrafī.* En 1517, Antonio de Saldanha reçut des instructions royales pour mettre l'ordre dans le versement, mais fut prié par Lopo Soares de ne rien bousculer; en échange du *statuo quo,* le roi d'Ormuz accepta une augmentation de 10.000 *ašrafī*, augmentation rendue possible par la récupération des arriérés de Bahreïn. Son émir avait été imposé antérieurement de 3.000 *ashrafi* de plus (2.000 pour Ormuz et 1.000 pour le Portugal), au titre de dédommagement pour ses fréquentes rébellions[35].

En 1521, D. Manuel donna des instructions plus fermes à Diogo Lopes de Sequeira. Parmi ces directives figurait la nomination des fonctionnaires portugais à la douane ormuzi, mesure d'une extrême gravité, véritable ingérence dans les affaires internes d'Ormuz, que seule la résurgence du dessein impérialiste du Ventureux à la fin de son règne rend compréhensible[36].

Fort du «succès» de Bahreïn, Diogo Lopes de Sequeira fit obstruction aux ordres de Lisbonne. Tūrān Šāh, déjà contraint de faire accepter à son entourage la nomination des Portugais à la douane, lui aurait versé des avantages financiers en échange du maintien du *statuo quo,* retardant ainsi la pleine exécution des consignes de D. Manuel[37]. C'est d'ailleurs

[35] Barros, III, vii, 2, f° 182.

[36] Sur la politique de la fin du règne de D. Manuel, et la poursuite du dessein impérial, cf. encore, outre João Paulo Oliveira e Costa et Victor Luis Gaspar Rodrigues, *Portugal y Oriente: el Proyecto Indiano del Rey Juan,* et la bibliographie déjà mentionnée dans la note[9], Jean Aubin, «Le prêtre Jean devant la censure portugaise», *Le latin et l'astrolabe, recherches sur le Portugal de la Renaissance, son expansion en Asie et les relations internationales,* I, Centre Culturel Calouste Gulbenkian, Lisbonne-Paris, 1996, p. 184, ainsi que João Paulo Costa, «Do sonho Manuelino ao Realismo Joanino — Novos Documentos sobre as Relações Luso-Chinesas na Terceira Década do Século XVI», *Studia,* 50, 1991, p. 131-132.

[37] Correia, II, p. 653, signale une année de revenus des douanes à encaisser par les

pour cette raison qu'il saborda promptement (avec l'accord de D. Garcia Coutinho) la tentative du roi d'Ormuz d'envoyer au Portugal une ambassade d'information[38].

Finalement, en quittant Ormuz pour l'Inde sans avoir construit les deux forteresses, ni avoir mis en mer la flottille voulue par le Ventureux, le Gouverneur donna, à son insu, le feu vert aux conspirateurs[39].

Ra'īs Šaraf ad-Dīn joua un rôle déterminant dans la révolte. Habile et dissimulé, jouant le double jeu, il manœuvrait le jeune Tūrān Šāh, qui, sans le conseil de son père et prédécesseur, le roi Sayf ad-Dīn Abā Nadr qu'Albuquerque avait remis sur le trône[40] subissait l'influence de deux autres adversaires des Portugais, son beau-père le Šayḫ (?) et Mīr Aḥmed Murād[41].

La sédition fut méticuleusement organisée. Ra'īs Šaraf ad-Dīn était conseillé par un Turc[42]. Des armes en provenance du Cambaye avaient

nouveaux fonctionnaires portugais; il s'agirait d'un prêt, demandé au roi d'Ormuz par Diogo Lopes de Sequeira, sous pretexte de dépenses imprévues en Inde. Invocant les 15.000 *ašrafī* versés déjà par Ormuz au roi du Portugal, Tūrān Šāh refusa. Ce passage de Correia est une fois de plus un anachronisme, puisque le discours du souverain aurait été plus crédible dans la bouche de Sayf ad-Dīn, pourtant déjà décédé en 1521. Plus sûr, Castanheda indique que le Gouverneur ignora les instructions royales puisqu'il laissa le revenu non au provéditeur nommé par D. Manuel, Manuel Velho, mais au roi d'Ormuz (V, lxxi, p. 118-119). Toute l'affaire suggère de fortes irrégularités et une corruption auxquelles Barros fait allusion en s'écriant que *«estas & outras cousas que leixamos de contar por nam macular fama de nobre gente* «(III, vii, 2, fº 183). Sur les difficultés de Diogo Lopes de Sequeira à son retour au Portugal, cf. Correia, II, p. 675.

38 Barros, III, VII, II, fº 183. Selon Castanheda, l'ambassade fut tout de même envoyée: V, lxxii, p. 119.

39 Il finit par laisser à contre-cœur 300 hommes, et quatre navires, commandés par Manuel de Sousa Tavares, *capitão-mor do mar* d'Ormuz (un type de navire non identifié), João de Meira (une caravelle), Francisco de Sousa *«O bravo»* (une galiote) et Fernão Alvares de Ega (une fuste) (Castanheda, V, lxxii, p. 119). Rappelons que l'escadre de six navires et de cinq cents hommes laissée par Afonso de Albuquerque à Ormuz fin 1515 fut réduite en 1516 à trois nefs et trois cents hommes par D. Aleixo de Meneses, agissant sur instructions de son oncle Lopo Soares. En 1517, par crainte d'une offensive ottomane (l'Egypte venait d'être conquis) les effectifs furent à nouveau augmentés: Jean Aubin, «Les relations iraniennes d'Ormuz, 1515-1540», p. 5. (nous utilisons ici l'exemplaire dactylographié, généreusement cédé par l'auteur, du texte ultérieurement paru dans *Studia*, 52, 1994.

40 Sayf ad-Dīn lui conseilla la modération à l'égard des Portugais. Sur les évènements de 1515, la mort de Ra'īs Aḥmad et le retour de Sayf ad-Dīn, cf. *passim* le récit détaillé de Pero de Alpoim, p. 35-36.

41 Barros, III, vii, 2, fº 182v°. Castanheda remarqua également l'influence du beau-père Hoxeque (le Šayḫ) (V, lxxi, p. 117) ainsi que Correia (II, p. 675); l'influence de Mīr Aḥmad est expliquée par la liaison que le roi entretenait avec la femme de ce courtisan (Correia, *ibid.*, p. 694).

42 Correia II, p. 682; Barros, III, vii, 4, fº187. Cet expert en artillerie s'appelait, selon Castanheda, Mira Aidel (V, lxxxv, p. 144). Sur les conseillers militaires turcs, cf., en

été enfouies à l'extérieur de la ville. Les *terradas* qui transportaient l'eau et les légumes vers les bazars de la ville dissimulaient des archers persans, qui débarquaient chaque nuit, secrètement, sur les plages de l'île. Sur la rive iranienne, 200 *terradas* étaient prêtes à transporter vers Ormuz le gros des troupes à pied[43].

Ces préparatifs n'ont pas échappé totalement aux Portugais. D. Garcia Coutinho en fut informé par un écuyer de Ra'īs Šaraf ad-Dīn, Ḫʷāǧa Amīr, (Coje Amir) mais, fort de ses contacts personnels, ne prit pas les nouvelles au sérieux[44]. Sur fond de rivalités familiales, Ra'īs Daylamī Šāh (Delamixá), un frère de Ra'īs Šaraf ad-Dīn, s'adressa à Manuel Velho, son compagnon aux douanes, pour qu'il informe Lopo Soares[45]. Mais le Gouverneur, croyant à une nouvelle manœuvre du vizir, ignora le double avertissement.

Son départ précipita les événements. Le 30 novembre 1521[46], vers minuit, le *Šāh-bandar* et quelques hommes mirent feu aux bâtiments portugais. Les flammes, visibles de plusieurs endroits de la ville, déclenchèrent un gigantesque tintamarre. Ce premier signal fut suivi sans tarder d'un appel du muezzin du haut du minaret de la grande mosquée. Les habitations portugaises hors de la forteresse, comme la douane, la maison de *l'ouvidor* et l'hôpital constituèrent les premières cibles[47].

général, les observations d'Halil Inalcık, «The Socio-Political Effects of the Diffusion of Fire-arms in the Middle East», article republié dans *The Ottoman Empire: Conquest, Organisation and Economy*, Variorum Reprints, London, 1978, p. 195-217; Palmira Brummett, *Ottoman Seapower...*, p. 225 (note 92), en citant David Ayalon *(Gunpowder and Firearms...*, p. 71-82) fait noter la création d'un *ṭabaqah al-ḫāmisa* (le cinquième corps), une unité d'arquebusiers formés spécialement en 1510 pour combattre les Portugais en mer Rouge et dans l'océan Indien. Les Mamelouks ne voulant pas servir dans ce détachement, l'unité a été formellement dissoute en 1514 mais à continué d'exister ultérieurement.

[43] Correia, II, 682.

[44] Un marchand banian lui conseilla aussi de mettre à l'abri les malades hospitalisés (*ibid.*, p. 682); Castanheda, V, lxxxii, p. 137-138.

[45] Barros, III, vii, 2, fº 183. Castanheda (V, lxxi, p. 117), le confond avec son homonyme Ra'īs Daylamī Šāh, fils du vizir Ra'īs Nūr ad-Dīn Fālī, et frère de Ra'is Charafuddin. Ces deux frères avaient été bannis d'Ormuz à la suite de leur tentative d'assassinat du roi Sayf ad-Dīn, mais Albuquerque avait fait un geste en leur faveur, et ils ont été autorisés à retourner à Ormuz (Jean Aubin, «Cojeatar et Albuquerque», p. 106-107 et note 32). Cet autre Daylamī Šāh fut tué dans les rencontres avec les Portugais après la rupture de 1508 (*ibid.*, p. 132).

[46] Castanheda place les événements au début du mois de novembre (V, lxxxii, p. 138), et Frei Luís de Sousa, *Anais de D. João III*, v. I, éd. Manuel Rodrigues Lapa, Sá da Costa, Lisboa, 1951, p. 103), le premier décembre.

[47] Barros, III, vii, 2, fº 183vº-184vº; Castanheda, V, lxxxii, p. 138. Le *ouvidor* Alvaro Pinheiro périt dans l'incendie de sa résidence (Barros, *ibid.*, fº 185 e Castanheda, *ibid.*, p. 139).

Les Portugais furent passés au fil de l'épée dans leurs lits. Ceux qui tentèrent d'échapper à la tuerie furent poursuivis et achevés dans les rues de la ville. Quelques-uns réussirent à gagner la forteresse, où, dans la plus grande confusion, se réfugièrent aussi femmes et esclaves[48]. Le tir portugais fut peu nourri; la plupart des pièces d'artillerie n'avaient pas été montées et l'une des tours d'angle *(cubelos)* était encombrée de bois. Par ailleurs, la poudre manquait, et les citernes étaient à moitié vides[49].

Le premier décembre à l'aube, Garcia Coutinho profita d'une accalmie pour faire le point de la situation et dépêcher João de Meira, dans sa caravelle, chercher de l'aide en Inde auprès du nouveau Gouverneur, D.Duarte de Meneses. Les victimes de cette nuit ont été estimées à une centaine de personnes environ, et les pertes en biens à 100.000 *pardaus*[50]. Les ballots de marchandises entreposés dans le bâtiment de la douane ont été réduits en cendres[51].

Par la suite, le ravitaillement de la forteresse devint le problème majeur des assiégés. Une incursion hors de l'enceinte, menée difficilement par Manuel Velho et une poignée de compagnons, réussit à ramener près des murs une *nao* appartenant au même Manuel Velho, qui s'apprêtait à partir en Inde avec une cargaison de dattes[52]. Les fardeaux furent récupérés et la nef démantelée, mais ce succès fut terni par deux pertes importantes. Les hommes de Ra'īs Šaraf ad-Dīn réussirent à brûler la galiote de Francisco de Sousa (son capitaine s'était réfugié dans la forteresse)[53], et à détruire la nef de D. Garcia Coutinho, qui venait d'entrer dans la rade d'Ormuz avec un chargement indien de riz et de sucre[54].

L'arrivée d'une *nao* en provenance de Masqat, qui avait échappé au feu des Ormuzis, permit de renflouer les maigres réserves des assiégés en poisson, en riz et en dattes[55].

[48] Correia, II, p. 684-685.

[49] *Ibid.*, p. 685; Castanheda, V, lxxxii, p. 139.

[50] Correia, II, p. 685. Barros indique d'abord 120 morts sans les esclaves, mais déclare qu'à Ormuz on ne déplora qu'une vingtaine de victimes; les autres décès seraient dus au soulèvement des villes côtières de l'Oman (III, vii, 2, f° 184v°). [Sur ces derniers événements *cf. infra*].

[51] Référence au préjudice subi aussi par les hommes d'affaires musulmans, dont la marchandise, entreposée dans la douane, brûla: cf. la lettre de João de Meira à Jean III, de Cochin, le 21.I.1522 (ANTT, CCI,27,97), publiée par Ronald Bishop Smith, *João de Meira, being Portuguese Texts found in the Arquivo National da Torre do Tombo relative to João de Meira's little known Voyages to Basra,* Lisbonne, 1973, p. 27 (deuxième partie).

[52] Castanheda, V, lxxxiii, p. 140; Correia, II, p. 686; Barros, III, vii, 3, f° 185. Frei Luís de Sousa, *Anais..*, I, p. 106.

[53] Castanheda, *ibid.*, p. 140.

[54] Correia, II, p. 686.

Informé de la situation à l'intérieur de la forteresse[56], sentant que Tūrān Šāh commençait à douter du succès du soulèvement[57], Ra'īs Šaraf ad-Dīn, conseillé par son expert turc, décida de donner l'assaut final. Mais les Portugais se défendirent âprement, l'artillerie ormuzi ne réussit pas à endommager sérieusement les murs, et une tentative d'escalade échoua[58].

Le siège dura de longues semaines sans que les Portugais capitulent, et l'entourage de Tūrān Šāh, estimant que les renforts d'Inde ne devraient pas tarder, conseilla le souverain à abandonner Ormuz, et à attendre la suite des événements sur l'île de Qišm[59]. On brûla les marchandises et les habitations des négociants locaux[60], pour éviter que les Portugais puissent saisir leurs biens[61]. Le souverain s'embarqua la nuit, suivi de sa famille et de la cour; selon une tactique traditionnelle, le 19 janvier 1522 la population quittait la ville en masse; seuls demeurèrent les pauvres et les vieux, tous ceux qui n'avaient ni les moyens ni les forces de gagner Qišm[62].

[55] Ibid., p. 688. Barros, III, vii, 3, f° 186-186v°; Castanheda, V, lxxxiv, p. 142-143. Il s'agissait de la *nao* de Manuel de Sousa Tavares qui croisait auparavant au large de la côte omanaise: Correia, *ibid.*, p. 687-688. Le *parao* de Tristão Vaz réussit aussi à rompre le blocus. Frei Luís de Sousa, *Anais...*, I, p. 108.

[56] Castanheda est le seul à mentionner les désertions de «*gente baixa*» en raison de la famine. Ces transfuges auraient renseigné Ra'īs Šaraf ad-Dīn sur la situation des assiégés et l'on décidé à en finir avec le siège (V, lxxxv, p. 145).

[57] Celui-ci s'était moqué des efforts de Ra'īs Šaraf ad-Dīn, incapable de faire capituler les Portugais (Correia, II, p. 689). Sur l'indécision de Tūrān Šāh, Barros, III, vii, 3 f° 186v°. Le retour à Ormuz, le 28 décembre, de Manuel de Sousa Tavares et Fernão Alvares Cernache (qui croisaient auparavant au large de la côte omanaise), contribua à décourager le souverain (Jean Aubin, *Les relations iraniennes d'Ormuz...*, p. 5).

[58] Barros, ibid., f° 187. L'épisode des échelles n'est pas sans rappeler la tentative malheureuse d'Afonso de Albuquerque pour escalader les murs d'Aden. Selon Correia, les assiégés furent prévenus de l'imminence de l'attaque aux murs grâce à un esclave portugais, captif des Ormuzis. Ils organisèrent la défense, avec «*muyto trabalho e fome e sede, que já tudo ia faltando, e a regra muy apertada* «(II, p. 691). Les attaquants utilisèrent ensuite un mangonneau, mais ne savaient pas le manier (Castanheda, V, lxxxvi, p. 146).

[59] Castanheda, V, lxxxvi, p. 147; Correia, II, p. 693. Correia dit que l'île se trouvait à cinq lieues d'Ormuz (*ibid.*, p. 693), et Barros à trois (III, vii, 4, f° 187v°). Sur Qišm, cellier d'Ormuz, au climat malsain selon Barros, cf. Jean Aubin, «Le royaume d'Ormuz», p. 102-103.

[60] Selon Barros, Tūrān Šāh donna l'ordre de mettre le feu aux faubourgs une fois installé à Qishm; deux tiers de la ville auraient brûlé pendant quatre jours (III, vii, 4, f° 189-189v°). D'après Correia et Castanheda l'incendie fut déclenché au moment de l'exode (Correia, II, p. 693; Castanheda, V, lxxxvi, p. 147).

[61] Barros, III, vii, 4, f° 189, qui se contredit un peu plus loin, en disant que les maisons nobles n'ont pas été brulées. Frei Luís de Sousa évoque aussi le gigantesque incendie, *Anais...*, I, p. 118.

[62] Cf. Jean Aubin, *Les relations iraniennes d'Ormuz...*, p. 4, note 14; Barros, *ibid.*, f°189-189v°; Frei Luís de Sousa, *Anais...*, I, p. 118.

L'exode de l'ennemi ne mit pas fin à la détresse des assiégés. Polluée par les animaux morts[63], l'eau des citernes cessa d'être potable, et les rations journalières furent réduites à une poignée de dattes. Voyant que le siège s'éternisait et que l'escadre de l'Inde n'arrivait pas, D. Garcia Coutinho n'eut d'autre choix que d'ouvrir des négociations avec le roi d'Ormuz.

A l'abri dans l'île de Qišm, Tūrān Šāh prenait des gages sur l'avenir. Soucieux de se démarquer de son vizir au cas où les secours portugais débarqueraient, il aurait laissé dans la ville un de ses officiers, Mīr Corxet, chargé officiellement d'organiser l'évacuation de la population, mais mandaté probablement pour entamer des pourparlers de paix avec les Portugais en l'absence du souverain[64].

On ne saura pas avec certitude si Tūrān Šāh confia une telle mission à Mīr Corxet, ou à d'autres hommes de sa confiance[65]. Plus sûrement, on sait que l'échec militaire de Ra'īs Šaraf ad-Dīn aggrava les dissensions dans l'entourage du jeune souverain[66], et que ce dernier fit appel à ce moment-là à l'aide de Šāh Ismāʿil, en lui faisant miroiter l'acquittement du tribut traditionnel, qui n'était plus versé aux Persans depuis 1515[67].

Profitant du désarroi des Ormuzis, D. Garcia Coutinho prit les devants et envoya à Qišm un de ses *criados*, António Vaz, avec des instructions pour négocier la paix[68]. Mais les échanges de présents avec Tūrān Šāh suscitèrent la réprobation des *fidalgos* portugais et les détracteurs du capitaine l'auraient sans doute forcé à démissionner, si entre-temps les secours de l'Inde n'étaient pas arrivés[69].

[63] Correia, II, p. 693. Une incursion à la rade de Gidi, où il y avait une aiguade, aida à ravitailler la forteresse: Castanheda, V, lxxxvii, p. 148; Barros, III, vii, 4, fº 189vº; Gidi se trouvait sur la côte sud de l'île de Qišm elle-même, à l'ouest de la petite île de Ḥanğām (Angão) où Manuel de Sousa Tavares n'avait pas pu débarquer pour s'approvisionner en eau (Castanheda, *ibid.*, p. 148).

[64] Barros, III, vii, 4 fº 188vº (pag. erronée dans l'éd. fac-similé).

[65] Barros, III, vii, 4 fº 188vº-189. Outre Mīr Corxet, son beau-frère Mīr Kāsir, a aussi offert ses services pour servir d'intermédiaire. Tūrān Šāh avait aussi envoyé à la forteresse un proche, Ḫʷāğa Ğalāl Ṭālib (Coje Jilaltalebo) pour jauger de la situation matérielle des Portugais (Castanheda, V, lxxxvii, p. 149).

[66] Surtout celles qui opposaient Ra'īs Šaraf ad-Dīn à Mīr Aḥmad, dont la femme était maîtresse du roi, Correia, II, p. 694, et *supra,* la note 41.

[67] Pour accélérer le versement du tribut, le Šāh déploya ses troupes sur la côte du Mughistan. Le trafic entre le port d'Ighan et Ormuz fut suspendu. Les Portugais refusèrent de payer, mais Ra'īs Šaraf ad-Dīn fit un présent au capitaine safavide et celui-ci se retira: Jean Aubin, *Les relations iraniennes d'Ormuz*…., p. 7-8.

[68] Barros, III, vii, 5, fº 189vº. D'après Castanheda ce truchement était nouveau-chrétien (V, lxxxvii, p. 149).

[69] Castanheda, *ibid.*, p. 149.

Informé du soulèvement par João de Meira, qui avait réussi à débarquer à Cochin, le Gouverneur D. Duarte de Meneses envoya en janvier 1522 à Ormuz un galion puissamment armé avec 200 hommes, commandé par un cousin de D. Garcia Coutinho, D. Gonçalo Coutinho[70]. En février 1522 ce fut au tour de l'escadre de D. Luís de Meneses (huit navires) de larguer les voiles du port de Chaul[71]. Néanmoins, au lieu de gagner Ormuz au plus vite, le frère du Gouverneur fit un long détour par la côte omanaise. Il se mit à écumer les villages du littoral, réduisit les habitants à l'esclavage et laissa ses capitaines piller Ṣuḥār[72].

Entre-temps, D. Gonçalo Coutinho était arrivé à Ormuz, non sans avoir fait, à l'égard de Tūrān Šāh, un geste qui en dit long sur la façon dont allait être réglée la paix avec les Ormuzis. Il débarqua d'abord sur l'île de Qišm, visita le souverain, et lui vendit une partie des vivres de sa cargaison, grâce auxquels il se fit offrir, en plus de l'argent, des présents[73].

Dès son arrivée le 16 juin 1522[74], D. Luís chercha à composer au plus vite avec les Ormuzis. Il montra peu d'empressement à punir les rebelles, ignorant les injonctions de certains de ses capitaines, qui voudraient en finir une fois pour toutes avec les têtes du soulèvement. Il manigança sans grande conviction la mort de Ra'īs Šaraf ad-Dīn, en utilisant deux adversaires de celui-ci, mais la manœuvre échoua[75].

[70] Barros, III, vii, 5, f° 190. Correia, II, p. 694-695. Frei Luís de Sousa, *Anais*..., I, p. 119-120. A l'image de Castanheda, Correia déclare qu'il était frère du capitaine (II, p. 150). Selon lui, Diogo Lopes de Sequeira avait voulu envoyer Francisco de Sousa Tavares mais D. Duarte de Meneses préféra son frère, D. Luís. D. Gonçalo fut envoyé en attendant le départ de D. Luís, retenu à Chaul. (*ibid*., p. 150).

[71] Castanheda, VI, I, p. 155-156.

[72] Jean Aubin, *Les relations iraniennes d'Ormuz*..., p. 6. En vue de l'île de Maṣīra à la fin mars, il débarqua à Masqat fin avril et mit à sac Ṣuḥār début mai ou juin, n'atteignant Ormuz que le 16 ou 17 juin. On se fera une idée de ses activités de piraterie grâce aux documents publiés par António Dias Farinha, «Os portuguêses no Golfo Pérsico...», p. 55-65 (*Livro das Presas da Armada de D. Luis de Meneses, capitão-mor do mar de Ormuz)*, et 66-78; cf. également *infra*.

[73] Castanheda, V, lxxxviii, p. 150; Barros, III, vii, 4, f°190, justifie la démarche pour montrer qu'on n'abandonna pas le roi d'Ormuz. Correia omet l'épisode, tout en faisant état de tractations secrètes entre D.Garcia et Tūrān Šāh.

[74] cf. le *Livro das Presas da Armada de D. Luis de Meneses, capitão-mor do mar de Ormuz*, p. 57.

[75] Selon Barros (III, vii, 5, f° 193 v°-194), Mīr Corxet et Mīr Kāsir acceptèrent d'abord de l'exécuter, mais finirent par refuser. Selon Castanheda c'est à Ra'īs Šamšīr (Xamixir) que D. Luís s'adressa pour tuer Ra'īs Šaraf ad-Dīn en échange de la charge de vizir (VI, iv, p. 159); Frei Luis de Sousa, *Anais*..., I, p. 124 (Rayz Xamisser). Correia ne mentionne pas de noms (II, p. 699-700). Sur la question, cf. encore Sanjay Subrahmanyam, «Notes on the Political Economy of the Portuguese in Asia: 1523-1526», *Vasco da Gama e a India,* v. II, Fundação Calouste Gulbenkian, Lisbonne, 1999, p. 51.

Le vizir, quant à lui, avait pris de court les Portugais en éliminant — dans la tradition de ses prédécesseurs —, le souverain ormuzi. Tūrān Šāh fut en effet assassiné, empoisonné selon les uns, étranglé avec un arc selon les autres[76].

Ra'īs Šaraf ad-Dīn mit alors sur le trône un jeune prince, fils de Sayf ad-Dīn Abā Nadr, Muḥammad Šāh II. Mīr Aḥmad Murād, s'exila[77], et le vizir eut ainsi les mais libres, quoique ses adversaires ne fussent point éliminés.

Les relations entre D. Luís et Ra'īs Šaraf ad-Dīn prirent alors une étrange tournure. La guerre était apparemment finie, mais aucune paix n'avait été signée. Le commerce et l'activité des marchands reprirent de plus belle[78], dans un climat menaçant, où les bravades de part et d'autre rendaient inefficaces les négociations[79]. Ra'īs Šaraf ad-Dīn campait toujours sur ses positions dans l'île de Qišm, tandis que les intrigues du côté ormuzi allaient bon train, sans que les Portugais sachent en tirer de véritable profit. Après un séjour de trois mois et demi, cet embroglio découragea D.Luis de Meneses, à qui la piraterie en mer dût sembler plus lucrative et moins compliquée que la diplomatie. Il retourna en Inde dans les premiers jours de septembre 1522, saison des prises au large du Gujerat, après avoir établi un premier accord avec Ra'īs Šaraf ad-Dīn[80].

Celui-ci stipulait le retour du roi, de sa cour et des marchands à Ormuz, en échange d'un versement de 20.000 *ašrafī*. En outre, les Ormuz acceptaient d'élargir les Portugais captifs et se compromettaient à indemniser ceux qui avaient perdu leurs biens dans la sédition. L'aspect le plus important de cet accord résidait néanmoins dans l'autonomie accordée à l'administration royale: les Portugais faisaient marche arrière, renonçaient à toute ingérence dans les affaires du Trésor et de la Justice, bref, retiraient leurs officiers des douanes d'Ormuz[81].

76 Correia, II, p. 699; Castanheda, V, lxxxviii, p. 150, attribue l'assassinat à Ra'īs Šamšīr. Il était déjà décédé en septembre, au moment du départ de D. Luís d'Ormuz (VI, xix, p. 183); Sanjay Subrahmanyam, «Notes on the Political Economy...», p. 51.

77 Castanheda, V, lxxxviii, p. 151.

78 Castanheda, VI, iv, p. 159.

79 Cf., à titre d'exemple, la menace de D. Luís, disant que même si Ormuz était transférée sur l'île de Qišm les Ormuzis n'échapperaient pas au versement du tribut (Castanheda,VI, iv, p. 159).

80 Pour justifier l'accord, Barros indique que D. Luís avait était informé d'un possible repli de Ra'īs Šaraf ad-Dīn et de la communauté marchande d'Ormuz à Bahreïn, ou à Šīlāw (Chilao), en Perse (localité dont le vizir était originaire) (sur son origine, Barros, III,vii, 6, fº 194).

81 Barros, III, vii, 6, fº 194.

Toutefois, la situation interne demeurait des plus confuses. Les intrigues entre le vizir et ses adversaires battaient leur plein et les Portugais, déjà impliqués dans la tentative d'assassinat de Ra'īs Šaraf ad-Dīn, s'y sont encore mêlés. Ils donnèrent ainsi leur assentiment au plan échafaudé par Ra'īs Šamšīr. L'attentat, en échange duquel le vizirat devrait revenir à Ra'īs Šamšīr, échoua, mais l'un des parents de Ra'īs Šaraf ad-Dīn, périt[82]. Le vizir se réfugia alors auprès des Portugais, qui profitèrent pour l'arrêter et nommer Ra'īs Šamšīr à sa charge[83].

Pourtant, en dépit de l'ambiance tendue, où les provocations quotidiennes faisaient craindre un nouveau soulèvement[84], les jeux étaient faits. En raison des intérêts qui les liaient réciproquement, Portugais et Ormuzis ont finalement préféré conserver le vizir. Les premiers, conscients de l'importance de son rôle dans la communauté marchande, visaient aussi sa fortune personnelle, fondée sur le négoce. S'ils le mirent aux arrêts ce fut dans l'espoir de l'échanger contre une rançon élevée[85]. Plus tard, le vizir lui-même fit miroiter au nouveau capitaine d'Ormuz, João Rodrigues de Noronha, nommé à la suite de D.Garcia Coutinho, de substantielles sommes d'argent en échange de sa liberté et de la restauration de ses prérogatives[86].

Le 25 novembre 1522, Muḥammad Šāh, pressé par par João Rodrigues de Noronha et par Ra'īs Šamšīr regagna Ormuz, accompagné

[82] Correia, II, p. 701-704; Castanheda, VI, xix, p. 183. Correia (*ibid.*, p. 703) déclare que ce parent était un frère de Ra'īs Šaraf ad-Dīn; selon Castanheda et Barros, il était son beau-frère (Castanheda, *ibid.*, p. 183; Barros, III, vii, 8, fº 197vº). En dépit de la confusion des chroniques, ce parent, Ra'īs Chabadim, ne doit pas être confondu avec son homonyme, gouverneur de Suhar et frère de Ra'īs Šaraf ad-Dīn.

[83] Castanheda, VI, xix, p. 183; Correia, II, p. 705. Barros ne mentionne pas la nomination, indiquant seulement les présents qui lui furent faits par le capitaine João Rodrigues de Noronha (III, vii, fº 198vº). Cf., à ce sujet, la lettre de Vicente Sodré à D. João III, (de Goa, le 24.IX.1522), ANTT,CCI,28,120. Au temps de son arrivée à Ormuz (le 18 juin) on avait promis à Ra'īs Šaraf ad-Dīn de lui restituer sa charge en échange de 60.000 *ašrafī*.

[84] Sur le malaise de l'hiver 1522-1523, cf. Jean Aubin, *Les relations iraniennes d'Ormuz...*, p. 7 (citant la lettre de Baltasar Pessoa à D.João III où le premier fait état de la présence de trublions venus de la rive persanne). Sans qu'on puisse en savoir plus, on notera que les partisans de Tūrān Šāh (parmi lesquels son beau-père et Mīr Aḥmad) s'étaient exilés en Perse (Barros III, vii, 9, fº 199); Correia et Barros rapportent des incidents, de façon plus ou moins détaillée; dans les deux sources il est question de Ra'īs Šamšīr, qui, d'après Barros, «*andava ordinando levantarense os mouros contra nos*» (Correia, II, p. 707-708; Barros, III, vii, 9, fº 199 vº).

[85] Correia, II, p. 704.

[86] Castanheda, VI, xix, p. 183-184. Pour la libération, le capitaine s'en remettra à la décision du gouverneur, mais défendra ensuite les intérêts de Ra'īs Šaraf ad-Dīn.

de sa cour et des marchands[87]. La crise semblait dénouée, mais il restait à neutraliser Ra'īs Šaraf ad-Dīn.

De l'autre côté de la mer d'Arabie, D. Duarte de Meneses prit connaissance de la gravité des événements par son frère D. Luís, et par D. Gonçalo Coutinho[88]. João Rodrigues de Noronha lui a fait parvenir également une lettre, dont le contenu avait été fortement suggéré par Ra'īs Šaraf ad-Dīn[89].

Décidé à faire respecter la souveraineté portugaise et à mettre de l'ordre dans les affaires d'Ormuz, le Gouverneur largua les voiles pour le golfe Persique en février 1523[90]. Une fois à Ormuz, il réunit conseil. A la grande surprise d'une partie des *fidalgos*, il fit libérer Ra'īs Šaraf ad-Dīn, sous pretexte que le vizir était nécessaire au maintien de l'ordre. Cette mesure, suivie de la réinvestiture du «traître», réjouit ses détracteurs, et mit ses défenseurs dans le plus grand embarras[91].

Les responsabilités de la sédition ont été officiellement attribuées à feu Tūrān Šāh. Il fut ensuite décidé de marier Muḥammad Šāh avec une fille de Ra'īs Šaraf ad-Dīn afin de sceller la paix entre le vizir et la maison royale. Ra'īs Šamšīr, le plus tenace ennemi de Ra'is Charafuddin, prit le chemin de l'exil[92]. Après de laborieuses tractations centrées sur l'argent, un traité fut enfin signé le 15 juillet 1523[93].

[87] Selon Barros, les femmes et les enfants sont restées à Qišm (III, vii, 8, f° 198 v°). Correia indique que le retour eut lieu en août 1522 (II, p. 706).

[88] D. Luís a dû arriver à Goa fin septembre 1522 (il était, selon Barros, à Chaul le 16 septembre: III, vii, 6, f° 194 v°) et non comme le prétend Correia, vers le 30 août 1522; en effet au moment où la ville pleurait la mort de D. Manuel, connue à l'arrivée de l'escadre de 1522 (le 20 août), D. Luís était encore à Ormuz (Correia, II, p. 730 et p. 732). Néanmoins, la date de l'arrivée de D. Gonçalo à Goa (fin septembre), donnée par Correia, demeure vraisemblable (il avait quitté Ormuz en août 1522, en compagnie de son frère, qui périt dans la tempête au large de Masqat: *ibid.*, p. 706, et p. 733).

[89] Selon Castanheda, VI, xix, p. 184.

[90] Correia, II, p. 742, qui ne donne pas de précision sur la date d'arrivée.

[91] Sur la libération, cf. Correia, II, p. 742-744; Castanheda, VI, xxii, p. 186; Barros, III, vii, 9, f° 199. Il était encore prisonnier le 18 juin (cf. J. Aubin, *Les relations iraniennes d'Ormuz...*, p. 18, note 30, citant la lettre de Simão Sodré au Roi, de Goa, le 22.X.1522, ANTT, CCI,28, 120). Correia parle de graffitis désobligeants pour le Gouverneur sur les murs de la forteresse (II, p. 744). D. Duarte était visiblement désavoué dans sa démarche par quelques uns de ses capitaines, dont Manuel de Sousa Tavares (Castanheda, VI, xii, p. 187). cf. également l'embarras de Barros à justifier son attitude (III, vii, 9, f° 199).

[92] Barros, III, vii, 9, f° 199; Castanheda, VI, xxii, p. 187; Correia, II, p. 744-749, est le seul à donner une version différente: vexé par l'indulgence du Gouverneur, Ra'īs Šamšīr se serait plaint à celui-ci, qui, excédé, aurait pris la décision de le faire assassiner.

[93] ANTT, CC II,109,13, publié par António Dias Farinha, «Os Portugueses no Golfo Pérsico...», p. 80-82. Selon Correia, Ra'īs Šaraf ad-Dīn donna à D. Duarte de Meneses 100.000 *ashrafi,* des perles et des bijoux; ce dernier reçut encore des présents de

Habilement, les termes du traité ont permis de remettre en question la convention passée avec Afonso de Albuquerque. La rébellion de 1521 fournit le pretexte pour augmenter le montant des *pareas*[94]. Muḥammad Šāh fut ainsi contraint de verser annuellement 60.000 *ashrafi* en or, argent et semis de perles *(aljofar)*, soit 35.000 *ashrafi* de plus que les 25.000 payés par le passé, à l'époque de Lopo Soares de Albergaria[95]. Comme l'enormité de la somme imposait des aménagements, on stipula que les 60.000 *ašrafī* pourraient être versés en mensualités de 5.000. En cas d'éventuelles perturbations du trafic commercial dues à un conflit momentané avec le Cambaye, la somme serait ramenée aux 25.000 *ašrafī* traditionnels. Ces mesures ne signifiaient nullement le renoncement au pactole des 35.000 *ašrafī* supplémentaires, à être prélevés sur un tiers des rendements de la douane, provenant des droits payés par les marchandises originaires d'autres régions que le Cambaye, arrivées à Ormuz par terre ou par mer[96]. En contrepartie, et à l'invers de ce qu'on a cru, le texte du traité ne mettait pas fin à l'exoneration de droits dont bénéficiaient les marchandises des Portugais arrivées à Ormuz[97].

Au-delà de l'imposition des sanctions économiques, les accords, destinés à réaffirmer les liens entre la couronne portugaise et le royaume d'Ormuz, eurent également pour but de prévenir une nouvelle tentative de soulèvement. Le port des armes fut interdit, mais la mesure ne s'appliqua pas ni aux membres de la famille royale ou du vizir, ni à leurs gardes personnelles, aux dignitaires et aux fonctionnaires. Toutes les autres armes en circulation ont été confisquées par les Portugais, qui les entreposèrent, sous leur vigilance, à l'intérieur de la forteresse. Les milices furent dissoutes, à l'exception de celles formées par des soldats

Muḥammad Šāh, des armes serties de pierres précieuses d'une valeur de 10.000 *ašrafī* (Correia, II, p. 743). Castanheda parle, avec exagération, de 40.000 et de 200.000 *ašrafī* (VI, xxii, p. 186).

[94] António Dias Farinha, «Os Portugueses no Golfo Pérsico...», p. 81: la rébellion aurait invalidé la disposition du temps du d'Afonso d'Albuquerque.

[95] Ibid., p. 81. L'idée des 60.000 *ašrafī* revenait à Baltasar Pessoa (Jean Aubin, *Les relations iraniennes d'Ormuz* ..., p. 8). Sur le paiement précédent, cf. *supra*.

[96] On prévoyait, tout de même, la possibilité d'une diminution du volume du trafic terrestre et d'un état de guerre généralisé. Dans ce cas, le paiement des 35.000 *ašrafī* serait annulé, mais cette eventualité demeurait, bien entendu, théorique (António Dias Farinha, «Os Portugueses no Golfo Pérsico...», p. 82).

[97] Correia, II, p. 745, prétend que les biens des Portugais furent grevés à Ormuz après le traité (une manière de montrer que la communauté lusitanienne payait les frais du soulèvement). Le traité dit spécifiquement le contraire, puisque la disposition d'Albuquerque dégrèvant les seuls Portugais fut maintenue: «*porem os portugueses cristãos seram escusos e nam os mouros como se comtem no assento d'Afonso d'Albuquerque* «(António

au service du roi. Les transgresseurs s'exposaient à deux types de peines: la confiscation des armes et l'exécution à la troisième récidive[98].

Les Portugais qui avaient confisqué des marchandises aux musulmans, pour en tirer de meilleur profit grâce au dégrèvement dont ils bénéficiaient, furent tenus, d'après une seule clause, de payer le double des droits, faute de quoi ils seraient déférés en justice[99].

Ces mesures concilliatrices allaient pourtant demeurer lettre morte. Elles ne pouvaient pas endiguer les mécanismes de corruption, bien mis en évidence — et pas seulement en haut rang — lors du processus d'indemnisation de ceux qui avaient perdu des biens dans l'insurrection[100]. Le nouveau capitaine d'Ormuz, Diogo de Melo, nommé en 1521, n'était pas moins cupide que son prédécesseur João Rodrigues de Noronha, fortement impliqué dans la réhabilitation de Ra'īs Šaraf ad-Dīn.

En août 1523, le Gouverneur quittait Ormuz, en compagnie de son frère D. Luís, qui l'avait rejoint au retour de son expédition en mer Rouge[101]. La documentation suggère des dissensions entre les deux à propos des affaires d'Ormuz, mais les détails nous échappent[102]. La situation dans le Golfe semblait provisoirement réglée, mais au prix de décisions controversées; les problèmes de fond — entre autres ceux de la vénalité généralisée — demeuraient non résolus. Ra'īs Šaraf ad-Dīn avait remis la partie dans l'attente d'un moment plus propice. Les conditions d'une sédition se trouvaient, une fois de plus, réunies.

Dias Farinha, «Os Portugueses no Golfo Pérsico...», p. 82).

[98] *Ibid.*, p. 82.

[99] *Ibid.*, p. 82. Une clause établissait également que les transfuges seraient remis entre les mains du capitaine de la forteresse et déférés à la justice (*ibid.*, p. 81).

[100] Plusieurs individus déclarèrent des biens qui ne leur appartenaient pas et furent immédiatement indemnisés d'un tiers, et de la totalité ensuite (Castanheda, VI, xxii, p. 187).

[101] Sur le «raid» de D. Luís contre Šiḥr en 1523, cf. Robert B. Sergeant, *The Portuguese off the South Arabian Coast...*, p. 52-53; Sanjay Subrahmaniam, «Notes on the Political Economy...», p. 52. Selon Castanheda, D.Duarte quitta Ormuz après le départ de l'ambassade de Baltasar Pessoa à Shah Isma'il (Castanheda, VI, xviii, p. 230). On sait que celle-ci qui se mit en route début septembre 1523 (Jean Aubin, *Les relations iraniennes d'Ormuz..., p.* 9).

[102] Selon Barros, (III, vii, 9, fº 301 v° *(sic)*, D. Luís, étant en désaccord avec les mesures de D. Duarte, quitta Ormuz (sans attendre son frère) en août 1523. Il fut néanmoins forcé d'y retourner, en raison du mauvais temps, et finit par repartir avec le Gouverneur. Correia fait aussi état d'un conflit entre les deux frères (II, p. 750). Il en est de même pour Castanheda (VI, xxxiv, p. 206). Ces divergences semblent pourtant avoir été montées de toutes pièces si l'on pense à l'action de D. Luís à Ormuz; on ne peut pas exclure toutefois un désaccord familial pour des raisons autres que la situation à Ormuz.

Réaction anti-portugaise dans le Oman

La façon dont le soulèvement de novembre 1521 se termina, ternit le prestige d'Ormuz dans le Golfe. Le spectacle d'un pouvoir incapable de secouer le joug portugais au cœur de son empire ne pouvait qu'encourager la révolte de ceux qu'il dominait.

La sédition fut-t-elle synchronisée avec les réactions anti-portugaises dans plusieurs ports du littoral omanais? Si l'on se tient aux sources portugaises, ces émeutes n'éclatèrent que quelques jours après le début de l'insurrection ormuzi. À Masqat, Šayḫ Rašīd (Raxete ou Reyxil) aurait reçu des ordres pour tuer tous les Portugais de la factorerie[103], mais il ne suivit pas les instructions. Reconnaissants, les Portugais lui décernèrent ultérieurement le titre d'allié privilégié[104].

Il n'en fut pas de même à Qalhāt, où la nouvelle du soulèvement fut suivie du massacre des Européens. Un seul fonctionnaire y échappa, le facteur Tristão Vaz da Veiga, qui réussit à s'enfuir à Masqat accompagné d'une trentaine d'hommes. Le bombardement du port par D. Gonçalo Coutinho (en février-mars 1522, sur son trajet de l'Inde vers Ormuz)[105], ne fit qu'accroître l'hostilité générale à l'égard des Portugais. Celle-ci se trouva même renforcée par l'arrivée du nouveau vizir, Ra'īs Daylamī Šāh, le frère de Ra'īs Šaraf ad-Dīn, qui pourtant avait informé les Portugais, quelques mois plus tôt, de l'insurrection préparée à Ormuz[106].

[103] Castanheda, V, lxxxiv, p. 141. Se trouvaient alors à Masqat, entre autres, le *capitão mor do mar* Manuel de Sousa Tavares (chargé de surveiller la côte omanaise contre les pirates, en compagnie de Fernão Alvares Cernache) Tristão Vaz et João de Meira. Le dernier avait fait escale à Masqat, lors de son voyage vers l'Inde, où il avait été envoyé demander des renforts. Les autres rentrèrent à Ormuz où ils arrivèrent le 28 décembre 1521 (cf. aussi, *supra*, la note 55).

[104] Un ordre de D. Luís de Meneses adressée au facteur de son escadre, lui demande, déjà en avril 1522, de restituer au Šayḫ de Masqat sept musulmans fait captifs par Manuel de Sousa près du Ra's-al-Ḥadd, et ceci au nom de sa fidélité aux Portugais pendant la sédition ormuzi (António Dias Farinha, «Os Portugueses no Golfo Pérsico...», p. 66). Um peu plus tard, la *Memória sobre a governança da India e rendas de Ormuz* (ant. juin 1527?), ANTT, CC II, 141, 103, *ibid.*, p. 94, fait état de la nécessité de lui envoyer une lettre pour le remercier de l'aide apportée. En effet, non seulement il ne participa pas à la rébellion d'Ormuz, mais il restitua les restes de la cargaison de la *São Jorge*, qui, lors de son retour en Inde (avec D. Garcia et D. Gonçalo à bord) fit naufrage au large de Masqat en août 1522 (sur cet événement cf. *supra* la note 88).

[105] Barros, III, vii, 5, f° 190: D. Gonçalves y prit une *nao* des fils d'Alī Langerim, marchand de chevaux de grande notoriété à Ormuz. Pour la description de Qalhāt aux «ruelles étroites», et de son importance commerciale, cf. Jean Aubin, «Le royaume d'Ormuz», p. 113. Un *mandado* de D. Luís, non daté (fin juillet 1522?) mentionne l'*escrivão* de Qalhat, António Fernandes (CCII, 103, 44).

[106] Barros, III, vii, 5, f° 190 (Il reste difficile de déterminer si cet avertissement, reçu par les Portugais la veille du soulèvement, fut une manœuvre de diversion destinée à les confondre et à semer la panique, ou s'il traduisit une opposition conjoncturelle et opportuniste à l'intérieur du clan de Ra'īs Šaraf ad-Dīn).

Ra'īs Daylamī Šāh ne tarda pas à venir attaquer l'allié des Portugais. A la mi-avril 1522, le šayḫ de Masqat envoya un message à D. Luís de Meneses, (qui mouillait vers le 13 avril à l'aiguade de Ṭiwī (Teive)[107], pour lui demander des renforts. Cependant, le frère du Gouverneur, ayant déjà essuyé un accrochage avec les habitants de la côte à Ṭiwī, refusa de laisser débarquer ses hommes.

La rencontre eut néanmoins lieu dans un col de l'arrière-pays de Masqat, non loin de l'aiguade. Avec l'aide des équipages de deux nefs de Baṣra et de quelques Portugais qui se trouvaient à bord, (dont deux *criados* de Tristão Vaz da Veiga), le *šayḫ* dispersa les hommes de Daylamī Šāh et tua le vizir lors de la rencontre[108].

Le 22 avril 1522, la flotte de D. Luís mouillait déjà dans la rade de Masqat, où elle allait demeurer jusqu'au début mai[109]. La liste des esclaves pris le 26 avril par Roque de Sousa, capitaine de la fuste *Conceição*[110], montrent que les courtoisies échangées avec Šayḫ Rašīd à ce moment-là n'avaient pas empêché D. Luís de razzier des esclaves parmi les sujets de son allié.

Le 11 mai, ou juin, après avoir fait de modestes présents[111], laissant derrière lui quelques hommes à Masqat[112], D. Luís mettait à sac le port

[107] Plus précisémment aux *oitavas de pascoa* (Barros, III, vii,6, f° 191). L'aiguade de Ṭiwī, bien connue des marins, se trouvait trois lieues au nord de Qalhat (Jean Aubin, «Le royaume d'Ormuz», p. 113 et note 213). La carte d'Enrico d'Errico, dans «Introduction to Omani Military Architecture of the Sixteenth, Seventeenth and Eighteenth Centuries», *The Journal of Oman Studies,* 6, 2 (1983), p. 293, montre la localisation des fortifications de Ṭiwī. Une quittance *(recibo)* de Vicente Correia concernant des esclaves pris près du Ra's-al-Ḥadd indique que l'escadre s'y trouvait effectivement le 13 avril 1522.

[108] Barros, III, vii, 6, f° 191: Les Portugais récupérèrent un important butin (les biens du vizir); sur les événements, cf. également Castanheda, VI, xvii, p. 181. Son fils, et homonyme, percevait vers 1541-1543 six *leques* de rente: Jean Aubin, (éd.) «Titolo das remdas que remde a Ylha d'0rmuz», *Mare Luso-Indicum,* 5, 1973, p. 227. La rencontre s'est-elle produite dans le Wādī Samā'il? cf., à ce sujet, la carte déjà mentionnée de d'Enrico d'Errico, «Introduction to Omani Military Architecture....», p. 293.

[109] Cf. l'ordre de D.Luís de Meneses, (*supra,* note 104) datée de Masqat, le 22 avril 1522.

[110] *Relação dos escravos tomados em Masqate por Roque de Sousa....*, ANTT, CC II, 101, 144, publié par António Dias Farinha, «Os Portugueses no Golfo Pérsico» p. 66.

[111] Quelques pièces d'archives attestent de ses présents au *šayḫ* (et autres notables) effectués dès son arrivée à Ormuz à la mi-juin 1522: *Mandado* a Jorge Pereira de paiement de 5 *ašrafī* à Manuel de Vasconcelos pour 5 bonnets rouges achetés à Masqat pour offrir au *šayḫ*, CCII, 102, 43, (Ormuz, 12.VII.1522); *mandado* a Jorge Pereira de paiement à Ruy Vaz Pereira, capitaine de la *São Rafael* (48 *ašrafī)*, pour 30 *beatilhas* achetées à Masqat pour donner au *šayḫ* (CCII, 102, 47, Ormuz, 14.VII.1522); reçu dans CCII,102,54 (Ormuz?, 15.VII.1522); *Mandado* à Baltazar Cernache pour payer 15 pièces de *beatilha* à donner au sheykh, CCII, 102,61 (Ormuz, 16.VII.1522); un reçu de Baltazar Cernache à Jorge Pereira (22 *pardaos* 1/2 de l'importation des 15 pièces de *beatilha*) donnés en cadeau à Sheykh Çadim CCII,102,90 (Ormuz? 18.VII.1522). Outre ces pièces de tissu on remarquera encore le paiement à Tristão Vaz da Veiga d'une lance offerte au *šayḫ*, CCII,104,128, [Ormuz? 26.IX.1522].

[112] Barros, III, vii, 6, f° 191. Ce sont ces hommes (dont les dépenses avec les provi-

de Suḥār, initiative maladroite s'il en fut, puisque la ville, gouvernée par un autre frère de Ra'īs Šaraf ad-Dīn, Ra'īs Šab ad-Dīn, ne s'était point soulevée[113]. Les habitants furent massacrés et réduits en esclavage, et les habitations incendiées[114]. Sur le registre du butin effectué par l'escadre de D. Luís figure la mention de deux cent seize esclaves pris dans le sac de Suhar, parmi lesquels des malades et des nourrissons[115].

Cet acte gratuit, que les chroniques maquillèrent de façon diverse montre un piètre sens politique, dont D. Luís ne se départit pas une fois arrivé à Ormuz. Il en donna d'ailleurs d'autres preuves avant d'attaquer Ṣuḥār. Connaissant la traditionnelle rivalité entre Arabes et Persans dans les possessions ormuzies, il entreprit d'en tirer parti, dans l'espoir de contrer l'influence des Persans, ressentie, au vu des événements d'Ormuz, comme la plus menaçante pour les intérêts portugais.

C'est ainsi qu'il prit contact avec deux notables de l'Oman intérieur, l'arrière-pays de Ṣuḥār: šayḫ Masʿūd, maître du *sertão* qui juxtaposait la chaîne montagneuse abritant Ṣuḥār[116], et Šayḫ Ḥusayn b. Saʿīd'id (Hoçem Bençaid), capitaine des Banū Ǧabr, la puissante lignée bédouine qui dominait tout l'intérieur, de Bahreïn au Dhofar[117]. Le premier dispo-

sions de bouche émergent dans le *Livro das presas da Armada de D. Luis de Meneses)* qui accompagnèrent le *šayḫ* de Masqat dans une incursion à Quryāt «petite cité marchande» à huit lieues au nord de Qalhāt (António Dias Farinha, «Os Portugueses no Golfo Pérsico...», p. 61). Le détachement de 39 hommes (40 selon Barros) fut mis à la disposition du Šayḫ du 6 mai jusqu'au 21 août (*Livro das presas...*, p. 61). Sur la ville de Quryāt, cf. Jean Aubin, «Le royaume d'Ormuz», p. 114.

113 Barros, III, vii, 6, fº 192. Contrairement à l'indication de Barros, le sac n'as pas eu lieu en mars (cf. Jean Aubin, *Les relations iraniennes d'Ormuz...*, p. 6 et note 22). Selon Correia, qui décrit le soulèvement (II, p. 695) Ṣuḥār était un «*grande logar*». Pour Barros (*ibid.*, fº 191 vº) c'était une localité de «*de pouco trato e trafego*». Sur son importance réelle, cf. encore Jean Aubin, *Le royaume d'Ormuz,* p. 116. Ḫūrfakkān ne s'était pas soulevée non plus contre les Portugais (Barros, III, vii, 6, fº 190).

114 *Livro das Presas da Armada de D.Luís, Capitão do Mar de Ormuz,* dans António Dias Farinha, «Os Portugueses no Golfo Pérsico...», p. 65. Sur le butin, cf. encore, *ibid.*, p. 65. La répartition de ces esclaves figure dans la *Avaliação dos escravos tomados em Sooar et na zona do cabo Roçalgate por Pero de Góis..*, ANTT, CC II, 102, 19, publiée par António Dias Farinha, *ibid.*, p. 67-78.

115 Correia, II, p. 696, fournit une version édulcorée des faits. Selon lui, on déplora peu de victimes, et la ville n'avait pas été incendiée parce que D. Luís «allait faire la paix avec le roi d'Ormuz et l'endroit lui appartenait»; la population avait été épargnée. Barros suit cette version, indiquant que D. Luís remit les captifs en liberté (III, vii, 6, fº 192). Voir, à ce sujet, les observations de Jean Aubin, *Les relations iraniennes d'Ormuz,* p. 6.

116 Barros, III, vii, fº 191 vº. Sur le Oman intérieur et les Djabrides, cf. Jean Aubin, «Le royaume d'Ormuz», p. 121-123, J.C. Wilkinson, «Al Bahrayn and Uman», *Al Watiqa,* 7 (1985), p. 231-251, ainsi que l'article «Djabrides» dans l'*Encyclopédie de l'Islam,* 2e éd., suppl. 1, p. 234.

117 Barros, III, vii, 6, fº 191 vº.

serait de deux cent cinquante cavaliers et trois mille combattants à pied, et le second, de mille hommes de plus[118].

En échange de la conquête de Ṣuḥār, D. Luís leur proposa de mener l'assaut ensemble. Selon son plan, les chefs bédouins devraient foncer sur la ville du côté terre, tandis que les Portugais attaqueraient sur le rivage. Le plan échoua pourtant en raison d'un détail.

Écumant le long de la côte omanaise, les équipages de D. Luís aperçurent une bourgade de pêcheurs un peu avant Ṣuḥār. Conformément à leur habitude, ils lui mirent le feu, amenant en captivité une vingtaine d' habitants. Le village faisait partie des domaines de Šayḫ Musʿūd, lequel, informé de l'attitude des Portugais, se refusa à encercler Ṣuḥār[119]. Et quoique les Portugais aient réussi à s'emparer de la forteresse, et à y nommer Šayḫ Ḥusayn b. Saʿīd comme vizir et capitaine, il ne fut plus question d'alliance, au moins momentanée, avec les bédouins[120]. Quant à Ra'īs Šab ad-Dīn, qui avait échappé aux Portugais grâce à son départ vers Ormuz, il y allait perdre la vie, assassiné par l'irréductible ennemi de Ra'īs Šaraf ad-Dīn, Ra'īs Šamšīr[121].

La révolte d'Ormuz n'entraîna pas un soulèvement massif des «territoires extérieurs» contre les Portugais. Les possessions réagirent en ordre dispersé, selon leur isolement, au gré des intérêts de leurs élites — aristocratiques, marchandes ou administratives — faisant preuve, néanmoins, à l'égard de la violence exercée régulièrement par les escadres et bâtiments portugais, d'une certaine passivité[122].

Le soulèvement d'Ormuz ne réussit pas non plus à déstabiliser les relations des Portugais avec les autres puissances riveraines du golfe Persique. Absente de la conspiration, Baṣra demeura en paix avec les Portugais[123]. Les Safavides, de leur côté, ne bougèrent pas, malgrè

[118] Barros, III, vii, 6, fº 191 vº.

[119] La nouvelle de l' évènement s'était répandue dans les bourgades des environs de Ṣuḥār, suscitant la méfiance des deux chefs bédouins à l'égard des Portugais (Barros, III,vii, 6, fº 192). Sur la région, cf. encore W.M. Pagelly, «Remarks on a Portion of the Eastern Coast of Arabia between Muskat and Sohar», dans *Transactions of the Bombay Geographical Society*, 16 (1862).

[120] La nomination de Ḥusayn b. Saʿīd est aussi notée par Frei Luís de Sousa, *Anais*..., I, p. 123.

[121] Cf. *supra* la note 82.

[122] Un relevé systématique des attaques contre les ports et villages côtiers donnerait la mesure approximative de ce harcèlement. Un exemple parmi d'autres, l'attaque de Lima (Lemma), possession d'Ormuz à une dizaine de lieues à l'est du cap Masandām, par le *feitor* portugais d'Ormuz qui brûla l'endroit et fit des esclaves en mai-juin 1522 (Barros, III, vii, fº 192). Sur la région, sucession de «palmeraies et mouillages», cf. aussi Jean Aubin, «le royaume d'Ormuz», p. 116.

[123] *Livro das presas da armada de D. Luis de Meneses*..., António Dias Farinha, «Os Portugueses no Golfo Pérsico...», p. 62: *«Doze stpravos destes mamdou ho capitam-mor soltar porque heraam de Baçora que tem comnosquo paaz xij peças».*

l'appel des Ormuzis à Šāh Ismāʿīl et l'invasion du Muġistān par l'un de ses capitaines. Ce conflit local, dénoué d'intérêt pour la grande puissance continentale, serait réglé à Ormuz; en effet, l'envoi subséquent de l'ambassade de Baltasar Pessoa au Šāh, en septembre 1523, s'inscrivait dans une démarche de validation des accords à long terme[124].

Vue de l'extérieur, la situation à Ormuz semblait stabilisée. Les malversations se poursuivirent néanmoins au plus haut niveau, dans le cercle fermé qui réunissait le capitaine, Diogo de Melo, *le feitor* et leurs proches[125]. Leurs exactions ne provoquèrent aucune réaction immédiate de la part de Ra'īs Šaraf ad-Dīn, à qui on rappelait opportunément, au gré de convenances, son rôle dans la rébellion.[126] Mais en 1526, la situation s'aggrava, au point d'obliger le nouveau Gouverneur, Lopo Vaz de Sampaio, à mettre le cap sur Ormuz. Sa décision, à laquelle des projets commerciaux n'étaient pas étrangers — ne fit pas l'unanimité à Goa, où couvait une rivalité entre le Lopo Vaz et Pero Mascarenhas. Rangés derrière ce dernier, une partie des membres du conseil des capitaines mit des objections à un voyage du Gouverneur dans le golfe Persique. Selon eux, le danger qui menaçait l'Inde — celui d'une grande expédition ottomane — rendait secondaires les affaires du Golfe[127].

[124] Sur les antécédents, le différend et la manière dont il fut réglé, Jean Aubin, *Les relations iraniennes d'Ormuz....*, p. 1-9 et *supra* note 67.

[125] Diogo de Melo aurait augmenté le montant du tribut ormuzi, tout en participant à de sombres combines concernant les indemnisations des biens perdus pendant le soulèvement (Correia, II, p. 750-752). Vers 1527 il causait préjudice au commerce des chevaux, en obligeant les négociants à utiliser les *terradas* qui lui appartenaient et en imposant des frets trop bas aux propriétaires musulmans d'embarcations (*Memória sobre a governança da India e rendas de Ormuz* (avant le 11 juin 1527), ANTT, CCII, 141, 103, dans António Dias Farinha, «Os Portugueses no Golfo Pérsico....», p. 93. Muḥammad Šāh se plaignait également qu'il ruinait le royaume (à D. João III, d'Ormuz, le 13.VII 1528, ANTT, Gav.15-17-23, lettre éditée par Luciano Ribeiro, «Em torno...», p. 88-89). Selon son successeur Cristóvão de Mendonça, *«os capitães (...) se aqui querem ganhar na terra xxxx cruzados ou R fa-lo-am com roubar como fez Dioguo de Melo que la vay que os tomou mais de Ixxx a el-Rey e a Saraffo e a esta terra toda»* (lettre au Duc de Bragance, d'Ormuz, le 30.IX.1530, ANTT, Gav. 24-1-24, fº 1v°, éditée par António Dias Farinha, «Os Portugueses no Golfo Pérsico...», p. 99-100). Le même revient sur la question en lettre au souverain (de Cochin, le 4.I.1528), éd. par Luís de Albuquerque et José Pereira da Costa, «Cartas de «Serviços da India» (1500-1550)», *Mare Liberum*, I, 1990, p. 325-326. Sur la question, cf. encore les observations de João Teles e Cunha dans *Diogo do Couto, Década Quarta da Asia,* v. II, ed. critique et annotée de Maria Augusta Lima Cruz, CNCDP/Fundação Oriente, Lisbonne, 1999, p. 21.

[126] On se fera aussi une idée du climat qui régnait alors à Ormuz par le compte-rendu de l'enquête que Diogo de Melo avait ouvert à l'encontre de Ra'īs Šaraf ad-Dīn et où celui-ci avait déclaré *«que como se despachase dinheiro ele pagarya e serya quando podese»*, ANTT, CCI,32,28 (de Ormuz, le 22.VIII.1525) (cf. documents annexes 2).

[127] Correia, III, p. 20. Castanheda, VII, iv, p. 379; João Teles e Cunha, *Diogo do Couto...*, p. 21. Sur les rumeurs concernant la menace ottomane avant 1538, cf. Dejani-

Pourtant, la situation se compliqua encore en 1526, lorsque Diogo de Melo destitua Ra'īs Šaraf ad-Dīn et le mit en prison, sous pretexte de complot avec les Turcs *(se carteava com Rumes)*. C'est en effet à cette époque que les Portugais confisquèrent la lettre compromettante que le Ra'īs avait envoyé à Süleyman *Qānūnī*[128]. Abusés continuellement par le capitaine, les marchands musulmans murmuraient. Les gouverneurs précédents (D. Vasco da Gama et son successeur D. Henrique de Meneses) n'ignoraient point les exactions commises, mais aucune sanction n'avait été prise[129]. Dans les territoires d'Ormuz la rébellion grondait à nouveau: Qalhat s'était soulevé à la nouvelle de la prison de Ra'īs Šaraf ad-Dīnn et les alliés, dont le Šayḫ de Masqat, donnaient des signes de nervosité[130].

Parti de Goa à la mi-mars 1526, Lopo Vaz de Sampaio ne gagna Ormuz qu'au terme d'un voyage difficile, en avril /mai de la même année[131]. Son escadre (trois à cinq nefs, trois cents hommes environ) a fait escale à Qalhāt et à Masqat afin d'y dissiper la tension. Une fois à Ormuz, il déplora la situation rencontrée mais sembla peu enclin à prendre des mesures radicales. Ses liens familiaux avec Diogo de Melo

rah Couto, «Les Ottomans...» p. 181-200, et sur la période de 1527, de la même, «No Rasto....», p. 494 et note 41.

128 Ra'īs Šaraf ad-Dīn avait fait appel aux Ottomans, comme en témoigne sa lettre non datée envoyée à «elRey çoleimaão Rumy» (ANTT, *Cartas dos Vice-reis,* doc. 82 (original persan suivi de la traduction portugaise de l'époque [*trelado*]); une seconde lettre, non datée également, adressée par un noble, Luhrāsb b. Mahmūd Šāh à D. João III (ANTT, *Cartas dos Vice-reis,* docs. 86 et 86-A (original persan et *trelado* portugais*)* informe le souverain comment la lettre adressée au Sultan a été saisie sur la personne d'un certain Ḫʷāğa ʿAdīm (Cujas Adim) domestique de Ra'īs Šaraf ad-Dīn. Une troisième pièce (d'un marchand de Lār, Kamāl Pūr Ḥusayn), recoupe l'antérieure, rapportant les conditions de l'arrestation du domestique de Ra'īs Šaraf ad-Dīn (seul le *trelado* portugais a été conservé: ANTT, *Cartas dos Vice-reis,* doc.161). Les originaux persans et les *trelados* ont été édités par nos soins: cf. Dejanirah Couto, «Trois documents sur une demande de secours d'Ormuz à la Porte ottomane», *Anais de História de Além-Mar*, III, 2002, p. 469-493.

129 Correia IIII, p. 21. Muḥammad Šāh continua à adresser ses *queixas* à D. João III (cf. *supra* la note 125). Sa lettre au souverain, (d'Ormuz, le 13.VII.1528, ANTT, Gav.15-17-23), éditée par Luciano Ribeiro, «Em torno....», p. 88-89, réitère les plaintes concernant le comportement des Portugais. Selon le roi, Ra'īs Šaraf ad-Dīn avait été en prison pendant six mois en 1527 et Diogo de Melo lui avait pris 2.750 *pardaos* (*ibid.*, p. 88). Sur la question cf. également João Teles e Cunha, *Diogo do Couto...*, p. 21.

130 Selon Correia (III, p. 21), les instigateurs de cette rébellion seraient toujours Ra'īs Šaraf ad-Dīn et Muḥammad Šāh. Mais on ne peut pas écarter la possibilité d' une réaction locale contre les Ormuzis derrière la réaction contre les Portugais. Castanheda, VII, iv, p. 379, n'apporte aucun élément nouveau.

131 Correia, III, p. 20-21. Castanheda, IVII, iv, p. 379. Frei Luís de Sousa le fait arriver le 3 juin (*Anais...*, I, p. 302). Il reçoit déjà en mai, à Ormuz, Heitor da Silveira (Correia, *ibid.*, p. 93).

(sa femme, D.Guiomar de Eça, était fille d'une sœur du capitaine) n'ont pas facilité sa tâche. Aux yeux des Ormuzis, de Muḥammad Šāh et de Ra'īs Šaraf ad-Dīn en particulier, sa parenté avec Diogo de Melo ne pouvait qu'entraver l'exercice de la justice.

D'autre part, il semble que les partisans de Pero Mascarenhas intégrés à l'expédition, en profitèrent à leur tour pour aggraver les rapports familiaux entre le Gouverneur et le capitaine et le différend qui opposait le premier à Pero de Mascarenhas. La portée de ces intrigues reste difficile à évaluer, mais les mesures prises par Lopo Vaz rappelent étrangement celles de D.Duarte de Meneses quelques années plus tôt: il rendit visite à Muḥammad Šāh, libéra Ra'īs Šaraf ad-Dīn en échange d'une importante somme d'argent[132], et lui confia même la gestion de ses intérêts commerciaux. Fort de la récupération d'une partie des arriérés des *pareas*, il repartit peu de temps après, en juillet 1526, sans rien avoir changé[133].

En toute logique, les intrigues dans la cour ormuzie reprirent le dessus après son départ. Ce fut probablement à ce moment-là que Ra'īs Šaraf ad-Dīn incita Muḥammad Šāh à faire assassiner un de ses frères, qui se réfugia dans la forteresse auprès des Portugais[134].

La situation était toujours tendue au début de l'année 1527. Ra'īs Šaraf ad-Dīn, brouillé à nouveau avec Diogo de Melo, fut une nouvelle fois arrêté fin 1526, avant son départ à la Mecque[135]. Les véritables raisons de l'arrestation demeurent obscures, mais elles doivent être liées aux rumeurs de destitution de Lopo Vaz en faveur de Pero Mascarenhas. Colportées par Ra'īs Šaraf ad-Dīn et ses partisans, ces rumeurs entraînaient inéluctablement l'affaiblissement de la position du capitaine Diogo de Melo et, au-delà de sa personne, du prestige portugais.

[132] Correia, III, p. 93. Les rapports entre le vizir et Lopo Vaz de Sampaio sont éclairées par Lopo de Azevedo en lettre au roi (de Cochin, le 10.XII.1527) Gav. 20-7-7 (*As Gavetas da Torre do Tombo...*, X, Centro de Estudos Históricos Ultramarinos, Lisbonne, 1974, p. 562-573). Les relations de cousinage par alliance entre Lopo Vaz et Diogo de Melo ont été clarifiées par João Teles e Cunha, *Diogo do Couto...*, p. 21-22. Les raisons du geste du Gouverneur furent amputées à l'action des divers clans autour de lui et à ces mêmes relations de parenté (Correia, III, p. 93). Sur la nomination de Diogo de Melo à Ormuz, en 1521, et l'enregistrement de sa charge dans les *Registos da Casa da India,* cf. encore João Teles e Cunha, *ibid.*, p. 22.

[133] Correia, III, p. 94.

[134] Le mémoire rapportant ces événements fut remis à D. João III, à Almeirim, le 11 juin 1527. L'auteur de ce mémorandum indique qu'il prit connaissance de la nouvelle, qui venait de se produire, à Goa, au moment de son départ vers la métropole, (sept à huit mois auparavant): António Dias Farinha, «Os Portugueses no Golfo Pérsico...», p. 96.

[135] Correia, III, p. 108.

Quoi qu'il en soit, les nouvelles de la situation à Ormuz avaient entretemps gagné le Portugal par de multiples voies, et la réponse ne se fit pas attendre: ordre fut donné de ramener Ra'īs Šaraf ad-Dīn au Portugal[136].

Entretemps, Lopo Vaz, pressé par Diogo de Melo, et probablement avec la complicité de Muḥammad Šāh, avait donné l'ordre de ramener Ra'īs Šaraf ad-Dīn à Goa, afin d'être jugé[137]. Le vizir y séjournait encore en décembre 1527, sans que le Gouverneur sache très bien encore ce qu'il allait faire de lui. Finalement, il a été décidé de le renvoyer à Ormuz, où il se trouvait déjà en août-septembre 1528[138].

La mission de rapatriement au Portugal fut confiée à Manuel de Macedo. Celui-ci quitta le Portugal muni de la lettre royale, et serait arrivé à Ormuz quelques jours après le nouveau gouverneur, Nuno da Cunha[139]. Fort des instructions de D. João III, il était décidé à mettre

[136] ANTT, CCI, 41, 3 (de Lisbonne, le 18.VIII.1528) (documents annexes, 1). Selon Couto, l'ordre de D. João III se justifiait *«pollas novas que teve das inquietaçoes do guazil, vio que lhe era necessario acodir as cousas de Ormuz primeiro que Rax Xarrafo acabasse de as danar: pera o que mandou ordenar hua nao pera partir em Outubro, pera a India, porque de terminou de mandar prendrer Rax Xarrafo, e levalo para o Reino»*, (Diogo do Couto, *Década Quarta...*, p. 262-263); Correia, III, p. 319; Muḥammad Šāh avait envoyé un émissaire au Portugal, Mīr ʿAlī Šāh (Mira Lexar, Myre Lyxa), qui fut de retour à Ormuz en juillet 1525 (ANTT, Gav.15-17-23, éd. par Luciano Ribeiro, «Em torno...» p. 87-89). La lettre de Ra'īs Šaraf ad-Dīn, d'Ormuz, le 22.IX.1528, CCI, 41, 39 (cf. documents annexes, 3) fait état de cette mission. La lettre de D. João III à Ra'īs Šaraf ad-Dīn révèle que Manuel de Macedo avait été porteur d'une lettre envoyée précédemment par le vizir au roi.

[137] Correia, III, p. 108. La décision aurait été prise en raison d'un lettre de Diogo de Melo à Lopo Vaz de Sampaio conseillant de bannir Ra'īs Šaraf ad-Dīn. Manuel de Macedo fut chargé de ramener le vizir en Inde.

[138] D'après la lettre de Lopo de Azevedo à D. João III (de Cochin, le 31.XII.1527), dans *As Gavetas da Torre do Tombo...*, X, p. 570: «*Lopo Vaz teve conselho sobre Rays Xarafo governador de Ormuz que ao presente estaa aquy pelo Diogo de mello prender em Urmuz e Lopo Vaz mandou por ele e aquy nos perguntou que he o que faria delle se o mandaria a Vossa Alteza ou tornaria a mandar a Urmuz...*»; Son exil est aussi mentionné par Lopo Vaz de Sampaio en lettre au roi (de Cochin, le 31.XII.1527) (*As Gavetas da Torre do Tombo*, X, 1974, p. 642-673). Les lettres mentionnées *supra*, de Luhrāsb b. Maḥmūd Šāh et Kamāl Pūr Ḥusayn (note 128) indiquent que la saisie de la lettre à Süleyman le Magnifique eut lieu avant le voyage du vizir en Inde, mais elles ne contiennent aucune information permettant de dater exactement ni son départ ni son retour: cf. Dejanirah Couto, «Trois documents...», p. 476-477. Quoi qu'il en soit, Ra'īs Šaraf ad-Dīn était à Ormuz durant l'été 1528, puisqu'il écrivait à un particulier le 22 septembre 1528, lui faisant part de son retour de l'Inde (ANTT, CCI,41,39) (cf. documents annexes 3).

[139] Il règne une certaine confusion à propos de la date de départ de Manuel de Macedo vers Ormuz et de son arrivée dans le Golfe. D. João III laisse entendre que Manuel de Macedo était sur le départ lors de la rédaction de sa lettre (le 18 août 1528). Selon Couto (cf. supra la note 136) sa *nao* devait partir en octobre. Selon Correia et Castanheda, Nuno da Cunha, qui souhaitait passer à Ormuz «l'hiver de l'Inde» est parti de Lisbonne assez

définitivement Ra'īs Šaraf ad-Dīn hors d'état de nuire. Ses efforts pour que l' arrestation soit discrètement menée n'eurent pas eu de succès: la nouvelle se répandit comme une traînée de poudre parmi les habitants d'Ormuz.

Contrairement à ce qui craignaient les Portugais, les réactions furent moins vives du côté ormuzi, où le vizir comptait de nombreux adversaires, que du côté portugais. Le capitaine et le *feitor,* désireux de se débarrasser de l'encombrant personnage, savaient aussi que sa séquestration signifiait la fin d'une juteuse opération d'extorsion de fonds[140]. Quant à Nuno da Cunha, les instructions de D.João III constituaient une atteinte à son autorité personnelle; persuadé que Manuel de Macedo avait intrigué auprès du souverain pour obtenir la prestigieuse mission, et recevoir une gratification, il opposa à l'envoyé une froide hostilité, et donna l'ordre de l'arrêter[141].

Le vizir continuait à bénéficier d'une étonnante mansuétude de la part des autorités portugaises d'Ormuz: il avait été restauré dans toutes ses prérogatives vers la mi-juillet 1528[142]. Sa prison par Manuel de Macedo[143] et son exil, qui lui permirent de survivre aux intrigues qu'il avait lui-même nouées — Muḥammad Šāh avait fait exécuter un de ses frères, Ra'īs Aḥhmad, accusé de vouloir l'assassiner ainsi qu'à Ra'īs

tard (Correia, III, p. 308 [en en avril 1528]; Castanheda, VII, lxxxvi, p. 517 [dix-huit avril]). Or Correia déclare que Manuel de Macedo quitta le Portugal deux mois avant l'escadre de Nuno da Cunha (*ibid.*, p. 320), pour arriver à Ormuz quelques jours après le gouverneur (*ibid.*, p. 319; même information sur l'arrivée dans Castanheda, VII, cii, p. 549). Si l'ont tient compte de l'information de Castanheda, le Gouverneur, après avoir essuyé une tempête aux alentours du Cap de Bonne-Espérance (6 juillet), s'était arrêté à Madagascar fin octobre, à Zanzibar em novembre, et à Mombaça pendant le reste de l'hiver (jusqu'au mois de mars 1529? cf. Castanheda, VI, lxxxvii, p. 518, VII, p. 519, p. 520 et lxxxviii, p. 522-525). Il a ensuite gagné Ormuz, et de là, l'Inde, en octobre 1529 *(Dicionário de História dos Descobrimentos Portugueses,* dir. de Luís de Albuquerque et Francisco Contente Domingues, vol. I, Caminho, Lisbonne, 1994, p. 329). Manuel de Macedo, parti donc de Lisbonne en août (?) ou octobre (?) 1528, a dû gagner Ormuz vers mars-avril 1529 (ou après cette date, si efectivement Nuno da Cunha est arrivé quelques jours avant lui).

140 Cette dimension de l'affaire est évoquée de manière pittoresque par Correia, selon lequel, à propos de l'exil au Portugal, Ra'īs Šaraf ad-Dīn baragouinant le portugais, aurait dit *«Quando eu levar o meu dinheiro nunqua medo»* (Correia III, p. 323).

141 Sur les circonstances de son arrestation, Castanheda, VII, cii, p. 550; Diogo do Couto, *Década Quarta...*, VI, 3, p. 284-285.

142 Ra'īs Šaraf ad-Dīn écrivit d'Ormuz à Jean III le 13.VII.1528, lui annonçant qu'il avait repris sa charge grâce ä Nuno da Cunha (ANTT, Gav. 15-15-2), édité par Luciano Ribeiro, «Em torno...», p. 86-87. Rappelons qu'en octobre 1528 António Tenreiro repartait au Portugal, par terre, emportant avec lui la lettre adressée par le vizir à Süleyman le Magnifique: Dejanirah Couto, «Trois documents...», p. 475 et note 23.

143 Castanheda, VII, cii, p. 549-550.

Šaraf ad-Dīn[144] — furent unanimement saluées[145]. Ramené au Portugal, il allait y demeurer quinze ans, sans que son extraordinaire carrière politique fût pour autant terminée[146].

L'EXPÉDITION DE SIMÃO DA CUNHA À BAHREIN

La nouvelle de l'exil de Ra'īs Šaraf ad-Dīn déclencha une nouvelle rébellion à Bahreïn. En septembre de 1529, Ra'īs Badr ad-Dīn (Badradim) Muḥammad, le gouverneur et gendre de Ra'īs Šaraf ad-Dīn[147], refusa à son tour de payer à Ormuz les 40.000 *ašrafī* d'annuités convenues[148]. Les tractations qui s'ensuivirent entre Muḥammad Šāh et Nuno da Cunha, à propos des 40.000 *ašrafī*, expliquent l'intervention de

[144] ANTT, Gav.15-17-23, édité par Luciano Ribeiro, «Em torno ...», p. 88, et *supra* , la note 134: Ra'īs Aḥmad était le frère du souverain qui s'était réfugié d'abord auprès des Portugais. Muḥammad Šāh, en rapportant une fois de plus les exactions de Diogo de Melo, justifie l'assassinat par les manœuvres des Portugais, qui avaient fait le calcul de mettre son frère sur le trône. Frei Luís de Sousa indique que Nuno da Cunha, dès qu'il fut à Ormuz, se fit informer du meurtre «gratuit» de Ra'īs Aḥmad, commis par Muḥammad Šāh (*Anais...*, II, p. 103).

[145] Cf. Diogo Mariz à D. João III, de Goa, le 13.XI.1529, ANTT, Gav. 20-2-23.

[146] Référence à l'exil de Ra'īs Šaraf ad-Dīn au Portugal dans la lettre de Cristóvão de Mendonça au Duc de Bragance, d'Ormuz, le 30.IX.1530, ANTT, Gav.24-1-24 (édité par António Dias Farinha, «Os Portugueses no Golfo Pérsico...», p. 99-100) et Castanheda, VII, cii, p. 550. Deux documents témoignent de son exil portugais. Le premier, de Viana, (antérieur à 7.VI.1532), ANTT, CCIII, 11, 89, expose ses doléances ä D. João III sur la petitesse de son train de vie (publié par António Dias Farinha, «Os Portugueses no Golfo Pérsico...», p. 101); le deuxième, de Montemor, signale la fuite d'un *mouro* de ses esclaves qui se réfugia dans une église (le 23.IX.1533), ANTT, CCI,51,88.

[147] Castanheda, VII, cii, p. 550. Selon Couto, VI, 3, p. 285, il s'agissait du beau-frère de Ra'īs Šaraf ad-Dīn. Ra'is Badruddin assumait ses fonctions à Bahreïn dès le 16.IV.1524: António Dias Farinha, «Os Portugueses no Golfo Pérsico...», p. 79.

[148] Castanheda, *ibid.*, p. 550-551. Correia, III, p. 325-326. Couto, VI, 3, p. 285, parle de 40.000 *pardaos*. On se souviendra que le *pardao* était la monnaie d'or de référence au Vijayanagar, et l'*ašrafī* celle de l'Egypte mamelouke. Les monnaies ayant la même valeur sur le marché indien (égale à celle du ducat vénitien) la confusion entre les deux mots était fréquente dans la deuxième moitié du XVIe et au XVIIe siècle. Sur cette question, cf. les précisions apportées par l'*Itinerario naer cost ofte Portugaels Indien...* de Jan Huygen van Linschoten (Amsterdam,1596) et par J. Ferrão Vaz, *Dinheiro luso-indiano*, Braga, 1980.

Frei Luís de Sousa, *Anais...*,II, p. 105, signale que le Gouverneur essaya de destituer Badr ad-Dīn (Badr-ud-din), sans conflit, à la demande du roi d'Ormuz. Au-delà de la réaction à la prison du vizir, le poids des intérêts locaux dans ce nouvel épisode de rébellion reste toujours difficile à saisir. Néanmoins, le vicaire d'Ormuz, en lettre du 18.XI.1529 (éditée par António Dias Farinha, «Os Portugueses no Golfo Pérsico...,», p. 98) suggère qu'il n'y a pas eu de réel soulèvement mais une expédition punitive montée par les Portugais, désireux de s'emparer des revenus de Bahreïn, sous prétexte de la parenté entre Badr ad-Dīn et Ra'īs Šaraf ad-Dīn: *«e amtes que ho mouro fose avisado de como lhe queriam tomar sua fazemda por dizerem que nam obedecia a el-rey d'Ormuz e por elle ser parente de Rey Xarafo...»*

Simão da Cunha à Baheïn. En effet, le roi d'Ormuz, invoquant le préjudice que le refus de Badr ad-Dīn faisait subir au Trésor, menaça les Portugais de déduire de son propre tribut les 40.000 *ashrafī*, ci ceux-ci ne rétablissaient pas la paix dans l'île. Nuno da Cunha refusa, pensant même rajouter les 40.000 *ašrafī* à la some à verser au roi du Portugal, en échange d'une nouvelle expédition punitive contre Bahreïn[149].

L'initiative fut suivie sans enthousiasme. On fit remarquer à Nuno da Cunha qu'il avait été chargé de conquérir Diu, cette mission étant autrement plus importante que de ramener à l'ordre les sujets du roi d'Ormuz. Néanmoins, le Gouverneur gagna, et faisant fi de la saison défavorable à une telle entreprise, donna l'ordre de monter une petite expédition, commandée par son frère, Simão da Cunha, à la tête d'un détachement de 400 hommes[150].

En attendant que les navires fussent gréés, on envoya le capitaine de la mer d'Ormuz, Belchior de Sousa, avec quatre brigantins et 40 *terradas* ormuzis, bloquer le passage entre la rive arabe et les côtes de Bahreïn, de façon à empêcher le débarquement de secours venus des oasis de Qaṭīf ou Ḥasā[151].

L'escadre, constituée de sept voiles[152], prit le large début septembre, suivie de 50 *terradas* d'Ormuz[153]. Les instructions reçues par Simão da Cunha laissent pourtant penser que les Portugais conçurent l'opération comme une manœuvre de diversion, montée pour montrer à Muḥammad Šāh que les Portugais étaient encore capables de soumettre ses turbulents sujets.

Plusiers indices montrent en effet que personne n'avait véritablement l'intention de se battre. Le *regimento* confié au capitaine de l'escadre fut des plus étranges. Sachant que les embarcations, en raison de la saison, allaient recevoir des vents par la proue, on demandait au capitaine de

149 Correia, III, p. 326; Couto, VI, 3, p. 285.

150 António Dias Farinha, «Os Portugueses no Golfo Pérsico...,», p. 98 (lettre du vicaire d'Ormuz).

151 Correia, III, p. 326. D'après Couto, VI, 3, p. 286, Belchior de Sousa se trouvait déjà en mer avec six embarcations puisqu'il surveillait le mouvement des *terradas* entre Basra et Ormuz. Castanheda ne dit mot de cette escadre de renfort.

152 Simão da Cunha (navire de Jorge Gomes, marchand de l'Inde, qui participa à l'expédition, témoin des événements auprès de Castanheda), D. Francisco de Eça (navire ramené du royaume par Manuel de Macedo), Manuel de Albuquerque, (navire non spécifié) D. Fernão d'Eça (galion), Aleixo de Sousa (navire non spécifié), Lopo de Mesquita, (navire dit *çamorim pequeno),* Tristão de Ataíde (fuste): Castanheda, IVII, cii, p. 551. Correia indique huit voiles (III, p. 326), et le vicaire d'Ormuz, cinq, *«affora bragamtins»*: cf. António Dias Farinha, «Os Portugueses no Golfo Pérsico...», p. 98.

153 Correia, III, p. 326.

bouliner pendant trente jours, et si la terre n'était pas en vue, de retourner à Ormuz[154]. D'autre part, Belchior de Sousa avait eu le temps de négocier la réddition honorable de Badr ad-Dīn, qui fut autorisé à gagner la rive arabe avec biens, femmes et enfants[155].

Cependant, les capitaines de l'expédition, pour qui seuls les biens de Badr ad-Dīn pouvaient justifier la traversée du Golfe, exercèrent des pressions sur Simão da Cunha. Ainsi, après quelques jours de navigation difficile, un coup de vent amena le 8 septembre 1529, l'escadre (à l'exception de deux navires), dans les eaux de Bahreïn. L'ordre fut alors donné d'attaquer la forteresse, un solide édifice carré, pourvu de quatre tours d'angle garnies de pièces d'artillerie[156].

Certains hommes n'avaient pas d'armes, et la poudre était insuffisante. Obligés de reporter l'assaut, les Portugais bivouaquèrent à quelque distance des murs, tout en échangeant des tirs sporadiques avec leurs adversaires. A la mi-septembre, sous forme de dysenteries provoquées par l'empoisonnement des eaux ou de malaria endémique dans l'île pendant cette saison[157], les «fièvres» décimèrent rapidement l'expédition. Les rescapés, trop affaiblis — Il ne restait alors qu'une cinquantaine d'hommes debout — ne profitèrent de l'arrivée d'un bergantin d'Ormuz avec une cargaison de poudre pour s'amparer de la forteresse. Par crainte d'une investie de Badr ad-Dīn, Simão da Cunha fut obligé de

[154] *«Nuno da Cunha deu por regimento que por quanto era fora da mouçāo, & os ventos lhe aviāo de ser por davante que andasse às voltas ate trinta dias & quando neste tempo ho nāo podesse aferrar que se tornasse»:* Castanheda, II/VII,CII, p. 551. Sur le sens du terme *aferrar*, cf. Humberto Leitão et J. Vicente Lopes, *Dicionário de Linguagem de Marinha Antiga e Actual*, ed. Culturais da Marinha, Lisbonne, 1990, p. 264. Selon le vicaire d'Ormuz, l'entourage du gouverneur avait minimisé la gravité de l'intervention (António Dias Farinha, «Os Portugueses no Golfo Pérsico...», p. 98.

[155] Castanheda, VII, ciii, p. 552; Correia, III, p. 327; Couto, VI, 4, p. 288-289; António Dias Farinha, «Os Portugueses no Golfo Pérsico...», p. 98 et *supra*, la note 147.

[156] Correia, III, p. 328. Castanheda, (VII, ciii, p. 551) mentionne encore un mur et un fossé (*cava*) (*ibid.*, p. 551). Pour le plan de la forteresse, ses dimensions, les matériaux utilisés dans sa construction, l'occupation du site par les Portugais et les objects exhumés lors des fouilles, cf. Monik Kervran, *Fouilles à Qal'at al-Bahrein...*, p. 9-24.

[157] Castanheda, VII, ciii, p. 552, soutien la thèse de l'empoisonnement des eaux, tout en remarquant que le climat de l'île était malsain en cette saison. Cette caractéristique est notée par Barros, pour qui la mauvaise période s'étendait de la fin septembre à février, époque à laquelle les gens de qualité allaient résider sur le continent, à Qaṭīf, ou à Ḥasā. Jean Aubin suspecte Barros d'erreur, puisqu'il s'agit de nos jours de la meilleure époque (Jean Aubin, «Le royaume d'Ormuz», p. 99, et p. 126). Le *Gazetteer of the Persian Gulf...*, vol. IIA, p. 236, indique pourtant qu'à la fin septembre le climat est encore très chaud, humide et lourd (80% d'humidité), les rares pluies n'arrivant qu'à la mi-octobre. Il confirme ainsi, à propos du moment du déclenchement de l'épidémie, l'information de Barros. Couto, pour sa part, donne crédit à l'épidémie des «fièvres» mais mentionne l'hypothèse de l'empoisonnement (VI, 5, p. 289 et 291). Sur la question cf. également le vicaire d'Ormuz (António Dias Farinha, «Os Portugueses no Golfo Pérsico...», p. 99).

déplacer ses pièces d'artillerie jusqu'au rivage et de les embarquer au prix de grands efforts. Quant aux malades, certains furent traînés par les pieds jusqu'à l'eau, d'autres enveloppés dans des draps et des couvertures, et transportés de cette façon jusqu'aux navires[158].

À l'instar de ce qui s'était passé lors de l'expédition contre Muqrin, les Ormuzis se gardèrent de débarquer, préférant rester prudemment au large sur leurs *terradas*; ils ne furent donc pas victimes de l'épidémie[159]. Voyant l'escadre en si piteux état, Simão da Cunha s'empressa de donner le signal du départ, mais il était trop tard pour lui: touché à son tour par la maladie, il décéda en mer, désavoué par son frère, qui dans une dernière missive, envoyée à bord du bergantin, l'enjoignait de s'arranger n'importe comment avec Badr ad-Dīn[160].

L'échec de cette dernière expédition révéla l'incapacité lusitanienne d'assujettir les «territoires extérieurs» d'Ormuz et amena les Portugais à jeter leur dévolu sur des régions du Golfe hors du contrôle ormuzi. En raison de sa situation géographique et de son importance commerciale, Baṣra, dans le Šaṭṭ al-ʿArab, devint, dès les années 1530, le nouvel objet de leur convoitise.

Documents annexes

(1)

Lisbonne, le 18 août 1528
Lettre de D. João III à Ra'īs Šaraf ad-Dīn

ANTT, Corpo Cronológico, I, 41, 3

ElRey Xarafo eu Dom Joham per graça de Deus Rey de Purtugall e dos Algarves daquem e dalem maar em Hafryqua senhor de Guine e da

[158] Castanheda, VII, ciii, p. 553; Correia, III, p. 328; Couto, VI, 4, p. 290. On imagine aisément cette retraite sous les quolibets des assiégés, en se représentant la topographie des lieux: en raison des hauts fonds, formés de récifs coralliens fossilisés, les navires ne pouvaient mouiller qu'à deux ou trois kilomètres de la côte; il fallait donc évacuer artillerie, blessés et malades sur au moins deux kilomètres en marchand dans l'eau. Les seuls endroits où l'on pouvait approcher le rivage étaient Manama et Muharraq (Monik Kervran, *Qal'at al-Bahrain,* p. 7).

[159] Quelques uns apportèrent de l'aide à Simão da Cunha; ce fut le cas du *šayḫ* de l'île d'Ḥanǧām (Castanheda, VII, ciii, p. 553). Selon le vicaire d'Ormuz, Badr ad-Dīn avait envoyé de l'eau, des grenades et des fruits secs à Simão da Cunha.

[160] Correia, III, p. 329. Le vicaire d'Ormuz estima le nombre de morts (jusqu'au 18 novembre) à cent vingt, les autres hommes de l'expédition n'ayant plus *«esperamça de viverem».* Selon lui, seuls quelques esclaves noirs avaient été épargnés (António Dias Farinha, «Os Portugueses no Golfo Pérsico ...», p. 99).

comquysta navegaçam he comerçio d'Ethiopia Arabia Persya e da Imdia vos faço saber que umha carta que me esprevestes por Manoel de Macedo fydalguo de minha casa e asy a immenta que nela vinha das cousas que tinham feitas as pesoas nela decraradas e ouve muyto prazer de hasy meudamente me dardes de tudo comta como fiel servidor em cuja comta vos tenho e desprouve me de serem feitas aquelas cousas tamto sem razam e comtra justiça e pera se ememdarem e se fazer aserqua de tudo comprimemto de direito ao qual imteiramemte quero que a gramdes he a pequenos seya feito e guardado e hei por muito meu serviço que venhaes a mym pera comvosquo falar e me dardes per vos ymteira comta de tudo ho comteudo em vosa carta e asy e da maneira que se tera pera ha verdade se saber e tambem pera comvosquo praticar e fallar nas cousas toquamto a esa cidade d'Oromuz as quaes muito desejo que sejam postas em toda boa ordem e de modo que muito descamsadamemte e sem reçeho os mercadores posam vir ha ela e ho trauto de mercadarya tornar ha seu primeiro estado e tudo se prozese em repouso e descabello e haseseguo sen nehua trovação nem empidimemto algum asy pera os moradores da çidade como pera hos estramgeiros e elRey d'Oromuz reçebe prazer e comtemtamemto ha quem eu tenho muito boa vomtade e pela vosa vimda emvio este navio no qual vay por capitam Manoel de Maçedo fidalgo de minha casa em cuja companhia me pareseo que podereis vir maes a vosa vomtade e com maes voso desquamso ao qual mandei que toda homra e bom gasalhado e bom trauto vos fizesem e creo que hasy ho fara que reçebaes todo comtemtamemto porem vos emcomemdo e mamdo que com elle vos venhaes e nam ponhaes nyso empidimemto nem duvida algua e tudo o que vos ele diser e mander de mynha parte compri e fazey asy imteiramemte como se por my mesmo vos fose mamdado por que asy o ey per muito meu serviço e pera se saber toda a verdade de todallas cousas que m'escrevestes **/f°1V/** sam comteudas em vosa carta e trazey comvosquo hos mouros pesoas que diso sejam sabedores e tambem de vosos cryados pera vos servirem aqueles que maes folgardes e a Manoel de Maçedo mamdey que hos sobreditos viesem comvosquo e emcomemdo vos e mamdo que em vosa vimda e em tudo ho que vos requerrer e mamdar da minha parte Manoel de Maçedo me sirvais asy bem como de vos espero e como per meu serviço ho devês fazer e muito vo lo aguard eserey e se hasy o nam fizerdes ho que de vos nam espero emcorereis e vos ey por comdenado nas penas cyves e crymes em que emcorrem aqueles que nam cumprem hos mamdados de seu Rey e senhor esprita em Lisboa a xbiij dias d'Agosto o secretairo a fez era de jbxxbiij anos.

Apostille : Por el Rey

El rey xarafo guovernador
Da sua çidade d'Ormuz

(2)

Ormuz, le 12 septembre 1525

Termo de Diogo de Melo contre Ra'īs Šaraf ad-Dīn
ANTT, Corpo Cronológico, I, 32, 28 (ou 98?)

Aos xxij dyas do mes d'Agosto de myll e quynemtos vynte cynquo anos nesta fortaleza e tore da menagem que stamdo hy ho senhor Dioguo de Melo do conselho delRei noso senhor e capitam e governador desta cydade e reyno d'Ormuz mamdou ele dyto capitam ao feitor Cristovam da Gama e ao senhor Amtão Bernaldez e a mym estprivam a casa delRey Xarafo gozyll ao quall disemos da parte delRey noso senhor que as naos se queryam partir e por nom querer pagar as pareas delRey noso senhor como era obryguado e avya bem pera yso e ele gozyll pagava a outras pesoas a que nom era tam obrygado como ao dito senhor lhe mamdava ele dito senhor capitam requerer que pagase as pareas do dito senhor a que era mays obrygado e que olhase que fyquava hua nao somemte pera yso por a sua tardada e querer antes pagar a outros que ho que devya ha elRey noso senhor e ele dito gozill respondeo que como se despachase dinheiro ele pagarya e serya quamdo podese e semdo partydas as naos ho dyto senhor capitam aos treze dias de Setenbro da dyta era mamdou chamar Trystam de Tayde capitam da Nao Sante Esprito e asy dom Antonio da Sylveyra capitam mor do mar deste estreito e o alcayde mor e feitor e corregedor e estprivaes da reytoria e outros e tendos asy guntos (sic) todos mamdou chamar o dito guazill e per ante todos lhe dise que aquela não fiquara aqui pera levar o dinheiro que ele gozill nom quysera dar pera levarem as naos e que se era verdade/**1v°**/ que ele capitem lhe tynha mamdado que a nehua pesoa nam dese nehuu realle ate elRey noso senhor nom ser pago e ele dyse que era verdade dezemdo lhe logo ele capitam e nomeamdo lhe certas pesoas a que ele gozill dera dinheiro dyse que era verdade que ele ho dera maes que ele capitem sabia como ele ho dera dezemdo lhe o capitem se lho mamdava dar dyse que nam dezemdo logo o capitem que bem abastava o que ele fezera pera conpryr o mamdado de quem tinha ho poder porque deria outro ha outras pesoas sem ter nehuu mamdado pera yso e com aquele dinheiro podera dar despacho as naos ao que ele gozill respondeo esta se perdoe porque he ja feito. Apertando ele capitem sobre a dita paga mostrando lhe a necesydade <a m (ui)> (barré) to tenpo da partyda da nao e que nom esperava all dise que dahy a dez dias darya cinquo mill pardaos ou xerafins dos quaes oje trynta dias tem dados tres mill xerafins e porque Trystam de Tayde se quer partir por ser chegado os xx dias de Setembro que lhe forem lemitados per Fernam Rodrigues que o poder trazia do senhor governador ele dito senhor capitem lhe dise que em sua mao estava yrse quamdo quigese ou como lhe fose mamdado por que a ele capitem nam lhe fora mamadado nem falado acerqua diso que ele asy (?) fazia era por serviso delRey e mays nom dise feito em Ormuz aos <dyto> vynte huu dias de Setenbro de jbcxxb anos. Por mim Gaspar Fernandez estprivam desta feytorya e asynado por Joam Cryado e por mim.

Signé:

Joam Criado Gaspar Fernandez

(3)

Ormuz, le 22 septembre 1528
Lettre de Ra'īs Šaraf ad-Dīn (à destinataire inconnu)

ANTT, Corpo Cronológico, I, 41, 39

(sceau personnel)

Senhor,

Despois de me emcomemdar muitas vezes em Vosa Senhoria lhe faço a saber em como eu party de Cochim em companhya de Cristovão de Memdonça em huu galleão e hachegamos a este porto d'Ormuz a salvamemto e com a vysta delRey d'Ormuz fuy muy ledo e não trabalho em outra cousa senão em servyr a elRey meu senhor e asy tambem al elRey d'Ormuz e lhe faço a saber que Ormuz nam tem remdas nem lugares e mesmo porto nam remde a metade do que remdia em outro tempo e os mercadores sam ja no mumdo menos e elRey d'Ormuz esta em muita estreiteza e mymgado e sempre teve esperamça em elRey meu senhor que lhe abaixase das paryas porque fazemdo sua allteza esta tamanha merce sera nomeado por todo ho mumdo (?) e asy era fama que sua alteza tinha abarxadas e ao tempo que aquy chegou Myre Lyxa soube se como sua allteza remetera este caso a dom Amrique pera que veese a Ormuz e soube se a verdade e que emtão nos fezeze (sic) merçe dos vimte myll pardaos e ao tempo que he no embaixador cheguou dom Anrique era falleçydo e pera tornar a mamdar outra vez ho caminho e muy comprydo e sera muy gram trabalho mamda lo tamtas vezes e faça nos Vosa Senhorya merçe de fallar a sua Allteza que a merçe que nos ouver de fazer venha por seu allvara e não nos remete a seus capytaes mores e pois que <gov> Ormuz de sua allteza que nam se queira esqueser das cousas nosas e Goa cydade de sua allteza se he nobre he por caso d'Ormuz e se ellrey meu senhor nam prover e valler a Ormuz tudo se perdera huu e ho outro hos capitaes nam se dam nada por Ormuz nem lhe querem valler e pois que asy he <for> valla lhe Vosa Senhorya e seya em ajuda de abaixar estas paryas a elRey d'Ormuz pera que posa viver e pagar e soster esta terra. E asy sabera Vosa Senhoria como elRey dom manuell fez muitas merçes sempre a meu pay e eu outrosy espero que elRey meu senhor tambem as faça a mym e pois Vosa senhorya soube tudo como se pasa lhe peço que seya terçeyro ante sua Allteza pois que sabe a lealldade de meu pay e mynha feyto nesta sydade d'ormuz aos xxij de setembro bcxxbiij annos.

Servydor de Vosa Senhrya
ElRey Xarafo Nordim

REMARQUES SUR LES CHEMINS DE LA DÉCOUVERTE DU MONDE PAR LES OTTOMANS*

Jean-Louis BACQUÉ-GRAMMONT
(CNRS)

Au cours des dernières années nous avons effectué des recherches sur un certain nombre de textes ottomans du XVIe et du XVIIe siècles, revélant le degré de connaissance qu'avaient leurs auteurs du monde situé au-delà des frontières des «royaumes bien protégés» (*memâlik-i maḥrûse*)[1]. Considéré dans son ensemble, ce sujet appellerait l'examen de nombreux textes et plans demeurés inédits ou insuffisamment étudiés, dont la simple énumération exigerait une longue communication. Il convient toutefois de considérer que l'intérêt des Ottomans à l'égard du monde extérieur, même s'il est souvent le fait d'auteurs isolés qui restent sans continuateurs, se présente comme un phénomène exceptionnel hors de l'aire culturelle de l'Europe occidentale : on en chercherait vainement l'équivalent à la même époque dans le reste de l'aire islamique, aussi bien que dans celles de l'Inde et de l'Extrême-Orient. Ce cas ottoman nous semble donc mériter d'être très fortement souligné et étudié avec une rigueur scientifique d'autant plus sévère que le cadre de l'examen

* La présente contribution s'inscrit dans le cadre du programme de recherche «Histoire et sciences auxiliaires de l'histoire ottomane», commun à l'équipe UPRESA 8003 du Centre National de la Recherche Scientifique (Paris) et à l'Institut Français d'Études Anatoliennes d'Istanbul. Une version initiale, abrégée, en a été présentée en septembre 2002 comme communication au XIVe Congrès de la Société d'Histoire Turque (Türk Tarih Kurumu) sous le titre «Osmanlılarda Dünya Keşfinin Yolları Hakkında Birkaç Düşünceler», et paraîtra donc en traduction turque dans les *Actes* de cette rencontre. Nous mettons à profit l'occasion qui s'offre ici pour citer un certain nombre de références bibliographiques récentes sur le sujet traité.

[1] Parus: «La description de Chypre dans le *Cihân-nümâ* de Kâtib Çelebî», *Epetêrida*, XXIII, Nicosie, 1997, p. 189-214; traduction et présentation partielle de *La première histoire de France en turc ottoman. Chronique des Padichahs de France*, Paris, L'Harmattan, 1997; traduction, présentation et notes de Seyyidî ʿAlî Re'îs, *Le Miroir des Pays. Une anabase ottomane à travers l'Inde et l'Asie Centrale*, Paris, Sindbad — Actes Sud, 1999. Nous préparons, notamment, l'édition des trois voyages d'Evliyâ Çelebî en Circassie (en collaboration avec Georges Charachidzé), la description de Ceylan dans le *Cihân-nümâ* (en collaboration avec Dejanirah Couto et Jorge Flores) et, en collaboration avec Hartmut Rotermund, *De la Seine, du lac des Quatre-Cantons et du Bosphore: Regards lointains sur le Japon au «siècle chrétien»*, à paraître dans la nouvelle série de Cahiers du *Journal Asiatique*.

est plus vaste. En effet, s'il en est réellement comme nous le pensons, il constitue une rarissime oasis de curiosité intellectuelle entre une Europe affamée de connaissance sans limites et des Orients ayant souvent en commun une absence dédaigneuse d'intérêt à l'égard de l'autre et de l'ailleurs.

Nous souhaitons limiter ici notre propos à l'esquisse d'une typologie sommaire et provisoire des moyens auxquels recoururent, dans le domaine qui nous intéresse, les auteurs ottomans les plus significatifs pour obtenir des informations sur une «demeure de la guerre» (*dârü-l-ḥarb*) virtuelle dont ils voyaient l'étendue s'accroître sans cesse au rythme de l'avance des découvreurs européens.

La Demande Ottomane à l'Étranger

Il est malaisé de tracer la limite entre les demandes motivées par la seule curiosité de membres de la famille impériale ottomane (les mappemondes demandées au Sénat de Venise en 1552 et 1553 par les princes Bâyazîd et Muṣṭafâ, fils de Soliman le Magnifique) ou par des raisons vraisemblablement politiques, telle la demande analogue faite en 1519 par le grand-vizir Pîrî Meḥmed Paşa et déjà satisfaite de la même manière[2]. Mais ce ne sont là que les cas dont nous avons aujourd'hui connaissance et qui peuvent laisser espérer que d'autres restent à découvrir.

L'Expérience Personnelle

Outre celui de l'auteur des *Vâḳıʿât-ı Sulṭân Cem* qui suivit son maître jusqu'au cœur de la France de Charles VIII[3], l'exemple le plus évident

[2] Voir, par exemple, Antonio Fabris, «Note sul mappamondo cordiforme di Haci Ahmed di Tunisi», *Quaderni di Studi Arabi*, 7, Venise, 1989, p. 1-17 et bibliographie citée (version anglaise : «The Ottoman Mappa Mundi of Hajji Ahmed of Tunis», *Arab Historical Review for Ottoman Studies*, 7-8, Tunis, 1993, p. 31-37; du même auteur : «Artisanat et culture: Recherches sur la production vénitienne et le marché ottoman au XVIe siècle», *Arab Historical Review for Ottoman Studies*, 3-4, 1991, p. 51-60.
Le cas de la carte du pseudo-Ḥâcî Aḥmed montre que, s'il y avait demande cartographique ottomane à Venise, l'offre vénitienne à ce vaste marché potentiel rencontra un échec complet. On trouvera une reproduction, lisible avec une loupe, de cette carte, dont l'auteur est peut-être Ramusio, dans *Yazmadan Basmaya: Müteferrika, Mühendishane, Üsküdar*, Istanbul, Yapı Kredi Kültur Merkezi, 1996, p. 15.

[3] Nicolas Vatin, *Sultan Djem. Un prince ottoman dans l'Europe du XVe siècle d'après deux sources contemporaines*: Vâḳıʿât-ı Sulṭân Cem / Œuvres *de Guillaume Caoursin*, Ankara, Türk Tarih Kurumu, 1994.

est celui d'Evliyâ Çelebî[4]. Certes, ce témoin oculaire et auriculaire accorde une large place à ce qu'il ne voit pas, mais entend dire, et qui peut correspondre soit à des données peu discutables, soit à des récits de pure fantaisie récoltés sur place, dans lesquels l'imagination de ses informateurs et la sienne propre rivalisent pour enchanter l'auditoire de pachas dont il était le *nedîm*[5] attitré. Néanmoins, si l'on parvient à faire la part des *'acâ'ib*, «merveilles», et celle des éléments documentaires contrôlables, on constate aisément que ces dernières sont beaucoup plus nombreuses et apportent souvent des informations irremplaçables. Enfin, le marin Pîrî Re'îs dont, il va être question, fait largement usage dans ses écrits de ce qu'il a vu de ses propres yeux.

La transmission orale

Le *Kitâb-ı baḥriyye* de Pîrî Re'îs[6] se rattache en partie au cas précédent en ce qui concerne les régions dont l'auteur avait acquis par la pratique

[4] Ce voyageur (1611 — vers 1684) parcourut pendant près d'un demi-siècle les routes ottomanes et alla parfois au-delà (Autriche, Caucase, Iran, entre autres). Longtemps oubliée, sa relation en dix volumes a fait l'objet d'une édition en turc (*Evliyâ Çelebî seyâḥat-nâmesi*, Istanbul, 1314/1896-1897-1938, les deux derniers volumes en alphabet latin), aujourd'hui dépassée par une autre, en alphabet latin, établie sur la base du manuscrit de l'auteur (*Evliya Çelebi Seyahatnamesi*, Istanbul, Yapı Kredi Yayınları, six volumes parus depuis 1996), d'une part, de la collection «Evliya Çelebi's Book of Travels. Land and People of the Ottoman Empire in the Seventeenth Century. A Corpus of Partial Editions», dirigée par Klaus Kreiser (cinq volumes parus aux Édition E. J. Brill depuis 1988) d'autre part.

[5] Compagnon familier du souverain ou d'un grand personnage, et dont le rôle pouvait être assez variable. D'après ce que révèle son texte, Evliyâ Çelebî tenait celui d'un agréable commensal, toujours prêt à égayer les dîners ou les promenades de ses patrons par une inépuisable réserve d'anecdotes étonnantes, mais aussi chargé parfois de missions plus ou moins délicates.

[6] Ce marin et écrivain nautique (vers 1470-1554) est connu pour sa célèbre carte du monde, dressée en 1513, et dont seule la partie occidentale — représentant les côtes de l'Amérique alors connue ainsi que les extrémités occidentales de l'Europe et de l'Afrique — nous est parvenue. Il est en outre l'auteur du *Kitâb-ı baḥriyye*, «Livre des choses de la mer», dont on connaît deux versions: l'une à l'usage pratique des marins (1521), l'autre, luxueuse, destinée à être présentée à Soliman le Magnifique (1526). Ces instructions nautiques avant la lettre concernent toutes les côtes et les îles de la Méditerranée et, selon les manuscrits, comptent plus de 220 cartes, certaines portant des indications précises sur les dangers de la navigation. L'un des plus beaux manuscrits de l'ouvrage a fait l'objet d'une édition en quatre volumes par le ministère de la Culture et du Tourisme de Turquie : *Kitab-ı Bahriye. Piri Reis*, The Historical Research Foundation, Istanbul Research Center, Istanbul, 1987. Si la reproduction en fac-similé est techniquement irréprochable, la transcription figurant dans la première colonne de la page en regard comporte nombre d'erreurs de lecture qui se répercutent sur la traduction en turc moderne figurant dans la deuxième colonne et empirent dans la troisième, réservée à la traduction anglaise. D'autre part, le texte et l'iconographie appellent une étude nautique et historique qui reste à faire,

une expérience personnelle approfondie. Particulièrement en ce qui concerne l'aire égéenne, les côtes d'Anatolie, de Grèce et d'Afrique, surtout de la Tunisie et de la Tripolitaine à l'Égypte[7]. Mais la comparaison entre les chapitres traitant de la Corse et de la Sardaigne, par exemple, montre que l'auteur connaît beaucoup moins précisément la première île que la seconde. On peut relever d'autres cas analogues, laissant penser que Pîrî Re'îs a disposé çà et là d'autres sources que ses propres observations. On lit ainsi dans la partie versifiée de sa préface à la version de 1526 qu'il obtint tout ou partie de ses informations sur l'Amérique et sur l'océan Indien de la part de marins espagnols ou portugais faits prisonniers par son oncle Kemâl Re'îs. Il est permis de penser qu'il procéda lui-même ainsi avec d'autres captifs dont les déclarations se retrouvent très vraisemblablement dans son ouvrage. Sans qu'on en ait le moindre début de preuve, on pourrait aussi imaginer qu'il lui arriva parfois de saisir à bord de navires francs ce qui tenait alors lieu de guides de navigation. Certes, certains portulans européens de ce genre nous sont parvenus et l'on peut, en effet, difficilement imaginer que, dans une mer comme la Méditerranée, recelant traîtreusement récifs et hauts-fonds, et où les vents tournent parfois de manière imprévisible, les connaissances d'un capitaine — qu'il fût chrétien ou musulman — relevaient seulement de la tradition orale. Quoi qu'il en fût, il convient de considérer qu'à l'exception de l'ouvrage d'Ibn Macîd sur l'océan Indien, le *Kitâb-ı baḥriyye* demeure le seul ouvrage islamique de ce genre et de cette époque qui a été conservé jusqu'à nos jours, et que les informations nautiques qu'on y trouve ne le cèdent en rien à celles des portulans européens du temps.

Le recours aux Sources Européennes à travers les Sources Islamiques Traditionnelles

Dans les *Ṣaḥâ'ifü-l-aḫbâr fî veḳâ'iʿi-l-âs̱âr*, «Pages d'informations sur les événements dont demeure la trace», de Müneccim Başı[8], par

si l'on excepte les travaux de Svat Soucek dont on trouvera la bibliographie dans son *Piri Reis and Turkish mapmaking after Colombus: The Halili Portulan atlas*, Studies in the Khalili Collection, 2, Nour Foundation, 1996 ; également, du même : «Islamic Charting in the Mediterranean», dans J. B. Harley et David Woodward éd., *The History of Cartography*, II/1, *Cartography in the Traditional Islamic and South Asian Societies*, University of Chicago Press, Chicago-Londres, 1992. Nous avons achevé, en collaboration avec l'ingénieur général J. N. Pasquay, «La première description des côtes de la Corse dans des instructions nautiques ottomanes», sous presse dans *Archivum ottomanicum.*

[7] Cf. Svat Soucek, «Tunisia in the *Kitab-ı Bahriye* by Piri Reis», *Archivum ottomanicum*, V, 1973, p. 129-196.

[8] Aḥmed b. Luṭfü-LLâh, surnommé Müneccim Başı du fait des fonctions d'astronome-astrologue qu'il exerça pendant une vingtaine d'années à la cour de Meḥmed IV

exemple, on trouve un récit de la guerre de Troie transmis par les *Murûc*^{u} *ḏ-ḏahab*, de Masʿûdî[9], lequel avait vraisemblablement tiré ses informations de l'un des nombreux ouvrages grecs traduits en arabe au temps des Omeyyades et des Abbassides. Jusqu'au XVIIe siècle ottoman, on trouverait assurément beaucoup de cas analogues de transmission d'informations provenant des littératures grecque et romaine antiques par le canal de l'arabe, mais qui, avec le cours du temps, ne présentaient plus guère qu'un intérêt historique.

Le recours aux Sources Islamiques Traditionnelles et à des traducteurs de Langues Européennes

Le *Tenḳîh*^{ü}*t-tevârîḫ*^{i}*-l-mülûk* de Ḥüseyn Hezâr-fenn[10], ainsi que le *Cihân-nümâ* de Kâtib Çelebî, se réfèrent en maintes circonstances à des sources islamiques traditionnelles, tout en faisant parallèlement usage de sources occidentales. Les unes et les autres ayant souvent été écrites à six ou sept siècles de distance, il en résulte dans divers passages des ouvrages en question des distorsions dues à la juxtaposition sans critique de données depuis longtemps obsolètes et d'autres parfaitement valables pour leur époque.

L'Accès direct aux Sources Européennes

Les premiers ouvrages traduits directement de langues occidentales et dont nous avons connaissance apparaissent dès la seconde moitié du

(r. 1648-1687), mourut en exil à la Mecque en 1702. Cf. Franz Babinger, *Die Geschichtsschreiber des Osmanen und ihre Werke*, Leipzig, Otto Harrassowitz, 1927, p. 234-235.

[9] Abû l-Ḥasan ʿAlî b. al-Ḥusayn, mort au Caire en 956. Les «Prairies d'Or et Mines de Joyaux», l'un des rares ouvrages qui nous sont parvenus parmi les vingt-trois repérés de ce grand voyageur qui alla jusqu'en Chine. Les «Prairies d'Or» constituent une mine d'informations historiques et géographiques. Une admirable traduction française en fut faite au XIXe siècle par Barbier de Meynard et Pavet de Courteille. Cinq tomes, révisés par Charles Pellat, ont été réédités par la Société Asiatique. La parution du sixième — l'indispensable index — est annoncée par les éditions Geuthner.

[10] Originaire de l'île de Cos, Ḥüseyn Hezâr-fenn, «aux mille talents», mourut à Istanbul en 1691. Il est connu comme bibliophile, mais aussi pour les relations qu'il entretint avec des étrangers de passage, curieux des choses turques, tels le comte Marsigli et Antoine Galland. Il apparaît qu'il pratiquait plusieurs langues et avait une connaissance assez approfondie de l'hébreu et du grec. Son «Émondage des chroniques des rois» dont il est ici question se présente comme un recueil d'extraits de divers auteurs musulmans qu'il dédia au sultan Meḥmed IV. On y trouve une histoire de la Grèce et de Rome jusqu'à l'époque byzantine. Cf. Franz Babinger, *op. cit.*, p. 228 sq.

XVIe siècle. Par exemple, les *Tevârîẖ-i Pâdişâhân-ı Frânçe*[11], commandités par Ferîdûn Beg[12], furent traduits dans les bureaux du grand-*nişâncı* en 1572, sur la base d'ouvrages parus en France moins de dix ans avant cette date. À la lecture de ce livre, on constate d'ailleurs que Ferîdûn Beg avait antérieurement commandité la traduction d'une histoire de Rome, qui ne nous est pas parvenue.

Puis, vers 1580, on voit Murâd III[13], désireux de s'informer de ce qu'étaient l'Amérique et les circonstances de sa conquête par les Espagnols, faire composer pour son propre usage le *Tâ'rîẖ-i Hind-i Ġarbî*[14], «Histoire de l'Inde occidentale», résultat de la juxtaposition de traductions italiennes de plusieurs extraits de textes de chroniques ou de relations de voyage rédigés à l'origine en espagnol ou en latin.

Postérieur de plus d'un demi-siècle, le cas de Kâtib Çelebî[15] présente un intérêt particulier dans la mesure où l'on a affaire à un érudit musulman qui, voulant offrir à son lecteur turcophone une image du monde découvert et connu de son temps — dont la surface avait été plusieurs fois multipliée en un siècle et demi —, prend conscience de l'obsolescence des sources islamiques traditionnelles et entreprend donc d'apprendre lui-même les langues des cosmographes de l'Europe occidentale, le latin et l'italien, et à s'intéresser particulièrement à l'*Atlas minor* de Mercator. En effet, la consistance historique de Şeyẖ Meḥmed İẖlâṣî, religieux français converti qui aurait été son traducteur et qu'il évoque

[11] Voir *supra*, note 1.

[12] Adjoint au grand-chancelier (*nişâncı*), il accéda lui-même à cette charge de 1573 à 1576, composa un recueil épistolaire d'une importance exceptionnelle, les *Münşe'âtü-sselâṭîn*, «Correspondances des sultans», et mourut en 1583.

[13] Né en 1546, ce petit-fils de Soliman le Magnifique régna de 1574 à sa mort en 1595. Il manifesta peu de goût à l'égard des affaires de l'État, mais avait reçu une éducation particulièrement soignée et se révéla comme un protecteur des lettres et des arts de son temps.

[14] L'un des plus beaux manuscrits de l'ouvrage a été publié en fac-similé par le ministère de la Culture et du Tourisme de Turquie: *Tarih-i Hind-i Garbî veya Hadîs-i Nev. A History of the Discovery of America*, Istanbul, The Historical Research Foundation, Istanbul Research Center, 1987. Une traduction anglaise excellemment présentée et commentée en a été donnée par Thomas D. Goodrich, *The Ottoman Turks and the New World. A Study of* Tarih-i Hind-i Garbi *and Sixteenth Century Ottoman Americana*, Wiesbaden, Otto Harrassowitz, 1990.

[15] Muṣṭafà b. ʿAbdu -LLáh, également connu sous le nom de Ḥâcî Ḫalîfe (1609-1657). Outre la cosmographie dont il est question ici, cet érudit aux curiosités très diverses mena dans l'administration militaire une carrière discrète qui lui laissa le temps de composer une vingtaine d'ouvrages importants, allant d'un vaste dictionnaire bibliographique (traduit en français dès 1705), à une histoire de la marine ottomane. Il peut être considéré comme le pionnier d'une lignée d'acteurs de l'ouverture intellectuelle turque vers l'Occident.

dans sa préface, ne saurait résister à un examen sérieux. Le *Cihân-nümâ*, «Cosmorama», que Kâtib Çelebî laissa inachevé à sa mort en 1657 fut partiellement complété par un savant ottoman de moindre envergure, Ebû Bekir b. Behrâm[16], qui avait aussi appris le latin puisque, avec l'aide d'un francophone, il traduisit en turc — sur l'ordre du sultan Meḥmed IV[17] qui, en 1668, l'avait reçu en cadeau de l'ambassadeur néerlandais Justin Colier — l'*Atlas* de Willem Blaue et de ses fils, plus récent et développé que celui de Mercator (11 volumes parus en 1662).

Avec l'apparition d'İbrâhîm Müteferriḳa[18], qui compléta et édita le *Cihân-nümâ*, la triade des grands initiateurs ottomans de l'accès direct aux sources occidentales est au complet. Dès lors, dans le domaine des «sciences positives», les ouvrages en langues européennes seront la source et le vecteur de toutes les connaissances nouvelles que les dirigeants ottomans se montreront vite impatients d'acquérir. On notera qu'au XVIIIe siècle, adoption de l'imprimerie et banalisation des traductions vont de pair et qu'on ne les voit pas susciter de réactions hostiles connues. Eût-ce été le cas une centaine d'années plus tôt, lorsque le jeune Aḥmed Ier était loué pour sa piété, ayant mis en pièces une horloge offerte par un ambassadeur européen, et lors des brèves crises de rétro-

[16] Ce Damascain dut sa fortune au gouverneur général de Syrie Köprülü Fażıl Aḥmed Paşa, futur grand-vizir et qu'il suivit alors dans la capitale. Après la mort de celui-ci il passa au service de son parent et successeur Ḳara Muṣṭafà Paşa (vaincu lors du siège de Vienne en 1683 et exécuté sur la route du retour), puis à celui de ʿİzzetî Şeyẖ Meḥmed Efendî, uléma qui joua un rôle important dans la transmission des manuscrits personnels de Kâtib Çelebî (voir notre article «Quelques pas de promenade dans les jardins du *meşîẖat*», dans *Frauen, Bilder und Gelehrte. Studien zu Gesellschaft und Künsten im Osmanischen Reich. Festschrift Hans Georg Majer*, éd. S. Prätor et C. K. Neumann, Istanbul, Simurg, 2002, p. 539-548). Ce fut sur la base de ces manuscrits qu'İbrâhîm Müteferriḳa, introducteur de l'imprimerie en Turquie, en prépara les éditions dans le deuxième quart du XVIIIe siècle. Ebû Bekir acheva sa carrière comme cadi d'Alep où il mourut en 1692.

[17] Connu sous le surnom d'*Avcı*, «le Chasseur», Meḥmed IV a surtout laissé le souvenir de ses exploits cynégétiques. Toutefois, la curiosité qu'il manifesta en diverses occasions à l'égard du monde extérieur n'a pas encore été considérée avec l'intérêt qu'elle mérite.

[18] Hongrois de Transylvanie, İbrâhîm Müteferriḳa (vers 1670-1745) avait suivi des études ecclésiastiques. Unitarien, la répression autrichienne l'amena à passer au service de la Porte et à embrasser l'Islam vers 1691. Chargé de diverses missions diplomatiques, il est surtout connu pour avoir obtenu, en collaboration avec Meḥmed Saʿîd Efendî (fils de Yirmisekiz Meḥmed Çelebî, ambassadeur en France qu'il avait accompagné en 1720-1721), l'autorisation de fonder la première imprimerie ottomane, dont l'ouvrage inaugural parut en 1729. On connaît de lui cinq œuvres, dont les *Uṣûl^ü^-l-ḥikem fî niżâm^i^-l-ʿâlem*, «Méthodes des sages décisions pour le bon ordre du monde», où il développe quelques conseils sur la modernisation de l'État ottoman.

gression des esprits liées aux poussées de fièvre intégriste dans la première moitié du XVIIe siècle?

Loin des polémiques, fugacement stimulantes mais aujourd'hui bien stériles, issues d'une vision partielle et exagérément partiale de l'orientalisme européen d'une part, de l'inertie intellectuelle prolongée du monde islamique, d'autre part, il est à présent temps, croyons-nous, de considérer en toute sérénité ce que furent «l'exception ottomane», sa spécificité, ses promoteurs et son impact, tant à l'intérieur qu'à l'extérieur du domaine des padichahs d'Istanbul.

L'EUROPE OCCIDENTALE VUE PAR LES OTTOMANS, XVIe-XVIIIe SIÈCLES

Frédéric HITZEL
CNRS, EHESS-Paris

On a beaucoup écrit, ces dernières années, sur la découverte de l'Islam par l'Europe, mais, dans la plupart de ces études, le musulman est une victime muette et passive. Or, les relations entre l'Empire ottoman et l'Europe, dans la guerre comme dans la paix, ont toujours été un dialogue et non un monologue: la découverte fut réciproque. La perception ottomane de l'Occident mérite autant notre attention que la perception occidentale de l'Empire ottoman[1].

Pour appréhender cette vision de l'Europe par les Ottomans, notre conférence s'articulera en trois parties. Nous retracerons tout d'abord brièvement l'histoire des relations entre l'Empire ottoman et l'Europe occidentale, tout en examinant les événements familiers sous l'optique inhabituelle de l'adversaire. Nous nous efforcerons ainsi de considérer la prise de Constantinople, en 1453, ou le second siège de Vienne, en 1683, du côté des attaquants. Cette description donne donc la primauté à la vision ottomane du monde et de la place qu'y occupe l'Islam. Dans une seconde partie, nous traiterons des intermédiaires et médiations: langues utilisées dans les relations entre Ottomans et Européens, problèmes de traduction, rôle des interprètes, d'une part; de l'autre, les divers types de voyageurs — prisonniers, marchands, diplomates, espions — qui, des territoires musulmans se rendirent en Europe. Enfin, dans une troisième et dernière partie, nous tenterons de dresser un tableau du monde occidental et essaierons de définir la façon dont les Ottomans nous percevaient.

Précisons qu'il ne sera ici question que de l'élément turc musulman. Nous devrons en effet nous limiter à donner un aperçu, nécessairement incomplet et n'évoquant que des faits essentiels liés à la langue turque et à la pensée islamique. Les sources Arméniennes et Juives, bien qu'abondantes, ne sont pas étudiées ici.

[1] Sur la vision ottomane de l'Europe, voir les importants travaux de Bernard LEWIS, *The Muslim Discovery of Europe*, New York, W. W. Norton & Company, 1982, traduit en français sous le titre *Comment l'Islam a découvert l'Europe*, Paris, La Découverte, 1984; *Europe-Islam, actions et réactions*, Paris, Gallimard, 1992.

Histoire des relations entre l'Empire ottoman et l'Europe occidentale

Il est probable que la vision des premiers Ottomans sur l'Europe devait être, à peu de chose près, la même que celle des Européens dans leurs considérations sur l'Amérique du XVIe au XVIIIe siècle. C'est-à-dire que derrière les frontières septentrionales et occidentales de l'Empire s'étendaient de riches terres peuplées de barbares-chrétiens auxquels les musulmans avaient la mission sacrée d'apporter la religion et la civilisation, l'ordre et la paix, tout en récoltant les bénéfices habituels du pionnier ou de l'homme des frontières. Tel qu'il est perçu, ce monde se divise en deux parties fondamentales: le «Territoire de l'Islam» (*Dâr al-Islâm*) et le «Pays de la guerre» (*Dâr al-Harb*). La première comprend tous les pays soumis à la loi islamique, grosso modo l'Empire ottoman dans ses frontières du XVIe siècle. La seconde englobe le reste du monde.

En s'emparant de Constantinople, la capitale de Byzance, le 29 mai 1453 [21 *rebi ül-evvel* 857], le sultan Mehmed II peut légitimement se considérer comme le digne successeur des empereurs byzantins. Il n'est donc pas surprenant que la prise de la ville ait inspirée de nombreux chroniqueurs. Voici ce que rapporte le chroniqueur Sa'adeddin dans son *Tadj ül-Tevarih* (*La couronne des histoires*):

> «Cette vaste région, cette grande et puissante ville [...] autrefois repaire de l'erreur, devint la capitale de la gloire et de l'honneur. Par les nobles efforts du sultan Mahométan, le fracas malfaisant des cloches des abominables infidèles fut remplacé par l'appel musulman à la prière, ce doux chant, cinq fois répété, de la Foi des rites glorieux dont la mélodie emplit alors les oreilles du peuple de la Guerre Sainte. Les églises qui se trouvaient dans la ville furent vidées de leurs idoles infâmes et lavées de leurs impuretés immondes et idolâtres; et nombre de monastères et de chapelles, par la défiguration de leurs images et l'érection de niches et de chaires pour la prière musulmane, excitèrent l'envie des Jardins du Paradis. Les temples des infidèles ainsi transformés en mosquées des pieux, les rayons de la lumière de l'Islam chassèrent les armées de l'ombre de ce lieu qui avait été si longtemps la demeure d'infidèles méprisables, et les lueurs de l'aube de la Foi dissipèrent les sinistres ténèbres de l'oppression car, aussi implacable que le destin, la parole de l'heureux sultan devint suprême dans le gouvernement de cette nouvelle possession[2]...»

[2] Sa'adeddin, *Tadj ül-Tevarih*, Istanbul, 1279, I, p. 419 et suiv. Sur les légendes turques qui entourent la fondation de Constantinople, voir Stéphane Yerasimos, *La fondation de Constantinople et de Sainte-Sophie dans les traditions turques*, Paris, 1990.

Au XVIe siècle, le règne de Soliman le Magnifique (1520-1566), qui est aussi le plus glorieux de la dynastie, marque l'apogée de l'Empire. En Europe, les armées ottomanes, déjà maîtresses de la Grèce et des Balkans, poursuivent leur avance en Hongrie et, en 1529, tentent pour la première fois, sans succès, d'assiéger Vienne. À l'est, les navires ottomans menacent les Portugais dans l'océan Indien, tandis qu'à l'ouest les chefs musulmans de l'Afrique du nord, à l'exception du Maroc, reconnaissent la suzeraineté ottomane. Ils permettent ainsi à la puissance navale musulmane de pénétrer dans les eaux occidentales et même dans l'Atlantique. Des corsaires d'Afrique du nord vont sillonner jusqu'aux côtes britanniques[3].

Après le glorieux XVIe siècle, le XVIIe siècle marque au contraire une période de reflux. En 1683, les Ottomans tentent pour la deuxième et dernière fois un nouveau siège de Vienne, en vain! Au bout de quelques semaines, les armées ottomanes sont obligées de renoncer au siège et sont, peu après, poussées à une retraite précipitée. Un chroniqueur ottoman de l'époque nous décrit le désastre et la retraite humiliante:

> «Tout ce qui se trouvait dans le camp impérial [ottoman], argent, équipement, objets précieux, fut abandonné et tomba aux mains du peuple de l'enfer. Les maudits infidèles dans leur bataillon (qu'il soit anéanti!) s'avancèrent en deux colonnes. Celle qui progressa le long du Danube pénétra dans la forteresse et donna l'assaut aux tranchées. L'autre s'empara du camp militaire impérial. Des invalides qu'ils trouvèrent dans les tranchées, ils en tuèrent certains et firent d'autres prisonniers. Ces hommes, au nombre d'environ 10 000, étaient incapables de se battre, par suite de blessures dues aux canons, mousquets, fusils, mines, pierres et autres armes; certains même avaient perdu un bras ou une jambe. Ils les passèrent sans attendre au fil de l'épée et, trouvant quelques milliers de leurs compatriotes prisonniers, les libérèrent de leurs liens et les relâchèrent. Ils réussirent à saisir des quantités indescriptibles d'argent et de provisions. C'est pourquoi ils ne songèrent même pas à poursuivre les soldats de l'Islam; l'eussent-ils fait que la situation eût été grave. Dieu nous garde! Ce fut une défaite désastreuse et d'une ampleur sans pareille depuis l'apparition de l'État ottoman[4].»

Le traité de paix de Karlowitz, signé le 26 janvier 1699, marque un tournant crucial dans les relations entre l'Empire ottoman et l'Empire des Habsbourg et surtout entre la chrétienté et l'Islam. Désormais l'Europe ne s'inquiète plus de la puissance de l'Empire ottoman, mais

[3] Bernard LEWIS, «Corsairs in Iceland», *Revue de l'Occident Musulman et de la Méditerranée*, 15-16, 1973, p. 139-144.

[4] FINDIKLI SILAHDAR MEHMED AGA, *Silahdar Tarihi*, Istanbul, 1928, II, p. 87; traduction allemande, Richard F. KREUTEL, *Kara Mustafa vor Wien*, Graz, 1955, p. 160, 166.

des incertitudes qui résultent de sa faiblesse. Du côté turc, une nouvelle perception du monde va se dessiner: les terres situées derrière les frontières ne sont plus une immensité inculte de barbares ignorants et infidèles à conquérir, mais le territoire d'un ennemi dangereux qui menace l'avenir de l'Empire. Ils prennent progressivement conscience de ne plus représenter «l'empire de l'islam» face à la chrétienté, mais de constituer un État parmi d'autres.

Pour atténuer les conséquences de leurs défaites, les Ottomans recourent pour la première fois à la diplomatie et utilisent une nouvelle tactique: l'appel à des pays d'Europe occidentale pour leur servir de médiateur et contrebalancer le pouvoir de leurs ennemis les plus proches. Des traités, équivalant à des alliances militaires, sont même signés avec des «pays chrétiens» à la fin du XVIIIe siècle.

Les défaites militaires furent ainsi le grand stimulant qui poussa les Ottomans à s'ouvrir davantage sur le monde occidental. Trois événements marquent cette prise de conscience:

- 1699: traité de Karlowitz. Perte importante de territoires européens, dont la Hongrie, annexée depuis 1541;
- 1783: perte de la Crimée au profit de la Russie. Pour la première fois les Ottomans doivent céder un ancien territoire musulman.
- 1798: l'expédition française d'Égypte. Pour la première fois depuis les croisades, une terre centrale de l'islam est occupée. Bien que la présence française en Égypte soit de courte durée, elle montre à la fois l'importance stratégique et la faiblesse militaire des pays arabes, jusque-là abrités par la puissance de l'Empire ottoman.

Les conflits du XVIIIe siècle entraînent pour les Ottomans des pertes de territoires et une dégradation considérable de leur «image de marque». Ces changements vont avoir deux conséquences. Premièrement, pour enrayer les défaites militaires, le sultan va de plus en plus faire appel à des techniciens européens. En 1734, le comte Claude-Alexandre de Bonneval (1675-1747)[5], alias Ahmed Pacha, organise un corps de bombardiers sur le modèle occidental. En 1773, le baron François de Tott (1730-1793), qui veille à la construction de forteresses à l'entrée des Dardanelles, entreprend la construction d'une fonderie de canons sur la Corne d'Or et la création d'une école de mathématiques; en 1784, Louis XVI envoie plusieurs experts français pour créer une

[5] Sur Bonneval Pacha, voir Septime GORCEIX, *Bonneval Pacha*, Paris, 1953; Albert VANDAL, *Le Pacha Bonneval*, Paris, 1884.

école de fortification à Istanbul, apporter des améliorations dans la fonte des canons et la construction des vaisseaux[6].

Dans le même temps, on constate une plus grande ouverture sur l'Occident. Décidé à comprendre les raisons des progrès des puissances occidentales et de leurs réalisations techniques, les Ottomans dépêchent des ambassadeurs dans les principales capitales européennes: Vienne, Paris, Londres, Berlin, Moscou, Varsovie.

Intermédiaires et médiations

Dès le XIVe siècle, l'Empire ottoman entretenait des relations suivies avec les cités italiennes, et il n'allait pas tarder à être en rapport avec l'ensemble de l'Occident chrétien. Dans les relations quotidiennes entre individus — en l'occurrence des marchands et des marins —, l'usage a imposé une *lingua franca*, langue de communication a base d'italien et d'autres langues méditerranéennes.

Mais les relations entre États demandent des instruments linguistiques plus riches et plus précis. La diplomatie donne lieu à des rencontres, nécessite des échanges de lettres et de documents. Or, dans ce domaine, on constate qu'à l'époque classique, les Ottomans se refusaient à étudier les langues. Les renseignements dont nous disposons sur les interprètes employés par les Ottomans montrent qu'il s'agissait soit de renégats, autrement dit de chrétiens occidentaux venus s'établir dans un pays musulman et convertis à l'islam, soit de *dhimmi*, c'est-à-dire de sujets du sultan non-musulmans (grecs, juifs, arméniens). Les interprètes les plus en vue étaient évidemment ceux au service direct du sultan et de la cour. Ils jouent également un rôle important dans la transmission des connaissances[7]. En 1559-1560, un interprète ottoman d'origine hongroise, connu après sa conversion à l'islam sous le nom de Murâd, traduisit du latin en turc le *De Senectute* de Cicéron, à la demande de l'envoyé vénitien à Istanbul qui voulait en faire cadeau au sultan Soliman le Magnifique[8]. À partir du XVIIe siècle, le poste de traducteur de la Porte, le

[6] Frédéric HITZEL, «Les Écoles de mathématiques turques et l'aide française (1775-1798)», *Actes du sixième congrès d'Histoire économique et sociale de l'Empire ottoman et de la Turquie (1326-1960),* Collection Turcica, vol. VIII, 1995, p. 813-825.

[7] Frédéric HITZEL, «Les Interprètes au service de la propagande», *Varia Turcica*, vol. XXXI, 1997, Istanbul et les langues orientales, p. 351-363.

[8] Franz BABINGER, «Der Pfortendolmetsch Murâd und seine Schriften», in *Literaturdenkmäler aus Ungarns Türkenzeit*, établi par F. BABINGER, R. GRAGGER, E. MITTWOCH et J. H. MORDTMANN, Berlin-Leipzig, 1927, p. 33-54.

terdjüman bachı, est occupé par les grandes familles grecques d'Istanbul habitant le quartier du Phanar.

Avant le XVIIIe siècle, il ne semble pas exister d'intérêt intellectuel des Ottomans pour les langues européennes. On ne recense aucune grammaire, dictionnaire ou autres outils linguistiques permettant d'apprendre une langue occidentale. Le cas échéant, quelles langues les Ottomans apprenaient-ils?

Si le grec, comme langue diplomatique, semble avoir persisté jusqu'à la seconde moitié du XVIe siècle dans les rapports qu'entretenait l'Empire ottoman avec un certain nombre de puissances[9], l'italien reste la langue européenne la mieux connue des Turcs. C'est en italien, par exemple, que les traités de paix de Karlowitz (1699), Passarowitz (1718) et Küçük Kaynarca (1774) sont rédigés. Au XVIIIe siècle, la connaissance du français se développe avec l'arrivée d'officiers français pour créer les premières écoles militaires ottomanes. Le rang de cette langue est confirmé par le rôle de plus en plus important que la France joue dans les affaires intérieures de l'Empire à la fin du siècle et au début du siècle suivant. Quant à l'anglais, il faut attendre l'essor du commerce international en relation avec le développement de l'industrialisation pour qu'il se répande dans certains milieux.

Apprendre une autre langue nécessite généralement des déplacements. Or si les Occidentaux sont relativement nombreux à se rendre dans l'Empire, le nombre d'Ottomans se rendant en Occident est en revanche extrêmement réduit. On peut distinguer quatre catégories: les musulmans prisonniers des chrétiens, les marchands, les diplomates et les espions.

Les musulmans emprisonnés en «terre infidèle»

Si les captifs chrétiens, de retour de Turquie et d'Afrique du Nord, ont raconté dans une foule d'écrits leurs expériences et décrit les gens qu'ils avaient côtoyés, les anciens captifs musulmans en Europe n'ont laissé presque aucun témoignage. À ce jour, on ne connaît que deux exceptions significatives. Il s'agit d'une part d'un cadi turc, du nom de Ma'djundjizâde Mustafa Efendi, capturé en mai 1597 par des corsaires maltais alors qu'ils se rendait à Chypre pour y prendre ses fonctions. Il resta emprisonné deux ans à Malte. Relâché contre rançon, il composa à son

[9] Nicolas VATIN, «L'emploi du grec comme langue diplomatique par les Ottomans (fin du XVe-début du XVIe siècle)», *Istanbul et les langues orientales,* Varia Turcica, vol. XXXI, 1997, p. 41-47.

retour une relation détaillée de sa détention[10]. L'autre cas est celui du prisonnier de guerre turc Osman Agha de Temechvar. En juin 1688, il fut capturé par les Impériaux et resta en servitude pendant onze longues années (1688-1699) en Hongrie et en Autriche. Il réussit finalement à s'enfuir et à regagner Istanbul où il devint interprète dans le service ottoman. Il est l'auteur de deux ouvrages autobiographiques, écrits en 1724 et 1725, dans lesquels il relate sa captivité et sa carrière d'interprète[11]. Quoique intéressants et documentés, ces manuscrits, conservés respectivement à Vienne et à Londres, ne semblent pas avoir retenu l'attention de leurs compatriotes. Ils ne sont jamais cités par les auteurs ottomans car constituant autant de faits peu glorieux. De ce fait, les récits d'anciens prisonniers ne représentaient pas une source d'informations significatives.

Les marchands musulmans

Pendant longtemps, les marchands musulmans voyagèrent peu en Europe. Ils n'éprouvaient pas le besoin de s'y rendre car les marchands italiens remplissaient leur rôle d'intermédiaire à partir des échelles du Levant.

Un autre facteur qui a certainement découragé les Ottomans d'entreprendre un voyage en Europe occidentale était l'intolérance manifestée par ses habitants et ses souverains. Dans toutes les régions conquises sur

[10] Texte publié par Fahir IZ, «Macuncuzâde Mustafa'nın Malta Anıları Sergüzeşt-i Esiri-i Malta», *Türk Dili Araştırmaları Yıllığı, Belleten*, 1970 (1971), p. 69-112. Cf. également İsmet PARMAKSIZOĞLU, «Bir Türk Kadısının esaret hatıraları», *Tarih Dergisi*, 5, 1953, p. 77-84 et Cemil ÇIFTÇI, *Macuncuzade Mustafa Efendi. Malta Esirleri*, Istanbul, 1996. Une traduction allemande est proposée par W. SCHMUCKER, «Die Maltesischen Gefangenschaftserinnerungen eines türkischen Kadi vor 1599», *Archivum Ottomanicum*, II, 1970, p. 191-251.

[11] Texte publié par F. KREUTEL, *Die Autobiographie des Dolmetschers 'Osmân Aga aus Temeschwar*, Cambridge, 1980, traduction allemande: Richard F. KREUTEL et Otto SPIES, *Leben und Abendteuer des Dolmetschers Osman Aga*, Bonn, 1954, rééd. par les mêmes sous le titre *Der Gefangene der Giauren. Die abenteuerliche Schiksale des Dolmetschers Osman Aga aus Temeschwar, von ihm selbst erzählt*, Graz-Vienne-Köln, 1962. Pour une transcription turque, voir Şevki YAZMAN, *Viyana Muhasarasından sonra Avusturyalılara esir düşen Osman Ağa'nin Hatıraları*, Istanbul, 1961; Esat NERMI, *Temeşvarlı Osman Ağa-Gavurların Esîrî*, Istanbul, Milliyet Yay., 1971 (série histoire n° 10); Harun TOLASA, *Kendi Kalemiyle Temeşvarlı Osman Ağa (Bir Osmanlı Türk Sipâhîsinin Hayatı ve Esirlik Hatıraları)*, Konya, Selçuk Univ. Yay., 1986 et Esat NERMI ERENDOR, *Temeşvarlı Osman Ağa*, Istanbul, Aksoy Yay., 1998. Ce manuscrit vient de faire l'objet d'une traduction française par nos soins, *Prisonnier des infidèles. Un soldat ottoman dans l'Empire des Habsbourg* (collection «La bibliothèque turque», éditions Sindbad-Actes Sud, Arles, 1998). Voir aussi, «Osmân Aga, captif ottoman dans l'Empire des Habsbourg à la fin du XVIIe siècle», *Turcica*, 33, 2001, p. 191-212.

les païens ou reprises à l'Islam, le christianisme était imposé par la force. Le sort des Juifs, dont beaucoup trouvèrent refuge dans l'Empire ottoman, n'incitait pas les disciples d'autres religions à aller s'établir ou même à voyager dans ces pays.

Cependant, des marchands ottomans, certes en petit nombre, se rendirent en Europe. Ils eurent une certaine importance à Livourne, mais surtout à Venise où ils fondèrent un établissement de résidents permanents, le *Fondaco dei Turchi*[12]. On signale également des petits groupes de Turcs à Marseille, Vienne et dans d'autres ports de l'Adriatique.

En revanche, des raisons économiques, politiques et une curiosité intellectuelle (suscitée par la Renaissance) poussèrent de plus en plus d'Occidentaux à se rendre en Orient et même à s'y installer pour de longues périodes. À la fin du XVIe siècle, la plupart des États de l'Europe occidentale et orientale envoyèrent des émissaires à Istanbul; certains d'entre eux, tels que la France (depuis 1535), y établirent des ambassades permanentes, l'Empire germanique en 1547, l'Angleterre en 1580. Au cours des XVIIe et XVIIIe siècles cette pratique se généralisa. De ce fait, une communauté assez importante de résidents européens vit le jour dans la capitale ottomane.

Les diplomates

Les relations diplomatiques entre les États chrétiens et l'Empire ottoman étaient presque entièrement assurées par des représentants chrétiens installés dans la capitale ottomane et dans les échelles du Levant. Néanmoins, il n'était pas toujours possible pour les musulmans d'éviter un voyage en «territoire infidèle». À partir du XVIe siècle, entretenant de plus en plus de rapports avec l'Europe, le sultan envoie fréquemment des agents diplomatiques.

On sait que des missions turques furent envoyées à Vienne, à Paris et dans d'autres capitales. En 1581, deux émissaires turcs arrivaient à Paris. Le premier apportait à Henri III une invitation de Murad III à la circoncision de son jeune fils Mehmed. Le second envoyé, un certain Ali Çelebi, devait remettre au roi de France une lettre et un exemplaire des Capitulations récemment renouvelées. On signale d'autres missions en

[12] Sur la colonie turque de Venise, voir A. SAGRADO et F. BERCHET, *Il Fondaco dei Turchi in Venezia*, Milan, 1860, p. 23-28; G. VERECELLIN, «Mercanti turchi a Venezia alla fine del cinquecento», *Il Veltro: Rivista della civiltà italiana*, 23, n° 2-4, mars-août 1979, p. 243-275 et P. PRETO, *Venezia e i Turchi*, Padoue, 1975. Sur les commerçants musulmans, voir Cemal KAFADAR, «A Death in Venice (1575): Anatolian Muslim Merchants trading in the Serenissima», *Journal of Turkish Studies*, X, 1986, p. 191-218.

France au XVIIe siècle: deux au temps d'Henri IV, en 1601 et en 1607, deux sous Louis XIII, en 1618 et en 1640. L'arrivée d'un envoyé turc à Paris en 1669, et sa réception au château de Saint-Germain, provoqua de la part de Louis XIV la commande à Molière du *Bourgeois gentilhomme*[13].

Curieusement, seules les sources occidentales mentionnent ces premières missions musulmanes en Europe. Elles ne semblent pas constituer des événements dignes de l'attention de chroniqueurs musulmans. La première ambassade dont il subsiste une relation turque écrite date de 1665. Elle retrace l'ambassade de Kara Mustafa Pacha à Vienne à l'occasion de la ratification du traité de Vasvàr entre les souverains ottomans et autrichiens. L'ambassadeur était accompagné d'une suite de 295 personnes qui séjourna neuf mois à Vienne[14].

Si le rapport de Kara Mustafa Pacha se contente de faire le compte-rendu des démarches officielles et ne dit quasiment rien sur le pays visité, en revanche le chroniqueur Evliya Çelebi, qui accompagna l'ambassade, en profita pour observer la vie et la décrire dans son *Seyâhatnâme* (*Livre des voyages*) la capitale autrichienne et nous dresser un portrait cocasse de l'empereur d'Autriche.

> «Dieu lui a donné une tête en forme de bouteille, pointue au sommet à la façon des gourdes ou des bonnets des derviches tourneurs. Son front est plat comme une planche et, sous ses sourcils épais et noirs, très écartés, ses yeux marron clair, ronds comme des billes et ombrés de cils noirs, luisent comme les orbites d'un hibou. Son visage allongé et pointu fait penser au renard, ses oreilles sont aussi vaste que des pantoufles d'enfant et son nez rouge et brillant comme du raisin encore vert a la grosseur d'une aubergine de Morée. De ses larges narines, dans lesquelles il pourrait glisser trois doigts à la fois, tombent des poils, aussi longs que les moustaches d'un ferrailleur dans la trentaine, s'emmêlant à ceux de sa lèvre supérieure et à ses favoris noirs qui montent jusqu'aux oreilles. Ses lèvres sont gonflées comme celles du chameau et dans sa bouche tiendrait une entière miche de pain. Ses oreilles, larges et grosses, font aussi penser à celles du chameau. Quand il parle, sa salive gicle de sa bouche et de ses lèvres et l'éclabousse comme s'il avait vomi. Alors les jeunes pages éblouissants de beauté qui l'entourent l'essuient avec de grands mouchoirs rouges. Il passe son temps à coiffer ses boucles avec son peigne. Ses doigts ressemblent à des concombres de Langa[15].»

[13] Albert VANDAL, «Molière et le cérémonial turc à la cour de Louis XIV», *Revue d'histoire diplomatique*, II, 1888, p. 367-385.

[14] Le rapport de Kara Mehmed Pacha est imprimé dans M. RAŞÎD, *Târîh-i Râşid*, Istanbul, 1282, I, pp. 120-125 et FINDIKLI SILAHDAR MEHMED AĞA, *Silâhdar Târîhi*, Istanbul, 1928, I, p. 403-409.

[15] K. TEPLY, «Evliyâ Çelebî in Wien», *Der Islam*, 52, 1975, p. 125-131.

Sa description de Vienne est remarquable dans l'exactitude et la précision des lieux. Il raconte en détail le mécanisme des horloges de la ville, la grande bibliothèque et l'orgue monumental de la cathédrale Saint-Étienne, le grand hôpital de la ville où il assiste à des opérations chirurgicales.

À partir de l'ambassade de Kara Mehmed Pacha à Vienne en 1665, les ambassadeurs turcs en Europe prirent soin, à leur retour, de consigner par écrit le déroulement de leur mission, appelée en turc *sefaretnâme*, pour rendre compte de ce qu'ils ont vu et, plus particulièrement, de ce qu'ils ont fait. Ces récits ont pour fonction de renseigner un cercle étroit de gens impliqués dans l'exercice du pouvoir. Ils ont pour vocation de rester confidentiels, mais ils dépassent en même temps le cadre des questions d'actualité qui sont du ressort des diplomates pour essayer de fixer l'image du pays visité[16].

Un certain nombre de ces rapports, datant de la fin du XVIIe et du XVIIIe siècle, nous sont connus. De loin le plus intéressant est celui de Yirmisekiz Mehmed Efendi qui, en 1720-1721, se rendit comme ambassadeur à la cour du futur Louis XV[17]. D'autres rapports concernent les missions effectuées par les ambassadeurs à Londres, Paris, Berlin, Vienne, Madrid et Saint-Pétersbourg.

Ces rapports d'ambassade dénotent un certain goût de la stylisation et devinrent une sorte de genre littéraire. Leur contenu politique est décevant. Elles nous donnent peu d'informations sur les conditions politiques générales de l'Europe ; elles sont plutôt des compositions stéréotypées sur une série d'activités et de sujets classiques. Cependant, il y a de bonnes raisons de penser que certains rapports étaient plus documentés et pouvaient bien renseigner le sultan et son gouvernement.

Dans la seconde moitié du XVIIIe siècle, un changement se produisit néanmoins. On note une amélioration sensible dans la qualité de ces relations; les ambassadeurs ottomans se montrent plus attentifs et mieux

[16] Sur les rapports d'ambassades ottomanes en Europe et ailleurs, voir F. R. UNAT, *Osmanlı Sefirleri ve Sefaretnameleri*, Ankara, 1968 et F. BABINGER, *Die Geschichtsschreiber der Osmanen und ihre Werke*, Leipzig, 1927.

[17] Sur l'ambassade de Yirmisekiz Mehmed Çelebi en France, l'étude la plus à jour et la plus récente est celle de G. VEINSTEIN, *Mehmed Efendi. Le paradis des infidèles*, Paris, 1981. Voir aussi F. M. GÖÇEK, *East Encounters West, France and the Ottoman Empire in the Eighteenth Century*, New York, Oxford Univ. Press, 1987, p. 7-81; E. D'AUBIGNY, «Un ambassadeur Turc à Paris sous la Régence. Ambassade de Mehémet-Effendi en France, d'après la relation écrite par lui même et des documents inédits des Archives du Ministère des Affaires étrangères», *Revue d'histoire diplomatique*, III, 1889, p. 78-91, 200-235.

informés; leurs observations de la scène politique européenne deviennent plus pénétrantes.

Les espions

Outre les prisonniers, les marchands et les diplomates, les espions constituaient une autre catégorie d'informateurs sur l'Occident. Rares sont évidemment les renseignements disponibles sur leur compte. C'est dans la nature des choses. Un service d'espionnage qui ne saurait garder le secret ne servirait à rien et en général ce genre d'organisations ne publient pas de comptes rendus de leurs activités. Il existe cependant quelques documents montrant que les États musulmans se livrèrent à des opérations d'espionnage en chrétienté. Il est évidemment difficile de pouvoir juger de leur efficacité.

De temps à autre, les archives nous apportent quelques lumières sur les espions envoyés en Europe et sur le travail qu'ils accomplirent. C'est le cas de ceux qui furent expédiés en Europe pour surveiller le prince Djem (1459-1495), fils de Mehmed II le Conquérant et frère de Bayezîd II. Après avoir vainement revendiqué la succession, Djem trouva refuge dans l'île de Rhodes, alors sous l'autorité des Chevaliers de Saint-Jean, d'où il s'embarqua pour la France en 1482. Il essaya, sans succès, d'obtenir le soutien de souverains européens qui, semble-t'il, le considéraient plutôt comme un otage ou un pion à utiliser contre le sultan. L'Ordre le garda avec soin, d'abord en Savoie, puis en Limousin où l'imposante «Tour de Zizime», encore visible à Bourganeuf, témoigne de son exil. Transféré à Rome en 1489, il fut repris au pape par le roi de France Charles VIII lors de sa campagne napolitaine. Le prince mourut à Naples, le 24 février 1495[18].

L'affaire Djem suscita la mise en place d'un vaste réseau d'espionnage. Le sultan Bayezîd II tenait à surveiller de près son frère rival afin de le capturer ou de l'assassiner. Parmi la masse de documents sur l'affaire Djem, figure aux archives turques le rapport d'un certain Barak, capitaine turc qui fut envoyé en Italie puis en France où il retrouva la trace du prince[19].

[18] Il existe une somme considérable d'ouvrages sur Djem et ses aventures en Europe, notamment L. THUASNE, *Djem Sultan: Étude sur la question d'Orient à la fin du XVe siècle*, Paris, 1892; I. H. ERTAYLAN, *Sultan Cem*, Istanbul, 1951 et Nicolas VATIN, *Sultan Djem, un prince ottoman dans l'Europe du XVe siècle d'après deux sources contemporaines:* Vâḳıʿât-ı Sulṭân Cem, Œuvres *de Guillaume Caoursin*, Ankara, Türk Tarih Kurumu (série XVIII — n° 14), 1997.

[19] Nicolas VATIN, «À propos de l'exotisme dans les *Vâkıʿât Sultân Cem*: le regard porté sur l'Europe occidentale à la fin du XVe siècle par un Turc ottoman», *Journal Asiatique*, CCLXXII, 1984, p. 237-248.

Tableau du monde occidental

Comme nous avons déjà eu l'occasion de le souligner, ce fut surtout dans le domaine de la guerre que les Turcs acceptèrent de se tourner vers l'Europe pour s'informer des techniques et se les approprier. De fait, ils eurent très tôt de bonnes notions de cartographie et de techniques de navigation. Ils furent capable de copier, de traduire et d'utiliser les cartes maritimes occidentales et de dresser leurs propres cartes côtières. Piri Re'îs, le premier cartographe ottoman de renom, mort vers 1550, connaissait apparemment certaines langues européennes et utilisa, dans ses travaux des sources occidentales[20]. La mappemonde qu'il présenta au sultan Selim Ier en 1517 comprenait une copie de la carte de l'Amérique exécutée en 1498 par Christophe Colomb. L'original étant perdu, cette carte est la plus ancienne du Nouveau Monde[21]. D'autres géographes participent à ce transfer de connaissance: en 1580, Muhammad Ibn Hasan Su'udi compilait pour le sultan Murad III une relation de la découverte du Nouveau Monde, inspirée de sources européennes[22]; en 1655, Katip Çelebi, avec l'aide d'un moine français converti à l'islam, achevait la traduction de l'*Atlas Minor* de Mercator[23].

La curiosité de certains vizirs est attestée, mais laisse généralement peu de traces dans l'historiographie ottomane. Grâce à de récents travaux, on sait qu'en 1572, le grand vizir Feridun Bey se fit traduire, par un certain Hasan ibn Hamza et le scribe Ali ibn Sinân, une chronique de l'histoire de France, depuis le règne du roi légendaire Pharamond jusqu'en 1560[24]. Ce cas reste toutefois très isolé.

De manière générale, lorsque les Ottomans s'intéressent à l'Occident, on constate un goût prononcé pour l'étrange et le merveilleux, notion de *'adjâ'ib* et *gharâ'ib* dans la littérature orientale. L'Europe ne manque pas de sujets d'intérêt et les voyageurs musulmans sont frappés par

[20] Voir dans le présent volume la communication de Jean-Louis Bacqué-Grammont.

[21] Sur Piri Re'îs et sa carte, voir P. Kahle, *Die verschollene Columbus-Karte von Amerika vom Jahre 1498 in einer türkischen Weltkarte von 1513,* Berlin-Leipzig, 1932; Afetinan, *Piri Reis'in Amerika Haritası 1513-1528* (La carte de l'Amérique par Piri Reis, 1513-1528), Ankara, 1954.

[22] Voir les travaux de Thomas Goodrich, *The Ottoman Turks and the New World. A Study of Tarih-i Hind-i Garbi and Sixteenth Century Ottoman Americana*, Wiesbaden, 1990.

[23] Adnan Adivar, *La Science chez les Turcs ottomans*, Paris, 1939, p. 107-111; G. L. Lewis, *The Balance of Truth*, Londres, 1957, p. 136.

[24] Jean-Louis Bacqué-Grammont, *La première histoire de France en turc ottoman. Chroniques des padichahs de France (1572)*, Paris, L'Harmattan, 1997.

maintes choses qui peuvent leur paraître bizarres et souvent extraordinaires, notamment sur le plan des mœurs et des habitudes vestimentaires.

Les mœurs

Les voyageurs ottomans furent frappés, par exemple, par l'habitude européenne de se raser la barbe. Jeunes et vieux passent leur temps à se raser, n'épargnant pas le moindre poil. De même, cette habitude ridicule qu'ont les hommes de cour de se coiffer de perruques qu'ils poudrent en permanence. Ils sont particulièrement choqués par la malpropreté des Occidentaux qui ne se lavent jamais et ne connaissent pas l'usage des hammams. Seules les habitudes vestimentaires des européennes peuvent faire l'objet de commentaires élogieux. Voici ce que dit Evliya Çelebi des costumes des femmes de Vienne:

> «Tout comme les hommes, les femmes se couvrent de manteaux noirs ouatés et sans manches, faits dans diverses sortes de tissus. En dessous, cependant, elles portent des robes de brocart, de soie, de tissus d'or et d'autres étoffes précieuses et tissées d'or; ces robes ne sont pas courtes et étriquées comme celles des autres peuples infidèles, mais riches et amples, de sorte que les femmes traînent derrière elles des mètres de tissu qui balayent le sol à la façon des jupes des derviches Mevlevi [derviches tourneurs]. Elles ne portent jamais de pantalons. Leurs souliers sont de toutes sortes de couleurs et leurs ceintures en général ornées de pierres précieuses. Contrairement aux jeunes filles, les femmes mariées ne se couvrent pas la poitrine dont la blancheur a l'éclat de la neige. Elles ne retiennent pas leurs robes autour de la taille par une ceinture, comme le font les femmes de Hongrie, de Moldavie et de Valachie, mais nouent au-dessus de leur taille des écharpes aussi larges qu'un cadre de tamis. C'est un horrible vêtement qui les fait ressembler à des bossues. Sur la tête, elles portent des chapeaux de mousseline blanche décorés de dentelles et de broderies et, par-dessus, des capuchons ornés de pierreries, de perles et de rubans. Par la providence de Dieu, les seins des femmes de ce pays ne sont pas gros comme des outres à la façon de ceux des Turques, mais petits comme des oranges. Néanmoins, la plupart d'entre elles allaitent leurs enfants[25].»

Pour les amateurs d'histoires étranges et merveilleuses, la place des femmes dans la société constituaient une bonne source de sujets. L'institution chrétienne du mariage monogame, l'absence relative d'interdits sociaux les concernant et le respect que leur témoignaient même les personnalités les plus éminentes ne manquèrent jamais de frapper d'étonnement, rarement d'admiration, les voyageurs ottomans.

[25] EVLIYA, VII, p. 318-319; KREUTEL, p. 194-195.

Voici ce qu'en dit Evliya Çelebi, lors de son séjour à Vienne en 1666:

> «J'ai vu dans ce pays une chose très extraordinaire. Si l'empereur rencontre une femme dans la rue et se trouve être à cheval, il arrête sa monture et laisse passer la dame. S'il est à pied, il s'immobilise dans une attitude polie. La dame le saluant alors, il enlève son chapeau et la traite avec déférence. Il attend qu'elle soit passée pour poursuivre son chemin. C'est un spectacle très extraordinaire. Dans ce pays, comme partout en terre infidèle, les femmes ont les premières la parole et sont honorées et respectées pour l'amour de Marie Mère[26].»

Il n'est guère étonnant qu'Evliya Çelebi fût traité de menteur par ses compatriotes lorsqu'il racontait des histoires aussi singulières.

Les Ottomans sont frappés par la liberté des femmes et l'extraordinaire absence de jalousie des hommes. Certains auteurs affirment «les hommes sont les esclaves des femmes et se soumettent à leur volontés». Yirmisekiz Mehmed Çelebi note ainsi:

> «En France, les hommes ont beaucoup de respect pour le sexe; les plus grands seigneurs feront des honnêtetés incroyables aux femmes du plus bas état, de sorte que les femmes font ce qu'elles veulent et vont en tel lieu qu'il leur plaît; leurs commandements passent partout. On dit aussi que la France est leur paradis, parce qu'elles y vivent libres de toute peine et de tout soin et que, quelque chose qu'elles puissent désirer, elles l'obtiennent facilement[27].»

Les voyageurs ottomans sont parfois rebutés par les coiffures des femmes, leur maquillage, leurs bijoux et leur poitrine presque dénudée... leurs manières effrontées de bavarder sans arrêt, en bref, leur manque de vertu.

Quant aux mœurs de certaines capitales, elles ont de quoi choquer plus d'un voyageur. L'ambassadeur ottoman Hâlet Efendi, qui séjourna à Paris de 1803 à 1806, raconte ainsi sa découverte du Palais-Royal:

> «À Paris, il y a une sorte de place du marché appelée Palais-Royal, entourée de tous côtés par des boutiques qui vendent diverses marchandises. Au-dessus se trouvent des logements où habitent 1 500 femmes et 1 500 garçons se livrant exclusivement à la sodomie. Se rendre sur cette place la nuit est abominable, mais comme il n'y a aucun mal à s'y trouver le jour, je suis allé voir ce spectacle très particulier. À peine entré, hommes et femmes vous tendent de toutes parts des cartes imprimées spécialement sur lesquelles on peut lire: "J'ai tant de femmes, mon adresse est la suivante, le prix est de tant", ou encore: "J'ai tant de garçons, ils ont tel et tel âge, le

[26] Evliya, VII, p. 318-319; Kreutel, p. 194-195.

[27] G. Veinstein, *Mehmed Efendi. Le paradis des infidèles*, Paris, 1981, p. 73-74.

> prix officiel est de tant." Et si l'un de leurs garçons ou l'une de leurs femmes contracte la syphilis, il y a des docteurs nommés par le gouvernement pour le soigner. Femmes et garçons entourent le visiteur et, se pavanant, lui demandent: "Qui de nous préfères-tu?"
> Le pire, c'est que les Grands d'ici nous demandent fièrement: "Avez-vous visité notre Palais-Royal? Les femmes et les garçons vous ont-ils plu?"
> Dieu merci, dans les terres de l'Islam, il n'y a pas autant de garçons et de mignons[28].»

Le champ d'intérêt des premiers ambassadeurs Ottomans en Occident ne se limite pas aux mœurs et aux habitudes vestimentaires. Nombre d'entre eux étaient conscients que leur mission portait sur l'acquisition des techniques et l'acquisition du savoir.

Puissance technique de l'Occident

En 1720, Yirmisekiz Mehmed Efendi fait maints commentaires favorables sur le système de communication français, sur les écluses, les canaux, routes, ponts et tunnels qu'il emprunta au cours de son voyage. Il fut très impressionné par l'Observatoire de Paris et sa gamme d'instruments astronomiques:

> «une grande tour de pierres de taille à trois étages, chacun desquels a quantité de chambres remplies de machines sans nombre, les unes propres à l'astronomie et à l'observation des astres, et les autres à lever les grands fardeaux, à connaître quand la lune est nouvelle, à faire monter les eaux de bas en haut et à d'autres choses admirables et merveilleuses[29].»

Il y vit aussi des «miroirs ardents concaves de la grandeur d'une de nos grandes tables à manger, faits de métal de Damas» dont la chaleur suffisait à brûler des morceaux de bois et à fondre le plomb. Il décrit en détail toutes sortes d'instruments astronomiques et géométriques, notamment une machine capable de «connaître les éclipses de soleil et de lune» et une lunette qui provoquèrent son admiration.

Mehmed Efendi n'émet aucun jugement de valeur dans sa description des deux types de société. Mais ses récits sont suffisamment éloquents pour trouver quelques échos dans la société ottomane avancée. D'ailleurs, de retour à Istanbul, il devait se faire l'un des meilleurs propagandistes de la culture, de la civilisation et des techniques françaises.

[28] Enver Ziya KARAL, *Halet Efendinin Paris Büyük Elçiliği 1802-1806* (La grande ambassade de Halet Efendi à Paris, 1802-1806), Istanbul, 1940, p. 33-34.

[29] G. VEINSTEIN, *op. cit.*, p. 148.

Une certaine vogue «des modes franques» se répandit dans la capitale ottomane, sorte de pendant au goût occidental pour les turqueries.

D'autres rapports d'ambassade (*sefâretnâme*) témoignent de cet intérêt porté uniquement à des réalisations techniques, scientifiques et artistiques de l'Occident. À cet égard, on peut citer le rapport de Mustafâ Efendi dans lequel il relate sa visite au planétarium de l'Académie de Leyde en 1730 ou celui de son homonyme, Hattî Mustafâ Efendi, qui visita en 1748 l'Observatoire de Vienne et assista aux toutes premières expériences d'électricité statique:

> «On nous montra l'appareil suivant: il y avait deux pièces contiguës. Dans l'une se trouvait une roue à laquelle étaient fixées deux grandes boules de cristal. Celles-ci étaient rattachées à un cylindre creux, plus étroit qu'un roseau, d'où partait une longue chaîne qui rejoignait l'autre pièce. Lorsqu'on faisait tourner la roue, un souffle brûlant courait le long de la chaîne jusque dans l'autre pièce où il jaillissait du sol; si un homme le touchait, le souffle lui piquait le doigt et ébranlait tout son corps. Plus extraordinaire encore, si l'homme en question en tenait un autre par la main et celui-ci un autre, et ainsi de suite jusqu'à ce qu'un cercle de vingt ou trente personnes fût ainsi formé, chacun d'eux ressentait le même choc sur son doigt et dans son corps. Nous-mêmes, nous avons essayé. Mais comme ils n'ont pas su répondre de façon intelligible à nos questions et que ce dispositif est simplement un jouet, nous n'avons pas jugé utile d'obtenir de plus amples renseignements[30].»

Citons encore les rapports d'ambassade du derviche Mehmed Efendi sur sa mission en Russie (1754-55), celui sur Vienne d'Ahmed Resmî Efendi (1757), qui rédigea à son retour d'une mission diplomatique à Berlin (1763) une *Géographie moderne* (*Cografya-yî cedid*); la relation de Silâhdar Ibrâhîm Pacha sur la Russie, qui porte sur les années 1771-1775 et où il décrit le musée de Saint-Pétersbourg, les rues et les ponts de la ville, le jardin zoologique, le palais de Peterhof, les chantiers navals, le régime douanier et fiscal russe ainsi que l'organisation des postes.

CONCLUSION

Si pour les Ottomans du XVIe siècle, l'Europe chrétienne pouvait apparaître comme une terre peuplée d'arriérée, d'infidèles ignorants passant leur temps à se battre, par la suite son image a radicalement changé.

[30] Bernard LEWIS, *Comment l'Islam a découvert d'Europe*, p. 237-238.

Les défaites humiliantes face aux «vils mécréants», les encouragent à mieux connaître l'adversaire pour mieux l'affronter.

Il serait difficile et trop long d'expliquer ici l'absence de curiosité des Ottomans pour l'Europe. En effet, comme nous l'a montré notre présente communication, a aucun moment on assiste à un «occidentalisme», sorte de pendant à l'orientalisme européen. Protégé par la puissance militaire de l'Empire ottoman, barrière toujours redoutable même à son déclin, les peuples de l'islam semblent avoir continué jusqu'à l'aube des Temps modernes à se complaire dans la confirmation et la conviction que leur civilisation était de loin supérieure à toutes les autres.

NOUVEAU MONDE ET ANCIEN MONDE: LE TABAC, DÉCOUVERTE OLFACTIVE ET HISTOIRES DE FUMÉE

Damien Bischoff
Institut Français d'Études Anatoliennes, Istanbul

En découvrant, en 1492, le Nouveau Monde, les navigateurs européens trouvèrent, bien plus qu'une terre nouvelle et de nouveaux espaces: un monde de saveurs et de sensations.

Partis en quête des Indes, la déconvenue de ne pas arriver auprès du Grand Khan[1], et de n'avoir pour Cipango que la vallée du Cibao[2], devait être compensée par la découverte d'un autre monde d'épices et de richesses: or, tabac, café, pommes de terre et autres épices jusqu'alors inconnues. De cette erreur de navigation naquirent les *Indes Occidentales*. Ce qui allait inciter très tôt les Espagnols à utiliser, et en faire commerce, des produits de cette «autre route des Indes». Peu après, la découverte du Nouveau Monde, intégrée à un imaginaire commerçant et conquérant, l'exportation de ces produits exotiques va être contemporaine de l'importation de produits et usages occidentaux, non moins exotiques aux yeux des autochtones des Caraïbes: l'esclavage et la canne à sucre dès 1510; le Mexique, avec Hernan Cortés, puis le Pérou, avec Pizarro, leur étant apparu comme un nouvel Eldorado.

Dès lors, c'est dans le cadre d'un échange constant qu'il faut considérer le Nouveau Monde et l'Ancien Monde comme une «colonisation de l'imaginaire» du Nouveau par l'Ancien, si bien définie par Serge Gruzinski[3], et d'une réception du premier par le second.

C'est en gardant ce cadre et cette problématique à l'esprit, qu'il est possible d'appréhender la réception, qui fut faite par l'Ancien Monde de toutes ses nouveautés et choses insolites dont l'on ne possédait pas de terminologie pour en appréhender la nature et la nommer. Il en est ainsi du tabac qui devait intriguer les Européens, tout autant que la balle en caoutchouc de leur jeu de *batey*, qui, surprise, rebondit! Vers 1580,

[1] Cristobal Colon, *Diario de a Bordo* daté des 21/10/1492, 26/11/1492, "Lettre rarissime" du 7/7/1503.

[2] *Instructions à Mosen Pedro Margarite* du 9/4/1494 de Cristobal Colon. La vallée du Cibao au Centre de l'île d'Hispaniola est de nos jours située en République Dominicaine.

[3] S. Grusinski, *La colonisation de l'imaginaire. Sociétés indigènes et occidentalisation dans le Mexique espagnol, XVIe–XVIIIe*, Gallimard, Paris, 1988.

l'«Histoire des Indes Occidentales» est traduite pour le Sultan Murat III à partir des traductions italiennes de quatre récits espagnols de base[4]. Constantinople et l'Empire Ottoman furent, en retour, le théâtre d'une colonisation commerciale non moins profonde[5]. Ces traductions permirent, par leur diffusion, d'assimiler et d'appréhender une réalité toute autre qui s'exprime, linguistiquement, par la liste des nouveaux produits que l'on peut recenser. Leur nom resta taino, en ce qui concerne la faune, nous pouvons retenir: *carey*, la tortue, *iguana*, l'iguane, *manati*, le lamantin, *tiburon*, le requin, *caiman*, le caïman etc... de la flore, *aji*, l'ail, *batata*, le fameux tubercule, la pomme de terre, *caoba*, l'acajou, *cuaba*, le pin, *guayacan*, un bois très dur imputrescible, *calabaza*, calebasse, *mahiz*, le maïs connu en Amérique latine aussi comme c*hoclo* et *elote*, *mani*, cacahuète, *cacahuatl* au Mexique, *mangle*, mangrove, *yuca*, manioque, *guayaba*, goyave, *papaya*, papaille, *mango*, mangue, *barbicu*, barbecue, *canöe* et pour s'arrêter à notre propos: *tabacu* et *cojiba*, le tabac, *tubano*, le cigare.

Reprenons donc: c'est dans les îles Lucays (Bahamas), à Guanahani[6], de Quisqueya et d'Ayti, la terre des «Hautes Montagnes», que se fit la découverte majeure qui nous intéresse ici.

Le tabac, la cohoba et les secrets de Bayamanacoel

C'est dans l'île de Quisqueya et d'Ayti, immédiatement rebaptisée *Hispaniola*[7] par Colomb et ses successeurs, que pour la première fois, l'homme de l'Ancien Monde allait découvrir une plante, une pratique étrange et un objet non moins inattendu: en l'espèce des feuilles et plants de tabac, du rituel sacré de la *cohoba* et du cigare. C'est bien d'une découverte plurielle dont les Espagnols allaient faire l'expérience: découverte gustative tout d'abord, organoleptique et, surtout, olfactive.

[4] Francisco Lopez de Gomara, *Historia de la conquista de Mexico,* 1552; Gonzales Fernandez de Ovieda y Valdés, *Historia general y natural de las Indias, islas y Tierra firme del Mar Oceano,* 1526; Pedro Martyr d'Anghiera, *De Orbe Novo,* 1516; Agustin de Zorita, *Breve y sumaria relacion de los señores de la Nueva Espana,* 1555.

[5] Sur le tabac, sa découverte, sa diffusion, l'implantation et le développement de l'industrie tabatière, la constitution d'un monopole et d'une régie des Tabacs dans l'Empire Ottoman puis dans la Turquie contemporaine, se reporter au *Tütün Kitabı*, éd. Emine Gürsoy Naskali, Kitabevi, Istanbul, 2003.

[6] Cristobal Colon, *Diario de a Bordo* daté du 12/10/1492, *Lettre à Santangel*, février-mars 1493.

[7] Cristobal Colon, *Diario de a Bordo* daté du 6/1/1493.

> *Les deux chrétiens rencontrèrent en chemin beaucoup de gens qui traversaient leur village, des hommes et des femmes avec un tison à la main, des herbes pour prendre leur fumée qui rendent dépendant*[8].

Si les deux chrétiens observent, dans un village, des personnes des deux sexes fumant un cigare, c'est parce que les Faux Indiens du *Devisement du Monde* de Marco Polo avaient intégré le tabac dans leur mode de vie religieux et social. Outre son usage domestique, qui a pu étonner les premiers colons, il avait de surcroît, chez eux, une fonction politique et religieuse.

Le tabac possédait en effet une fonction religieuse éminente dans la vision du Monde des Tainos, de même que dans leur cosmogonie: au sein d'une ontologie archaïque, telle qu'a pu la définir Mircéa Eliade[9], le tabac prenait place comme propulseur dans le monde surnaturel et comme catalysateur du pouvoir politico-religieux, tenu par le *behique*, chef religieux et chaman, que suivaient les initiés. De même, le cigare était représenté, taillé dans la pierre, sous la forme d'un sceptre que possédait le *cacique*, chef politique des Etats fédérés de l'île, les *cacicazgos*.

Il est essentiel de rendre compte, dès maintenant, de la sphère du sacré, incluant cosmogonie et mythologie, afin de pouvoir saisir l'importance du tabac dans la vie religieuse et domestique des Tainos.

Chez les Tainos, le *behique* entraînait ses initiés dans un endroit secret et retiré pour participer au rituel de la *cohoba* : sur le plateau circulaire posé sur la tête d'un *zemi*, statue en bois représentant une divinité taina, se préparait la poudre de la *cohoba*, étrange concoction de tabac et de champignons hallucinogènes. Outre cette mixture, les initiés se font passer un cigare, en attendant que le chaman enflamme le mélange qui repose sur le plateau circulaire, puis, chacun leur tour, ils aspirent, à l'aide d'un inhalateur, la fumée du mélange, dont une extrémité est appliquée aux narines et l'autre au-dessus de celui-ci. A mesure qu'ils fument, les initiés basculent vers un état de conscience altérée[10] et entrent peu à peu en transe afin de quitter le monde naturel et terrestre et d'entrer dans le monde surnaturel et invisible des Dieux. Leur âme peut

[8] Cristobal Colon, *op. cit.*

[9] Mircéa Eliade, *Histoire des croyances et des idées religieuses. I. De l'âge de la pierre aux mystères d'Eleusis*, Payot, Paris, 1976, *Traité des religions*, Payot, Paris, 1949.

[10] État semblable à celui des chasseurs-cueilleurs du Paléolithique Supérieur, *cf. Les Chamanes de la Préhistoire, Transe et magie dans les grottes ornées*, Jean Clottes et David Lewis-Williams, Seuil, Paris, 1996, La maison des roches, Paris, 2001, et aussi, pour une analyse générale diachronique du phénomène, Mircéa Eliade, *Le Chamanisme et les techniques archaïques de l'extase*, Payot, Paris, 1968.

alors se libérer et leur corps rejoindre le monde des esprits, des dieux et des ancêtres: ainsi ils montent sur un *zemi* qui les emmènent chevaucher dans le monde invisible et sacré des *Zemis*.

Les Tainos retrouvaient ainsi les origines de la création du monde: *Atabey*, la Terre-Mère, *Yucahu Bagua Maorocoti*, Seigneur de la *yuca* et de la Mer, sans principe et sans cause, représentant la vie et l'essence de la nourriture dans ces trigonolithes figurant la racine de la *yuca*. Ils retournaient, de la sorte, aux origines des hommes, du soleil, de la mer et de la lune.

Le frère hiéronymite Ramon Pané[11] nous a transmis la cosmogonie taina ainsi que la mythologie qui y est étroitement liée. Dans celle-ci, les forces surnaturelles et invisibles agissent et pénètrent en permanence dans le monde terrestre et visible, leur présence est immanente à l'ensemble du règne végétal, minéral et animal.

Dans cette mythologie, le sacré et le profane sont liés, la nature étant le théâtre de la symbiose de ces deux mondes. De même, ressortissant de cette logique archaïque, les hommes et les animaux sont frères, au même titre que les plantes et les arbres qui peuvent être la manifestation des forces surnaturelles. Le tabac est ainsi présence du sacré, plante vénérée, dont l'usage est un chemin, un passage magique pour accéder à la réalité sous-jacente et simultanée des Dieux. Des forces naturelles et surnaturelles surgissent de la fumée du tabac et en sont ses effets. Ces forces peuvent être tout à la fois anthropomorphes, zoomorphes et physomorphes, car dans la création mythique et réelle tout est lié. Dans leurs grottes, les Tainos ont représenté les scènes de la vie quotidienne et cérémonielle: personnes fumant des cigares, rituel de la *cohoba* etc. Par le rite, ils actualisent le mythe[12].

Le sacré, allié à l'aspect curatif et à la fois magique (sous la forme de la *cohoba*), place le tabac à côté de la *yuca*, principe de vie des Tainos, comme élément fondamental de l'univers de ceux-ci puisqu'il est ainsi une voie vers le monde surnaturel. La *yuca*, quant à elle, constitue l'aliment de base des Indiens[13], à la fois amère et douce, selon les espèces. Appelée également *manioca*, on en faisait un pain, le *cazabe* qui pouvait se conserver en milieu tropical pendant une quizaine de jours.

[11] Fray Ramon Pané, *Relacion acerca de las Antiguedades de las Indias*, Ed. Juan José Arrom, XI: 18-21.

[12] Alain Testart, *Des mythes et des croyances: Esquisse d'une théorie générale*, Maison des Sciences de l'Homme, Paris, 1991.

[13] *Manihot utilissima, Manihot dulcis Pohl*, Bartholomé de Las Casas, 1875, Vol V, 1916, p. 305-310; P. Martyr d'Anghiera, 1892, Vol II, p. 436; G. Fernandez de Oviedo y Valdès, 1851, Vol I, p. 258.

Les Tainos sortirent des grottes comme du sein de la Terre-Mère *Atabey*, de la grotte de Cacibajagua et d'Amayauna, dans la Montagne de Cauta dans la Province de Caonao. Dans le mythe du peuplement de l'île, c'est au sortir de cette même grotte de Cacibajagua que *Macocael* est chargé de surveiller et de distribuer les tâches productives.

Les Indiens ne sortaient toutefois que de nuit afin de s'occuper, le jour, de la pêche et la cueillette. C'est là un interdit. Sa violation par le gardien *Macocael*, sorti au Soleil, entraîna des transformations principielles qui suivent l'ordre des règnes minéral, végétal et animal: *Macocael* est transformé en pierre, d'autres en *jobos*[14] et, finalement, *Yahubaba* se transforme en oiseau le matin. Seul à sortir de la grotte originelle sans châtiment, *Guahayona* emmena avec lui les femmes. Ainsi naquit le monde.

Nous lisons, dans le chapitre XI de la relation de Fray Ramon Pané, le texte suivant qui relate l'aventure des quatre frères (points cardinaux) *Caracaracol* (coquillages). Ils sortent en quête de nourriture et rapportent le *cazabi*, pain élaboré à partir de la yuca amère, à la porte de *Bayamanaco*, l'ancêtre des hommes :

> *ceux-ci aussitôt qu'ils arrivèrent à la porte de Bayamanaco, et après avoir noté qu'il avait du cazabe lui dirent: «ahiacabo guarocoel» ce qui veut dire: «nous connaissons en celui-ci notre grand père». de la même façon, Deminan Caracaracol voyant devant lui ses frères, entra pour voir s'il pouvait obtenir un peu de cazabe, ce pain est celui qui se mange dans le pays. caracaracol pénétrant dans la maison de Bayamanaco lui demanda du cazabe qui est le pain dont nous avons parlé. Ce dernier se mit la main à la narine, et lui jeta un guanguayo*[15] *dans le dos, lequel était plein de cohoba, qu'il avait fait faire ce même jour; la cohoba est une sorte de poudre que les indiens prennent de temps à autre pour se purger et pour d'autres effets que l'on expliquera par la suite. celle-ci, ils la prennent avec une canne d'un demi-bras de long, et la mettent à l'extrémité de la narine et cela les purge grandement. et ainsi il lui donna pour pain ce guanguayo, à la place du pain qu'il préparait; et il fut très indigné qu'on lui en demanda. Caracaracol, après cela, revint à ses frères, et leur raconta ce qui lui était arrivé avec Bayamanacoel et du coup qu'il lui avait donné avec le guanguayo dans le dos, et que cela le faisait souffrir beaucoup. Ces frères lui examinèrent alors le dos et virent qu'il l'avait très enflé, et il grossit tellement que cette enflure le fit presque mourir. Ils tentèrent de la couper, mais n'y réussirent pas; ils prirent alors une hache de*

[14] *Spondias mombin*, arbre de grande taille dont les fruits sont comestibles, semblables aux prunes de couleur jaune, peu charnues, que l'on trouve dans toute l'île.

[15] Récipient plein de la poudre de *cohoba*, fait d'un mélange de tabac et de champignon hallucinogène

> *pierre et lui ouvrirent l'inflammation, sortit alors une tortue vivante, femelle; et ainsi ils fabriquèrent leur maison et s'occupèrent de la tortue*[16].

Bayamanaco, le grand-père, possédait ainsi les secrets de la civilisation, avec le pouvoir et l'autorité que cette connaissance lui procurait. Ces biens sont la *yuca*, l'aliment essentiel, et le feu (dont on a besoin pour transformer la *yuca* en *cazabe*). Dans le mythe, l'interdiction de l'accès à ces biens et à cette connaissance sont marqués par l'indignation de *Bayamanaco* devant la prétention de *Deminan* et de ses frères. L'énervement de *Bayamanaco* est tel qu'il lui lance un *guanguayo*, récipient plein de la poudre de *cohoba*, mélange de tabac et de champignon hallucinogène, à la fois bien culturel permettant guérison et passage au monde surnaturel. Du châtiment et de la souffrance de *Deminan*, d'avoir vu et obtenu les secrets de la civilisation, apparut la tortue vivante femelle, c'est-à-dire les femmes: désormais compagnes des premiers hommes.

De cet exposé, il ressort que la *cohoba* (identifiée comme *copaifera hymonaefoli moric* et *piptadenia peregrina*) est considérée comme un des biens culturels, avec le feu, la *yuca*, la fondation d'une maison et d'une lignée ainsi que l'apparition de nouveaux hommes, qu'accompagne la tortue-femme, fruit du crachat-sperme de *Bayamanaco*.

Dans le mythe originel que nous venons d'examiner brièvement, on peut voir qu'avec la construction de la maison et l'organisation spatiale illustrées, dans le texte, par l'aventure des quatre frères points-cardinaux, surgit le monde des Tainos: pêche, cueillette et agriculture, *cohoba* et tabac pour le monde magico-religieux avec le *behique*, le chaman et ses remèdes, politique, avec la naissance d'une lignée (descendance et autorité de par la possession de la *cohoba*), cérémonialité, c'est-à-dire le passage du mythe au rite vivant qui est la réalisation-répétition des archétypes des ancêtres dans le cadre d'une histoire cyclique et de la répétition du passé et des origines. Ce mythe transcrit en fait le pouvoir cacical dans son ensemble avec ses hiérarchies sociale, politique et religieuse.

Les Espagnols, hormis Ramon Pané et Bartholomé de Las Casas sous certains aspects, étaient loin de comprendre le mode de vie des Indiens, ni même la signification fondamentale du tabac et de la *cohoba* pour les Tainos.

[16] Fray Ramon Pané, *Relacion acerca de las Antiguedades de las Indias,* Ed. Juan José Arrom, XI:18-21.

Ils considérèrent ce qui était un élément sacré comme un vice aliénant: ils ne comprirent le tabac que comme marchandise et ils ne purent jamais cerner sa véritable puissance et les secrets mélanges que les Indiens réalisaient à des fins médicale et magique. Ils ne comprirent pas plus d'ailleurs l'importance donnée aux fruits, dont l'un des Dieux porte le nom: *Maquetaurie Guayaba.*

LE *TÜTÜN* DE MURAT III À MEHMET IV: OR BRUN À LA COUR OTTOMANE

L'arrivée du tabac dans l'Empire Ottoman suivit de peu la traduction des récits des découvreurs espagnols du Nouveau Monde[17]. C'est à Istanbul que l'on suit le plus facilement son introduction à travers l'essai de Kâtib Çelebi et la chronique d'Ibrâhîm Peçevî. Le premier donne comme date d'arrivée 1601-1602, le second, 1600-1601. Une autre source indique une arrivée, au plus tard en 1591[18], une autre encore 1598[19]. L'arrivée s'est donc faite entre 1583, date du *Tarih-i Hind-i Garbî* dans lequel le tabac est absent, mais où l'on trouve déjà le maïs et la dinde, et 1591. Dans tous les cas, ces datations convergent toutes vers la fin du XVIe siècle et le début du XVIIe siècle. On peut donc tenir pour assurée cette date d'introduction du tabac dans la capitale de l'Empire Ottoman et s'attacher à la réception de celui-ci.

Dans l'essai[20] intitulé «Balance de ce qui est juste pour choisir ce qui l'est le plus», Kâtib Çelebi (1609-1657) rapporte l'usage que fit un médecin de la feuille de tabac au large des côtes du Nouveau Monde, proche d'une île dénommée Guinée.

> *Parmi les gens du navire, il y avait alors un médecin qui se trouva atteint dans son corps de maladies du phlegme auxquelles l'humidité de l'air*

[17] *Tarih-i Hind-i Garbî* de M. B. Emir Hasan el-Su'udi, dédié et présenté à Murat III en 1583 constitue, près d'un siècle après la découverte du Nouveau Monde, une des premières traductions et compilation des récits espagnols.

[18] Thomas D. Goodrich, *The Ottoman Turks and the New World, A Study of Tarih-i Hind-i Garbi and Sixteenth-Century Ottoman America*, Harrassowitz-Wiesbaden, 1990, mentionne concernant l'usage et la prohibition du tabac B. Lewis, *Istanbul and the Civilization of the Ottoman Empire*, Norman, Oklahoma, 1963, p. 134 et B. Lewis, *Everyday Life in Ottoman Turkey*, London, 1971, p. 139. et renvoie à N. A. Faris, Muslim World, LV, 1966, p. 44 pour une datation haute de l'arrivée du tabac à la cour ottomane, au plus tard en 1591.

[19] Hezârfen Hüseyin Efendi dans *Telhîsü'l-Beyan fî Kavânîn-i Âl-i Osmân*, (haz) Sevim İlgürel, Ankara 1998, p. 274-275, rapporte, quant à lui, que le tabac fut apporté par les Anglais comme remède en 1007/1598.

[20] *Mîzanü-l-hakk fî ihtiyâri-l-ahakk*, Ebû Ziyâ, Istanbul,1306/1888-1889, p. 39-52.

marin avait préparé les dispositions de son tempérament. Alors qu'à l'opposé de la règle, il appliquait comme traitement des remèdes échauffants et desséchants, le navire parvint à l'île susdite et [le médecin] y vit brûler une sorte de feuille. Il la huma et, comme la senteur en était odorante, il commença à l'aspirer à l'aide d'un instrument analogue à une pipe pour [en connaître] l'effet sur le cœur et le cerveau. Comme [cet effet] était profitable, il prit une abondante quantité de la feuille susdite et en fit usage durant son séjour là-bas. En se disant que c'était un remède bénéfique les gens du navire imitèrent le médecin, en prirent et en chargèrent une abondante quantité et, se voyant faire les uns les autres, commençèrent à fumer[21].

L'usage curatif du tabac reconnu par les découvreurs, et ayant un rôle éminent chez les Tainos, laisse très vite place, comme on peut le voir, à son usage domestique. C'est celui-ci qui est au centre de sa réception en Orient. Découvert par les Espagnols, rapportés par les Portugais et les Anglais, transitant par la France avant de rayonner, le tabac fit son apparition vers 1010, c'est-à-dire une période comprise entre le 2 juillet 1601 et le 20 juin 1602. Selon le même Kâtib Çelebi, sa diffusion semble avoir été inéluctable et contagieuse:

Sans en connaître l'origine, les gens en fumèrent en l'absence de tout besoin, en firent usage en en observant [l'effet], s'y adonnèrent et se détournèrent des autres sortes de stupéfiants. Lorsque [le tabac] devint une affaire générale depuis l'Orient jusqu'en Occident, il demeura exempt de toute prohibition[22].

Prédicateurs, Ulémas et jusqu'au Cheikh des chirurgiens, Ibrahim Efendî, plaidèrent son illégalité ou bien, s'ils reconnaissaient son caractère licite, dénoncèrent son caractère abominable. Murat IV finit par prohiber son usage sous inculpation d'opposition à l'ordre auguste et pour les incendies que cela provoquait nouvellement à Istanbul. L'auteur de cet essai sur «ce qui est le plus juste» de donner cette analyse morale du phénomène: «Les gens ont envie de ce dont ils sont empêchés». Même suppliciés à mort, les fumeurs continuent à fumer, la pipe cachée dans leur manche ou dans leur poche! Il conclut ainsi:

Dans la Pleine Islam, innombrables étaient ceux qui pénétraient dans les foyers et fumaient dans les toilettes au point que, même pendant la prohibition, les fumeurs étaient plus nombreux que ceux qui ne fumaient pas. Après le décès [de Murat IV], la prohibition fut parfois en vigueur, d'autres fois ce fut la permission. Lorsque le şeyh l-Islâm Behâ'î Efendi, objet de la miséricorde, rendit une fetva qui l'abolit, [le tabac] recouvra sa

[21] *Ibid.*, Cinquième sujet de discussion : le tabac.

[22] *Ibid.*

> *notoriété et eut de nouveau cours chez les gens du monde entier. De la part du règne sublime, les reproches adressés à ses adeptes diminuèrent quelque peu. A présent, on fume de nouveau dans tout le quart habité du monde. Telle fut l'aventure du tabac.*

Poursuivant son analyse morale et critique, Kâtib Çelebi examine cette proposition : «Une même chose peut-elle être à la fois légale, non illégale mais abominable, et interdite? N'y a-t-il pas là contradiction?» et fait la part entre le nécessaire et le nuisible. Cette différence logique effectuée, il s'en remet au libre arbitre de chacun pour autant que leurs gouvernants perçoivent une taxe. Ce dernier préconise ainsi le monopole du tabac et anticipe à la fois le principe de la régie des Tabacs. Puisque son interdiction n'a fait que renforcer les fumeurs dans leur détermination, ces derniers se mirent, par exemple, à priser le tabac lorsqu'ils n'osaient pas le fumer en public, finalement, il est bien plus raisonnable que chacun soit libre de fumer selon sa convenance et ses dispositions naturelles.

Autre mention est faite du tabac dans la chronique[23] d'Ibrâhîm Peçevî (1574-vers 1649). Selon ce dernier, il fut introduit par les Anglais «au tournant de l'année 1009», c'est-à-dire 1600-1601, comme remède contre des maladies dues à l'humidité des humeurs, puis se répandit dans les cafés, souks et bazars au point d'enfumer tous les lieux publics. L'auteur de cette chronique condamne son usage pour sa mauvaise odeur, les incendies dont il est la cause, et seul son usage sur les navires lui semble profitable pour la sécheresse qu'il apporte et son action contre l'humidité. Outre la condamnation de cet usage du tabac, venu du Nouveau Monde, «à l'odeur mauvaise et à l'âme fétide», s'essayant à comprendre quels sont les plaisir et agrément que fumer procure, il reçoit partout cette réponse: «C'est un divertissement. En outre, le plaisir qu'il procure confine à la volupté.» En cela, les Ottomans ne comprennent, dans l'immédiat, pas plus que les Espagnols, avant eux, ce qu'apporte le tabac au fumeur et les réactions sont fort semblables chez les Chrétiens et les Musulmans:

> *Ces deux chrétiens rencontrèrent beaucoup de gens qui traversaient leur village.... Les hommes toujours avec un tison à la main et certaines herbes enveloppées dans une certaine feuille, sèche aussi, en forme de ces pétards en papier que font les garçons à la Pentecôte. Allumés par un bout, par l'autre ils le sucent ou l'aspirent et reçoivent avec leur respiration, vers l'intérieur, cette fumée dont ils s'endorment la chair et s'enivrent presque.*

[23] *Târih*, Istanbul, 1281/1864-1865, p. 365-366.

Ainsi, ils ne sentent pas la fatigue. Ces pétards, ou quelle que soit la manière que nous les appelions, ils les nomment tabacs. J'ai connu des Espagnols, dans l'île espagnole, qui s'étaient accoutumés à en prendre et qui, après que je les en ai réprimandés leur disant que c'était un vice, ils me répondaient qu'il n'était pas en leur pouvoir de cesser d'en prendre. Je ne sais quelle saveur ou quel goût ils y trouvent[24].

Cet engouement sans mesure allait mener à son interdiction en 1635, cette dernière sera levée par Mehmet IV dès le début de son règne en 1648. Nous lisons, dans cette même chronique, en quel faveur est tenu le tabac à la cour ottomane une trentaine d'années après son introduction.

Lorsqu'on arriva à la date de quarante-cinq [1045/1635-1636], la diffusion et la renommée [du tabac]avaient atteint un tel degré que cela ne se peut décrire ni expliquer. Que Dieu Vrai — qu'il soit loué et exalté — augmente sans cesse toujours davantage la vie et la fortune, la justice et l'équité de Monsieur notre Padichah — que Dieu honore ceux qui l'assistent! — afin que, tous les cafés se trouvant dans les royaumes bien-gardés soient supprimés et, qu'à leur place, on fasse établir des boutiques convenables, et qu'il daigne ordonner qu'on proscrive absolument de fumer le tabac à l'âme fétide[25].

Malgré les lamentations[26] de l'auteur de cette chronique, la diffusion en Orient est irréversible et la pipe ottomane a déjà pris la place, dans la vie quotidienne, qu'avaient les grossiers cigares des Indiens Tainos du Nouveau Monde que les évidences archéologiques nous présentent sous forme de sceptre, et que le tabac et les cigares ont déjà en Occident. Concernant ce vice, les réactions, ici aussi, sont semblables chez les Orientaux et les Occidentaux.

Les Indiens de cette île utilisaient parmi tant d'autres de leurs vices un très mauvais, qui est de prendre de ces bouffées qu'ils appellent tabaco, pour sortir de leur sens. Et ceci ils le faisaient avec la fumée d'une certaine herbe, de ce que j'ai pu comprendre, elle est de la qualité de la jusquiame, mais pas de cette facture ni forme, à son aspect, parce que cette herbe est un bâton ou arbrisseau de quatre ou cinq paumes ou moins de haut et fait de quelques feuilles larges et épaisses, molles et duveteuses, et la couleur tire sur celle des feuilles, de la langue d'un bœuf (qu'ils appellent les hervolarios ou médecins)[27].

Peu de différence de jugement, en effet, concernant les fumeurs indiens pratiquant leur vice et la racaille et canaille ottomanes qui s'adonnaient à cet usage d'importation:

[24] Bartholomé de Las Casas, 1875, Vol I, 332, 1916, p. 181.

[25] *Ibid., Quant à l'apparition du tabac à l'odeur mauvaise et à l'âme fétide.*

[26] Sur le triomphe du tabac, *cf.* Eleazar Birnbaum, "Vice Triumphant: The Spread of Coffee and Tobacco", *Durham University Journal*, décembre 1956, p. 21-27.

[27] G. Fernandez de Oviedo y Valdès, 1851, Vol I, 130.

Dans les cafés, l'usage de la racaille et de la canaille était, la plupart du temps, de transformer les cafés en fumée bleu-vert, et ceux qui s'y trouvaient en arrivaient au point de ne plus voir les uns les autres. Quant aux souks et aux bazars, ils n'y lâchaient jamais le fourneau de leur pipe, empuantissant souks et quartiers en se jetant les uns aux autres [la fumée] par pleines bouffées au visage et aux yeux, et composaient de manière inconvenante de vains poèmes à ce sujet[28].

Reprenons, à ce stade de l'analyse, les traits principaux qui ont caractérisé la découverte du tabac, que nous avons vu plurielle et similaire à la fois dans l'Ancien Monde. Si le tabac connut un succès grandissant dans tout l'Occident et l'Orient et fut l'objet d'une faveur qui ne s'est pas démentie jusqu'à nos jours, comme nous l'avons vu, cette découverte fut, de prime abord, teintée d'indignation, de curiosité, d'étonnement et, très rapidement, d'envie. Le Mexique, avec Hernan Cortés, puis le Pérou, avec Pizarro, étant apparus aux Espagnols comme un nouvel Eldorado, il s'agissait dès lors d'exploiter les richesses autres qu'oréifères des îles Caraïbes: tabac, café et canne à sucre surtout, ce qui transforma le tabac du Nouveau Monde en *or brun*.

Nous l'avons vu, les textes des chroniqueurs relatent, de manière récurrente, la présence du tabac dans la vie quotidienne et religieuse des Tainos, et mentionnent les usages et cérémonies dont il faisait l'objet. Le décalage chrétien, puis ottoman, de cette découverte ôta immédiatement au tabac son côté sacré en le faisant tomber dans le domaine du profane. L'opposition binaire du bien et du mal d'un christianisme conquérant et évangélisateur, au niveau de la coutume, des mœurs et des pratiques, a dès lors prévalu et fit balancer le tabac et le fait de fumer dans le vice et le mal. Considéré comme mauvais, car peu connu et, au début, encore entouré de pouvoirs médicaux et magiques, il va être considéré et intégré très vite comme marchandise, comme un produit à vendre semblables aux autres et sur lequel on peut percevoir de lourdes taxes[29].

Le passage de la sphère du sacré au profane, d'un usage cérémoniel à un usage domestique est au cœur de l'analyse que l'on peut faire de la découverte du tabac. Tzvetan Todorov, dans sa problématique de l'altérité appliquée à la découverte du Nouveau Monde, a bien mis en avant la différence de valeurs des deux Mondes qui se rencontrent. Il énonce en ce sens que les conquistadores espagnols se trouvent entre un Moyen Age dominé par la religion et une époque moderne qui met des biens

[28] *Târih*, Istanbul, 1281/1864-1865, p. 365-366.

[29] Ibrâhîm Peçevî, *Târih-i*, Istanbul, 1281/1864-1865, p. 365-366. Et sur la taxation du tabac à l'époque ottomane, reprenant, entre autres, les informations d'Ibrâhîm Peçevî, voir Metin Ünal, "Tütünün Dört Yüz Yılı" dans le *Tütün Kitabı*, Emine Gürsoy Naskali éd., Istanbul, 2003.

matériels au sommet de son échelle de valeurs[30]. Les Chrétiens arrivent dans le Nouveau Monde avec leur religion et en reviennent avec or et richesses. Dans le même temps, s'ajoute à ce décalage un autre, tout aussi grand mais que le mercantilisme va réduire et effacer presque immédiatement, en ce que l'effort majeur des traducteurs ou chroniqueurs ottomans consiste à traduire des informations d'une culture (Chrétienté européenne) à une autre (Islam ottoman)[31]. En outre, Occidentaux et Orientaux appartiennent à l'Ancien Monde, partagent en cela les mêmes valeurs et semblent également préparés à l'époque moderne[32].

Des cigares tainos, en passant par les fumeurs de pipes ottomans jusqu'aux fumeurs de cigares de la bourse de New York et de Manhattan, reste à se demander si l'engouement pour le tabac, sous certaines de ces formes, ainsi que le marqueur social qu'il constitue (fumeurs de pipes dans la hiérarchie ottomane, cigares dans notre monde moderne) ne viendrait pas d'une certaine sacralité retrouvée ou jamais perdue à travers les âges. De la sorte, derrière la sacralité, toute populaire et folklorique, et le rituel dont les fumeurs entourent le cigare, ne persiste-t-il pas quelque chose de la noblesse universelle du cigare des Tainos, dont le nom même signifie noble et bon?

Partis d'Hispaniola vers d'autres contrées lointaines à la recherche d'or, les Occidentaux avaient sous la main cet or brun qui a passionné l'Europe, l'Empire Ottoman et jusqu'à dernièrement enflammé et fait trembler Wall Street. La fin du dernier millénaire, à la recherche de nouvelles valeurs technologiques, devant l'effondrement de celles-ci, a en effet vu un retour à des valeurs traditionnelles considérées comme plus sûres[33]. Le monde du cigare a connu ce que l'on a appelé le *boom américain,* en d'autres termes une ruée vers l'or brun. C'est ainsi que Santiago de los Caballeros, le premier Saint Jacques du Nouveau Monde, en

[30] Tzvetan Todorov, *La conquête de l'Amérique, La question de l'autre*, Editions du Seuil, Paris, 1982, p. 55 sq.

[31] Thomas D. Goodrich, *The Ottoman Turks and the New World, A study of Tarih-i Hind-i Garbi and sixteenth-century Ottoman Americana*, Harrassowitz-Wiesbaden, 1990, Preface, p. 2, à propos du *Tarih-i Hind-i Garbî.*

[32] L'Europe possédant une économie bien moins forte que l'Empire Ottoman, obligée de passer par celui-ci pour se fournir en beaucoup de produits, la découverte du Nouveau Monde a été en partie stimulée par cet état de fait et va contrebalancer la supériorité économique ottomane.

[33] Comme il y eut de façon à peu près contemporaine, dans la dernière décennie du XXe siècle c. 1996-2000, un engouement pour les vins argentins et, de façon plus large, une découverte des terroirs viticoles du monde entier.

République Dominicaine aujourd'hui, a vu débarquer des *businessmen* de New York, du tout Manhattan, et d'ailleurs, avec des valises pleines de billets de banque. Chacun venant financer et produire, sa propre marque, dans une ambiance de Far West que n'étaient pas sans rappeler les routes de terre poussiéreuses de Villa Gonzales et de Tamboril[34]. Chacun n'était-il pas venu retrouver le sceau d'une distinction perdue, marque de son rang et de sa réussite sociale, dans une lointaine similitude avec les caciques, chamans et initiés tainos?

Bibliographie

E. Birnbaum, "Vice Triumphant: The Spread of Coffee and Tobacco", *Durham University Journal*, décembre 1956, p. 21-27.

J. Clottes et D. Lewis-Williams, *Les Chamanes de la Préhistoire, Transe et magie dans les grottes ornées*, Seuil, Paris, 1996, La maison des roches, Paris, 2001.

C. Colon, *Diario de a Bordo*, éd. Manuel Alvar.

M. Eliade, *Traité d'Histoire de religions*, Payot, Paris, 1949.

Le Chamanisme et les techniques archaïques de l'extase, Payot, Paris, 1968.

Histoire des croyances et des idées religieuses. I. De l'âge de la pierre aux mystères d'Eleusis, Payot, Paris, 1976.

M. B. Emir Hasan el-Su'udi, *Tarih-i Hind-i Garbî*, vers 1580, *Tarih-i Hind-i Garbî veya Hadîs-i Nev (A History of the Discovery of America)*, The Historical Research Foundation, Istanbul Research Center, Ankara, 1987.

N. A. Faris, *Muslim World*, LV, 1966.

Thomas D. Goodrich, *The Ottoman Turks and the New World, A study of Tarih-i Hind-i Garbi and sixteenth-century Ottoman America*, Harrassowitz, Wiesbaden, 1990.

E. Gürsoy Naskali éd., *Tütün Kitabı*, İstanbul Kitabevi, Istanbul, 2003.

S. Grusinski, *La colonisation de l'imaginaire. Sociétés indigènes et occidentalisation dans le Mexique espagnol, XVIe–XVIIIe siècles*, Paris, Gallimard, 1988.

H. Hüseyin Efendi, *Telhîsü'l-Beyan fî Kavânîn-i Âl-i Osmân, (haz) Sevim Ilgürel*, Ankara 1998, p. 274-275.

Kâtib Çelebi, *Mîzânü-l-hakk fi ihtiyâri-l-ahakk,* «Balance de ce qui est juste pour choisir ce qui l'est le plus», Istanbul, Ebüzziyâ, 1306/1888-1889, p. 39-52.

B. de Las Casas, *Apologia*. Trad. Esp. Madrid, Nacional, 1975.

Apologetica Historia Summaria, 2 vol., Mexico, UNAM, 1967.

Historia de las Indias, 3 vol., Mexico, Fondo de Cultura Economica, 1951. 1875, Vol V, 1916, p. 305-310.

Opusculos, cartas y memoriales, Madrid, Biblioteca de Autores Españoles, t. 110, 1958.

[34] Villages des environs de cette capitale mondiale du cigare.

B. Lewis, *Istanbul and the Civilization of the Ottoman Empire*, Norman, Oklahoma, 1963.
B. Lewis, *Everyday Life in Ottoman Turkey*, London, 1971.
F. Lopez de Gomara, *Historia de la conquista de Mexico, 1552*, Mexico, P. Robredo, 1943.
P. Martyr d'Anghiera, *De Orbe Novo, 1516*, Trad. esp.: Decadas del Nuevo Mundo, Buenos Aires, Bajel, 1944.
G. Fernandez de Oviedo y Valdès, *Historia general y natural de las Indias, islas y Tierra firme del Mar Oceano*, 5 vol., 1526, Madrid, Biblioteca de Autores Espanoles, t. 117-121, 1959.
R. Pané, *Relacion acerca de las Antiguedades de las Indias*, Ed. Juan José Arrom.
I. Peçevî, *Târih*, Istanbul, 1281/1864-1865, p. 365-366.
A. Testart, *Des mythes et des croyances: Esquisse d'une théorie générale*, Maison des Sciences de l'Homme, Paris, 1991.
T. Todorov, *La conquête de l'Amérique, La question de l'autre*, Editions du Seuil, Paris, 1982.
M. Ünal, "Tütünün Dört Yüz Yılı" dans *Tütün Kitabı*, Emine Gürsoy Naskali éd., İstanbul Kitabevi, Istanbul, 2003
A. de Zorita, *Breve y sumaria relacion de los señores de la Nueva España, 1555*, Mexico, UNAM, 1942.

LA CONNAISSANCE ENTRE OTTOMANS ET TUNISIENS AU XIXe SIÈCLE

Odile MOREAU
IRMC, Tunis

La connaissance entre Ottomans et Tunisiens au XIXe siècle peut être étudiée dans le contexte des relations Sud-Sud du bassin méditerranéen. Pour appréhender cet objet de recherche, nous avons choisi de combiner, sur le plan méthodologique, d'une part, une échelle «macro-sociale» qui resitue la Tunisie à la jonction de l'Europe et de l'Empire ottoman, en mettant l'accent sur les relations Sud-Sud, c'est à dire intra-musulmanes. A partir des années 1830, la Tunisie entretient, en effet, des relations complexes avec Istanbul et Paris, deux pôles d'attraction, qu'on pourrait qualifier de «deux métropoles». D'autre part, nous prenons en même temps une échelle d'observation "micro-sociale" qui met en lumière les trajectoires des acteurs participant à la production de cette connaissance et aux échanges entre la Tunisie et l'Empire ottoman.

Pour suivre le mouvement des idées, nous choisissons de suivre celui des hommes qui les portent. Au XIXe siècle, on assiste à une floraison d'écrits, d'ouvrages, de publications, de journaux, de récits de voyages ... C'est aussi au cours de ce siècle que l'Orient découvre l'Occident.

Les chemins empruntés par l'apprentissage de la connaissance sont multiples. La trame intellectuelle se tisse dans le jeu triangulaire des espaces que sont la Tunisie, l'Europe et l'Empire ottoman. Ses porteurs sont bien sûr Tunisiens et Ottomans au sens large : des Ottomans d'origine arabe qui circulaient dans ce vaste espace ou encore, par exemple, des mamelouks tunisiens d'origine circassienne. Le plus fameux d'entre eux est Khayr ad-Dîn qui occupa les charges les plus hautes tant en Tunisie que dans l'Empire ottoman où il fut tour à tour Premier ministre. Il s'agit donc d'un réseau culturel riche et complexe. Nous disposons de plusieurs entrées pour approcher ces échanges culturels. En faisant de «l'histoire par le haut», on pourra s'attacher aux contacts de type officiel, mais si on veut renouveler les approches, on tentera de regarder les autres types de contacts et leurs aspects culturels, une «histoire par le bas».

Pour terminer cette introduction, nous aimerions souligner le caractère novateur d'un tel cheminement, surtout en ce qui concerne l'évolution historique tunisienne. En effet, l'historiographie «traditionnelle», puis «nationale» tunisienne a enfermé l'espace de recherche tunisien dans un cadre national qu'il faut déconstruire et ré-analyser. La nouvelle «histoire» cherche à briser le carcan dans lequel le Maghreb, en général, avait été enfermé pour le resituer à l'articulation des mondes musulmans moyen-orientaux et subsahariens. Cette modeste contribution s'inscrit dans ce courant d'histoire nouvelle au Maghreb et sur le Maghreb[1].

LES RELATIONS TUNISO-OTTOMANES ÉTAIENT-ELLES DES LIENS PUREMENT SYMBOLIQUES?

Les principales études sur les relations tuniso-ottomanes portent sur des périodes antérieures au XIXe siècle ou sur la période faste du XIXe siècle, à savoir le règne d'Ahmed Bey, ou encore le contexte politique de l'action de Khayr ad-Dîn[2]. Il faut cependant signaler une étude tout à fait novatrice sur la communication entre Tunis et Istanbul dans la seconde moitié du XIXe siècle[3].

L'historiographie «traditionnelle» est relativement décevante en ce qui concerne la question des relations tuniso-ottomanes de la seconde moitié du XIXe siècle, car elle est réduite à une question de contrôle de souveraineté. Elle reprend ainsi le point de vue officiel de la diplomatie française après l'occupation d'Alger en 1830. Dans cette «doctrine du statu quo», le Bey de Tunis était présenté comme un souverain autonome, sans obligation envers la Sublime Porte. Il était attaché au Sultan, en tant que Khalife, par des liens purement religieux, donc symboliques[4].

Ce sont des liens qui peuvent, certes, paraître ambigus. Mais l'historiographie nationale voire nationaliste tunisienne qui a enfermé l'histoire de la Tunisie dans un carcan local reprend à son compte ces présupposés avancés par l'historiographie traditionnelle, hérités de considérations d'ordre diplomatique. Elle a construit la «doctrine» de «l'autonomie de

[1] Julia Clancy-Smith (éd.), *North Africa, Islam and the Mediterranean World*, Frank Cass Publishers, 2001.

[2] Voir les travaux de Mantran, Raymond, Chater, Cherif, Zouari et Temimi notamment.

[3] Andreas Tunger Zanetti, *La communication entre Tunis et Istanbul (1850-1881)*, l'Harmattan, Paris, 1996.

[4] Andreas Tunger-Zaneti, *op. cit.*, p. 14.

fait» qui a encore cours jusqu'à nos jours. Mais cette situation ressemble plutôt à celle d'une province éloignée de l'Empire.

La vision coloniale de l'histoire du Maghreb a prétendu que ses Régences n'appartenaient que nominalement à l'Empire ottoman[5]. Les historiographies nationales ont repris à leur compte cette approche et elles ont présenté l'histoire de ces provinces comme singulière et relevant uniquement de dynamiques locales. Or l'enchevêtrement de ces histoires semble beaucoup plus complexe. En effet, l'histoire du Maghreb était aussi un élément d'un ensemble plus vaste, l'Empire ottoman. La resituer dans le contexte des dynamiques en action dans d'autres régions de cet Empire pourra ouvrir des perspectives de questionnements nouveaux tant sur le Maghreb que les autres provinces ottomanes. De là toute l'importance d'envisager le Maghreb dans sa dimension ottomane[6].

La nouvelle recherche relative aux provinces arabes de l'Empire ottoman préfère étudier ces provinces en tant que parties intégrantes de l'Empire et non plus comme des entités séparées regardées rétrospectivement ayant évolué vers l'émergence d'Etats nations modernes. Cette approche permet de porter un regard neuf tant sur le centre de l'Empire que sur ses provinces. Nous citerons, par exemple, les travaux de Jane Hathaway sur l'Egypte ottomane[7], de Dina Rizk Khoury sur la principauté de Mossoul [8], de Dror Ze'evi sur la région de Jérusalem[9]. Cette nouvelle recherche permet d'étudier des dynamiques en action au niveau provincial et de sortir du simpliste paradigme du déclin de l'Empire ottoman. L'historiographie du Maghreb ottoman n'a pas encore suivi cette tendance. Nous citerons cependant les travaux précurseurs de Tal Shuval relatifs à l'Algérie ottomane[10], ceux de Abderrahmane El Moudden concernant les relations entre le Maroc et l'Empire ottoman[11] et

[5] Après l'occupation d'Alger en 1830, la France est soucieuse de se présenter comme un libérateur au Maghreb face à l'Empire ottoman. Elle prépare sur le plan diplomatique et stratégique son intervention en Tunisie. Dans son discours, elle marginalise les liens entretenus avec l'Empire ottoman et encourage la Tunisie à les relâcher.

[6] Tal Shuval, «Remettre l'Algérie à l'heure ottomane. Questions d'historiographie», in *REMMM*, n° 95-96-97-98, Edisud, Aix-en-Provence, 2002, p. 423-448.

[7] Jane Hathaway, *The Politics of Households in Ottoman Egypt: The Rise of the Qazdaglis*, Cambridge, Cambridge University Press, 1997.

[8] Dina Rizk Khoury, *State and Provincial Society in the Ottoman Empire: Mosul, 1540-1834*, Cambridge, Cambridge University Press, 1997.

[9] Dror Ze'evi, *An Ottoman Century: the District of Jerusalem in the 1600s*, Albany, State University of New-York Press, 1996.

[10] Tal Shuval, «Remettre l'Algérie à l'heure ottomane. Questions d'historiographie», *op. cit.*

[11] Abderrahmane El Moudden, «Looking Eastward: some Moroccan Tentative Military Reforms with Turkish Assistance (18th-Early 20th Century)», in *The Maghreb Review* 19 (1994) 3-4, p. 237-245.

d'Andreas Tunger-Zanetti sur la communication entre Tunis et Istanbul au XIXe siècle.

La dualité de pôles d'attraction en Tunisie et sa position de charnière à la jonction de deux mondes a aussi pu renforcer cette impression. En effet, après 1830, les «regards provinciaux» de Tunis se tournent vers deux sortes de métropoles éloignées, Tunis et Paris[12].

Il existe de nombreux arguments pour démystifier l'allégation d'autonomie de fait. Tout d'abord, il n'y a pas d'hérédité de la dynastie Huseynite. Ensuite, le firman de nomination du Bey est pris par le Sultan ottoman. Par ailleurs, la régence doit l'obligation de secours à la Sublime Porte et elle s'en acquitte à chaque fois que l'occasion se présente. Ce fut le cas lors de la guerre de Crimée, puis de la guerre turco-russe de 1877-1878. Des émissaires ottomans sont en outre dépêchés pour mener périodiquement des inspections, notamment en cas de problème important.

Le versant officiel et diplomatique des liens tuniso-ottomans

Des émissaires tunisiens sont régulièrement envoyés dans l'Empire ottoman, où une représentation permanente est accréditée. Par contre, ce n'est pas le cas de la Sublime Porte qui n'entretient pas une représentation permanente en Tunisie.

Les émissaires tunisiens

Composée de Mustafa Balhawan et de Bin Diyāt, une délégation tunisienne fut envoyée à Istanbul en 1831 pour requérir l'aval de la Porte pour mettre sur pied une armée *Nizamie* et expliquer la nature des contacts pris avec la France à ce sujet.[13]

Or, effectivement, les choses étaient assez complexes, puisque des négociations avaient déjà été entamées avec la France. Deux officiers français avaient déjà commencé à instruire les troupes avant leur départ pour Istanbul.

[12] Andreas Tunger-Zaneti, *op. cit.*, p. 16.

[13] Homme d'État tunisien et chroniqueur (1802/1803 - 1874), tunisien *d'origine (awlad-'ûn)*, son père appartenait à la chancellerie beylicale. Il entra lui-même très jeune dans la chancellerie, en 1827, sous le bey Husayin Bin Mahmûd. Proche d'Ahmed Bey, il devint à la fois son secrétaire et confident (*kâtib al-sir*). Associé au mouvement de réformes, on lui doit le texte du Pacte fondamental (*ahd al-amân*) (1857) et la constitution de 1861.

La légitimation de l'introduction de la réforme militaire dans la Régence repose sur une apparente initiative ottomane, en fait sollicitée par les autorités tunisiennes. Mais la dualité des sources d'inspiration est gommée et l'antériorité du recours à l'aide française est passée sous silence pour des raisons diplomatiques. A cette période, il y a une pluralité d'instructeurs étrangers dans la Régence: des Ottomans, des Français et des Italiens notamment.

Les *Tanzîmât* se caractérisent par une concomitance des expériences, des échos, des résonances dans l'ensemble du bassin méditerranéen. Mais en Tunisie, elle était surtout perçue comme une question de contrôle de souveraineté. Le souverain tunisien refusa d'appliquer la charte de Gülhâne (1839) qui lui avait été notifiée en 1840, au motif que les réformes mentionnées avaient déjà été mises en œuvre. Sur ces entrefaites, le Sultan envoya, en 1842, un firman lui interdisant de nommer les officiers sans lui en référer, demandant que le tribut soit payé et que le pavillon ottoman soit arboré. On est bien loin des signes extérieurs d'une forme d'autonomie.

La représentation permanente tunisienne à Istanbul

Le bureau des affaires tunisiennes à Istanbul, le *kapı kethüdası*, représentait le Bey à Istanbul et était composé de deux agents permanents qui présentaient aux ministres ottomans les requêtes de leurs mandataires. Ils suivaient aussi les affaires concernant la Tunisie et les personnalités tunisiennes. Son rôle était celui d'un intermédiaire entre les gouvernements ottoman et tunisien. Hiérarchiquement, ce poste dépendait du ministère de l'Intérieur ottoman. Ce qui n'est pas sans souligner les droits de la Sublime Porte vis-à-vis de la Tunisie.

Les deux agents qui occupèrent ces postes furent Muhammad al Mutanni et Umar Arway. Pour donner une idée de l'intensité des relations, Muhammad al-Mutanni adressa entre 1860 et 1866 une cinquantaine de lettres à Ismail as-Sunni au ministère des Affaires étrangères tunisien[14]. Ce qui manifeste une régularité certaine sans en arriver à des rapports de périodicité mensuelle.

Pour ce qui est des missions officielles tunisiennes dépêchées à Istanbul, elles furent au nombre de six pendant les vingt-deux années antérieures à l'occupation de la Régence. Toutes présentent l'empreinte de Khayr ad-Dîn. Il faut aussi souligner que la grande majorité des émissaires étaient d'origine mamelouke. On est porté à penser que lorsqu'ils

[14] Andreas Tunger-Zanetti, *op. cit.*, p. 54.

étaient en compagnie de leurs homologues d'Istanbul, ils avaient le sentiment de se retrouver entre Ottomans et d'appartenir à une même origine et à une même culture. Autrement dit, ils étaient des hommes du même monde.

L'absence de représentation ottomane en Tunisie

N'ayant pas de représentation permanente à Tunis, les Ottomans y dépêchaient des émissaires en cas de besoin. Ce fut le cas, par exemple, lors de la grande révolte des tribus en 1864, à caractère anti-beylical et pro-ottoman très marqué. Une plainte avait été déposée auprès du Sultan ottoman contre le Bey, qualifié de mauvais gouvernant. Or, l'émissaire ottoman ne suivit pas la requête, mais se rangea aux côtés du Bey, plongeant les insurgés dans la désillusion[15]. Des missions navales ottomanes étaient également envoyées à Tunis[16].

L'évolution des relations officielles tuniso-ottomanes

La date charnière de l'évolution des relations tuniso-ottomanes est certes, l'année 1881, mais en deçà et au-delà, quelles ont été les lignes de continuités et de ruptures?

L'envoi de contingents tunisiens

En cas de guerre, l'Empire ottoman faisait appel à la Tunisie pour qu'elle lui envoie des renforts. Lors de la guerre de Crimée (1853-1856), le sultan exigea que son vassal tunisien lui prête main forte au moyen de troupes. Au courant du mois d'août 1854 et de juillet 1855[17], il envoya huit mille soldats à Istanbul. Au mois de novembre 1854, le premier contingent de troupes tunisiennes défilèrent devant le sultan. Insuffisamment préparées, elles furent employées dans les services de surveillance. Elles formaient un corps séparé sous les ordres du général tunisien Rachid[18] et furent affectées sur les rives de la mer Noire à Batum et à Sinop.

[15] Andreas Tunger-Zanetti, *op. cit.*, p. 81.

[16] Andreas Tunger-Zanetti, *op. cit.*, p. 89.

[17] A.E. (Archives du ministère des Affaires étrangères), Correspondance politique, C.P. 1830-1886, ISHMN (Institut Supérieur d'Histoire du Mouvement National, Tunis), Bobine 292, dossier n° 1, carton 15, M. Roches, consul général de France à Tunis à M. le ministre des Affaires étrangères, dir. pol. n° 12, Tunis, le 3 juillet 1855, p. 127.

[18] *Ibid.*

La moitié seulement revint en Tunisie, car elles furent décimées par les maladies. Mais elles n'étaient pas les seules dans ce cas. Elles étaient prises en charge par le gouvernement tunisien qui leur faisait acheminer par bateaux des ravitaillements, des médicaments ainsi que leurs soldes[19]. La communauté tunisienne des commerçants Djerbiens installés à Istanbul les approvisionnait également[20].

Lors de la guerre russo-turque de 1877, le sultan 'Abdülhamît exigea que le Bey de Tunis lui envoie six mille hommes, en application du firman de 1871. Mais à cause du mauvais état général de la Régence, il ne put fournir qu'une aide matérielle, à savoir six cent dix-huit mulets, cinq cent soixante dix-huit chevaux, ainsi qu'une souscription s'élevant à un million deux cent mille piastres. Après le départ de Khayr ad-Dîn du pouvoir, le sultan renouvela sa requête. Le 14 août 1877, il demanda l'envoi d'un contingent. Khayr ad-Dîn organisa une aide considérable à la Porte, mais pour ne pas trop mécontenter la France, il se garda d'envoyer des soldats[21].

Les principaux aspects des relations officielles tuniso-ottomanes furent négociés par Khayr ad-Dîn lors de ses missions à Istanbul en 1864 et en 1871: notamment, l'hérédité de la dynastie Huseynite, «l'autonomie» à l'intérieur de la Régence qui ressemble à une expression d'ordre diplomatique. Le droit à un pavillon distinctif et l'obligation de secourir le sultan par l'envoi de troupes en cas de guerre furent aussi examinés. Enfin, ce furent la question de l'effigie sur la monnaie ainsi que le prône du vendredi au nom du Sultan[22].

Les officiels, les hommes de pouvoir.
Khayr ad-Dîn

Né en 1822 ou 1823 dans Caucase, Khayr ad-Dîn fut emmené très jeune à Istanbul où il fut éduqué dans la maison du *Kâdi 'asker* d'Anatolie et *nakîb al-aşrâf* Kıbrıslı Tahsîn Bey[23]. Il commença notamment à y apprendre l'arabe. Il fut ensuite conduit à Tunis en 1839, où il perfectionna son instruction et gravit les échelons de la hiérarchie militaire et

[19] A. E., C.P. 1830-1886, bob. 292, dossier n° 1, carton 15, M. Rousseau, Premier drogman, gérant le Consulat Général de France à Tunis à M. le ministre des Affaires étrangères, dir. pol. n° 6, Tunis, le 18 février 1855, p. 37.

[20] Andreas Tunger-Zanetti, *op. cit.*, p. 88.

[21] G. S. van Krieken, *op. cit.*, p. 1186.

[22] Khayr ad-Din, *Essai sur les réformes nécessaires aux Etats musulmans*, présenté et annoté par Magali Morsy, Aix-en-Provence, Edisud, 1987, p. 29.

[23] Kibrisli Tahsîn Bey était un haut fonctionnaire de la Porte.

administrative[24]. Au palais d'Ahmed Bey, il reçut une éducation en arabe et en sciences islamiques. Puis, à l'école militaire du Bardo, il étudia les «sciences modernes» et le français.

Il ne tarda pas à avoir des responsabilités importantes. En 1846, il accompagna Ahmed Bey lors de son voyage en France. Puis il y séjourna quatre ans, de 1853 à 1856, pour mener au nom du gouvernement tunisien la procès contre Mahmûd Ben Ayyed. Cette période de sa vie est très importante car elle lui permit de connaître la culture européenne. En 1857, il fut nommé ministre de la Marine, puis président du Grand conseil, en 1861, au sein duquel il joua un rôle moteur dans l'élaboration des nouvelles institutions qui suivirent l'adoption du Pacte fondamental (1857) et de la Constitution (1861). Dans ces fonctions, il contribua au succès de la réforme judiciaire. Il était d'ailleurs l'un des partisans les plus convaincus et les plus actifs de la modernisation du système politique[25]. Mais en 1862, il démissionna de la plupart de ses fonctions et n'occupa pas de charge importante jusqu'en 1869. C'est à cette époque-là qu'il élabora son programme politique (*Aqwam al masalîk*) publié en 1868[26]. Dans la première partie de cet ouvrage, il décrit les pays qu'il a visité, l'Europe, mais aussi l'Empire ottoman. Dans l'introduction, il expose ses idées sur la possibilité pour les musulmans de regagner leur grandeur d'autrefois. Il préconise un bon gouvernement inspirant confiance aux habitants comme le meilleur des moyens[27].

Dépêché en 1864 en mission à Istanbul, il y négocia l'hérédité de la dynastie Huseynite. En 1869, il fut nommé ministre dirigeant et obtint en 1873 le départ de Khaznadar. Au mois d'août 1878, alors qu'il perdait son poste à Tunis, il fut invité à venir à Istanbul par l'entremise du cheikh Mohammed Zafir Efendi au nom du sultan. Dans un premier temps, on lui donna le titre de ministre, il fut membre de la chambre haute (*Meclis-i Âyan*), puis président de le commission financière (*Maliye Komisyonu*). Quatre mois plus tard, le 4 décembre 1878, il occupa la charge de grand vizir à Istanbul pendant neuf mois. Il continua

[24] "Hayreddin Paşa (Tunuslu)", in *Osmanlılar Ansiklopedisi*, YKY, Istanbul, 1999, vol. I, p. 557.

[25] G. S. Van Krieken, "Khayr al-Dîn Pasha", *Encyclopédie de l'Islam*, 2e éd., IV, p. 1185-1186.

[26] Son ouvrage ne fut publié à Istanbul qu'en 1876 et d'abord en langue arabe dans le journal al-Jawâ'ib. Censuré dans sa version turque, il fut publié en 1878, à peu près au moment de son arrivée à Istanbul pour prendre ses fonctions. Cf. Bekir Karlığa, *Islahatçı bir düşünür Tunus'lu Hayrettin Paşa ve Tanzîmât*, Islâm Kültürü Altın Sersi, Islahat Hareketleri Serisi "1", Balkan ilmî araştırma merkezi, Istanbul, 1995, p. 17.

[27] G. S. Van Krieken, *op. cit.*, p. 1186.

à servir 'Abdülhamit II en tant que membre de commissions spéciales. Il vécut à Istanbul jusqu'à sa mort en 1890. Pendant tout son itinéraire, de 1859 à 1878, il fut à Tunis le défenseur le plus acharné du renforcement des liens entre la Régence et l'Empire ottoman[28]. Pendant les dix années qu'il servit dans l'Empire ottoman, il œuvra pour présenter des propositions de réformes, plus particulièrement dans les domaines du droit et des finances. A Istanbul, il était proche du groupe *Sebilürreşad* et des idées de Cemaleddin al Afghanî et Muhammad Abduh[29].

Son entourage réformiste

Le général Hüseyîn[30], numéro deux du cercle moderniste, était un mamelouke d'origine circassienne. Il suivit les enseignements de l'école du Bardo et de l'école militaire. Président du Conseil municipal, il effectua plusieurs missions à l'étranger, dont une à Istanbul en 1859. Il se rendit à nouveau en visite à Istanbul en 1868[31].

Le général Rüstem[32] était également un mamelouke. Il fut deux fois ministre de l'Intérieur. Compagnon proche de Khayr ad-Dîn, il effectua deux missions officielles à Istanbul. Après l'avènement du Protectorat en Tunisie, en 1881, il s'expatria à Istanbul, puis décéda à Alexandrie.

Après leurs disparitions, soit après la moitié des années 1880, le courant pro-ottoman à Tunis perdit ses détracteurs et déclina de manière significative.

Les contacts officiels et leur évolution

On peut caractériser les contacts officiels par leur régularité. Jusqu'en 1881, les Tunisiens et les Ottomans entretiennent des contacts nourris. Les partenaires des Tunisiens dans l'administration ottomane sont souvent des Egyptiens. Khayr ad-Dîn a toujours été un partisan convaincu de liens étroits entre la Tunisie et le sultan ottoman[33]. La première rupture se produisit naturellement, de manière officielle, en 1881. Le Traité du Bardo stipulait que la France prenait en charge la politique extérieure de la Régence ainsi que la protection des ressortissants tunisiens à l'étranger. Mais les relations de type informel continuèrent, par les

[28] Andreas Tunger-Zanetti, *op. cit*, p. 48.
[29] "Hayreddin Paşa (Tunuslu)", *op. cit.*, p. 558-559
[30] Décédé en 1887.
[31] Andreas Tunger-Zanetti, *op.cit.*, p. 51.
[32] Décédé en 1886.
[33] G. S. van Krieken, *op. cit.*, p. 1186.

échanges de nouvelles, par l'entremise des commerçants, des amis égyptiens, des Levantins ou Turcs établis au Caire, en Italie, à Paris[34] …

A partir de 1881 s'esquissa aussi un mouvement modeste d'émigration vers l'Empire ottoman. Il s'agissait de gens aisés qui y restèrent. Par contre, ceux qui choisirent la Tripolitaine comme destination revinrent par la suite en Tunisie. Il y eu aussi de petites émigrations ultérieures, telles en 1906, celles des cheikhs Salih as-Sharif et Ismail as-Safahi[35].

La deuxième rupture se réalisa après 1890 avec le décès de Hayr ad-Dîn qui fut le dernier du groupe moderniste à s'éteindre, après les généraux Rüstem et Hüseyîn ainsi que le cheikh Bayram.

Une troisième rupture est à signaler, en 1913, avec le sort réservé au fils de khayr ad-Dîn et à Ali Bach Hamba. En effet, en 1912, Ali Bach Hamba fut déporté à Istanbul où il s'installa. Il quitta ainsi la scène politique tunisienne. 1913 vit l'exécution de Damad Mohammad as-Salih, le fils de Khayr ad-Dîn par les Unionistes. Ce fut aussi l'année de la délimitation définitive de la frontière tuniso-tripolitaine et la reconnaissance implicite de la domination française sur la Tunisie par la Sublime Porte.

Les relations tuniso-ottomanes se poursuivirent cependant jusqu'à la première Guerre mondiale et au-delà. Les Tunisiens manifestèrent un intérêt constant pour ce qui se passait dans l'Empire. Ils suivirent de près les événements de la guerre d'indépendance, puis l'émergence de la Turquie moderne avec l'abolition du Sultanat et du Khalifat[36].

Les aspects culturels, intellectuels, religieux, commerciaux, de l'éducation et de la vie privée

Dans le domaine économique

Il existait depuis longtemps une colonie de commerçants et de marchands tunisiens à Istanbul. Il s'agissait essentiellement de Djerbiens. A partir de 1830, des bonnetiers furent appelés de Tunisie sur demande du sultan. Originaires de l'intérieur de la Tunisie, ils étaient installés dans les quartiers de Defterdâr et d'Eyûp et fabriquaient des fez, des chéchias.

[34] Andreas Tunger-Zanetti, *op. cit.*, p. 202.

[35] Andreas Tunger-Zanetti, *op. cit.*, p. 203.

[36] Odile Moreau, "Regards du Maghreb sur les événements de Turquie dans les années vingt", actes du 10e colloque de l'Institut Supérieur d'Histoire du Mouvement National, *Les années vingt au Maghreb*, Tunis 5-6 mai 2000, série histoire du mouvement national, no 10, publ. de l'ISHMN, Tunis, 2001, p. 9-18.

De Tunisie, la Sublime Porte importait des tissus de laine, des couvertures, du beurre fondu, des esclaves noirs (avant l'interdiction de la traite), du savon, de la cire, de l'ambre… Quant à la Tunisie, elle importait de l'Empire des tissus, du tabac, du café, des barres de fer, des yatagan, des ustensiles de cuisine en bois ou en fer[37] …

Dans le domaine de l'éducation

Les échanges étaient moins importants. Quelques savants ou soufis tunisiens avaient bien émigré à Istanbul. Mais l'attrait pour Istanbul était plus fort pour les études de médecine ou les écoles militaires.

A Tunis, le collège Sadiki chercha à recruter un professeur de turc, mais la recherche fut ardue. En 1875, un Ottoman originaire de Bagdad prit ses fonctions qu'il assuma pendant deux années. Il fut ensuite remplacé par un Egyptien[38].

La presse, les livres

La presse et les livres sont un incomparable support pour la diffusion des idées et de l'information. A partir du début des années 1860, on assista, à Istanbul et à Tunis, à la création de deux journaux lus des deux côtés de la Méditerranée. Il s'agissait à Tunis, de *l'éclaireur tunisien* (*ar-Ra'id at-Tunisi*), le journal officiel et à Istanbul des *nouvelles en circulation* (*al-Jawâ'ib*), fondéé par Fâris Chidiâq, qui avait vécu auparavant à Tunis.

Nous donnerons comme exemple d'acteurs de premier plan des échanges entre Tunis et Istanbul, Ahmed Fâris Chidiâq[39], protégé britannique et Selim Fâris[40], son fils.

Ahmad Fâris al-Chidyâq (1804-1887) est un ottoman d'origine maronite du Liban qui a eu un parcours circulaire autour de la Méditerranée et a vécu au carrefour de deux mondes. Il est l'auteur du fameux ouvrage *La jambe sur la jambe*, considéré comme un texte fondateur pour sa modernité littéraire, paru à Paris en 1855. Son récit a le caractère d'une autobiographie déguisée. Il est l'un des premiers auteurs de la *Nahda* arabe, à la fois homme de lettres, poète, grammairien, lexicologue, philologue, traducteur, chroniqueur, éducateur et éditeur du premier journal

[37] Andreas Tunger-Zanetti, *op. cit.*, p. 202.
[38] Andreas Tunger-Zanetti, *op. cit.*, p. 84.
[39] A. G. Karam, "Faris al-Shiyak", *Encyclopédie de l'Islam*, II, p. 67-68.
[40] Şerif Mardin, *Jön Türklerin siyasi fikirleri (1895-1908)*, İletişim, Şerif Mardin Bütün Eserleri Dizisi 1, Istanbul, p. 38-41.

«moderne» en langue arabe. Cet intellectuel, dans sa vie, passe d'une communauté à une autre; ce qui est relativement rare. Il séjourna en Égypte (1825-1834), puis à Malte (1834-1848). Converti dans un premier temps au protestantisme, il demeura à Londres (1848), où il devint protégé britannique par mariage. Il y réalisa une traduction de la Bible en arabe. Puis il s'établit à Tunis (1857), où il devint musulman. Appelé par le sultan, de Tunis, il émigra à Istanbul (fin 1857) où il fonda un journal littéraire en arabe «*al-Jawâ'ib*» (1861-1884), le premier journal arabophone «moderne». Largement diffusé dans les *vilâyet* arabes du sultanat, il était aussi bien lu à Beyrouth qu'à Damas, à Baghdad, au Caire ou au Maghreb[41]. En Turquie, lexicologue, philologue et spécialiste de nombreux domaines dans les lettres, il publia tout ce qui avait été édité ou laissé en manuscrit dès qu'il s'agissait de sciences sociales, politique, langue ou philosophie. Il décéda octogénaire en Turquie, à l'apogée de sa gloire.

Selim Fâris (1826-1906) est un exemple d'intellectuel de haute volée, acteur de premier plan des échanges entre Istanbul, Tunis et l'ensemble de la Méditerranée et l'Europe. Il était le fils d'Ahmad Fâris Chidyâq[42], protégé britannique et vécut longtemps à Tunis. Il s'occupait avec son père de publier une revue en langue arabe, *al-Jawâ'ib* à Istanbul à partir du début des années 1860. Il séjourna de manière assez permanente à Istanbul entre 1869 et 1884 — date de la suspension dudit journal, puis au Caire. A Istanbul, il joua un rôle de premier plan dans la vie intellectuelle. En relation avec des hommes politiques, des diplomates en Europe et sur tout le pourtour de la Méditerranée, il était très au fait de l'actualité politique. Ce qui donnait du crédit à la revue qu'il dirigeait avec son père[43]. En 1894, il publia à Londres un journal nommé *Hürriyet* qui se faisait l'écho des idées réformistes et était l'organe du parti constitutionnel. Très actif en matière d'édition et d'activités politiques d'opposition au régime hamidien, Selim Fâris était un personnage important des relations Sud-Sud en Méditerranée à la fin du XIXe siècle[44].

La connaissance des Ottomans sur la Tunisie

Une version de la connaissance des Ottomans sur la Tunisie est présentée par un auteur ottoman de l'époque, Mehmet Muhsin, fonction-

[41] Fawwaz Traboulsi, «Fâris al-Chidyâq (1804-1887)», in Farouk Mardam-Bey (éd.), *Liban, figures contemporaines*, Circé, Institut du Monde Arabe, 1999, p. 15.

[42] A. G. Karam, "Faris al-Shidyak", *Encyclopédie de l'Islam*, 2e éd., II, p. 67-68.

[43] Andreas Tunger-Zanetti, *op. cit.*, p. 86.

[44] M. Şükrü Hanioğlu, *Bir Siyasal Örgüt Olarak, Osmanlı İttihad ve Terakki Cemiyeti ve Jön Türklük, vol. I (1889-1902)*, 2e éd., İletişim Yayınları, 1989, p. 93-106.

naire ottoman ayant longtemps servi en Egypte, avant de publier un manuel de géographie de l'Afrique (*Afriqa delili*), écrit en turc ottoman, en 1894 au Caire. Dans cet ouvrage se trouve un chapitre consacré à la province de Tunis (*Tunus eyâleti*). Sur les treize pages de ce chapitre, huit sont consacrées à l'histoire, ce qui important pour l'époque. Muhsin retrace les hauts et les bas des relations tuniso-ottomanes et souligne les signes d'attache et d'allégeance. Il y fait mention du nom du sultan sur la monnaie et lors du prône du vendredi, du tribut, de l'aide financière et militaire, des échanges, des cadeaux, des émissaires et bien sûr du firman de 1871. Il évoque aussi l'occupation française et la conjoncture internationale qui l'a amenée. Il s'agit d'un ouvrage de son temps qui met l'accent sur l'histoire politique et diplomatique[45].

CONCLUSION

Au XIXe siècle, les relations tuniso-ottomanes, loin d'être purement symboliques, s'avèrent riches et complexes. Des liens transversaux sont tissés de part et d'autre des rives de la Méditerranée. Les idées réformistes produites localement, ainsi que leurs auteurs, circulent entre l'Empire ottoman et la Tunisie notamment. Les contacts officiels, même s'ils s'estompent à partir des années 1880 ne disparaissent pas complètement. Une relation de «cousinage» perdure et tout ce qui se passe dans l'un des deux pays est suivi de près ou de loin dans l'autre pays.

[45] Andreas Tunger-Zanetti, *op. cit.*, p. 15.

LA DÉCOUVERTE SCIENTIFIQUE D'ANGKOR[1]

Bruno DAGENS
Université de la Sorbonne nouvelle (Paris III)

La découverte scientifique d'Angkor par l'Occident peut apparaître comme un cas d'école, comme, par exemple, celles du monde de l'Indus ou de la langue hittite. Très récente — elle a débuté à la fin du XVIIIe siècle — elle s'est développée à partir des années 1860 et dans l'ensemble rapidement, même si l'histoire de l'art paraît un peu à la traîne. Ses acteurs initiaux furent des sinologues, premiers chercheurs occidentaux à avoir eu un accès, même s'il n'était que livresque, à Angkor et à la culture khmère ancienne. Ce fût tout d'abord le Père Amiot, un des jésuites installés à Pékin: il traduisit partiellement le mémoire de Zhou Daguan (*alias* Tchéou Ta-kouan), membre d'une ambassade chinoise qui séjourne à Angkor en 1296-1297, sans comprendre cependant que le «Zhenla (Tchen-la)» que décrivait ce voyageur était le Cambodge. Sa traduction paraît à Paris en 1789[2] et son erreur est rapidement rectifiée par Marsden, un éditeur de Marco Polo qui rapproche les constatations de Zhou Daguan de la description que Marco Polo, son quasi contemporain, donne du Champa, voisin oriental du Cambodge[3].

Une trentaine d'années après Amiot, Abel Rémusat donne à son tour une traduction du même texte de Zhou Daguan (première publication en 1819); elle est plus complète et son auteur la justifie par le double but de réhabiliter les voyageurs géographes chinois et de «suppléer au défaut de documents précis recueillis sur le Cambodge par les Européens». Son travail reste une recherche de cabinet menée sans le soutien d'aucune vérification sur le terrain (ni l'appui d'aucun récit oculaire contemporain) mais il sera largement utilisé jusqu'à ce que Paul Pelliot publie à son tour une traduction de Zhou Daguan en 1902: cette traduction sera partiellement amendée et commentée par la suite, mais Pelliot cesse de s'y intéresser vers 1927 et c'est le résultat de cette révision inachevée

[1] Sauf exception, on se bornera ici à indiquer le nom de l'auteur et la date de l'ouvrage ou de l'article concerné (avec éventuellement le nom de la revue) en renvoyant implicitement pour plus de détails à la *Bibliographie du Cambodge ancien* (2 vol., Paris 1998) de B. BRUGUIER.

[2] Dans le tome 14 des *Mémoires concernant l'histoire, les sciences, les arts, les mœurs, les usages, etc. des Chinois par les missionnaires de Pékin* (p. 111-121).

[3] Références dans A. RÉMUSAT, *Nouveaux Mélanges Asiatiques* (t. I, 1829), p. 71.

qui est publié en 1951 dans un fascicule de ses œuvres posthumes. Tout en traduisant le rapport de Zhou Daguan, A. Rémusat avait réuni d'autres textes chinois, en particulier des récits plus anciens qui restent d'ailleurs nos sources principales sur les premiers débuts de l'histoire khmère; eux aussi ont été repris par Paul Pelliot (1903) et par quelques autres chercheurs avec quelques autres descriptions plus récentes. Sauf erreur de ma part, la contribution des sinologues occidentaux à l'histoire d'Angkor s'arrête à ces travaux[4]. Il faut attendre ensuite 1994 pour que paraisse en français une courte note de Yang Baoyun qui reprend la substance d'études menées en Chine (mais sans référence aux *realia* angkoriennes) sur le texte de Zhou Daguan (en particulier Xi Nai 1981). On peut regretter cette interruption car les interprétations des différentes sources chinoises n'ont pas pu profiter de l'amélioration de la connaissance d'Angkor depuis 1927, sinon sous la plume de chercheurs qui les utilisaient de seconde main[5]. On signalera enfin qu'un japonologue, Noël Péri, publie en 1923 le plan d'Angkor Vat préparé par un Japonais au début du XVIIe siècle. Pour en revenir à Abel Rémusat, son intervention n'aura pas de suite avant les années 1860 (ou même 1870) lorsque la parution des carnets de Mouhot en anglais et en français (1863-64), conjuguée à un contexte politique favorable, conduira à la découverte scientifique qu'annonce cette communication. Mouhot lui-même ne joue dans l'affaire qu'un rôle anecdotique: son apport scientifique le plus important aura été sa carte d'Angkor, ou, plus exactement, l'aurait été si cette carte n'était pas restée ignorée et inédite jusqu'en 1966, date de sa redécouverte par C. Pym[6].

Cette découverte scientifique peut s'organiser en trois épisodes, précédés d'une sorte d'«introduction». Cette dernière est l'affirmation préliminaire des liens entre le monde khmer ancien et l'Inde, affirmation à laquelle s'attache le nom du géographe allemand Bastian. Certes l'existence de ces liens est déjà chose entendue chez Mouhot qui avait déclaré «La connaissance du *sanscrit*, celle du *pali*, et de quelques langues modernes de l'Indoustan et de l'Indo-Chine, ainsi qu'une étude des inscriptions et des bas-reliefs d'Ongkor, comparés avec un grand nombre d'épisodes des antiques poèmes héroïques de l'Inde pourraient seules

[4] G. Cœdès consacrera deux articles à Zhou Daguan publiés dans le *B.E.F.E.O.* (1918) et *Toung Pao* (1933).

[5] Voir par exemple les critiques malvenues faites aux notes de Zhou Daguan à propos des temples nilomètres.

[6] Christopher Pym, *Henri Mouhot's Diary*, Oxford 1966; pour une reproduction en couleurs voir *Angkor — la forêt de pierre*, Paris 1989, p. 38

aider à trouver l'origine de l'ancien peuple du Cambodge»[7]. Cependant Bastian est le premier à avoir mis la chose en forme dans des articles parus à partir de 1864: il s'appuie en particulier (mais non uniquement) sur l'iconographie des dieux du Cambodge ancien où il reconnaît des dieux indiens.

Pour en revenir à nos trois épisodes, le premier d'entre eux est la mise en place d'Angkor sur la carte de l'architecture mondiale (1867), ses acteurs étant le photographe J. Thomson et l'historien J. Fergusson. Vient ensuite la découverte de l'histoire khmère (1870-1880) à laquelle s'attachent les noms des marins E. Doudart de Lagrée et F. Garnier, d'un militaire E. Aymonier, ainsi que ceux des indianistes H. Kern, A. Bergaigne et A. Barth, en attendant, au début du XXe siècle, George Cœdès. Enfin le dernier épisode sera le plus long: l'histoire de l'art khmer va balbutier jusqu'en 1927, date à laquelle Philippe Stern la mettra réellement sur pieds. Pour conclure, enfin nous compléterons cette présentation par celle de l'apport exemplaire de la cartographie à la découverte scientifique d'Angkor.

L'ARCHITECTURE

Les années 1860 marquent le début de la diffusion de l'image du Cambodge décrite par des témoins oculaires avec les publications française (1863) et anglaise (1864) de Mouhot et les ouvrages et articles du même genre qui se succèdent (Bastian et autres). Cependant l'événement important nous paraît être la prise en compte du Cambodge dans un ouvrage consacré à l'architecture mondiale et ce dès 1867. L'affaire se fait grâce à la rencontre de deux Ecossais, J. Thomson, un photographe — sans doute le premier — qui prend des vues à Angkor en 1866 et J. Fergusson, un historien de l'architecture qui s'intéresse plus particulièrement à l'architecture indienne. Dès 1867, après avoir vu les photographies de Thomson et lu le récit de Mouhot, Fergusson introduit les monuments khmers dans la seconde édition de son *History of Architecture in all Countries* et pose en particulier le problème du rapport de ces monuments avec le «modèle indien». Ce premier exposé est repris et développé dans l'*History of Indian and Eastern Architecture* publiée par le même auteur en 1876: cet ouvrage sera réédité et complété en

[7] Mouhot, *Tour du* monde, 1863, p. 305 édition (voir aussi édition anglaise [1864] vol. 2, p. 20 et édition française en volume [1868] p. 208).

1910 par J. Burgess (et depuis republiée à maintes reprises jusqu'à nos jours).

L'exposé de Fergusson n'est pas négligeable même si nombre de ses présupposés historiques sont inexacts, ce qui se comprend bien, et ne seront guère corrigés dans les rééditions de son travail, ce qui est regrettable, vu le prestige de son auteur. En effet, ce sera à travers lui que pendant longtemps les chercheurs anglo-saxons connaîtront l'art du Cambodge ancien et singulièrement son architecture. Fergusson est ainsi la source essentielle de Benjamin Rowland qui consacre à l'Asie du sud-est la dernière partie de son manuel (*The Art and Architecture of India: Hindu Buddhist and Jain*) paru dans la célèbre «Pelican History of Art»: publié en 1953 et réédité de façon interrompue jusqu'en 1970, cet ouvrage était totalement dépassé dès sa parution: en dehors de Fergusson, il s'appuie au mieux sur l'état de la recherche au début des années 1920.

L'histoire du Cambodge et ses sources textuelles

Les chroniques

Les premiers à s'être préoccupés sérieusement de l'histoire du Cambodge ancien sont les marins E. Doudart de Lagrée et Francis Garnier. Avant tout autre en effet, ils ont essayé de concilier les sources textuelles et les témoignages monumentaux qu'ils connaissaient bien et dont ils sont d'ailleurs les premiers à avoir développé l'étude systématique. Rappelons que les noms de ces deux chercheurs sont inséparables: si Lagrée est le premier à avoir systématiquement exploré et décrit Angkor, Garnier qui, après sa mort, lui succède à la tête de l'expédition sur le Mékong, et utilise ses travaux, les enrichit considérablement.

Ces deux marins avaient appris le khmer et avaient donc un accès direct aux sources textuelles qu'ils utilisaient. Ces dernières étaient certes très limitées: les inscriptions étant provisoirement considérées comme indéchiffrables même s'il était admis que leur écriture était incontestablement d'origine indienne, il ne subsistait que les récits chinois d'une part et, de l'autre, les «chroniques royales cambodgiennes». Lus à travers les traductions d'Abel Rémusat, les textes chinois ont permis à Garnier de tracer un tableau relativement solide de l'histoire du Cambodge jusqu'au VIIe siècle et de poser ainsi les premiers jalons de l'histoire du Funan (*alias* Fou-nan). Mais il s'est trouvé ensuite devant un grand vide s'étendant jusqu'au XIVe siècle: le texte de Zhou Daguan qui aurait pu éclairer quelque peu la fin du XIIIe siècle est essentiellement descriptif et n'apporte pas grand chose pour la connaissance du cadre événementiel de l'histoire khmère et les inscriptions étaient encore, on l'a dit, inintelligibles. Quant aux «Chroniques», si elles sont censées présenter l'histoire du Cambodge à partir du milieu du XIVe siècle (donc près d'un siècle avant l'abandon d'Angkor en 1431), elles ont cependant pour défaut majeur d'avoir été rédigées au début du XIXe siècle (au plus tôt): cela les rend «facilement» intelligibles certes — elles sont en khmer moderne — mais place leur rédaction très longtemps après les faits qu'elles rapportent. Quoiqu'il en soit, F. Garnier leur consacre en 1871 un article dans le *Journal Asiatique*, article où il pose parfaitement d'ailleurs les données du problème de l'historiographie du Cambodge et où il souligne avec force que seule l'épigraphie permettra de pousser plus loin l'étude de l'histoire du Cambodge; ajoutons que l'on trouve dans cet article les bases pratiquement définitives de la chronologie du Cambodge du XVe au XIXe siècle (les améliorations postérieures concernent la plupart du temps des points de détails)[8]. Quant à l'épigraphie dont il souligne l'importance, Garnier ne peut faire autre chose que reproduire quelques estampages d'inscriptions à titre d'illustrations dans la publication officielle de l'expédition du Mékong (1873): l'écriture se fait images et ces reproductions n'attirent pas l'attention; Abel Bergaigne mettra plus tard ce manque d'intérêt sur le compte du caractère luxueux de l'ouvrage de Garnier «qui ne paraît pas avoir fixé l'attention de beaucoup d'indianistes».

L'épigraphie

La question épigraphique va se régler très rapidement en 1879-1880, quelques années donc après celle des chroniques. En moins de deux ans les deux branches de l'épigraphie khmère vont être fondées: l'une, celle des inscriptions en langue khmère par Etienne Aymonier et l'autre, concernant celles en sanskrit, par H. Kern. Le problème était double: il fallait décrypter l'écriture (dont on savait déjà qu'elle était d'origine indienne) et identifier et comprendre la ou les langues utilisées.

Pour l'écriture, les choses seront réglées simultanément par deux voies différentes: à partir de l'écriture moderne et par comparaison avec des écritures anciennes d'autres pays d'Asie. Le premier à s'en être

[8] Pour ces chroniques voir désormais les travaux de Khin Sok et Mak Phoeun et les trois volumes de traduction qu'ils ont publiés (1981-1988).

occupé sérieusement est Aymonier (1844-1929), un capitaine de l'infanterie de Marine installé en Indochine dès 1869. Il part de sa connaissance approfondie de la langue khmère moderne — on lui doit un dictionnaire français-khmer (1874) et un dictionnaire khmer-français (1878) — pour procéder à des premiers déchiffrements qui lui permettent d'affirmer que deux langues sont utilisées: le khmer sous une forme archaïque («vieux khmer») et le sanskrit. Il expose ses conclusions dans un article publié à Saigon en 1880. Puis laissant de côté les textes sanskrits, il fonde l'étude du vieux khmer: dès 1883, dans le *Journal Asiatique*, il en pose rapidement les premiers rudiments, tout en établissant les règles de translittération de l'alphabet khmer. Par la suite ses travaux qui se continuent à un rythme rapide font l'objet de nombreux articles et sont largement utilisés dans l'ouvrage en trois volumes qu'il consacre au Cambodge en 1900-1904.

La démarche de Kern est assez différente; ce savant hollandais est un indianiste de renom que ses études sur l'Indonésie ont introduit à la connaissance de l'Asie du sud-est indianisée et de l'épigraphie sanskrite d'outre-mer. Il connaît bien les alphabets en usage en Inde du Sud et à Java. Il vient à l'épigraphie khmère un peu par accident en «tombant» sur des reproductions partielles d'images d'estampages publiées en 1879 par Harmand– un des membres de la mission Doudart de Lagrée — dans les *Annales de l'Extrême Orient*, une revue du lobby colonial publiée à Paris. Ignoré des indianistes français (comme la publication de Garnier), ce périodique arrive à la bibliothèque de Leyde qui est à l'affût de tout ce qui peut paraître sur le développement des empires coloniaux en Asie du sud-est. Par une démarche inverse de celle d'Aymonier, Kern va déchiffrer les «images» fournies par Harmand en s'appuyant sur sa connaissance des écritures anciennes de l'Inde du sud et de Java; dès 1879 il peut proposer la traduction complète d'une inscription sanskrite du Cambodge (celle de Prah Khan K. 161). On peut dire alors que «l'épigraphie cambodgienne était fondée» comme l'écrira un peu plus tard Bergaigne qui, dépité, ajoutait «mais nous en avions laissé le soin à un savant étranger».

A partit de ce moment là les choses s'accélèrent, pour des raisons peut-être plus politiques que scientifiques, mais qu'importe. L'épigraphie du Cambodge, singulièrement sa branche sanskrite, est «prise en main» par ce que l'on peut appeler l'indianisme officiel français qui, regroupé autour de l'Académie des Inscriptions et Belles-lettres et de la Société Asiatique, ne recule pas à l'occasion devant les déclarations les plus nationalistes. Ses représentants les plus actifs sont en l'occurrence Abel Bergaigne, Auguste Barth et Emile Senart: ils obtiennent qu'Aymonier soit chargé par l'Académie d'une mission de collecte d'estampages (1881); eux-mêmes se répartissent l'exploitation des textes sanskrits dont les estampages sont déjà disponibles; leurs premiers articles paraissent dès 1882 et le rapport annuel de la Société Asiatique publié en juillet 1883 montre que le travail est déjà bien avancé. Dès 1884, Bergaigne peut publier dans le *Journal Asiatique* une «Chronologie de l'ancien Royaume Khmer d'après les inscriptions» qui va des origines au 14e siècle. Dans ce travail qui vient compléter celui de Garnier, il propose une liste de souverains (avec dates de règne) qui, bien que ne reposant que sur les inscriptions dépouillées jusque là, n'en est pas moins presque définitive et, en tout état de cause, remarquable.

Ainsi bien établies, les deux branches de l'épigraphie cambodgienne se rejoignent en 1904 en la personne de George Cœdès: il a alors 18 ans et donne au *B.E.F.E.O.* son premier article qui traite d'une inscription en khmer et en sanskrit (K.79, 639 AD.). Il va désormais dominer la scène pendant une soixantaine d'années, en dépit de la participation de quelques comparses de renom comme Louis Finot ou Pierre Dupont. Sans être à proprement parler un homme de terrain, il aura sur ses prédécesseurs sanskritistes le grand avantage de s'appuyer sur une double culture — il connaît aussi bien le khmer et quelques autres langues que le sanskrit — et aussi de pouvoir adosser ses interprétations sur des contacts fréquents — directs ou indirects — avec le cadre monumental de l'histoire khmère (ne serait-ce que parce que, directeur de l'E.F.E.O., il est le premier destinataire de tous les rapports sur les travaux archéologiques menés à Angkor ou ailleurs en Indochine).

L'histoire de l'art

C'est un peu paradoxalement dans le domaine de l'histoire de l'art que les choses iront le plus lentement et que l'on mettra le plus longtemps à quitter l'amateurisme cultivé. Les raisons en sont multiples mais on y trouve au premier rang une absence totale de méthode scientifique ou plus exactement l'ignorance totale de l'existence d'une telle méthode. A cela s'ajoute une documentation surabondante mais souvent insuffisante et/ou erronée.

Problèmes de méthode

En ce qui concerne la méthode les choses peuvent se résumer de façon très simple: il a fallu attendre le milieu des années 1920 pour que soient appliqués à l'art khmer les principes élémentaires de l'histoire de l'art, en particulier celui de l'évolution irréversible des formes. Jusque là, les acteurs de la recherche — marins, artistes ou architectes, mais en aucun cas des historiens d'art — avaient établi une chronologie qui reposait sur des classements sommaires, pas totalement faux d'ailleurs. S'appuyant sur des datations épigraphiques on avait pu fixer de nombreux jalons et définir en particulier un «art khmer primitif» (titre d'un ouvrage de H. Parmentier paru en 1927) correspondant à la période dite «préangkorienne» (antérieure à 802). Cependant, l'absence de méthode aboutissait à lier sans contrôle les datations des monuments et statues à l'épigraphie, en d'autres termes à répercuter systématiquement toutes les erreurs de l'une sur l'autre: le cas le plus flagrant est celui de Banteay Srei (monument du Xe s.) attribué au XIVe siècle sur la foi de la lecture erronée d'une inscription par Louis Finot. Simultanément la notion même d'une évolution des monuments était rarement envisagée (sauf peut-être dans les travaux de Parmentier). A cela s'ajoutait enfin l'application systématique de vieux préjugés «romantiques» (au sens esthétique du terme) qui remontaient aux premières approches de l'art khmer: elle aboutissait notamment à placer l'art «grossier» du Bayon avant celui beaucoup plus «achevé» et «classique» d'Angkor Vat, alors que l'ordre de succession réel est inverse.

L'historien de l'art qui intervient est Philippe Stern. Sa connaissance de l'art khmer est alors purement livresque et muséale: elle se limite aux collections parisiennes (à l'époque le musée Guimet et celui du Trocadéro) ainsi qu'aux livres d'images et aux photographies. De toute sa vie il ne fera d'ailleurs qu'un seul séjour au Cambodge — quelques semaines en 1936, très fructueuses d'ailleurs puisqu'elles lui permette de mettre en évidence une période «des Kulen», véritable «chaînon manquant» retrouvé entre les arts «préangkorien» et «angkorien». En attendant, en 1927 il publie un ouvrage intitulé *Le Bayon d'Angkor Thom et l'évolution de l'art khmer*, où il s'attaque à la date d'un des monuments les plus célèbres d'Angkor, un temple montagne dont on a appris peu auparavant qu'il était bouddhique, alors que jusque là on l'avait considéré comme śivaïte. Cette datation était importante car l'abondance des monuments et des statues visiblement contemporains du Bayon en faisait de ce monument un des pivots de la chronologie de l'art khmer.

Lorsque Stern intervient le Bayon est attribué par certains auteurs à Jayavarman II (début du IXe siècle) et par d'autres à Yaśovarman Ier (fin du IXe siècle) et ce pour des raisons diverses — épigraphiques et esthétiques. Dans la partie «destructive» de son ouvrage (pour reprendre le terme de G. Cœdès), Stern montre l'impossibilité de ces attributions; dans sa partie positive il en propose une nouvelle — le règne de Sūryavarman Ier (première moitié du XIe siècle) — en s'appuyant sur une bonne analyse artistique et sur une inscription. Cependant si ses prédécesseurs n'étaient pas historiens de l'art (ni épigraphistes), Stern lui-même n'est pas épigraphiste et l'interprétation qu'il propose de la stèle de Lovek n'est pas recevable; la chose montre les limites d'une approche mono-disciplinaire et la nécessité de conforter les constatations de l'historien d'art par un travail d'historien proprement dit. Il faudra attendre encore un an après la parution du travail de Stern pour qu'un article de Cœdès (1928) attribue enfin et définitivement le Bayon et tous les monuments et statues qui s'y rattachent à Jayavarman VII et à la fin du XIIe siècle, en d'autres termes les situent après Angkor Vat. Ajoutons que le caractère «grossier» et primitif du Bayon qui le faisait placer *avant* ce monument «classique» qu'est Angkor Vat, va devenir avec le basculement de la chronologie une signature «baroque», les classifications européocentristes conservant tout leur prestige. Cela étant, l'histoire n'est pas tout à fait finie. Il faudra attendre 1952 pour que J. Boisselier tire toutes les conclusions des bouleversements apportés par Stern et Cœdès à la chronologie: il redonne sa vraie place chronologique à Beng Mealea, un vaste monument que des affinités évidentes avec le Bayon avaient fait placer avant Angkor Vat et que l'on avait omis de redater lorsque les dates du Bayon et d'Angkor Vat avaient été inversées! Quant à la chronologie d'ensemble établie par Stern (et rectifiée par Cœdès), elle va connaître certains aménagements (parfois tout récemment) mais les cadres généraux sont bien fixés et ne seront plus bouleversés; on constate plutôt quelques glissements et surtout un affinement dû à l'appel à des critères nouveaux (*eg*. en statuaire, la plastique jusque là peu prise en considération). Récemment aussi on a assisté au retournement de la datation relative de deux monuments très proches dans le temps — le Bakong et Prah Ko à Roluos (ci-dessous).

Problèmes de documentation

La documentation relative à l'art du Cambodge a posé deux sortes de problèmes. Les uns sont purement accidentels, les autres plus profonds concernent singulièrement l'architecture. Les premiers sont liés à de simples erreurs d'identification de documents telles que des photos mal légendées; la chose peut paraître triviale, elle n'en a pas moins son importance quand l'essentiel du travail de réflexion se fait très loin des monuments, ce qui était le cas de Philippe Stern dont la recherche s'est presque toujours appuyée sur des photographies de monuments qu'il n'avait pas vus[9]. Son cas est loin d'être isolé, mais ses malheurs sont un peu la rançon de la chance qu'il a eu de pouvoir disposer d'une très belle photothèque car grâce à l'E.F.E.O., l'art khmer a été remarquablement très tôt documenté.

Plus importants sont les problèmes liés aux imperfections d'une documentation graphique élaborée dans des circonstances difficiles et qui n'a pas toujours été révisée les conditions de travail se sont améliorées. En ce qui concerne le groupe d'Angkor, tous ses monuments importants et nombre de vestiges secondaires ont été levés dans la vingtaine d'années qui a suivi la venue de Mouhot (entre 1865 et 1885-90), ce dernier n'ayant dessiné et publié que le plan d'Angkor Vat (déjà levé au XVIIe siècle par un Japonais). Les plans élaborés par ses successeurs immédiats ont pâti du fait que les monuments concernés étaient tous pris dans une végétation abondante (ce qui n'était pas le cas d'Angkor Vat); ils comportent de ce fait de nombreuses erreurs, parfois importantes. Cependant tout imparfaits qu'ils sont, la plupart de ces plans sont «beaux», parfois même «très beaux»: certains (ceux de Fournereau) ont été présentés au Salon, tandis que d'autres ont donné lieu à des luxueuses publications (albums *in plano* de Delaporte, publication de Banteay Srei)[10]. Comme souvent l'impressionnante perfection matérielle des dessins et des publications où ils apparaissaient a poussé à considérer ces documents comme parfaits et définitifs. Ils ne l'étaient pas, mais ils n'en ont pas moins été inlassablement reproduits et utilisés dans l'état, et ce parfois jusqu'à nos jours: un guide d'Angkor publié très récemment par un éminent chercheur donne un plan du Bayon, dérivé de celui erroné levé vers 1870 par un marin qui accompagnait Doudart (le temple a une tour en trop!), erreur rectifiée depuis les années 1960, époque à laquelle on s'est enfin avisé de la nécessité de remédier à cet état de fait.

C'est en effet à ce moment que B.-P. Groslier, conscient de la situation et des problèmes scientifiques qui en résultaient mais aussi disposant des moyens nécessaires pour y remédier, a confié à des architectes (G. Nafilyan puis J. Dumarçay) une campagne systématique de levés

[9] Dans son dernier ouvrage (*Les monuments de Jayavarman VII*), paru en 1965, il s'est fondé sur des photographies mal localisées pour dater des édifices qu'elles ne concernaient pas, ce qui a naturellement faussé certains éléments de la chronologie qu'il proposait.

[10] Voir quelques uns des dessins de Fournereau reproduits en couleurs dans notre *Angkor — la forêt de pierre* (Paris, 1989). Pour Banteay Srei voir L. FINOT, V. GOLOUBEW et H. PARMENTIER, *Le temple d'Içvarapura (Bantay Srei, Cambodge)*, Paris 1926.

architecturaux des monuments d'Angkor. Même si ce programme n'a pu être mené à son terme en raison de la guerre, il a débouché sur des monographies qui, publiées à la fin des années 60 et aux débuts des années 70, renouvellent notre connaissance de certains des plus grands temples d'Angkor et mettent à disposition un ensemble impressionnant de documents graphiques beaucoup plus fiables que ceux dont on a pu disposer auparavant[11]. Ce renouvellement a permis aussi le développement de nouvelles études reposant en particulier sur la mise en évidence de particularités jusque là ignorées ou négligées de l'architecture khmère[12]. Cette architecture, que l'on pouvait considérer comme ce qui était le mieux connu de l'art khmer, a pu être ainsi l'objet d'une véritable redécouverte, comme en témoigne un ouvrage qui vient de lui être consacré[13].

Le cas exemplaire de la cartographie d'Angkor

Contrairement à ce qui se passe pour les plans de monuments, la cartographie du site d'Angkor a connu une amélioration relativement régulière et continue depuis la venue de Mouhot jusqu'à nos jours, amélioration qui concerne aussi bien la qualité des documents que les méthodes utilisées. On rappellera rapidement les grandes étapes de l'histoire de cette cartographie, avant d'examiner comment à différents moments de l'étude d'Angkor l'instrument cartographique a pu être exploité pour tenter des répondre aux questions que posent l'histoire de la Ville et du Pays khmer.

Les premières cartes d'Angkor

La première carte «connue» de la région d'Angkor est celle qu'avait dressée Henri Mouhot en 1860, mais son intérêt reste anecdotique puisque, comme cela a déjà été signalé, ce document est resté enfoui dans les archives de la Royal Geographical Society jusqu'en 1966[14]; c'est donc un monument beau et intéressant mais «inutile». Cette «carte» est

[11] Le Bayon (J. Dumarçay 1967 et 1973), Angkor Vat (G. Nafilyan 1969), Ta Kèv (J. Dumarçay 1971), et le Phnom Bakheng (J. Dumarçay, 1972), tous publiés dans les Mémoires Archéologiques de l'E.F.E.O.).

[12] Voir en particulier les travaux de J. Dumarçay sur les effets perspectifs.

[13] J. Dumarçay & P. Royere, *Cambodian Architecture. Eighth to Thirteenth Centuries,* Leiden-Boston-Köln, Brill, 2001.

[14] Ci-dessus note 6.

cependant intéressante: s'agissant d'un croquis fondé sur des levés d'itinéraires, elle présente la localisation plus ou moins exacte de certains éléments du site par rapport à la rivière (dont le tracé au nord est erroné), au Grand lac et à la ville moderne de Siemréap. Elle situe la plupart des grands ensembles et plusieurs temples moins importants mais placés «stratégiquement»; cependant elle est loin de couvrir tout le site et omet en particulier les deux grands *baray*. Son erreur la plus manifeste, mais aussi la plus remarquable, concerne cependant Angkor Thom, la «ville murée» construite par Jayavarman VII à la fin du XIIe siècle. En effet au lieu de placer en son centre géométrique le Bayon, temple montagne de Jayavarman VII, dont c'est en réalité la position, Mouhot y met l'ensemble constitué par le Phimeanakas et le Palais royal et décale le Bayon lui-même vers le sud-est. Cette erreur se retrouve sur les cartes publiées dans les décennies suivantes, en particulier celles que publient Garnier puis Aymonier. Elle s'explique par la difficulté qu'il y avait à circuler dans Angkor Thom et à s'y repérer: sur ce point tous les témoignages concordent pour souligner l'importance et la densité de la végétation qui l'encombre. Cela étant on peut se demander si placer comme intuitivement le palais au centre de la ville murée n'était pas également montrer bien involontairement que l'on n'avait pas encore saisi — compris — que dans le Cambodge ancien le royaume s'organisait non pas autour du Palais royal — simple abri de la personne matérielle du souverain — mais bien autour du temple montagne qui manifestait à la fois la toute puissance et, sans aucun doute, la nature divine de ce souverain. On peut ajouter que certaines idées ont la vie dure: dans un ouvrage récent concernant l'Inde et dû à un architecte spécialiste du monde indianisé, une grande envolée range Angkor Thom parmi les capitales d'Asie dont le centre géométrique est occupé par le palais du roi!

Pour en revenir aux premières cartes du site d'Angkor, celle publiée par Garnier dans le *Voyage d'exploration...* (1873) est encore assez sommaire: on y retrouve la même erreur dans le tracé de la rivière au nord, pour ne rien dire du désordre dans lequel sont placés les temples situés à l'est d'Angkor Thom. Il s'agit là encore de levés d'itinéraire qui sont loin d'avoir la qualité des magnifiques cartes du cours du Mékong qui accompagnent le même ouvrage. La carte d'Angkor que donne Aymonier dans son gros ouvrage sur le Cambodge (1900-1904), marque un net progrès; les grands monuments s'y trouvent tous et dans l'ensemble à peu près bien situés, à l'exception naturellement du Bayon et du Phimeanakas[15].

[15] E. AYMONIER, *Le Cambodge*, 3 vol., Paris, 1901-1903.

L'erreur dans l'organisation d'Angkor Thom est corrigée en 1908 lorsque le Service géographique de l'Indochine dresse (au 40 000e) la première véritable carte de la région d'Angkor. Cependant cette correction est effectuée sans que toutes les conséquences que l'on puisse tirer de la chose soient prises en compte. Quoiqu'il en soit c'est cette carte qui désormais fournit le fond topographique de base pour la cartographie du site et de ses environs immédiats et ce pour de très nombreuses années. Elle ne connaîtra guère de modifications sinon quelques améliorations de détail liées à l'utilisation des photographies aériennes à laquelle est attaché le nom de Victor Goloubew au début des années 30. Le fond topographique étant donc désormais bien fixé, il reste encore à le garnir; toute la période qui va jusqu'à la seconde guerre mondiale y est consacrée: grâce aux opérations de dégagement et aux prospections systématiques menées par les conservateurs successifs d'Angkor qui quadrillent systématiquement le site, la trame topographique se charge progressivement d'une multitude de points archéologiques (dont l'un au moins est de première grandeur, le temple montagne d'Ak Yum[16]). Tout cela permet d'établir dans le courant des années 30 une carte archéologique du site qui reste cependant un document à usage interne[17]. Bon instrument de travail, cette carte est remarquable par le nombre des sites repérés mais aussi par le caractère très approximatif de leur localisation: si le cadre général est exact, en revanche les éléments nouvellement découverts sont généralement mis en place par levé d'itinéraire en comptant les pas (la plupart de ceux qui ont utilisé ce document ont pesté contre la difficulté qu'il y avait à retrouver certains sites sur le terrain). Ajoutons que toutes ces prospections restent des recherches de surface. Angkor n'est, jusqu'à la seconde guerre mondiale, que l'objet de fouilles très ponctuelles, peu nombreuses et aux objectifs très limités (*eg*. celles de Goloubew à la recherche de la ville du Bakheng). Enfin la présentation des résultats reste très synchronique; mis à part les travaux de Goloubew qui touchent un domaine bien particulier, l'exploitation historique des prospections est encore limitée. Cela étant la ville vivante, peuplée, active et structurée commence à se faire sentir entre les points d'orgue que constituent les monuments majeurs, tous identifiés et reconnus dès la fin du XIXe siècle.

[16] Le temple d'Ak Yum a été découvert enfoui dans la digue du Baray occidental: le dégagement de ce temple montagne antérieur à tous les autres bouleverse un certain nombre d'idées reçues (une fois n'est pas coutume, mais Cœdès se débarrasse de ce monument dans une courte note).

[17] Il ne sera publié qu'en 1993 et cela à titre de curiosité dans DUMARÇAY (J.) et POTTIER (C.), *Documents topographiques de la Conservation des monuments d'Angkor*, Paris.

La période 1960-70 et l'élaboration de nouveaux instruments

Le travail de prospection appuyé sur des recherches au sol se continue jusqu'à la fin des années 60 parallèlement à l'élaboration d'un nouvel instrument cartographique. A Angkor même on passe au stade des fouilles stratigraphiques qui donnent des résultats prometteurs pour la période historique (Palais royal et Sras Srang); certaines montrent que le site a été fréquenté dès l'époque préhistorique (Thomanon et Baksei Chamkrong). Les prospections systématiques en surface s'étendent sur les marges du site d'Angkor (*eg.* B.-P. Groslier à Roluos, avant 1960)[18]. Un peu plus tard la région du Phnom Kulen fait l'objet d'une enquête approfondie qui combine prospection archéologique, enquête ethnographique et étude du milieu naturel et de la végétation: dans le domaine archéologique elle révèle quelques surprises de taille telle que l'aménagement sculpté du lit de la rivière de Siemréap ou encore la densité — peu évidente à première vue — des aménagements anciens dans la plaine au pied du Phnom: temples, mais aussi bassins, digues, chaussées, etc.[19]. Le point commun à ces recherches est cependant que, en dépit de l'utilisation de photos aériennes, la cartographie des points archéologiques identifiés lors des prospections reste très approximative. Cela pousse B.-P. Groslier a lancer deux opérations conjointes: d'une part l'établissement d'une carte d'ensemble au 10 000e confié à l'I.G.N. et de l'autre l'élaboration pour certains secteurs du site d'un plan topographique au 500e et au 200e, mise à la charge du bureau de dessin de la Conservation d'Angkor.

Ce programme cartographique et topographique est lancé en même temps que la campagne de levés architecturaux et des descriptions des principaux monuments dont on a déjà parlé. Conjuguées aux grands chantiers de restauration qui connaissent un nouveau départ à cette époque, ces opérations conduisent très loin notre connaissance du cadre monumental de la Ville. Comme les autres chantiers, les travaux cartographiques et topographiques sont interrompus par la guerre en 1970 et les feuilles achevées ne seront publiées qu'en 1993 par les soins de J. Dumarçay et de Christophe Pottier à un moment où les conditions techniques ont changé[20].

[18] Voir «Travaux dans la région de Roluos en 1958» et «Travaux dans la zone suborientale d'Angkor en 1959» dans B.-P. GROSLIER *Mélanges sur l'archéologie du Cambodge* (textes réunis par Jacques Dumarçay), Paris 1997, p. 33-50 et 51-66.

[19] BOULBET (J.) et DAGENS (B.), «Les sites archéologique de la région du Bhnam Gulen (Phnom Kulen)», *Arts Asiatiques*, t. 27, 1973.

[20] Ouvrage signalé ci-dessus, note 17.

Nouveaux instruments et nouvelles techniques

Le redémarrage des recherches à Angkor dans les années 1990 coïncide avec le renouvellement des instruments et techniques mis au service de la cartographie. Les photos satellites se traduisent par des documents impressionnants, mais leur exploitation à l'échelle du site semble relever pour le moment du moins du domaine de la curiosité; elle est en revanche beaucoup plus prometteuse à l'échelle de la région pour ne rien dire du pays où elle devrait en particulier permettre de retrouver et mettre en évidence les grands axes de communication qui ont permis d'assurer jusqu'au XIIIe siècle la cohésion du royaume khmer. L'utilisation des satellites par le biais des appareils G.P.S. (Global Position System) est d'un intérêt beaucoup plus immédiat: ces appareils de la taille d'un téléphone portable permettent de localiser immédiatement et avec une précision remarquable les points archéologiques repérés au sol, problème majeur jusque là non résolu.

Tout cela a permis l'élaboration d'une nouvelle carte archéologique de la région d'Angkor. Fondée sur la vérification systématique au sol des «données d'archives» obtenues par un dépouillement aussi exhaustif que possible de la documentation existante, publiée ou conservée dans les archives d'Angkor à l'E.F.E.O, et s'appuyant sur une couverture aérienne récente et nettement supérieure pour diverses raisons à celles qui avaient été utilisées précédemment, cette carte est en voie d'achèvement[21]. Les premiers résultats publiés des études qui ont accompagné son élaboration montrent le bien-fondé de la méthode: la densité des points d'intérêt archéologique a été considérablement accrue et la chronologie relative des grands monuments de la région de Roluos a pu être révisée, chronologie que l'on pouvait considérer comme assurée, parfaitement fondée qu'elle était sur des données épigraphiques en apparence incontestables[22]. L'intérêt méthodologique évident est de montrer une fois de plus qu'en archéologie — même à Angkor — rien

[21] Elle a déjà donnée déjà lieu à une thèse soutenue en 1999 (C. POTTIER, *Carte archéologique de la région d'Angkor. Zone sud*, Université de Paris III).

[22] Sans entrer dans le détail des résultats obtenus par C. Pottier, indiquons seulement que l'on est amené à inverser les positions chronologique de Prah Ko et de Bakong: l'épigraphie place la fondation du premier de ces monuments en 879 et celle du second en 881, mais les vérifications effectuées par C. Pottier montrent que Prah Ko vient oblitérer un système de bassins centré sur Bakong. En d'autres termes l'implantation de Bakong est antérieure à celle de Prah Ko et l'est suffisamment pour que l'on ait eu le temps d'établir un alignement de bassin axé sur Bakong avant le construire Prah Ko qui fait en partie disparaître l'un d'entre eux. Depuis les choses ont été précisées et l'on a pu montrer que les premiers travaux du Bakong remontent au début du IXe siècle.

n'est acquis, ce qui doit nous conduire sinon au doute universel du moins à une bonne part de modestie[23].

L'utilisation des documents cartographiques

Une chose est de disposer d'instruments, une autre est d'en tirer le meilleur parti pour une progression de la connaissance et de la compréhension. En ce qui concerne l'instrument cartographique on peut considérer que pour la région d'Angkor — mise à part son utilisation quotidienne ce qui ne veut pas dire secondaire — il a été à la base de deux grandes recherches. La première, menée dans l'entre deux guerres par V. Goloubew, a porté sur les villes qui se sont succédées sur le site d'Angkor. La seconde a conduit B.-P. Groslier à formuler sa théorie de la «Cité hydraulique» dans une communication rédigée en 1975 et parue en 1979[24].

Goloubew et Yaśodharapura

La recherche de V. Goloubew s'inscrit dans ce que l'on peut appeler «les aventures du Bayon» dont nous avons parlé aussi bien à propos de l'histoire de l'art (attribution à Jayavarman VII après les travaux de Stern et Cœdès) qu'à propos de la cartographie (position centrale du monument par rapport à Angkor Thom). Lorsque V. Goloubew intervient vers 1930 le Bayon et Angkor Thom ont pratiquement retrouvé leur date réelle et on ne pouvait plus les attribuer à Yaśovarman (fin du 9e siècle) et il fallait chercher ailleurs la ville que les inscriptions attribuaient à ce roi: nommée Yaśodharapura, elle possédait un «Mont central» (Vnam Kantal), c'est-à-dire un temple montagne. Goloubew partit de l'hypothèse que ce Mont central pouvait avoir été le Phnom Bakheng, colline rocheuse qui domine le site d'Angkor et que vient surmonter un temple montagne que l'on pouvait attribuer à Yaśovarman. Restait à retrouver la ville. Pour ce faire il conjugua l'utilisation de la carte de 1908 qui lui montrait ce qui pouvait être l'angle d'un douve et celle de photos aériennes, en complétant cela par des reconnaissances aériennes

[23] Le dernier état des études menées sur la carte archéologique d'Angkor, a été présenté par C. Pottier dans une communication à paraître dans les *C.R.A.I.B.-L* pour l'année 2003.

[24] B.-P. Groslier, «La cité hydraulique angkorienne: exploitation ou surexploitation du sol», *B.E.F.E.O.* (t. 76, 1979), (reproduit dans B.-P. Groslier *Mélanges sur l'archéologie du Cambodge* ..., Paris 1997, p. 131-175.

(les premières à Angkor!) et des fouilles archéologiques; il découvrit ainsi ce que H. Marchal baptisa rapidement et malicieusement «Goloupura», et où il voyait la première Angkor ou plus exactement la ville centrée sur le Phnom Bakheng construite par Yaśovarman à la jonction des IXe et Xe siècles [25].

Indépendamment de ce qu'elle a pu nous enseigner sur l'Angkor de Yaśovarman, cette recherche a permis de mieux sentir l'importance prise à Angkor par ce que l'on peut appeler «l'urbanisme dynamique» des capitales. Ce phénomène bien connu ailleurs en Asie (eg. Delhi) se caractérise par la refondation régulière de la capitale en un emplacement qui est très proche de celui où se trouvait la précédente, quand il ne le chevauche pas partiellement. Cette refondation se fait sans que la ville ne perde son identité fondamentale, chaque nouveau fondateur intégrant à sa propre création l'héritage des règnes antérieurs avant de se l'attribuer. Ainsi à Angkor, après Roluos et la ville du Bakheng a-t-on sans doute une ville de Pré Rup (milieu du Xe siècle), peut-être une ville de Ta Kev (fin Xe siècle). Les choses sont ensuite floues jusqu'à Angkor Thom, la plus visible et la dernière des Angkor. Dans les années qui ont suivi la publication des travaux de Goloubew, deux articles fondamentaux sont venus souligner toute l'importance que le phénomène a revêtu dans le Cambodge ancien. Dans le premier paru en 1936 Paul Mus traitant de la charge symbolique qui marquait la fondation d'Angkor Thom par Jayavarman VII au lendemain de l'intervention des Chams: refondant ainsi la capitale sous la forme d'une ville murée, Jayavarman lui donne le nom de la première Angkor, Yaśodharapura, récupérant ainsi à son profit et à celui du royaume l'héritage du premier occupant royal du site. Une récupération beaucoup plus vaste de l'héritage antérieur se traduit d'ailleurs de façon cartographique mais subtile à travers les dieux des chapelles du Bayon qui font de ce monument une carte mystique du royaume[26]. Le second article était dû à Philippe Stern: parlant de ce qu'il appelait le «rythme des fondations royales khmères», il théorisait le phénomène pour expliquer l'histoire monumentale du site d'Angkor. Selon lui chaque règne majeur a été marqué par trois fondations: un temple aux ancêtres, une œuvre d'intérêt public, en l'occurrence un «baray» et enfin un temple montagne[27]. Dans la pratique les choses

[25] Sur la question voir en dernier lieu C. POTTIER, «A la recherche de Goloupura», B.E.F.E.O.. t. 87/1, 2000, p. 79-107.

[26] MUS (P.), «Le symbolisme à Angkor Thom: le Grand Miracle du Bayon», *C.R.A.I.B.-L.*, 1936, p. 57 sq.

[27] STERN (P.), «Diversité et rythme des fondations royales khmères», *B.E.F.E.O.*, t. 44, 1954, p. 649 sq.

n'étaient sans doute pas aussi tranchées, mais l'article de Stern a eu la vertu de proposer une hypothèse et de susciter ainsi d'autres recherches comme nous allons le voir à propos des travaux de B.-P. Groslier.

B.-P. Groslier et la «cité hydraulique»

L'exploitation de l'instrument cartographique dans laquelle se lance B.-P. Groslier dans les années 1960 est autrement plus ambitieuse que ce qui avait pu être envisagé jusque là. Le paysage couvert est considérable puisqu'il englobe toute la plaine qui s'étend du Phnom Kulen, où prennent naissance les cours d'eau, au Grand lac, où tous aboutissent, plaine qui est sans nul doute le grenier d'Angkor. L'ampleur concerne aussi la période couverte puisqu'elle débute avec les premiers aménagements hydrauliques concertés dans la plaine (VIIe siècle) et conduit jusqu'aux XIIIe-XIVe siècles. Enfin l'ambition se traduit enfin par le thème de la recherche: montrer que le sort de la monarchie angkorienne a été inexorablement lié à celui de l'irrigation de la plaine au milieu de laquelle se dressait sa capitale, en d'autres termes à des facteurs essentiellement économiques. Les moyens mis en œuvre étaient à la hauteur de l'ambition de la recherche envisagée puisque le lancement de celle-ci a été accompagné de celui du programme technique destiné à mettre l'outil cartographique à niveau.

Groslier va développer cette théorie de la «cité hydraulique» en combinant l'exploitation systématique des données cartographiques et des photographies aériennes à une connaissance rarement égalée du monde khmer ancien et aussi des paysages de la région d'Angkor. Reconstituant l'évolution mouvementée d'un système hydraulique fondé sur les cours d'eau descendant du Phnom Kulen, il démontre l'existence d'une série de captures, de rivières canalisées, détournées, de lits remaniés. Il découvre aussi que ce système complexe a été en contact constant avec l'échec, en constant déséquilibre, ce qui a contraint les techniciens khmers entraînés dans une sorte de fuite en avant toujours recommencée, à tenter sans relâche d'adapter le dispositif à l'envasement et au colmatage que son fonctionnement même suscitait. Ainsi s'expliquaient les constants remaniements dans les tracés des cours d'eau canalisés, de même que la création à intervalles réguliers de nouveaux réservoirs — les grands baray — situés toujours plus en amont sur les rivières.

Fondamentalement Groslier substituait au schéma idéologique de Stern un schéma économique et matériel; l'évolution qu'il décelait aboutissait au XIIIe siècle sous Jayavarman VII à un point de non-retour marqué par l'épuisement de toutes les possibilités d'amendement et annonçait l'effondrement du système. Fournissant une histoire convaincante de l'irrigation de la plaine d'Angkor, cette théorie apportait aussi une explication à la décadence angkorienne à partir du XIIIe siècle. Cette explication que l'on peut discuter n'en est pas moins crédible; elle propose une série d'alternatives intéressantes à des propositions que jusque là on pouvait considérer plus ou moins comme acquises. Mais l'intérêt de cette étude est loin de se limiter à l'histoire économique; l'un de ses mérites est d'enrichir considérablement la vue que nous pouvons avoir d'Angkor et de sa région et de montrer en particulier pourquoi les Khmers ont donné tant d'importance symbolique à la rivière de Siemréap: ce cours d'eau était la pièce maîtresse d'un dispositif hydraulique (que Groslier a retrouvé et décrit) qui était le support majeur de la puissance royale. Rien d'étonnant dans ces conditions à ce qu'elle participe largement au cadre symbolique de la capitale.

Il se trouve qu'au moment où Groslier menait ces recherches sur l'hydraulique, vers la fin des années 60, une découverte étonnante venait confirmer de façon éclatante l'importance de la charge symbolique dont les Khmers avaient investi la rivière. Cette découverte à laquelle est liée le nom de l'ethnologue Jean Boulbet fût faite sur le Phnom Kulen, point éminent s'il en est puisque c'est à la fois le château d'eau de la région et donc le point de départ de la rivière de Siemréap, et le Mahendraparvata (c'est à dire la Montagne de Śiva) sur laquelle en 802 Jayavarman II fonda la monarchie angkorienne. Sans entrer ici dans le détail disons que Jean Boulbet et ses amis du Phnom avaient découvert que le lit supérieur de la branche occidentale de la rivière avait été sculpté à refus de Liṅga — images phalliques de Śiva — et d'image représentant Viṣṇu couché sur un serpent et donnant naissance à Brahmā figuré assis sur un lotus issant du nombril du dieu étendu. Ces Liṅga et ces images sculptés dans le lit de la rivière montraient que celle-ci en dépit de sa modestie était identifié à la fois au Gange et à l'Océan primordial. Courant sur les Liṅga elle était le Gange, ou plutôt la Déesse Gaṅgā qui s'attarde perdue dans les cheveux de Śiva avant de descendre irriguer la terre des hommes; cette arrêt loin d'être anecdotique marque la faveur de Śiva qui ralentit ainsi la chute du fleuve dont dans la violence aurait été dangereuse pour l'humanité. D'un autre côté, baignant les images de Viṣṇu couché, la rivière est comme l'Océan sur lequel flotte le serpent qui porte le dieu créateur. La sainteté ainsi doublement infuse au cours d'eau se transmet bien évidemment au territoire qu'il traverse et qu'il irrigue. La rivière source de la prospérité matérielle de la capitale est aussi le vecteur tangible de la faveur que lui accorde les deux grands dieux du brahmanisme, ces dieux que le Cambodge a beaucoup moins que le reste du monde indianisé opposés comme les maîtres de deux courants sectaires et concurrents.

En terminant avec cette rivière nourricière qui est à la fois Gange et Océan nous sommes en apparence éloignés de notre thème initial. Pas tellement cependant: en effet les deux découvertes qui nous ont menés là — celle de la cité hydraulique et celle de la Rivières au Mille Liṅga — sont l'une et l'autre de remarquables exemples de résultats de ces recherches pluridisciplinaires qui depuis un siècle ont apporté tant de choses à la connaissance d'Angkor.

DE LA DÉCOUVERTE DU CHAMPA À LA DIRECTION DE L'ÉCOLE COLONIALE: ITINÉRAIRE D'ÉTIENNE AYMONIER D'APRÈS SES MÉMOIRES INÉDITS

Pierre SINGARAVÉLOU*

Qu'il est glorieux d'ouvrir une nouvelle carrière, et de paraître tout à coup dans le monde savant, un livre de découvertes à la main, comme une comète inattendue étincelle dans l'espace!

Xavier de Maistre, Voyage autour de ma chambre, *1839*[1]

Étienne Aymonier relate au début du XXe siècle dans ses Mémoires son parcours colonial original guidé par la volonté de s'illustrer sur le champ de bataille et dans le champ scientifique. Figure méconnue[2] de l'histoire de l'orientalisme[3], il incarne de façon exemplaire le savant colonial du fait de sa remarquable polyvalence: administrateur colonial réformateur et officier redouté pendant la sanglante «pacification» de l'Annam en 1885-1886. Ce «technicien de la colonisation» est aussi un savant autodidacte exceptionnel, un enseignant et un pionnier de l'épigraphie chame et khmère. Explorateur intrépide du Cambodge et du Laos, il est en outre considéré comme le «découvreur» de l'ancienne civilisation du Champa dans la moitié du sud du Vietnam actuel. Grâce à ses nombreuses missions, Étienne Aymonier a doté le Musée Guimet de la plus grande partie de sa collection d'art khmer[4]. Ce broussard termine sa carrière à Paris en devenant le premier directeur de l'École coloniale.

* Agrégé d'histoire, Doctorant, Université Paris I. L'auteur remercie vivement Monsieur Bernard Kessler et son épouse pour leur chaleureux accueil et la confiance qu'ils lui ont témoignée en lui communiquant le manuscrit inédit des mémoires d'Étienne Aymonier et en lui permettant l'accès aux archives de sa famille.

[1] Étienne Aymonier, comme Xavier de Maistre, est un officier d'origine savoyarde.

[2] Alain Forest, «Deux textes d'Étienne Aymonier sur la politique coloniale en Indochine», *Pluriel*, nº 3, octobre 1975, et Pierre L. Lamant, «Les Fantasmes d'un administrateur colonial: le cas d'Étienne Aymonier», *Cahiers de l'Asie du Sud-Est*, INALCO, nº 29-30, 1991.

[3] Parfois contesté, Étienne Aymonier a été occulté par la geste coloniale française en Indochine qui a promu des figures héroïsées tels Francis Garnier ou Auguste Pavie.

[4] Étienne Aymonier a donné son nom à une salle du musée Guimet. Il a en outre offert une petite collection de sculptures au musée savoisien de Chambéry. Tandis que Louis Delaporte a fourni en sculptures le musée indochinois du Trocadéro fondé en 1882.

L'originalité de la trajectoire d'Étienne Aymonier réside sans doute dans sa dimension double: il explore et «pacifie» l'espace colonial tout en découvrant l'histoire de la péninsule, convaincu que la connaissance du passé doit être mise au service de l'administration des peuples indochinois. Ainsi dans son œuvre, la recherche scientifique dite «désintéressée» et la pratique politique s'étayent mutuellement et constituent un nouveau champ de connaissance: la science coloniale.

Une source inédite nous permet d'appréhender sa trajectoire sous un jour nouveau: ses propres mémoires rédigés à la fin de sa vie et jamais publiés[5], en raison sans doute de l'obligation de réserve à laquelle était tenu cet officier, et du ton souvent polémique des *Mémoires* qui le porte — soucieux de justifier sa politique — à critiquer ouvertement ses supérieurs hiérarchiques. Il rédige ses souvenirs avant tout pour s'expliquer: «On y verra si j'y fus despotique, inutilement sévère, cruel. Ils ne sont pas plus un plaidoyer *pro domo* qu'une série d'attitudes prises devant la postérité. Ils ont été écrits sur documents dont je puis affirmer l'exactitude, et dans le seul souci de la vérité[6].»

Pour Étienne Aymonier la découverte du monde requiert la connaissance de soi, de son histoire familiale: parallèlement à la relation de ses explorations, il établit le récit de ses origines, l'histoire de sa famille[7] qu'il fait remonter aux alentours de 1430 avec Étienne Aymonier, premier du nom. La mémoire de la dynastie se perpétue, «fait plutôt rare dans une famille plébéienne[8]», en conservant ce prénom d'une génération l'autre. Ses ancêtres savoyards lui ont légué ce qu'il appelle non sans humour son «génie d'Extrême Occidental». La référence généalogique est selon Étienne Aymonier indispensable pour ces déracinés que sont les colonisateurs «en ces pays [exotiques] où ne s'enracinent pas de familles françaises, et qui ne seront que les terres de nos morts, jamais celles de nos ancêtres[9]. [...] L'humble et séculaire labeur de [mes] ancêtres, sans cesse accompli sous le même ciel, borné au même horizon, contraste étrangement avec ma carrière aventureuse: même quand

[5] Étienne Aymonier a écrit la plus grande partie de ses *Mémoires* entre 1912 et 1917.

[6] Étienne Aymonier, *Mémoires*, p. 55.

[7] Étienne Aymonier, *La Famille Aymonier de Châtelard en Bauges (Savoie)*, Imprimerie Peyriller, Rouchon et Gamon, Le Puy, 1908. Il a le goût de l'archive: «Je me suis plu à étudier une longue lignée d'aieux, simples et droits, à méditer sur l'héritage qu'ils m'ont laissé d'honnêtes exemples et de saines traditions» (*Mémoires*, p. 7).

[8] Étienne Aymonier, *Mémoires*, p. 8.

[9] Étienne Aymonier, *Mémoires*, p. 1. Aymonier use ici d'un topos du martyrologe colonial, l'aventure outre-mer serait avant tout un sacrifice humain: «L'histoire de l'Annam, depuis le début du XIXe siècle, n'est pour les Français qu'un long martyrologe» (p. 32).

le sort fait de nous des déracinés, que nous dressons ailleurs les berceaux de nos descendants, le passé de la race n'en fait pas moins son avenir[10]». Cette fascination de la filiation et du nom lui inspire le projet d'introduire le nom de famille au Cambodge; il regrette dans ses *Mémoires* de n'avoir pu appliquer cette réforme qui aurait été selon lui «l'occasion d'un développement moral heureux[11]».

Apparemment rien ne prédispose ce Savoyard né au Chatelard en 1844 à se retrouver vingt-cinq ans plus tard dans la brousse cochinchinoise. Étienne Aymonier retrace dans ses *Mémoires* le caractère fortuit de son parcours. Éduqué à l'école des Frères, il devient berger du troupeau de son père. «Déjà français de langue et de mœurs», il accepte «allègrement» à 16 ans sa nouvelle citoyenneté française en 1860. Aymonier reconnaît ne pas avoir à l'origine la vocation coloniale. Il s'engage dans l'armée pour remplacer son frère aîné qui a tiré un mauvais numéro[12]. Parvenu à se faire nommer caporal-bibliothécaire, il obtient son baccalauréat et présente Saint-Cyr[13]. Hippolyte Taine le gratifie alors d'un 19/20 en histoire. Reçu 178e sur 260, il est classé 33e à sa sortie de l'École et peut choisir le prestigieux corps des troupes d'infanterie de marine[14].

En 1869, il débarque en Cochinchine, dans le royaume des militaires. Détaché en 1871 comme inspecteur des affaires indigènes au sud de Saïgon, il apprend le cambodgien: «l'étude de la langue dans ces pays nouveaux pour nous était une forme naturelle de l'action[15]». Ses connaissances le rendent indispensable: il est nommé en 1874 professeur de cambodgien[16] au Collège des administrateurs stagiaires[17], publie naturellement le fruit de son enseignement, un dictionnaire français — cam-

[10] *Ibid.*, p. 8. Aymonier a en effet eu des enfants avec une princesse chame.

[11] Étienne Aymonier, *Mémoires*, p. 15.

[12] En 1818, la loi Gouvion Saint Cyr instaure un service militaire de cinq ans régi par un système de tirage au sort et de remplacement par rachat de numéros.

[13] Son lieutenant l'encourage à présenter le concours: «Si les garnisons de France ne vous attirent pas, vous auriez l'infanterie de marine, où la question pécuniaire ne se pose pas du tout de la même façon» (p. 10).

[14] L'itinéraire d'Étienne Aymonier présente quelques similitudes avec le parcours d'Auguste Pavie. Né à Dinan en 1847, Pavie s'engage à 17 ans dans l'armée, passe dans l'infanterie de marine et débarque en Cochinchine en janvier 1869.

[15] Étienne Aymonier, *Mémoires*, p. 20.

[16] Aymonier est recruté par le lieutenant de vaisseau Luro, directeur du Collège des administrateurs stagiaires, pour succéder à l'interprète Gustave Jeanneau. Luro a instauré un système d'avancement par examen théorique: «cet excès d'examens à la chinoise était néfaste» écrit Étienne Aymonier. Interrogé par un examinateur annamite, M. Petrus-Ky, Aymonier obtient 20/20 en cambodgien. En revanche, il échoue à une «rédaction de facture chinoise»; les contestations du candidat suscitent un petit scandale à Saigon.

bodgien, le premier du genre. Dans l'avertissement du dictionnaire, Étienne Aymonier pointe la difficulté d'enseigner une matière qu'il ne maîtrise pas parfaitement: «Ce dictionnaire complète et termine la série de publications quelque peu hâtives et prématurées que m'avait imposées la nécessité d'être [...] professeur presque en même temps que élève[18]...»

Les inspecteurs des affaires indigènes, à la suite des missionnaires, sont les premiers à étudier les «civilisations» de la péninsule au sein du Collège des administrateurs stagiaires créé en 1873[19], quand, au même moment, les savants des universités métropolitaines ignorent superbement l'Indochine, son histoire et ses langues vernaculaires. Ces officiers sont, paradoxalement, assez bien préparés au travail de recherche scientifique. On peut en effet noter quelques «coïncidences entre le métier d'officier colonial et le métier d'historien[20]», notamment dans les techniques d'élaboration des enquêtes et des rapports administratifs. Les inspecteurs des affaires indigènes publient leurs articles dans la revue *Excursions et reconnaissances*[21], créée à Saïgon en 1879 par le Gouverneur de la Cochinchine Le Myre de Vilers. Étienne Aymonier écrit plusieurs articles dans cette revue dont l'un des premiers articles scientifiques sur le Champa[22], intitulé «Recherches et mélanges sur les Chams et les Khmers», publié en 1881.

Étienne Aymonier est fasciné par les civilisations anciennes du Champa et du Cambodge; leur architecture monumentale l'impressionne fortement: «Je me proposai donc de rechercher les traces laissées en Indo-Chine par ces deux peuples de civilisation indienne au brillant passé, les Chames ou habitants du Champa [...] et les Khmers

[17] Le Collège des administrateurs stagiaires est issu d'un centre de formation des interprètes fondé dès 1867 par l'amiral de la Grandière dont la direction est confiée au R.P. Legrand de Liraye, alors responsable du bureau des affaires indigènes.

[18] Étienne Aymonier, avertissement au *Dictionnaire Khmer-Français, Saigon, 1878*, autographié par Son Diép, interprète titulaire de 2e classe.

[19] Les inspecteurs des affaires indigènes ont inventé les sciences indochinoises. Au Collège des administrateurs stagiaires, le lieutenant E. Luro donne un cours sur l'organisation administrative et sociale des Annamites (1875), le capitaine de frégate G. Aubaret écrit un *Vocabulaire* et une *Grammaire franco-annamites* (1861-1864), le lieutenant de vaisseau L. Philastre étudie le droit annamite et rédige en 1876 une traduction nouvelle du *Code du Gia-long*, A. Landes se consacre à l'étude de la littérature et de la culture populaire de l'Annam. Le Collège des administrateurs stagiaires est supprimé en 1880 lors du rétablissement du régime civil.

[20] Jacques Frémeaux, *L'Afrique à l'ombre des épées 1830-1930*, SHAT, s.d.

[21] *Excursions et Reconnaissances* est publiée jusqu'en 1890; la *Revue indochinoise* lui succède.

[22] A.C. Bouillevaux, «Le Ciampa», *Annales de l'Extrême-Orient*, II et III, 1879-1881.

ou Cambodgiens, auteurs de nombreux et gigantesques monuments[23].» Par là même, Aymonier avec d'autres savants amateurs comme Charles Lemire, contribue grandement à la focalisation des indianistes français sur le *Greater India*, c'est-à-dire la «grande Inde». Les savants français ont, en effet, surtout étudié cet «empire culturel» indien qui s'étendrait de l'Afganistan à l'Insulinde, négligeant l'Inde elle-même et le Tonkin[24].

Pour exhumer ce passé indochinois, Aymonier, selon ses termes, se fait «défricheur et déchiffreur» de stèles. Il perfectionne rapidement ses procédés d'estampage[25], recrute et forme six Cambodgiens, «véritables limiers dressés à découvrir stèles et monuments, bientôt habiles à estamper les inscriptions», à réaliser des relevés géographiques[26]. Il utilise un réseau d'informateurs dans les villages de la Péninsule qui repèrent pour lui les pierres intéressantes[27]. Au cours de ses missions, il détache des autochtones pour quadriller plus vite des zones inexplorées ou dangereuses. Ses *Mémoires* nous livrent quelques informations précieuses sur les conditions sociales de production de l'orientalisme de terrain: les lettrés et les interprètes participent à ce qui est en réalité une production conjointe des connaissances. Les chefs autochtones lui procurent souvent gratuitement des éléphants et des dizaines de porteurs. À propos des 170 porteurs laotiens qui l'accompagnent lors d'une mission, Étienne Aymonier souligne avec humour l'extravagance du nombre: «C'était à se demander si la plupart n'avaient pas porté les insignes ou les bagages des autres.» En Indochine, le portage par les autochtones coûtant jusqu'à 110 fois moins cher que le portage par des Occidentaux[28], cette main d'œuvre corvéable à merci contribue largement au développement des sciences coloniales.

Dans ses *Mémoires*, Étienne Aymonier décrit les plaisirs de la découverte qui, seuls, compensent des conditions de vie difficiles:

[23] Pierre Singaravélou, «Les Indianistes français et le *Greater India*», in Jacques Weber (sous la direction de), *Les Relations entre la France et l'Inde de 1673 à nos jours*, Les Indes savantes, 2002.

[24] Rares furent les savants français, à l'instar de Gustave Dumoutier, à se consacrer à l'étude du Tonkin.

[25] Revenu en France en 1881, E. Aymonier est formé par Héron de Villefosse au procédé d'estampage dit de Lottin de Laval. Pierre-Victorien Lottin de Laval a publié en 1857 le *Manuel complet de Lottinoplastique: l'art du moulage de la sculpture en bas-relief et en creux mis à la portée de tout le monde.*

[26] Étienne Aymonier, *Mémoires*, p. 16.

[27] Étienne Aymonier, *Son voyage au Binh Thuan*, Saigon, Imprimerie coloniale, 1885.

[28] D'après G. A. Reynaud, *Hygiène des colonies*, volume II, p. 3. Cité W.C. Cohen, «Malaria and French Imperialism», *Journal of African History*, vol. 24, 1983.

> Cette vie d'exploration; on la pressent. J'allais à pied, en bateau, à cheval, à éléphant, en charrette à bœufs ou à buffles [...]. Je rencontrai à maintes reprises l'épidémie de choléra qui décimait et affolait alors les populations. Je souffrais des sangsues des bois, ces bestioles maudites qui se dressent en foule, anguilles noires, pour sentir de loin leur proie, et quand elles ont pénétré à travers toutes les ouvertures des vêtements ne se laissent retomber que gorgées de sang. J'étais des mois entiers sans pain, m'accommodant de riz, des mois entiers sans avoir l'occasion de parler français et je m'amusais à constater que j'en arrivais à penser en cambodgien. [...] Mais qu'étaient ces épreuves auprès des joies vigoureuses de la lutte contre les forces occultes et démesurées de la nature tropicale, auprès des émotions saines éprouvées à la découverte d'une ruine, à la lecture d'une date ou d'un texte évocateur de tant de vies, de tant d'aspirations passées[29]!

Ses nombreuses découvertes épigraphiques et archéologiques sont indispensables aux indianistes de cabinet. À partir de 1881 Aymonier fournit des inscriptions sanscrites aux savants de l'Académie des inscriptions et belles lettres Auguste Barth, Émile Sénart, Abel Bergaigne, et se consacre lui-même à l'étude des textes en vieux khmer et en langue chame. Les universitaires lui rendent hommage: le védiste Abel Bergaigne écrit «S'il [mène sa tâche] à bonne fin, il aura résolu un des problèmes les plus intéressants qui aient été posés aux orientalistes dans ces dernières années. Ces broussailles, ces jungles linguistiques pourraient d'ailleurs nous réserver plus d'une surprise[30]...» Ernest Renan, en personne, alors secrétaire de la Société asiatique ne tarit pas d'éloges à propos du broussard savoyard:

> On ne sait jamais, dans la recherche philologique, d'où viendra la lumière. [...] Grâce à M. Aymonier, un beau chapitre de philologie sanscrite va être ouvert, et Dieu sait quels trésors il nous réserve. [...] Enfin, comme je l'ai dit, l'histoire de l'art khmer est sortie de l'obscurité dont elle était entourée, grâce aux recherches épigraphiques de M. Aymonier[31].

Avec la création de l'École française d'Extrême-Orient en 1898, les savants universitaires occupent le terrain colonial et certains regardent avec moins de considération ces savants en uniformes qui ne leur sont plus indispensables[32]. En 1904 une polémique vigoureuse oppose Aymo-

[29] Étienne Aymonier, *Mémoires*, p. 16-17. Dans le *Génie du christianisme*, Chateaubriand n'a-t-il pas écrit (V, 3): «Tous les hommes ont un secret attrait pour les ruines...»?

[30] *Les Inscriptions sanscrites du Cambodge: examen sommaire d'un envoi de M. Aymonier, par MM. Barth, Bergaigne et Sénart, rapport à M. le président de la Société asiatique par M. Bergaigne*, Imprimerie nationale, Paris, 1882.

[31] Ernest Renan, «Rapport sur les travaux de la Société asiatique pendant l'année 1881-1882 fait à la séance annuelle de la Société, le 30 juin 1882», *Journal asiatique*, 1882, p. 27.

[32] Pierre Singaravélou, *L'École française d'Extrême-Orient ou l'institution des*

nier au sinologue Paul Pelliot au sujet du Founan, un ancien royaume indianisé du sud de la péninsule indochinoise[33]. Cette polémique préfigure les querelles entre amateurs et universitaires qui opposeront ensuite l'écrivain Jean Ajalbert, puis André Malraux aux dirigeants de l'École française d'Extrême-Orient. En 1901 Auguste Barth rend à Aymonier un hommage non dénué de condescendance: Étienne Aymonier «entreprit avec ses seules ressources, sans aide ni conseil, de s'improviser philologue et archéologue et de se faire une méthode scientifique dans un milieu où cette sorte de produit ne se cultivait guère. [...] Dès les premiers pas, on le voit, avec son petit bagage de bachelier et de saint-cyrien, marcher dans ces voies difficiles, lentement, mais sûrement». La même année, l'Académie des Inscriptions et Belles Lettres refuse à deux reprises la candidature d'Aymonier comme membre libre. Il écrit à ce propos dans ses *Mémoires* : «Demeuré toujours en dehors de toute coterie, j'avais peu de mérites peut-être et moins encore d'amis pour parvenir sans trop de relais à un but éminemment désirable pour tant d'autres[34].»

Le constat de sa marginalité n'empêche pas toutefois Étienne Aymonier de mesurer l'importance de sa contribution à l'orientalisme: «Je fus plutôt le pionnier qui ouvre des voies nouvelles [...]: "je me débrouillais" comme on l'a dit, et cela explique mes tâtonnements parfois, voire mes variations[35].» Ainsi en tant que précurseur des sciences indochinoises il peut légitimement revendiquer sa part décisive dans la création de l'EFEO, comme en témoigne la préface de son *opus magnum* sur *Le Cambodge* paru en 1900 :

> La création de cette École d'Extrême-Orient [...] est un résultat très direct de ma mission archéologique qu'elle doit continuer dans des conditions infiniment plus favorables à tous les points de vue[36].

Finalement les universitaires métropolitains et les haut fonctionnaires coloniaux reprochent à Aymonier d'être ce qu'il est, c'est-à-dire un

marges: essai d'histoire sociale et politique de la science coloniale (1898-1956), L'Harmattan, Paris, 1999.

[33] Ainsi Paul Pelliot écrit dans son article intitulé «Le Fou-Nan et les théories d'Aymonier»: M. Aymonier «a la grande fortune de vivre dans une ville où l'indianisme comme la sinologie sont représentés par des savants éminents, qui ne lui auraient pas marchandé leurs conseils s'il les leur avait demandés. Au lieu de se pénétrer de la nécessité de l'effort commun, il a voulu faire de l'individualisme en matière scientifique; rien n'est plus dangereux.» (*Bulletin de l'École française d'Extrême-Orient*, IV, 1904 p. 411.)

[34] Étienne Aymonier, *Mémoires*, p. 20.

[35] *Ibid.*, p. 21.

[36] Étienne Aymonier, *Le Cambodge*, vol. 1, Leroux, Paris, 1900.

savant amateur qui par définition mélange les genres. En effet ce savant prolifique ne cesse jamais d'être un administrateur: il conçoit la Résidence de la province de Binh Thuan dont il a la charge de 1886 à 1888 comme un véritable laboratoire de réforme coloniale. Inspecteur des affaires indigènes depuis 1871, il a déjà été confronté aux réalités du monde social indochinois[37] et s'inspire de cette expérience pour élaborer ses projets de réforme: il s'attaque à l'usure, réglemente l'esclavage, notamment en abolissant l'esclavage pour dette dans sa circonscription[38]. Il critique vivement l'administration coloniale, bureaucratique dans le domaine fiscal et douanier[39]:

> Instinctivement, nous tendons à [...] imposer [aux peuples colonisés] notre formidable complication administrative, comme si nous n'avions d'autre idéal que de faire paperasser de gauche à droite des Asiatiques accoutumés à écrire de haut en bas. L'incohérence des méthodes qui président à l'établissement des impôts s'est exprimée, a-t-on pu dire, «par un régime de douanes, de monopoles et d'impôts tel, qu'il ne reste plus à mettre en régie que le soleil»[40].

Dans le contexte de la «pacification» des années 1880, Étienne Aymonier tente de transformer sa résidence en une zone «tampon» qui briserait une possible «insurrection générale[41]». Pour ce faire, il élabore

[37] Dans une lettre du 11 août 1871 rédigée à Travinh et adressée à son frère Félix, Étienne Aymonier définit ses fonctions: «Les occupations d'un inspecteur, nombreuses [et] variées, sont très agréables, quoique pénibles parfois. Ainsi j'ai eu dernièrement à faire exécuter un pirate que la loi annamite punissait de mort. La corvée ne me plaisait pas trop. [...] En effet, il est à la fois juge, administrateur, commandant militaire, ingénieur. Je ne dis pas que cela soit pour le mieux, pour le pays, quoique on n'ait guère pu faire mieux jusqu'à présent mais en tout cas c'est très intéressant pour celui qui remplit ces fonctions s'il s'y applique. [...] On ne touchera pas de sitôt aux Inspecteurs en Cochinchine. On n'aurait certes pas trouvé de longtemps des gens présentant les garanties de désintéressement, et d'honnêteté, qu'il faut pour ces fonctions, si on avait recruté le personnel des inspecteurs ailleurs que dans les officiers des corps expéditionnaires.» (Archives privées de la famille Aymonier.) En 1930, Georges Lamarre, dans l'ouvrage dirigé par G. Maspero, *Un Empire colonial français: l'Indochine*, souligne le rôle stratégique des inspecteurs dans l'œuvre de colonisation: «Chaque commandant supérieur eut à ses côtés un inspecteur des Affaires indigènes, à la fois juge d'appel, collecteur d'impôts, chef du personnel indigène, contrôleur de l'instruction publique, [...] et intermédiaire entre l'autorité française d'une part, les autorités et les populations indigènes, de l'autre.»

[38] Étienne Aymonier, *Mémoires*, p. 99-100.

[39] En 1887, E. Aymonier stigmatise les «habitudes bureaucratiques» de son nouvel adjoint qui «fut une cause de gêne et de souci» (p. 101) et plus généralement de l'administration coloniale: «Cependant les populations ahuries, venaient me demander des renseignements, et je leur donnais de mon mieux, non sans peine; ce n'était point pour elles des premiers pas séduisants ni faciles sur les voies de notre civilisation» (p. 113).

[40] Étienne Aymonier, *Mémoires*, p. 1-2.

[41] *Ibid.*, p. 114.

une stratégie originale[42] qui vise à instrumentaliser les minorités ethniques indochinoises: les Chams et les Khmers, populations anciennement indianisées mais aussi les populations des montagnes appelées péjorativement les «Moïs»[43] peuvent, selon Aymonier, aider les Français à contenir les Annamites, considérés comme les alliés naturels des Chinois[44]. Pour «tenir en échec la race la plus nombreuse parmi nos sujets et nos protégés de l'Indochine [...]» il convient de «fortifier les races hétérogènes, de civilisation indienne ou musulmane, c'est-à-dire les Khmers ou les Tjams[45]». Soucieux de rentabilité et d'efficacité[46], Étienne Aymonier projette de constituer des régiments composés par les minorités chames et chrétiennes du Vietnam pour contrebalancer l'influence annamite à l'intérieur des terres tout en permettant au corps expéditionnaire français de rester cantonné à l'arrière, sur le littoral. Aymonier recrute et forme une centaine de jeunes Chams qu'il arme en 1886 avec de vieux mousquetons et commence à mettre sur pied sa milice chrétienne: suivant ses recommandations, le Père Auger recrute 85 chrétiens qui suivent une formation militaire[47]. Cependant les réformes d'Aymonier se heurtent aux réticences de ses supérieurs: le Résident général craint alors qu'il ne songe «à trouver dans les Chames un appoint suffisant pour gouverner le pays à l'exclusion de l'élément annamite[48]» et le député en mission de Lanessan tente d'abolir ses

[42] Cette stratégie a été étudiée par Pierre Lamant dans son article précité «Les Fantasmes d'un administrateur colonial: le cas d'Étienne Aymonier».

[43] E. Aymonier écrit dans ses *Mémoires*: «Je tenais à associer étroitement les Moïs à notre domination, en me servant des Chames, élément dont j'étais sûr et que des affinités séculaires liaient aux montagnards dont la plupart parlaient leur langue» (p. 84).

[44] De même se concilier la minorité chame au Cambodge et les populations chame et khmère en Thailande pourrait accroître — selon Aymonier — l'influence française dans ces pays.

[45] «Communication de M. Aymonier à la Société des études maritimes et coloniales», 1886, CAOM, carton 327, cité par Alain Forest, «Deux textes d'Étienne Aymonier sur la politique coloniale en Indochine», *op. cit.* «Au triple point de vue militaire, politique et commercial», E. Aymonier a déjà préconisé cette «politique d'équilibre de races et de religions» dans son article «Notes sur l'Annam. Deuxième partie: Le Khanh Hoa», *Excursions et Reconnaissances*, XII, Imprimerie coloniale, Saigon, 1886.

[46] Étienne Aymonier préconise «l'indigénisation» de l'armée coloniale au moment où les maladies déciment le corps expéditionnaire français, lequel — selon Bouda Etemad, dans *La Possession du monde* — est passé de 500 000 à 35 000 hommes, entre 1882 et 1885; «en 1886, le gros du corps expéditionnaire est rembarqué et en 1889 les effectifs blancs se réduisent à 8 000 hommes».

[47] Étienne Aymonier, *Mémoires*, p. 98. En outre, Aymonier écrit: «je songeais à remettre aux chrétiens les deux ou trois citadelles déclassées de ma Résidence, sous des conditions de peuplement et de culture qui seraient à déterminer» (p. 103).

[48] Étienne Aymonier, *Mémoires*, p. 83.

réformes[49]. Finalement le successeur d'Aymonier, M. Brière ne conserve pas ces miliciens chrétiens et chams, délaisse le port de Cam Ranh qu'Aymonier avait entrepris d'aménager et lui préfère Nha Trang[50].

Si Aymonier déplaît parfois à l'administration, il est parvenu, en revanche, à gagner la sympathie de nombreux autochtones qui respectent cet Européen vivant un temps avec une princesse chame[51] dont il a des enfants. Certains colonisés lui sont reconnaissants d'avoir permis la «résurrection» du Champa. Dans ses *Mémoires*, Aymonier revendique fièrement sa conquête des cœurs indigènes[52]: «Pour les Chames, j'étais un sauveur[53]» ou encore «les Chames attendirent de longues années mon retour, conservant l'humble cabane qui avait abrité mon premier séjour à Phanrang, jusqu'à ce qu'elle fût détruite accidentellement[54]». Cette affection empreinte de vénération est confirmée par Marcel Ner qui enregistre en 1930 — un an après la mort d'Étienne Aymonier — cette expression chame: «I-Mayer est notre père et notre roi[55].»

Rentré définitivement en France en 1888, Aymonier prépare les sections indochinoises de l'Exposition universelle. Il continue à encourager la recherche de terrain au sein du Conseil de la Société asiatique et du ministère de l'Instruction publique[56]. Il soutient notamment la mission de Camille Paris, fonctionnaire dans l'administration des Postes, à l'origine de nombreuses découvertes archéologiques dans l'ancien royaume du Champa en 1896-1898. À Paris, il plaide en faveur d'une politique

[49] *Ibid.*, p. 108-111.

[50] *Ibid.*, p. 116.

[51] En France, Étienne Aymonier a épousé le 14 avril 1888 Louise Dupré; son fils Jean est né le 6 octobre 1890.

[52] Même si il n'échappe pas à certains préjugés de son temps, Étienne Aymonier critique le conformisme des savants occidentaux. En 1900, dans *Le Cambodge*, il écrit que les khmers «lents, patients, durs à la fatigue, les paysans ne méritent guère la réputation de paresse invétérée que leur ont fait presque tous les auteurs européens se copiant les uns les autres». Dans ses *Mémoires*, E. Aymonier se pose en «bon colonisateur», équitable et généreux, «faisant toujours panser malades et blessés — ou les pansant de sa main — deux fois par jour» (p. 100).

[53] Étienne Aymonier, *Mémoires*, p. 84.

[54] Étienne Aymonier, *Mémoires*, p. 117. Il évoque ensuite le sentiment des Annamites: Le Père Villaume «m'écrivait après mon départ, que nombre d'Annamites me croyaient mort et prétendaient que j'avais "chevauché l'aigrette" [...], ce qui est le propre paraît-il des génies !»

[55] Archives privées de la famille Aymonier.

[56] Étienne Aymonier est membre de la commission des missions du ministère de l'Instruction publique à partir de 1891 (Cf. Jean-Christophe Bourquin, «L'État et les voyageurs savants, légitimités individuelles et volontés politiques: les missions du ministère de l'Instruction publique (1840-1914)», thèse sous la direction d'Antoine Prost, Paris I, 1993).

indochinoise éclairée par les sciences coloniales: directeur de l'École coloniale de 1889 à 1905, il crée une section indochinoise pour former les futurs administrateurs et magistrats de la France asiatique aux langues annamite et cambodgienne, aux caractères chinois, à l'histoire et la législation de l'Indochine:

> Pareille étude n'est indispensable que pour cette Indo-Chine où la France s'est posé là, elle-même, le problème redoutable de s'attaquer à des nationalités vivaces et profondément imbues des plus vieilles civilisations du globe[57].

Dans ses *Mémoires*, Étienne Aymonier, homme de terrain, plaide en faveur d'une réflexion pragmatique fondée sur l'étude des populations indochinoises et l'utilisation des cadres autochtones. Il regrette que l'administration française se cantonne dans l'énoncé rhétorique de l'alternative association/assimilation:

> Il faut en somme nous adapter à la réalité, tenir compte de la diversité des hommes, des lieux et des circonstances, nous garder des formules transcendantes: Protectorat, Administration directe, association, etc., qui réalisent souvent des abstractions. Un protectorat impuissant et tracassier peut couvrir une abominable politique de domination [...]. Quant à l'«association» qu'ont prétendu découvrir les doctrinaires, elle fût de tout temps pratiquée dans la mesure du possible et par la force même des contingences.

Force est de constater que par ses travaux de recherche et sa pratique administrative, Étienne Aymonier a œuvré considérablement en faveur de la politique d'association en Indochine. Devenu résident supérieur honoraire des colonies en 1906 et membre du conseil supérieur des colonies en 1910, il constate néanmoins les limites de cette politique en écrivant: «la solution aux problèmes pour ainsi dire irréductibles qui se posent pour nous en Indo-Chine est peut-être ailleurs que là où on l'a jusqu'ici cherchée: nous n'éviterons les plus tristes perspectives qu'en envisageant sincèrement, comme but final, l'émancipation, l'autonomie, l'indépendance même des indigènes, terme fatal de toute colonisation lointaine». Aymonier pressent ici le processus inéluctable de décolonisation qui s'engage alors et il expose les conditions d'une nouvelle politique d'influence de la France dans le monde:

> La connaissance très généralisée de la langue française serait la condition essentielle à poser en vue d'une émancipation future, voire d'une séparation amiable qu'elle permettrait d'envisager avec sérénité. [...] Un tel sys-

[57] Étienne Aymonier, «Rapport adressé au sous-secrétaire d'État des colonies sur le fonctionnement de l'École coloniale pendant l'année 1890 par M. Aymonier, directeur de l'École», *Journal officiel*, 4 août 1890.

tème créant entre maîtres et sujets des liens de culture et d'affaires, maintiendrait l'action française un très long temps, plus long certainement qu'une égoïste politique d'exploitation nous laissant devant des revendication qui vont chaque jour s'exaspérant.

Ce méritocrate, sensibilisé aux problèmes d'acculturation du fait de sa citoyenneté française récente, préconise la création de nombreuses écoles dans les colonies et s'investit à la fin de sa vie dans le développement de la francophonie au sein du conseil d'administration de l'Alliance française[58].

[58] Étienne Aymonier est à l'origine de la création de sections de l'Alliance française en Amérique du Sud (p. 23), et il préconise la création d'écoles professionnelles, agricoles, industrielles, et commerciales dans les colonies (p. 7). Le 17 octobre 1889, Aymonier écrit, dans *Le Temps*, un article intitulé «L'enseignement en Indochine», et publie, en 1890, chez Armand Colin, *La Langue française et l'enseignement en Indo-Chine*.

CONTROVERSES ET DÉBATS SUR L'ORIGINE, L'HISTOIRE ET L'IDENTITÉ DES GAGAOUZES, TURCOPHONES CHRÉTIENS DE MOLDAVIE

Sylvie GANGLOFF
Institut Français d'Études Anatoliennes, Istanbul

Les Gagaouzes, peuple de religion chrétienne orthodoxe et de langue turque, vivent aujourd'hui principalement en république de Moldavie où ils sont environ 150 000. On trouve également des Gagaouzes dans les Balkans, et notamment en Bulgarie où ils sont moins nombreux et plus difficile à chiffrer.

C'est un peuple mal connu, sur lequel nous disposons de peu de sources et dont l'origine et l'histoire ont suscité de nombreuses controverses; controverses qui ont donné lieu— et donnent encore lieu — à de multiples spéculations.

SUR LES ORIGINES DES GAGAOUZES: LES CONTROVERSES HISTORIQUES

La question de l'origine des Gagaouzes a longtemps été sujet à controverses. Jusqu'au XIXe siècle, les Gagaouzes vivaient dans la Dobroudja, cette bande de terre qui s'étire entre la mer Noire et le Danube. La seule certitude que l'on ait concernant leur arrivée dans les Balkans est qu'elle est pré-ottomane.

Les historiens ont un temps soutenu la thèse d'une ascendance petchénègue ou koumane des Gagaouzes, deux peuples turcs qui ont émigré dans la Dobroudja au XIe siècle via les steppes du sud de la Russie, contrairement donc aux Seldjouks et aux Ottomans qui, eux, sont passés par la Perse et l'Asie mineure. Les Petchénègues ont migré de la région de la Volga et de l'Oural vers l'ouest dès le IXe siècle et ils ont traversé le Danube au milieu du XIe siècle (1048). Ils se sont donc installés, au moins quelques temps, dans la Dobroudja. Ils y furent suivis par les Koumans, autre peuple turcophone qui, eux, abordent le Danube vers la fin du XIe siècle (1091). Ils vont ensuite se disperser, comme les Petchénègues, dans le reste des Balkans où l'on perd leur trace vers la fin du XIIIe siècle. L'intérêt de cette hypothèse est qu'elle permet d'expliquer la religion des Gagaouzes puisque on sait que les Petchénègues et les Koumans s'étaient en partie convertis au christianisme sous l'influence de leurs voisins slaves et byzantins. Cette hypothèse ne résiste toutefois pas à une analyse comparative des langues de ces peuples: en effet, la langue des Gagaouzes appartient au groupe linguistique turc du sud-ouest ou groupe oghuz (comme l'ottoman et le turc de Turquie d'aujourd'hui), alors que la langue parlée par les Koumans et les Petchénègues appartenait au groupe linguistique turc du nord-ouest. L'hypothèse selon laquelle les Gagaouzes seraient donc les descendants des Petchénègues ou Koumans n'est donc pas tenable.

Une autre hypothèse voudrait donc que les Gagaouzes soient les descendants de tribus oghuz qui auraient émigré dans les Balkans avant les Petchénègues et les Koumans, toujours via les steppes du sud de la Russie, et qui auraient été christianisées par des missions slaves. Cette hypothèse a été mise en avant au début du XXe siècle par un ethnologue russe qui apparente les Gagaouzes aux Uzes (ou Torks), peuple qui se serait en partie installé dans la Dobroudja au XIe siècle après avoir été chassé par les Koumans et les Russes des steppes du sud de la Russie[1]. Très peu de sources attestent cependant de la présence de ce peuple dans la région à cette époque[2].

Ces thèses ont été remises en cause par les travaux du turcologue Paul Wittek qui, lui, soutient l'hypothèse d'une origine seldjouke. C'est sur l'analyse d'un récit épique, l'*oğuznāme* de Yazıcıoğlu Ali[3], récit achevé en 1424 et qui est en partie la traduction en turc de l'histoire des Seldjouks de Rum de 1192 à 1281 composée par Ibn Bibi, que Paul Wittek forme l'hypothèse que les Gagaouzes seraient les descendants des fidèles du sultan seldjouk Kay Ka'us[4].

Il ressort des récits d'Ibn Bibi (et de Yazıcıoğlu Ali), que le sultan seldjouk Izz-al-din Kay Ka'us II, menacé par les Mongols, s'est réfugié en 1361 auprès de l'empereur de Constantinople[5]. L'empereur lui aurait

[1] V. A. Moškov, "Gagauzy Benderskogo uezda", *Ètnografičeskoe Obozrenie, 1900-02.*

[2] Voir par exemple Ernst Max Hoppe, "I Gagaouzi, populatione turco-cristiana della Bulgaria", *Oriente Moderno,* Tome XIV, 1934, p. 132-143. Sur ces thèses, voir Kemal Karpat, "Gagauzların tarihi menşei üzerine ve folklorundan parçalar", *I. Uluslarası Türk Folklor Kongresi Bildirleri,* Ankara Üniversitesi Basımevi, 1976, p. 163-177.

[3] Yacızıoğlu Ali, *Selçuknâme*, Topkapı Sarayı Müze Ktp., Revan Böl., nu.1390, 1391.

[4] Paul Wittek, "Yazijioghlu' Alí and the Christians Turks of the Dobrudja", *Bulletin of the School of Oriental and African Studies*, Tome XIV, 1952, p. 639-668; "Les Gagaouzes: les gens de Kay Ka'us", *Rocznik Orientalistyczny*, Tome XVII, 1953, p. 12-24.

[5] Sur le démêlés de Kay Ka'us II en Anatolie avec les Mongols et les Turcomans, voir Claude Cahen, *La Turquie pré-ottomane*, Istanbul, Varia Turcica, 1988, p. 241- 249, et son article, "Kay Ka'us II, Izz al-dîn", *E.I.*[2], Tome IV, 1976, p. 846-847.

alors donné les terres de la Dobroudja, à l'époque sorte *no man's land* entre la Horde d'Or, la Bulgarie et l'Empire byzantin. Les fidèles du sultan Kay Ka'us se seraient alors installés sur ces terres (en 1263) et après un certain nombre de déboires[6], une partie de ces familles serait retournée en Anatolie à la fin du XIIIe siècle tandis qu'une autre s'installait de façon permanente dans la Dobroudja et se convertissait au christianisme.

De plus, le récit ottoman date de 1424, c'est-à-dire environ un siècle plus tard. Yazıcıoğlu Ali, probablement un secrétaire à la cour ottomane, a donc connu ces chrétiens devenus sujets ottomans depuis une trentaine d'années et venus à la cour ottomane demander un certain nombre de privilèges[7]. Or, il leur reconnaît sans hésitation des traditions qui leur attribuent une origine anatolienne: pour Paul Wittek, c'est donc que leur langue ne différait pas de son propre osmanlï et que ces traditions ne différaient essentiellement pas des siennes. Paul Wittek en conclut également que l'étymologie du mot "Gagauz" provient alors vraisemblablement du nom "Kay Ka'us"[8].

Cette thèse proposée par Paul Wittek, en s'appuyant aussi bien sur l'analyse de la langue que sur des textes, semble avoir définitivement clos ce débat. Mais les Gagaouzes eux-mêmes rejettent cette hypothèse et s'en tiennent à l'idée d'une origine koumane, petchénègue et uze/tork. Et puisque ces derniers appartiennent au groupe oghuz (contrairement donc aux Petchénègues et aux Koumans), ils auraient alors, toujours selon les Gagaouzes, imposé leur langue à l'ensemble gagaouze. L'installation de Seldjouks au XIIIe siècle n'est pas forcément niée mais sa portée minimisée. Ces Seldjouks se seraient soit fondus dans la masse de Turcs chrétiens déjà présents, soit seraient tous repartis en Anatolie après l'arrivée des Ottomans 100 ans plus tard, ne laissant sur place que les Chrétiens[9].

[6] Sur ces "déboires", voir également les textes des Byzantinistes Georgius Pachymeres et Nikephoros Gregoras. Paul Wittek (1952), *op. cit.*, p. 663-667, Kemal Karpat, *op. cit.*, p. 168.

[7] Le récit d'Ibn Bibi, sur lequel s'appuie en partie Yazıcıoğlu Ali, s'achève en 1278 à la mort du sultan Kay Ka'us. Paul Wittek soutient que l'ensemble des informations ajoutées par Yazıcıoğlu Ali provient des contacts qu'il a eu avec les descendants du sultan. Pour une présentation plus complète de cette hypothèse, voir Sylvie Gangloff, "Les Gagaouzes: état des recherches et bibliographie", *Turcica*, 30, 1998, p. 13-61.

[8] Paul Wittek (1953), *op. cit.*, p. 22-23. Il va sans dire que d'autres étymologies, et de très sérieuses hypothèses, sont également mises en avant et notamment "gök+oğuz", "kara+oğuz", "gaga+oğuz". Pour un survol de l'ensemble des théories sur l'étymologie du nom "Gagaouze", voir par exemple L. A. Pokrovskaja, "K voprosu ob ètimologii ètnonima 'gagauz'", *Izvestija Akademii Nauk SSSR, Serija Literatury i Jazyka*, Tome LIV, n° 2, 1995, p. 79-80.

[9] C'est l'hypothèse soutenue par le prêtre et historien gagaouze Mikhail Çakır (Cia-

Il faut dire que la théorie d'une ascendance seldjouke comporte un inconvénient majeur aux yeux des Gagaouzes car dans cette hypothèse, ils ont été musulmans avant d'être chrétiens[10]! A cet égard, un autre élément tend à étayer la thèse d'une origine seldjouke, c'est le nombre de mots d'origine arabe dans le vocabulaire gagaouze et notamment dans la terminologie religieuse. Hautement symbolique, le mot gagaouze pour désigner "Dieu" est "Allah"[11]. On doute que si ceux-ci n'avaient pas été musulmans à un moment quelconque de leur histoire, ils aient emprunté tant de mots à "la langue musulmane", ceci d'autant plus que dans l'autre hypothèse (celle d'une origine koumane, petchénègue et Oghuz), ceux-ci ayant migré vers l'ouest assez tôt, ils avaient eu peu de contacts avec les musulmans[12].

Sur l'histoire des Gagaouzes: des débats politisés

Une autre controverse — qui, elle, a fait rage entre historiens bulgares et roumains — porte sur le despotat gagaouze (ou bulgare ou roumain!) qui a dominé la Dobroudja au XIVe siècle. Le sud de la Dobroudja (le quadrilatère) a été l'objet d'âpres controverses entre la Bulgarie et la Roumanie au début du XXe siècle. Il importait alors de démontrer l'appartenance historique de la Dobroudja pour les uns à la Bulgarie, pour les autres à la Roumanie. La petite principauté gagaouze formée dans le sud de la Dobroudja, et qui a échappé au contrôle ottoman pendant la deuxième moitié du XIVe siècle, a alors fait l'objet de marques identitaires contradictoires[13]. De même, les historiens bulgares se sont

chir). M. Ciachir, *Besarabielă Gagauzların istorieasă*, Chişinău, 1934, p. 225 de la traduction en turc (*Türk Dünyası Araştırmaları*, n° 20, octobre 1982).

[10] Les Seldjouks n'étaient parfois que superficiellement convertis à l'islam. Et le sultan Kay Ka'us II lui même aurait été sous l'influence dite considérable de ces deux oncles chrétiens (voir C. Cahen, *op. cit.*; N. Gregoras et G. Pachymeres, cités par P. Wittek, 1952, *op. cit.*, p. 657, 667). La réticence de Yazıcıoğlu Ali a admettre l'apostasie de ces Turcs incline, d'autre part, à penser qu'elle doit bien avoir eu lieu. Quoi qu'il en soit, justifié ou non, ces Seldjouks sont généralement perçus comme des musulmans et c'est bien ce qui motive les réactions négatives des Gagaouzes aujourd'hui vis-à-vis de l'hypothèse d'une origine seldjouke.

[11] Il y a d'autres exemples: paradis: *cennet*; enfer: *cehennem*; diable: *şeytan*; ange: *melek*, etc. Un tiers du vocabulaire religieux gagaouze est d'origine arabe ou persane. Voir L.A. Pokrovskaja, "Musul'manskie èlementy v sisteme hristianskoj religioznoj terminologii gagauzov", *Sovetskaja ètnografija*, n° 1, 1974, p. 139-144.

[12] D'autres auteurs, turcs, expliquent la présence importante de ce vocabulaire arabo-musulman par le long voisinage — et donc les interactions — entre Gagaouzes et Turcs musulmans dans la Dobroudja. Voir, par exemple, Harun Güngör, Mustafa Argunşah, *Gagauzlar*, Istanbul, Ötüken, 1998, p. 9.

[13] Il s'agit notamment des âpres échanges entre l'historien roumain N. Iorga et l'his-

élevés contre la thèse d'une origine seljouke des Gagaouzes[14] voire ont soutenu que les Gagaouzes étaient d'origine proto-bulgare ou tout simplement étaient des Bulgares turquisés[15].

A la fin du XVIIIe et au début du XIXe siècle, les Gagaouzes, ainsi qu'un nombre non négligeable de Bulgares, ont émigré de la Dobroudja vers le sud de la Bessarabie (appelé également le Budjak — *Bucak*). Ces migrations suscitent, elles aussi, un certain nombre de controverses, sur leur ampleur, leurs motifs, sur les dates de ces mouvements de populations et les conditions de ce peuplement du sud de la Bessarabie[16]. Les exactions des janissaires à l'encontre des Chrétiens ont longtemps été mises en avant par les Russes (autorités officielles et historiens confondus) pour justifier ces migrations — et donc, le refuge sous l'aile protectrice russe. Cette interprétation reste encore vivace notamment dans la mémoire collective des Gagaouzes. Mais, en admettant que ces exactions aient pu, dans une certaine mesure, avoir lieu, elles ne peuvent certainement pas expliquer ces massifs déplacements de populations. Les multiples guerres russo-turques qui ont ravagé la Dobroudja (et notamment l'invasion russe de 1929) ont, elles aussi, pu avoir provoqué des départs[17]. Mais la raison principale réside sans doute dans les avantages qui furent généreusement offerts à ces migrants par les Russes (et notamment la distribution de lots de terre et l'exemption de certaines taxes) dans le cadre d'une politique de colonisation de la Bessarabie par des populations non-roumaines. Cette thèse a naturellement surtout été développée par l'historiographie roumaine afin de dénoncer les efforts de la Russie (puis de l'URSS) pour s'approprier cette terre. Cette expli-

torien bulgare P. Mutafčiev (voir Sylvie Gangloff, *op. cit.*, p. 21-22). Sur cet État gagaouze, voir Halil İnalcık, "Dobrudja", *E.I.*[2], Tome II, 1965, p. 625-629; Ahmet Celebi, "Osmanlı Devletinde Gagauzlar", *Türk Kültürü*, Tome XXX, n° 354, octobre 1992, p. 583-589.

[14] C'est le cas par exemple d'A. Manov qui a publié, en 1938, une vaste étude sur les coutumes des Gagaouzes de Bulgarie. A. I. Manov, *Potekloto na Gagauzite i teknite običai i nravi*, Varna, 1938, traduit en turc sous le titre *Gagauzlar (Hıristiyan Türkler)*, Ankara, Varlık, Ulusal, 1939.

[15] Voir Kemal Karpat, *op. cit.*, p. 167.

[16] Sur les migrations des Bulgares et des Gagaouzes, voir Olga Radova, "Bucak'taki Transtuna göçmenlerinin ve Gagoğuzların etnik kimliği (18. Yüzyılın sonu ve 19. Yüzyılın başı)", *Avrasya Etüdleri*, n° 13, 1998, p. 55-70; Ivan Grek, *Obščestvennoe Dviženie i Klassovaja bor'ba bolgar i gagauzov jaga rossii*, Akad. Nauk Moldavskoj SSR, Štiinca, Kišinev, 1988; I. Meščerjuk., *Antikrepostničeskaja bor'ba Gagauzov i Bolgar Bessarabii, 1812-1920 gg.*, Kišinev, 1957; *Social'no-èkonomičeskoe razvitie bolgarskih i gagauzskih sel v južnoj bessarabii (1808-1856)*, Akad. Nauk Moldavskoj SSR, Kišinev, 1970 (en couverture, 1971).

[17] Halil Inalcik, *op. cit.*, p. 628. La Dobroudja, coincée entre l'extrémité orientale de la chaîne des Carpates et la mer Noire, reste en effet une voie de passage pour les armées.

cation est cependant confirmée par un certain nombre de textes (et notamment un décret du tsar, datant de 1807, détaillant les privilèges accordés aux colons)[18]. Cette politique de colonisation de la Bessarabie a d'ailleurs concerné les Gagaouzes mais aussi, à la même époque, les Bulgares (ou encore, d'importantes colonies allemandes)[19]. De toute façon, toute analyse de l'évolution démographique des populations de cette région au XIXe siècle est rendue malaisée par l'imprécision et la contradiction des statistiques mais aussi parce que les recensements étaient souvent falsifiés, ou en tout état de cause sujets à caution — et controversés — et les études démographiques politisées.

Un autre débat, et celui-ci aux prolongements très actuels (et politiques), concerne le peuplement de la région avant l'arrivée de ces colons. Il est généralement admis que le sud de la Bessarabie où migrèrent les Gagaouzes au XIXe siècle était alors inhabité. Mais les Roumains (et les Moldaves aujourd'hui) prétendent qu'il n'est pas possible que ces terres n'aient pas été habitées et donc habitées par des populations roumaines/moldaves qui auraient fui devant l'arrivée des Russes[20], version que bien sûr les Russes et les Gagaouzes contestent. Et les sources disponibles ne mentionnent effectivement que la présence de quelques nomades tatars (Nogay) jusqu'au début du siècle. Dans la mesure où les Gagaouzes sont les premiers habitants de cette terre, celle-ci est alors "historiquement gagaouze" et les Gagaouzes entendent bien ne pas se laisser contester se droit exclusif de propriété notamment dans leur combat, depuis 1990, contre une "roumanisation" de leur région.

Sur l'identité des Gagaouzes: les réalités de l'assimilation, bulgarisation et russification...

Aujourd'hui, on retrouve donc les Gagaouzes principalement en République de Moldavie[21] dans la région de Comrat (sud de la Molda-

[18] George Jewsbury, *The Russian Annexation of Bessarabia: 1774-1828. A Study of Imperial Expansion*, Boulder, East European Quarterly, 1979, p. 66-74.

[19] Sur cette colonisation voir l'ouvrage de D. Brandes, *Von den Zaren adoptiert. Die deutschen Kolonisten und Balkansiedler in Neurußland und Bessarabien, 1751-1914*, Munich, Oldenbourg, Schriften des Bundesinstitut für ostdeutsche Kultur und Greschichte, 1993.

[20] Pour un exemple de cette thèse, voir Stefan Ciobanu, *La Bessarabie, sa population, son passé, sa culture*, Acad. roumaine, études et recherches (XIII), Bucarest, 1941, (entre autres p. 28-35) et plus récemment les discours du Front Populaire moldave.

[21] Nous entendons bien sûr par "Moldavie", la Moldavie ex-soviétique, partie de l'ancienne Bessarabie (en roumain "Moldova") et non pas la région se trouvant à l'ouest du Prut en territoire roumain et également appelée "Moldavie".

vie) où ils étaient 153 458 au recensement de 1989 et représentaient 3,5% de la population de ce pays. Ils sont concentrés dans les districts de Comrat (64% de la population), Çadır-Lunga (64%), Vulkaneşti (37%), Basarabeasca (30%) et Taraclia (27%). On retrouve également les Gagaouzes dans le sud de la Bessarabie aujourd'hui ukrainienne, dans la région de Beograd et Ismail où ils étaient 32 000 au recensement de 1989.

Il reste peu de Gagaouzes en Bulgarie: dans le district de Varna, près de Kavarna dans la Dobroudja et dans le sud de la Bulgarie (district de Yambol et Topolovgrad). Cette communauté gagaouze bulgare a été affaiblie par une assimilation importante aux Bulgares et de nouvelles migrations, cette fois-ci vers la Macédoine et la Thrace en 1906 puis en 1930. On retrouve donc aussi les Gagaouzes en Thrace et en Macédoine grecques où ils sont vraisemblablement entre 6000 et 10 000 (essentiellement dans le district de l'Evros et près de Serrès).

Les Gagaouzes de Bulgarie ont été en contacts étroits avec les populations bulgares pendant plusieurs siècles. Ils leur ont emprunté de nombreuses particularités culturelles et folkloriques[22] et pour certains se sont donc assimilés aux Bulgares[23]. D'autres, sans être assimilés aux Bulgares vont, par exemple, se déclarer "Bulgare" dans les recensements. Le recensement bulgare de 1992 ne décompte ainsi plus que 1478 Gagaouzes dans le pays ce qui, de toute évidence, est loin de dévoiler la réalité de la présence gagaouze dans le pays[24]. L'ampleur de ce basculement de l'identité déclarée exprime la crainte de voir leur image et identité assimilée à celle des Turcs musulmans qui sont nombreux en Bulgarie (un dixième de la population). Le principal critère identitaire mis en avant par les Gagaouzes en Bulgarie est leur religion orthodoxe; et leur principal critère identitaire d'opposition ou de

[22] Sur l'influence bulgare sur le folklore gagaouze, voir A. I. Manov, *op. cit.*; D. Tanasoglo (dir.), *Budžaktan seslar*, Kišinev, Karta Moldovenjaskè, 1959 (et son compte-rendu de M. Guboglu dans *Studia et Acta Orientalia*, III, Bucarest, 1960/61, p. 259-262).

[23] Sur cette assimilation, voir S. Romansky, *Carte ethnographique de la nouvelle Dobroudja roumaine*, extrait de la revue de l'Académie des sciences bulgares (XI), Sofia, Impr. de la Cour, 1915, pp. 21 et 22. La bulgarisation des Gagaouzes dans cette région a également été notée par V. A. Moškov (*op. cit.*), E. M. Hoppe (*op. cit.*, p 136) et T. Kowalski ("Les Turcs et la langue turque le la Bulgarie du nord-est", *Polska Akademja Umiejętności*, Cracovie, Prace Komisji Orjentalistycznej, n° 16, 1933). A. I. Manov (*op. cit.*, p. 28 de l'édition turque) prétend, lui, que loin de s'être bulgarisés les Gagaouzes conservent entièrement leur indépendance ethnique et qu'il leur arrive souvent d'assimiler les éléments bulgares.

[24] Il est, en conséquence, difficile de chiffrer le nombre de Gagaouzes en Bulgarie, peut-être entre 5 et 20 000.

défiance est l'islam (voire le Turc). Ces Gagaouzes ont, d'autre part, été imprégnés, entre autres par le système scolaire, de tout l'appareil idéologique nationaliste bulgare qui fait de la Turquie une sorte de Grand Satan. En conséquence, ils s'assimilent volontairement aux Bulgares et certainement pas aux Turcs.

Les Gagaouzes de Moldavie ex-soviétique, se disent, eux, ouvertement de langue et de racine turque et on ne trouve pas chez eux la même opposition quasi viscérale vis-à-vis de la Turquie. Mais s'ils se disent "Turciques", ils ne se disent pas Turcs et ils insistent sur leur religion, l'orthodoxie; et cette identité avant tout orthodoxe, toujours selon eux, les différencie fondamentalement des Turcs. D'autre part, le souvenir de leurs rapports avec les Turcs ottomans — ou l'instrumentalisation qui a pu en être fait par l'historiographie russe — n'est pas resté sans influence. Par exemple, dans la mémoire collective des Gagaouzes, c'est parce que chassés par les Ottomans qu'ils ont émigrés en Bessarabie au XIXe siècle. Il existe également chez les Gagaouzes, comme pour l'ensemble des chrétiens ayant connu la domination ottomane, la psychose de la conversion forcée. Un simple illustration: quelques Gagaouzes se sont installés, durant l'entre-deux guerre, en Turquie. Ces cas sont assez rares mais ils existent (ce qui n'est pas le cas pour les Gagaouzes de Bulgarie). Toutefois, la rumeur circule, aujourd'hui en Moldavie, que ces Gagaouzes auraient été "obligés" de se convertir à l'islam!

La Moldavie (Bessarabie) a fait partie de la Grande Roumanie de l'entre-deux guerre. Cette période roumaine a été plutôt mal vécue par les Gagaouzes. Dans l'ensemble, ils étaient en effet restés très attachés à la tutelle russe. Pour diverses raisons, la première — et elle est essentielle — est que les Gagaouzes avaient donc bénéficié, en tant que colons, d'un certain nombre d'avantages, avantages qu'ils ont perdu avec la domination roumaine. Ensuite, ils sont passés d'un vaste empire russe multiethnique à une nation roumaine nationale. Forcément, en tant que minorité, il y ont moins trouvé leur place.

Ce n'est donc qu'après la Seconde Guerre mondiale que les Gagaouzes de Moldavie sont entrés sous le giron soviétique. Là encore, ce rattachement fut d'autant mieux accepté par les Gagaouzes qu'ils y ont vu un retour à la tutelle russe (au delà des idéologies politiques). Toutefois, ils n'ont alors pas bénéficié d'un statut d'autonomie contrairement à d'autres peuples de l'URSS — parfois numériquement moins importants — qui, eux, l'avaient obtenu dans les années 1919-1921, l'âge d'or de la politique des nationalités soviétique.

Les Gagaouzes ont été sujets à un processus de russification, non violent mais certain, tout au long de la période soviétique. A l'exception de la période 1957-1961 où des écoles enseignant en partie en gagaouze avaient été autorisées[25], il n'y a pas eu d'éducation en gagaouze, pas de périodique en gagaouze et, de fait, très peu de publications en gagaouze (une vingtaine environ pour toute la période, essentiellement des recueils de poésies). Enfin, les Gagaouzes accédaient difficilement aux études supérieures et ils étaient sous-représentés dans les instances administratives soviétiques (cette sous-représentation apparaissaient clairement dans les statistiques officielles)[26].

La russification des Gagaouzes est donc allée bon train durant la période soviétique: au recensement de 1990, 73 % des Gagaouzes déclaraient maîtriser le russe comme seconde langue et 7 % comme langue maternelle (80% donc au total mais tout le monde le comprend plus ou moins)[27]. Cette russification se traduit également par une forte pénétration du vocabulaire russe dans la langue gagaouze. Un petit dictionnaire gagaouze-russe-moldave a été publié en 1973: sur les 11 500 mots gagaouzes de ce dictionnaire, plus de 2000 étaient des emprunts du russe[28]. Les jeunes Gagaouzes des trois villes de la région (Comrat, Çadır-Lunga et Vulkanesti) parlent de plus en plus souvent le russe entre eux et pour certains ne parleraient plus le gagaouze[29]. Enfin, le russe est forcément la langue véhiculaire d'une région finalement assez mixte (Gagaouzes, Bulgares, Russes, Moldaves, Ukrainiens). La encore, il est non seulement difficile et délicat de mesurer cette russification, mais les recherches entreprises sur le sujet ne se départissent pas d'une "atmosphère" politique qui ne peuvent que générer prudence quant à leurs conclusions[30].

[25] Sur cette brève période d'ouverture (et les motifs qui avaient conduit les autorités à la mettre en place), voir M. Bruchis, *Nations, Nationalities, People. A Study of the nationalities Policy of the Communist Party in Soviet Moldavia*, Boulder, East European Monographs, 1984.

[26] Archives du Parti communiste et du Comité Central. Voir M. Bruchis, *op. cit.*, p. 14; William Crowther, "Ethnicity and Participation in the Communist Party of Moldavia", *Journal of Soviet Nationalities*, vol. 1, n° 1, printemps 1990, p. 148-149; Charles King, *Post-Soviet Moldova. A Borderland in Transition*, Londres, The Royal Institute of International Affairs, 1995, p. 19.

[27] Cette russification n'est, bien sûr, pas une particularité gagaouze. De très nombreux peuples "allogènes" de l'ex-URSS ont été russifiés. C'est notamment le cas des peuples en minorité sur un territoire et qui ne pouvaient alors qu'avoir recours au russe dans leur rapport avec la majorité. Ainsi, en Moldavie, la simple connaissance et pratique de la langue russe est bien plus avancée pour les Gagaouzes que pour les Moldaves.

[28] N.A. Baskakov (dir.), *Gagauzsko-Russko-Moldavskij Slovar'*, Moscou, Akad. Nauk SSSR, Institut Jazyka i Literatury, 1973.

[29] D'après des constatations personnelles.

[30] Par exemple, les recherches entreprises dans la région gagaouze par le département

VERS UN RÉVEIL DE L'IDENTITÉ GAGAOUZE: LES PEURS DE L'ASSIMILATION ET LA RÉACTION POLITIQUE

Dans le mouvement d'effondrement de l'URSS, la Moldavie a proclamé sa souveraineté en juillet 1990 puis son indépendance en août 1991 avec pour unique langue d'Etat le moldave[31]. Ce "renouveau national moldave" ne pouvait en aucune façon recevoir l'approbation des Gagaouzes, comme d'ailleurs des autres minorités en Moldavie (Bulgares, Russes et Ukrainiens), c'est-à-dire de 35 % de la population. Les Gagaouzes ont alors proclamé la souveraineté (juillet 1990) puis l'indépendance (août 1991) de leur région, indépendance consacrée par une République autoproclamée, elle-même flanquée d'un Soviet Suprême gagaouze et de la création d'"unités de défense" gagaouzes (les "bataillons du Bucak")[32]. Dans le même temps, les russophones de Transnistrie, à l'est de la Moldavie, s'organisaient en un mouvement séparatiste aux conséquences politiques, économiques et militaires autrement plus lourdes.

La République autoproclamée — et non reconnue — a finalement fait place à un statut tout à fait officiel de région autonome gagaouze (*Gagauz Yeri*), proclamée en décembre 1994. *Gagauz Yeri* dispose de tous les attributs d'une région autonome: un président (*Başkan*), un parlement local (*Halk Topluşu*), un comité exécutif (*Bakanlik Komitesi*); et d'une souveraineté dans les domaines de la culture, du travail, de l'éducation, du logement et des finances locales. Les autorités moldaves ont, elles, autorité exclusive en matière de politique extérieure, de défense, de citoyenneté et d'émission de la monnaie. Aucun des décrets votés par les autorités gagaouzes n'a d'effet juridique s'il est en contradiction avec une loi moldave[33].

d'ethnographie de la Faculté d'histoire de Moscou en 1965-66 (et publiées en 1972: M. N. Guboglo, "Ètnolingvističeskie processy na juge Moldavii", *Ètnografija i iskusstvo Moldavii*, Kišinev, 1972) laissent perplexes quant aux conclusions de l'auteur sur la russification volontaire et recherchée par les Gagaouzes (voir, par exemple, les commentaires de M. Bruchis, *op. cit.*, p. 37-40)

[31] Rappelons que les Moldaves s'étaient vus imposer, après leur intégration à l'Union soviétique, l'alphabet cyrillique. Une de leurs premières demandes, à la fin des années 80, porta donc sur le retour à l'alphabet latin.

[32] Sur les différentes étapes de ce renouveau national moldave, les réactions des Gagaouzes, et la proclamation d'une République indépendante, voir Sylvie Gangloff, "L'émancipation politique des Gagaouzes, turcophones chrétiens de Moldavie", *CEMOTI (Cahiers d'Etudes sur la Méditerranée Orientale et le Monde Turco-Iranien)*, n° 23, 1997, p. 231-257.

[33] Pour les détails de ce statut d'autonomie, voir Sylvie Gangloff (1997), *op. cit.* Texte complet de statut dans "Gökoğuzlar bağımsızlığını kazandı", *Türk Dünyası Tarih Dergisi*, n° 97, janvier 1995, p. 38-40

Au delà des perspectives de réunification avec la Roumanie — perspectives redoutées par les Gagaouzes et, de fait, évoquées durant ces premières années de l'indépendance[34] —, la "roumanisation" de la Moldavie est au centre des préoccupations gagaouzes. Il s'agit notamment du débat sur la (les) langue(s) officielle(s) du pays. En effet, seul 4,4% des Gagaouzes (recensement de 1989) parlent couramment le moldave et l'adoption du moldave en tant que langue d'État ne peut qu'évincer les Gagaouzes (et les autres minorités) des postes à responsabilité ou encore de l'enseignement supérieur. Les Gagaouzes insistent donc sur le maintien, seul ou à côté du moldave, de la langue russe en tant que langue nationale. Mais forcément, pour les Moldaves, la région habitée par les Gagaouzes, c'est la Moldavie, et ces habitants doivent parler la langue du pays qui est, bien sûr, le moldave. Les Gagaouzes, eux, se prévalent dans leur revendications politiques des deux arguments traditionnellement mis en avant dans les revendications nationales (ou nationalistes): à savoir qu'ils sont majoritaires sur les terres qu'ils revendiquent (les cinq *raïons*, ou districts, autoproclamés indépendants sont peuplés en majorité de Gagaouzes[35]), et que ces terres sont historiquement gagaouzes puisqu'ils en sont les premiers occupants...

Les Gagaouzes soutiennent être un "peuple à part" et, ce, avec force depuis 1989-90, période où le nationalisme moldave a donc commencé à avoir un réel impact politique. La réalité d'une identité gagaouze avant cette date n'est pas contestable mais son impact politique réel (en terme d'identité collective politiquement consciente et active dans sa revendication collective) reste à être étudiée (et dans une moindre mesure sa réalité sociologique même si plusieurs travaux traitent déjà de la question — russification, endogamie, etc.).

Cette nouvelle conscience gagaouze se traduit tout d'abord, donc, par un combat politique, combat politique qui a été mené dans un climat d'insécurité (réelle ou amplifiée); car c'est bien avant tout la peur d'une

[34] Rappelons que la langue moldave n'est qu'un dialecte de la langue roumaine et que l'intercompréhension entre les deux est quasi totale, que nombre de politiciens et intellectuels roumains (et moldaves dans une très nette moindre mesure) considèrent que la Moldavie n'est qu'une province, usurpée par les Russes, de la Roumanie. Le débat est d'ailleurs loin d'être clos comme les interminables négociations entre la Roumanie et la Moldavie sur la signature du traité bilatéral l'ont démontrées. Pour un panorama général de ce contentieux, voir Sylvie Gangloff (1997), *op. cit.*, Charles King (1995), *op. cit.*, Matei Cazacu, Nicholas Trifon, *Moldavie ex-soviétique. Histoire et enjeux actuels,* Paris, Acratie, Cahiers d'Iztok, 1993.

[35] Ces cinq raïons (sur 40 que compte la Moldavie) sont ceux de Comrat, Çadır-Lunga, Vulkalneşti, Basarabeasca et Taraclia.

"roumanisation" du pays qui a conduit les Gagaouzes à politiquement (voire culturellement) s'exprimer et accélérer un processus qui n'était encore que balbutiant, à savoir la construction d'une véritable identité gagaouze, une identité "nationale" en quelque sorte; et cette construction identitaire "par réaction" n'est certainement pas une particularité gagaouze (principe du "Tout Etat se fait 'contre'").

Cette quête identitaire s'exprime au travers des attributs qui ont été instamment réclamés — et reconnus: un enseignement en gagaouze, des périodiques, publications et émissions de radio ou de télévision en gagaouze et, depuis la création de *Gagauz Yeri*, un drapeau et une langue officielle (le gagaouze aux côtés du russe et du moldave). Les leaders gagaouzes ont également mis au point leur propre alphabet, "l'alphabet gagaouze", un alphabet latin mais comportant des signes diacritiques qui le distinguent du roumain et surtout du turc de Turquie.

Mais il s'agit surtout d'alimenter cette construction identitaire. Les nouveaux périodiques gagaouzes abondent ainsi en articles sur l'origine et l'histoire de ce peuple. On y évoque l'Etat gagaouze dans la Dobroudja au XIVe siècle, les migrations du XIXe siècle vers la Bessarabie (les premiers habitants de la région!), les Gagaouzes dans le monde, en Asie centrale (migrations dans les années 1909-1910) ou au Brésil (migrations en 1925)[36], etc. On y parle, pêle-mêle, des poètes et peintres gagaouzes (abondantes illustrations à l'appui) et des récentes "expressions de l'identité gagaouze" (programmes de lycées ou d'écoles, manifestations folkloriques diverses). On se veut également didactique avec, par exemple, de claires (et réitérées) présentations et explications du nouvel alphabet gagaouze. Les musées gagaouzes de Comrat ("musée folklorique") et Beşalma ("musée d'ethnographie gagaouze") viennent apporter d'autres illustrations de l'histoire et des coutumes gagaouzes[37].

Parallèlement, on formate quelques "héros nationaux", gloires (récemment édifiées ou redorées) sur l'autel de la patrie gagaouze. Il s'agit,

[36] Exemples: "Gagauz halkının millet istoriası hem kiyetmeti için düsünmeklär", *Sabaa Yıldızı*, n°1, 1996, p. 4; courrier d'un Gagaouze d'Asie centrale, A. S. Petroviç dans *Ana Söz*ü, 21 avril 1990; "Gagauzlar Brasyliada", *Sabaa Yıldızı*, n° 2, 1996, p. 50-51;

[37] Dans les deux musées, la profusion de marqueurs identitaires (allant des piles de draps brodés aux motifs "typiquement gagaouzes" et aux costumes folkloriques "gagaouzes" pour le musée de Comrat jusqu'à la "faucille gagaouze" dans le musée d'ethnographie) y indique aussi une volonté de montrer, prouver, l'existence d'une histoire et d'une culture gagaouze. Le musée ethnographique de Beşalma y ajoute nombre de "documents d'archives" sur l'Etat "gagaouze" de la Dobroudja au XIVe siècle ou sur les migrations gagaouzes vers la Bessarabie.

notamment, de Dimitri Karaçoban, poète qui fut le premier à écrire en gagaouze (de la poésie) dans les années 60 et qui avait milité pour une éducation en gagaouze dans les écoles. Il est aujourd'hui l'objet d'une grande considération, voire d'une vénération, parmi les Gagaouzes qui le perçoivent comme le poète national et l'initiateur de l'éveil national gagaouze. Il s'agit aussi du prêtre et historien gagaouze Mihail Ciachir (Çakır) qui, au début du XXe siècle, a traduit et publié plusieurs ouvrages religieux en gagaouze[38]. Il est également l'auteur d'une *Histoire des Gagaouzes de Bessarabie* (1934)[39].

Au delà de leur propre histoire, de leur propre langue (création d'un alphabet gagaouze) et de leurs poètes, les Gagaouzes se ménagent quelques martyrs nationaux, agrégats indispensables à toute (récente?) identité nationale, identité forcément née dans la lutte. La réalité des persécutions commises (probablement mais sur quelle ampleur?) durant la domination roumaine de l'entre-deux guerre reste à être étudiée; ceci, d'autant que l'ambassadeur de Turquie à Bucarest à l'époque, Hamdullah Suphi Tanrıöver, avait œuvré en faveur de la mise en place d'un enseignement en turc pour les Turcs et les Gagaouzes de Roumanie. Cependant, cette période reste, dans la mémoire (construite ou réelle) du peuple gagaouze, la période noire de leur histoire. En fait, plus que l'entre-deux guerre, c'est la guerre elle-même qui semble avoir engendré les quelques martyrs de la nation gagaouze. Les Gagaouzes semblent avoir en effet accueilli à bras ouverts le retour des "Russes" en 1940 après le pacte Molotov-Ribbentrop. Et lorsque, en 1941, l'armée roumaine a reconquis la Bessarabie, quelques règlements de compte semblent avoir eu lieu. De plus, il va sans dire que les quelques "martyrs" occasionnés à cette époque ont, durant la période soviétique, dûment été commémorés comme les martyrs du fascisme (statues et monuments commémoratifs à l'appui).

Plus récemment, les dirigeants du Front populaire moldave, qui ont mené la lutte pour l'autonomie puis l'indépendance de la Moldavie, ont

[38] Traduction des évangiles (en cyrillique, 1909-1911), d'un ouvrage de liturgie (en cyrillique, 1911), de "L'histoire de l'ancien et du nouveau testament" (en cyrillique, 1912), de "L'histoire de l'Église" (en cyrillique, 1912), de psaumes (en cyrillique, 1912). Durant la période roumaine, M. Ciachir publia, en alphabet latin suivant les principes de l'orthographe roumaine: les évangiles (*Evanghelia*, Bucarest, 1912), un livre de prière (*Dua chitabâ Gagauzlar icin*, Chişinău, 1935), l'évangile de Marc (*Ai (Aiozlu) Evanghe-liea Marcudan*, Bucarest, 1935), un livre de psaumes (*Pasltir găgăuzcea (tiurcea) Gagauzlar icin hem Tiurclear icin*, Chişinău, 1936) et l'évangile de Matthieu (*Bizim Saabimizin Iisus Hristosun Ai (aizlu) Evanghelieasâ hani Apostol Matfeidean eazăea ghecilmiş*, sans date ni lieu d'impression).

[39] *op. cit.*

décidé de réagir par la force à la sécession déclarée par les dirigeants gagaouzes: à l'été 1990, à l'aube de la proclamation de la souveraineté du pays, alors que les Gagaouzes avaient décidé de la tenue d'élections pour former un parlement local, ils ont lancé quelques milliers de "volontaires moldaves"[40] à l'assaut de la région gagaouze pour "défendre l'intégrité territoriale du pays". L'affrontement fut évité mais les "croisades de Druc" (du nom du dirigeant du gouvernement Front populaire à l'époque) ont considérablement marqué — et effrayé — les Gagaouzes et ont alimenté une peur latente. Quoi qu'il en soit, la peur de la "roumanisation" reste le socle identitaire commun des Gagaouzes (identité réelle, latente ou en construction; de l'ordre de la simple identité culturelle[41] ou de l'ordre de l'identité collective politique).

Socle commun où se retrouve l'ensemble de la population gagaouze; car si l'élite gagaouze (divisée par ailleurs sur ses positions politiques) cherche ardemment à construire une identité, le paysan gagaouze reste, lui, — pour l'instant — éloigné de ces débats. Ses préoccupations sont, bien sûr, essentiellement d'ordre économique et sociale. L'effondrement de l'URSS n'a pas été sans créer une grave désorganisation de l'économie du pays dans son ensemble. Les pièces de rechange pour le matériel agricole font cruellement défaut de même que les débouchés puisque, abreuvant auparavant l'URSS, la production moldave peine à pénétrer des marchés aujourd'hui protégés par des taxes douanières.

La religion orthodoxe reste très clairement leur marqueur identitaire de base[42]. Toutefois, les Gagaouzes de Moldavie ne peuvent aujourd'hui se baser uniquement sur leur religion dans leur recherche de différenciation par rapport aux Moldaves dont ils redoutent l'hégémonie culturelle et linguistique. Force leur est bien de se référer à ce qui fait précisément leur différence, à savoir leur langue qui, elle, est turque — ou gagaouze!

Le rapport, fondamental, à la Turquie et aux peuples turcs, turcophones ou turciques n'est pas complètement clarifié. Au niveau officiel, ce n'est finalement que lorsqu'ils se sont trouvés politiquement et diplo-

[40] Il est difficile de juger dans quelle mesure ces "volontaires" l'étaient réellement ou si, échauffés par les diatribes de leur cadres locaux (voire par quelques litres de vodka selon de nombreux témoignages), ils se sont laissés entraîner. Quoi qu'il en soit, des milliers de "volontaires", armés de fusils ou de simples outils agricoles, ont été acheminés par autocars jusqu'à la région gagaouze qui fut encerclée.

[41] Notons simplement que l'exogamie est forcément plus marquée dans les villes ou villages "ethniquement mixtes".

[42] Les Gagaouzes restent, dans leur très grande majorité, rattachés au patriarcat de Moscou (tout comme le métropolite de Moldavie, aujourd'hui concurrencé par un "métropolite de Bessarabie").

matiquement isolés — et notamment lorsque leur allié russe leur a fait défaut[43] — que les Gagaouzes se sont tournés vers la Turquie. Et la Turquie a réellement et concrètement apporté une aide multiforme aux Gagaouzes. Elle assure en partie la formation des policiers gagaouzes, elle a octroyé une aide financière pour la création de l'université gagaouze, octroyé des bourses pour les étudiants gagaouzes, a débloqué un crédit pour la construction d'un système d'irrigation, envoyé du pétrole, de l'aide humanitaire, etc[44].

Mais l'influence de la Turquie va vite trouver ses limites culturelles (ou religieuses). Ainsi, dans les premiers temps de la "République autoproclamée" (1992), la Turquie s'est proposée pour fournir des manuels scolaires de langue aux Gagaouzes. Tollé général! non pas tant d'ailleurs parce que la langue diverge légèrement ou à cause de la photo d'Atatürk en première page, mais parce que la tonalité dite "musulmane" de certaines phrases exaspèrent les Gagaouzes. Il s'agit par exemple de l'utilisation des prénom "turcs" (Ahmet, Mehmet, ...) qui ne peut être conforme à l'esprit gagaouze, qui, eux, n'utilisent que des prénoms chrétiens[45]. La population gagaouze ne tient pas, de toute façon, à un enseignement exclusivement en gagaouze: elle ne voit pas l'avenir dans ce pays d'un enfant ne possédant que la langue gagaouze et insiste donc sur le maintien du russe comme langue d'enseignement (et l'ambassade de Russie rivalise avec celle de Turquie — et avec un certain succès — dans la donation de manuels scolaires).

En revanche, la coopération culturelle, tant qu'elle reste politiquement relativement indolore, rencontre un succès populaire certain et est alors sans doute plus porteuse en terme de rapprochement des deux peuples. Le simple échange de groupes folkloriques est ainsi grandement apprécié par la population gagaouze qui y trouve traces de sa propre culture et de son propre folklore; de même, par exemple, les trois femmes turques qui sont venues donner des cours de cuisine et de couture pendant deux mois ont marqué les esprits. Le simple fait que le turc de Turquie et le turc des Gagaouzes soient intercompréhensibles ménage de vastes pistes

[43] Voir, par exemple, Sylvie Gangloff (1997), *op. cit.*

[44] L'ensemble de ces aides (humanitaires ou financières) et de ces initiatives sont décidées ou réalisées soit directement par le Président ou le Premier ministre turc (à l'occasion d'un voyage), soit par l'ambassade de Turquie à Chişinău, soit par l'agence de coopération internationale de Turquie (TICA), dépendante du ministère des Affaires Etrangères.

[45] Pour la même raison la première méthode de langue publiée le gagaouze N. Babaoglu qui se serait inspirée des méthodes turques similaires (et notamment de leurs exemples: "Ahmet geldi") est très critiquée par les Gagaouzes.

de coopération. La Turquie compte ainsi beaucoup (à terme) sur ses investissements en matière d'audiovisuel. Ankara a obtenu, en échange de la fourniture de matériel pour la télévision gagaouze, la possibilité d'émettre une chaîne publique turque sur un canal officiel moldave.

Remarques conclusives

L'émergence d'un mouvement séparatiste gagaouze (la République autoproclamée — et forcément non reconnue par les autorités moldaves — a donc vécu jusqu'en décembre 1994, moment où fut légalement créée la région autonome de Gagaouzie, *Gagauz Yeri*) est bien l'expression d'une identité gagaouze (naissante, en développement ou arrivée à maturité) mais aussi l'expression d'une réaction; réaction face à la perspective de se retrouver minoritaire dans un Etat-nation, et, surtout, réaction face à la perspective d'une "roumanisation" de la Moldavie. Mais cette émergence est aussi le résultat de l'action de quelques intellectuels, intellectuels dont le parcours politique, les ambitions ou les relations pèsent sur les orientations politiques du mouvement.

Ces intellectuels sont peu nombreux mais divisés; divisés sur leurs rapports avec les autorités centrales moldaves (certains revendiquent ainsi la création d'une fédération à trois: Moldaves, russophones de Transnistrie, Gagaouzes); divisés sur leurs rapports avec Moscou ou avec la République indépendante de Transdnistrie; divisés sur les rapports avec la Turquie, sur leur profil politique (ex-communistes et ex-opposants) sans compter les opposition de personne, etc[46]. D'où une certaine confusion politique dans la région, des oppositions qui freinent la mise en place des différentes propriétés de l'autonomie.

Le profil identitaire des Gagaouzes, leur origine ou leur histoire est aujourd'hui aussi façonné, remodelé ou tout simplement présenté, mais en tout état de cause diffusé, par ces intellectuels: auprès des organismes internationaux (OSCE, Conseil de l'Europe, Commission européenne), auprès des chercheurs (en Europe occidentale, Russie ou Turquie), des journalistes, etc.

[46] Une simple illustration avec la bataille rangée lancée à la fin de l'année 1997 par certains intellectuels gagaouzes contre *Başkan* de *Gagauz Yeri*, G. Tabunşik, accusé de gérer la région de manière dictatoriale et d'être rongé par la "maladie bolchevik"; ou encore, de nouveau bataille rangée, lancée par d'autres intellectuels, cette fois-ci contre le *Başkan* suivant, D. Croitor, en février 2001. Celui-ci était alors accusé de diverses malversations financières. La population gagaouze a fini par exprimer sa lassitude devant ces querelles par une désertion marquée des urnes.

Enfin l'histoire et l'identité de ce peuple restent marquées par de nombreuses zones d'ombres. Il s'agit des débats évoqués ici (sur leurs origines, l'Etat gagaouze du XIVe siècle dans la Dobroudja, les migrations vers la Bessarabie au XIXe siècle) sur lesquels nous ne disposons parfois que d'informations fragmentaires, mais il s'agit aussi, par exemple, des rapports entre les Gagaouzes et les Turcs ottomans durant leurs quelques siècles de "vie commune", ou encore de la situation (en terme d'expression identitaire, endogamie, rapports avec la majorité, etc.) des minorités gagaouzes en Asie centrale, en Bulgarie ou en Grèce par exemple.

L'ALAOUITE DE SYRIE VU PAR L'AUTRE: ITINÉRAIRES DE L'IGNORANCE

Bruno PAOLI
Centre d'études et de recherches sur le monde arabe et musulman
Université Michel de Montaigne Bordeaux 3

La façon dont les premiers voyageurs et fonctionnaires européens au Proche-Orient ont appréhendé le particularisme *nuṣayrī* (ou *'alawī*, alaouite, qui est la dénomination actuelle), depuis Niebuhr et Volney, à la veille de la Révolution, jusqu'à Ernest Renan, au milieu du XIXe siècle, ne nous intéresse pas tant pour ce qu'elle nous dirait de véridique sur la communauté nuṣayrie, fort maigre au demeurant, que pour ce que ces auteurs rapportent comme mensonges et grossièretés révélateurs des sentiments qui animaient ceux qui les leur ont transmis, et de l'image que l'Autre, Oriental, chrétien, musulman, druze ou autre, avait des Nuṣayris, image faite de croyances sans fondements et de fantasmes à connotation sexuelle qui sont encore aujourd'hui partagés par de larges couches de la population de cette région[1]. Ces croyances ont malheureusement longtemps justifié ou légitimé le mépris et les persécutions dont les Nuṣayris furent les victimes. Il n'est pas inutile de signaler que, d'une manière générale, les non-Alaouites de toutes confessions considèrent les Alaouites comme n'étant pas des musulmans. Font exception les musulmans chiites ǧa'farites (duodécimains), qui les considèrent comme des extrémistes, ou «exagérateurs» (*ġulāt*), mais les acceptent au sein de l'*umma*, la commu-

[1] La double dénomination appelle un commentaire. Nuṣayrī est la *nisba* de Muḥammad b. Nuṣayr al- Namīrī, fondateur supposé de la doctrine nuṣayrie; et 'Alawī (Alaouite) est la *nisba* de 'Alī b. Abī Ṭālib, gendre du Prophète et source commune de toutes les branches du chiisme. C'est sous le nom de Nuṣayrīs que sont connus et désignés les membres de la communauté jusqu'à la fin de l'époque ottomane ou le début du Mandat français. Depuis lors, l'appellation courante est celle de *'Alawiyyūn* (Alaouites). Le premier à employer ce terme fut peut-être Muḥammad Amīn Ġālib al-Ṭawīl, nuṣayri d'Adana, préfet de police dans diverses *wilāyāt*, qui composa en 1924 une *Histoire des Alaouites* (*Tārīḫ al-'alawiyyīn*, Lattaquié, Maṭba'at al-taraqqī, 1924; rééd. Beyrouth, Dār al-Andalus, 1981). Comme le dit Halm («Nuṣayriyya», *Encyclopédie de l'islam*, 2e éd., vol. VIII, p. 149), cet ouvrage «avait pour but de débarrasser les Nuṣayris de la réputation d'être des hérétiques ou bien des païens et de démontrer qu'en vérité ils étaient de vrais Shī'ites duodécimains.» Les Français, en adoptant ce terme et en créant un Etat alaouite, seront ensuite pour beaucoup dans la pérennisation de ce nouveau nom.

nauté des croyants[2]. Pour les musulmans sunnites, ils sont des hérétiques, des idolâtres, qu'il est recommandé de combattre et, si possible, d'éliminer: la *fatwä* que prononça Ibn Taymiyya, au XIVe siècle, contre les *nuṣayris*, d'une extrême violence[3], et, plus récemment, les attaques non moins violentes d'oulémas égyptiens ou saoudiens, légitimèrent notamment la vague de terreur que provoquèrent les islamistes syriens à la fin des années soixante-dix et au début des années quatre-vingt[4].

De fait, l'histoire des Alaouites est bien, jusqu'à l'époque du Mandat français (1920-1946) et, surtout, jusqu'à l'avènement de Hafez el-Assad (1971), celle d'une minorité religieuse méprisée et persécutée. Mais c'est pourtant elle qui détient, depuis plus de trente ans, les rênes du pouvoir syrien, un pouvoir fort, il faut bien le dire, imposé à tous et, surtout, à la majorité sunnite, qui représente environ les trois quarts de la population. Minorité dominante, donc, mais en partie seulement, car il faut relativiser: d'une part, des non-Alaouites occupent certaines fonctions importantes; et, d'autre part, seule une très petite fraction de la communauté alaouite assume réellement le pouvoir et en tire profit. La base du pouvoir est donc extrêmement réduite et ne fait pas l'unanimité au sein même de la communauté alaouite.

La communauté alaouite de Syrie, qui représente vraisemblablement aujourd'hui près de 12 % de la population syrienne, soit près de deux

[2] Le siècle dernier a d'ailleurs été celui du rapprochement entre alaouites et chiites imamites. A ce sujet, je renvoie spécialement à Sabrina Mervin, *Un réformisme chiite*, Paris, Karthala, 2000, p. 321-329, qui fait le récit des relations entre clercs chiites du Liban et clercs alaouites dans la première moitié du XXe siècle.

[3] Editée et traduite par Stanislas Guyard, «La *fetwa* d'Ibn Taimiyyah sur les Nosairîs», *Journal Asiatique*, 6e série, no XVIII (1871), p. 158-198.

[4] Nous pouvons, à la suite d'Elizabeth Picard («Y a-t-il un problème communautaire en Syrie?», *Maghreb Machrek*, no 87 (1980), p. 7-21) inventorier trois types de troubles: 1) Des émeutes, sporadiques mais répétées, dans les grandes villes du pays, à Damas en 1972, à Damas et Ḥamā en 1973, à Ḥamā et Alep en 1975, à Alep et Lattaquié en 1978 et 1979, jusqu'au soulèvement de Ḥamā en 1982 (dont la répression fit probablement près de 20 000 morts); 2) Des attentats et des attaques armées, visant un grand hôtel (1976), des ministères (1977) et, surtout, l'Académie militaire d'Alep (massacre de 82 cadets, presque tous alaouites, en septembre 1979); plus récemment, un autobus régional à Damas (31-12-96) et la foire internationale de Damas (octobre 1996); 3) Des assassinats, enfin, visant presqu'exclusivement des personnalités alaouites, militaires, médecins, universitaires, hauts fonctionnaires, dont la liste est longue. La répression fut à la mesure de tels actes, les suspects les plus visés étant les intégristes sunnites ou «Frères Musulmans». Bien sûr, les communistes et ba'thistes dissidents, tout comme les Palestiniens du «refus» n'échappèrent pas à la répression. Le 28 juin 1979, des Frères Musulmans furent exécutés, parmi lesquels Husni Mahmoud Abo, qui se disait responsable de la section d'Alep et confessa publiquement la volonté des Frères Musulmans de déclencher une guerre confessionnelle (Picard, p. 8). Bien entendu, les causes de cette guerre civile ne sont pas exclusivement religieuses, et d'autres facteurs, socio-économiques et politiques, doivent être pris en considération.

millions d'individus[5], trouve son origine dans une doctrine religieuse, dite *nuṣayrie*, qui fut élaborée en Iraq aux IXe et Xe siècles de l'ère chrétienne[6]. Tous les *isnād*-s remontent à un certain Muḥammad Ibn Nuṣayr al-Namīrī, notable de Baṣra, qui était vraisemblablement l'un des disciples favoris du onzième imām chiite, al-Ḥasan al-'Askarī (m. 874), lequel lui aurait confié une révélation nouvelle qui constitue le noyau de la doctrine nuṣayrie. Il proclama la nature divine de l'imām et se déclara, en 859, *bāb* du dixième imām, 'Alī al-Hādī (m. 868) ou peut-être de son fils aîné, Muḥammad, mort avant lui en 863, année de la *ġayba* du Mahdī selon Ibn Nuṣayr. A la cour de Baġdād, il fut appuyé par le *kātib* Muḥammad Ibn al-Furāt. Ibn Nuṣayr eut pour disciple Muḥammad b. Ǧundāb al-Ǧunbulānī, qui eut lui-même pour élève celui qui est considéré comme le véritable fondateur de la doctrine nuṣayrie, al-Ḥusayn b. Ḥamdān al-Ḫaṣībī, mort en 957 ou 968 à Alep, et enterré au Nord de la ville, à Šayḫ Bayrāq (ou Yābraq)[7]. Poète de talent, il semble avoir vécu de son art, à la cour des Būyides puis auprès des Ḥamdānides de Mawṣil et d'Alep. Il dédia son *Kitāb al-hidāya al-kubrā* à Sayf al-Dawla, émir ḥamdānide d'Alep, qui fut son protecteur. D'après Halm, «c'est évidemment lui qui a transféré les doctrines de la secte dans la Syrie du Nord[8]». Al-Ḫaṣībī eut, dit-on, 51 (3 x 17) disciples, dont Muḥammad b. 'Alī al-Ǧillī, qui eut lui-même pour disciple Sa'īd Maymūn al-Ṭabarānī (m. 1035), qui s'attaqua notamment aux Isḥāqiyya de Lattaquié, en la

[5] Il n'existe pas de statistiques récentes concernant la répartition de la population de la Syrie entre communautés confessionnelles et ce chiffre constitue donc une estimation. Mais ils ne sont en tous cas pas un million, comme l'affirme M. Bar-Asher, «Sur les éléments chrétiens de la religion nuṣayrite-'alawite», *Journal Asiatique*, n° 289-2 (2001) p. 186.

[6] Les Nuṣayrīs considèrent 'Alī b. Abī Ṭālib comme une incarnation de la divinité, qui s'est manifestée en lui jusqu'à ce qu'il fut assassiné (en 661 ap. J.-C.), ce qui eut pour effet de libérer la divinité de son humanité. 'Alī, le *ma'nā* (Concept), symbolisé par la lettre *'ayn*, est la septième et dernière des réincarnations divines, après Seth, Sem, Joseph, Élisée, Assaf et Simon le Magicien (théorie vraisemblablement empruntée au manichéisme, dont le septénaire comprend Adam, Seth, Noé, Jésus, Buddha, Zoroastre et Mani). Au-dessous du Concept (*ma'nā*) vient le Nom (*ism*), le Prophète, qui est aussi nommé le Voile (*ḥiǧāb*) et qui, lui aussi, est considéré comme la dernière des sept réincarnations des Voiles à la suite d'Adam, Noé, Jacob, Moïse, Salomon et Jésus. Ce Voile qu'est Muhammad, désigné par la lettre *mim*, cache derrière lui le *ma'nā*, par qui il a été crée. L'*ism*, à son tour, a créé le *bāb* (la Porte), Salmān al-Fārisī, désigné par la lettre *sin*. Cette triade fondamentale a souvent été comparée à la Trinité chrétienne, hâtivement et probablement à tort.

[7] Ḫaṣībī, Abū 'Abd Allāh al-Ḥusayn b. Ḥamdān al-, *Al-hidāya al-kubrā*, Mu'assasat al-bulāġ, Beyrouth, 2002. Sur l'auteur, voir Friedman, Y., «Al-Ḥusayn ibn Hamdān al-Khasībī: A Historical Biography of the Founder of the Nusayrī-'Alawite Sect», *Studia Islamica*, n° 93 (2001), p. 91-112.

[8] H. Halm, *op. cit.*, p. 148.

personne d'Abū Dahība Ismā'īl b. Ḫallād. Il s'installa d'ailleurs à Lattaquié, encore sous occupation byzantine, pour fuir les combats incessants à Alep. Au début du XIe siècle, les Ḥamdānides d'Alep furent remplacés par les Mirdāsides, qui s'appuyaient sur une tribu chiite duodécimaine, les Kilāb. Il est fort possible que ce changement politique ait mis les Nuṣayris en position difficile, les obligeant à quitter Alep pour Lattaquié. De là, dans des circonstances qui demeurent mal connues, la doctrine nuṣayrie s'est progressivement propagée dans tout le Ǧabal Anṣāriyya, jusqu'à y devenir la religion majoritaire[9].

Si l'on excepte Ibn Ǧubayr, qui ne fit que longer le Ǧabal Anṣāriyya, le premier voyageur à visiter la région et à s'aventurer dans la montagne est Ibn Baṭṭūṭa (1304-1377), au milieu du XIVe siècle, après qu'elle eut été partiellement pacifiée par les sultans mamelouks. Le passage du récit d'Ibn Baṭṭūṭa qui nous intéresse est le suivant, que je cite intégralement dans sa traduction française[10]:

> La plupart des habitants de cette région [le Ǧabal Anṣāriyya], dit-il, appartiennent à la secte des *nuṣayrīs*, qui croient que 'Alī b. Abī Ṭālib est un dieu; ils ne prient, ni ne sont circoncis, ni ne jeûnent. Le roi al-Ẓāhir [Baybars] les avait obligés à construire des mosquées dans leurs villages. Ils ont donc édifié une mosquée dans chaque village, mais loin des habitations; cependant ils n'y pénètrent pas, ni ne les fréquentent. Souvent leurs troupeaux et leurs bêtes de somme y logent. Parfois, lorsqu'un étranger vient chez eux, il fait halte dans la mosquée et appelle à la prière. Ces gens lui disent: «Ne brais pas comme un âne, on va t'apporter ton fourrage!» Les nuṣayris sont nombreux. On m'a raconté qu'un inconnu arriva dans le pays des nuṣayris et dit être le Mahdī; les gens accoururent et cet homme leur promit qu'ils deviendraient maîtres du pays; il partagea donc entre eux la Syrie et désigna la part qui revenait à chacun, puis leur ordonna de se rendre [chacun] dans son royaume. Il leur remettait des feuilles d'olivier et

[9] Deux phénomènes ont dû jouer dans la «nuṣayrisation» du Ǧabal. Il est d'abord vraisemblable que des Nuṣayris sont venus chercher refuge dans la montagne, à partir de la fin du Xe siècle et au début du XIe, alors que les circonstances politiques leur étaient devenues défavorables. Mais il est aussi fort probable qu'une partie de la population locale préexistante ait été progressivement convertie. Ces convertis étaient-ils chrétiens? Ou bien mardaïtes (*ǧarāǧima*), comme semble le laisser penser Claude Cahen («Note sur les origines de la communauté syrienne des Nuṣayris», *Revue d'Études Islamiques*, n° XXXVIII (1970), p. 243-249), sans toutefois avancer d'arguments réellement convaincants? En l'état des recherches, nous en sommes malheureusement réduits à de hasardeuses conjectures. Toujours est-il que l'implantation du nuṣayrisme a dû se faire progressivement et s'étaler sur plusieurs siècles, de la fin du Xe au moins, où la présence d'al-Ṭabarānī à Lattaquié est attestée, jusqu'au XIVe, où Ibn Baṭṭūṭa découvre une région à majorité nuṣayrie.

[10] *Voyageurs arabes*, textes traduits, présentés et annotés par Paule Charles-Dominique, Gallimard (La Pléïade), 1995, p. 439-440. Pour le texte arabe, voir par exemple *Riḥlat Ibn Baṭṭūṭa*, Dār Ṣādir, Beyrouth, 1960, p. 79-80.

leur disait: «Exhibez-les, car elles sont des sortes d'ordres qui vous confèrent la propriété de ce pays.» Lorsque l'un de ces nuṣayris allait dans la région qui lui avait été attribuée, l'émir le faisait comparaître. Le Nuṣayri lui disait: «L'imām mahdī m'a donné ce pays. — Où est ton ordre?» Alors le Nuṣayri exhibait les feuilles d'olivier. On le battait et on l'emprisonnait. Ensuite, cet individu leur ordonna de se préparer à combattre les musulmans, en commençant par attaquer la ville de Jabala [Ǧabla ou Jablé]. Il leur prescrivit de prendre, en guise de sabres, des baguettes de myrte et leur promit qu'elles se muraient en sabres lorsqu'ils combattraient. Ils arrivèrent par surprise dans la ville de Jabala tandis que les habitats célébraient la prière du vendredi. Alors ils entrèrent dans les maisons et violèrent les femmes. Les fidèles se ruèrent hors de la mosquée, prirent leurs armes et les massacrèrent comme ils le voulurent. La nouvelle parvint à Lattaquié et l'émir Bahādūr 'Abd Allāh arriva avec ses troupes. On lâcha des pigeons-voyageurs vers Tripoli et l'émir des émirs survint aussi avec son armée. On poursuivit les nuṣayris et on en tua environ vingt mille. Les survivants se retranchèrent dans les montagnes et envoyèrent un message au prince des émirs pour l'informer qu'ils s'engageaient à verser un dinar par tête si le prince voulait bien les épargner. Mais la nouvelle de ces incidents avait été communiquée par pigeons voyageurs à al-Malik al-Nāṣir [sultan mamlouk de 1285 à 1341] qui répondit de les passer par le fil de l'épée. Le prince des émirs tâcha de faire revenir le roi sur sa décision, en lui faisant valoir que les nuṣayris étaient ouvriers laboureurs au compte des musulmans et que, donc, si on les supprimait, les musulmans en seraient affaiblis. Alors le roi ordonna de les épargner.

Ce récit atteste sans ambiguïté de la présence en nombre, majoritaire même, des Nuṣayris dans la région au milieu du XIVe siècle et sûrement même avant, puisque l'émir Baybars, qui régna de 1259 à 1278, y mena une campagne de pacification et y fit construire, dit-on, des mosquées. Par ailleurs, les villes sont sunnites et les montagnes sont nuṣayries. Et la terre que travaillent les paysans nuṣayris est la propriété de citadins sunnites. Cet état de choses peut expliquer des révoltes sporadiques, qu'elles soient ou non attisées par un prédicateur ou un prétendu prophète. Les Nuṣayris apparaissent donc comme une population rurale, paysanne, soumise à un régime féodal; minorité opprimée, donc, et réfugiée dans les montagnes[11]. Le Ǧabal Anṣāriyya, chaîne montagneuse

[11] Les Alaouites ont toujours été minoritaires dans les villes de la région (Lattaquié, Jablé, Banyas, Tartous, Safita, Ḥoms, Maṣyāf, Ḥamā, Tall Kalaẖ), mais l'exode rural, depuis un siècle, a profondément modifié l'équilibre démographique, à tel point que les Alaouites sont à présent probablement majoritaires dans certaines de ces villes. L'exode rural vers les principales villes de Syrie est un phénomène récent: ce n'est en effet qu'au XXe siècle que les Alaouites, au gré de circonstances favorables (mandat français, République Arabe Unie, accession au parti Ba'th et à l'armée), «descendent de la montagne» et commencent à s'intégrer à la vie politique et économique du pays, tissant progressive-

située dans le prolongement de la montagne libanaise, parallèle au littoral méditerranéen, sur 110 kilomètres de long et environ 25 de large, constitue en effet l'exemple type de la montagne-refuge des minorités opprimées, la région ayant aussi accueilli Ismaéliens et Chrétiens; minorité compacte aussi, sur une aire géographique assez nettement délimitée, exception faite de quelques noyaux isolés, en Syrie même mais aussi en Turquie et au Liban[12].

A partir de la fin du XVIIIe siècle, les premiers voyageurs européens à visiter la région la trouvent, pour ainsi dire, comme l'avait laissée Ibn Baṭṭūṭa, pauvre et arriérée. Parmi ces voyageurs, c'est Niebuhr qui, dans son *Voyage en Arabie*, semble fournir les premiers renseignements exacts sur les Nuṣayris, auxquels les voyageurs ultérieurs n'apporteront d'ailleurs presque rien de nouveau[13]. Quelques années plus tard, c'est Volney, dans le récit de son voyage de trois ans dans la région, qui consacre un court chapitre aux «Ansârié», qui sont, d'après lui, «dérivés des Arabes[14]». Il y reprend sensiblement les mêmes informations que Niebuhr et rapporte un récit plutôt fantaisiste sur l'origine de la doctrine alaouite, rempli d'erreurs et d'aberrations, comme ces observances rituelles — ne pas se laver le prépuce, ne pas boire de bière, «mais du vin tant qu'ils en voudront», s'abstenir de la chair des bêtes carnassières — qui sont totalement imaginaires. On y trouve d'autres passages d'anthologie, comme celui-ci: «Les Ansârié sont, comme je l'ai dit, divisés en plusieurs peuplades ou sectes; on y distingue les Chamsiés, ou adorateurs du soleil, les Kelbîé, ou adorateurs du chien [de *kalb*, «chien» en arabe]; et les Quadmousié, qu'on assure rendre un culte particulier à l'organe qui, dans les femmes, correspond à Priape[15].» Les mêmes récits, dit-il, ont été faits à Niebuhr. Mais qui donc, sinon un musulman sunnite ou un chrétien malveillant, aurait-il bien pu lui raconter de telles absurdités? Kalbiyya n'est autre que le nom de l'une des quatre grandes confé-

ment leur toile, jusqu'à l'accession au pouvoir de Ṣalāḥ Ǧadīd (1966) puis de Ḥāfiẓ al-Asad (1971), auquel a succédé son propre fils, Baššār, en 2000.

[12] Les Alaouites ont aussi progressivement occupé les plaines environnantes: la plaine côtière à l'Ouest (al-Saḥl), le Ghāb à l'Est et la plaine de 'Akkār au Sud-ouest. Et il en existe également des minorités réparties au sud de Ḥomṣ, sur le plateau situé entre Maṣyāf et l'Oronte, au Nord-est de Ḥamā, dans la région de Ma'arrat al-Nu'mān, d'Idlib et d'Alep ainsi qu'à Damas et au nord du lac Ḥūle ('Ayn Fīt).

[13] Niebuhr, K., *Voyage en Arabie*, trad. française, Amsterdam & Utrecht, 1780, t. II, p. 357-361.

[14] Volney, C.-F. Chasseboeuf, *Voyage en Syrie et en Egypte pendant les années 1783, 1784 et 1785*, éd. J. Gaulmier, Mouton, Paris & La Haye, 1959, p. 215-217.

[15] *Idem*, p. 216.

dérations tribales alaouites[16]. Quant aux Šamsiyya, ils n'adorent pas le soleil mais, comme tous les Alaouites, vénèrent 'Alī, qu'ils associent au soleil, tandis que les Qamariyya l'associent à la lune[17]. Quant au culte que d'autres voueraient aux organes sexuels de la femme, c'est un fantasme que l'on retrouve plus tard chez d'autres auteurs, à commencer par un certain Jean-Baptiste-Louis-Jacques Rousseau, consul de France, et qui publia en 1818 un mémoire consacré aux Wahhābites, aux Nuṣayris et aux Ismaéliens[18]. Comme le signale Dussaud, «les renseignements sur la religion sont inutilisables, bien que Silvestre de Sacy ait corrigé en note les erreurs les plus grossières[19]». L'auteur affirme par exemple que, parmi les Nuṣayris, il en est «qui vouent un culte particulier à certains légumes ou à des quadrupèdes, ou enfin aux parties naturelles de la femme.» Un peu plus loin, évoquant les *maqām*s ou *ziyāra*s, lieux de pélerinage, il affirme très sérieusement qu'ils vont y honorer la mâchoire d'un âne: «vénération ridicule, dit-il, qui vient de ce qu'ils prétendent que ce fut cet animal qui mangea la feuille de *kolkas* sur laquelle avaient été primitivement tracés les préceptes de leur religion». Celui qui a inventé cette histoire était assurément un âne, mais n'en était pas pour autant dépourvu d'imagination. Ailleurs, Rousseau affirme qu'ils ont, «comme plusieurs peuples du mont Liban, l'abominable coutume de se réunir souvent hommes et femmes, en assemblées nocturnes, pour se livrer, dans l'obscurité, aux excès du plus honteux libertinage». Mais lui est-il jamais arrivé d'assister à l'une de ces fameuses assemblées? Nous

[16] Les trois autres confédérations sont les Ḥaddādīn, les Ḫayyāṭīn et les Matāwira. Chacun de ces groupes se divise en un grand nombre de tribus et de clans. Mais, sur le terrain, il n'y a pas d'unité géographique: les tribus des quatre confédérations sont dispersées et mélangés sur toute la superficie du Ǧabal Anṣāriyya.

[17] La triade fondamentale de la doctrine nuṣayrie, qui comprend 'Alī, Muḥammad et Salmān (*ayn, mim, sin*) et qui est appelée "mystère" (*sirr*), entretient avec le soleil, le ciel et la lune des rapports qui diffèrent suivant les divers courants intérieurs à la communauté. Pour les Ḥaydariyya, 'Alī est le ciel, Muḥammad le soleil et Salmān al-Fārisī la lune. Pour les Šamālīs ou Šamsīs, 'Alī est l'aurore; il créa le soleil, qui est Muḥammad; et Muḥammad créa la lune, qui est Salmān. Chez les Kalāzīs, 'Alī est la lune, Muḥammad le soleil et Salmān al-Fārisī le ciel. Enfin, les Ġaybiyya, adorateurs de l'air, considèrent que 'Alī est l'air. Il semblerait qu'on distingue aujourd'hui deux partis dans la secte: ceux du Nord (Šamsiyya = Mīmiyya et Šamāliyya = Ḥaidarīs = Ġaybiyya); et ceux du Sud (Qibliyya = 'Ayniyya + Qamariyya). Et l'organisation spirituelle comporte donc deux leaders, le *baġcibaši* (Šamsī) en Cilicie et le *ḫādim ahl al-bayt* à Qardāḥa.

[18] Rousseau (Jean-Baptiste-Louis-Jacques), «Mémoire sur les trois plus fameuses sectes du musulmanisme: les Wahabis, les Nosaïris et les Ismaélis», *Annales des Voyages*, t. XIV (1818), p. 271.

[19] Dussaud, R., *Histoire et religion des Noṣayris*, Paris, Emile Bouillon, 1900, p. XXVII.

sommes en droit d'en douter, à moins que ce ne soit par pudeur ou par honte qu'il n'ose en dire plus...

Vint ensuite un Dupont, drogman gérant le vice-consulat de France à Lattaquié en 1821, et auteur d'un mémoire qui contient quelques renseignements considérés comme exacts par Dussaud[20]. Ce mémoire fit l'objet d'une réflexion de Henri Guys, lui-même vice-consul de France à Lattaquié et qui, dans un ouvrage intitulé *Un derviche algérien en Syrie*, consacra également un petit chapitre aux «Nessaïris et Ismaïlis[21]». Les ragots ont la vie dure, comme en atteste le passage suivant, consacré aux cérémonies et assemblées religieuses: «Les cérémonies dont il est question, dit Guys, sont toutes extrêmement sérieuses et sont célébrées dans le plus impénétrable mystère; les femmes n'y assistent pas. Les réjouissances publiques qui les accompagnent, continue-t-il, se prolongent fort avant dans la nuit, et consistent en chants et en danses auxquelles le sexe participe, ce qui est sans exemple chez les autres peuples de l'Orient. On accorde cette faveur aux femmes, sans doute, en compensation de ce qu'elles sont exclues des cérémonies religieuses[22].» Si je résume, les cérémonies religieuses, réservées aux hommes, sont suivies de partouzes qui permettent de consoler les femmes de leur exclusion des affaires religieuses (il faut dire aussi qu'une telle partouze serait bien triste sans femmes). Quoi qu'il en soit, ces fantasmes contribuent à donner des nuṣayris une image de débauchés qui est totalement aux antipodes de leurs mœurs et de leur mode de vie, fortement empreints de la dureté et de l'austérité du milieu naturel. Ils sont ailleurs dépeints comme des voleurs et des assassins, des gens légers et qui n'ont pas de parole et la région comme un «pays d'ignorance, de fourberie et de ruse[23]».

Henry Guys, qui fut de longues années vice-consul puis consul de France, à Lattaquié notamment, avait, dit-on, une connaissance approfondie du Proche-Orient et de ses langues. Comme le signale le titre de son récit, il aurait vécu dans la région durant trente-six années. Spécialiste des Druzes, il publia notamment une traduction de la *Théogonie des Druzes, ou abrégé de leur système religieux* et une étude intitulée *La*

[20] Dupont, F., «Mémoire sur les mœurs et les cérémonies religieuses des Nesserié, connus en Europe sous le nom d'Ansari», *Journal Asiatique*, 1re série, t. V (1824), p. 129-139.

[21] Guys, H., «Observations sur un Mémoire relatif aux mœurs et aux cérémonies religieuses des Nesserié», *Journal Asiatique*, 1re série, t. IX (1826), p. 306 et suivantes; et *Un derviche algérien en Syrie: peinture des mœurs musulmanes, chrétiennes et israélites, confirmées par un séjour de 36 années dans cette partie de l'Asie*, Paris, J. Rouvier, 1854.

[22] Guys, H., *Un derviche algérien en Syrie*, p. 45.

[23] Guys, H., *Idem*, p. 44.

Nation druze[24]. D'après lui, les Nuṣayris n'étaient en fait que des Druzes égarés: «Ali, fils d'Abu Taleb, est leur Dieu, dit-il; ce fut un certain Nassar, ajoute-t-il, qui opéra leur conversion en leur faisant abandonner el-Hakem, la divinité des Druzes, avec lesquels ils paraissaient avoir été primitivement unis de croyance.[25]» En dépit de l'aberration de cette thèse, l'auteur rapporte cependant, dans ses diverses contributions, un certain nombre d'informations plus ou moins exactes sur la doctrine nuṣayrie. Mais l'opinion qu'il s'en fait transparait nettement dans une note de bas de page où il fait sienne l'opinion de Ḥamza, maître spirituel des Druzes: «Ce que je trouve dans l'*Exposé de la religion des Druzes*, par M. de Sacy, dit-il, vient à l'appui de l'opinion qui existe en Syrie sur les Nessaïris et peut servir de preuve à ce dont ils sont accusés. Voici le passage tiré d'un écrit de Ḥamza: "Il m'est, dit-il, tombé entre les mains un livre composé par un nessaïri, d'entre ces gens qui ne croient pas en notre Seigneur, qui lui associent d'autres que lui, qui débitent contre lui des mensonges; par un homme qui séduit croyants et croyantes, qui ne cherche que la satisfaction des désirs brutaux et des plus honteux appétits de la nature, dont la religion est celle des vils nessaïris." Plusieurs passages plus explicites, ajoute Guys, se trouvent dans les pages suivantes de l'écrit cité[26].» Guys a le mérite d'être le premier à mentionner l'une de ses sources, un écrit druze en l'occurrence.

Venant d'un Druze, les propos qu'il rapporte ne manquent pas de piquant. Comme si les attaques les plus virulentes subies par les Nuṣayris devaient être le fait de ceux des «hérétiques» dont ils sont, d'une certaine manière, les plus proches. Ce phénomène est somme toute assez classique: deux doctrines se font d'autant plus concurrence qu'elles ont un plus grand nombre de points communs, comme c'est d'une certaine manière le cas des doctrines druze et nuṣayrie. L'épître dont est tiré l'extrait cité par Guys est la quinzième des cent onze *Epitres de la Sagesse*, livre sacré des Druzes[27]. Intitulée *Risāla darziyya 'ilä al-nuṣayriyyīn* (l'Epître druze aux Nuṣayris), elle est l'œuvre de Ḥamza b. 'Alī, qui y répond point par point aux accusations portées contre les Druzes par un nuṣayri anonyme, dans un ouvrage intitulé *Livre des Vérités et du Dévoilement*, que Ḥamza aurait donc eu entre les mains.

[24] Guys, H., *Théogonie des Druses, ou abrégé de leur système religieux*, Paris, Imprimerie impériale, 1863; et *La Nation druse*, Paris, Imprimerie impériale, 1863.

[25] Guys, H., *Un derviche algérien en Syrie*, p. 54.

[26] Guys, H., *Idem*, p. 54.

[27] Cet ouvrage avait été édité et traduit par Silvestre de Sacy, *Exposé de la religion des Druzes*, Paris, 1838.

D'après Ḥamza, les enseignements que ce nuṣayri attribue aux Druzes ne sont en vérité ni plus ni moins que ceux du nuṣayrisme lui-même. Entre autres «accusations», citons la croyance en la transmigration des âmes et leur possible réincarnation dans une enveloppe animale (chien, singe, cochon, etc.), la «cohabitation» entre frères et sœurs, autrement dit l'inceste, l'adultère, l'homosexualité, l'enseignement que c'est Dieu lui-même qui forme l'être humain dans le sein de sa mère, la croyance en la divinité de 'Alī b. Abī Ṭālib, etc. On y trouve donc pêle-mêle des points proprement théologiques (le statut de 'Alī, la transmigration des âmes) et des accusations touchant aux mœurs (inceste, adultère, homosexualité) qui rappellent inévitablement les récits rapportés par Volney, Rousseau, Dupont et Guys.

En ce qui concerne Guys, qui fait sienne l'opinion de Ḥamza, doit-on encore s'étonner qu'il ait prêté foi aux ragots qu'il a entendu concernant les mœurs dissolues des Nuṣayris, adeptes de la partouze et de l'échangisme, adorateurs de la «nature» de la femme? Pas plus que ses prédécesseurs, et ce en dépit de ses trente-six chandelles «sur le terrain», il ne semble avoir fréquenté de Nuṣayris. Ses sources sont druzes, mais aussi peut-être sunnites ou chrétiennes, comme c'est le visiblement le cas de Renan dix ans plus tard.

Ce dernier rapporte lui aussi de semblables grossièretés dans le seul passage qu'il semble avoir jamais consacré aux Nuṣayris, lequel paraît reproduire les propos méprisants de quelque curé maronite, trahi par une apologie de saint Maroun bien mal venue[28]: «Nous n'avons pas eu l'occasion, dit Renan, de faire ample connaissance avec les Noṣairis ou Ansariés, qui nous ont paru de beaucoup la population la plus abaissée de la Syrie. Ils ont bien plus d'affinités avec les chrétiens qu'avec les musulmans, et sans doute le nom de Nosaïris (petits chrétiens) a quelque fondement. Ils honorent comme un dieu saint Maroun, le patron des Maronites, devenu, comme Mar Antoun, un génie thaumaturge d'une grande réputation dans la croyance de toutes les sectes. On nous a communiqué la formule du culte qu'ils rendent aux organes sexuels de la femme. On dirait, par moments, une secte gnostique ayant traversé durant des siècles toutes les altérations qu'une religion dénuée de livres sacrés et d'un sacerdoce organisé ne peut manquer de subir.»

Bien entendu, les Nuṣayris n'ont jamais adoré Saint Maroun, ni voué un culte aux organes sexuels de la femme. On ne peut que déplorer qu'un personnage de la stature de Renan, qui présida à deux reprises la

[28] Renan, E., *Mission de Phénicie*, 1864, p. 114.

Société Asiatique, ait pu avoir la faiblesse de se faire l'écho des ragots qui lui ont été rapportés: lui non plus n'a jamais fait «ample connaissance» avec les Nuṣayris, ce qu'il a le mérite de reconnaître. On ne peut également que regretter que le Baron Silvestre de Sacy, qui lui aussi présida la Société Asiatique, éminent arabisant et orientaliste, grand spécialiste des Druzes, auxquels il consacra plus de cinquante ans de recherches, publiant et traduisant de larges extraits des *Epîtres de la Sagesse*, et rédigeant un magistral *Exposé de la religion des Druzes* (1838), ne se soit pas intéressé aux Nuṣayris et à leur doctrine, si ce n'est pour corriger les erreurs qu'il avait relevées dans le mémoire de Rousseau ou pour recopier de sa main le texte d'un manuscrit nuṣayri, copie actuellement conservée à la Bibliothèque Nationale.

Les auteurs évoqués jusqu'ici bénéficient toutefois de circonstances atténuantes. A leur époque, en effet, aucun texte nuṣayri n'avait encore été publié, non plus que la *fatwä* d'Ibn Taymiyya ou le voyage d'Ibn Baṭṭūṭa. La seule source mentionnée est un écrit druze, dont Guys cite un court extrait, ce qui confirme en passant l'idée que toutes les sources de ces auteurs, qu'elles soient orales ou écrites, sont probablement des sources secondes, propos de l'Autre, druze, chrétien ou sunnite, sur les Nuṣayris. Autrement dit, les récits de Niebuhr, Volney, Rousseau, Dupont, Guys et Renan sont surtout intéressants en tant que révélateurs de l'opinion qu'ont des Nuṣayris les autres communautés de la région, chrétienne, druze, voire sunnite, opinion pour le moins négative si l'on en juge par les grossièretés colportées.

Depuis les années 1860, qui virent l'acquisition par la Bibliothèque Nationale, alors Impériale, d'importants manuscrits religieux nuṣayris[29], notre connaissance de l'histoire et de la religion nuṣayris a pleinement

[29] Bibliothèque Nationale, mss. 1449 et 1450, décrits par De Slane, *Catalogue des manuscrits arabes*, p. 277; et par Dussaud, *Histoire et religion des Noṣayrîs*, Paris, Emile Bouillon, 1900, p. XVII-XXI. Le premier est daté de 1206 de l'Hégire (1791 ou 1792 ap. J-C) et le second de 1212 (1797 / 1798). Tous deux contiennent des poèmes religieux et un certain nombre de traités et d'épîtres exposant les principes de la doctrine des Nuṣayris, comme le *Kitāb al-'usūs*, qui, d'après l'incipit, aurait été composé par Salomon, fils de David, qui a rang de prophète chez les Noṣairis, et consiste en un questionnaire sur la nature de Dieu, la matière informe, la création, les anges et tout ce qui est dans le ciel et sur la terre, ou le *Kitāb al-ṣirāṭ*, composé par al-Mufaḍḍal b. 'Umar, qui y aurait recueilli les enseignements de son maître, Ǧa'far al-Ṣādiq, ou enfin le *Wuǧūb ma'rifat al-ism wa-l-ma'nä*, relation par al-Ḥusayn b. Hārūn al-Ṣā'iġ d'une conférence d'al-Ǧisrī, qu'il aurait tenue en 346 de l'Hégire. D'autres copies de ces ouvrages, privées, sont également signalées par 'Alī Akbar Ḍiyā'ī (*Fihris maṣādir al-furuq al-islamiyya*, Dār al-rawḍa, Damas, s.d., vol. I, p. 67-178), qui a pu les examiner et en donner une rapide description, ce qui constitue un sérieux argument en faveur de l'authenticité des textes réunis dans les deux manuscrits de Paris.

profité du travail accompli par des spécialistes de renom, comme Dussaud, Lammens, Massignon, Weulersse ou encore Strothmann[30]; et, plus récemment par des chercheurs de l'université de Jérusalem, Bar-Asher et Kofsky, qui ont entrepris l'édition critique des textes compilés dans les manuscrits de Paris[31]. Notre connaissance des Nuṣayris a donc indéniablement progressé. Mais la proportion des textes religieux qui ont été édités est encore très faible: les manuscrits de la bibliothèque al-Asad de Damas, pour ne citer qu'eux, n'ont pas encore été du tout exploités. Et la connaissance de la doctrine nuṣayrie, en dépit de progrès indéniables, est restée limité à une petite poignée de spécialistes, chercheurs et universitaires[32].

Ḍiyā'ī, qui a dressé la plus complète bibliographie nuṣayrie, inventorie pas moins de 265 sources primaires et 148 sources secondaires, 90 en arabe et 58 en d'autres langues[33]. Cet inventaire est d'autant plus intéressant qu'il contient nombre de manuscrits inédits, dont l'auteur donne le plus souvent des extraits, incipit et conclusion généralement, voire quelques vers pour les poésies. Certains de ces manuscrits se trouvent à

[30] René Dussaud est l'auteur de la première monographie sérieuse consacrée aux Nuṣayris, *Histoire et religion des Noṣairîs*, Paris, Émile Bouillon, 1900. Lammens, pour sa part, est l'auteur de quelques petits articles: «Au pays des Noṣairîs», *Revue de l'Orient Chrétien*, n° IV (1899), p. 572-590; «Les Nosairis. Notes sur leur histoire et leur religion», *Etudes religieuses* (1899); «Les Nosairis furent-ils chrétiens?», *Revue de l'Orient Chrétien*, n° VI (1901); «Les Nosairis dans le Liban», *Revue de l'Orient Chrétien*, n° VII (1902); et «Une visite au Chaikh suprême des Nosairis Haidaris», *Journal Asiatique*, janvier-février 1915, p. 145-150. Quant à Louis Massignon, il est l'auteur de plusieurs petits articles, dont «Choix de documents sur le territoire des 'Alaouites», *Revue du Monde Musulman*, n° XXXVI (1920) et n° XLIX (1922); «Nuṣairi», dans Gibb, H. & J. Kramers (eds.), *Shorter Encyclopedia of Islam*, Brill, Leyde, 1974, p. 453-456; «Recherches sur les Shî'ites extrémistes à Bagdad à la fin du troisième siècle de l'Hégire», *Zeitschrift der deutschen morgenländischen Gesellschaft*, n° 92 (1938), p. 378-382; «Esquisse d'une bibliographie nusayrie», *Mélanges René Dussaud*, vol. II, 1939, p. 913-922; rééd. dans L. Massignon, *Opera minora*, vol. I, p. 640-649; «Les nuṣayris», dans *L'élaboration de l'islam, Colloque de Strasbourg*, Paris, 1961, p. 109-114; rééd. dans L. Massignon, *Opera minora*, vol. I, p. 619-624. De R. Strothmann, citons «Festkalender der Nusairier», *Der Islam*, n° XXVII (1946); et «Seelenwanderung bei den Nuṣairī», *Oriens*, n° XII (1959), p. 89-114; et de Jacques Weulersse, enfin, «Un peuple minoritaire d'Orient, les Alaouites», *La France Méditerranéenne et Africaine*, vol. 1, n° 2 (1938), p. 41-61; et, surtout, l'incontournable *Le pays alaouite*, Damas, Institut français, 1940.

[31] Bar-Asher, M. & A. Kofsky, *The Nuṣayrī-'Alawī Religion: an Inquiry into its Theology and Liturgy*, Leide, Brill, 2002.

[32] Nous sommes par exemple en droit de nous interroger sur les chances de diffusion dans le monde arabe de l'ouvrage de Bar-Asher et Kofsky, écrit en anglais par deux israéliens et publié aux Pays-Bas à un tarif prohibitif!

[33] Ḍiyā'ī, A.A., *Fihris maṣādir al-furuq al-islamiyya*, Dār al-rawḍa, Damas, s. d., vol. I, p. 67-178.

la bibliothèque al-Asad de Damas (six manuscrits selon Akbar Ḍiyā'ī); d'autres dans de bibliothèques étrangères, en Turquie (3 manuscrits), au Caire (1 ms.), à Berlin (1 ms.), à Manchester (3 textes en 1 ms.), à Paris (4 mss.), ailleurs peut-être. Mais la très grande majorité des textes décrits par Ḍiyā'ī sont des manuscrits privés, l'un à Lattaquié, l'autre à Jablé, le troisième à Tartous, etc. L'auteur inventorie environ soixante-dix ouvrages de ce type. L'anonymat des propriétaires est presque toujours préservé: «Un manuscrit que j'ai vu dans le pays alaouite» («*maḫṭūṭa ra'aytu-hā fī bilād al-'alawiyyīn*»), ou «à Lattaquié.» La seule exception concerne le cas du commentaire d'un ouvrage d'al-Ḫaṣībī qui se trouve être entre les mains de l'auteur en personne, un cheikh de Tartous[34]. Certains de ces ouvrages sont sûrement d'une grande importance, comme le numéro 52 de l'inventaire, intitulé *Taz-kiyat al-nafs fī ma'rifat bawāṭin al-'ādāt al-ḫams*, et attribué à l'émir al-Makzūn al-Singārī (m. 1240). Il s'agit d'une interprétation ésotérique (*bāṭin* pl. *bawāṭin*, par opposition à *ẓāhir*) des cinq piliers de l'islam. Ḍiyā'ī en décrit une version manuscrite qu'il a consultée «à Lattaquié», avant d'ajouter qu'il en existe de nombreuses autres versions dans le pays alaouite («*ra'aytu nusḫan kaṯīra min hāḏā l-kitāb fī bilād al-'ala-wiyyīn.*»). Enfin, près de quatre-vingt-dix des entrées de la bibliographie de Ḍiyā'ī sont consacrées à des titres d'ouvrages vraisemblablement perdus, dont certains importants, comme le n° 43, par exemple, intitulé *Al-ta'wīl fī muškil al-tanzīl*, qui est attribué au fondateur supposé de la secte, Ibn Nuṣayr al-Namīrī.

Une des raisons de cet état de fait réside dans le respect par les Nuṣayris du principe de dissimulation (*taqiyya* ou *kitmān*), qui consiste à préserver le secret de la doctrine et à s'abstenir de publier les textes religieux spécifiquement nuṣayris. Mais il existe des exceptions. Le cas le plus étonnant est celui d'un certain Sulaymān Efendī, à qui l'on doit la première publication de textes religieux nuṣayris dans leur intégralité[35]. Membre de la communauté nuṣayrie, initié même, il douta de sa propre religion et se fit successivement juif, musulman (sunnite), orthodoxe et protestant! Quelques années après la publication de son ouvrage sur la doctrine nuṣayrie, agrémenté de textes sacrés, il fut assassiné à Tartous par des Nuṣayris, vraisemblablement pour avoir révélé les fon-

[34] Il s'agit du n° 146 de l'inventaire, qui est un commentaire du *Dīwān al-ġarīb* d'al-Ḫaṣībī, par le *šayḫ* Ibrāhīm 'Abd al-Laṭīf.

[35] Sulaymān Efendī, *al-Bākūra al-sulaymāniyya fī kašf asrār al-diyāna al-nuṣyriyya*, Beyrouth, 1864 (ou 1863), 119 pages; en grande partie traduit en anglais par E. Salisbury, dans *Journal of the American Oriental Society*, VIII, p. 227-308.

dements de la doctrine nuṣayrie et publié des textes sacrés, en violation du serment prêté lors de l'initiation (*ḫiṭāb*) par le novice, qui s'engage à dissimuler sa foi. Ce principe trouve ses racines dans les persécutions endurées par les Alaouites et tous ceux que le pouvoir central considérait comme des hérétiques. Mais il correspond aussi à une réelle dualité, la dialectique de l'apparent (*ẓāhir*) et du caché (*bāṭin*), qu'il s'agisse du sens (exotérique ou ésotérique) de la Révélation, de l'interprétation du Coran, ou des pratiques, celles que les Alaouites partagent avec tous les musulmans, comme le fait de pratiquer le jeûne de *ramaḍān* ou de réciter le Coran, et celles qui leur sont propres, et qui sont pour la plupart réservées aux seuls initiés. Pour avoir assisté à des mariages et à des deuils alaouites, j'ai chaque fois pu constater la réalité de cette dualité: à un moment ou à un autre des cérémonies, auxquelles peuvent participer sunnites et chiites, les cheikhs et autres initiés s'isolent pour prier ensemble; plus rarement, un cheikh alaouite prononce devant tous un prêche laissant transparaître certains traits spécifiquement alaouites. Pour ce qui est des cinq piliers de l'islam, leur interprétation ésotérique n'interdit pas une observance sincère: la prière et le jeûne, notamment, sont pratiqués par une majorité d'alaouites. Quant au pélerinage à la Mecque, il est le plus souvent remplacé par des pélerinages dans les mausolées (*mazār* ou *ziyāra*) dédiés à des saints personnages proprement nuṣayris. La pratique des rites prend donc, suivant les cas, deux formes, l'une exotérique, l'autre ésotérique. La première, qui est dominante, consiste à s'adapter au milieu religieux environnant: en milieu musulman, on pratique les rites de l'islam; en milieu chrétien, les rites chrétiens. La seconde, propre aux Nuṣayris, est réservée aux seuls initiés et pratiquée en secret.

Les ouvrages en langue arabe, qu'il s'agisse de l'édition de documents nuṣayris ou d'études sur la doctrine, les rites ou les pratiques, sont donc rares. Bien sûr, le *Kitāb al-hidāya al-kubrä* d'al-Ḫaṣībī a récemment été publié au Liban, mais il ne s'agit pas tant d'un traité sur la doctrine nuṣayrie que, déjà, d'une tentative de conciliation avec la doctrine chiite imāmite. Autrement plus importante serait l'édition d'un autre ouvrage du même auteur, la *Risāla rastbāšiyya*, dont il existe des copies privées, que j'ai personnellement consultées, et qui constitue un vrai traité de théologie nuṣayrie. Quant aux petits ouvrages du Cheikh 'Abd al-Raḥmān al-Ḫayyir, l'une des principales autorités religieuses de la communauté alaouite durant la seconde moitié du XXe siècle, ouvrages que l'on trouve dans toutes les aires de repos autoroutières de Syrie, il s'agit en quelque sorte de la vitrine officielle (plutôt opaque) de la religion alaouite[36]. Ces ouvrages ne disent rien de la doctrine nuṣayrie. Leurs objectifs sont autres. Il s'agit, d'abord, de se défendre contre les accusations portées contre eux et de corriger les erreurs qui pourraient avoir été dites. Mais ils ont aussi pour dessein, souvent, de souligner ce qui rapproche les Nuṣayris des principales branches de l'islam, sunnite et surtout chiite, dans une démarche visant à se rapprocher de l'islam majoritaire et à se faire reconnaître par lui.

La dissimulation de la doctrine et des rites nuṣayris est pour beaucoup dans l'ignorance qui prévaut en Orient à leur sujet. J'entends souvent dire que les Druzes ou les Alaouites, pour ne citer qu'eux, ne sont pas musulmans. C'est là, bien souvent encore aujourd'hui, le point de vue de l'Autre, qu'il soit chrétien ou musulman sunnite. On peut encore entendre la voix d'Ibn Taymiyya, qui, il y a plus de six siècles déjà, encourageait, dans une violente *fatwä*, à la guerre sainte contre les Nuṣayrīs et autres sectateurs du sens caché, les sectes dites *bāṭiniyya*, considérées comme plus infidèles et impures que les chrétiens et les juifs: «Personne, dit-il, ne doit s'opposer à ce qu'on les persécute[37]». Comme toutes les *fatwäs*, celle-ci comporte une série de questions du type «est-il licite de...?», auxquelles répond le *šayẖ* (Ibn Taymiyya) de manière détaillée et argumentée. Ses conclusions sont catégoriques: il est illicite d'épouser un ou une nuṣayri(e) ou d'avoir des relations sexuelles avec une maîtresse (*mawlāt*) nuṣayrie[38]. Les animaux tués par eux sont considérés comme impurs, de même que les fromages fabriqués avec la présure de ces animaux. Les hommes ne doivent pas être employés aux frontières, car ce sont des traîtres qui pactisent avec l'ennemi[39]. Ils ne doivent pas non plus être enterrés avec les musulmans et il est interdit de réciter des prières sur leurs corps. Par contre, leur sang et

[36] Signalons, entre autres, *Tārīẖ al-'Alawiyyīn. Naqd wa-taqrīẓ*, édité par son fils, Hānī al-Ḫayyir (Damas, 1992), qui est une critique de l'histoire des Alaouites rédigée par Muḥammad Amīn Ġālib al-Ṭawīl (voir ci-dessus, note 1), laquelle contiendrait nombre d'erreurs et d'inexactitudes. Quant à *Al-radd 'alä l-doktōr Šākir Muṣṭafä. Risāla tabḥaṯu fī masā'il muhimma ḥawla l-maḏhab al-ǧa'farī al-'alawī* (Damas, 1993), comme son titre l'indique, il s'agit d'une réponse à l'historien Šākir Muṣṭafä, dont l'ouvrage sur les Alaouites, publié vingt-cinq ans plus tôt, est critiqué et rectifié point par point. Il faut aussi signaler *'Aqīdatunā wa-wāqi'unā. Naḥnu l-muslimīn al-ǧa'fariyyīn (al-'alawiyyīn)*, (Damas, 1991), qui vise à faire reconnaître les Alaouites comme des musulmans (chiites) à part entière, ce dont témoigne l'appellation de *ǧa'farī*, par référence au rite ǧa'farite, qui est celui des chiites duodécimains.

[37] Ibn Taymiyya, *op. cit.*, p. 197-198 (texte arabe, p. 177): «*lā yaḥullu li-'aḥad 'an yanhiya 'an al-qiyām 'alay-him bi-mā 'amara Allāh wa-rasūlu-hu.*»

[38] Aujourd'hui encore, les mariages inter-communautaires restent très minoritaires, et ce communautarisme est spécialement marqué chez les Alaouites.

[39] Ils sont notamment accusés d'avoir livré la région aux Croisés.

leurs biens sont déclarés licites (*mubāḥa*). En d'autres termes, il est permis, si ce n'est recommandé, comme nous l'avons vu, de les tuer et de s'approprier leurs biens. Mais leur conversion à l'islam peut être acceptée à condition qu'ils cèdent tout ce qu'ils possèdent; et cela ne doit pas dispenser les «croyants» de continuer à se méfier d'eux et à les surveiller, car leur conversion n'est peut-être que pure dissimulation. Bien que confondant parfois les Nuṣayris avec d'autres «hérétiques», Ismaéliens ou Qarmates notamment[40], Ibn Taymiyya n'en rapporte pas moins un certain nombre d'affirmations exactes concernant la doctrine nuṣayrie: 'Alī comme incarnation de la divinité, initiation (*ḫiṭāb*) et dissimulation (*taqiyya*), généalogie de l'*ism* et du *ma'nä*, croyance en la préexistence du monde, etc.

Six siècles plus tard, sporadiquement, certains *cheikhs* égyptiens ou saoudiens continuent de s'en prendre plus ou moins violemment aux minorités chiites, et aux Alaouites en particulier. Aujourd'hui encore, ces communautés continuent d'être méprisées par la majorité sunnite qui, forte de sa masse numérique, est souvent la plus intransigeante et la moins tolérante des communautés constitutives de la population syrienne. Et son intransigeance est plus grande encore vis-à-vis des «hérésies musulmanes» que vis-à-vis des minorités non-musulmanes, chrétiennes, juives ou autres. Que d'histoires n'ai-je pas moi-même entendues sur les Druzes et les Alaouites, sur leurs coutumes étranges et leurs mœurs bizarres... Un éminent professeur, sunnite damascain, m'affirma un jour très sérieusement que les Alaouites et les Druzes avaient pour tradition d'offrir leurs femmes aux visiteurs! Il est probable que la liberté et l'autorité des femmes druzes ou alaouites auront fait fantasmer plus d'un citadin sunnite frustré. Malheureusement, trop nombreux sont ceux qui croient encore à ces affabulations, qui contribuent à façonner une image de l'Autre qui, aussi fausse soit-elle, peut avoir sur les comportements des conséquences négatives, voire tragiques. Car ce mépris doublé d'ignorance est aussi souvent mêlé d'une peur sous-jacente et peut facilement tourner à la haine et se manifester de façon violente, surtout s'il est exacerbé par les événements politiques. Ce fut le cas après la prise de pouvoir par les Alaouites, mal acceptée par la majorité sunnite. En 1973, le vote de la Constitution dite «permanente», qui ne stipulait pas que l'islam est la religion de l'Etat, provoqua des émeutes à Ḥamā, Ḥomṣ, Alep et Damas. Le projet dut être amendé. Un

[40] Il attribue par exemple aux Nuṣayris le vol de la pierre noire de la Ka'ba, dont on sait qu'il fut l'œuvre des Qarmates (Qarāmiṭa).

compromis fut trouvé grâce à l'ajout d'une clause selon laquelle la religion du président de la république doit être l'islam. Première conséquence, un Syrien chrétien (8 à 10 % de la population) ne peut prétendre à cette fonction (à moins de se convertir). Quant aux Musulmans non-sunnites, c'est une question d'appréciation. De fait, comme je l'ai signalé, les manifestations violentes du «mépris exacerbé» des sunnites pour la minorité alaouite ne manquent pas dans la Syrie des années soixante-dix et quatre-vingt. Mais le mépris et l'ignorance sont bien partagés: chez les Alaouites, les préjugés sur la bourgeoisie sunnite de Damas ou d'ailleurs sont également bien enracinés. Quant aux gens de Ḥamā, c'est un sentiment de franche hostilité qui prévaut à leur égard. Comme au Liban, les rapports inter-communautaires sont souvent régis par des haines ancestrales qui sont d'autant plus difficiles à éradiquer qu'elles sont profondément enracinées. Qui plus est, d'un côté comme de l'autre, la mémoire des événements sanglants des années soixante-dix et quatre-vingt est encore extrêmement vivace.

Mieux encore, ce sectarisme peut également être observé à l'intérieur d'une seule et même communauté, pour peu qu'elle soit, comme c'est le cas de la communauté nuṣayrie, divisée en courants et en sectes plus ou moins antagonistes. Un jour que je demandais à un ami alaouite ce qu'il pensait des histoires que certains racontent sur les siens, il poussa un soupir qui en disait long sur son incrédulité, et combien il lui était difficile de croire que l'on puisse inventer de telles balivernes. Puis, après un silence, il m'affirma très sérieusement qu'il avait entendu dire que les Muršidites, adeptes de Sulaymān Muršid (1907-1946) , qui s'était proclamé prophète, une secte dans la secte en quelque sorte, se livreraient à des cérémonies du type de celles que mentionnaient Dupont, Rousseau et Guys ...[41] Je me demandai, avec effroi, sur le compte de qui le Muršidite allait bien pouvoir médire à son tour! Il n'est pas, en ce bas-monde, de «bien» mieux partagé que l'ignorance.

[41] Né en 1907 à Jawbat Burghāl, près de Ḥaffé, d'une famille très pauvre, Sulaymān Muršid se fit passer pour un prophète thaumaturge et, après diverses péripéties, devint le maître d'une partie du Ǧabal Anṣāriyya avec l'aide des Français qui cherchaient à contrer le nationalisme arabe. Il domina la région par la force, la violence et l'oppression, tant à l'égard des Sunnites et des Chrétiens que des Alaouites: expropriations, impôts et obligations de plus en plus élevés, etc. À l'indépendance, en 1946, l'État syrien l'arrêta. Il fut condamné à mort et pendu, à Damas, en compagnie de deux de ses partisans. Il laissait quinze femmes légitimes et dix-sept enfants qui portent presque tous des noms divins! Ses fils furent aussi en partie emprisonnés ou assassinés. Mais ceux qui furent libérés perpétuèrent l'œuvre de leur père et la secte continue d'exister jusqu'à aujourd'hui.

Nos voyageurs européens, eux, n'ont finalement rien inventé, se contentant de rapporter ce que d'autres avaient inventé. On peut, certes, leur reprocher d'avoir pris ces (dés)informations de seconde main pour argent comptant; mais il faut aussi rappeler que, n'ayant ni rencontré de Nuṣayris ni même lu l'un de leur livres, ils n'avaient, si je puis dire, rien d'autre à se mettre sous la dent. Quant aux non-Alaouites de Syrie et du Proche-Orient, ils sont, d'une certaine manière, dans la même situation que les Dupont, Rousseau et autres Renan. Comme eux, ils ne savent des Alaouites que ce qu'on a bien pu leur raconter et, comme eux, ils n'ont pas eu accès aux arcanes de la doctrine nuṣayrie. Et il en sera ainsi tant que les Alaouites continueront de louvoyer entre l'application stricte du principe de dissimulation et la volonté d'être enfin reconnus par l'islam majoritaire, sunnite et chiite. On peut en effet s'étonner, et même regretter, que les autorités religieuses de la communauté n'aient pas profité des circonstances politiques favorables de ces dernières décennies pour enfin envisager de divulguer et expliquer eux-mêmes les principes de la doctrine nuṣayrie; parce que c'est à eux qu'incombe le devoir de diffuser enfin cette connaissance vraie du nuṣayrisme, et parce que la reconnaissance par l'Autre passe au moins autant par l'affirmation et la revendication de ce que l'on est réellement, et par son acceptation sincère par l'Autre, que par la mise en exergue de ce que l'on peut avoir en commun avec lui.

HISTOIRE ÉDIFIANTE DU MANUEL DE GÉOGRAPHIE DU PATRONAT TURC

Jean-François PÉROUSE
Institut Français d'Études Anatoliennes, Istanbul

L'épopée du manuel de géographie de la TÜSİAD[1] — principale organisation patronale turque, en termes de rayonnement national et international —, pourrait être considérée comme un exemple de tentative de modernisation de l'enseignement «par le haut» (avatar de tentatives déjà nombreuses depuis plusieurs siècles), dont l'originalité et l'ambiguïté résident dans le fait que l'initiative ne vient pas, cette fois, de l'Etat, mais d'une organisation représentant les plus grands industriels et affairistes du pays. Cette histoire récente s'inscrit, en outre, dans un contexte qu'il convient de préciser :

- celui d'un pays où l'écriture de l'histoire[2], et, conséquemment, de la géographie, demeure un enjeu politique fort, dans la mesure où il s'agit, d'une part, d'un pays relativement jeune, au territoire stabilisé depuis la fin de la Seconde Guerre mondiale et supposé encore menacé, et d'autre part, d'un pays où l'idéologie officielle, le kémalisme, mainte fois réinterprété/ré-élaboré, est encore très pesante dans l'enseignement (jusque dans le supérieur où, quelle que soit la faculté, les étudiants doivent suivre des cours de «Principes d'Atatürk») ;
- celui, par ailleurs, d'un pays jeune, par sa structure démographique, où l'enseignement et la formation font en permanence débat, eu égard aux besoins pressants d'éducation qui se font sentir et au cruel manque de moyens dont souffre l'enseignement public, sans parler de l'urgence de modernisation des contenus — notamment dans la perspective européenne — et des méthodes, ressentie par tous les acteurs du système éducatif, mais dure à mettre concrètement en œuvre ;

[1] Dont la référence exacte est : Türk Sanayicileri ve İşadamları Derneği, *Coğrafya 2001*, janvier 2001, Istanbul, Yayın N.Tüsiad-T/2001/06-302, 250 p.

[2] En tant qu'elle est prise en tension entre une version purement turque, une version «islamo-turque» et une version plus pluraliste et «différentialiste»; cf. COPEAUX E., 1998.

– celui, enfin, d'un pays où les initiatives non étatiques en matière de politique éducative sont rares, du fait d'un système très centralisé et très idéologiquement contrôlé, de plus en plus ouvertement contesté[3]; en effet, si les établissements privés sont désormais nombreux — sous la forme d'université privée à l'américaine ou de «boîtes à bac» devenues quasi incontournables pour réussir l'examen d'entrée à l'université —, ils demeurent sous surveillance étroite.

Aussi, l'histoire récente (2000-2002) de ce «manuel» nous semble-t-elle, dans ce contexte, très exemplaire, en tant qu'elle permet d'interroger la réception d'une initiative non étatique par le système éducatif turc (tout au moins certains de ces acteurs clé) et qu'elle fait rejouer, selon des modalités spécifiques, la dialectique modernisation/réaction qui semble caractériser la Turquie depuis des années; la réaction n'étant pas, précisons-le d'emblée, nécessairement d'ordre religieux.

En tant que «juge et partie», en quelque sorte, ayant contribué, comme «consultant» et comme rédacteur à la réalisation de ce manuel, je dispose de sources de première main et d'un dossier assez complet, permettant de retracer à la fois l'amont et l'aval d'une production éditoriale controversée. On s'interrogera, dans un premier temps, sur la nature de cette publication, ses modalités de conception et son contenu, et, ensuite, sur les réactions et critiques suscitées ainsi que sur le sens de celles-ci.

GENÈSE ET CONTENU DU PREMIER MANUEL SCOLAIRE PUBLIÉ À L'INITIATIVE DU PRIVÉ

Une initiative de la plus prestigieuse et puissante organisation patronale turque

L'Association des Industriels et des Hommes d'Affaires Turcs, à l'origine du projet, est une «association civile d'utilité publique fondée

[3] Pour l'enseignement supérieur, il existe un «Conseil Supérieur de l'Enseignement» (YÖK), fondé après le coup d'État de 1980, structure de plus en plus mise en cause pour ses interventions autoritaires, par les étudiants comme par certains enseignants et hommes politiques. La suppression de ce Conseil est ainsi régulièrement discutée; cf. *Radikal*, quotidien, Istanbul, supplément «Radikal II», 26/02/2003, p. 5.

sur le bénévolat», créée en 1971, selon les termes mêmes de la brève présentation de la TÜSİAD[4] qui figure en préface du manuel. Club fermé à la cotisation très élevée, elle regroupe les PDG des principaux grands groupes qui dominent l'économie turque, sauf ceux du «capital vert»[5]. Cette association est connue pour ses prises de position publiques, qui vont croissant, dans un certain nombre de débats qui agitent la société turque. Dotée de cellules de recherche et de réflexion, elle a même la prétention d'être un stimulant du débat national. Elle publie ainsi régulièrement des rapports sur des questions sensibles, à l'image de la «question du sud-est», de la peine de mort ou de la question de Chypre, dans une relative indépendance par rapport au pouvoir politique qu'elle a l'ambition d'éclairer. Ces prises de position valent à cette organisation d'être fréquemment critiquée comme anti-nationale par un large spectre de détracteurs, de l'extrême droite à l'extrême gauche.

Ses principes, valeurs et objectifs sont clairement rappelés dans la préface du manuel:

- Aider à l'ancrage du concept d'Etat de droit et laïque en Turquie;
- aider au développement d'une structure sociale «fidèle aux objectifs et aux principes de civilisation moderne d'Atatürk»;
- ce, en «respectant les libertés d'initiative, de croyance et de pensée, fondées sur les principes universels de la démocratie et des droits de l'homme».

En outre, toujours selon le texte liminaire, l'association patronale vise plus spécifiquement à:

- «travailler à mettre en place les bases juridiques et institutionnelles de l'économie de marché», «en respectant les principes universels de l'éthique professionnelle et du monde du travail».

Dans cette optique, la TÜSİAD s'intéresse depuis plusieurs années à la question de l'enseignement en Turquie, qu'elle a placée au cœur de ses préoccupations[6]. Elle aspire donc à contribuer à la modernisation de l'enseignement, condition *sine qua non* des changements

[4] On peut se référer aussi au site Internet de ladite organisation : www.tusiad.org

[5] Que l'on trouve dans une organisation plus récente et, de fait, concurrente, la MÜSIAD (Association des Industriels et des Hommes d'Affaires Indépendants).

[6] Dans un entretien paru dans le quotidien *Cumhuriyet* (30/10/2000), le président de la TÜSİAD d'alors affirmait ainsi avec insistance la nécessité de faire porter d'urgence les efforts sur la réforme de l'enseignement, préalable à toute autre réforme.

sociétaux qu'elle appelle de ses vœux. La nouvelle politique éducative constitue pour la TÜSİAD un enjeu à placer dans la perspective européenne, dans un souci de mise aux normes et de plus grande conformité du système éducatif turc avec le système européen. Ainsi, après avoir hésité entre un manuel d'histoire qui a finalement été publié, deux ans après le manuel de géographie, en 2003 et un manuel de géographie, l'association patronale a-t-elle décidé, en 2000, de prendre l'initiative de la publication d'un manuel de géographie pour le lycée, avec pour finalité principale d'œuvrer au repositionnement de la Turquie au sein de l'espace européen, en commençant par les jeunes générations. Les visées de l'entreprise sont, à cet égard, bien explicitées dans la préface du manuel (dénommé en fait «Géographie 2001, livre-rapport»):

- «Déployer une géographie à l'échelle du monde, visant au développement de l'identité citoyenne dans notre pays.»
- «Poser les bases d'un débat relatif aux manuels scolaires en général, à la lumière d'une géographie, science spatiale interdisciplinaire, à un moment où les limites nationales sont-elles mêmes mises à l'épreuve.»
- «Offrir à l'adresse de la jeunesse les moyens de sortir du cadre national, en ouvrant l'horizon d'analyse aux échelles régionales et mondiale», afin de conforter les «valeurs de citoyenneté démocratiques universelles, fondées sur les principes de coopération et de solidarité.»

D'abord, précisons que l'expression «livre-rapport», a été finalement retenue pour ne pas froisser les instances compétentes du ministère de l'Education nationale, seules habilitées à fabriquer des manuels homologués. Dès lors la finalité de l'entreprise, qui n'a pas toujours été saisie par les virulents détracteurs de celle-ci, était de produire un manuel expérimental, essentiellement pour lancer un débat en bousculant les habitudes acquises.

Cependant, les intentions formulées ici sont intéressantes, en ce sens qu'elles assignent à la géographie une mission civique dans la formation des futurs citoyens, envisagés dans un cadre qui dépasse les frontières du seul pays. Par ailleurs, la formulation des objectifs constituent une critique à peine déguisée des manuels existants, considérés comme trop nationalo-centrés et comme reposant sur une conception trop descriptive et «physique» de la géographie.

Modalités de conception et protagonistes mobilisés: une traduction rapide de manuels français établie par des non spécialistes?

Le souci de conformité aux standards européens a conduit les dirigeants de la TÜSİAD à opter pour la solution de la traduction de manuels français de classes de Première et de Terminale. Par ce choix, l'entreprise s'inscrit bien dans les tentatives de modernisation culturelle réalisées depuis des décennies en Turquie, fondées sur la traduction de références occidentales. Dans l'esprit de la TÜSİAD donc, même si ce choix n'est pas explicité, la modernisation passe encore largement par l'occidentalisation. Comme si le système éducatif ne peut pas s'ouvrir et se réformer sans, d'une façon ou d'une autre, «copier» le système européen. En ce qui concerne le choix de la France, il paraît dû aux hasards de la nomination du responsable. Quant au choix de tel ou tel manuel, il ne semble pas qu'il soit le fruit d'études préalables, comparatives, très poussées.

Si l'on considère les rédacteurs du manuel, pour la partie non traduite bien sûr, on constate que les enseignants de géographie — dans le secondaire ou à l'université — sont, en définitive, l'exception. En effet, compte tenu de la conception de la géographie posée dans la préface, entendue comme «science de synthèse», l'appel à des spécialistes (urbanistes, historiens, professionnels du tourisme...) se comprend. En outre, du fait du choix initial opéré — celui de la traduction — des concepteurs francophones ont souvent été privilégiés, sur des bases d'inter-connaissance plus que de compétence avérée sur le sujet.

Pour ce qui est du plan général de l'ouvrage, par rapport au plan des manuels de géographie «traditionnels» utilisés dans les lycées turcs, il apparaît comme très novateur, voire très audacieux, du fait de sa teneur très internationale, en relation directe avec les objectifs d'ouverture affirmés. C'est à ce niveau que réside le principal coup de force opéré, nous le verrons. Dans l'option prise, une violence certaine est faite aux programmes officiels, avec, en outre, la particularité d'un manuel qui ne vise pas qu'une classe, mais au moins deux. Sur les quatre parties, deux concernent le monde (I: «Planète géopolitique et culturelle»; II : «Inégalités et différents pôles de développement»), la troisième, l'Europe («Un espace géopolitique nouvellement organisé») et enfin la quatrième, la Turquie («Une nouvelle puissance régionale géopolitique»). La Turquie, à laquelle sont tout de même consacrées 130 pages au total, contre 120 pour le monde et l'Europe, est donc par l'économie même de l'ouvrage, replacée dans un double contexte, à la fois international et européen.

Un résultat intéressant, comparé à la médiocrité reconnue des manuels homologués sur le marchés

A première vue, ce «livre-ressource pour le lycée» est aux normes européennes, dans sa conception formelle et sa présentation en tout cas. Même les pires des adversaires du projet le reconnaissent. En effet, si on le compare aux manuels habilités par le ministère de l'Education nationale turque — qui en disent long sur les moyens restreints de celui-ci —, sa qualité est frappante, à bien des points de vue. Parmi les qualités formelles du livre, reconnues même par ses détracteurs les plus virulents, on peut relever le papier glacé, les photographies en couleur et autres illustrations abondantes, la maquette novatrice, et la typographie diversifiée et attrayante. Au rang des innovations méthodologiques et pédagogiques, on relève la cartographie non conventionnelle et non purement descriptive (avec des efforts de modélisation), le souci d'introduire des séquences auto-suffisantes et de problématiser celles-ci, le principe des double-pages méthodologiques et des exercices dirigés (construction de croquis, interprétation dirigée des documents, proposition de sujets de réflexion et de composition, permettant à l'élève de faire des synthèses personnelles...). Toutes ces qualités, directement empruntées aux manuels français, distinguent radicalement et indéniablement cette publication de l'ensemble des manuels que l'on peut trouver sur le marché. Pour autant, on peut déplorer l'absence d'un «manuel du maître» visant à introduire et justifier toutes ces innovations, de façon à ce que les enseignants, dans l'ensemble non rompus à ces nouvelles méthodes et procédés, puissent utiliser ce manuel en pleine connaissance de cause.

Refus, dénonciations et critiques des autorités compétentes

Calendrier, procédures, acteurs et canaux de la critique

Un mot de la chronologie d'abord. En juin 2001, au terme d'un travail d'équipe forcené ayant permis de tenir les délais, la TÜSİAD fait parvenir officiellement au ministère de l'Education nationale turc, par l'intermédiaire de son représentant à Ankara, le livre-rapport. Un peu plus de deux mois après, l'avis de non-conformité est reçu par la TÜSİAD, qui se voit donc notifier un refus catégorique, argumenté par une série de rapports élaborés par des «experts». Durant l'été, l'affaire glisse dans le champ politico-médiatique, avec une série d'articles très critiques dans la presse.

En septembre 2001, la TÜSİAD répond point par point au ministère, par le biais d'un long texte argumenté, défendant son projet et affichant l'intention de poursuivre l'entreprise, en tenant compte des critiques faites. Dans la lancée, le 6 octobre 2001, un débat contradictoire est organisé à l'initiative de la TÜSİAD, de la Fondation d'Histoire Sociale et Economique et de la revue de géographie grand public *Atlas*, qui met en présence les initiateurs du projet, les principaux rédacteurs du manuel et les membres de la profession en colère.

Par ailleurs, au sein du ministère de l'Education nationale turc, la Direction du Conseil pour l'Enseignement et de l'Education (*Talim ve Terbiye Kurulu Başkanlığı, TTKB*[7]) — seule instance compétente pour habiliter les manuels et autoriser leur mise sur le marché —, a été l'acteur central du refus. Cette Direction a pour mission d'élaborer les programmes dans les diverses disciplines et de veiller à leur bonne application, et surtout de contrôler la conformité aux textes officiels de «tous les matériaux et supports d'enseignement» (livres recommandés, manuels, revues, CD, cassettes...). Aucun nouveau «matériau d'enseignement» ne peut donc être utilisé sans l'*imprimatur* officielle (ou ratification: *onaylama*) de cette Direction, qui, en outre, travaille à l'introduction de nouvelles méthodes ou de nouveaux contenus d'enseignement[8]. C'est donc à l'instigation de cette Direction qu'un «rapport d'examen d'outil» (sous-entendre «outil pédagogique»), concernant le manuel de la TÜSİAD, a été demandé à plusieurs experts désignés par le ministère de l'Education, dans l'été 2001. De plus, des avis ont été sollicités à des conseillers de la Direction. On ne sait pas sur quels critères ont été désignés les experts ; simplement, l'expert dont le rapport a été le plus négatif pour le manuel est enseignant à l'Université pour l'Enseignement d'Ankara (*Gazi Üniversitesi*), un des établissements — le premier, historiquement — qui forment les enseignants des collèges et lycées turcs.

Nous disposons des rapports d'expert et des notes remises par les conseillers sollicités. De plus, avant même que la Direction du Conseil pour l'Enseignement et l'Education ne remette son avis officiel, des fuites dans la presse se sont produites, qui ont eu pour effet de faire naître une polémique assez inédite. Dès juillet en effet, plusieurs quotidiens nationaux — toujours prompts à rendre compte des conflits qui

[7] Elle dispose d'un site Internet : http://ttkb.meb.gov.tr/

[8] En février 2003, par exemple, les recommandations du Conseil de l'Europe, auquel la Turquie appartient depuis sa fondation, concernant l'enseignement de la «Citoyenneté Démocratique», figuraient sur le site Internet de ladite Direction.

peuvent opposer la TÜSİAD aux instances gouvernementales — se sont fait l'écho d'un des rapports d'expert très critique, pour ne pas dire assassin, sur le manuel. Ces attaques dans la presse se sont poursuivi pendant plusieurs mois, avec notamment la sortie d'un dossier spécial virulent de la revue hebdomadaire, «scientifique» — et surtout socialisto-nationaliste — *Bilim ve Ütopya*[9], largement lue dans le monde universitaire. Quelles sont donc les critiques avancées?

Un manuel dénoncé comme «anti-national»

Les critiques les plus vives — on frôle souvent le ton accusateur, voire dénonciateur — adressées à ce manuel ont trait au caractère prétendument *anti-national* de celui-ci.

Le plan de l'ouvrage est ainsi jugé trop «européo-centré». Selon les termes mêmes du rapport d'un des experts, le manuel reflète une vision *a priori* trop «européenne» de la Turquie, considérée comme une vision «du nord», c'est-à-dire une vision de pays développé (et enclin à dominer). Autrement dit, c'est la raison d'être du cadrage opéré et de la troisième partie («L'Europe, un espace géopolitique nouvellement organisé») qui est ici mise en cause. Le fait même d'intégrer, de façon sous-entendue, la Turquie dans l'Europe est donc discuté. L'appartenance de la Turquie à l'ensemble européen n'est pas, selon les adversaires du manuel, évidente. «Pourquoi pas l'Amérique, l'Afrique et l'Asie?» demande notre expert. Le rattachement de la Turquie à l'Europe, suggéré par le manuel — et on se souvient que le projet de la TÜSİAD comprenait notamment l'objectif de mieux ancrer la Turquie à l'Europe, dans les représentations des jeunes générations —, fait donc problème. Il est présenté dans les critiques comme imposé, autoritaire et exclusif d'autres rattachements. On a là l'expression de réactions nationalistes, fréquemment exprimées, autant à droite qu'à gauche (comme dans la revue *Aydınlık*).

Le manuel est aussi accusé d'exalter une identité européenne, fondée sur une approche culturaliste — renvoyant implicitement au judéo-christianisme — à laquelle les Turcs ne peuvent, voire ne veulent pas s'identifier. Ces remarques, en effet, donnent à réfléchir sur certaines des cartes «culturalistes» qui figurent dans nos manuels de géographie — et malheureusement traduites telles quelles —, qui opposent Europe et Islam, comme s'il s'agissait de catégories du même ordre. Cette opposi-

[9] Voir site Internet de la revue : www.bilimutopya.com.tr

tion maladroite place de fait les Turcs devant une alternative inacceptable.

En deuxième lieu, le manuel de la TÜSİAD se voit reprocher de trop relativiser l'Etat-Nation — et en particulier l'Etat-Nation turc, construction récente et entité presque sacrée dans l'idéologie officielle —, qui se trouve en quelque sorte noyé dans des analyses à l'échelle mondiale (dans les parties I et II) conférant une importance jugée excessive aux dynamiques internationales supra-étatiques. Cette critique est très clairement exprimée dans la presse de gauche nationaliste, qui combine une phraséologie anti-impérialiste et anti-capitaliste, à une phraséologie exaltant l'intangibilité et l'irréductibilité du projet kémaliste. La question ici posée en filigrane est celle des conditions de possibilité d'une reformulation du projet kémaliste, dans un contexte mondial transformé depuis les années 1930, tant sur le plan des échanges économiques et de leurs modalité (avec un poids croissant des acteurs non étatiques), que sur celui des relations internationales.

En troisième lieu, il est reproché au manuel de ne pas enseigner un amour positif du pays (décrit comme *vatan* et *toprak*), en accordant trop d'importance aux acteurs non nationaux dans le devenir de celui-ci. Ce reproche rejoint une des missions assignées jadis (à la fin du XIXe siècle par exemple) à la géographie française, scolaire. Ainsi, la faible place faite à la géographie physique et régionale de la Turquie — les manuels homologués, en effet, font une place beaucoup plus importante à la géographie physique que les manuels français d'aujourd'hui — est interprétée comme une forme de désintérêt pour les beautés si diverses du pays. Autrement dit, en parlant trop de mondialisation, de flux financiers trans-continentaux, de chômage, de migrations internationales et de problèmes économiques, le manuel ne constituerait pas une invitation à l'amour du pays.

Enfin, pour couronner le tout, les rédacteurs du manuel sont aussi soupçonnés de faire le jeu de l'ennemi, qui cherche à affaiblir et diviser celui-ci, en semant le trouble et le doute dans les jeunes consciences. En fait, le seul fait d'évoquer l'existence de mouvements armés dans l'est du pays — phénomène difficilement niable —, par exemple, est interprété comme une prise de position en faveur de ceux-ci. Dans l'optique de ces critiques, mentionner, signaler, faire allusion, c'est approuver; comme si dénier valait mieux que tout. À ce stade, dans le contexte turc, les accusations portées sont graves, à l'image de celle qui figure dans la conclusion même du «Rapport d'examen» officiel de la TTKB : «Ce manuel pourrait être utilisé à des fins de propagande politique». Cette crainte est d'ailleurs développée avec insistance par un des membres du groupe d'experts constitué par la TTKB, Cemal Şahin, professeur au *Gazi Enstitüsü* d'Ankara, qui qualifie plusieurs passages du manuel comme étant «le produit d'une pensée séparatiste opposée à la Turquie (...) insérés dans ce livre à des fins séparatistes» (cf. le point 6 de son rapport).

De façon plus précise, sur quels éléments se fondent les critiques pour avancer de telles accusations? Les griefs portent à la fois sur les choix cartographiques qui ont été réalisés, sur certains termes employés et sur certains thèmes évoqués. Sans prendre en compte les contraintes de représentation à certaines échelles très générales — où des priorités doivent être faites —, il est reproché aux auteurs du manuel d'avoir fait figurer à l'est de la Turquie des «soulèvements séparatistes», d'avoir tronqué la Thrace occidentale, de présenter Chypre de manière tendancieuse, d'avoir oublié les îles de Bozcaada et de Gökçeada (les seules îles turques, en mer Egée), d'avoir oublié le Hatay sur certaines cartes[10] (l'ex-Sandjak d'Alexandrette administré par les Français après la Seconde Guerre mondiale) et d'avoir mentionné la Région autonome kurde en Irak du Nord, existant pourtant *de facto* depuis 1992, sous protection anglo-américaine[11]. Du point de vue terminologique et onomastique, toujours en s'appuyant sur les textes détaillés des «rapports d'expert», l'usage de l'appellation «Constantinople» est sévèrement reproché[12], de même que celui de «Chypre» — considéré comme trop globalisant — ou celui d'«Arméniens». Enfin, certaines informations sont jugées tendancieuses et inutiles, comme celles, pourtant tout à fait officielles — puisque produites par l'Institut d'Etat des Statistiques —, relatives aux langues maternelles en Turquie de 1927 à 1965.

[10] En effet, la frontière est parfois tirée droit, plaçant implicitement le Hatay en Syrie, conformément aux représentations syriennes de la région. Il s'agit là d'une erreur incontestable (et très maladroite), plus due à une négligence et à des contraintes techniques de représentation, qu'à des intentions malveillantes ou provocatrices.

[11] Depuis 2002, dans le contexte des tensions croissantes entre l'Irak et les Etats-Unis que l'on connaît, la Turquie semble découvrir cet Etat kurde officieux, dénommé «Etat Kurde Fédéré d'Irak du Nord», comme si la posture de déni, adoptée jusque-là, n'était plus tenable.

[12] Je cite un expert: «Le nom d'Istanbul n'est plus Konstantinopolis depuis 1453. Ce livre, écrit par des gens qui ont la nostalgie de Konstantinopolis, ne doit pas être conseillé en Turquie.»

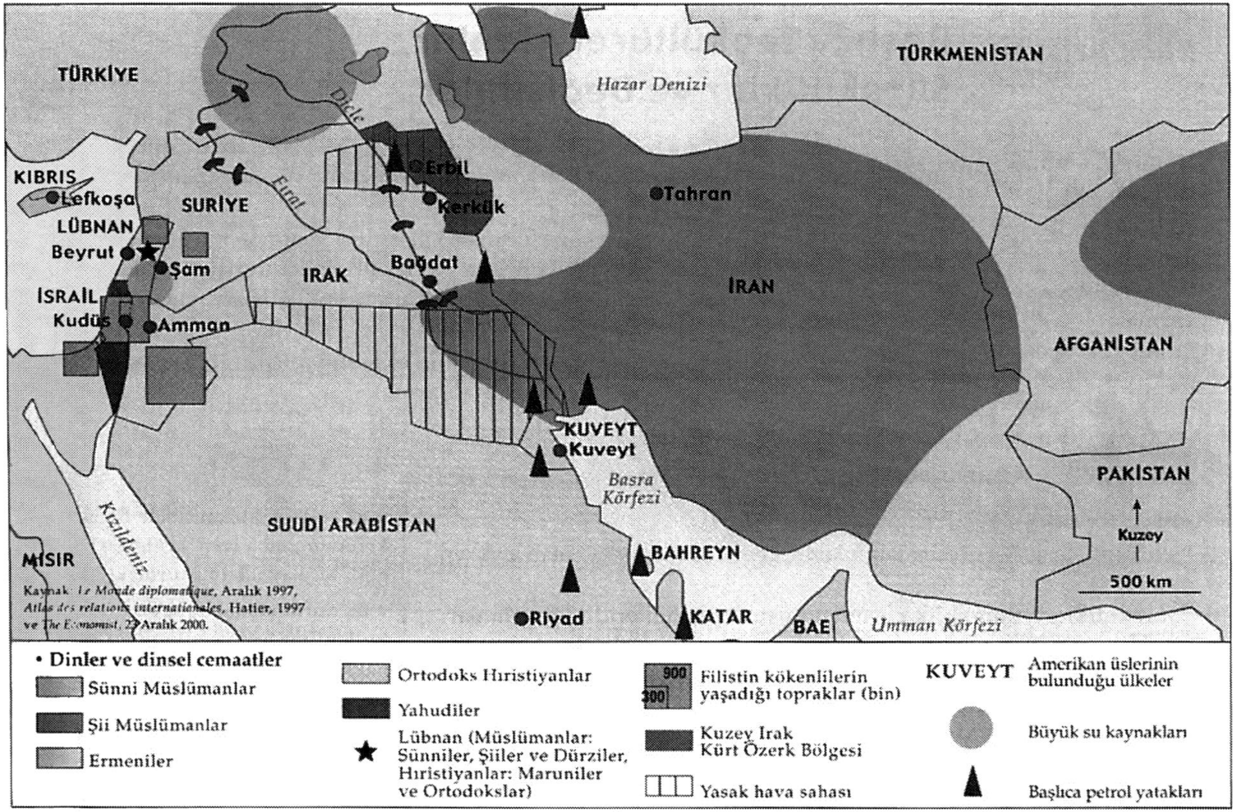

4 **Ortadoğu: Risk mekânı.** **5** **Günümüzün jeopolitik dünyası: Belirsizlikler ve bölünmeler (sayfa 16-17).**

Exemple de carte contestée, carte 4 : «Le Moyen-Orient, un espace à risques», chapitre III, p. 35

Dans la même optique, le simple fait que le manuel soit en grande partie — pour trois chapitres sur quatre — traduit du français, et selon certains experts dans un «mauvais turc»[13], constitue une preuve de son caractère anti-national. Aussi, dans certains rapports ou articles de presse, le manuel est-il qualifié de produit «importé» *(sic)*, non conforme à l'esprit de la jeunesse turque. Il s'agirait dès lors d'un outil d'acculturation à la culture judéo-occidentale expansionniste, lancé par la TÜSIAD, institution au service d'intérêts étrangers. On retrouve là la pensée du complot, invariant de l'imaginaire politique, nationaliste, turc. Cependant, un des conseillers officiels de la TTKB[14] — ce qui montre que l'institution n'a pas réagi de façon monolithique — ne voit à ce procédé (traduire du français) aucune objection, argumentant que cette entreprise s'inscrivait bien dans la tradition ottomano-turque des traductions d'ouvrages scientifiques européens[15]. Si ce point de vue original sur le manuel n'a pas primé, il nous paraît important de savoir qu'un tel point de vue a pu se faire entendre au sein de la TTKB.

Quoi qu'il en soit, il est inutile de préciser qu'une certaine presse s'est vite saisie de ces accusations contre le manuel, pour alimenter le discours anti-TÜSİAD, sur un registre déjà bien connu. Celle-ci est ainsi décrite comme «non turque, aux mains des minoritaires» (c'est-à-dire de non musulmans[16]), voire comme un «cheval de Troie en Turquie du capitalisme occidental et de l'Europe».

Autres reproches et essais de riposte

Le caractère anti-national et tendancieux mis à part, il est reproché à la TÜSİAD de sortir de ses attributions, et de se mêler, pour parler trivialement, de ce qui ne la regarde pas. Pourtant, si l'on considère les

[13] Ces commentaires sont fréquents. Certains néologismes sont pointés du doigt — comme l'expression, déjà discutable en français, d'«organisation de l'espace», maladroitement traduite mot à mot — et surtout la turquification de termes français est présentée comme une marque d'ignorance, d'irrespect, voire une violence faite à la langue turque (et, au-delà, à toute la culture turque).

[14] Il s'agit en fait d'une femme qui a longtemps vécu et enseigné — la langue turque — en France, et qui propose depuis des années de faire traduire des manuels français pour rénover les manuels turcs…

[15] Pour la géographie universitaire turque, l'influence allemande est pourtant historiquement prépondérante; avec Obst dans les années 1910 et Louis dans les années 1940.

[16] Ces entrepreneurs juifs, arméniens ou orthodoxes, qui, bien que citoyens turcs, continuent d'être considérés comme des citoyens suspects par une frange de la population, religieuse ou non d'ailleurs.

missions que la TÜSİAD s'est fixées — que nous avons rappelées plus haut —, l'accusation peut être discutée.

Une autre critique récurrente mérite d'être mentionnée, qui relève d'une réaction corporatiste que l'on peut comprendre. Elle a trait à la rareté des géographes parmi les contributeurs de l'ouvrage pour la partie sur la Turquie, et, faute suprême, à la rareté des géographes vraiment autorisés, les «professeurs docteurs» qui dominent institutionnellement le champ de la discipline. Ainsi que l'écrit le professeur docteur Şahin, «La quatrième partie, ce n'est pas de la géographie. (...) Et le *glossaire du géographe* comprend des termes non géographiques». Ici ce sont en fait des conceptions de la discipline[17] qui se heurtent — géographie synthèse, science sociale de l'espace habité ou géographie physico-humaine descriptive? —, autant que des intérêts corporatistes qui s'expriment. Sans parler comme İ. Tekeli, lors du débat d'octobre 2001, de «chauvinisme disciplinaire» pour qualifier la réaction de la profession, il y a sans doute lieu de regretter qu'une plus grande concertation, notamment auprès des enseignants de la discipline — n'ait pas été développée, par manque de temps et erreur initiale de stratégie. Mais ce type de réaction renvoie aussi aux cloisonnements forts qui caractérisent l'université turque — avec des phénomènes de hiérarchie, pesants —, à l'absence de grands débats épistémologiques et critiques, et au peu de crédit social (et donc médiatique) dont souffre la discipline géographique, encore peu sollicitée pour s'impliquer dans la cité et tenter de répondre à certaines grandes questions contemporaines[18]. Le fait que la TÜSİAD ait fait appel à une historienne et politologue, francophone réputée, pour diriger l'entreprise du manuel traduit bien la faible visibilité des géographes dans les débats de société turcs.

À partir de la fin de l'été 2001, la TÜSİAD s'est employée, sans reculer et perdre la face, à répondre aux reproches faits — tout au moins à ceux qui n'étaient pas, de son point de vue, purement idéologiques ou totalement diffamatoires et infondés. Elle est même décidée à faire paraître une version corrigée, tenant compte des critiques faites, qui sera à nouveau soumise à l'approbation du TTKB. Dans le texte qu'elle a rendu public le 11 septembre 2001, elle répond point par point au rapport de la TTKB, se réjouissant du fait que l'insuffisance des manuels

[17] Cf. Özey R., 1998.

[18] Malgré les tentatives récentes de l'«Institution Turque de la Géographie» (TCK, fondée en 1941; voir son site Internet : www.tck.org), comme l'organisation d'une Grande Assemblée des géographes (juillet 2002) à Ankara, ou des initiatives éditoriales intéressantes (comme la revue *Atlas* ou la revue *Jeopolitik*).

scolaires actuels a finalement été reconnue, même par les détracteurs les plus violents du projet. En outre, elle réaffirme une conception de la géographie comme «discipline carrefour» et dénonce les accusations de séparatisme (*bölücülük*), jugées inacceptables, portées contre les auteurs, et toutes les accusations visant directement la TÜSİAD. Le rapport se termine en soulignant que ce manuel expérimental ne méritait pas un rapport d'examen aussi partial, injuste, voire grossier. D'ailleurs, comme nous l'avons déjà évoqué, une des conseillères de la TTKB, dont l'avis n'a pas été écouté, avait jugé ce manuel, avec ses inévitables défauts, recommandable, à quelques problèmes, solvables, près.

Au total, on peut partager, dans une large mesure, l'idée des dirigeants de la TÜSİAD que ce livre constitue bien un «travail pionnier» (*öncü çalışma*), conférant à celui-ci un statut de livre-référence. En tout cas, par les polémiques qu'il a suscitées et le large débat qu'il a ouvert, il semble avoir rempli un des objectifs fixés par ses initiateurs.

Conclusion

La TÜSİAD, institution d'élite, persévère donc dans cette mission de «fer de lance des Lumières» — venant d'Europe —, qu'elle s'est assignée depuis son origine. Pour la TÜSİAD en effet, modernisation de l'enseignement et occidentalisation sont équivalents. Mais cette puissante organisation, qui se présente comme une émanation de la «société civile», expression dont on abuse au point qu'elle en a perdu tout contenu précis, a cru pouvoir, forte de son poids symbolique et financier, se substituer aux institutions étatiques compétentes et surtout se passer d'une concertation avec les intéressés. Double erreur?

On peut aussi envisager cette initiative éditoriale sous un angle plus positif, et la considérer comme un nécessaire coup de force pour provoquer une prise de conscience. Dans ce sens, le livre-rapport de la TÜSİAD — exemple de tentative de modernisation culturelle «par le haut», mais à l'instigation d'une organisation de la sphère privée — a atteint un de ses objectifs, à savoir de faire naître un débat sur le type de géographie enseigné aujourd'hui en Turquie — dans un contexte international qui a changé depuis les moments fondateurs de la géographie turque —, et sur les méthodes d'enseignement envisageables.

Les réactions suscitées par cette entreprise peuvent ainsi être interprétées, comme l'expression de susceptibilités nationales, nationalistes — par rapport à une Europe vue à la fois comme désirable et menaçante —, et professionnelles. En tout état de cause, on constate de réelles difficultés à créer, dans un esprit critique, les conditions pour l'essor d'une pluralité d'opinions, affranchies des rigidités de la *doxa* officielle, au sein de l'enseignement public[19]. L'École semble encore perçue par l'Etat comme un lieu de strict encadrement de la jeunesse, selon des dogmes assez intangibles. Pour finir, cette «histoire» est révélatrice des tensions actuelles entre cadre national (d'action politique et de pensée), encore sacralisé, et échelles régionales (européenne notamment) et mondiale, ainsi qu'entre monopoles publics et initiatives privées, dans l'enseignement même.

BIBLIOGRAPHIE

BEŞİKÇİ İ. (1977), *'Türk Tarihi Tezi', 'Güneş Teorisi' ve Kürt Sorunu* («Thèse de l'Histoire Turque», «Théorie du Soleil» et Question Kurde), Komal, Ankara.

COPEAUX E. (1998), *Tarih Ders Kitaplarında (1931-1993). Türk Tarih Tezinden Türk-İslam Sentizine* (D'après les livres scolaires (1931-1993). De la Thèse de l'Histoire Turque à la Synthèse Turco-Islamique), Istanbul, Tarih Vakfı Yurt Yayınları, 341 p.

COPEAUX E. (2000), *Une vision turque du monde à travers les cartes, de 1931 à nos jours*, Paris, CNRS Editions.

ÇINAR A. I. (1998), «Unsettled Beginnings of the Nation: The Conquest of Istanbul and Turkish National Identity», Paper presented at the Middle East Studies Association 32nd Annual Meeting, December 3-6, 1998, Chicago, Illinois, Panel 054 «Re-presenting the Nation: Negociations of Turkish National Identity».

ERSANLI-BEHAR B. (1992), *İktidar ve Tarih. Türkiye'de 'Resmi Tarih' Tezinin Oluşumu (1929-1937)* (Pouvoir et Histoire. L'émergence de la Thèse de l''Histoire officielle' en Turquie), Istanbul.

ÖZEY R. (1998), *Türkiye Üniversitelerinde Coğrafya Eğitimi ve Öğretimi* (L'enseignement de la géographie dans les universités turques), Konya: Öz Eğitim Yayınları.

Türk Sanayicileri ve İşadamları Derneği, *Coğrafya 2001*, janvier 2001, Istanbul, Yayın N.Tüsiad-T/2001/06-302, 250 p.

[19] Paradoxalement, on note que les universités privées sont, dans des limites certaines, plus tolérantes pour les mal-pensants. Beaucoup d'enseignants expulsés du système public dans les années 1980 ont trouvé dans les années 1990 une place dans l'enseignement privé.

«PROVINCIALISER L'EUROPE»: LES HISTORIENS INDIENS ET LA CRITIQUE DE L'EUROPÉOCENTRISME EN HISTOIRE[1]

Jacques POUCHEPADASS
CNRS/Centre d'Etudes de l'Inde et de l'Asie du Sud, EHESS, Paris

Les *Subaltern Studies* sont une série d'ouvrages collectifs relatifs à l'histoire de l'Inde moderne, publiés par Oxford University Press (New Delhi) à partir de 1982, et dont onze volumes ont paru jusqu'ici. La série a été lancée par l'historien indien Ranajit Guha, qui en a dirigé les six premiers volumes, et qui a rédigé le manifeste de la nouvelle école publié en tête du premier volume. Elle reste coordonnée par un collectif d'une quinzaine d'intellectuels, en majorité historiens, dont la moitié faisaient partie du groupe fondateur, et dont plusieurs sont aujourd'hui devenus des vedettes de la scène internationale des sciences sociales (Dipesh Chakrabarty, Partha Chatterjee, Gyan Prakash, Gayatri Spivak). Le groupe est apparu à une époque où l'historiographie de l'Inde coloniale restait divisée entre deux grandes tendances, l'histoire impérialiste, ou du moins ses derniers avatars, d'un côté, l'histoire nationaliste souvent à forte coloration marxiste de l'autre. Le nouveau groupe, lui, rassemblait de jeunes historiens dont beaucoup avaient été fascinés par le maoïsme, et qui renvoyaient dos à dos ces deux historiographies, qu'ils critiquaient l'une et l'autre comme foncièrement élitistes. L'historiographie nationaliste, en particulier, était accusée de reproduire le discours hégémonique du nationalisme bourgeois, qui avait noyé les oppositions de classes internes à la population indienne dans l'unanimisme du combat pour l'émancipation de la nation, et avait porté au pouvoir, à l'indépendance, une élite indigène exploiteuse et oublieuse des promesses qu'elle avait faites au peuple pour le mobiliser. L'objectif des *Subaltern Studies* était de produire une histoire qui restaure la parole du peuple des «subalternes» étouffée sous le discours hégémonique de la nation, et qui témoigne de sa culture politique autonome, non pas «pré-politique» ou arriérée mais différente de celle de l'élite. Il

[1] Ce texte est une traduction abrégée et remaniée de J. Pouchepadass, «Pluralizing Reason», *History and Theory*, 41(3), 2002, p. 381-391.

y avait là en filigrane dès le départ une critique de l'Etat-nation et des théories unilinéaires du progrès. Cette posture critique a amené en dix ans un certain nombre d'historiens subalternistes dans les parages du postmodernisme, et au premier rang de ce vaste courant critique international inspiré par Foucault et par Edward Saïd qu'on appelle aujourd'hui la pensée postcoloniale[2].

Ce qui est fondamentalement en cause chez les «subalternistes» indiens actuels, c'est le «grand récit» de la modernité européenne[3]. Ils récusent le privilège reconnu à la trajectoire historique de l'Europe (de l'Ancien Régime aux divers stades du capitalisme) que le discours universitaire sur l'histoire prend généralement comme modèle de référence, et qui fonctionne comme un véritable paradigme dominant des sciences sociales. L'histoire des sociétés non-européennes est analysée à partir de cet idéaltype, et ces sociétés de la «périphérie» sont caractérisées par ce qui les en différencie. L'hégémonie de l'impérialisme s'est appuyée sur ce modèle européen de la modernité qu'on imposait aux sociétés colonisées tout en le leur refusant en pratique. Les nationalismes du tiers monde, dont la plupart étaient des idéologies modernisantes, ont souvent repris à leur compte cette théorie de la transition historique nécessaire vers l'individualisme bourgeois, la loi moderne et l'Etat-nation à destination leurs propres classes populaires, posant en principe que les droits de l'individu et l'égalité abstraite étaient des vérités universelles applicables au monde entier. Le fondement de ce modèle est l'humanisme rationnel, séculier et universaliste de la philosophie des Lumières, dont le libéralisme comme le marxisme, avec sa téléologie de l'émancipation du genre humain, sont les héritiers. Les historiographies socialistes ou nationalistes des pays du Sud sont aujourd'hui encore imprégnées de ce paradigme d'une histoire dont le sujet théorique est une Europe modélisée. De là la tendance persistante de beaucoup d'historiens indiens actuels à interpréter l'histoire de l'Inde comme un processus de modernisation incomplète ou ratée, qui a des précédents dans l'historiographie coloniale comme dans celle des nationalistes. Certes, il est indéniable que l'égalitarisme bourgeois et l'accès à la citoyenneté dans le cadre d'un Etat-nation souverain ont rendus maîtres de leur destin partout dans le monde bien des groupe sociaux jusqu'alors marginalisés. Mais ce qu'on minimise, c'est que cet idéalisme de la liberté, de la civilisation, du progrès, et plus récemment du développement, a été et reste constam-

[2] Voir Pouchepadass 2000.

[3] Je me fonde principalement, pour exposer cette critique indienne de l'européocentrisme, sur Chakrabarty 2000.

ment et partout associé, sous une forme ou une autre, avec la répression et la violence.

Si la modernité des philosophes des Lumières (la critique des Anciens) s'est ainsi muée en un métarécit européocentrique de la modernisation, c'est, disent les historiens subalternistes, parce qu'elle a dégénéré au XIXe siècle sous la forme des théories historicistes du progrès, et d'une historiographie qui proclamait que la modernité, c'est-à-dire le capitalisme, est né en Europe à un moment donné de l'histoire, qu'il s'est progressivement mondialisé en s'imposant aux cultures différentes qu'il rencontrait, et que tous les peuples de l'humanité sont voués à cheminer vers la même destination, et en passant par les mêmes étapes, certains d'entre eux, et notamment les peuples colonisés, étant seulement condamnés à arriver plus tard que les autres. Cette doctrine pose que les peuples, les lieux et les objets, quels que soient la culture propre à chaque société et son mode d'historicité, sont emportés dans le flux naturel et continu du temps, le grand fleuve de l'histoire, le temps «homogène et vide» que Walter Benjamin dénonce dans ses thèses «Sur la philosophie de l'histoire». En refusant énergiquement cette doctrine, nos auteurs indiens rejoignent la tradition bien établie de la critique antimoderne de l'historicisme, nourrie de Nietzsche et pour une part de Freud, qui a été largement popularisée par l'École de Francfort, Heidegger, et plus récemment Foucault, et qui trouve aujourd'hui, à travers une combinaison d'ultra-gauche et de néolibéralisme, une expression dans le postmodernisme.

Les historiens postcoloniaux indiens adhèrent à ce complexe de pensée critique tout en le renforçant d'un puissant complément d'arguments organisés autour du thème de la subalternité. Ils dénoncent l'intransigeance doctrinale de l'historicisme qui précipite l'infinie diversité de l'expérience humaine dans un moule historique unique[4]. Ils montrent comment ce métarécit implicite de la modernisation et de la transition infériorise les modes d'historicité non-modernes comme irrationnels, classe ce qu'il appelle superstition comme synonyme d'arriération, et refuse de reconnaître au discours du sujet non-moderne le statut de «théorie». Ces auteurs se scandalisent de ce que les historiens qui jouissent d'une notoriété à l'échelle internationale sont, sauf rares exceptions,

[4] Par historicisme, il faut entendre ici non pas telle ou telle des doctrines scientistes du progrès qui ont fleuri au XIXe siècle (encore que Marx soit particulièrement visé de ce point de vue par les penseurs postcoloniaux), mais plus généralement la croyance moderne et pseudo-rationnelle en un destin de l'histoire humaine, qui la vouerait à atteindre un but à travers une série d'étapes nécessaires.

des historiens occidentaux qui ignorent tout, ou presque tout, de l'histoire du monde non-occidental (c'est là le domaine des «spécialistes», qui par définition n'ont pas accès à la généralité), asymétrie effectivement choquante qui révèle, par delà toute considération relative à la géopolitique mondiale de la production scientifique, l'européocentrisme indéracinable de la discipline historique.

Beaucoup d'éléments de cette attitude critique, en fait, sont aujourd'hui assez largement partagés de par le monde, y compris en Occident. Mais les historiens postcoloniaux vont plus loin, et c'est là un véritable saut théorique, quand ils passent de cette critique de l'historicisme à la critique de l'histoire comme discipline compromise avec l'européocentrisme, et finalement à la critique pure et simple la science. Pour nombre d'entre eux, tout effort de généralisation en histoire est un acte d'oppression intellectuelle. Les procédures d'objectivation inhérentes à toute démarche de science sociale sont dénoncées comme réification, par opposition avec l'approche subjectiviste de celui qui prétend parler au nom et du point de vue de l'acteur individuel. Il y a plus ici que le problème bien connu de l'opposition entre structures (objectives) et représentations (subjectives) dans les sciences sociales (c'est-à-dire, en simplifiant à l'extrême, entre le chercheur qui, fidèle à Durkheim, traite les faits sociaux «comme des choses», et celui qui réduit le monde social aux représentations que s'en font les agents). Beaucoup d'auteurs[5] ont montré que cette alternative revenait à dissocier artificiellement deux moments nécessaires et dialectiquement reliés de la genèse du savoir sociologique. Pour nos penseurs postcoloniaux, il y a un niveau où le passé subalterne résiste ou même échappe à la prise de l'historien professionnel, bien que l'impérialisme du discours historiciste prétende tout assimiler. Ce qui est en cause ici, c'est le principe de rationalité sous-jacent à la constitution même des sciences sociales, entendu comme un mode culturel particulier de raisonnement, qualifié de «libéral-séculier». L'historien, dans ce cadre, ne peut que créer une relation de sujet à objet avec son matériau, il l'«anthropologise». Il ne peut pas écrire l'histoire de l'intérieur de ce qu'il appelle les «croyances» des gens qu'il étudie s'il veut produire de la «bonne» histoire conforme aux canons de la scientificité universitaire. Il réifie le passé, le traite comme un objet mort, traduit la diversité humaine des univers de vie et des horizons conceptuels dans les catégories rationalisantes de la pensée des Lumières, et c'est ce qui rend possible l'émergence du langage universel

[5] Ainsi Bourdieu 1987.

des sciences sociales. Toutes les cultures sont tôt ou tard condamnnées à se rendre corps et âme à une façon universelle libérale et rationelle d'être humain en accord avec le récit historiciste de la modernité, celui de la libération de l'esprit de l'esclavage de la superstition et de la coutume. Lutter contre l'historicisme, c'est donc essayer de dire une autre histoire de la raison.

Dans son principe, cette attitude critique n'est pas nouvelle. La réaction romantique à l'universalisme des Lumières inaugurée par la célèbre brochure de Herder intitulée «Une autre philosophie de l'histoire» (1774), où il défendait l'originalité de l'identité culturelle allemande contre ce qu'il percevait comme la menace uniformisante de l'humanisme abstrait de la raison moderne, exprimait le même refus[6]. Mais ce qui mérite beaucoup plus d'attention, c'est le fait que les théoriciens de la postcolonialité, en dépit de leur détermination à penser en termes de singularités, professent le refus du relativisme. Herder admettait pleinement le fait de la pluralité des cultures, toutes ayant selon lui un droit égal à l'existence, ce qui trahissait (comme l'a montré Louis Dumont)[7] son adhésion de fait à l'idéologie moderne des droits de l'individu, qu'il transférait au plan des cultures considérées comme des individus collectifs. Le même type de tension entre deux fidélités profondes est évidente chez beaucoup d'historiens postcoloniaux, et c'est ce qui fait à la fois la difficulté et le mérite de leur position.

L'histoire selon les subalternistes, en fait, est moins postmoderne que néo-moderne ou néo-universaliste, parce qu'elle se situe, comme le dit Chakrabarty, à un point de jonction où elle n'abandonne ni Marx ni la différence. D'un côté elle se reconnaît Marx comme inspirateur et guide dans le combat pour la justice sociale, de l'autre elle suit Heidegger et la tradition herméneutique en tant que critique de l'universel abstrait de l'humanisme moderne. La critique maintenant omniprésente dans la théorie des sciences sociales de la violence du nihilisme moderne, le refus des abus quotidiens et des catastrophes périodiques engendrés par une idéologie du progrès désormais à bout de souffle, trouve en effet sa limite dans le fait de la persistance des luttes de masse classiques pour la justice sociale dans les pays du Sud, et dans le flot incessant d'émigrants de ces pays qui cherchent à entrer dans les pays du Nord. Et on voit bien dans le monde d'aujourd'hui que la propagande déversée par les intégrismes culturels sur des populations indigentes pour prévenir l'adhésion

[6] Texte reproduit dans Herder 2000, p. 41-174.
[7] Dumont 1983 et 1985.

à une modernité universaliste présentée comme nécessairement destructrice est le plus souvent une stratégie de domination politique maniée par des despotismes. Donc les intellectuels postcoloniaux ne veulent nullement brader les libertés fondamentales au nom de la critique de la modernité. Ils reconnaissent que le recours à un universalisme séculier est indispensable à l'intellectuel qui entend produire une critique de l'injustice sociale, et par exemple montrer comment l'Etat-nation moderne, pourtant né sous les auspices des idéologies historicistes du progrès, a frustré le peuple des avancées de la justice et de la démocratie que le mouvement nationaliste avait fait miroiter devant lui. Les classes subalternes ont besoin de ce travail d'histoire pour nourrir leur combat pour l'émancipation sociale. Provincialiser l'Europe, donc, ce n'est pas rejeter les valeurs libérales des Lumières et de la modernité européenne. Toute prétention à l'universalisme n'est pas une forme camouflée d'impérialisme. Ce qu'il faut, c'est critiquer l'historicisme et trouver des stratégies pour penser la différence sans abandonner toute prétention à la théorie.

Voilà donc le dilemme de cette historiographie postcoloniale et l'ambiguïté de son rapport à l'«Europe» de la théorie des sciences sociales. C'est tout le problème du rapport entre la «théorie» postcoloniale, posture critique volontiers provocatrice et souvent fortement teintée de postmodernisme, et la «politique» postcoloniale, nécessairement moins radicale parce qu'un rejet intransigeant de la modernité, qui les couperait des masses populaires, est politiquement suicidaire pour les intellectuels des pays concernés. Ce problème n'est pas tranché, et plusieurs attitudes coexistent. Il y a des intellectuels comme Ashis Nandy, qui vont jusqu'au bout de leur critique de l'universalisme et de l'impérialisme de la raison, qui posent qu'une notion comme les droits de l'homme doit être modulée selon les dispositions et l'expérience propres à chaque communauté, qui mettent en question la validité de l'attitude scientifique elle-même, et qui proposent notamment non pas une histoire alternative mais une alternative à l'histoire comme discipline[8]. Il y en a d'autres comme D. Chakrabarty qui entendent tenir les deux bouts de la chaîne, mais au prix de difficultés théoriques difficilement surmontables. Une solution pour eux serait de s'inspirer d'auteurs du dernier demi-siècle qui ont tenté de penser une modernité non historiciste comme Popper ou Habermas (et encore dernièrement Touraine), condamnant le modernisme positiviste agressif et intolérant sans renoncer pour autant à la raison ni

[8] Voir par exemple Nandy, 1995 et 2002.

au cœur libéral des Lumières. Mais ce serait une fois encore se chercher des modèles en Europe. Chakrabarty et d'autres tournent la difficulté en s'abstenant de choisir, et se consacrent à la critique du discours de la modernité, à la subversion de l'historiographie, à la célébration esthétique de la singularité des manières d'être indigènes. Ils se satisfont de se proclamer les interprètes de la culture du peuple des subalternes qui n'a jamais eu la parole. Ils ne se désolidarisent certes pas des luttes politiques concrètes que ce peuple mène aujourd'hui, en se réclamant des métadiscours modernes de l'émancipation et du progrès, pour la défense de ses priorités immédiates, mais ils ne peuvent y adhérer sans réserves, sinon à titre provisoire, et au nom de considérations purement stratégiques. Et puis il y a ceux qui, comme Shahid Amin, évitent ces apories en cherchant seulement à pluraliser la raison historienne sans la renier, et qui s'attachent en particulier à analyser la relation entre le rapport au passé que procurent les archives et les souvenirs que véhicule la conscience populaire. Il explore actuellement les tensions qui existent entre l'histoire des historiens et le sens que les communautés religieuses de l'Inde possèdent de leur propre passé (en l'occurrence, les traditions populaires hindoues et musulmanes relatives à la conquête islamique de l'Inde du Nord)[9]. C'est là la question du rapport entre histoire et mémoire que Pierre Nora ou Paul Ricœur ont récemment travaillée[10], mais reformulée au sein de la problématique de la postcolonialité. Celle-ci y introduit la notion héritée de Foucault du rapport entre pouvoir et savoir (l'histoire dite scientifique est perçue comme une histoire dominante qu'il faut déconstruire comme toutes les formes du pouvoir/savoir occidental). Elle y introduit la question de l'européocentrisme et de la différence culturelle, et la critique de l'Etat-nation.

Il est trop facile de balayer ces courants d'un revers de main en les dénonçant comme des absurdités, des formes de terrorisme intellectuel ou des effets de mode. Le questionnement qu'ils expriment ne peut plus être éludé aujourd'hui, et il doit sans doute nous amener à bousculer le cadre épistémologique qu'un Marc Bloch ou un Edward Carr avaient tracé pour nous, mais sans en renier les exigences de rigueur intellectuelle sans lesquelles il n'y a pas de connaissance. Par ailleurs il faut voir là, entre autres choses, un produit de la mondialisation. Ce n'est pas un hasard si les principaux interprètes de ces courants sont des intellectuels cosmopolites ou des Indiens de la diaspora, établis aux Etats-Unis

[9] Amin 2002.
[10] Nora 1984; Ricœur 2000.

surtout, en Grande Bretagne, ou encore en Australie. Les interrogations, les malaises, les contradictions, les révoltes dont ils témoignent reflètent de façon frappante, au plan de la théorie des sciences sociales, une situation mondiale fluide et incertaine de grande tension entre de nouvelles formes de domination occidentale planétaire et l'affirmation difficile d'une multipolarité aussi nécessaire que riche de dangers.

Bibliographie

Amin S. (2002), «On Retelling the Muslim Conquest of North India», in P. Chatterjee & A. Ghosh (eds.), *History and the Present*, New Delhi, Permanent Black, p. 24-43.

Bourdieu P. (1987), «Espace social et pouvoir symbolique», in *Choses dites*, Paris, Editions de Minuit, p. 147-166.

Chakrabarty D. (2000), *Provincializing Europe: Postcolonial Thought and Historical Difference*, Princeton (N.J.), Princeton University Press, 310 p.

Dumont L. (1983), *Essais sur l'individualisme. Une perspective anthropologique sur l'idéologie moderne*, Paris, Seuil, chapitre 3.

Dumont L. (1985), «Identités collectives et idéologie universaliste: leur interaction de fait», *Critique*, 41(456), p. 506-518.

Herder J.G. (2000), *Histoire et cultures*, Paris, Garnier/Flammarion, 203 p.

Nandy A. (1995), «History's Forgotten Doubles», *History and Theory*, 34(2), p. 44-66.

Nandy A. (2002), *Time Warps:The Insistent Politics of Silent and Evasive Pasts*, New Delhi, Permanent Black, 250 p.

Nora P. (1994), «Entre mémoire et histoire. La problématique des lieux», in P. Nora (dir.), *Les lieux de mémoire*, t. 1, *La République*, Paris, Gallimard, p. xvii-xlii.

Pouchepadass J. (2000), «Les *Subaltern Studies*, ou la critique postcoloniale de la modernité», *L'Homme*, 156, octobre-décembre, p. 161-185.

Ricœur P. (2000), *La mémoire, l'histoire, l'oubli*, Paris, Seuil, 685 p.

ORIENT-OCCIDENT: CHOC DES CULTURES OU COMPLÉMENTARITÉ ?

Samaha KHOURY*

Pour la première fois dans l'histoire contemporaine, un événement tragique (l'attentat du 11 septembre 2001) est abordé avec tant de pessimisme et tant d'angoisse en ce qui concerne l'avenir de l'humanité et les relations entre l'Orient et l'Occident. Cet événement a déclenché des courants d'analyse qui nous annoncent d'emblée que la modernisation et le progrès technique ne produisent nullement une culture universelle, mais plutôt des conflits et des lignes de partage qui séparent les deux cultures: la culture occidentale chrétienne et la culture orientale musulmane. Donc l'hypothèse d'une culturelle universelle, préconçue par quelques penseurs, comme Raymond Aron et Zbigniew Brezenski, paraît largement démonétisée. Désormais l'analyse de ceux qui croient que «les conflits culturels se développent et deviennent plus dangereux que jamais[1]», et que, «les conflits à venir seront provoqués par des facteurs culturels plutôt qu'économiques ou idéologiques», comme Vaclav Havel et Jacques Delors, sera confortée et consolidée par le discours politique américain qui partage le monde en deux axes: axe du bien et axe du mal. Cette thèse originale sur la «nouvelle phase» qu'allait connaître la politique mondiale après le démembrement de l'ex-Union soviétique et la fin de la guerre froide fut développée auparavant par Samuel Huntington dans un article paru en 1993 dans la revue *Foreign Affairs* sous le titre «Le Choc des civilisations». Cette thèse, qui porte en elle même les germes d'affrontement, s'appuie sur un article de l'orientaliste Bernard Lewis qui a publié en 1990 un ouvrage intitulé: *The Roots of Muslim Rage, Les Racines de la rage musulmane*. Évidemment, les auteurs de cette thèse belliqueuse, n'ont pas pensé à la dynamique et à la pluralité internes de chaque culture ni au fait que le principal débat dans la plupart des cultures modernes porte sur l'interprétation de chacune de son propre héritage et de son texte origine.

* Samaha Khoury, professeur à l'université Michel de Montaigne Bordeaux 3, et directeur du Centre d'études et de recherches sur le monde arabe et musulman (CERMAM) de ce même établissement.

[1] Vaclav Havel, «The New Measure of Man», *New York Times,* 8 juillet 1994, p. A27.

Selon cette thèse, les conflits culturels les plus dangereux sont ceux qui ont lieu aux lignes de partage entre civilisations ou cultures. En d'autre terme, le discours américain nous annonce que les conflits du troisième millénaire seront des conflits provoqués par deux forces où chacune est mise au service d'un idéal spirituel et où chaque pays apporte son soutien à l'une de forces non pas pour des raisons politiques ou économiques, mais plutôt par affinité culturelle et religieuse.

Les événements du 11 septembre ont déclenché des fièvres et des peurs cachées au fond des Occidentaux et qui sont entretenus depuis longtemps par des faits bibliques que l'on croyait à jamais disparus et par des littératures diverses retraçant des images des périodes antiques. Cet événement a ressuscité l'approche binaire que nous portons dans notre imaginaire depuis la fracture amorcée par les Grecs et les Romains, sous sa forme «laïque», celle qui est entre nous les «civilisés» et eux les «barbares» et depuis la Bible qui a inauguré une forme de fracture radicale et sacrée, où l'on craint la revanche de Dieu, celle du «peuple élu» en combat contre les peuples qui s'obstinent à rester dans les ténèbres. Sommes-nous condamnés à accepter passivement cette forme de revanche sacrée, revanche d'un Dieu punisseur et vengeur, celui qui guide certains peuples, selon la Bible, et les sauve et qui en extermine d'autres? Faut-il continuer de vivre avec cette fracture insupportable que le 11 septembre nous a annoncée, en illustrant si bien cette vision dichotomique du monde et en mettant en place un mode de classement qui oppose les sociétés et les peuples avec beaucoup de simplification et des raccourcis, en invoquant tel ou tel texte origine qui en général ne s'inscrit pas dans le courant d'idées soumises à la critique? C'est à cette interrogation que nous allons essayer de répondre à travers cette intervention qui nous promène dans le discours et les images que l'Occident produit sur lui-même et sur l'Autre.

Les événements du 11 septembre ont donc été un catalyseur du discours de l'Occident sur lui-même. Mais les discours narcissiques et identitaires les plus virulents et les plus belliqueux sont venus des États-Unis pour prendre la suite de la guerre froide. Évidemment le 11 septembre est venu cristalliser un regain de l'irrationalisme et éveiller l'approche binaire du monde: l'Orient et l'Occident, le civilisé et le non civilisé, le bien et le mal, le sacré et le profane, la paix et la guerre. Plus graves encore, les attentats du 11 septembre ont marginalisé la pensée critique pour un retour à un nouveau «western» biblique tiré d'un texte origine qui hante les esprits de quelques cercles intellectuels et de hauts responsables américains. Depuis un certain temps, il est inutile de chercher une explication logique et rationnelle de la politique américaine concernant le monde musulman et le Proche-Orient. Ce qui nous paraît le plus frappant, sous cet angle métaphysique, c'est le regain des clichés religieux, des scénarios bibliques des *djihad et contre-djihad* et des revanches de Dieux qui ont envahi depuis quelques années les prismes d'analyse et la conduite de la politique américaine. On a l'impression que cette politique est inspirée uniquement d'un texte origine d'essence divine, un texte qui occupe une place centrale dans l'héritage culturel et politique des États-Unis.

Narcissisme et mythologisation sont les deux mots clés du discours américain qui ne cesse depuis le 11 septembre de creuser un fossé entre les cultures et les civilisations. Ce discours ne se prive pas de nous révéler que la puissance occidentale porte en elle les germes du sacré. Cette sur valorisation du religieux dans l'analyse d'un éventuel affrontement de type culturel entre l'Orient et l'Occident barre la route devant toute tentative visant à expliquer les événements par des facteurs profanes. La déclaration de principe rendue publique au début de l'année 2002 par un groupe d'intellectuels américains[2] et justifiant la guerre menée par les États-Unis après les attentats du 11 septembre en témoigne. Ce document expose les piliers de système de valeurs morales américaines et revendique haut et fort l'imbrication du religieux dans la vision du monde et la vie sociale et politique. «Tous les signataires de cette lettre reconnaissent que la foi et les institutions religieuses sont ici et là dans le monde des bases importantes de la société civile, qui ont souvent produit des résultats bénéfiques et apaisants mais ont été aussi parfois des facteurs de division et de violence». Ceux qui tentent dans les médias d'apporter une vision plus prosaïque, plus nuancée ou différente de celle bâti par ce groupe prestigieux d'intellectuels, font l'objet d'une réprobation virulente.

L'attentat du 11 septembre a ainsi été perçu comme un sacrilège contre la «suprématie», la toute-puissance, comme une volonté mauvaise, diabolique de désacralisation. L'Occident n'est pas une idole, un veau d'or que l'on peut profaner impunément. D'où l'extrême violence des réactions américaines, celle du «Dieu en colère» qui doit châtier les impies[3]. L'Occident doit montrer qu'il est le plus fort, qu'il est une

[2] Francis Fukuyama, Samuel Huntington, Daniel Patric Moynihan, David Blakenhorn, Michael Walzer, Robert Putnam, Michael Novak et Amitaî Etzioni, «Lettre d'Amérique, les raisons d'un combat», *Le Monde*, 15 février 2002.

[3] Georges Corm, *Orient Occident, la fracture imaginaire*, Paris, La Découverte, 2002, p. 73.

«Machine à faire des Dieux» et des vérités. Le monde est en effet écrasé des écrits, des discours, des images médiatiques que l'Occident déverse sur lui avec une assurance et une certitude si insolentes. Comme l'écrit Sophie Bessis: «Je n'ai jamais cessé, de fait, d'être frappée par la tranquille certitude avec laquelle la plupart des Occidentaux affirment la légitimité de leur suprématie. Cette certitude se donne à voir dans les actes les plus anodins, dans leurs attitudes les plus banales. Elle structure la parole publique, le magistère intellectuel et les messages des médias. Elle loge au plus profond de la conscience des individus et des groupes. Elle semble à ce point constituer de l'identité collective qu'on peut parler à son propos d'une véritable culture de la suprématie, constituant le socle de cette entité qu'on appelle aujourd'hui Occident, sur lequel continuent de se construire ses rapports avec l'autre[4].»

L'Occident ainsi se sacralise: il est la raison, il est la civilisation, il peut et doit donner des leçons au monde. Les États-Unis qui le dirigent constituent une nation de croyants. «In God We trust», proclame chaque dollar américain qui circule de par le monde. Le nationalisme américain a ses sources et ses racines dans le texte origine et donc l'Ancien Testament: la conquête de l'Amérique du Nord n'est, selon Georges Corm, qu'une répétition de la conquête de la Terre promise par les Hébreux; les Indiens que l'on pourchasse et réduit ne sont pas mieux que les Philistins ou les Cananéens de la Bible. Élise Marienstras, une spécialiste du nationalisme américain, décrit bien l'importance du schéma ou du legs biblique dans la formation de la société et du nationalisme américains: «Allant au-delà du modèle fourni par le philosophe [Rousseau], la religion civile américaine ressuscite le peuple hébreu comme en ses premiers temps. Elle célèbre la réincarnation de Moïse et de Josué, la réincarnation du Décalogue, la nouvelle conquête de Canaan...» L'auteur ajoute: «Le legs biblique, transmis par les puritains, n'est pas étranger aux citoyens, quelles que soient leurs convictions religieuses. La tradition millénariste qui en est issue fait, par la voix des chantres de la nation, résonner à nouveau les prophéties apocalyptiques de Daniel et la prédication de saint Jean. Elle est tendue vers l'avènement du royaume du Christ et elle célèbre, dans l'indépendance de l'Amérique, l'événement advenu. Elle annonce l'ultime combat de l'Armaggedon avant l'apothéose finale et elle décrit la marche harmonieuse et perpétuelle de l'humanité vers la gloire et la paix. Elle promet le royaume de Dieu,

[4] Sophie Bessis, *L'Occident et les autres. Histoire d'une suprématie*, Paris, La Découverte, 2001, p. 7.

l'accomplissement du bonheur dans l'autre monde et elle les incarne ici-bas dans la prospérité américaine[5].»

Les spécialistes et les chercheurs ont souvent tendance à jeter des anathèmes sur l'islam et le comportement de musulmans que les événements du 11 septembre ont cristallisés dans les psychologies collectives. La ruée à laquelle on a assisté en Occident pour lire le Coran ou des ouvrages sur l'islam pour sonder le fond des événements du 11 septembre en dit long sur le degré de naïveté, d'ignorance et d'étroitesse d'esprit auquel nous sommes arrivés, comme si la richesse de nos informations et de nos savoirs profanes ne nous était plus d'aucune utilité[6]. Actuellement, nous sommes plus terrorisés et plus incités par ceux qui prétendent combattre les terroristes que par les terroristes eux-mêmes. Les pourchasseurs font la police des corps et des esprits déployant des moyens énormes pour véhiculer un discours narcissique qui fait de l'évolution du monde occidental une exception inégalable et inégalée dans l'histoire de l'humanité. Ce discours fonctionne en cercle clos, sans pensée critique et sans prise sur les complexités de l'évolution du monde. Il risque de se transformer en discours totalisant, en modèle absolu, basée sur une lecture purement idéologique. Celle-ci traite le texte et l'aborde non comme un océan dont on ne peut sonder le fond, «une montagne dont on ne peut atteindre le sommet», mais comme un tunnel où l'on s'enferme. Cette lecture obscurantiste expliquant l'histoire, le présent et le futur de l'humanité par la lettre du texte n'est pas une spécificité strictement musulmane ou plus précisément islamiste. Elle est d'abord judaïque, et l'islam aujourd'hui la connaît et la vit à son tour. En fait, personne ne peut ignorer qu'à l'origine des événements tragiques qui secouent la Palestine depuis un siècle, il y a un texte origine (une promesse divine), qui a engendré et ne cesse d'engendrer des guerres déclenchées au nom d'un Dieu (Yahvé) qui rend l'homme un soldat aliéné et enchaîné, un soldat qui se bat au service de l'illusion[7]. Pour être plus clair, nous pensons que cette «fixité» de certaines choses qui restent inchangées dans une société qui évolue se modernise et change sans arrêt est une idée née avec le système monothéiste bien hiérarchisé, inauguré par le judaïsme.

[5] Élise Marienstras, *Nous, le peuple: les origines du nationalisme américain,* Paris, Gallimard, 1988, p. 394-395.

[6] Georges Corm, *op. cit.*, p. 13.

[7] Adonis, in Luc Barbulesco et Philippe Cardinal, *L'Islam en questions*, Paris, Grasset, 1986, p. 43.

Avant l'apparition de ce dernier, l'Orient arabe, notamment le Croissant fertile et l'Égypte, n'avait jamais agi ou pensé en fonction d'un texte origine où l'homme s'effaçait devant Dieu, seul vivant. La philosophie fondatrice de cette région est à l'origine étrangère à la «fixité» et au texte origine considéré par Israël comme son fondement et sa signification. Ainsi, l'idée que l'homme meurt pour vivre, que la mort (le changement) est la voie de la vie, est une idée qui illumine l'histoire de cette région depuis l'origine. Osiris est un dieu qui meurt et ressuscite, Adonis meurt l'hiver et revient à la vie le printemps, de même que Tammouz, tué par une bête féroce, est ressuscité plus tard. Ce cycle de vie et de mort, comme voie de la vie et du changement, qui est à l'antipode de la «fixité» ou du texte origine, est le symbole du christianisme.

Donc le grand problème dans ce discours américain qui favorise l'approche binaire et qui est fondé sur un texte origine ce qu'il échappe à toute critique rationnelle et qu'il attribue à la puissance de l'Occident un trait sacré. D'après la logique de ces discours, pour instaurer la paix et éviter l'antagonisme ou la fracture entre l'Orient et l'Occident il faut que le premier assume suffisamment l'outillage, les idées, les méthodes, les mœurs, voire le visage du second, comme si la tranquillité et la paix sont deux qualités spécifique de l'Occident tandis que l'Orient incarne et symbolise la guerre et la violence.

Avant de parler de la nature du lien entre l'Orient et l'Occident, il est fondamental de souligner que la guerre ou le conflit ont toujours occupé une grande place dans l'histoire de l'humanité. Quand une société jouit d'une période de paix et de tranquillité, souvent la guerre sévit ailleurs. Donc toute société est conflictuelle et tout porte à croire qu'il en sera ainsi dans l'avenir en raison de l'inévitable mobilité sociale, du mouvement des idées (parfois contradictoires), des aspirations et des inégalités entre les individus, et les civilisations. Il convient plus exactement de dire que dans toute société réside une double tendance, celle du consensus ou fondement de l'organisation et de la concorde et celle de la contestation ou fondement de la polémique et de la discorde. Il serait difficile de croire qu'il soit possible d'anéantir définitivement l'une de ces deux tendances ainsi que ses conditions et ses conséquences[8]. Autrement dit, paix et guerre sont également au cœur du politique et même de la société et de la culture, en tant qu'elles contribuent au développement social lui-même. En fait, le conflit a été jusqu'à présent un élément constant du dynamisme de l'histoire de l'Orient comme de l'Occident.

[8] Julien Freund, *Le Nouvel Âge,* Paris, Marcel Rivière et Cie, 1970, p. 183.

Cette situation conflictuelle envahit toute la sphère des activités humaines sans aucune exception. Certes, ce qui distingue une situation conflictuelle d'aujourd'hui de celle du passé, c'est son champ d'action et ses conséquences qui ne sont plus limités ni par le temps, ni par l'espace.

La caractéristique fondamentale de notre époque réside dans le fait que tout événement, qu'il soit de nature économique, politique, religieux ou militaire, peut, par ses bouleversements, dépasser les limites de son système d'appartenance en vigueur et par ses effets n'épargner aucune société. Il ne s'agit donc plus, comme dans le passé, d'un monde constitué de zones, de systèmes et de secteurs isolés les uns des autres, mais plutôt d'une sphère globale où n'importe quel événement risque de faire tache d'huile sans être entravé par les limites d'antan. La première constatation, qu'on dégage de l'histoire, c'est que le conflit et la violence attirent plus l'attention que la tranquillité. Gaston Bouthoul n'avait pas tort de nous signaler que l'histoire de l'humanité est faite de guerres gagnées et de paix perdues[9].

Nous concluons donc que le conflit ou la guerre est un phénomène social caractérisant toutes les sociétés qu'elles soient orientales ou occidentales sans aucune exception.

Pourtant, depuis quelques années, des voix se sont élevées en Occident pour nous annoncer que l'axe central de la politique mondiale et du conflit est désormais l'interaction entre, d'une part, la puissance et la culture de l'Occident, et, d'autre part, la puissance et la culture des civilisations non occidentales, c'est-à-dire orientales.

Cette image de la politique mondiale d'après la guerre froide, déterminée par des facteurs culturels et impliquant l'interaction entre États et groupes appartenant à différentes civilisations est une image inquiétante qui nous pousse, en tant que chercheur, à nous interroger sur la façon dont l'Occident se définit et se connaît lui-même.

En fait c'est toujours par rapport à l'Autre que l'Occident se définit et prend une identité propre. Pour la pensée occidentale, l'Autre est censé être à l'opposé et en conflit permanent avec son ego européen. C'est ainsi que les Grecs et les Romains ont défini leurs citoyens par rapport aux esclaves sur le plan interne et à travers les Barbares au-delà de leur Empire. Paradoxalement cette approche binaire fut inaugurée en Méditerranée et à partir de son bassin oriental la où le phénomène de Société Ouverte ou Monde a vu le jour. C'est sur la côte orientale de cette mer,

[9] Gaston Bouthoul, *La Paix,* Paris, Presses universitaires de France, 1974, p. 21.

précisément au Croissant Fertile, que l'histoire a connu la première Société Ouverte: à l'intérieur, creuset ouvert au brassage, à la fusion et à l'assimilation; et vers l'extérieur, rayonnement et réseaux de communication enrichis par les réalisations culturelles et non alourdis par la machine de guerre.

Ce type de société symbolise la résistance face à l'esprit de la Société Fermée qui s'exprime soit en langage culturel aveuglement discriminatoire, donc conflictuel, soit en langage purement matériel, reflétant le pur rapport des forces, donc guerrier et porteur de confrontations meurtrières.

Ce type de société a constitué un rempart face aux invasions qui ont déferlé sur le Croissant Fertile. Il a protégé la civilisation méditerranéenne contre les dangers de ces vagues successives poussées par d'autres puissances ou simplement attirées par les richesses et la vie civilisée et raffinée du monde méditerranéen.

Le Croissant Fertile était un bastion de Sociétés Ouvertes. Il a constitué, au bord de la Méditerranée, un espace culturel modérateur où toutes les vagues orientales et asianiques, de tendances unitaires et monovalentes, finissaient par s'intégrer ou se fusionner dans un espace culturel plus vaste et plus universel.

La Société Ouverte accepte et reconnaît l'Autre. À l'intérieur de cette société domine l'esprit du Creuset. Elle est une société accueillante, conciliante et tolérante. C'est ce qui explique, par exemple, la tolérance religieuse dans toute cette Antiquité pré impériale: aucune guerre de religion, aucune discrimination religieuse, les croyances des villes vassales et des petites agglomérations annexées étaient respectées et leurs dieux et déesses étaient l'objet de vénération et siégeaient au panthéon de la capitale.

À l'intérieur de la Société Ouverte, domine l'esprit des horizons ouverts enrichis par la diversité et les échanges. C'est un Creuset d'intégration qui rapproche les éléments hétérogènes dans un esprit de synthèse. C'est un système capable d'amortir les chocs pour épargner à la société les guerres d'élimination physique, morale ou culturelle[10].

Les Sociétés Ouvertes ont fondé un espace rassurant et ont constitué des ceintures culturelles méridionales étroitement liées à des sœurs continentales voisines par des réseaux de communications. Ce mode de vie a nuancé sensiblement les lignes de démarcation entre peuples, cul-

[10] Youssef Aschkar, *The Globalisation of Terror* (ouvrage en langue arabe), Beyrouth, 2001, p. 188-195.

tures, continents, et a changé radicalement la notion de l'Autre, et de l'Étranger qui représentaient jadis l'Ennemi à redouter et à éliminer. Pour ces Sociétés Ouvertes, Il n'y a pas un Barbare à mépriser et à ignorer. Rappelons ici que le Barbare était pour les Grecs tout ce qui n'est pas grec et l'Ennemi, pour les Romains, tout ce qui se situe au-delà de leurs limes.

Il est étonnant que la plupart des historiens n'ont pas reconnu la juste valeur de ces sociétés qui ont contribué à créer une dynamique de paix et de sécurité inséparable de la dynamique d'universalisme. En fait ces deux caractéristiques, la dynamique d'universalisme et la dynamique de paix, ont doté la Méditerranée d'un système de défense solide et durable.

L'historiographie classique n'a jamais reconnu cette version de l'histoire. Il est important de signaler que les historiens attribuent ces caractéristiques du Monde Méditerranéen à l'ère des Empires et non à la période pré impérial. Les historiens ont souvent ignoré que l'Unité, l'Universalisme et la Solidarité sont les caractéristiques du Monde Méditerranéen pré impérial. Ces caractéristiques étaient les piliers du système de défense du Croissant Fertile et non du système de défense de l'Empire romain qui reposait essentiellement sur les limes et la machine de guerre.

Au Moyen Âge c'est l'islam qui est devenu l'Autre et, à travers l'islam, l'Europe a pris conscience d'elle-même et de sa chrétienté. Quelques siècles plus tard, c'était l'époque de l'expansion territoriale et de la colonisation par l'Occident de la majeure partie du monde musulman. Cette extension de l'Europe dans les pays arabes et musulmans n'a pas permis à l'Occident de prendre conscience de lui-même sans se référer à L'Autre et sans s'accrocher au dualisme Orient-Occident. Ce dualisme n'a pas tardé à envahir la pensée européenne qui va aussitôt révéler qu'elle est incapable de définir L'Occident en dehors d'un dualisme qui stipule que l'Orient c'est l'Orient et l'Occident c'est l'Occident, qu'ils sont deux mondes parallèles qui ne se rencontreraient jamais.

Il faudra attendre l'apparition de l'Union Soviétique pour que l'Occident dresse en face de lui un Autre considéré comme facteur de polémique et de discorde sur le plan international. Cette fois, l'Autre n'est pas musulman, au contraire on peut utiliser l'islam et le monde musulman pour le contrer et pour arrêter son expansion. Cet Autre est communiste, il est d'une couleur rouge et non verte. L'Occident lui attribue toutes les qualités d'un opposé, d'une altérité sur les plans économique, idéologique et géopolitique.

Donc durant toute la période soviétique l'Occident a opté pour le dualisme Est-ouest au détriment du dualisme Orient-Occident qui etait tombé en désuétude.

Mais, après l'effondrement de l'Union Soviétique et devant l'impossibilité de ré exploiter l'ancien dualisme Orient-Occident, la pensée européenne a fait poindre un autre dualisme basé cette fois ci sur la géographie. Ce dualisme oppose le Nord au Sud comme si l'Occident ne peut pas se reconnaître sans l'Autre qui est souvent menaçant et dangereux.

En fait, on constate que l'Occident serait toujours à la recherche d'un Autre et que cet Autre est constamment considéré comme porteur d'une civilisation inférieure à celle qu'il génère lui-même. C'est ainsi qu'à partir du XVIIIe siècle quand les ethnologues occidentaux ont choisi les sociétés primitives comme centre d'intérêts pour leur discipline, ils n'ont pas hésité à employer le terme «sauvage» pour désigner la population de ces sociétés. En fait, cette image de l'Autre a persisté durant le XIXe siècle et quand Napoléon Bonaparte a mené sa campagne en Égypte, il a fait savoir à ses soldats qu'ils sont chargés d'une mission civilisatrice qui consiste à instaurer dans ce pays et dans la région le modèle occidental. Bonaparte a pris à tâche de «civiliser» l'Égypte qui était, selon lui, apte à se transformer d'une société orientale non civilisée à une société occidentale civilisée.

Le colonialisme occidental a suivi un raisonnement identique à celui de Bonaparte envers l'Égypte en scindant le monde en un secteur moderne, civilisé (dont il est l'axe central), et un secteur traditionnel, non civilisé, tout en annexant au premier les ressources du second. Si l'Occident dans son entreprise de colonisation a voulu que l'Autre assume l'outillage, les méthodes, les mœurs, voire le visage du colonisateur, le néocolonialisme adopte une conception du monde qui consiste à réaliser l'uniformité de la planète en se chargeant de «civiliser» l'Autre. Cette conception, qui prône l'existence d'une culture «modèle» qu'on pouvait baptiser culture de la suprématie et de non-respect de l'Autre, omet de préciser que l'Occident a puisé dans la science, la philosophie, la sociologie et l'humanisme de l'Orient et de l'islam.

Ce manque de respect envers l'Autre et envers la culture orientale a atteint son point culminent après le 11 septembre 2001, quand le Premier ministre italien, Silvio Berlusconi a affirmé la supériorité de la civilisation occidentale sur la civilisation musulmane. Il est fort possible que le Premier ministre italien n'a jamais appris qu'au IXe siècle, la Cordoue d'Abdel Rahman III renfermait une dizaine de collèges universitaires où se pressaient des élèves venus de tous les horizons de l'Europe. Sans conteste, c'était la ville la plus moderne, la plus florissante et la plus savante de tout le continent. Les juifs, encouragés par le calife, achevaient de traduire les auteurs grecs (comme Platon, Aristote, Parménide et Xénophon) en stimulant l'esprit critique et en secouant la conscience occidentale. Durant près de cinq siècles, les califes musulmans et les émirs ont tenu école de tolérance et ont fait de Cordoue un lieu de cohabitation entre ces deux cultures, pour ne prendre que cet exemple.

Nous pouvons penser que l'Orient a produit les religions monothéistes tandis que l'Occident s'attachait à la science et à la technologie. Cependant toutes les cultures et les civilisations humaines sont faites des parts variables de ces éléments. Si on peut interpréter les monothéismes comme porteur d'une violence structurelle et d'une notion de Vérité unique excluant toute articulation concurrente, si on peut aussi interpréter les monothéismes comme des archaïsmes sacrificiels, il n'en reste pas moins vrai que l'Occident a été capable de développer des réalités identiques en matière d'intolérance et des violences.

Si l'Orient et l'Occident se sont souvent affrontés, il n'est pas certain que ces affrontements manifestent l'essentiel de leur destin qui au-delà de leurs intérêts opposés et des conflits paraît être un destin commun et complémentaire.

CHAPITRE III

FORMES LITTÉRAIRES ET AIRES CULTURELLES

DE BABYLONE AUX LATINS ET AUX ARABES: LES NOMS DE LA CONSTELLATION DE LA *BALANCE*

Roland LAFFITTE*

Nous sommes familiers des noms des constellations zodiacales dont nous savons que l'Antiquité gréco-romaine les doit en général aux Babyloniens. Mais ces derniers nous ont laissé en ce domaine un patrimoine d'une richesse qu'est loin d'épuiser la nomenclature traditionnelle. Cette étude sur la *Balance* permet d'en donner une idée.

ZIBĀNĪTU «LA BALANCE»

La première occurrence de la *Balance* apparaît sous la forme *Zibānītu* qui est, dans le texte connu comme *Astrolabe B* et remontant au règne de Tiglath-phalazar I (1115-1077 av. è.c.), le nom d'une des trois étoiles significatives du 7e mois, celui de *Tašrītu*:

^{mul}*zi-ba-ni-tum šu-ul*$_6$ ^{d}*a-nim*[1]

«l'étoile de la *Balance* sur le chemin d'Anu»

Elle figure aussi dans la célèbre série *Mul.Apin* dont la plus vieille tablette date de 686 av. è.c. mais qui contient des éléments bien plus anciens récoltés sur les quatre ou cinq siècles précédents, et ce aussi bien sous la forme syllabique ^{mul}*zi-ba-ni-tu*$_4$[2] que sous le logogramme ^{mul}ZI.BA.AN.NA, d'ailleurs accompagné de cette précision:

* Roland Laffitte a effectué plusieurs communications sur la nomenclature des constellations et des signes zodiacaux, dont une sur «Les noms sémitiques des signes du zodiaque, de Babylone à Baghdad», séance du 20 novembre 2000 du GLECS, cf. *Comptes Rendus du GLECS*, t. XXXIV, 2003, p. 97-118, et une sur «L'origine du nom de la *Vierge*», séance de la Société Asiatique du 9 novembre 2001, publication prévue.

[1] VAT 9416, section C, l. 7, *in KAV*, doc. 218, p. 123; Ernst Weidner, *Handbuch der babynonischen Astronomie,* Leipzig: J. C. Hinrich'sche Buchhandlung, 1915, p. 66; ainsi que Bartel L. van der Waerden, «Babylonian Astronomy. II. The thirty six stars», *JNES*, vol. 8, janv.-oct. 1949, tab. I, p. 11.

[2] Hermann Hunger & David Pingree, «MUL.APIN, An Astronomical Compendium in Cuneiform», *AfO*, Beiheft 24, 1989, p. 50. L'appellation *Zibānītu* figure aussi dans la tablette 51, textes IX, l. 10, et XVII, l. 15, de la série astrologique *Enūma Anu Enlil, in* Erica Reiner et David Pingree, *Babylonian Planetary Omens,* part 2, Bibliotheca mesopotamica, vol. II.2, Malibu : Undana Publications, 1981, document dont David Pingree rapproche les matériaux de ceux l'Astrolabe B et la série *Mul.Apin,* et qu'il date au plus tard de 1000 av. è.c., *Id.*, *ibid.*, p. 1.

^{mul}ZI.BA.AN.NA SI ^{mul}GÍR.TAB[3]
«la *Balance* est les *Pinces* [litt. la *Corne*] du *Scorpion*»

Ces *Pinces* du *Scorpion* auront un brillante destinée puisque c'est sous ce nom que la constellation apparaîtra en Grèce avec *Χηλαί* «les Pinces», appellation attestée chez Aratos lorsque la superconstellation initiale du *Scorpion*, manifestement héritée de la description de la figure correspondant à celle du texte de *Mul.Apin*, donnera naissance à deux signes zodiacaux, celui de la *Balance* occupant la partie antérieure de la grande figure mésopotamienne et le *Scorpion* lui même[4].

Revenons au terme *zibānītu*. Il fut utilisé pour l'instrument de pesée avant même d'être celui du corps céleste, comme cela est attesté en babylonien moyen: plusieurs passages de séries lexicales babyloniennes indiquent en effet que l'instrument appelé *zibānītu* diffère de l'objet commun nommé ^{giš}ERÍN = *gišrinnu*[5] par la présence d'un dispositif spécial du nom de *zibana*, qui correspond au logogramme ZI.BA.NA dont dérive manifestement ZI.BA.AN.NA[6]. Selon Ronald Wallenfels, ce mécanisme particulier pourrait correspondre à un élément en forme de *V* décelable sur la figure zodiacale de la *Balance* montrée par une empreinte de sceau d'Uruk de l'époque hellénistique[7].

C'est ce nom que l'on retrouve en langue arabe pour la XVIe mansion lunaire sous la forme *al-Zubānā*. À la fin du XIXe siècle, Peter Jensen avait fait le rapprochement entre l'akkadien *Zibānītu* et l'arabe de *al-Zubānā*, suivi en cela par Fritz Hommel. Cette filiation est confortée par le fait que l'arabe semble emprunté à l'araméen et que le mandéen possède lui-même le terme *zabānītā* pour désigner l'objet qu'est la balance[8]. C'est à partir de cette appellation qu'ont été forgés les noms popularisés

[3] *Id.*, *ibid*, p. 33.

[4] Aratos, *Phénomènes*, *ca.* 545 av. è.c., texte établi, traduit, commenté par Jean Martin, Paris: Les Belles Lettres, 1998, p. 33-34. Voir aussi Hans G. Gundel, *Paulys Realencyclopädie der classischen Altertumswissenschaft*, refondue par Georg Wissowa, 2e série, t. XIX.2, München: Alfred Druckenmüller, 1972, *s.v.* «Zodiakos», p. 474. C'est *ca.* 520 que Cléostrate de Ténédos est réputé avoir introduit le nom du *Scorpion*. Cf. Anton Scherer, *Gestirnnamen bei den Indogermanischen Völkern*, Heidelberg: Carl Winter, 1953, p. 169-170, et André Le Boeuffle, *Les noms latins d'astres et de constellations*, Paris: Les Belles Lettres, 1996, p. 168-173.

[5] *CAD* G, *s.v.* «gišrinnu», p. 107.

[6] *CAD* Z, *s.v.* «zibānītu», p. 99-100.

[7] Ronald Wallenfels, *Uruk Hellenistic Seal Impressions in the Yale Babylonian Collection. I. Cuneiform Tablets*, Deutsches archäologisches Institut, Abteilung Baghdad, Mainz am Rhein: Philipp von Zabern, t. XIX, 1994, empreinte n° 149, p. 34.

[8] Roland Laffitte, «Du babylonien *Zibānītu* à l'arabe *al-Zubānā* par le mandéen *zabānītā*», *Semitica* 50, p. 193-197.

par Johann Bayer pour les étoiles *α* et *β Librae*, soit *Zuben Elgenubi* et *Zuben Elschemali*, ainsi que pour les étoiles *α* et *ι Cancri*, toutes deux nommées *Acubens*[9].

Le nom *Zibānītu* se retrouve dans les rapports astrologiques aux rois assyriens[10] et plus tard encore dans des textes astrologiques préservant une langue archaïque[11], mais cèdera généralement la place à l'appellation commune de l'objet, soit ^{giš}ERÍN = *gišrinnu* pour la constellation de la *Balance* qui deviendra ainsi $^{mul(giš)}$ERÍN dans les éphémérides à partir du VIIe siècle av. è.c[12] et dans les textes astrologiques[13], forme souvent abrégée en RÍN quand il s'agira du signe zodiacal de la *Balance*, aussi bien dans les éphémérides[14] que dans les horoscopes[15].

L'héritage de ces appellations est d'une extrême fécondité. C'est en effet sous le nom correspondant à l'instrument de la balance qu'apparaît généralement la constellation placée sur l'écliptique entre celle de la *Vierge* et celle du *Scorpion*. Ceci, notons le tout de suite avant d'y revenir plus loin, n'est toutefois pas le cas de la langue grecque qui, après l'avoir nommée *Χηλαί*, «les Pinces», utilisera tardivement l'appellation *Ζυγός*, littéralement «le Fléau».

9 Le glissement de ce nom de la constellation de la *Balance* à celle du *Cancer* apparaît dans la traduction du *Tetrabiblos* de Ptolémée par Ḥunayn ibn Isḥāq et s'explique par le fait que, dans une tentative de rendre cohérent ce nom déjà existant avec les *Χηλαί* grecques, *i.e.* les «Pinces [du Scorpion]», les philologues syriaques et arabes voulurent faire dériver *al-Zubānā* de la racine *ZNB* qui exprime le sens de «pousser». C'est ainsi qu'*al-Zubānā* fut appliqué à la région des *Pinces du Cancer*. Le nom arrive en Europe médiévale aussi bien pour les étoiles du *Cancer* que celles de la *Balance* avec la traduction du *Tetrabiblos* effectuée par Platon de Tivoli à partir de la version arabe de Ḥunayn ibn Isḥāq sous les formes *azubene* et *açubene*. Voir sur cette question Roland Laffitte, *Héritages arabes. Des noms arabes pour les étoiles*, Paris: Librairie orientaliste Paul Geuthner/Les Cahiers de l'Orient, 2001, p. 105 et 118-119.

10 Hermann Hunger, *Astrological Reports to Assyrian Kings*, Helsinki: University Press, 1992, doc. 39, 544 et 547.

11 À titre d'exemple: ^{mul}*zi-ba-ni-tú* dans le texte d'Uruk d'époque séleucide W 22730/1, recto, l. 13, *in* Egbert von Weiher, *Spätbabylonische Texte aus Uruk*, Teil II, *ADFU*, X. Band, 1983, doc. 42, p. 177.

12 Ainsi BM 32312, 651 av. è.c., in Abraham Sachs & Hermann Hunger, *Astronomical Diaries and Related Texts from Babylonia*, vol. I: *Diaries from 651 B.C. to 262 B.C.*, Wien: Verlag der Österreichischen Akademie der Wissenschaften, 1988, p. 42-43.

13 On lit par ex. $^{múl.giš}$RÍN dans le texte d'Uruk d'époque séleucide W. 22246a, recto, l. 41-42, in Egbert von Weiher, *op. cit.*, Teil I, IX. Band, 1976, doc. 94, p. 96, et $^{múl.giš}$ÉRÍN dans W 22554/2, recto, l. 16-17, *Id., ibid.*, Teil III, XI. Band, 1988, doc. 102, p. 195.

14 Ainsi BM 34642, 375 av. è.c., in Abraham Sachs & Hermann Hunger, *op. cit.*, p. 98-99.

15 C'est le cas de BM 33667, 258 av. è.c., in Abraham Sachs, «Babylonian Horoscopes», *JCS*, vol. VI, 1952, p. 58.

* L'araméen de Ḫirbat Qumrān nous livre, au 1er siècle av. è.c., *Mōznayyā*[16], un pluriel dérivant de la racine *WZN*, laquelle exprime le sens de «peser»[17], et signifiant donc littéralement «les [deux] instruments de pesée»[18].
* Le nom hébraïque, qu'il faut attendre le IVe siècle pour rencontrer sur les mosaïques des synagogues, notamment celle de Ḥammath Tiberias/al-Ḥamma[19], découle de la même tradition que celle de Ḫirbat Qumrān puisque qu'il s'agit de *Mōznayim*[20], qui est cette fois un duel dont le sens littéral est «l'instrument double de pesée».
* Un des noms du signe zodiacal que nous retrouvons continûment jusqu'à aujourd'hui dans les listes syriaques depuis Sévère Sebokht, soit le milieu du VIIe siècle de notre ère[21], est *Massātā* qui est bien l'appellation courante de l'instrument, sans aucun lien morpholo-

[16] Jonas C. Greenfield et Michael Sokoloff, «An Astrological Text from Qumran (4Q318) and Reflections on Some Zodiacal Names», *Revue de Qumran*, Paris: Garalda, t. XVI, n° 64, déc. 1995, p. 508-509.

[17] Bien que David Cohen signale seulement la lecture *mōzanyā* pour le terme commun araméen, *DRS Z, s.v.* «ZN», p. 754, lequel figure effectivement dans le *Livre de Daniel*, 5, 27, cette forme n'est qu'une variante de *mōznayyā*, cf. Franz Rosenthal, *A Grammar of Biblical Aramaic*, Wiesbaden: Otto Harrassowitz, 1963, p. 12. La lecture *Mōznayyā* est bien celle que retient pour le signe zodiacal Jonas C. Greenfield, in «The Names of the Zodiacal Signs in Aramaic and Hebrew», *Au Carrefour des religions. Mélanges offerts à Philippe Gignoux*, in *Res Orientales*, vol. VII, p. 100. Ceci est confirmé par l'araméen targumique: cf. Marcus Jastrow, *A Dictionary of the Targumim, the Talmud Babylonicum and Yerushalmi, and the Midrashic Literature*, 2 vol., New York: Pardes Publishing House, 1886-1903, *s.v.* «mōznāwān», p. 740.

[18] Vu la configuration de l'instrument usuel constitué de deux plateaux séparés par un fléau, on s'attendrait ici à un duel comme c'est d'ailleurs le cas avec l'hébreu *Mōznayim* (voir *infra*). Mais en araméen, le duel ne se distingue pas du masculin pluriel à l'état emphatique, forme dans laquelle s'exprime généralement le nom zodiacal. Les seules occurrences du nom que nous possédions, rapportées par Michael Sokoloff, sont à l'état absolu dans l'araméen christo-palestinien <*mwznyn*> et à l'état construit dans le samaritain targumique <*mwzny*>, mais elles ne sont hélas pas vocalisées et ne nous renseignent donc pas sur le fait s'il s'agit d'un pluriel ou d'un duel, cf. *A Dictionary of Jewish Palestinian Aramaic of the Byzantine Period*, Ramat-Gan, Israel: Bar Ilan University Press, 1990, *s.v.* «mwznyn», p. 294. En tout état de cause, dans le contexte de la description d'une balance, la forme du pluriel ne peut signifier que «deux» et cache donc la valeur d'un duel.

[19] Voir Moshe Dothan, *Hammath Tiberias, Early Synagogues and the Hellenistic and Roman Remains*, Jerusalem: Israel Exploration Society, 1983, not. p. 45-49 et pl. 16, 26 et 32.

[20] Le nom est confirmé à la même époque par le *Panarion* d'Épiphane, 310-403 av. è.c., qui nous livre une très utile transcription grecque des signes zodiacaux hébraïques, cf. *Anchoratus und Panarion Haer. 1-33*, vol. I, Leipzig: J. C. Hinrichs'sche Buchhandlung, 1915, §16, p. 211-212, et, pour la traduction, Frank Williams, *The Panarion of Epiphanus of Salamis, Book I (sects 1-46)*, Leiden: E. J. Brill, 1987, p. 40.

[21] François Nau, «Un traité sur les constellations de Sévère Sebokht», *Revue de L'Orient chrétien*, t. XXVII, n° 3, 1929-30, p. 352-354.

gique avec le terme précédent et qui signifie ici littéralement «instrument d'examen»[22].

* Le nom arabe *al-Mīzān*[23], qui correspond au nom d'instrument, fait donc écho à l'araméen *Mōznayyā* et dérive de la même racine *WZN*, mais il s'agit ici d'un singulier dont le sens propre est donc «l'instrument de pesée».

* Les langues persanes donnent également le nom de l'instrument comme la notion de «poids»: nous connaissons par le *Bundahišn* l'appellation moyen perse *Tarāzug*[24] qui est vraisemblablement traduite de l'araméen[25] et donnera le persan *Tarāzū* à côté du terme *Mīzān* emprunté à l'arabe[26].

* Le sanscrit donne de son côté *Tulā*[27] qui est une traduction du nom de l'instrument commun babylonien par le truchement probable de l'araméen[28] et signifie aussi bien «balance» que «poids»[29].

[22] Le mot syriaque *massātā* que l'on trouve encore sous les formes *massatā*, *māssatā* et *māssātā*, dérive de la racine *NSA* qui exprime les idées de «mise à l'épreuve, examen, vérification, etc.», Robert Payne Smith, *Thesaurus Syriacus*, Oxford: Clarendon Press, 1879-1900, *s.v.* «massātā», col. 2391.

[23] Le premier zodiaque arabe connu provient, comme le rapporte l'historien Al-Ya^{c}qūbī dans son *Kitāb al-buldān*, de l'horoscope de fondation de la ville de Baġdād, établi le 30 juin 762 par un groupe d'astrologues célèbres dont Nawbaẖt et Māšā'Allāh, cf. David Pingree, *The Fragments of the Works of Al-Fazārī, JNES*, vol. XXIX, n° 1, 1970, p. 104. Nous connaissons la nomenclature de ce zodiaque par les soins de l'encyclopédiste Al-Bīrūnī dans son *Kitāb aṯār al-bāqiyya, ca.* 1000 è.c., in Eduard Sachau, *Chronologie orientaler Völker von Albêrûnî*, Leipzig: F. A. Brockhaus, 1878, p. 170-171, et pour la trad.: Eduard Sachau, *Chronology of Ancient Nations*, London: W. H. Allen, 1879, p. 262-63; mais si liste est mentionnée de façon tardive, sa nomenclature est tout à fait confirmée par celle des listes de la fin du VIIIe s., notamment celle de Mālik ibn Anas, *ca.* 780, rapportée par ^{c}Abd al-Malik ibn Ḥabīb, *ca.* 820, cf. Paul Kunitzsch, «^{c}Abd al-Malik ibn Ḥabīb's Book on the Stars», *ZGAW*, IX. Band, 1994, p. 161-194.

[24] Enrico G. Raffaelli, *L'Oroscopo del mondo. Il tema di nascita del mondo e del primo uomo secondo l'astrologia zoroastriana*, Milano: Mimesis & Sīmorγ, 2001, texte: *<tl'cuk>*, not. p. 197, 204, 212, trad. p. 86, 126 et 129; David Neil Mackenzie, *A Concise Pahlavi Dictionary*, New York-London: Rutlege, 1970, *s.v.* «tarāzug», p. 82.

[25] Les noms des zodiaques moyen perse et sanscrit correspondent à ceux des listes araméennes. C'est du moins ce que je pense avoir démontré dans «Les noms sémitiques des signes du zodiaque, de Babylone à Baghdad», *op. cit.*, p. 106-108.

[26] Le persan *tarāzū* signifie «balance, poids», cf. Francis Steingrass, *A Comprehensive Persian Dictionary*, 1892, réed. Beyrouth: Librairie du Liban, 1975, *s.v.* «tarāzū», p. 290, *s.v.* «mīzān», p. 1361.

[27] Le premier zodiaque sanscrit connu est livré par le *Yavanajātaka* «L'Horoscopie des Grecs», IIIe s. è.c., mise en vers d'un traité traduit d'un original alexandrin en 149/150 è.c., *in* David Pingree, *The Yavanajātaka of Sphujidhvaja*, in *Harvard Oriental Series*, t. 48, 2 vol., Cambridge (Mass.): Harvard University Press, 1978, not. vol. I, p. 45-49 pour le texte original et vol. 2, p. 1-2 pour la traduction.

[28] Voir note 25.

[29] Manfred Mayrhofer, *Kurzgefaßtes etymologisches Wörterbuch des Altindischen. A*

LES DIVINITÉS *KITTU* ET *MĪŠARU*

Si nous nous intéressons maintenant à la signification de la figure de la *Balance*, nous devons invoquer la représentation du ciel que se faisaient les Mésopotamiens. Dans leur cosmologie, les corps célestes appartenaient, comme le rappelle Jean Bottéro, au «Ciel inférieur» et n'étaient pas confondues avec les dieux qui évoluaient, eux, dans les «Cieux intermédiaire et supérieur»[30]. Chaque dieu se voyait associé à un corps céleste qu'il avait «pour symbole et image»[31]. Le ciel étoilé était conçu comme une «écriture céleste»[32]: les dieux étaient en effet supposés «écrire» sur la page du ciel des messages que des devins professionnels, appelés en akkadien *bārû*-s, et spécialistes de ce que Jean Bottéro appelle «divination déductive»[33], avaient pour tâche de scruter et d'interpréter[34], un peu comme on déchiffrait les logogrammes sur des tablettes d'argile.

Une question qui se pose dans ces conditions est de savoir à quelle divinité est associée l'étoile *Zibānītu*, avant même que la constellation du même nom ne prenne corps. Pour y répondre, nous devons considérer les emblèmes des dieux[35]. Il peut s'agir d'un animal: le *Scorpion* est par exemple celui de la déesse Išḫara, le *Taureau* celui du dieu Adad, le *Chien* celui de la déesse Gula[36]. Il peut aussi s'agir d'un objet: la *Charrue* est ainsi liée à Ninurta, la *Lampe* l'est à Nusku ou le *Crochet* à Marduk. Or les corps célestes peuvent être nommés entre autres par le nom de la divinité auquel ils sont associés, comme c'est le cas des étoiles ϕ ou η *Piscium* désignées par la déesse *Anunītu(m)*, par une épithète de ce dieu comme dans le cas de l'étoile α *Lionis* appelée LUGAL = *Šarru*, «le Roi» c'est-à-dire Marduk, ou encore par un symbole de ce dieu, comme on le voit avec l'étoile α *Virginis* dont le nom est *Šubultu(m)*

Concise Etymological Sanskrit Dictionary, 4 vol., Heidelberg: Carl Winter Universitätsverlag, 1956-1978, *s.v.* «tulā», t. I, p. 516.

[30] Dans l'*Épopée de la création*, Marduk, le dieu suprême, siège dans le Ciel supérieur et les autres dieux dans le Ciel intermédiaire, tandis que les astres appartiennent au Ciel inférieur, cf. Jean Bottéro, *La plus vieille religion. En Mésopotamie*, Paris: Gallimard, 1998, p. 166.

[31] *Id.*, *ibid.*, p. 147-148.

[32] *Id.*, *ibid.*, p. 341-342.

[33] *Id.*, *ibid.*, p. 346.

[34] *Id.*, *ibid.*, p. 343.

[35] Luc Bachelot, *in* Francis Joannès (sous la direction de), *Dictionnaire de la civilisation mésopotamienne*, Paris: Robert Laffont, 2001, *s.v.* «Symboles divins», p. 810-812.

[36] Jeremy Black & Anthony Green, *Gods, Demons and Symbols of Ancient Mesopotamia, an Illustrated Dictionary*, London: Bristish Museum Press, 1992, *s.v.* «beasts of the gods», p. 39-40.

«l'Épi» qui est l'emblème de la déesse *Šala*[37]. Ainsi lorsque le nom d'une étoile, comme dans le cas de *Zibānītu*, correspond à un objet, il est légitime de se demander à quel dieu cet objet est associé, de quelle divinité il est l'emblème.

Une réponse nous est donnée par un planisphère de la bibliothèque d'Assurbanipal, sur laquelle Johannes Koch lit [^{mul}GI.G]I dans le secteur consacré à la constellation de la *Balance*[38]. Bien que cette partie de la tablette soit très endommagée, on peut opérer cette identification en se référant à plusieurs textes[39] qui nous permettent d'établir ce qui suit:

^{mul}GI.GI = ^{mul}*Zibānītu* = ^{mul}*Kittu* et *Mīšaru*

Il est vrai que les noms livrés par ces textes s'appliquent directement à la planète *Saturne* mais il s'agit probablement d'un emprunt de l'appellation de la constellation de la *Balance*, ceci pour une raison bien simple: les planètes peuvent prendre le nom des constellations de l'écliptique où elles séjournent, et en particulier celles de leur *hypsoma*, c'est-à-dire le lieu de leur exaltation[40].

Or *Kittu* et *Mīšaru* sont deux divinités parfaitement connues par des documents de la période néo-assyrienne: une liste de dieux de cette époque nous les décrit par exemple l'un placé du côté droit, l'autre du côté gauche de UTU = *Šamaš*, le *Soleil*, dieu de la Justice, comme ses deux ministres (SUKKAL)[41], *kittu* «la vérité» et *mīšaru* «la justice» étant deux attributs du dieu précité[42]. Mais ce couple apparaît bien plus tôt dans les textes mésopotamiens: ainsi sur un *kudurru* de Marduk-apla-iddina (1171-1159 av. è.c.)[43]. Bien mieux, les premières attestations de ces divinités datent de la période babylonienne ancienne, soit autour de 1700 av. è.c.[44]. Si l'on tient compte du fait que *kittu u mīšaru* «vérité et justice» est une expression figée que l'on rencontre dès le «code» de

[37] Voir Erica Reiner et David Pingree, *op. cit.*, p. 2-10.

[38] Johannes Koch, *Neue Untersuchungen zur Topographie des babylonischen Fixsternhimmels*, Wiesbaden: Otto Harrassowitz, 1989, p. 56-59.

[39] Not. K 12619, recto, *CT* XLI, pl. 50, l. 4-5 ; et K 260, II R, pl. 49, doc. 3, l. 41-43.

[40] Felix Gössmann, *Planetarium babylonicum oder die Šumerisch-Babylonischen Stern-Namen, in* Anton Deimel, *Šumerisches Lexicon*, t. IV/2, Rome: Verlag des Päpstlisches Bibelinstituts, 1950, n° 176, p. 72.

[41] *TBC* III, l. 139-140, p. 132.

[42] *CAD* K, *s.v.* «kittu A», p. 470, et *CAD* M, *s.v.* «mīšaru A», p. 117.

[43] Les deux noms sont placés côte à côte sur la même ligne dans le texte *MDP* VI, l. 22, p. 37. Les deux dieux sont invoqués ensemble dans une version de l'*Épopée de la création*, mais le document qui la présente, K 4623, n'est hélas qu'une copie d'époque néo-assyrienne *OECT* VI, verso, l. 12-13, p. 30.

[44] AO 5376, *TCL* XV, pl. 27.

Ḫammurabi[45], on peut supposer que ces deux divinités étaient déjà couplées à cette époque-là[46].

Cette incursion dans la mythologie mésopotamienne nous permet d'avancer que l'étoile *α Librae* dont l'identification est rendue possible par les données des textes les plus anciens[47] est, au moins à l'époque babylonienne ancienne, début du IIe millénaire avant notre ère, l'étoile du couple *Kittu* et *Mīšaru*, les deux ministres du dieu UTU = *Šamaš*. Or nous savons déjà que cette étoile était indiquée par l'emblème de ces divinités, à savoir ZI.BA.AN.NA = *Zibānītu* «la Balance», avant même que ce nom ne s'étendît, à l'époque néo-assyrienne, à la constellation de la *Balance*, et ne fût ensuite attribué, à la fin de l'époque achéménide, vers le milieu du Ve siècle, au nom du signe zodiacal sous le synonyme de RÍN = *Gišrinnu*. Nous sommes bien contraints de remarquer que si la balance est le symbole des hypostases de la Vérité et de la Justice, l'image de cet instrument de pesée bien connu, avec ses deux plateaux maintenus en équilibre sur le même plan, est une métaphore bien plus antique que nous ne le pensons généralement: en Mésopotamie, elle assume au moins quatre mille ans d'âge...

Cette recherche nous a également permis d'exhumer un nom de la constellation de la *Balance*, mulGI.GI = *Kittu* et *Mīšaru* qui mérite toute notre attention: il nous éclaire en effet, comme nous allons le voir dans la suite de ce développement, sur un certain nombre d'appellations de la constellation et du signe zodiacal jusqu'ici bien mystérieuses.

Il faut savoir qu'en akkadien, l'association de la notion exprimée par l'épithète *kīnu* tout comme le substantif *kittu* avec la balance comme objet et comme constellation est tout à fait habituelle, comme le prouve un texte babylonien dans lequel nous pouvons lire:

TE *zi-ba-ni-*[*tum*] *šá ki-na-a-tum* // *mu-ša-qil-tum*[48]

«la constellation de la *Balance*, la juste = celle qui pèse»

45 On peut lire en effet, sur la célèbre stèle trouvée à Suse: «J'ai établi la vérité et la justice [*ki-it-am* / *u mi-ša-ra-am*] dans le pays», cf. Robert Francis Harper, *The Code of Ḫammurabi, King of Babylon*, Chicago: The University of Chicago Press, and Callaghan & Co., London: Luzac & Co., 1904, p. 8-9.

46 Selon J. Klein, NÍG.GI.NA = *Kittu* n'étant pas connue avant la période babylonienne ancienne, ne saurait être une déesse originelle sumérienne, mais une addition postérieure au cercle UTU = *Šamaš* par les théologiens de l'époque babylonienne ancienne, RLA IX, s.v. «Niggina/Kittum», p. 311. Pour son pendant, NÍG.SI.SÁ = *Mīšaru*, voir A. Cavigneaux et M. Krebernik, RLA IX, *s.v.* «Nigzida und Nigsisa», p. 313.

47 Pour l'*Astrolabe B*, *ca.* 1100 av. è.c, voir Hermann Hunger & David Pingree, *op. cit.*, p. 4; pour la série *Mul.Apin*, dont les données astronomiques datent entre 1250 et 700 av. è.c, *Id.*, *ibid.*, p. 8; pour le planisphère de la bibliothèque d'Assurbanipal, VIIe s. av. è.c., Johannes Koch, *op. cit.*, p. 59.

48 *CAD* Z, *s.v.* «zibānītu», p. 99.

Or le logogramme GI, précisément celui que nous avons vu dans ^{mul}GI.GI = *Kittu u Mīšaru*, peut être employé pour *qanu* «le roseau, la canne»[49]. Il peut également être utilisé comme abréviation de (NÍG.)GI.NA qui se lit aussi bien *kittu* «vérité»[50] que *kīnu* «juste, fiable» et même «correct» lorsqu'il s'agit de poids et mesures[51]. Sachant la facilité avec laquelle les scribes mésopotamiens pratiquaient les jeux de mots et de signes, une lecture possible de GI.GI est *Qanu kīnu*, expression signifiant «le Fléau juste», pourvu que nous acceptions provisoirement l'hypothèse de l'emploi de *qanu* comme *pars pro toto* de la balance avec l'acception donc de «fléau», bien qu'un tel usage ne soit pas attesté en akkadien[52]. Il se trouve de plus que *kīnu* est couplé de façon courante à *šalmu* dans l'expression redondante *šalmu u kīnu* pour indiquer la fiabilité de la garantie de certaines personnes, ou le caractère «fiable, sûr» de certaines mesures[53]. La pratique de la synonymie a donc pu conduire à une expression comme *Qanu šalmu* «le Fléau juste»[54].

Toutes les transcriptions proposées étant théoriquement acceptables pour le signe GI.GI, examinons maintenant la validité de l'hypothèse de l'emploi de *qanu* pour «le fléau [de la balance]». En fait un élément extérieur à langue akkadienne vient à notre aide pour argumenter en faveur de cette acception: il s'agit de l'existence du même nom dans les zodiaques araméens de tradition orientale, relevé depuis longtemps chez les disciples de Bardesane, à savoir *Qenšalmā*[55]. En s'appuyant sur le nom mandéen du signe zodiacal, *Qaynā*, littéralement «le roseau»[56],

49 GI = *qa-nu-ú*, *CAD* Q, *s.v.* «qanu», p. 85.

50 GI = *kit-tum*, *CAD* K, *s.v.* «kittu A», p. 469.

51 GI = *ki-i-nu*, *CAD* K, *s.v.* «kīnu», p. 389.

52 Le terme *qanu* est, au sens premier, «le roseau», mais s'applique également à des objets fabriqués en roseau, tels «la flèche», «la canne» ou «le pipeau», etc., *CAD* Q, *s.v.* «qanu», p. 85-91.

53 *CAD* K, *s.v.* «kīnu», p. 390 et 392, et *CAD* Š.1, *s.v.* « šalmu», p. 258.

54 On note d'ailleurs GI = *šalāmu* «être sain et sauf, intact» dans René Labat & Florence Malbran-Labat, *Manuel d'épigraphie akkadienne*, Paris: Librairie orientaliste Paul Geuthner, 1995, n° 85, p. 77. Ceci est confirmé par *CAD* Š.1, *s.v.* « šalāmu», p. 209, et il est également indiqué, mais sans référence, que le substantif *šalāmu* «justesse, fiabilité» peut être signifié par les logogrammes SILIM et GI, *CAD* Š.1, *s.v.* « šalāmu A», p. 206.

55 J. P. N. Land, *Anecdota syriaca*, t. I, Rotterdam, 1862, réimpr. Osnabrück: Biblio Verlag, 1989, p. 32. Voir aussi à ce sujet R. Payne Smith, *op. cit.*, *s.v.* «qenšalmā», col. 3673.

56 Ethel Stephana Drower & Rodolph Macuch, *A Mandaic Dictionary*, Londres: Clarendon Press, 1963, *s.v.* «qaina», p. 400. Chez cet auteur, ce terme fut donné comme nom zodiacal de la *Balance* à partir des grands textes mandéens, qu'il s'agisse du *Sidrā rabbā* «le Grand Livre», encore appelé *Ginzā* «le Trésor» ou le fameux *Asfar malwašyā* «le Livre du zodiaque». On dispose cependant aujourd'hui d'une liste zodiacale plus ancienne sur une amulette de plomb publiée il y a quelques années par Jonas C. Green-

qu'il comprit comme la métathèse du syriaque *Qanyā*, de même signification[57], Theodor Nöldeke proposa d'expliquer *Qenšalmā* comme la forme agglutinée d'une expression qu'il supposait être *Qanyā šalmā*, et vit dans l'utilisation de ce type de figure, rare en syriaque, la preuve que l'expression originelle restait hermétique à ses locuteurs et qu'il fallait, pour la comprendre, remonter à un dialecte araméen antérieur[58]. En fait une telle expression existe bel et bien en syriaque[59]. Et elle correspond parfaitement à l'akkadien *Qanu šalmu*, qui est une lecture possible de GI.GI.

Le terme *qanu* avait-il déjà donné son nom au signe zodiacal de la *Balance* avant de se retrouver dans l'araméen *Qanyā*[60]? Nous n'en avons aucune preuve. Mais il est significatif qu'au moment où les astronomes de l'époque hellénistique commencèrent à utiliser, pour la 7e constellation de l'écliptique, la figure de la *Balance* à côté de celle des *Χηλαί* «les Pinces», ils avaient le choix entre deux termes disponibles dans la langue grecque pour rendre l'instrument déjà donné par l'iconographie: *τρυτάνη* «la balance» en tant qu'objet, ou *ζυγός* «le joug», puis le «fléau [de la balance]» et, par synecdoque, «la balance». C'est ce deuxième terme qui s'est imposé[61] et il n'est pas interdit de penser

field et Joseph Naveh qui la datent entre les IVe et VIe s. è.c., «A Mandaic Lead Amulet with Four Incantations», *Eretz-Israel* 18, 1985, p. 97-107 et pl. 20-21.

[57] Le mot est absent du *Thesaurus syriacus*, 1879-1900, mais figurera quelques années plus tard dans Robert Payne Smith, *A Compendius Syriac Dictionary*, Oxford: Clarendon Press, 1903, avec les acceptions suivantes: «*a*) a cane, reed», puis «*f*) beam of a balance, balance; *Libra*, sign of the zodiac», *s.v.* «qanyā», p. 510.

[58] Theodor Nöldeke, «Einiges über aramäische Namen der Thierkreisbilder», *ZDMG*, t. XXV, 1871, p. 256-258.

[59] Jesus Bar Ali, *The syriac-arabic glosses*, ed. by Richard J. H. Gottheil, *Memorie della R. Accademia Nazionale dei Lincei — Classe di scienze morali storiche e filologiche*, Roma: tip. della Accad. Naz. dei Lincei, pars II, 1928, *s.v.* «qanyā», p. 354. C'est aussi la lecture que je propose pour le nom de la *Balance* apparaissant sur une amulette portant les signes du zodiaque en syriaque et ayant appartenu à une femme du nom perse de *Xvar-veh-zād*, cf. ms. Paris, BnF, syr. 400, l. 39, là où Philippe Gignoux, à qui nous devons l'édition de ce document qu'il date du VIe/VIIe s., propose la lecture *šalya šalmā «repos et paix»*, *Incantations magiques syriaques*, collection de la *Revue des Études Juives*, Louvain & Paris, 1987, p 51.

[60] Le syriaque *qanyā* et le mandéen *qaynā* dérivent bien du même terme araméen plus ancien *qanyā* puisqu'on trouve en araméen d'empire le terme <*qny'*>, cf. Erich Ebeling, *Das aramäisch-mittlepersische Glossar. Frahang-i-Pahlavik im Lichte der assyrischen Forschung*, *MAOG*, XIV. Band, Heft 1, *s.v.* «4f. qny'», p. 13. On ne sera donc pas étonné de rencontrer <*qny'/qnyh*> en judéo-araméen dans le sens de «canne, roseau» et même de «bâton», Michael Sokoloff, *op. cit.*, *s.v.* «qənē», p. 496-497.

[61] *Ζυγός* apparaît dans un passage de Ptolémée qui semble reprendre un document daté de 237 av. è.c., cf. Claudius Ptolemaeus, *Syntaxis mathematica*, Opera, vol. I, ed. Johan Ludwig Heiberg, Lipsiae: in aed. B. G. Teubneri, 1903, p. 297. Mais on trouve ce nom plus fréquemment que *Χηλαί* chez Géminos, *Introduction aux phénomènes*, texte

que ce *Ζυγός* «le Fléau» peut être le calque du babylonien *Qanu* ou de l'araméen *Qanyā*.

Il est intéressant de noter à ce propos que le nom latin de la constellation et du signe zodiacal est bien, de façon prévalente, *Libra*, soit l'appellation de l'objet commun, tandis que nous trouvons très rarement *Cholae*, transcription du grec *Χηλαί* «les Pinces», ou *Jugum* «le Joug» correspondant au grec *Ζυγός*[62]. On rencontre même parfois *Librae*[63] qui est une forme plurielle: il est naturellement possible d'expliquer cette bizarrerie par le fait que la *libra*, correspondant à l'objet que nous appelons «balance romaine» est un instrument à un seul plateau et qu'on aurait voulu exprimer ainsi le fait que l'iconographie de la constellation s'applique plutôt à la *trutina*, balance à deux plateaux dont le nom vient du grec *τρυτάνη*, peut être avec la chose elle-même. Mais on ne peut cependant s'empêcher de penser ici au *Mōznayyā* araméen qui est aussi un pluriel. Un tel rapprochement, effectué en matière astronomique et astrologique, semble moins étrange qu'il n'y paraît au prime abord si l'on tient compte du fait que les noms latins traduisent des appellations propres aux zodiaques araméens comme par exemple, pour suivre l'ordre des signes: *Sagitta* pour le *Sagittaire* qui fait écho à l'araméen *Heṭyā* «la Flèche»[64], *Caper* pour le *Capricorne* qui reprend l'araméen *Gadyā* «la Chèvre»[65], *Urna* pour le *Verseau* que l'on trouve déjà dans l'araméen *Dawlā* «le Seau»[66], autant d'appellations inconnues des textes grecs à notre disposition, ce qui nous conduit à faire l'hypothèse que les auteurs latins ont fait une large utilisation de ce qu'à côté de la *Spheara graecanica*, le philosophe Publius Nigidius Figulus, ami le Cicéron, nommait la *Spheara barbarica*, et dont les riches matériaux

établi et traduit par Germaine Aujac, Paris: Les Belles Lettres, 1975, p. 100-101 et *passim*. Voir aussi Hans G. Gundel, *op. cit., s.v.* «Zodiakos», p. 474; ainsi qu'André Le Boeuffle, *op. cit*., p. 171.

62 André Le Boeuffle, *op. cit*., p. 171.

63 *Id., ibid*., p. 171.

64 *Id., ibid*., p. 175. Il est loisible d'avancer que les Latins ont pu utiliser de façon autonome *Sagitta* comme métonymie du *Sagittaire*. Je note cependant que la figure de la *Flèche* existe indépendamment d'eux. C'est en effet le symbole ♐ qui exprime le signe zodiacal. Il est né en Égypte mais le zodiaque de ce pays vient de l'Est, à part un nom, précisément celui de la *Balance* (voir *infra*). Or il se trouve que le signe est nommé en mandéen *Hityā*, ce qui est connu, mais aussi en sudarabique *Ḥaẓyān* «la Flèche», c'est du moins ce que je propose dans «Quelques noms de signes du zodiaque suadarabique», *Matériaux arabes et sudarabiques*, nouvelle série, 10, p. 169-171, ainsi que dans «Sur le zodiaque sudarabique», *Arabia*, IREMAM, Aix-en-Provence & ISIAO, Rome, n° 1, 2004, p. 77-78.

65 André Le Boeuffle, *op. cit*., p. 177.

66 *Id., ibid*., p. 180.

furent constamment renouvelés par des apports réguliers de sources syriennes et mésopotamiennes[67].

Si vous quittons Rome pour l'Égypte, bien qu'héritier de l'iconographie babylonienne[68], le zodiaque nous livre, pour le signe de la *Balance*, une appellation originale, <*iḫy*>, «l'Horizon»[69], qui est d'ailleurs à l'origine du symbole ♎, toujours en usage aujourd'hui pour le signe astrologique de la *Balance*, et trahit vraisemblablement une antériorité de l'existence de cette constellation en Égypte lorsque ce pays bénéficia des apports babyloniens. Mais, mis à part ce symbole, toutes les autres expressions de la constellation et du signe de la *Balance* viennent en droite ligne de Babylone[70].

Au terme de cette exploration, nous avons pu mettre en évidence, outre la grande richesse du patrimoine mésopotamien des noms de la *Balance*, le rôle central de la langue araméenne comme héritière de la tradition babylonienne et truchement de sa diffusion.

ABRÉVIATIONS

II R : George Rawlinton, *The Cuneiform Inscriptions of Western Asia*, vol. II, London: British Museum, 1866.

AfO : *Archiv für Orientforschung*, Zeitschrift für die Wissenschaft vom vorderen Orient, Berlin: d'abord chez l'auteur, 1923-.

AFDU : *Ausgrabungen der Deutschen Forschungsgemeinschaft in Uruk-Warka*, Berlin Gebr. Mann Verlag, 1936-.

CAD : *The Assyrian Dictionary of the Oriental Institute of the University of Chicago*: Chicago: Oriental Institute, 1964-.

CT : *Cuneiform Texts from Babylonian Tablets in the British Museum*, London: British Museum Publications, 1896-.

[67] Franz Jonannes Boll, «III.Teil. Geschichte der Sphaera barbarica», *Sphaera*, Leipzig: B. G. Teubner, 1903, p. 349-464.

[68] La partie correspondante du zodiaque du temple de Khnum à Esna, daté vers 200 av. è.c., est aujourd'hui mutilée, cf. Otto Neugebauer & Richard A. Parker, *Egyptian astromical texts.* t. III. *Decans, planets, constellations and zodiacs*, Providence: R. I. Brown university press, & London: L. Humphries, 1969, pl. 29. Mais nous possédons un témoignage qui répare cet outrage du temps ou des hommes: *«Le scorpion, la balance et la vierge se trouvent certainement sur le pierres tombées en monceau à l'entrée du temple, car, à travers les jours que le hasard a laissés dans cet amas, avec Jollois nous avons pu reconnaître une portion de la queue du scorpion, un plateau de la balance et l'épi de la vierge»*, voir Edouard de Villiers du Terrage, *Journal et souvenirs sur l'expédition d'Égypte (1798-1801)*, Paris: E. Plon, Nourrit & Cie, 1899, réimpr. Paris: Phénix éditions, 1999, p. 161.

[69] Otto Neugebauer, «Demotic Horoscopes», *JAOS*, vol. 63, 1943, p. 115-117.

[70] Voir à ce sujet Roland Laffitte, «Les noms sémitiques des signes du zodiaque, de Babylone à Baghdad», *op. cit.*, p. 111-112.

DRS : David Cohen et *al.*, *Dictionnaire des racines sémitiques ou attestées dans les langues sémitiques*, Liège: Peeters, 1994-.
JAOS : *Journal of the American Oriental Studies*, Ann Arbor (Mi.): University of Michigan, 1843-.
JCS : *Journal of Cuneiform Studies*, Boston, New Haven (Conn.): the American Schools of Oriental Research, 1947-.
JNES : *Journal of Near Eastern Studies*, Chicago: University of Chicago Press, 1942-.
KAV : Otto Schroeder, *Keilschrifttexte aus Assur verschiedenen Inhalts*, Leipzig: J. C. Hinrich's'sche Buchhandlung, 1920.
MAOG : *Mitteilungen der Altorientalischen Gessellschaft*, Leipzig: Verlag von Otto Harrassowitz, 1925-.
MDP : *Mémoires de la Délégation archéologique de Perse*, Paris: Ernest Leroux, puis autres, 1900-.
OECT : *Oxford Editions of Cuneiform Texts*, Oxford: Oxford University Press, 1923-.
RLA : *Reallexikon für Assyriologie und Vorderasiatischen Archäologie*, Berlin-Leipzig-New York: Walter de Gruyten, 1928-.
TBC : *Texts from the Babylonian Collection*, New Haven: Yale Babylonian Collection, 1985-.
TCL : *Textes Cunéiformes. Musée du Louvre, Département des Antiquités orientales*, Paris: Librairie orientaliste Paul Geuthner & autres, 1910-1937.
ZDMG : *Zeitschrift der Deutschen Morgenländischen Gesellschaft*, Leipzig-Wiesbaden, 1889-.
ZGAW : *Zeitschrift für Geschichte der Arabisch-Islamischen Wissenschaften*, Frankfurt-am-Main: Institut für Geschichte der Arabisch-islamischen Wissenschaften an der Johann Wolfgang Goethe-Universität, 1984-.

BIBLIOGRAPHIE

ARATOS, *Phénomènes*, *ca.* 545, texte établi, traduit, commenté par Jean Martin, Paris: Les Belles Lettres, 1998.

BLACK, Jeremy & GREEN, Anthony, *Gods, Demons and Symbols of Ancient Mesopotamia, an Illustrated Dictionary*, London: Bristish Museum Press, 1992.

BOLL, Franz Jonannes, *Sphaera*, Leipzig: B. G. Teubner, 1903.

BOTTÉRO, Jean, *La plus vieille religion. En Mésopotamie*, Paris: Gallimard, 1998.

DOTHAN, Moshe, *Hammath Tiberias, Early Synagogues and the Hellenistic and Roman Remains*, Jerusalem: Israel Exploration Society, 1983.

DROWER, Ethel Stefana, *The Book of the Zodiac, Asfar malwašia*, London: The Royal Asiatic Society, 1931.

—, & MACUCH, Rodolph, *A mandaic Dictionary*, Londres: Clarendon Press, 1963.

EBERLING, Erich, *Das aramäisch-mittlepersische Glossar. Frahang-i-pahlavīk im Lichte der assyrischen Forschung*, *MAOG*, XIV. Band, Heft 1, 1941.

EPIPHANIUS, *Anchoratus und Panarion Haer. 1-33*, vol. I, Leipzig: J. C. Hinrichs'sche Buchhandlung, 1915.

GÉMINOS, *Introduction aux phénomènes*, texte établi et traduit par Germaine Aujac, Paris: Les Belles Lettres, 1975.

GIGNOUX, Philippe, *Incantations magiques syriaques*, collection de la *Revue des Études Juives*, Louvain & Paris: 1987.

GÖSSMANN, Felix, *Planetarium babylonicum oder die Šumerisch-Babylonischen Stern-Namen*, *in* Anton Deimel, *Šumerisches lexicon*, t. IV/2, Rom: Verlag des Päpstlisches Bibelinstituts, 1950.

GREENFIELD, Jonas C., «The Names of the Zodiacal Signs in Aramaic and Hebrew», *Au Carrefour des religions. Mélanges offerts à Philippe Gignoux*, in *Res Orientales*, vol VII, p. 95-101.

—, & NAVEH, Joseph, «A Mandaic Lead Amulet with Four Incantations», *Eretz-Israel*, n° 18, 1985, p. 97-107.

—, & SOKOLOFF, Michael, «An Astrological Text from Qumran (4Q318) and Reflections on Some Zodiacal Names», *Revue de Qumran*, Paris: Garalda, t. 16, n° 64, déc. 1995, p. 507-529.

GUNDEL, Hans G., *Paulys Realencyclopädie der classischen Altertumswissenschaft*, refondue par Georg Wissowa (2e série), t. 19.II, München: Alfred Druckenmüller, 1972.

HARPER, Robert Francis, *The Code of Ḫammurabi, King of Babylon*, Chicago: The University of Chicago Press, and Callaghan & Co., London: Luzac & Co., 1904.

HUNGER, Hermann, *Astrological Reports to Assyrian Kings*, Helsinki: University Press, 1992.

—, & PINGREE, David, «MUL.APIN, An Astronomical Compendium in Cuneiform», *AfO*, Beiheft 24, 1989.

JASTROW, Marcus, *A Dictionary of the Targunim, the Talmud Babli and Yerushalmi and the Midraschic Literature*, New York: Pardes publishing House, Inc. 1886-1903.

Jesus Bar Ali, *The Syriac-Arabic Glosses*, edited by Richard J. H. Gottheil, *Memorie della R. Accademia Nazionale dei Lincei — Classe di scienze morali storiche e filologiche*, Roma: tip. della Accad. Naz. dei Lincei, pars I, 1908, et pars II, 1928.

JOANNÈS, Francis (sous la direction de), *Dictionnaire de la civilisation mésopotamienne*, Paris: Robert Laffont, 2001.

KOCH, Johannes, *Neue Untersuchungen zur Topographie des babylonischen Fixsternhimmels*, Wiesbaden: Otto Harrassowitz, 1989.

KUNITZSCH, Paul, «ᶜAbd al-Malik ibn Ḥabīb's *Book on the Stars*», *ZGAW*, IX. Band, 1994, p. 161-194.

LABAT, René & MALBRAN-LABAT, Florence, *Manuel d'épigraphie akkadienne*, Paris: Librairie orientaliste Paul Geuthner, 1995.

LAFFITTE, Roland, «Du babylonien *Zibānītu* à l'arabe *al-Zubānā* par le mandéen *zabānītā*?», *Semitica* n° 50, p. 193-197.

—, *Héritages arabes. Des noms arabes pour les étoiles*, Paris: Librairie orientaliste Paul Geuthner/Les Cahiers de l'Orient, 2001.

—, «Les noms sémitiques des signes du zodiaque, de Babylone à Baghdad» *Comptes Rendus du GLECS*, t. XXXIV, 2003, p. 97-118.

—, «Quelques noms de signes du zodiaque sudarabique», *Matériaux arabes et sudarabiques*, nouvelle série, X, p. 159-173.

—, «Sur le zodiaque sudarabique», *Arabia*, IREMAM, Aix-en-Provence & ISIAO, Rome, n° 1, 2004, p. 78-89.

LAND, J. P. N., *Anecdota syriaca*, t. I, Rotterdam, 1862, réimpr. Osnabrück: Biblio Verlag, 1989.

LANGDON, Stephen, *Babylonian Penitential Psalms*, in *Oxford Editions of Cuneiform Texts (OECT)*, t. VI, Paris: Librairie orientaliste Paul Geuthner, 1927.

LE BOEUFFLE, André, *Les noms latins d'astres et de constellations*, Paris: Les Belles lettres, 1996.

LIDZARSKI, Mark, *Ginzā, der Schatz oder das grosse Buch der Mandäer*, Göttingen: Vandenhoeck & Ruprecht, et Leipzig: J. C. Hinrichs'sche Buchhandlung, 1925.

MACKENZIE, David Neil, *A Concise Pahlavi Dictionary*, New York-London: Rutlege, 1970.

MAYRHOFER, Manfred, *Kurzgefaßtes etymologisches Wörterbuch des Altindischen. A Concise Etymological Sanskrit Dictionary*, 4 vol., Heidelberg: Carl Winter Universitätsverlag, 1956-1978.

NAU, François, «Un traité sur les constellations de Sévère Sebokht», *Revue de L'Orient chrétien*, t. XXVII, n° 3 & 4, 1929-30 et t. XXVIII, n° 1 & 2, 1931-32.

NEUGEBAUER, Otto, «Demotic Horoscopes», *JAOS*, vol. 63, 1943, p. 115-117.

—, & PARKER, Richard A., *Egyptian astromical texts*. t. III. *Decans, planets, constellations and zodiacs*, Providence: R. I. Brown University Press, & London: L. Humphries, 1969.

NÖLDEKE, Theodor, «Einiges über aramäische Namen der Thierkreisbilder», *ZDMG*, t. 25, 1871, p. 256-258.

PAYNE SMITH, Robert, *Thesaurus Syriacus*, 2 vol., Oxford: Clarendon Press, 1879-1900.

—, *A Compendius Syriac Dictionary*, Oxford: Clarendon Press, 1903.

PINGREE, David, *The Yavanajātaka of Sphujidhvaja*, in *Harvard Oriental Series*, t. 48, 2 vol., Cambridge (Mass.): Harvard University Press, 1978.

PTOLEMAEUS, Claudius, *Syntaxis mathematica*, *Opera*, vol. 1, ed. Johan Ludwig Heiberg, Lipsiae: in aed. B. G. Teubneri, 1903.

RAFFAELLI, Enrico G., *L'Oroscopo del mondo, il tema di nascita del mondo del primo uomo secondo l'astrologia zoroastriana*, Milano: Mimesis & Sīmorγ, 2001.

REINER, Erica & PINGREE, David, *Babylonian Planetary Omens*, part 2, *Bibliotheca mesopotamica*, vol. II.2, Malibu : Undana Publications, 1981.

ROSENTHAL, *A Grammar of Biblical Aramaic*, Wiesbaden: Otto Harrassowitz, 1963.

SACHS, Abraham, «Babylonian horoscopes», *JCS*, vol. VI, 1952, pp. 54-75.

—, & HUNGER, Hermann, *Astronomical Diaries and Related Texts from Babylonia*, Österreichische Akademie der Wissenschaften, Philosophisch-Historische Klasse Denkschriften, 195. 3 vol., Wien: Verlag der Österreichische Akademie der Wissenschaften, 1988-1996.

SACHAU, Eduard, *Chronologie orientaler Völker von Albêrûnî*, Leipzig: F. A. Brockhaus, 1878.

—, *Chronology of Ancient Nations*, London: W. H. Allen, 1879.

SCHERER, Anton, *Gestirnnamen bei den Indogermanischen Völkern*, Heidelberg: Carl Winter, 1953.

SCHROEDER, Otto, *Keilschrifttexte aus Assur verschiedenen Inhalts*, Leipzig: J. C. Hinrich's'sche Buchhandlung, 1920.

SOKOLOFF, Michael, *A Dictionary of Jewish Palestinian Aramaic of the Byzantine Period*, Ramat-Gan, Israel: Bar Ilan University Press, 1990.

STEINGRASS, Francis, *A Comprehensive Persian Dictionary*, 1892, rééd. Beyrouth: Librairie du Liban, 1975, p. 290 et 1361.

VILLIERS DU TERRAGE, Edouard, *Journal et souvenirs sur l'expédition d'Égypte (1798-1801)*, Paris: Plon, Nourrit & Cie, 1899, réimpr. Paris: Phénix Éditions, 1999.

WAERDEN, Bartel Leendert (van der), «Babylonian Astronomy. II. The thirty six stars», *JNES*, vol. III, janv.-oct. 1949, p. 6-26.

WEIDNER, Ernst Friedrich, *Handbuch der babylonischen Astronomie*, Leipzig: J. C. Hinrich'sche Buchhandlung, 1915.

WALLENFELS, Ronald, *Uruk Hellenistic Seal Impressions in the Yale Babylonian Collection. I. Cuneiform Tablets*, Deutsches Archäologisches Institut, Abteilung Baghdad, Mainz am Rhein: Philipp von Zabern, t. 19, 1994.

WEIHER, Egbert (von), *Spätbabylonische Texte aus Uruk*, Teil. 1-3, in *AFDU*, Band 9-11, Berlin Gebr. Mann Verlag, 1976-88.

WILLIAMS, Frank, *The Panarion of Epiphanus of Salamis, Book I (sects 1-46)*, Leiden: E. J. Brill, 1987.

TEXTES SCIENTIFIQUES PERSANS: TRADITION ET ORIGINALITÉ

Živa Vesel*

I

Les itinéraires de la connaissance scientifique du monde[1] ont emprunté dans le monde iranien d'époque islamique aussi bien les chemins de la langue savante, l'arabe, que ceux de la langue vernaculaire, le persan. Les deux langues ont entretenu dans ce domaine des rapports étroits et complexes sur presque mille ans. Si l'apport scientifique des textes arabes d'auteurs iraniens commence à être bien connu[2], celui des textes persans, moins étudié en dehors d'analyses pointues mais ponctuelles, attend encore une appréciation globale et systématique[3]. Dès la constitution du persan en langue littéraire, au xe siècle[4], on trouve des traités scientifiques, qui figurent parmi les premiers textes persans qui nous sont parvenus. Parmi eux, un poème médical, le *Dānesh-nāme-ye Meysarī,* écrit en 980, peut-être à la demande du père de Maḥmūd de Ghazna, Sebuktegīn[5]; un traité anonyme de géographie, le *Ḥodūd al-'ālam*, rédigé en 982 pour les vassaux des Samanides, les Farighunides, au Jozjan[6]; un guide de médecine à l'intention des étudiants, le *Hedāyat*

* CNRS, UMR 7528 Mondes iranien et indien.

[1] On entend par scientifique les savoirs qui relevaient à l'époque islamique des sciences antérieures à l'Islam *(al-'ulūm al-awā'il*), dites encore, d'origine étrangère (litt.: "de parler non-arabe", *al-'ulūm al-'ajam),* dites également, sciences intellectuelles ou rationnelles*(al-'ulūm al-'aqliyya).*

[2] R. Rashed, avec la collaboration de R. Morelon, *Histoire des sciences arabes,* 3 vol., Paris, Le Seuil, 1997.

[3] Littérature accessible par les catalogues des MSS; voir, par exemple, C. A. Storey, *Persian Literature — A Bio-Bibliographical Survey,* Vol. II, Londres, 1971-1972, et Leiden, 1977.

[4] G. Lazard, *La Formation de la langue persane*, Paris, IEI/Peeters, 1995 (Travaux de l'Institut d'Études Iraniennes).

[5] G. Lazard, «Le Livre de Science de Maisarī», in G. Lazard, *Les Premiers Poètes persans*, vol. 2, Paris-Téhéran, 1964, pp. 36-40 et 163-180; M. Mohaghegh, «*Dāniš-Nāma* by Maysarī», in Ž. Vesel, H. Beikbaghban & B. Thierry de Crussol des Épesse (éds.), *La Science dans le monde iranien à l'époque islamique*, Téhéran, IFRI, 1998, p. 213-218.

[6] *Ḥodūd al-'ālam — «The Regions of the World»*, trad. par V. Minorsky, Oxford, 1937.

al-mota'allemīn d'Akhawaynī Bokhārī (m. ca. 983)[7]; enfin, un dictionnaire de pharmacopée, *Ketāb al-Abniye 'an ḥaqā'eq al-adwiye* de Mowaffaq Harawī, probablement rédigé pour le Samanide Manṣūr ibn Nūḥ à Bokhara, vers 975. Ce dernier nous a été transmis à travers la plus ancienne copie manuscrite connue d'un texte persan, datée de 447H/1056 et transcrite par le lettré de l'Iran oriental, Asadī Ṭūsī[8]. D'autres traités persans fort anciens s'ajoutent à cette liste, et attendent encore d'être étudiés[9]. Les textes scientifiques en vernaculaire se positionnent donc, dès la constitution de la langue, par rapport aux modèles rédigés en arabe dont ils s'inspirent; ils constituent de ce fait un terrain fertile pour une analyse comparative, qu'il s'agisse du vocabulaire, du contenu, ou de l'aspect formel.

Gilbert Lazard a noté une importante présence du vocabulaire arabe dès l'apparition des premiers écrits, à l'exception de ceux appartenant au genre de l'épopée[10]. Pour les textes scientifiques, ce fait est d'autant plus naturel que les matières scientifiques ont été réintroduites en Iran par le biais des textes arabes, y compris pour ce qui est de l'héritage iranien propre en ce domaine — celui des écrits en moyen-perse —, à l'exclusion des écrits en pehlevi de rédaction tardive, véhiculant certes les éléments scientifiques mais ne circulant que de façon restreinte[11]. Diverses opinions ont été émises quant à l'évolution du vocabulaire scientifique et technique persan et à ses rapports à l'arabe. Ainsi Reḍā' Ṣādeqī a proposé de distinguer deux périodes dans la formation de ce vocabulaire, celle de la constitution d'un langage scientifique persan ainsi que des termes persans (Xe-XIIIe siècles), et celle de la maturation et fixation définitive de ce langage et de son vocabulaire, ce-dernier utilisant de plus en plus de termes arabes (XIVe-XIXe siècles)[12]. Cependant, le vocabulaire semble avoir évolué de façon inégale. Il suffit de rappeler la critique

[7] M.H.H. Biesterfeld, «Akawaynī Bokārī», *Encyclopædia Iranica.*

[8] L. Richter-Bernburg,«Abū Manṣūr Heravī», *Encyclopædia Iranica.*

[9] Voir, par exemple, Abū Naṣr Qommī, *Tarjome al-Madkhal ilā 'elm al-aḥkām al-nojūm,* éd. J. Akhawān Zanjānī, Téhéran, 1374 sh.; voir aussi G. Lazard, *La Langue des plus anciens monuments de la prose persane*, Paris, Klinksieck, 1960, p. 50-53.

[10] G. Lazard, *La Langue*, p. 14.

[11] Voir par exemple, E. Raffaelli, *L'oroscopo del mondo,* Milan, Mimesis, 2001; on ne traitera pas dans cet article de la présence du vocabulaire d'origine moyen-perse ou persane, en arabe. Par ailleurs, on n'y abordera pas le rapport direct que peut entretenir la littérature scientifique persane aux écrits dans d'autres langues savantes que l'arabe (sanskrit, chinois, latin, etc.), sujet qui mérite une étude en soi.

[12] J. Ṣādeqī, «Tajrobe-hā-ye zabān-e fārsī dar 'elm», in *Zabān-e fārsī wa zabān-e 'elm (Majmu'e-ye maqālāt-e semīnār)*, Téhéran, Presses Universitaires d'Iran, 1372 sh, p. 72-129; on ne prend pas en compte la troisième période (XIXe-XXe s.) proposée par l'auteur, dont la problématique s'éloigne de notre propos.

qu'adresse Shamardān ibn Abī al-Khayr à ses prédécesseurs — parmi lesquels Avicenne (m. 1037), avec son encyclopédie persane *Dānesh-nāme-ye 'Alā'ī*[13] —, lesquels avaient tenté de forger un vocabulaire philosophique, scientifique et technique en persan : «Sous prétexte d'écrire pour les lecteurs ignorants l'arabe, ces auteurs emploient des mots de persan pur, qui sont plus difficiles que l'arabe»; lui-même, déclare-t-il dans son *Rowḍat al-monajjemīn*, écrit en 1063, s'attachant à «n'employer que les mots courants, que n'importe qui peut apprendre en cinq jours, et qui sont les termes arabes»[14]. Il revient sur le sujet dans un de ses ouvrage tardifs, l'encyclopédie *Nozhat-nāme-ye 'Alā'ī*, rédigée entre 1113 et 1120: «J'ai entendu (...) qu' 'Alā' al-Dawla [Moḥammad ibn Doshmanzyār] (...) dit au maître (*khwāje*) Abū 'Alī Sīnā:"Si les sciences anciennes (*awā'el*) étaient exprimées en persan, je pourrais les connaître". Pour cette raison il [Avicenne] rédigea le *Dānesh-nāme-ye 'Alā'ī* et quand il le termina et le présenta (au prince), personne n'a rien compris [au contenu].»[15] Quelques études récentes, si elles confirment pour l'essentiel la périodisation proposée par Ṣādeqī, permettent de la nuancer davantage, au cas par cas. Il apparaît que le vocabulaire des ouvrages médicaux d'Esmā'īl Gorgānī (m. 1112) est fortement persanisé comparé à celui de certains auteurs antérieurs en dépit de ce qu'en a pensé Gorgānī lui-même[16];par ailleurs, au moins jusqu'au XIVe siècle, on n'hésite pas à utiliser tantôt les termes arabes tantôt les termes persans, ou bien à donner les deux équivalents à la fois[17]. Ces variations d'usage n'empêcheront pas le persan de devenir une langue de science, quoi qu'en dise Abū Rayḥān Bīrūnī (m. apr. 1050) dans l'introduction au *Ṣeydana*[18]. Les actes de la table ronde qui s'est tenue il y a quelques

[13] Avicenne, *Le Livre de Science*, trad. M. Achena & H. Masse, Paris, Les Belles Lettres, 1985.

[14] Lazard, *La Langue des plus anciens monuments de la prose persane*, p. 105; Shahmardān ibn Abī al-Khayr Rāzī, *Ro'wḍat al-monajjemīn*, éd. J. Akhawān Zanjānī, Téhéran, 1368 sh, p. 3.

[15] Ṣādeqī, *op.cit.*, p. 106; Shahmardān ibn Abī al-Khayr, *Nozhat-nāme-ye 'Alā'ī*, éd. F. Jahānpūr, Téhéran, 1362 sh, p. 32.

[16] Ṣādeqī, *op.cit.*, p. 109.

[17] Voir, par exemple, les articles de H. A'lam, «The Persian Medical Terminology of the *Agrāḍ al-ṭebbiyya* by Sayyed Esmā'īl Jorjānī»; A.J. Newman, «Persian Anatomical Terminology Through the Ages»; B. Thierrry de Crussol des Épesse, «Boḫārī et l'abord des troubles psychiques», in N. Pourjavady & Ž. Vesel (éds), *Sciences, techniques et instruments dans le monde iranien (x^e^-xixe siècles)*, Téhéran, IFRI-Presses Universitaires d'Iran, 2004, p. 239-265.

[18] Cf. *Al-Bīrūnī's Book on Pharmacy and Materia Medica*, édité, traduit et annoté S.K. Hamarneh, R.E. Elahie & H.M. Said, Karachi, Hamdard N.F., 1973, Part 1, p. 7-8. Comme l'a fait remarquer G. Lazard, du temps de Bīrūnī la langue persane n'est pas

années sur «Langue persane et langue de science» (*cf.* note 12) montrent bien que la question de savoir si l'on pouvait forger une langue persane apte à exprimer la science, autant que possible avec son propre vocabulaire et non celui d'une langue étrangère, est resté un sujet de préoccupation constant, même si les motivations ont varié selon les époques. Si l'on observe à travers l'histoire iranienne des tentatives régulières de formation d'un vocabulaire scientifique et technique proprement persan, on constate néanmoins que celui-ci a eu souvent tendance à tomber en désuétude pour des raisons qui restent à préciser, selon les domaines et le contexte. Le vaste champ d'enquête qui s'ouvre sur ce sujet apparaît en quelque sorte inépuisable étant donné que la littérature scientifique et technique persane a touché à tous les domaines et qu'on continue à découvrir des textes tous les jours.

II

L'analyse de l'utilisation des vocabulaires arabe et persan peut être étendue à la comparaison des contenus, que les textes aient été écrits dans l'une ou l'autre langue, et ce afin de s'interroger sur l'originalité éventuelle des textes en vernaculaire, comparés aux textes composés en langue savante.

La majorité des textes scientifiques persans s'inscrivent au départ dans le mouvement de la vulgarisation des connaissances et ils sont perçus comme tels aussi bien par leurs auteurs que par leur milieu de réception. Ils ont pour raison d'être de servir le contexte non-arabophone, soit celui de l'enseignement, soit celui de la cour: d'une part les souverains iraniens, qui ne connaissent pas l'arabe ou ne le connaissent plus; d'autre part les souverains d'origine étrangère, dont la langue n'était ni le persan ni l'arabe (mais les langues turques et le mongol), qui ont fait du persan la langue principale d'utilisation, y compris pour les matières savantes. Dans le monde iranien la question de langues utilisées est complexe: il coexiste une polyphonie linguistique bien réglée dans les milieux de la cour (la même langue n'est pas nécessairement utilisée dans l'administration, l'armée, les milieux religieux, la vie privée, etc.)[19]

encore au point pour exprimer des contenus scientifiques à l'égal de l'arabe; d'ailleurs, on n'est pas certain que la traduction persane de son ouvrage arabe *al-Tafhīm li avā'il ṣinā'at al-tanjīm* soit de Bīrūnī lui-même; cf. *La Langue, op. cit.*, p. 58-62.

[19] Voir, par exemple, A.M. Piemontese, «Le Persan, langue des sciences et langue de cour dans l'Iran médiéval», in *La Science dans le monde iranien*, p. 389-401.

et un trilinguisme (persan-arabe-turc) parlé et écrit à des degrés divers en Transoxiane. Cependant la culture écrite de l'ensemble du «grand Iran» se caractérise à l'époque islamique essentiellement par le bilinguisme arabe-persan auquel s'ajoutent à partir du XVIe siècle les litteratures pashto et kurde. Par ailleurs, dans les aires qui ont adopté le persan comme langue de culture — l'Asie centrale, la Turquie ottomane et l'Inde musulmane —, la culture écrite et orale devient plurilingue de façon permanente. À cet égard, l'Espagne musulmane[20] fournirait un point de comparaison intéressant avec le monde iranien au sens large quant à la gestion des pratiques linguistiques.

La vulgarisation scientifique s'inscrit dans une dynamique socio-culturelle des cours et des hautes couches de la société qui comptent un grand nombre d'amateurs des sciences. Les séances se déroulaient souvent en présence du souverain, et les pratiques de l'oralité y jouaient un grand rôle. Maints aspects restent à étudier à cet égard, ce qui suppose une exploitation systématique de la masse des textes scientifiques et techniques, écrits aussi bien en langue savante qu'en langue vernaculaire, de façon à percer le secret des lieux, des auteurs, des commanditaires, des utilisateurs. On découvre ainsi progressivement les lignages familiaux des métiers scientifiques, les femmes possesseurs des manuscrits scientifiques illustrées, les pratiques et les formes liées aux matières savantes (le genre des «questions et réponses», controverses, introductions «légitimant» l'étude des matières scientifiques, etc.), en somme une véritable topographie des activités scientifiques, que d'autres types de sources ne recoupent guère.

On sort du phénomène de la simple vulgarisation lorsque le souverain s'intéresse de très près, ou s'engage même personnellement, dans la pratique de la science. C'est la raison pour laquelle on possède un certain nombre de rédactions, tout à fait originales du point de vue de contenu, écrites d'emblée en persan et traduites ensuite en langue savante. C'est le cas des tables astronomiques calculées dans le cadre des observatoires, respectivement à Maraghe sous l'Ilkhanide Hūlāgū (deuxième moitié du XIIIe siècle) et à Samarqand sous le Timouride Ulugh Beg (première moitié du XVe siècle). Par ailleurs, l'élaboration du théorème dit «couple-Ṭūsī», destiné à corriger les imperfections du système astrono-

[20] *Cf.* M.-Th.d'Alverny, «Traductions à deux interprètes», in J. Hamesse & M. Fatori (éds) *Rencontres de culture dans la philosophie médiévale: traductions et traducteurs de l'Antiquité tardive au XIVe siècle*, Louvain-la-Neuve, Cassino, 1990, p. 193-206; Ch. Burnett, «The Coherence of the Arabic-Latin Translation Programme in Toledo in the 12th Century», *Science in Context*, 14, 1/2 (2001), p. 249-288.

mique de Ptolémée et visiblement connu de Copernic, a débuté par un texte persan, le *Ḥall-e moshkelāt-e Mo'īniyye*, rédigé par Naṣīr al-Dīn Ṭūsī (m. 1274), en 1235-1236, pour le gouverneur ismaélien de Quhestan, donc bien avant la période de Maraghe, Ṭūsī ayant donné plus tard la version définitive du problème dans son ouvrage arabe, *al-Tadhkira*[21]. D'autres textes persans renferment, à des degrés divers, des traits originaux proprement scientifiques, tel le compendium médical, *Dhakhīre-ye Khwārazmshāhī* d'Esmā'īl Gorgānī (m. 1136)[22], pour s'en tenir à ces exemples où, pour une fois, le chemin emprunté a été en sens inverse du chemin habituel, soit du vernaculaire vers le savant. La littérature technique, de son côté, peut relever du même phénomène de l'originalité comme le démontre le traité de minéralogie, rédigé par le joaillier de la cour du Khwarazmshah Tekesh, à la demande du vizir de ce dernier: le *Jawāher-nāme-ye Neẓāmī* (1196) d'Abī Barakāt Neyshābūrī contient la description de la fabrication des céramiques, la deuxième connue du genre, avec celle — d'un contenu différent — figurant dans le *'Arāyes al-Jawāher* (1300) d'Abū al-Qāsem Kāshānī, les deux rédigés en persan[23].

III

L'aspect formel des genres, de son côté, apporte des enseignements quant à l'originalité éventuelle des textes en vernaculaire.

Les encyclopédies persanes développent, d'une part, le modèle de «l'encyclopédie des techniques», sujet peu étudié à ce jour à propos duquel on se reportera à l'aperçu qu'en a donné Iraj Afshar[24]: on y

[21] Cf. J.F. Ragep, «The Persian Context of the Ṭūsī Couple», *in Naṣīr al-Dīn Ṭūsī, philosophe et savant du XIIIe siècle*, in N. Pourjavady & Ž. Vesel (éds), Téhéran-Presses Universitaires d'Iran, 2000, p. 113-130; *Naṣīr al-Dīn Ṭūsī's «Memoir on Astronomy»*, édition et traduction de J.F. Ragep, 2 vol., New York, Springer, 1993; pour l'école de Maraghe en général, voir G. Saliba, *A History of Arabic Astronomy-Planetary Theories during the Golden Age of Islam*, New-York-London, New York University Press, 1994.

[22] Cf. *Discours sur l'œil d'Esmā'īl Gorgānī*, trad. et notes par B. Thierry de Crussol des Épesse, Téhéran, IFRI-Presses Universitaires d'Iran, 1998.

[23] Voir les études d'Y. Porter, «Textes persans sur la céramique», in *La Science*, *op. cit.*, p. 165-190, et «Le Quatrième chapitre du *Jawāher-nāme-ye Neẓāmī*», in *Sciences, techniques et instruments, op.cit.*, p. 341-360; pour d'autres textes persans concernant les techniques, voir P. Mohebbi, *Techniques et ressources en Iran du 7e au 19e siècle*, Téhéran, IFRI, 1996.

[24] I. Afshar, «La Notion des sciences appliquées dans les textes classiques persans», in *La Science*, *op. cit.*, p. 155-164, ainsi que l'article de F. Afkari («The Unique Persian Manuscript...») dans le même volume, p. 205-209.

trouve réuni à la fois les techniques décrites dans les textes anciens et les connaissances les plus récentes dans le domaine. Elles développent, d'autre part, le modèle de l'encyclopédie «symétrique» qui traite, de façon proportionnellement équilibrée, aussi bien les sciences «traditionnelles» *(naqlī)* que les sciences «intellectuelles» *('aqlī)*, clairement réparties en deux groupes, sur le modèle du *Mafātiḥ al-'ulūm* (976-991) d'Abū 'Abdallāh Khwārazmī. Le second groupe de sciences, qui contient les matières philosophiques, scientifiques et techniques, repose en général sur la classification aristotélicienne dans sa version avicénienne[25]. Les deux encyclopédies persanes, le *Jāme' al-'olūm* (1179)[26] — de Fakhr al-Dīn Rāzī, réunissant 60 sciences — et le *Nafāyes al-fonūn* (1340)[27] — de Shams al-Dīn Āmolī, comportant 160 sciences —, présentent à cet égard la particularité de toucher en outre à un grand nombre de branches subalternes (*foru'*) de la physique/philosophie naturelle et des mathématiques. Ce qui s'explique sans doute par les connaissances professionnelles que possédaient leurs auteurs: Rāzī était à la fois un théologien ash'arite et un connaisseur de philosophie et de sciences, à la veille de l'invasion mongole, et Āmolī était un enseignant (*modarres*) sous les derniers Mongols. L'encyclopédie de Rāzī sera critiquée et complétée par Ḥoseyn 'Aqīlī Rostamdārī dans son *Riyāḍ al-abrār* contenant 90 sciences (1571). Le livre mérite d'être étudié en regard des deux textes précédents, comme modèle alternatif d'encyclopédie iranienne, due cette fois-ci à un auteur shi'ite[28]. Pour autant, il n'égale pas la répartition raisonnée des matières telle qu'on la trouve dans les encyclopédies de Rāzī et d'Āmolī, lesquelles furent un modèle d'érudition scolastique en leur temps. Contrairement à celle de Rostamdārī, les encyclopédies de Rāzī et d'Āmolī ont été composées à l'adresse de souverains. Rāzī écrivit pour 'Alā' al-Dīn Tekesh de la dernière dynastie des Khwarazmshahs, déjà évoqué: «J'y ai réuni toutes les sciences connues (...) pour que le souverain puisse y choisir celles qui l'intéressent», dit-il explicitement dans l'introduction. Quant à Āmolī, il rédigea son *Nafāyes* pour l'Injuide Sheykh Abū Esḥāq, à Shiraz, où il s'était réfugié à la chute des Mongols. C'est bien au contexte de la cour

[25] Cf. R.Mimoune, «Épître sur les parties des Sciences Intellectuelles d'Abū 'Alī al-Ḥusayn Ibn Sīnā», in J. Jolivet & R. Rashed (éds.), *Études sur Avicenne*, Paris, Les Belles Lettres, 1984, p. 143-151.

[26] F. Rāzī, *Jāme' al-olūm*, éd. M. Tasbīḥī, Téhéran, 1346 sh.

[27] Sh. Āmolī, *Nafāyes al-fonūn fī 'arāyes al-'oyūn*, éd. H.Sha'rānī, 3 vol., Téhéran, 1377 Hq.

[28] Ḥoseyn 'Aqīlī Rostamdārī, *Riyāḍ al-abrār* (The British Library, Londres: MS Or. 3648).

et de ses exigences culturelles que nous devons ces panoramas des connaissances, écrits dans l'esprit d'exhaustivité d'une encyclopédie moderne.

Par ailleurs, les textes persans apportent une contribution de base au genre de la cosmographie. C'est Bernd Radtke qui l'a souligné: le premier ouvrage indépendant de cosmographie islamique est un écrit persan[29], *Les merveilles de la Création et les raretés de l'existence* (litt.: «(...) des choses crées et (..) existantes» [*'Ajâ'ib al-makhlūqāt wa gharā'ib al-mowjūdāt*]), antérieur d'environ un siècle au livre arabe — fort célèbre — de Zakariyyā' Qazwīnī (m. 1283) portant le même titre. Rédigé par Moḥammad ibn Aḥmad Ṭūsī Salmānī (Najīb Hamadānī?) et dédié au Seljuqide Toghrīl III (1176-1194), le traité de Ṭūsī, sans être identique à celui de Qazwīnī, en est néanmoins très proche. Genre né des histoires universelles, les cosmographies islamiques comportent non seulement la description de la terre et de ce qui s'y trouve mais consacrent également une large part à la description du monde céleste (physique générale, la sphère des sphères, étoiles fixes, les cinq planètes et les deux luminaires avec leurs sphères, monde sublunaire et météorologie). Le texte de Ṭūsī et surtout celui de Qazwīnī — en original arabe aussi bien qu'en traduction persane — ont été reproduits en maintes copies illustrées, de facture variée mais représentant une grande diversité de sujets, ce qui nous amène aux problème de l'illustration.

IV

L'ensemble des traits originaux signalés pour les textes en vernaculaire sont donc nés, pour l'essentiel, dans le contexte de la cour: une commande précise entraîne la réalisation d'un texte précis. Si la langue technique courante en persan tend à utiliser cependant majoritairement les termes arabes, si le contenu souvent résumé reste essentiellement fidèle aux modèles arabes, et si même les genres ont la vertu de concentrer mais n'inventent que peu sur le fond, l'illustration, elle, apparaît comme davantage originale et par ailleurs quantitativement très présente dans le monde iranien[30]. Le livre illustré est une constante de la culture

[29] B. Radtke: *Weltgeschichte und Weltbeschreibung in mittelalterichen Islam,* Beirut, 1992; «Die aelteste islamische Kosmographie Muḥammad-i Ṭūsīs *'Aǧā'ib ul-maḫlūqāt*», *Der Islam*, 2, 1987, p. 278-288; «Persian Cosmography, Early *Tafsīr*, and Nestorian Exegesis», in *La Science*, *op. cit.*, p. 323-335.

[30] F. Richard, *Splendeurs persanes*, Paris, Bibliothèque nationale de France, 1997.

iranienne, et dans le domaine scientifique, il permet, en temps de crise de mécénat ou en absence d'un projet d'envergure, de maintenir l'intérêt pour ces matières et contribue à les transmettre. De façon générale, les auteurs iraniens sont de ceux qui ont été les plus souvent illustrés dans le monde islamique: il en est ainsi du traité arabe de géographie administrative, *Masālek wa Mamālek* de l'école Balkhī-Iṣṭakhrī du Xᵉ siècle[31]; du traité, rédigé en 986 en arabe par 'Abd al-Raḥmān Ṣūfī, sur les constellations, *Kitāb ṣuwar al-kawākib al-thābita*[32]; de la cosmographie de Qazwīnī, déjà évoquée (XIIIᵉ siècle)[33]; et de l'anatomie *Tashrīḥ-i Manṣūrī* rédigée en persan en 1386 par Ibn Ilyās, sous les Timurides[34]. Les copies illustrées de ces textes abondent, aussi bien en original qu'en traduction persane pour ce qui est des trois premiers. Le contexte iranien est par conséquent également propice à la transmission des textes illustrés plus rares dont on ne citera que deux exemples appartenant au domaine de l'astrologie: la représentation des décans et des degrés du ciel, à savoir la représentation picturale des 36 et 360 segments de l'écliptique. S'agissant des 36 décans, l'Iran a joué un rôle décisif avec la transmission du texte grec de Teucros au moyen d'une traduction en moyen-perse[35], avec la description textuelle des décans en arabe par Abū Ma'shar[36], et, enfin, avec l'illustration du *Kitāb al-mawālīd*, toujours d' Abū Ma'shar, à l'époque jalayiride (fin du XIVᵉ siècle), dont les copies arabes représentent les planètes gouvernant les décans[37]. Enfin, citons la dernière découverte de l'apport iranien à la question: la représentation des décans proche de la tradition d'Abū Ma'shar, sur un rouleau de Turfan (VIII-IXᵉ siècles), dont le prototype remonterait à un modèle est-iranien[38].

Le domaine où se distingue la littérature vernaculaire persane concerne, lui, la représentation picturale des degrés, utilisée dans l'astrologie et la talismanique. En effet, le monde islamique a connu dès le IXᵉ siècle plusieurs traditions des figures des 360 degrés des signes du

[31] Cf. S. Maqbul Ahmad, «Djughrāfīyā» et «Kharīṭa», *Encyclopédie de l'Islam* (2ᵉ éd.).

[32] P. Kunitzsch, «'Abd-al-Raḥmān Ṣūfī», *Encyclopædia Iranica*.

[33] T. Lewicki, «Ḳazwīnī, Zakariyyā'», *Encyclopédie de l'Islam* (2ᵉ éd.).

[34] G. Russell, «Ebn Elyās», *Encyclopædia Iranica*.

[35] A. Panaino, *Tessere il cielo*, Rome, IsIAO, 1998.

[36] D. Pingree, «Abū Ma'shar Balḳī», *Encyclopædia Iranica*.

[37] S. Carboni: *Il Kitāb al-Bulhān di Oxford*, Torino, 1988; *Islamic Art*, 2 (1987), p. 149-186.

[38] F. Grenet & G.-J. Pinault, «Contacts des traditions astrologiques de l'Inde et de l'Iran d'après une peinture des collections de Turfan», *Comptes Rendus de l'Académie des Inscriptions et Belles-lettres*, 1997, p. 1003-1061 (24 fig.).

zodiaque, décrits en détail dans les textes arabes, parfois traduits en persan, qui sont attribuées à Zoroastre, Ṭomṭom Hendī, Tankilūshā, Abūdhāṭīs (?) Bābelī, etc. Sans aborder ici le problème complexe de l'origine de ces diverses traditions, on retiendra que la seule représentation picturale conservée des degrés dans le cadre du monde islamique l'a été à travers les manuscrits persans illustrés tardifs. Il s'agit, d'une part, de la tradition des degrés selon Tankilūshā — une des versions arabes du nom de Teucros (Tangelōshā en persan): le texte aurait été traduit du nabatéen en arabe, par l'auteur pretendu d' *al-Filāḥa al-Nabaṭiyya*, et transcrit par Abū Ṭālib al-Zayyāt au xe siècle[39]. Cette version — faussement attribuée à Teucros — laquelle aurait été traduite en persan au xiie siècle, nous est parvenue sous forme d'une copie illustrée, exécutée en 1663-1664, probablement à Ispahan pour la bibliothèque royale de Shāh 'Abbās II[40] (voir illustration no 1). Il s'agit, d'autre part, de la tra-

Illustration no 1:
«20e, 21e et 22e degrés du signe de Lion» (Musée Reza Abbasi, Téhéran: MS 590; 26 x 15 cm; Ispahan? 1074H/1663-4).

[39] T. Fahd, «Ibn Waḥshiyya», *Encyclopédie de l'Islam* (2e éd.).

[40] Le texte persan illustré (Musée Reza Abbasi, Téhéran: MS 590) a été édité en facsimilé: *Tangelōshā yā ṣowar-e daraj*, éd. R. Homāyūnfarrokh, Téhéran, 2537 shh.

duction persane effectuée pour Iltutmish vers 1236, d'*al-Sirr al-maktūm* attribuée à Fakhr al-Dīn Rāzī (m. 1209), déjà mentionné: une copie illustrée du texte a été exécutée vers 1575, sous le Moghol Akbar[41], comportant l'illustration des degrés selon la tradition de Ṭomṭom Hendī[42]. On trouve, par ailleurs, la représentation picturale des degrés selon cette même tradition dans un texte d'astrologie persan non identifié, dont la copie illustrée a été exécutée en Inde autour du XVIIe-XVIIIe siècles[43] (voir illustration nº 2).

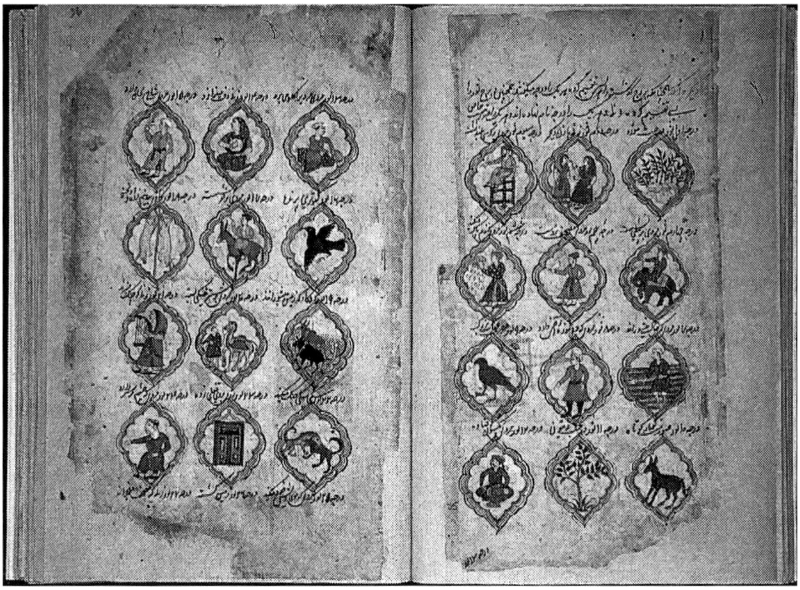

Illustration nº 2:
«Degrés du signe de Capricorne: du 1er au 24e» (Wellcome Library, Londres: MS Pers. 373; 25,5 x 17 cm; Inde, *ca.* XVIIe-XVIIIe siècles).

[41] Je remercie Dr B. Schmitz pour les renseignements sur ce manuscrit, conservé à la Raza Library de Rampur (MS nº RRL 1352, Album nº 2; 45,5 x 33 cm). Voir également, K. Khandalavala & J. Mittal, «An Akbari Illustrated Manuscript of Tilasm and Zodiac», *Lalit Kala*, 14 (1969), pp. 9-20; F. Richard, «Une page du recueil de talismans et de signes zodiacaux d'Akbar dans la collection Gentil», *Arts Asiatiques,* XLI (1986), p. 116-117.

[42] Cf. A. Hauber, «Ṭomṭom (Ṭimṭim) = Dandamiz = Dindymus?», *Z.D.M.G.*, LXIII (1909), p. 457-72.

[43] MS Pers. 373 de la Wellcome Library for the History and Understanding of Medicine, Londres. Je remercie vivement Dr N. Allan pour avoir permis la reproduction d'une page de ce manuscrit.

Naissance du vocabulaire persan scientifique et technique spécialisé, traités scientifiques persans novateurs en contenu et en genre, textes persans illustrés uniques: comme cela a déjà été souligné, l'ensemble de ces phénomènes exprimés en vernaculaire sont pour l'essentiel dus au contexte de la cour, le mécène principal des sciences et des techniques du monde islamique. Chaque aspect soulève des interrogations et bien d'aspects restent à étudier: usage des langues; originalité stylistique d'écriture, d'illustration et de mise en page; rapport des pratiques écrites et orales; question de reconstruction du sens des matières savantes passant d'un milieux dans un autre, et dont l'utilisation de la symbolique scientifique dans la mise en scène de la royauté n'est qu'un exemple. Du point de vue des contenus et de leur aspect formel, comme du point de vue socio-culturel, les milieux érudits et ceux de vulgarisation sont deux espaces intellectuels distincts ayant deux histoires différentes. S'ils sont identifiables par l'usage préférentiel d'une langue (l'arabe par les érudits, le persan par les autres, pour ce qui est du monde iranien), ils ne se réduisent pas au phénomène de l'écrit et de la traduction, ni au mécenat exclusif de cour — les contre-exemples sont fréquents -mais représentent chacun un ensemble beaucoup plus large de pratiques, lesquelles restent à cerner. Il est vrai que du point de vue quantitatif, la littérature scientifique vernaculaire ne présente que rarement un intérêt pertinent pour l'histoire internaliste des sciences, qui est celle des concepts et des théories. Elle est, en revanche, d'une importance fondamentale pour l'histoire externaliste des sciences, la socio-histoire de la production des connaissances. Car à partir du Xe siècle, c'est sont les milieux non arabophones qui font subsister les savants iraniens lorsqu'ils écrivent leurs œuvres majeures en arabe. Ce contexte mérite l'analyse, et l'exploitation du corpus écrit — notamment manuscrit — des sciences et des techniques, représente une des voies pour y accéder.

UN LAPIN DANS LA LUNE : AUTOUR DE LA RÉCEPTION ET DE LA TRADUCTION DES ŒUVRES ORIENTALES EN FRANCE (XVIIIe-XIXe SIÈCLES)

Annie BERTHIER
BnF, Département des manuscrits, division orientale

«Vous n'allez tout de même pas me dire que la lune existe parce que nous la voyons!»

Albert Einstein.

MISE EN PERSPECTIVE

Il y a sept ans l'école des langues orientales (INALCO) célébrait son bicentenaire. Dans l'exposition réalisée à cette occasion, le Département du Traitement automatique des langues (TAL), dirigé par Mme Slodzianz, avait préparé une borne audio-visuelle interactive ayant pour sujet le ciel comme lieu d'interculturalité ; on posait notamment la question de savoir dans quelle mesure sous différentes latitudes et dans telle ou telle civilisation on avait donné aux mêmes étoiles, aux mêmes planètes et aux mêmes constellations des noms différents; par exemple, pour les uns, les Pléiades étaient un troupeau de moutons gardé par un berger, pour d'autres, un champ de patates. En allemand et en arabe, on dit «une» soleil et «un» lune, en turc l'un et l'autre sont neutres. Pour les Chinois et les Japonais, les taches sombres que l'on aperçoit sur la face lunaire visible à l'œil nu passent pour représenter un lapin broyant dans un mortier l'élixir d'immortalité ou faisant cuire du riz ; tout un ensemble de croyances et de rites notamment à l'automne sont d'ailleurs liés à cette interprétation. En Europe, on voit volontiers dans ces mêmes taches un visage, même si à une rare occasion racontée par La Fontaine, les Anglais crurent y voir un éléphant. C'est sous ces signes célestes que je voudrais faire quelques remarques autour de la traduction d'œuvres orientales en France du XVIIIe au XIXe siècle. Traduire, ce n'est pas seulement se confronter aux difficultés de l'apprentissage d'une langue nouvelle, parfois consignée avec des caractères très différents de ceux de la langue maternelle, c'est aussi résoudre, pour faire passer un texte d'une langue à une autre, les problèmes inhérents au fait que la captation d'une même réalité par le langage varie selon les peuples et selon les âges.

Les contextes géographiques et linguistiques dans lesquels les hommes vivent n'ont cessé de changer. Un objet venu de loin peut demeurer inconnaissable, malgré sa proximité physique, notamment s'il s'orne d'une écriture inconnue; racontée par Antoine Galland dans son *Journal parisien*, l'histoire du dais de Notre-Dame est édifiante à ce sujet ; vers le début du XVIIIe siècle, le maronite Hanna séjournant à Paris rendait souvent visite à Galland, lui dictant des contes pour ses *Mille et une nuits* ; au cours d'une conversation, il lui confia qu'un jour, se penchant à sa fenêtre pour regarder défiler, non loin de Notre-Dame, la procession du Saint-Sacrement qui passait dans la rue, il avait remarqué à sa grande stupéfaction que sur le dais sous lequel on promenait l'ostensoir, un étendard turc en soie, s'étalait en grandes lettres brodées blanches la profession de foi musulmane: «La ilaha illa Allah Muhammad resoul Allah», c'est-à-dire «il n'y a de Dieu que Dieu et Muhammad est son Prophète». Sur l'intervention du maronite, le dais fut par la suite «osté et brûlé», lit-on dans le Journal, et Galland ajoute: «il y avoit plus de quarante ans qu'il servoit»!

La réception en France d'œuvres de littératures étrangères fut initiée de bonne heure par des particuliers puis reprise par l'État, selon une politique d'acquisition ; cette quête nécessite des initiatives et des moyens pour se procurer les documents et, pour en prendre ou en faire prendre, à défaut d'originaux, des copies; de même, pour les déchiffrer, les transcrire, les traduire, les retraduire, les éditer et les diffuser, en liaison avec les progrès de l'imprimerie et la création de caractères pour les écritures non latines. L'œuvre étrangère peut dans un premier temps être connue seulement par une une traduction dans une autre langue, différents écrans de traduction pouvant se superposer.

Un exemple

Pour évaluer la nature des difficultés rencontrées par nos prédécesseurs dans leurs efforts de traduction, nous avons choisi l'exemple de la réception et de la traduction en France d'une œuvre indienne, le *Sakuntalâ* de Kalidasa.

Les premières traductions d'œuvres indiennes en Europe.

Elles furent réalisées vers le milieu du XVIIe siècle. Le Hollandais Rogerius est l'un des premiers à donner une traduction des *Cent pro-*

verbes de Bhartrhari, auteur indien du VIIe siècle, après une version portugaise, mais la curiosité se porte alors beaucoup plus sur les mœurs et coutumes présentés que sur le texte lui-même. A la fin du XVIIIe siècle, un intérêt direct pour les langues de l'Inde s'affirme en Europe, notamment pour la richesse littéraire du sanscrit comme en témoignent les travaux d'Anquetil-Duperron en France ou ceux de l'Anglais William Jones qui fonda à Calcutta en 1784 la Société asiatique du Bengale et fut à l'origine de la publication par cette société des *Asiatic researches*. D'abord connus par des traductions persanes, les textes indiens furent rendus accessibles grâce aux travaux de H.-T. Colebrooke, Charles Wilkins, A.-L. Chézy, Franz Bopp, Ph.-E. Foucaux, A. Bergaigne, le corpus de textes s'étoffant peu à peu: en 1785, Wilkins donne une traduction du *Bhagavad-gîtâ*, en 1787 de *Hitopadesa*. Jones donne en 1789 une traduction en anglais du *Sakuntalâ* (réimprimée dès 1790), chef-d'œuvre de Kalidasa — l'un des auteurs les plus fameux de l'Inde — qui fut reçue immédiatement et avec enthousiasme en Allemagne, en France et en Italie, et annonça la naissance de l'orientalisme. Ce fut semble-t-il le premier texte complet traduit du sanscrit sans intermédiaire persan et la première pièce indienne accessible aux Européens. Son succès fut fantastique: il connut au XIXe siècle quarante-six traductions en douze langues. L'une des premières fut celle de l'Allemand Forster en 1791, faite à partir de la traduction anglaise de Jones, qui arracha à Goethe ses fameux vers, devenus inséparables de toute édition de la pièce : «Veux-tu renfermer en un seul mot les fleurs du printemps, les fruits de l'automne, ce qui transporte et ravit, rassasie et soutient, le Ciel et la Terre, je nomme Sakuntala et ainsi Tout est dit». Pour Lamartine découvrant à son tour les richesses poétiques de l'Inde, il s'agit «d'un chef-d'œuvre de poésie qui réunit dans une seule action ce qu'il y a de plus pastoral dans la Bible, de plus pathétique dans Eschyle, de plus tendre dans Racine». Dans son *Cours familier de littérature*, il explique le choc qu'il éprouva en découvrant la littérature sanscrite, alors qu'il se trouvait un matin dans une maison où les anciens occupants avaient laissé derrière eux des pages découpées de divers journaux et revues contenant des passages des hymnes védiques ; ce fut l'extase: «Je lus, je relus, je relirai encore..., je jetai des cris, je fermai les yeux, je m'anéantis d'admiration dans mon silence..., je sentis le besoin de lire cette page dans l'attitude de l'adoration et de la prière, comme si le livre eut été trop saint et trop beau pour être lu debout..., je m'agenouillai devant la fenêtre au soleil levant, d'où jaillissait moins de splendeur que de la page, je relus lentement et religieusement ces lignes... Je remerciai Dieu à haute voix, en me relevant, d'appartenir à une race de créatures capables de concevoir de si claires notions de sa divinité, et de les exprimer dans une si divine expression».

Nature des traductions

Au début du XIXe siècle, il s'agit encore souvent d'amusement et de jeu dans des traductions cependant fort difficiles, à cause de l'ignorance où l'on était encore de la société et de la culture indiennes et aussi des particularités de la langue sanscrite elle-même, conduisant à de nombreuses omissions ou additions par rapport au texte source. L'idée de W. Jones lorsqu'il donne sa traduction est d'opérer une sorte de transfert de l'Inde vers l'Europe, d'élargir la pensée de façon à ce qu'elle devienne plus humaine, plus générale: «Si l'étude des langues orientales prenait place dans notre éducation, dit-il, aux côtés des autres branches du savoir si utilement et si parfaitement enseignées, un nouveau et vaste domaine de recherche serait ouvert; nous aurions une vue plus large de l'histoire de la pensée humaine, nous bénéficierions d'une palette neuve d'images et de comparaisons, et de nombreuses et excellentes compositions viendraient à la lumière, que les futurs savants pourraient étudier et les futurs poètes imiter». Jones lui-même insiste sur le caractère individuel de la lecture et l'impossibilité de la traduction : «Je suis convaincu que les goûts parmi les hommes diffèrent autant que leurs sentiments et leurs passions et que, lorsqu'il s'agit de ressentir les beautés de l'art comme de sentir une fleur, goûter un fruit, admirer un paysage, entendre une mélodie, chacun doit être guidé par ses propres sensations et les incommunicables associations d'idées qui lui appartiennent». Quant aux traductions françaises, elles subissaient la mode de l'époque qui consistait plutôt à «franciser» qu'à «traduire» ; Bruguière avoue avoir volontairement omis dans sa traduction des passages trop «étrangers» que le public français, dit-il, n'auraient pas compris. Si l'on pense que la traduction de *Sakuntalâ* en italien, donnée par Doria, fut réalisée sur la traduction française de Bruguière, elle-même faite à partir de la version anglaise de Jones, on reste rêveur quant à la valeur de l'œuvre obtenue comme représentative de la littérature indienne.

Les efforts d'Antoine-Léonard Chézy

Ce n'est qu'après de pénibles et longs efforts et d'énormes difficultés techniques qu'en 1830 A.- L. Chézy publie à Paris, chez Dondey-Dupré, d'après un manuscrit de la bibliothèque du roi et pour la première fois avec le texte en caractères originaux, *La reconnaissance de Sacountalâ, drame sanscrit et pracrit de Calidasa,* qu'il dédicace à Isaac Silvestre de

Sacy ; outre la traduction française, le texte est accompagné de notes philologiques, critiques et littéraires.

Lorsqu'il a en main, plusieurs années après sa parution, la traduction anglaise de *Sakuntalâ* par William Jones, Chézy est si émerveillé par sa lecture qu'il souhaite immédiatement apprendre le sanscrit ; il se demande aussi jusqu'à quel point le traducteur n'a pas déformé le texte original par une imagination brillante ; comment faire, grammaires et dictionnaires n'existent pas encore vraiment ; il trouve à la Bibliothèque, alors impériale, la grammaire sanscrite envoyée en 1739 de Chandernagor par le Père Pons, s.j. ; il se perd alors dans ce qu'il appelle lui-même «un horrible fatras» et abandonne. Vers la fin de l'année 1806, les travaux des Anglais avançant, il reprend son idée, retourne vers ladite grammaire. Cette fois, après «quelques mois d'un travail assidu», il cherche un manuscrit pour s'exercer ; un ouvrage sanscrit, l'*Hitopadesa*, avait été imprimé, mais n'était pas encore arrivé sur le continent. Chézy qui en possédait la traduction anglaise de Wilkins trouve à la Bibliothèque une copie indienne du texte et c'est sur ce document original que, pendant l'année 1808, il travaille pendant six mois. Il se lance ensuite près d'une année dans l'étude du *Bhagavad-gitâ*, du *Mânava-Dharma-Sâstra*, avec le secours de deux traductions anglaises de Wilkins et Jones, puis il arrive à comprendre, seul, à peu près le *Brahmâ-Pourânam*. En 1814, heureux de cette réussite, il devient le premier professeur de sanscrit au Collège de France et fait pendant cette année une lecture ardente du *Râmâyana*. Il existe à la Bibliothèque nationale de France, sous la cote Burnouf 99, un manuscrit de son cours de sanscrit pour les années 1822-1824, consacré aux lois de Manou, avec le texte copié en écriture originale et une traduction interlinéaire en latin. La même année, il se tourne vers le *Sakuntalâ* pour en étudier la prosodie, profitant du mémoire de Colebrooke sur la prosodie sanscrite et prâcrite; il dit déchiffrer par ailleurs avec peine différents traités de versification (comme *Tch'hando-Mandjarî* de Gangâ-Dâsa). Ayant appris l'existence de deux grammaires sanscrites parues l'une à Calcutta en 1806 due à Carey, l'autre à Londres en 1808 par les soins de Wilkins, il les «dévore», dit-il, littéralement. Il peut alors aborder l'étude de plusieurs poèmes, reprend le *Sakuntalâ* qui lui semble alors plus facile ; enfin à même d'apprécier la qualité de la traduction de W. Jones, il se rend compte à quel point ce dernier a laissé tomber nombre de nuances de l'œuvre. Il donne dans une anthologie la traduction du premier acte, puis laisse de côté son travail.

Or, vers la fin de 1825, se sentant «victime d'une injustice», il ressent la nécessité de se faire connaître et se lance à nouveau dans la traduction complète du *Sakuntalâ*. Inquiet un moment de la publication par Wilson des «Chefs-d'œuvres du théâtre indien», il se rassure après lecture : rien «des beautés de premier ordre qui étincellent de toutes parts dans *Sacountalâ*». Certains assimilent ce drame «à une simple pastorale ... à la manière de Florian» ; cela est «un peu vrai pour le premier acte», accorde-t-il, mais le reste, pathétique, fait preuve d'une haute noblesse et d'élévation des sentiments. Contre cette composition qui, pense-t-il à tort, date «d'un demi-siècle avant notre ère», on peut lancer «le terrible anathème de romantisme», mais la pureté éminemment classique de son style, d'un «naturel exquis» le classe plutôt, dit-il, comme «chef-d'œuvre classico-romantique».

Détails matériels

Diffficultés techniques, typographiques et de translittération. Chézy décrit la copie conservée à la Bibliothèque du roi comme «d'une écriture assez belle ... en caractères bengalis, genre d'écriture plus cursif ... mais bien plus compliqué que le dévanâgarî». La langue en est le prâcrit, «jargon informe». Le manuscrit est sur feuilles de palmier daté de 1575 de l'ère saca, c'est-à-dire 1653, et fut copié par un brahmane du nom d'Atchyouta-Sarmâ; il est actuellement conservé à la divison orientale du département des manuscrits de la BnF sous la cote sanscrit 657. Pour l'impression, on ne dispose alors en France que d'un seul corps de caractères typographiques ; en raison de l'absence des caractères bengalis adéquats, il faut retranscrire le texte pour la publication en devanagari; c'est le jeune Loiseleur-Deslongchamps qui s'en charge. Même après ce lourd travail de retranscription, Chézy doit multiplier les alineas et les points de repos. Dans la grave question envisagée à l'époque de la coupure entre les mots et la figuration de signes de séparation, il s'efforce de trouver des solutions, cherche les bonnes translittérations et signes de lecture adéquats pour l'édition et en donne une liste. Pour la métrique, il démêle les vers de la prose avec des explications dans les notes. Il fait figurer en appendice l'épisode du *Mahabarata* traitant de l'aventure de la jeune Sacountalâ d'où Calidasa avait tiré son drame, d'après deux copies de la Bibliothèque et des notes envoyées par Bopp. Or, après tout ce travail, «quant à ma traduction, dit-il finalement dans la préface de l'ouvrage, loin de dissimuler que je m'y suis donné beaucoup de liberté, j'avoue franchement au contraire que je l'ai fait de dessein prémédité ...»! En fait, il avait vaincu des difficultés multiples : maîtriser la langue, puis pour publier, résoudre des problèmes éditoriaux liés à la typographie et à la translittération. Il ne faut pas juger la qualité d'une traduction de cette époque au regard de ce qui est réalisé de nos jours, avec tous les outils dont le chercheur dispose. Chézy est un précurseur ; comme quelques autres, il a ouvert une voie dans des conditions bien difficiles et avec beaucoup d'acharnement.

Suites. En 1858, l'histoire de *Sakuntalâ* fut portée à la scène dans une adaptation de Théophile Gautier. Le fait que dans le théâtre indien, l'art du dramaturge consiste à évoquer une ambiance et des sentiments plutôt qu'une action, représentait une difficulté ; les adaptations deviennent alors des mélodrames caractérisés souvent par des extravagances théâtrales. Dans l'adaptation par Gautier, il s'agit d'un ballet avec des décors somptueux. Schubert commença un *Sakuntalâ* en 1820 ; Tomaschek (1745-1850) en fit un opéra jamais donné. L'opéra de Karl von Perfall (1824-1907) fut joué deux fois. D'autres musiciens s'inspirèrent de *Sakuntalâ* : Félix Weingartner à Weimar (1884), Philippe Scharwenka (1885), L.-A. Coehrne (1904). Le vingtième siècle continua à s'intéresser à l'œuvre à travers une floraison de textes, d'études, d'adaptations théâtrales.

Conclusion

Dès 1785, un Mémoire donné par l'Académie des Inscriptions et Belles-Lettres expose les motifs de la création du Comité des manuscrits chargés de publier les *Notices et extraits* : «il existe dans la Bibliothèque du roi 80 ou 100 mille manuscrits en diverses langues qui restent ignorés et que presque personne n'a le courage ou la faculté de consulter. Il serait de la plus grande utilité de les faire connaître par des notices exactes et des extraits raisonnés, de manière à fixer l'opinion qu'on doit en avoir... [il faudra en faire] une traduction française, à moins qu'on ne jugeât très important de les faire publier dans leur langue originale...» Dans le même temps était fondée en Angleterre, en 1829, par Lord Munster le Comité des Traductions orientales.

En 1831, la Commission chargée de décerner le prix fondé par le comte de Volney peut proposer comme sujet : «Etablir pour les idiomes de l'Hindoustan, dont les alphabets sont dérivés du Dévanagari, un système de transcription méthodique et régulier tel qu'un texte écrit d'après ce système puisse toujours être transcrit de nouveau et avec exactitude, en caractères originaux. On devra exclusivement faire usage des lettres de l'alphabet européen, modifié et complété selon la nécessité, par l'addition de signes simples et empruntés à la typographie ordinaire. On rédigera un tableau de la concordance orthographique applicable aux trois systèmes de prononciation, français, allemand et anglais, de manière à ce que les noms propres, les mots ou les phrases transcrits par un individu de l'une des trois nations, puissent être reconnus, et rendus conformément à l'orthographe des deux autres, à volonté ... Les mémoires seront écrits en français ou en latin...» (BnF, Burnouf 96).

Devenu au début du XIXe siècle une science, l'orientalisme disposa peu à peu d'outils de plus en plus exacts. Vers 1880, l'Indianisme était bien établi comme discipline scientifique. De nombreuses collections de manuscrits et de livres sanscrits avaient pris place dans les universités et les grandes bibliothèques européennes, des chaires de langue étaient fondées dans toutes les capitales, des grammaires et des dictionnaires étaient accessibles. Des écoles spécialisées étaient nées ; à travers le monde étaient fondées de nombreuses «sociétés asiatiques».

Les premières traductions d'œuvres orientales participèrent à la création littéraire et la l'évolution de la pensée de l'Europe ; au XIXe siècle, à l'Orient extrême abordé dès le XVIIIe siècle, s'ajoute l'Orient de l'Inde selon une approche de plus en plus philologique, soucieuse des mécanismes de la traduction, dans un monde où l'on s'efforce de tracer des contours de plus en plus exacts de la réalité, d'assurer la maîtrise de l'homme sur un temps et un espace aperçus en perpétuelle évolution.

Bibliographie

BERMAN Antoine, *L'épreuve de l'étranger: culture et traduction dans l'Allemagne romantique. Herder, Goethe, Schlegel, Novalis, Humboldt, Schleiermacher, Hölderlin,* Paris, Gallimard, 1984.
(Contribution fondamentale à l'analyse conceptuelle, philosophique et linguistique sur la traduction).

BERMAN Antoine, *La traduction et la lettre ou l'auberge du lointain*, Le Seuil, 1999. (Paru d'abord dans: Les Tours de Babel, essais sur la traduction. T.E.R., 1985).

BERTHIER Annie, «Manuscrits orientaux et connaissance de l'Orient, éléments pour une enquête culturelle», dans: *Moyen-Orient et Océan indien, XVIe-XIXe s.*, 2, 2, 1985, p. 79-108.
(Sur l'histoire des collections orientales au Département des manuscrits de la Bibliothèque nationale de France depuis la Bibliothèque du roi).

BERTHIER Annie, «D'une langue à l'autre. Manuscrits orientaux et traduction (XVIIe-XIXe s.)», dans: *L'histoire et les théories de la traduction. Les actes.* Université de Genève, Colloque international..., Genève, ASTTI/ETI, 1991, p. 175-187.

DUSSAUD René, *La Nouvelle Académie des Inscriptions et Belles-Lettres* (1795-1914), t.1, Paris, 1946, p. 17.

(Sur le Comité des manuscrits orientaux et leur traduction, naissance des *Notices et extraits*).

FIGUEIRA Dorothy Matilda, *Translating the Orient. The reception of Sakuntala in nineteenth-century Europe*, State university of New York Press, Albany, 1991.
(Etude très poussée sur la réception et la traduction d'une œuvre étrangère en caractères non-latins.)

FILLIOZAT Jean, «Une grammaire sanscrite du XVIIIe siècle et les débuts de l'indianisme en France», dans *Journal Asiatique*, 1937, p. 275-284.
(Fondamental).

GAULMIER Jean, *L'idéologue Volney: 1757-1820. Contribution à l'histoire de l'orientalisme en France*, Genève, Paris, 1980.
(Volney est entre autre, l'inventeur du système de translittération des langues fondé sur l'emploi des caractères latins).

HULIN Michel, *Hegel et l'Orient*, Paris, 1979.
(Sur la traduction des sources orientales et leur influence sur la philosophie en Europe).

KALIDASA, *Çakuntalâ*. Texte traduit du sanscrit et annoté par Frans De Ville, professeur à l'Institut des Hautes Etudes de Belgique..., Bruxelles, 1943.

OMONT Henri, *Missions archéologiques françaises en Orient*, 2 vol., 1902.
(Historique des principales missions en Orient depuis le XVIIe s. avec notamment les instructions pour rapporter des documents. Indispensable).

La Reconnaissance de Sacountalâ, drame sanscrit et pracrit de Calidasa, publié pour la première fois en original sur un manuscrit unique de la bibliothèque du roi, accompagné d'une traduction française, de notes philologiques, critiques et littéraires et suivi d'un appendice, par A.-L. Chézy, Paris, Dondey-Dupré, 1830. (Dédicace à Isaac Silvestre de Sacy. Caractères bengalis retranscrits en caractères devanagaris par Loiseleur-Deslongschamps pour l'impression).

Sacountala, Ballet-Pantomime en deux actes, tiré du drame indien de Calidasâ. Livret de M. Théophile Gautier. Musique de M. Ernest Reyer. Chorégraphie de M. Lucien Petipa. Décors de MM. Martin, Nolau et Rubé. Représenté pour la première fois à Paris, sur le théâtre impérial de l'Opéra, le 14 juillet 1858, Paris, Veuve Jonas, 1858.

Université de Genève. Ecole de traduction et d'interprétation. ASTTI. *L'histoire et les théories de la traduction. Les actes.* Colloque international organisé ... en l'honneur de M. le Prof. Louis Truffaut, 3-4 octobre 1996, Genève, ASTTI/Berne et ETI/Genève,1997. (Contient 20 contributions sur le thème «Eléments pour servir à l'histoire de la traduction», de l'antiquité au XXe siècle).

VAN HOOF Henri , *Histoire de la traduction en Occident*, Bibliothèque de linguistique, Duculot, 1991. (Ignore les traductions restées manuscrites).

CITATIONS

Nécessité d'étudier les langues étrangères :

Le Sieur Du Loir arrivant en 1639 à Constantinople, à la suite de l'ambassadeur Jean de La Haye écrit: «aprez avoir donné à ma curiosité la satisfaction de la veuë des bastiments et du païs, j'ay commencé d'en estudier les langues afin d'en connoistre les hommes». (Du Loir, *Les Voyages du sieur du Loir...*, Paris, G. Clouzier, 1654, p. 76).

Exemple d'un réfractaire au changement :

Quelques années plus tôt, le père Jean Boucher entendant à Constantinople l'appel à la prière depuis les minarets, qu'il appelle «les clochers de leurs églises», estime que les muezzins crient:«avec des gazouillements et fredons capables de faire danser Socrate et rire Héraclite». (Jean Boucher, *Le Bouquet sacré composé des plus belles fleurs de la Terre Saincte*, Paris, D. Moreau, 1620, p. 683).

Un cri à travers les siècles :

Au début du XVIIe siècle, dans la préface de son ouvrage *De vita Mosis*, Gilbert Gaulmin, hébraïsant et arabisant, dont la bibliothèque contenait de nombreux ouvrages orientaux, écrit : «C'est une maladie répandue en notre temps de mépriser témérairement ce que nous ne comprenons pas. Mais vous, mes lecteurs de lontain avenir, sachez que j'ai vécu dans une époque où il a fallu soit ne pas être conscient de ses qualités soit regretter d'en posséder.» (Cf. *Vers l'Orient*, exposition de la Bibliothèque nationale, 1983, p. 65).

Un Homme accompli doit connaître ce qui se passe dans tout l'univers :

A la fin du XVIIe siècle, Antoine Galland écrit : «Peut-on soutenir qu'il est inutile de connaître ce que tant d'excellents écrivains orientaux ont pensé, ce qu'ils ont écrit..., pour se perfectionner et devenir un homme acompli, un homme qui juge sainement de toutes choses, qui parle de même et qui rend ses actions conformes à ses pensées et à ses paroles, choses que l'on ne peut exécuter qu'à proportion des connaissances que l'on a acquises non seulement de ce qui se passe sous l'horizon où l'on respire l'air qui fait vivre, mais encore dans tout l'univers.» Discours-préface à la *Bibliothèque orientale ou dictionnaire universel contenant généralement ce qui regarde la connaissance des peuples de l'Orient*, Paris, 1697, de d'Herbelot de Molainville.

Curiosité ? Le proche et le lointain :

«Antiquaire» à Avignon, le marquis de Caumont, homme désireux de connaître le monde, demande à Peyssonnel, secrétaire de Villeneuve, ambassadeur de France à Constantinople, de lui envoyer un état des sciences et de la littérature en Turquie ainsi qu'une grammaire turque; le même homme, après avoir signalé au Président Bouhier, à Paris, dans une lettre du 22 septembre

1741 l'arrivée récente de l'ambassadeur turc en France : «Zaïd-Effendi, ambassadeur de la Sublime Porte, est arrivé à Toulon le 15e de ce mois. Il en repartira après une quarantaine de jours et verra partout les plus grands personnages», lui écrit cependant le 16 novembre: «... Chacun s'est empressé à aller voir passer Zaïd-Effendi; je vous avoue que je n'en ai pas eu la curiosité, bien que je n'eusse que deux lieues à faire pour me procurer ce spectacle oriental». (Cf. *Istanbul et les langues orientales.* Actes du Colloque organisé par l'IFEA et l'INALCO à l'occasion du bicentenaire de l'Ecole des Langues orientales (Istanbul 29-31 mai 1995), éd. par F. Hitzel, Paris 1997, p. 292).

Un plaidoyer pour la lecture, donc pour l'apprentissage des langues étrangères et la traduction d'une langue à l'autre. La difficulté n'est pas une excuse :

A la fin du XVIIIe siècle, Anquetil-Duperron écrit : «Les Orientaux ont donc des objets plus importants à présenter à notre curiosité que les contes des *Mille et une nuits*... On n'apprend rien sans peine. L'homme abandonne difficilement son pays natal, les mets auxquels il est accoutumé. Le plus court est de dire: il n'y a ni histoire ni géographie ni sciences dans ces pays barbares. A quoi bon aller se noyer dans un fatras qui ne nous apprendra rien? Comme s'il n'y avait pas du fatras partout? Lisez au moins, pour être sûr du jugement que vous voulez porter.» (Cf. Bbg, Annie Berthier, «Manuscrits orientaux et connaisance de l'Orient»..., p. 81).

Traduire?

«Traduire, c'est *conduire à travers* selon l'étymologie, c'est transplanter, convertir, mener d'une culture à une autre, faire mourir l'original pour qu'il renaisse à une vie nouvelle. Comme tout voyage, cela comporte des épreuves et des risques...» Marcel Voisin, «Dialectique culturelle et dialogues des idées en traduction», dans : *L'histoire et les théories de la traduction. Les actes...*, Genève, 1998, p. 69-70.

Histoire de la traduction :

«Faire l'histoire de la traduction, c'est redécouvrir patiemment ce réseau culturel infiniment complexe et déroutant dans lequel, à chaque époque, ou dans des espaces différents, elle se trouve prise. Et faire du savoir historique ainsi obtenu une ouverture de notre *présent.*» Antoine Berman, *L'épreuve de l'étranger...*, 1984, p. 14.

QUELQUES TRADUCTIONS DU SAKUNTALA AU XIXe SIÈCLE

1789 et 1790:	traduction d'abord en latin puis en anglais par William Jones d'après la recension en caractères bengalis.
1791:	traduction en allemand par Forster d'après W. Jones. Wilkins donne le texte, mais selon le *Mahabarata*.
1803:	traduction en français par Bruguière d'après W. Jones.
1808:	traduction en allemand par Schlegel d'après le sanscrit en écriture bengali.
1815:	traduction en italien par Doria d'après la traduction française de Bruguière, elle-même réalisée sur la traduction anglaise.
1820:	traduction en allemand par Gerhard d'après le sanscrit en écriture bengali.
1830:	traduction en français par A.-L. de Chézy sur un manuscrit de la Bibliothèque royale, *sanscrit 657* sur ôles (feuilles de palmier).
1833:	traduction en allemand par Bernhard Hirzel.
1854:	traduction en français par Hippolyte Fauche d'après le sanscrit en écriture bengali.
1854:	traduction en allemand par Lobedanz d'après le sanscrit en écriture devanagari.
1855:	traduction en allemand par Rückert d'après la recension en sanscrit en écriture devanagari.
1867:	traduction en français par Philippe-Edouard Foucaux, premier titulaire de la chaire de sanscrit au Collège de France, d'après le sanscrit en écriture devanagarie.
1884:	traduction en français d'A. Bergaigne d'après le sanscrit en écriture bengalie.

Notice biographique (d'après le site www.aibl.fr pour la Société Asiatique)

Chézy, Antoine-Léonard (Neuilly 1773 - Paris 1832)

Fils d'un ingénieur des Ponts-et-chaussées, Antoine-Léonard Chézy reçoit une formation scientifique. Son goût pour la poésie et ses dons pour l'apprentissage des langues le conduisent à l'orientalisme, alors domaine des langues inconnues. Auprès de Langlès et d'Isaac Silvestre de Sacy, il apprend l'arabe et le persan, se tourne vers le turc, l'hébreu. Il se fixe d'abord sur la littérature persane, manque en raison d'une maladie de participer à l'expédition d'Egypte, obtient un emploi au cabinet des manuscrirts de la Bibliothèque impériale. En 1806, il débute sa carrière littéraire par une traduction du poème persan de Djâmi, *Medjnoun et Leïla*, qui lui vaut un prix. Il s'engage alors, seul, dans l'étude du sanscrit qu'il maîtrise dès 1810; il publie une longue notice sur la *Grammaire sancrite* de Wilkins dans le *Moniteur*. Premier titulaire de la chaire de sanscrit au Collège de France en 1814, il succède à Langlès dans la chaire de persan de l'Ecole des langues orientales en 1827. Il est resté célèbre pour ses traductions d'œuvres sanscrites, les premières en France. Membre du conseil de la Société asiatique dès la première heure, il travailla surtout pour le *Journal Asiatique*.

श्रीकालिदासविरचितं
अभिज्ञानशकुन्तलं नाम नाटकं ॥

LA RECONNAISSANCE
DE
SACOUNTALA,

DRAME SANSCRIT ET PRACRIT

DE CALIDASA,

PUBLIÉ POUR LA PREMIÈRE FOIS, EN ORIGINAL, SUR UN MANUSCRIT UNIQUE DE LA BIBLIOTHÈQUE DU ROI,

ACCOMPAGNÉ D'UNE TRADUCTION FRANÇAISE,

DE NOTES PHILOLOGIQUES, CRITIQUES ET LITTÉRAIRES,

ET SUIVI D'UN APPENDICE,

Par A. L. Chézy,

De l'Académie royale des Inscriptions et Belles-Lettres, Chevalier de l'Ordre royal de la Légion-d'Honneur, Professeur de Sanscrit au Collége royal de France, de Persan à l'École spéciale des langues orientales vivantes, Membre honoraire de la Société Asiatique de Calcutta, de la Société Littéraire de Bombay, de celles de Paris et de Londres, etc., etc.

Willst du die Blüthe des frühen, die Früchte des späteren Jahres,
Willst du was reizt und entzückt, willst du was sättigt und nährt,
Willst du den Himmel, die Erde, mit einem Namen begreifen:
Nenn' ich Sakontala Dich, und so ist alles gesagt.
Goethe.

PARIS.

A LA LIBRAIRIE ORIENTALE DE DONDEY-DUPRÉ PÈRE ET FILS,

Imp.-Libraires des Sociétés Asiatiques de Paris, Londres et Calcutta,

RUE RICHELIEU, Nº 47 *bis*, MAISON DU NOTAIRE; ET RUE SAINT-LOUIS, Nº 46, AU MARAIS.

M DCCC XXX.

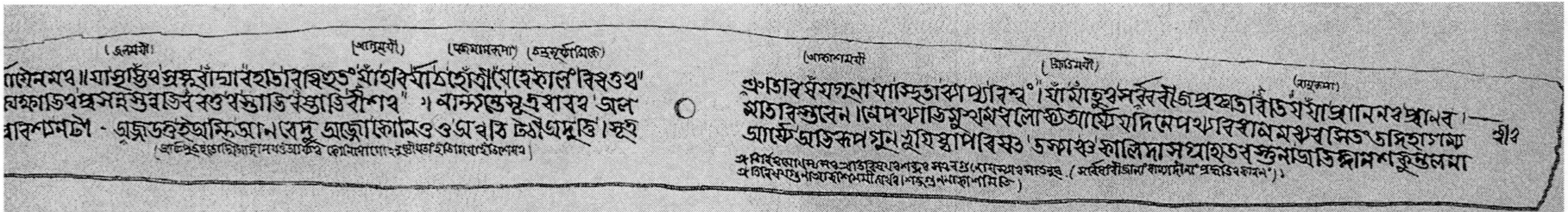

II

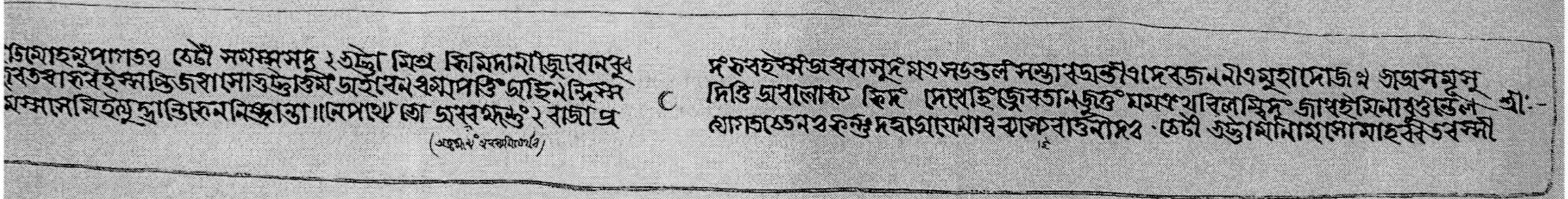

Imp. Lith. de Rudolph Senefelder

HACHIJÔJIMA: UNE ÎLE DES FEMMES À TROIS CENTS KILOMÈTRES AU SUD DE TOKYO*

Simone MAUCLAIRE
(CNRS)

Nyogonoshima désigne, dans de très larges milieux sociaux au Japon de la période d'Edo, notamment dans les milieux cultivés des écrivains et érudits, la notion d«île» ou de «pays des femmes». Il s'agit d'un type de symbiose entre lieu et nom qui se cristallise comme une représentation individualisée dont l'évocation constitue déjà un micro-récit en soi. En outre, du moins à la fin de la période d'Edo, Nyogonoshima est canonisé (ou presque) comme un «lieu» précis: l'île de Hachijôjima[1], où l'on pouvait se rendre assez facilement en voyage, mais en prenant parfois certains risques...

On sait la diffusion universelle de la thématique des îles des femmes et il est clair que le Japon connaissait des récits de pays des femmes avant la période d'Edo. Se pose donc la question de savoir si on doit considérer notre Nyogonoshima comme un variant d'un mythe ancien ou privilégier plutôt un point de vue sociologique: s'agirait t-il d'un type de représentation à «fonction emblématique» qui renverrait à un complexe d'attitudes et à une symbolique associée à la femme dans la société d'Edo, et tout particulièrement, dans la société urbaine? Il est bien connu que la position de la femme durant cette période est nettement moins valorisée que durant l'époque ancienne et la première partie de la période médiévale. La diffusion générale, du moins dans les villes, d'une image d'un Nyogonoshima habité par des femmes — dotées sou-

* Je désire remercier ici Madame Minako Debergh, Madame Sekiko Petitmengin, Monsieur Hubert Delahaye et Monsieur Daniel Struve pour l'aide qu'ils m'ont apportée dans ce travail. Les participants et les auditeurs de la conférence m'ont proposé également des références et des idées que je pense utiliser ultérieurement. Je souhaite remercier tout particulièrement Madame Jacqueline Estran, Madame Françoise Robin, Monsieur Georges Bê-Duc. Enfin, Monsieur Jean Esmein m'a communiqué des indications extrêmement précieuses pour ce qui est de la thématique des îles des femmes dans la belle littérature en Occident et au Japon.

[1] On désigne habituellement par Hachijôjima une petite île volcanique qui se trouve au sud de Tokyo, à une distance d'environ 300 km et qui fait partie des «sept îles de la province d'Izu», Izushichitô. Apparemment, des traditions relatives à l'«île des femmes» concernent également d'autres petites îles voisines, cf. Tôgô Yoshida, *Dainihochimeijisho*, édition révisée, Tokyo, 1975, vol. V, p. 1084-1087.

vent, mais pas toujours, d'une ambivalence démoniaque — peut être difficilement dissociée de l'histoire sociale. En fait, Nyogonoshima rappelle un autre type de croyance collective de la société d'Edo qui considère que les femmes venues au monde sous le signe de l'aîné du cheval et de l'aîné du feu du calendrier sexagénaire d'origine chinoise sont vouées à tuer leurs époux. Jusqu'à ces derniers temps, les femmes nées durant une telle année étaient censées avoir un caractère difficile; les courbes statistiques montrent d'ailleurs une baisse significative du nombre des naissances au cours des années placées sous ce signe[2].

Il est difficile cependant de réduire notre Nyogonoshima à une représentation «hystérique» de nature urbaine relative à un «cannibalisme sexuel» féminin et de dissocier ainsi l'«île» de tout un tissu mythique qui s'enracine dans l'histoire de la culture japonaise. D'autant plus que, sans doute, la dimension socio-psychologique de cette peur de la femme dans la société d'Edo est originaire, du moins en partie, d'un symbolisme mythico-rituel plutôt ancien[3]. Notre but à présent se limitera à poursuivre une première recherche sur la notion de Nyogonoshima comme «lieu commun»: nous allons nous interroger sur son statut d'objet qui participe de la littérature, notamment orale[4]. Nous avons affaire à un *fait littéraire omniprésent* où la littérature — à savoir, le roman à vocation artistique ou érotique ou encore l'œuvre de fiction comme le récit de voyage fantasmagorique — rencontre le phénomène global du narrative: la rumeur, la production savante mais aussi le mythe. Or, ce «fait littéraire massif» possède un statut plutôt ambigu dans l'histoire littéraire japonaise. C'est surtout cet aspect qui va être traité dans cette contribution.

La représentation clé

La notion de Nyogonoshima évoque encore de nos jours pour un public cultivé plusieurs images. La plus commune fait partie de ce qui

[2] Voir notamment, Laurence Caillet, *La maison Yamazaki*, Paris, Plon, 1991, p. 132 et note 3.

[3] Cf. Simone Mauclaire, «Serpent et féminité, métaphores du corps réel des dieux», *L'Homme* nº 117, 1991, p. 66-95.

[4] Cf. Simone Mauclaire, «L'»île des femmes«, *Nyogonoshima*: un lieu commun de la société japonaise pré-contemporaine»; dans Jean-Louis Bacqué-Grammont (éditeur): *L'arbre anthropogène du waqwaq, les femmes-fruits et les îles des femmes; recherches sur un mythe à large diffusion dans le temps et l'espace*; Istituto universitario orientale de Naples; Institut français d'études anatoliennes; Nouvelle Société Geuthner, Paris (à paraître en 2005). Nous n'avons pas traité de cette question auparavant, car nous avons pu trouver que récemment une version de la thématique qui semble être authentiquement orale. Il est donc devenu évident qu'il fallait prendre au sérieux toutes les allusions aux faits oraux dans les textes savants que nous allons citer plus loin.

est qualifiable de «représentation clé»: il s'agit d'un paradigme souple des connaissances communes, qui est fondé sur l'idée d'une société féminine laquelle se reproduit sans hommes, et qui est en principe hostile, voire menaçante, pour tout intrus masculin; cette société est en général à caractère démoniaque. Mais Nyogonoshima peut évoquer également le contraire, à savoir un paradis, du moins pour l'homme heureux qui peut atteindre les rivages de l'«île»[5]; ou encore, tout un monde féminin clos, qu'il s'agisse d'un quartier de plaisirs ou d'un monastère de nonnes[6]. Parmi les nombreuses scènes littéraires où figure l'«île», célèbre est le voyage final à Nyogonoshima du Yonosuke, le héros du roman d'Ibara Saikaku, *Kôshoku-ichidaiotoko* (1682). Cet amateur de femmes, l'un des prototypes les plus connus d'*irogonomi*, «homme galant», de la littérature japonaise, préfère mourir à Nyogonoshima plutôt que dans un paradis bouddhique; son départ vers l'«île» est une forme de suicide exprimant un désir de finir en beauté en échappant au déclin de la vieillesse[7]. On peut mentionner aussi le récit de Nyogonoshima qui figure dans le *Chinsetsu-Yumiharizuki* (1807), roman fleuve de Kyokutei Bakin sur lequel on va revenir plus tard.

En aucun cas ces exemples n'épuisent l'image de Nyogonoshima telle qu'on peut la restituer à travers la langue et les textes pré-contemporains. Mais on remarque que les transformations textuelles reflètent pour la plupart un «écart» par rapport à la «représentation clé» qui correspond à l'image la plus répandue du sens commun[8]. Cette «représentation clé» peut apparaître isolée ou amalgamée avec une constellation mythique plus large associant l'«île» des femmes à celle de l'«île» où

[5] La description de Hachijôjima dans Kasshiyawa (1818-1830) écrit par Seizan-Matsu.ura Kiyoshi, suggère, malgré la dénégation de l'auteur, que l'«île» avait la réputation de lieu de plaisir du fait des mœurs légères de ses femmes; cf. par exemple, dans l'édition Tôyôbunkô, n° 421, Tokyo, Heibonsha, 1983, p. 274.

[6] Nyogonoshima peut métaphoriser aussi les cuisines et le gynécée du Shôgun.

[7] Le thème du roman de Saikaku a été repris également par Akutagawa Ryûnosuke (1892-1927) dans sa nouvelle *Yonosuke no hanashi*.

[8] Les divers auteurs ne reproduisent pas une représentation modèle mais procèdent plutôt par allusion à ses principes générateurs. Ainsi, dans la satire de Gennai Hiraga intitulée *Fûryû Shidôkanden* (1763), la notion de lieu d'illusion est construite grâce à une série d'impossibles qui consiste à appliquer à un monde fantasmatique originaire du *Ikokumonogatari* (1652) et du *Wakansansaizue* (1711) des traits sociaux de la société japonaise de la deuxième partie du XVIIIe siècle. Dans ces deux dernières sources, le «pays des femmes», *nyokoku*, se présente comme un lieu d'où les hommes ne reviennent pas vivants. Gennai Hiraga ne manque de souligner le contraste entre l'autosuffisance des femmes qui prétendent pouvoir se reproduire par le truchement du vent et leur appétit sexuel face aux hommes. On accordera plus loin une attention particulière au traitement littéraire de l'«île» dans le *Chinsetsu-Yumiharizuki* de Kyokutei Bakin.

se trouve le «palais du roi dragon», *ryûgû* ou *watatsumi no miya*[9]. Plusieurs anthropologues et folkloristes japonais, dont Nakayama, Ishida, Mishina, considèrent qu'un mythe japonais transmis par écrit au début du VIIIe siècle où Hohodemi part au palais du roi dragon pour y épouser Toyotamahime, la fille du roi-dragon, est la forme indigène ancienne du mythe de l'«île des femmes»; nous y reviendons[10]. Il faut souligner que Ryûgû — c'est-à-dire, le «palais» ou l'«île» sous-marine où celui-ci se trouve —, personnifie souvent la divinité principale de la mer. En outre, cette «île» sous-marine symbolise soit le corps féminin, soit, grâce à l'union des contraires, comme l'eau et la terre, un rapport de parenté à caractère croisé père/fille ou mère/fils[11]. Dans tous les cas, la représentation de Ryûgû concerne un paradigme mythique où l'enjeu est la reproduction du pouvoir à travers la femme, le rapport père/fille renvoyant à un type de mariage où c'est un gendre qui succède à son beau-père[12]. On verra plus loin l'importance d'un tel type de mariage à Hachijôjima qui est canonisé, à partir de la fin du XVIIIe siècle comme le Nyogonoshima japonais.

CHINSETSU-YUMIHARIZUKI ET LE RÉCIT RAPPORTÉ PAR MENDOZA (1585)

Le roman *Chinsetsu-Yumiharizuki* (1807) de Bakin, déjà cité, permet de saisir le contenu ambivalent de la «représentation clé» durant la dernière partie de la période d'Edo. C'est l'un des textes les plus célèbres pour l'identification de Nyogonoshima avec l'île de Hachijôjima. Mais l'élaboration narrative consiste à présenter deux îles comme la «vérité»

[9] C'est le terme sino-japonais *ryûgû* qui devient le plus en usage, déjà sans doute durant la période médiévale. *Watatsumi-no-miya* en est l'équivalence vernaculaire. Les mythes du VIIIe siècle suggèrent que *watatsumi-no-miya* avait comme autres équivalences la notion de *tokoyo*, polysémie signifiant «pays de vie éternelle/de l'éternelle nuit» et celle de *haha-no-kuni*, «pays de la mère». De nos jours le terme *tokoyo* est utilisé comme générique par la littérature savante.

[10] Cf. Nakayama Tarô dans *Nihonminzokugaku-ronkô*, Tokyo, Isseisha, 1932, p. 287-298; Ishida Ei.ichirô, «Watatsumi no nyoninkoku», dans *Ishida Ei.ichirô zenshû*, p. 149-154; Mishina Akihide, dans *Mishina Akihide bunshû*, Tokyo, Heibonsha, 1972, vol. 4 (*Nissenshinwa densetsu no kenkyû*), p. 247 et 265-281.

[11] Cf. Simone Mauclaire, «Le sacrifice du serpent, Thématique mythique ancienne et rituel contemporain dans certaines localités à Hiroshima-ken», *Cahiers de Littérature Orale*, n° 26, 1989, p. 94 et *op. cit.* 1991, p. 66-95.

[12] Ce cycle mythique est caractérisé par le fait que ce sont la fille et son époux qui sont présentés comme héritiers du pouvoir magico-royal de Ryûgû, avant que s'ensuive une séparation inéluctable. On peut mentionner aussi la légende d'Urashimako qui figure dans l'*itsubun* de la province de Tango (ce texte pourrait être originaire du début du VIIIe siècle, mais du fait que le *Shakunihongi* où il figure date du XIIIe, voire du tout début du XIVe siècle, cette datation est discutable).

du lieu, et cela en opposition avec le «sens commun» lequel, ignorant l'existence de l'île des hommes à proximité de Hachijôjima, postule que les femmes y engendrent par le truchement du vent. La technique narrative consiste à représenter comme «fiction» les images relatives à Hachijôjima qui sont évoquées par les hommes qui s'y rendent contre leur gré; ils obéissent à l'ordre du héros culturel Tametomo qui part à la «conquête» de l'«île». Il est intéressant de noter jusqu'à quel point ces images, qui sont censées représenter la «rumeur» sont contradictoires: d'une part, Hachijôjima y figure comme une contrée isolée au milieu de la mer, laquelle inspire la terreur, de sorte que nul n'ose y pénétrer; d'autre part, les hommes «affolés» du bateau s'attendent à y (re)trouver — conformément à la rumeur — les sandales des femmes alignées au bord de l'eau pour accueillir les voyageurs masculins. En fait, choisir par hasard une sandale revient à choisir une épouse avec les risques que cela comporte...

Mais si Bakin, pour l'amour de l'insolite et pour l'effet de suspense, choisit de nous dépeindre un certain «sens commun», ce n'était pas faute de versions plus «réalistes». Les histoires d'îles des femmes circulaient, sans doute en grand nombre, entre le Japon et la Chine. Ainsi, le missionnaire Mendoza rapporte dans son histoire de la Chine (1585)[13], un récit relatif à un groupe d'îles à proximité du Japon constituant un petit royaume de femmes. Seuls les hommes qui faisaient du commerce avec ces îles étaient autorisés par la reine d'y accéder une fois par an. A cette occasion, des couples se formaient et, grâce à ces unions, les femmes obtenaient la progéniture féminine nécessaire à leur perpétuation; leurs amants ne pouvaient demeurer avec elles et les garçons naissant de ces unions se joignaient à leurs pères. Il s'agit d'un récit chinois relatif à un pays des femmes japonais. Mendoza y ajoute probablement du sien. Il assimile ces femmes aux amazones en affirmant qu'elles se mutilaient en se coupant le sein gauche.

Mais le rapport entre ce récit originaire de Chine et celui de Bakin est évident: (a) dans les deux cas nous avons affaire à deux «espaces», l'un masculin, l'autre féminin. Alors que, dans le récit de Mendoza, un royaume japonais gouverné par des hommes s'oppose à celui régi par la reine du royaume des femmes, dans le récit de Bakin, c'est la malédic-

[13] Rapporté par Minakata Kumagusu; cf. *Minakata Kumagusu-zenshû*, vol. 4, p. 150, Tokyo, 1972. Il y a cependant une erreur de datation dans le texte japonais (peut-être s'agirait-il plutôt d'une faute d'impression). Précisons donc que *l'Historia de las cosas mas notables, ritos y costvmbres, del gran Reyno dela Chine... con un Itinerario del nueuo Mundo* parut à Rome, Bartholome Grassi, en la Stampa de Vicentio Accolti, 1585.

tion de la divinité de la mer qui sépare les hommes et les femmes lesquelles ne peuvent se rencontrer qu'un seul jour par an,«lorsque le vent du sud souffle»[14]. Mais chez Bakin aussi nous avons affaire à deux sociétés autonomes où les enfants mâles rejoignent leurs pères et les filles restent avec leurs mères; (b) dans les deux cas, le «choix» de l'épouse s'effectue grâce aux sandales alignées sur la côte; (c) le récit de Bakin fait allusion au motif des amazones. Il dépeint la scène du meurtre du démon, un chat sauvage de la montagne, organisé par la femme «perspicace et à cœur d'homme» que Tametomo va épouser[15]. Donc, logiquement, vu l'absence des hommes, son Hachijôjima est habité par des femmes-amazones en attendant que Tametomo y impose un ordre conforme à la hiérarchie masculin/féminin...

Il est significatif que le nom Nyogonoshima implique aussi, entre autres, l'idée de femmes guerrières; il est temps par conséquent de dire quelque chose sur ce nom.

L'origine de la notion de Nyogonoshima

Jusqu'aux années 1770, un nom d'origine sanscrit, Rasetsukoku (Rākṣasī-dvīpa), «pays des démons», figurait sur des cartes du territoire japonais. Une version japonaise du XIIe siècle d'un *jataka* relatif à un pays de femmes-démons[16] et une carte datant de 1305[17], suggèrent que ce Rasetsukoku était considéré comme un «pays des femmes» Quant au nom Nyogonoshima, il est relativement tardif et semble être attesté à partir du milieu du XVe siècle dans un récit qui appartient à la catégorie des *otogizôshi*, intitulé *Onzôshi-shima-watari*. Ce récit reproduit une cosmogonie fantaisiste d'inspiration chinoise agrémentée d'éléments de la tradition indienne et de la mythologie japonaise. On y trouve, notamment, le motif des femmes qui enfantent par le truchement du vent,

[14] Cf. *Chinsetsu-Yumiharizuki*, dans Nihonkotenbungaku-taikei, vol. I p. 255. Le style narratif comporte beaucoup de sous-entendus qui constituent des renvois littéraires, par exemple, au thème de la tisserande et du bouvier (*tanabata*). On remarque par ailleurs une «illogique» à valeur symbolique: on voit difficilement comment le vent du sud peut ne souffler qu'un seul jour par an. On pourrait donc comprendre «une seule fois par an, lorsque le vent du sud souffle» ou «une fois par an, du fait que le vent du sud souffle», ce qui constitue une allusion à l'*Otogizôshi* (cf. *infra*) et à la «représentation clé» où les femmes engendrent grâce au vent du sud». Mais en fait, une autre lecture peut se faire au conditionnel, conformément à l'usage de la langue parlée: si une fois par an le vent du sud souffle, alors...

[15] Cf. *Chinsetsu-Yumiharizuki*, dans Nihonkotenbungaku-taikei, vol. I p. 260.

[16] Cf. *Konjaku-monogatari*, livre V, n° 1.

[17] Cf. Yoshie Hisaya «Nyogogashima kô», dans *Saikakubungakukenkyû*, Kasamashoin, 1974

représentation relativement rare dans l'ethnographie japonaise, mais diffusée dans les îles de Ryûkyû, chez les Ainous et en Chine[18]. Mais le nom est une invention des auteurs/conteurs japonais. Plus précisément, ce nom semble avoir été inventé à la fin de la période médiévale pour le besoin de la fiction et il entretient probablement une relation étroite avec l'évolution de la condition de la femme de la société médiévale au monde moderne[19].

Nyogonoshima est composé de deux éléments: *nyogo* et *shima*. *Shima* signifie «île» ou «pays» et confère l'idée d'une terre originaire de l'océan primordial. *Nyogo* s'écrit généralement avec les caractères, *nyo*, «femme» et *go*, «défendre»[20], «protéger», ce qui signifie l«île défendue par les femmes», évoquant l'idée des «amazones». Ainsi, dans

[18] À propos des sources chinoises de la période de Song où figure le thème du vent fécondateur et de l'existence de ce motif chez les Ainous, cf. Ishida, *op. cit.* p. 152. Pour Ryûkyû, cf. Obayashi Taryô, «Ryûkyûshinwa to shû. i shominzokushinwa to no hikakau», dans *Okinawa no minzokugaku kenkyû, minzokoshakai to sekaizô*, Minzokugakugakkai, Tokyo, 1974, p. 303-420. Une tradition orale du vent du sud ramenant les hommes vers leurs femmes où figure de surcroît le motif des sandales évoquant l'idée d'attente a été transmise par un chant local de Hachijôjima; cf. Ishida, *op. cit.*, p. 150, et Ômachi, *Ômachi Tokuzôzenshû*, Tokyo, Miraisha 1978, vol. IV, p. 355. Par ailleurs, Ômachi rapporte un proverbe local attribuant au vent du sud le pouvoir de féconder les femmes (cf. p. 355).

[19] On trouve au Japon des toponymes d'origine ancienne comme Mejima, «Ile des femmes» ou «Ile de la femme»; Himegajima, «Ile de la noble femme», ou encore le célèbre Onigashima, l'«Ile des démons». Ce dernier est un générique pour désigner un «lieu» d'exil qui possède une aura fantasmatique dans la société médiévale. Onigashima est situé, selon les sources narratives, parfois dans la province d'Izu parfois dans certaines régions du Sud du Japon. Malheureusement, ces toponymes ne sont associés, du moins à nos connaissances, à aucun récit relatif à une population exclusivement féminine. Fujita Motoharu rapproche le toponyme Mejima, «île des femmes», désignant une île au sud du Japon, de la notion d'«île des démons», Rasetsukoku, et considère que cette association serait déjà attestée en 733. Ce Mejima serait selon lui un lieu symbolisant les confins du royaume; cf. Yoshie, *op. cit.* p. 207-208. Rappelons cependant que la relation clairement attestée entre une île des démons, celle portant le nom d'origine sanscrit Rasetsukoku, et une «île des femmes», figure sur une carte datant de 1305 (cf. *supra*, p. 348). Quant à Onigashima (ou Oninoshima), c'est apparemment le terme le plus répandu et le plus vague pour désigner la notion d'«île des démons»; il a souvent pour équivalent le nom sino-japonais Kikaigajima. Il n'y-a pas forcément de correspondance entre le Kikaigajima des îles d'Amami et le «lieu» figurant dans les sources. Pour le problème géographique de Kikaigajima cf. l'article «Kikaigajima», de Haraguchi Torao, dans *Kokushidaijiten*, vol. IV, p. 22; voir aussi Mura.i Shô-no-suke, «Kikaiga jima Kô, chûseikokka no saikyô», *Ajia-rekishibunkakenkyûjohô*, n° 17, mars 2000; il s'agit d'un point de vue récent, intéressant, mais qui ne tient pas compte de la divergence des textes et des manuscrits médiévaux.

[20] Cette graphie peut être relativement récente et remonter seulement à la période d'Edo; ceci dit, le contenu de l'*otogizôshi* suggère que le sens d'«île défendue par les femmes» ne fait pas doute.

l'*Onzôshi-shimawatari*, le héros Yoshitsune est accueilli sur la côte par de nombreuses femmes tenant des lances à la main, prêtes à l'immoler comme victime sacrificielle.

Mais Nyogonoshima recèle plusieurs autres sens. *Go* évoque *ko*, «enfant», ou encore *gô* (ou *go*) «auguste». Dans le premier cas, *nyogo* connote «fille»[21] mais dans un sens qui l'oppose radicalement à l'homme comme «fils»[22]. L'homme possède, dans la société du XVe siècle, des droits à l'héritage que la femme ne possède en règle générale pas — ou plutôt ne possède en règle générale plus —, contrairement à sa situation dans la société du XIIIe siècle[23]. Dans le second cas, *nyogo* (ou *nyôgo*) «épouse impériale», dénote, au contraire, un statut féminin supérieur à celui de la plupart des hommes. Ainsi, Nyogonoshima prend son sens dans une société où l'«île» représente une forme d'antithèse à la situation ordinaire de la femme. Mais il faut souligner qu'à la féminité du quotidien s'oppose dans la culture japonaise une certaine tradition mythico-rituelle, par exemple, le culte de la déesse ancestrale du Japon, Amaterasu-ômikami, la divinité du soleil, de son acolyte Toyouke, la divinité de la nourriture, ou encore celui de la Yama-no-kami et des figures féminines de Ryûgû. Nous devons sans doute à cette ambiva-

[21] Pour l'usage dialectal de Hachijôjima, cf. *infra*, p. 356.

[22] Le terme vernaculaire ancien pour désigner fille est *musume*. L'association entre le caractère «femme» et celui d'«enfant» a déjà une implication péjorative au début du XIe siècle, cf. *Makura no sôshi*, n° 25 (édition Nihonkotenbungakutaikei): dans cette rubrique, Seishônagon classe comme «décevante», *susamaji*, la situation d'une maison de lettrés qui se voit dotée de génération en génération de descendants de sexe féminin. Ce dernier sens provient du fait que *ko* (ou *go*) enfant, implique également «descendant», de sorte que l'association entre la graphie femme et celle d'enfant souligne l'inadéquation de la femme à devenir héritière de la fonction de docteur, *hakase*. Si l'exclusion de la femme des postes administratifs du système de fonctionnaires originaire de la Chine est significative, et cela dès sa parution à la fin du VIIe siècle, il n'en va pas même de la succession des femmes aux titres fonciers qui continue à être pratiquée durant toute la période ancienne et une partie de la période médiévale; cf. Note 23.

[23] Pour l'évolution de la condition de la femme du XIIIe au XVe siècle dans les milieux de notables locaux, cf. H. Tonomura, «Women and inheritance in Japan's Early Warrior Society», *Comparative Studies of Society and History*, 1990, vol. 32, n° 3, p. 592-623 et également J.P. Mass, *Lordship and Inheritance in Early Medieval Japan*, Standford, Stanford University Press, 1989. Soulignons cependant que l'historienne Haruko Wakita (*Nihonjoseishi, Yoshikawa Kôbunkan*, Tokyo 1987), considère au contraire qu'il y aurait eu un renforcement considérable à partir du XIIIe siècle de la position familiale de la femme du fait de l'importance accrue du rôle de la famille conjugale. Il n'est pas exclu que l'affaiblissement de la position de la femme comme héritière au sein de sa famille natale ait été accompagné par un accroissement du rôle de la famille conjugale, mais les travaux de Wakita sont peu documentés. Le *Hojôgodaik*i qui est réputé décrire les mœurs de Hachijôjima autour des années 1573-1591 souligne que la position élevée de la femme comme héritière à la maison est en parfait contraste avec sa situation générale au Japon à cette époque.

lence, notamment à l'écart entre la femme «réelle» et la catégorie «mythisée» du féminin, l'une des raisons de la fascination que le thème de Nyogonoshima exercera sur l'ensemble de la population cultivée au Japon, notamment sur plusieurs lettrés de la période d'Edo, dite moderne.

Hachijojima et le Hojogodaiki

On a vu à travers le récit de Bakin que l'une des particularités de la notion de Nygonoshima est son identification avec l'«île» de Hachijôjima. On a tout lieu de supposer, malgré l'opinion de Nakayama et de Hisaya[24], que l'une des sources de cette identification est le *Hôjôgodaiki*[25] décrivant les mœurs de Hachijôjima autour des années 1573-1591. Ce texte ne fut imprimé que plus tardivement, en 1641, et était sans doute connu des lettrés et des écrivains qui ont contribué à la «canonisation» de Hachijôjima comme Nyogonoshima, des lettrés confucianistes dont il sera question ultérieurement et, notamment, l'écrivain Bakin.

Selon le *Hôjôgodaiki*, qui rapporte les propos de gens de la région, les femmes de Hachijôjima jouissent durant cette fin du XVIe siècle d'une position nettement supérieure à celle des hommes. Le texte souligne à plusieurs reprises le caractère exceptionnel de cette hégémonie féminine; celle-ci est attribuée à l'importance du tissage comme principale source de richesses et à la beauté exceptionnelle des femmes qui séduit autant les visiteurs étrangers de haut rang que les seigneurs de l'endroit. D'autres textes plus tardifs confirment, en partie, ces données. Par ailleurs, les travaux ethnographiques d'avant la deuxième guerre mondiale montrent l'importance de la résidence uxorilocale (du moins, en ce qui concerne la période contemporaine, pendant la première partie de la vie conjugale), ainsi que le statut relativement élevé des femmes de Hachijôjima[26].

Soulignons néanmoins que le *Hôjôgodaiki* semble exagérer ce statut élevé des femmes de Hachijôjima: d'une part, parce que l'alliance consistant à accueillir un gendre peut concerner beaucoup moins le rapport entre l'homme et la femme que celui, à caractère économique et politique, entre le beau-père et le gendre, et c'est donc le père de la femme qui reste le chef de la maison; d'autre part, parce que les unions

[24] Cf. Nakayama (1932) et Hisaya (1974) *op. cit.*
[25] *Kaiteishisekishûran*, tome V, livre n° 5.
[26] Cf. Ômachi, *op. cit.*

entre femmes de basse extraction et personnages nobles sont plus qu'ambiguës. Le modèle de l'hypergamie (type d'alliance où la femme est de statut inférieur à celui de l'homme) est très valorisé dans le Japon pré-contemporain mais dans un contexte où la frontière entre «mariage», «concubinage» et même relations de domesticité n'est pas toujours claire.

En fait, c'est l'exagération, voire la transformation de rapports sexuels à caractère servile en représentation d'un omni-pouvoir féminin qui est sociologiquement intéressante. Lieu d'exil particulièrement célèbre dans la société d'Edo, l'île de Hachijôjima reste réputée pour ses femmes qui deviennent souvent les concubines des exilés de haut rang, qualifiées de *mizushi*, «femmes employées à puiser de l'eau et à travailler dans les cuisines». A ces rapports de concubinage convoités par les habitants de Hachijôjima sont associées des histoires tragiques de séparation entre les *mizushi* et leurs compagnons. Le halo fantasmatique qui entoure Hachijôjima dans la société d'Edo doit être analysé à la lumière de cette réalité impitoyable. Asanuma, dans son ouvrage *Nyogogaoshima-kô*[27], décrit comment ces «servantes à puiser l'eau» peuvent également être configurées comme des filles célestes, issues d'êtres qui ont précédé les hommes, et dont le pouvoir fait peur aux hommes, au même titre que celui des démons.

On a affaire à une vision masculine du monde qui investit une société locale d'être un Nyogonoshima grâce à un procédé de catégorisation de traits symboliques saillants.

La littérature des lettrés

Le *Hôjôgodaiki* conte que Hachijôjima fut jadis habité exclusivement par des femmes d'origine céleste jusqu'à ce qu'un noble[28] s'y installât, donnant naissance à une multitude de descendants. L'auteur prétend rapporter un récit local et on peut supposer que la tradition savante relative à l'«île» s'inspire de son texte, même si le *Hôjôgodaiki* n'est pas toujours cité.

Il est utile de rappeler ici que le voyage à Hachijôjima conté dans le *Hôjôgodaiki* est contemporain du texte de Mendoza. Mais, alors que le récit du missionnaire concerne un groupe d'îles proches du Japon, le

[27] Tôkyô, Miraisha, 1981, p. 1 et p. 111-112.

[28] Il s'agit d'un personnage réel du nom de Shimokawabe Yukihide; il fut un vassal de Minamoto no Yoritomo et un intendant du domaine de Shimokawabe de la province de Shimôsa; il figure dans le Tôkan en 1180 (cf. S. Ôta, *Seishikakkei-daijiten*, Tokyo, Kadokawashiten, 1963, vol. II, p. 2918).

Hôjôgodaiki considère, du moins dans un passage, que Hachijôjima est plus proche de la Chine que du Japon[29]. Avons-nous affaire au même groupe d'îles — les sept îles d'Izu — auquel appartient Hachijôjima? S'agit-il d'un même «lieu» vu de la Chine d'une part et du Japon d'autre part? Quoiqu'il en soit de l'identité géographique de l'«île», nous allons voir jusqu'à quel point nous avons affaire, dans le cas de Nyogonoshima, à une thématique où la dimension savante n'exclut pas celle d'une littérature narrative orale également connue de nos lettrés.

QUELQUES NARRATIVES «SAVANTS»

La fortune extraordinaire de l'«île» chez les lettrés semble avoir été inaugurée par le célèbre Arai Hakuseki (1657-1725). Il fut conseiller du Shôgun Ienobu et de son fils Ietsugu. Il identifie Hachijôjima à une «contrée des femmes» en alléguant, conformément à la rationalité digne d'un érudit confucianiste, un critère démographique: les femmes y sont très nombreuses, à savoir sept à huit pour dix habitants. Mais il n'omet pas non plus de faire allusion à la situation géographique de l'«île» au «Sud-est de l'univers», détail qui corrobore une tradition chinoise figurant dans l'encyclopédie *Sancai tuhui* (1607)[30]. Tanigawa Kotosuga, dans une œuvre écrite entre 1747 et 1748[31], cherche un compromis entre traditions narratives vernaculaires et «objectivité» digne d'un savant: il affirme qu'on disait jadis que Hachijôjima était un Nyogonoshima, mais qu'à présent l'«île» est habitée également par des hommes, à vrai dire toujours peu nombreux. Tanigawa fait une allusion discrète au *Hôjôgodaiki,* mais comme source chinoise, il favorise l'encyclopédie médicale *Honzôkômoku* (*Bencao gangmu* 1587) qui permet d'identifier le Japon avec le pays du mûrier géant, le Fusôkoku, où le soleil se lève. Le Fusôkoku est une île légendaire qui est censée se trouver dans la mer du Japon et qui est réputée déjà dans l'«Histoire de la dynastie du Sud», *Nanshi,* datant du 659, pour posséder à l'est un «pays des femmes». Comme le Fusôkoku se trouve là où le soleil se lève, le fait que le «pays

[29] Cf. *op. cit.* 111. Toutefois, la narration fait comprendre clairement que la situation de l'«île» symbolise un «ailleurs»; dans un autre passage (p. 120), on nous dit plutôt que: «cette île est loin tant de l'Inde que de la Chine ou du Japon et se trouve loin, quelque part dans les mers du sud.»

[30] Cf. «Sendaimongo» de Okamura Yoshimichi écrit en 1764, dans *Nihonzuihitsu-taisei, dai.ikki*, Tokyo, 1975, vol. I, p. 423. Okamura cite le Tôkaidan (1740). Le *Dainihonshi*, cf. *infra*, p. 355, fait remonter toute la tradition lettrée japonaise relative à l'identité entre Hachijôjima et Nyogonoshima à Arai Hakuseki.

[31] Cf. *Nihonzuihitsu-taisei, dai.ikki*, Tokyo, 175, vol. 6, p. 5.

des femmes» se situerait encore à l'est de ce repère, le représente comme ce que l'esprit s'imagine être l'«ultime Est», l'origine de toute vie.

Mais, au XVIIIe siècle, au moins avant la publication du dictionnaire *Wakun no shiori* de Tanigawa Kotosuga en 1771, il n'existe pas encore d'orthodoxie en la matière. L'encyclopédie *Wakansansaizue,* datant de 1711, laquelle correspond, du moins en partie, à une reproduction de l'encyclopédie chinoise *Sancai tuhui* (1607), indique que le terme d'origine chinoise *nyoninkoku*, «pays des femmes», se dit en langue «vulgaire» ou «populaire», c'est-à-dire en japonais, Nyogonoshima. L'auteur, Terajima Ryôan, ajoute d'autres détails, à savoir que des pays des femmes se trouvent partout, figurant sur les cartes de «dix-mille pays de ce monde» et fait également allusion au Rasetsukoku en établissant un parallèle entre l'Inde et le Japon.

Le lettré Okamura Yoshimichi (1700-1767) dans son *Sendaimongo* (1764)[32] s'oppose à la tradition de Hachijôjima, malgré l'autorité de l'illustre Arai Hakuseki qu'il évoque pour le critiquer. Il opte pour l'île de Koshiki, au sud de Satsuma. On voit disparaître de cette version le motif des femmes qui enfantent par le truchement du vent. Mais si Okamura choisit Koshiki, c'est parce qu'il a entendu dire qu'à Hachijôjima les femmes donnent naissance aussi bien à des garçons qu'à des filles. En revanche, à Koshiki les femmes ne donneraient naissance qu'à des filles. C'est donc, en principe, un don naturel qui favoriserait la perpétuation de ce pouvoir féminin. Cependant, les femmes s'unissent pour obtenir leur progéniture féminine à des hommes du territoire japonais qui les visitent comme hôtes, sans pouvoir devenir des citoyens de l'île. Koshiki est présenté par Okamura comme un petit royaume féminin, ce qui rappelle le récit de Mendoza, cependant que les femmes de son «île» n'ont rien d'«amazones». Si les délégués japonais envoyés jadis dans le but d'asservir l'«île» au fief de Satsuma ont la réputation d'être tous morts sur place, la raison est à dissocier de toute forme de brutalité. Okamura explique ces incidents avec la pudeur d'un lettré: les délégués sont trop bien accueillis par les femmes sur le plan culinaire, notamment la boisson et ont donc tendance à s'«oublier». D'autres récits de la belle littérature, comme le *Kôshoku-ichidaiotoko* de Saikaku (1682), déjà cité, ou encore le *Fûryû-Shidôkanden* (1763) de Gennai Hiraga font plutôt état de l'appétit sexuel exagéré des habitantes de l'«île», qui épuise tous les visiteurs masculins. Ajoutons que le thème de Nyogonoshima métaphorisant le quartier de plaisirs est aussi très abondant dans une littérature franchement pornographique.

[32] Cf. *Nihonzuihitsu-taisei, dai.ikki*, Tokyo, 1975, vol. I, p. 423.

UN «FAIT DES LETTRÉS» OU UNE «SUPERSTITION»?

Revenons à la littérature «savante». Le *Hachijôjimahikki* datant du 1797 prend le contre pied du *Wakansansaizue* en arguant de ce que des «pays des femmes n'existent pas car ils n'apparaissent sur aucune carte de ce monde». Devons-nous conclure que jusqu'à la deuxième moitié du XVIIIe siècle, Nyogonoshima fut considéré comme faisant partie de l'univers japonais, en particulier, et de l'univers humain, en général, et cela par une large élite cultivée?

Dans une étude consacrée à *Kôshoku-ichidaiotoko* de Saikaku, Yoshie Hisaya rappelle qu'une élite japonaise prit connaissance des données de la géographie occidentale dés le milieu du XVIe siècle. Il invite par conséquent à effectuer une distinction entre le statut de cartes géographiques à proprement parler et celui de «cartes populaires» à caractère cosmogonique[33]. Remarquons cependant qu'une «île des femmes» et une «île des hommes» figurent dans l'Atlas de Coronelli paru à Venise en 1696: on ne peut donc qu'être prudent en matière de paradigme rationalité/irrationalité pour ce qui est d'un thème à «diffusion universelle»[34]. Ce qui nous intéresse, c'est que Hisaya tente de montrer comment les lettrés parvinrent à construire la constellation Hachijôjima/ Nyogonoshima comme un «fait de lettrés»: c'est-à-dire comme un jeu littéraire fondé sur une maîtrise des sources et qui peut éventuellement trouver sa place dans une histoire située dans un passé légendaire.

Une telle interprétation se trouve confirmée par l'«Histoire du grand Japon», *Dainihonshi*. On lit dans un passage qui date probablement de 1789-1800 que:

> «A Hachijôjima, les femmes sont nettement plus nombreuses que les hommes; elles sont belles tant du visage que du corps; leur peau est immaculée, leur cheveux longs et tombant sur le sol. Pour ces raisons, on appelle ce lieu Nyogonoshima. (...) Il s'agit de ce qui est considéré par les Chinois comme le pays des femmes.»

Comme il convient à un «fait de lettrés», celui-ci est fondé d'une part sur des monographies consacrées à Hachijôjima; d'autre part sur des sources chinoises citées pour justifier le fait que le nom sino-japonais, *nyoninkoku*, «pays des femmes», convient à cette «île». La dernière annotation mentionne le *Nikkanyôkô* d'Arai Hakuseki, considéré comme

[33] Yoshie Hisaya *op. cit.* 1974.

[34] *Solario dell'Atlante veneto del P.Coronelli,* II, Venise, 1696, p. 144-145. Il s'agit des îles d'Abdul Kuri près du cap Gardafui; cf. Henry Yule, *The Book of Ser Marco Polo*, Londres, John Murray, 1926, p. 404-405; voir notamment, Bacqué-Grammont, *op. cit.*, «Excursus III Autour des îles des femmes».

le père fondateur de l'argumentation rattachant l'«île» à la tradition lettrée chinoise.

«TRADITIONEL» VERSUS «POPULAIRE»

Aucun auteur japonais n'a remarqué, semble-t-il, que le *Dainihonshi* cite Arai Hakuseki, afin de souligner l'argumentation de ce dernier qui chercha à «prouver», grâce au «facteur démographique», l'«authenticité» de la «tradition transmise oralement» relative au fait que Hachijôjima fut «jadis» une «contrée des femmes». C'est dans ce contexte qu'il faut lire le *Hachijôjimahikki* (1797) ouvrage contemporain du texte du *Dainihonshi*, où l'argument de la supériorité démographique des femmes est employé pour remonter à l'origine de l'«erreur» de l'association Hachijôjima/Nyogonoshima: la réputation de Nyogonoshima serait due à une rumeur de voyageurs qui, lorsqu'ils se rendirent à Hachijôjima, virent une multitude de femmes venant à leur accueil, et, qui, saisis de panique, s'enfuirent *avant* d'avoir osé y prendre pied[35].

Une autre attaque contre la «représentation clé» traitée de superstition transparaît dans un autre texte datant de la fin du XIXe siècle. Ainsi, Oshiroto Munashige nous dit que:

> «Nyogonoshima est Hachijôjima. L'opinion populaire (vulgaire) comme quoi les femmes deviennent fécondes en s'exposant au vent du sud est insoutenable, et bien que dans le *Kaitôshi*, le *Shichitônikki* et dans d'autres écrits on attribue le nom Nyogonoshima au fait que les femmes y sont nombreuses et les hommes rares, au jour d'aujourd'hui on y trouve les hommes cohabitant avec les femmes.»

Puis il poursuit en attribuant le nom de Nyogonoshima à une erreur linguistique, conformément à l'opinion de Nakayama Nobuna qui attira l'attention sur le fait que *nyoko*, signifie dans le dialecte de Hachijôjima «fille», d'où la confusion avec le mot *nyogo*, désignant une épouse impériale[36]. On retrouve l'étiologie du «populaire»: ce n'est pas une erreur de «vision» qui devient la «source» de la croyance mais une erreur d'«ouïe»: les gens de l'île principale du Japon auraient confondu *nyoko,* «fille», avec *nyôgo*, «épouse impériale» et auraient compris en outre qu'il s'agissait là du le nom de l'«île».

[35] Cf. *Chinsetsu-Yumiharizuki*, Nihonkotenbungaku taikei, vol. I, p. 490, note 30.
[36] Cf. *Joranshawa,* vol. III; édité par Joranshajimusho, entre 1881 et 1916.

Et la littérature orale?

Le débat entre les lettrés concerne un paradigme où d'une part, les traditions locales peuvent être légitimées par les sources chinoises; où d'autre part, celles-ci, assimilées au «populaire», doivent trouver une explication dans l'un des termes du couple «superstition»/«erreur». Dans ce dernier cas, les sources doivent être recherchées dans les «croyances indigènes». Dans quelle mesure ce «populaire» est-il une piste pour comprendre l'une des raisons de l'importance de ce «lieu commun» qu'est Nyogonoshima? Une telle interrogation en soulève une autre, à savoir le problème de la disparition quasi absolue de la thématique de Nyogonoshima des compilations des folkloristes japonais contemporains. Doit-on attribuer ce fait à la transformation de la notion de «pudeur» lors de l'institutionnalisation de nouvelles représentations relatives à la sexualité et à la féminité par l'État contemporain?

Il est utile de remarquer que les «pays des femmes» figurent encore dans la mémoire des personnes originaires de Taiwan. Une amie, qui nous a communiqué l'existence de tels narratives, du moins jusqu'à un passé encore proche, a insisté sur ce que l'histoire qu'elle entendit à l'âge de sept ans ne présentait pas, contrairement aux récits de la littérature savante, l'image d'un pays de femmes «tueuses des hommes» ou de femmes «plus proches des bêtes que des humains»[37]. Au contraire, pour son père et son frère, le pays des femmes se présentait comme un paradis auquel chaque homme aspire à se rendre. Ce type de représentation paradisiaque a été certes, on l'a dit, populaire aussi dans la société d'Edo. Ainsi, l'image que le *Kasshiwaya* (1818-1830) donne de Hachijôjima fait partie des rêveries sur les «îles du sud»: non pas dans le sens des «îles des démons», qu'elles possèdent parfois dans la littérature médiévale, mais dans celui de lieux faciles à vivre, où la douceur du soleil est à l'image de celle des femmes.

La plupart des recueils de contes japonais citent quasiment textuellement le texte de Bakin, alors qu'il est clair que celui-ci, qui certes procéda à une compilation des faits ethnographiques en provenance d'Hachijôjima, construit néanmoins son propre récit. Mais un conte recueilli sur le terrain assez récemment par l'ethnologue Ishikawa Junichirô, nous suggère — du fait de son appartenance au cycle mythique du complexe mer/montagne —, qu'au delà du nom de Nyogonoshima devenu populaire chez un public urbain, le symbolisme impliquée par la notion de

[37] Cf. Gustave Schlegel et Henri Cordier, *T'oung pao*, vol. III, Leide, E. J. Brill, 1892, p. 117-136

«pays des femmes» aurait dû faire partie également de l'univers narratif oral de paysans japonais[38]. Ce texte — qui possède aussi un rapport avec la culture littéraire de la ville, lequel ne pourra pas être discuté ici — confirme l'intuition des ethnologues du passé relative au rapport entre Nyogonoshima et Ryûgû, le «Palais du roi dragon»[39]. Bien que le «pays des femmes» de notre conte soit un paradis où le héros se contente cependant d'une seule épouse, nous y retrouvons, sur un autre registre, la «représentation clé». Notre paradis est indissociable de la mort: la disparition du héros dans la montagne est un voyage symbolique vers un au-delà où la distance entre humain et dieu, dieu et démon, homme et femme peut s'évanouir dans un instant qui équivaut à l'éternité et qui ne peut se traduire dans l'univers humain que par la mort. Le héros de ce conte populaire — comme le célèbre Urashima-ko d'un vieux récit japonais —, lorsqu'il est de retour dans son village natal, se transforme, d'un immortel, en un vieillard mourant, et cela dès lors qu'il ouvre la boîte contenant la vie éternelle qu'il avait reçue de son immortelle épouse. Cette boîte symbolise, bien entendu, la femme-mère. L'évanouissement de la durée du temps qui correspond à son séjour dans le «pays des femmes» signifie probablement la disparition de toutes les oppositions qui règlent notre existence, le proche et le lointain, la vie et la mort. Mais ce conte à valence mythique possède un autre trait de notre «représentation clé», celle des femmes qui se reproduisent seules dans leur «paradis» ou bien qui y vivent sur un registre de l'éternité. Nous retrouvons par suite la thématique des femmes célestes du *Hôjôgodaiki*. qui ont vécu de longs siècles, on ne sait pas comment, sans partenaire masculin. S'agit-il des immortelles à la chinoise dont les rapports avec les croyances populaires au Japon mériteraient d'être approfondis?

On peut postuler que d'autres récits «populaires», de nature différente, représentant le «pays des femmes» plutôt comme un «pur enfer», aient échappé à notre enquête; à moins que le véritable paradigme ne concerne pas un «pays des femmes» mais, de façon plus générale, la catégorie mythisée du féminin au Japon. Remarquons que la femme qui incarne la montagne ou la mer est associée à un espace, à un au-delà, qui revêt dans les traditions mythico-rituelles un statut ambivalent. En fait, l'ensemble de la conception de l'au-delà et de la notion du «divin» ou du «surnaturel» au Japon est marqué par cette ambivalence fondamentale qui a été mise en évidence par de très nombreuses études. Komatsu

[38] Komatsu Kazuhiko, *Kamigakushi to nihonjin*, Kadokawashiten, 2002, p. 185-187.
[39] Cf. *supra*. p. 346.

Kazuhiko a montré encore récemment, grâce aux rapports entre récits (*otogizôhi*, objets de narration) et images du Moyen-âge jusqu'à quel point le «démoniaque» se trouve au cœur de la représentation de chaque paradis et inversement, le paradisiaque dans celui de chaque enfer. On peut supposer que les récits et les peintures médiévaux sont l'objectivation d'un phénomène observable sur le terrain où le rapport dialectique entre mythes, attitudes et rituels suggère que la construction de l'au-delà n'est pas un fait intellectuel, mais possède, du moins assez souvent au Japon, une signification spatiale relative, car puisant son sens dans un contexte. La représentation imagée, mais aussi le texte littéraire ou poétique, peuvent saisir ainsi sous une forme synthétique — visible d'un clin d'œil — ce que le temps du vécu rituel fait dérouler comme séquences différentes.

Qu'en est-il cependant de ce «pays des femmes», paradigme littéraire qui ne doit pas être confondu avec le mythico-rituel à proprement parler, même si on peut trouver des corrélations entre les deux? Sans doute, comme l'a montré Lévi-Strauss, la littérature comme mythe (ou le mythe comme littérature) peut reproduire une *ambivalence fondamentale* à travers la structure contradictoire d'un paradigme qui s'organise selon la logique des oppositions ou des conflits insurmontables. Mais au-delà des jeux de miroir, la thématique de Nyogonoshima semble d'une part posséder une (ou des) signification(s) socio-historique(s); d'autre part receler le «sens» (ou les «sens») complexe(s) d'un phénomène dont les racines émanent de l'interprétation culturelle d'un thème ou d'un problème universel. C'est-à-dire que ce dernier registre du «culturel», nous confronte à une «histoire longue» et même, à une «histoire» qui échappe à une possibilité de datation.

On peut donc conclure sur la nécessité, pour ce qui est de la thématique de Nyogonoshima, de tenter une archéologie des représentations en interrogeant notamment la mémoire de gens encore vivants. Sans doute s'agit-il d'un sujet qui pourrait nous ouvrir plusieurs pistes de recherche, tant pour ce qui est de l'histoire des mentalités au Japon, en rapport avec ce que nous connaissons de la mythologie ancienne et vivante, que de la structure du champ de la production littéraire durant la seconde partie de la période d'Edo.

LES RELATIONS ENTRE LA LITTÉRATURE CAM ET LA LITTÉRATURE MALAISE

PO DHARMA
EFEO Kuala Lumpur

Lorsqu'on évoque les relations entre le Campa et le monde malais, il est habituel de penser d'abord à leurs liens politiques, à leurs réseaux maritimes, à leurs rapports religieux et linguistiques, alors que ceux-ci sont loin d'avoir été les seuls et même les plus nombreux. En effet, de nombreux documents attestent de relations entre la littérature cam et la littérature malaise, relations qui n'ont été jusqu'à présent que partiellement explorées. C'est ainsi que, pour nous en tenir au domaine strictement littéraire, on trouve entre certaines œuvres cam et malaises des parentés dont certaines tiennent à une origine commune, alors que d'autres prouvent l'existence d'emprunts d'une culture à l'autre[1].

L'étude de ces textes et leur comparaison soulèvent de nombreux points d'interrogation. D'une part, parce que les œuvres littéraires cam et malaises nous sont parvenues sous forme de manuscrits tardifs qui ne rendent pas compte de leur évolution au cours des siècles. D'autre part, parce que des relations littéraires entre le Campa et le monde malais ont été si peu étudiées que l'on ne connaît ni l'époque et ni les modalités des emprunts littéraires ayant eu lieu, ni le système de leur transmission d'un pays à l'autre. Néanmoins, cette communication permettra, je l'espère, d'éclairer certains aspects des relations culturelles de ces deux peuples qui appartiennent à la même famille linguistique austronésienne, et qui participent pour reprendre les termes de H. Chambert-Loir[2], «d'un substrat commun, qui ont connu des évolutions politiques et culturelles en certains points comparables [...] en particulier aux deux grands phénomènes de l'indianisation et de l'islamisation et qui ont par la suite opéré une interaction de leurs patrimoines culturels respectifs».

*

* *

[1] H. Chambert-Loir [1987], p. 95-106; Abdul. Rahman Al-Amadi [1987], p. 107-119.

[2] H. Chambert-Loir [1987], p. 95-96.

Les littératures cam et malaise peuvent être divisées en:

- littérature populaire,
- littérature classique,
- littérature historique,
- littérature de fiction,
- littérature technique,
- littérature religieuse,
- littérature à caractère magico-religieux.

Et à l'intérieur de chacun de ces thèmes, on trouve des manuscrits ayant une parenté certaine, surtout entre les écrits découverts au sud de l'ancien Campa — jadis principauté du Panduranga — et au nord-est de la Malaisie actuelle, c'est-à-dire dans le sultanat de Kelantan.

Nous allons à l'aide de quelques exemples, vu le peu de temps qui nous est imparti, montrer succinctement les parallèles qu'on peut constater entre le contenu d'un certain nombre de textes cam et malais.

Tout d'abord, si on se penche sur la littérature populaire, on constate que celle-ci est très riche aussi bien en pays cam que dans le monde malais. En particulier en légendes, en énigmes, en devinettes et en proverbes qui parfois s'expriment aussi dans les deux pays dans des chansons populaires. Un exemple très intéressant est une énigme intitulée en cam *kaok kaok njep hagait hâ liwang* et en malais *bangau o bangau* (ô! Aigrette) qui, dans les deux langues pose une succession de questions et donne une succession de réponses qui sont identiques dans la chanson cam et dans la chanson malaise, qui sont censées expliquer le fait que lorsqu'une grenouille se gratte la cuisse en poussant des cris, cela est un signe de pluie continue[3]. On ignore quelle est l'origine du texte de cette chanson-énigme[4], si ses rédacteurs ont traduit mot à mot un même texte étranger, si le traducteur cam a traduit une énigme malaise ou si le traducteur malais a traduit une énigme cam.

Si l'exemple qu'on vient de citer est un peu particulier — car les textes qui se décalquent sont rares, les proverbes mis à part[5] —, on trouve par contre un grand nombre de légendes, de contes et autres textes populaires dont les récits en cam et en malais ont une parenté évidente sans qu'on puisse émettre une hypothèse solide et bien argumentée sur leur origine.

[3] Po Dharma [1982], p. 46-47.
[4] R. O. Winstedt ([1958], p. 5), pense qu'elle est un emprunt à l'Inde.
[5] G. Moussay et Duong Tan Thi [2002].

Si maintenant on s'intéresse à la littérature classique, on notera tout d'abord qu'aujourd'hui, en cam, elle est représentée par cinq grandes épopées: *Inra Sri Bikan, Dalim Sak, Um Marup, Inra Patra* et *Dowa Mano*; le ramayana — *Pram Dit Pram Lak*[6] — qui eut un succès attesté à l'époque indianisée ayant maintenant perdu sa popularité — contrairement à ce qui se passe dans les pays malais — et ne se présentant plus que comme un conte (il est d'ailleurs qualifié de *Dalikal*).

De ces cinq œuvres maîtresses cam, deux ont indubitablement des liens étroits avec des épopées malaises. Ce sont l'*Akayet Inra Patra*[7] et l'*Akayet Dowa Mano*[8], épopées très populaires en pays cam, si l'on en juge par le nombre de manuscrits reproduisant ces deux histoires conservés chez les Cam vivant actuellement au Centre Vietnam. On les trouve même en France, dans les bibliothèques de la Société Asiatique et de l'EFEO[9], où figurent huit manuscrits d'*Inra Patra* et quatorze de *Dowa Mano* qui ont été copiés entre la fin du XIXe siècle et le début du XXe siècle.

Si on regarde vers le monde malais, on y trouve deux épopées en malais au nom très proche de celui des deux épopées cam qu'on vient de citer. Ce sont l'*Hikayat Indera Putera* et l'*Hikayat Dewa Mandu*[10]. Si l'histoire *Indera Putera* est connue dans la péninsule et dans les régions d'Aceh, au pays bugis[11], à Sulu et à Mindanao (Philippines)[12], celle de *Dewa Mandu* l'est dans l'archipel indonésien (Java, Banjarmasin, Palembang, Célèbes-sud, Riau)[13].

Les deux textes cam et les deux textes malais des épopées précitées, portent un titre spécifique: *akayet* en cam et *hikayat* en malais qui, tous deux, signifient «texte épique ou épopée». Leur inspiration semble indienne, mais il est impossible d'en préciser l'origine, et ils sont pratiquement exempts d'éléments musulmans[14]. D'autre part, la trame de leur histoire est presque identique. En se basant sur cette ressemblance, cer-

[6] G. Moussay [1976], p. 131-135; P. Mus [1931].

[7] Cette épopée a fait l'objet d'une première traduction en français, dans la thèse soutenue en 1976 par Nara Vija. Une note sur cette épopée a été ensuite réalisée par G. Moussay [1990], p. 101-114.

[8] Cette épopée a fait l'objet d'une première étude par G. Moussay [1975].

[9] Voir P-B. Lafont, Po Dharma et Nara Vija [1977].

[10] Il existe en Malaisie et en Europe vingt-cinq manuscrits de l'*Hikayat* malais *Indera Putera* (cf. Po Dharma, G. Moussay, Abdul Karim [1977], p. 30) et seize manuscrits de l'*Hikayat Dewa Mandu* (cf. H. Chambert-Loir [1980], p. 27).

[11] R. O. Winsdtedt [1920], p. 146; Ali Bin Ahmad [1968].

[12] R. S. Roosman [1973], p. 171-179.

[13] Po Dharma, G. Moussay et Abdul Karim [1998].

[14] H. Chambert-Loir [1980], p. 6.

tains auteurs ont pensé que les *Akayet* cam *Inra Patra* et *Dewa Mano* n'étaient qu'une adaptation des *Hikayat* malais *Indera Putera* et *Dewa Mandu* et que la composition du texte cam pouvait remonter au XVIIe siècle, à l'époque où l'islam s'implantait à la cour du Campa[15]. En fait, il n'y a là qu'une hypothèse qui ne s'appuie sur aucune preuve historique ou littéraire connue à ce jour.

Bien que le contenu d'*Inra Patra* et de *Dewa Mano* soient très connu parmi les lettrés cam, personne chez les Cam ne connait l'origine, le mode de transmission ni la date de composition de ces œuvres. On n'est pas mieux renseigné non plus pour les *Hikayat* malais *Indera Putera*[16] et *Dewa Mandu*[17] et pour eux aussi, on ignore encore leur date de composition et la manière dont ils ont été diffusés. L'ignorance quant à la date de composition de toutes ces épopées nous conduit à poser la question de savoir si la première rédaction du texte malais a précédé celle du texte cam ou vice-versa, à moins que les deux textes cam et malais aient puisé dans un fonds commun et qu'ils aient été rédigés indépendamment à des époques proche ou lointaine[18]. Enfin, si tout le monde sait que le monde malais a beaucoup influencé le Campa sur le plan culturel et religieux à partir du XVIe siècle, il ne faut pas oublier que le Campa lui aussi a influencé les traditions orales et écrites malaises[19]. Dès lors, la question reste posée de savoir quand et comment les *Akayet* cam et les *Hikayat* malais ont vu le jour.

Si l'on en croit Nara Vija, H. Chambert-Loir et G. Moussay[20], l'*Akayet Inra Patra* et l'*Akayet Dewa Mano* ne sont pas une traduction des épopées malaises *Indera Putera* et *Dewa Mandu*, mais pourraient

[15] C'est une hypothèse qui a été évoquée pour la première fois dans la thèse de G. Moussay soutenue en 1975 (G. Moussay [1975], p. 92).

[16] Tout ce qu'on sait, c'est que le nom de l'épopée *Indera Putera* malaise a été pour la première fois mentionné dans l'ouvrage intitulé *Sirat ul-mustakim* composé par Shaikh Nuru'd-din vers 1634 (cf. R. O. Winsdtedt [1920], p. 145-146; [1991], p. 51), mais cela ne signifie pas que ce texte fut composé à cette date. R. O. Winsdtedt ([1920], p. 145-146) et Ali Bin Ahmad ([1968], p. xiii) ont émis l'hypothèse que l'*Hikayat Indera Putera* pourrait avoir été écrit pendant la période de «transition», c'est-à-dire entre la fin de l'indianisation et le début de l'islamisation, au temps de l'apogée de Malacca, au XVe siècle.

[17] L'*Hikayat Dewa Mandu* ne figure pas sur les listes des textes littéraires malais connus aux XVIIe et XVIIIe siècles. Son titre ne se trouve mentionné nulle part avant la parution du *Catalogue des manuscrits de Batavia* où Van Ronkel en donna un résumé en 1909 (H. Chambert-Loir [1980], p. 5).

[18] Po Dharma, G. Moussay, Abdul Karim [1998], p. 11.

[19] Abdul Rahman Al-Ahmadi [1988], p. 107-119.

[20] Nara Vija [1976], p. 1089-1091; H. Chambert-Loir [1980], p. 9-14; G. Moussay [1990], p. 101-114.

être plutôt une adaptation de celles-ci; adaptation que H. Chambert-Loir pense avoir été faite après le XVe siècle[21]. Mais tout cela reste une hypothèse.

On relève dans les textes cam mentionnés ci-dessus quelques éléments arabes. Cela ne nous semble pas très significatif car on ne relève qu'une vingtaine de mots d'origine arabe dans l'*Akayet Inra Patra* et dix-sept dans l'*Akayet Dowa Mano*. On peut donc se demander s'ils ont été empruntés directement au petit vocabulaire d'origine arabe qu'on trouve dans la langue cam sans passer par le biais d'un emprunt à un texte malais ou s'ils sont un emprunt à une œuvre malaise, ou encore si ces mots arabes n'ont pas plutôt été introduits dans les textes cam bien après leur rédacion par des copistes chargés de les recopier. Cette présence de quelques mots arabes dans les *Akayet* cam ne peut pas être regardée comme l'indice d'une influence islamique malaise comme certains l'ont cru. En effet, si aujourd'hui l'influence de l'Islam est évidente dans la version malaise de ces épopées, on ne peut pas dire la même chose des *Akayet Inra Patra* et *Dowa Mano*, car on ne trouve ni invocations musulmanes ni allusion à des pratiques religieuses islamiques dans ces textes cam, qui font seulement allusion aux divinités indigènes (*yang*, *debita*, etc.).

S'il existe une ressemblance certaine entre les épopées malaises et cam précitées, elle porte surtout sur le déroulement de leurs intrigues, Celles-ci mettent toutes en scène une quête. Dans l'*Inra Patra* et l'*Indera Putera*[22], c'est la quête d'un «médicament» permettant à une femme stérile d'avoir un enfant. Dans le *Dowa Mano* et le *Dewa Mandu* c'est la recherche d'un père disparu[23]. L'intrigue et les péripéties qui émaillent le récit, ne varient guère — comme dans la quasi totalité des épopées cam et malaises — et on est sans cesse confronté à des séparations, à des combats, à des enlèvements, à des femmes perdues puis retrouvées, à des luttes contre des démons ou des êtres détenant des pouvoirs magiques. Les personnages eux non plus ne varient guère. Le héros est toujours fils de roi, beau, séducteur, détenteur d'une arme magique. Il sort toujours triomphant des situations les plus périlleuses et conquiert la femme de ses rêves qui est évidemment une princesse douée d'une grande beauté. Puis, ses exploits accomplis, il revient dans son pays natal avec les épouses qu'il a séduites et conquises.

[21] H. Chambert-Loir [1980], p. 11.

[22] On trouve un résumé de cette épopée cam in Po Dharma, G. Moussay, Abdul Karim [1997], et un résumé de cette épopée malaise in R. O. Winstedt [1920], p. 45-53.

[23] Po Dharma, G. Moussay, Abdul Karim [1998] ont donné un résumé de cette *Akayet* et H. Chambert-Loir [1980] le texte de cette *Hikayat*.

Cette ressemblance dans la trame du récit permet-elle de penser comme certains on pu le croire — P. Mus entre autres[24] — que les deux *Akayet* cam ont été traduits du malais? Il a déjà été montré depuis une vingtaine d'années que cela n'était pas exact. D'autre part, les péripéties qui forment la trame des récits sus-mentionnés et le genre de personnages qui les animent ne sont pas propres à la littérature classique cam et malaise. On les retrouve aussi dans les grands textes de toutes les littératures d'Asie du Sud-Est qui ont puisé dans le fonds indien, comme cela a déjà été montré pour le Cambodge, pour le Laos et pour la Thailande[25].

A côté de ces ressemblances, il existe aussi des différences entre les versions cam et malaises de ces épopées. La première est que les *Hikayat* malais sont écrits en prose, alors que les *Akayet* cam le sont en vers qui sont destinés à être chantés.

La seconde différence est que ces textes n'ont pas le même volume. L'*Indera Putera* compte environ 235 pages alors qu'*Inra Patra* qui suivant les manuscrits totalise entre 400 et 650 stances, n'en compte en moyenne que 60. Le fait qu'un texte soit en vers et l'autre en prose et qu'un soit plus volumineux que l'autre ne permet pas de savoir si l'un a influencé l'autre. Par contre, il est intéressant de noter que le premier chapitre de l'*Akayet Inra Patra* fait défaut dans l'*Indera Putera* malais. Mais là encore, il semble difficile actuellement d'en tirer une conclusion.

Une différence bien plus importante est que les épopées malaises contiennent de nombreux éléments musulmans. Il y a même une invocation à Allah au début et à la fin des *Hikayat* malais[26], alors que les deux textes cam ne font même pas mention de ce dieu et ne font état que de rares divinités autochtones cam. Les *Akayet* cam mentionnés ne portent donc pas d'empreinte religieuse, contrairement aux *Hikayat* malais qui sont tellement marqués par l'islam que dans une version du *Dewa Mandu* un épisode a été expurgé car le héros y enfreignait la loi musulmane[27].

L'*Inra Patra* et l'*Indera Putera*, le *Dowa Mano* et le *Dewa Mandu* présentent indubitablement des liens étroits. Mais aucun document en

[24] Chronique, in *BEFEO*, XXXI, 1931.

[25] Pour le Cambodge, voir Khing Hoc Dy [1990], p. 152 sq. Pour le Laos, voir L. Finot [1917], p. 116-130, et P-B. Lafont [1957]. Pour la Thailande, voir P. Schweisguth [1951].

[26] H. Chambert-Loir [1977], p. 296-297.

[27] H. Chambert-Loir [1980], p. 10.

notre possession ne permet pour le moment d'en expliquer les causes, hormis les contacts suivis entre le monde malais et le Campa pendant des siècles.

Une littérature qui occupe une place non négligeable dans les bibliothèques des Cam contemporains est la littérature historique. Elle traite des divers souverains ayant gouverné le Panduranga-Campa entre le XVe et le XIXe siècle et de leurs règnes, des guerres ayant opposé Cam et Vietnamiens, des relations entre Cam et Malais.

Parmi ces dernières, la littérature historique cam accorde une certaine place à des Malais musulmans qui ont laissé un souvenir indéniable au Panduranga-Campa.

Dans l'ordre chronologique, le premier mentionné dans les chroniques royales du Panduranga[28] est Po Sanimpan, un commerçant, qui aurait vécu dans la seconde partie du XVe siècle. Un autre, originaire du Kelantan que nos chroniques appellent Tuan Phaow[29] a dirigé une révolte anti-vietnamienne en 1796-1797[30]. Un troisième, le Katip Sumat, commanda lui aussi une révolte anti-vietnamienne en 1833-1834 qu'il transforma en «guerre sainte» (*jihad*)[31], car il semble bien que son espoir secret était d'islamiser le pays.

En fait, ces importantes interventions de certains Malais au Campa dont fait état la littérature du Panduranga, ne sont pas mentionnées par les chroniques malaises parvenues jusqu'à nous. Est-ce parce que dans le premier cas Po Sanimpan avait transgressé une règle islamique et parce que dans les deux autres, ces révoltes armées ont été des échecs et écrasées par les Vietnamiens?

Il faut remarquer que les textes historiques malais dans leurs parties qui traitent des contacts avec le Campa n'ont pas, non plus, été repris par les manuscrits du Panduranga. Pourtant le *Sejarah Melayu*[32] relate qu'après la prise de Vijaya par les Vietnamiens en 1471, deux fils du roi du Campa se réfugièrent à Malacca où l'un devint ministre, alors que son frère parti à Aceh (nord-ouest Sumatra) y fonda une dynastie. Ce texte mentionne encore que des marins cam apportèrent leur concours au

[28] Dans P-B Lafont, Po Dharma et Nara Vija [1977], ces chroniques portent les cotes CAM MICROFILM 7: 3 et CM 33.

[29] Voir CAM 58; CAM MICRO 16, 56, 66; CM 25; MEP vol. 1189/4 et 1190/1.

[30] Les annales impériales vietnamiennes *Dai Nam Thuc Luc* qui appellent Tuan Phaow, Tuan Phu, font, elle aussi, état de cette rébellion armée (Po Dharma [1987, I], p. 74).

[31] CM 32: 6; CM 24: 5.

[32] W. G. Sellabear [1956].

Sultan Mahmud de Malacca ainsi que l'existence de mariages mixtes entre Cam et Malais. D'autres chroniques font aussi état de la présence de navires cam dans les réseaux commerciaux maritimes malais.

Pourquoi la littérature historique du Panduranga n'a-t-elle pas repris ces informations? Il semble bien que c'est parce que (et il en serait de même pour la littérature historique malaise) les rédacteurs de ce genre de textes n'ont pris en compte que ce qui avait pour chacun d'eux un intérêt local. Ce qui n'a pas empêché de temps à autres les manuscrits malais de faire allusion aux guerres qui opposaient les Vietnamiens aux Cam, et les manuscrits cam de faire état de la navigation hauturière de leurs navires que Malacca avait intégrés dans ses réseaux maritimes.

Si maintenant on se tourne vers la littérature religieuse, force est de constater qu'elle est importante; littérature se rapportant aux croyances autochtones chez les Cam dits brahmanistes, littérature à tendance musulmane chez les Cam Bani (Cam musulmans non orthodoxes du Centre Vietnam), enfin littérature musulmane orthodoxe chez les Cam du Cambodge qui vivent au contact permanent de Malais.

Si les hymnes d'origine brahmanique, les rituels aux divinités censées habiter les statues d'anciens dieux hindous qu'on trouve encore dans certains temples élevés à l'époque où le Campa était indianisé et si les textes relatifs aux cultes chtoniens ne se trouvent que dans la littérature des Cam dits brahmanistes, la littérature musulmane, elle, figure dans les bibliothèques des deux peuples. Cette dernière a été apportée aux Cam par les seuls Malais. Mais alors qu'au Cambodge les Cam — qui sont pratiquement tous convertis à l'islam orthodoxe — l'ont adoptée telle quelle, au Centre Vietnam les Cam Bani (musulmans non orthodoxes) l'ont adaptée afin qu'elle ne soit plus contraignante.

La littérature musulmane qu'on trouve chez les Cam islamisés leur a donc été apportée par les Malais. Et cela est si bien reconnu par les Cam que toute la littérature en écriture cam considère l'islam moins comme un fait arabe que comme un fait malais et l'adoption de cette religion comme un fait de malayisation plutôt que comme un fait d'islamisation[33]. Il en résulte que la littérature cam des XVIe-XVIIIe siècles tout comme la tradition actuelle des Cam Bani (musulmans non orthodoxes), assimilent un nombre important de mots et d'expressions d'origine arabe ou musulmane à des termes malais ou à des faits de culture purement malaise. C'est ainsi par exemple qu'ils ne disent et n'écrivent pas que les

[33] Po Dharma [2000], p. 183-192.

textes religieux de l'islam (Coran, hadith, etc.) sont notés en arabe, mais qu'ils le sont en *akhar jawa* «écriture malaise»; qu'ils ne mentionnent pas que le calendrier basé sur l'hégire est le calendrier musulman, mais le *sakawi* (*saka* + *jawi*), c'est-à-dire le tableau de «l'année malaise», etc. Un autre exemple particulièrement intéressant est le fait que les Cam ont aussi intégré dans leur langue et leurs écrits certaines parties de l'espace arabe dans les limites de la péninsule malaise. Ainsi le nom *Makah* (La Mecque) employé dans la littérature cam quelle qu'elle soit, ne désigne pas le lieu de pélerinage en Arabie Saoudite, mais le sultanat de Kelantan en Malaisie, considéré non seulement comme le foyer actif de toute propagation de la culture malaise vers le Campa, mais aussi comme le lieu saint où les musulmans doivent aller en pélerinage.

On pourrait multiplier les exemples sur l'influence qu'a eue la littérature religieuse malaise sur la littérature religieuse des Cam musulmans qui, au Cambodge, est pratiquement un décalque, mais au Centre Vietnam, un simple canevas des textes musulmans malais.

La littérature de fiction n'est pas absente des littératures cam et malaise, mais elle ne paraît pas avoir eu un développement important.

Certains de ses textes traitent des relations entre Malais et Cam comme *Nai Mai Mang Makah* (La princesse qui venait du Kelantan) qui raconte l'amour fou d'un prince cam pour une princesse malaise venue au Campa non pour y chercher un mari mais dans le seul but de convertir son monarque à l'islam[34].

Les autres textes cam appartenant à ce genre, traitent généralement eux aussi d'amour malheureux, comme par exemple *Sep Sah Sakei* (La malédiction de Sah Sakei)[35] qui raconte l'amour fou mais jamais déclaré de la princesse cam *Nai Rat Mah* originaire de Pajai (Phanri, Centre Vietnam) pour le grand dignitaire cam Sah Sakei.

La littérature cam de fiction dont les personnages promènent leurs lecteurs dans les différentes régions du Panduranga et même de l'ancienne principauté du Kauthara où ils suivent des intinéraires variés a, à n'en pas douter, reçu de fortes influences malaises.

Si par exemple on prend le premier texte dont on a parlé, on voit qu'il place dans un cadre cam, des thèmes islamiques que développe large-

[34] Po Dharma, G. Moussay, Abdul Karim [2000].

[35] Il en existe deux copies en cam dans le fonds de l'École Française d'Extrême-Orient qui portent la cote CAM 151(1) et CAM MICROFILM 13(3), une dans le fonds de la Société Asiatique de Paris sous la cote CM 34(3), cinq dans la collection Thanh Phân sous la cote: TP 41, TP 226, TP 241, TP 257, TP 331.

ment la littérature malaise, à savoir: la conversion des infidèles, la primauté d'Allah et du Coran et bien d'autres idées totalement étrangères aux Cam du Centre Vietnam, qui n'ont pu les emprunter qu'à la littérature venue de la péninsule ou de l'archipel malais.

Si maintenant on s'intéresse à *Sep Sah Sakei,* on remarque qu'à côté du texte noté en cam et des copies que nous en possédons, se trouve un texte noté en *jawi* (écriture malaise en caractères arabes) qui présente des variantes concernant les origines de Sah Sakei, qui n'est plus un cam «brahmaniste», et l'itinéraire de son voyage qui le fait désormais passer non seulement au Panduranga et au Kauthara, mais aussi au nord de la péninsule malaise, dans les sultanats bastions de l'islam que sont le Kelantan et le Trengganu. La question se pose donc de savoir si le texte en *jawi* a servi d'original pour les textes en cam ou si c'est lui qui est une copie revue et corrigée d'un texte écrit en cam. Aucun élément décisif ne nous permet de trancher. Mais il est bien évident, encore une fois, que là aussi il y a eu un contact étroit entre la littérature cam et la littérature malaise.

Si maintenant on se penche sur la littérature technique, on constate qu'elle est assez fournie en langue cam et en langue malaise. Un certain nombre de ses textes sont particulièrement ressemblants, comme par exemple ceux d'astronomie, de botanique, de zoologie, ce qui est normal pour ces peuples de marins qui naviguaient sur les mêmes réseaux maritimes créés par les Malais. Nous ne nous intéresserons cependant pas à ce genre de textes qui se recoupent pour des raisons évidentes, car il nous semble plus intéressant de faire état de manuscrits de lexicographie composés au Campa qui sont intitulés: *ulang jawa haok* (Lexique [du parler] des marins malais)[36].

Ces lexiques malais-cam qui ont été réalisés entre la fin du XVe siècle et le XVIIe siècle semblent être parmi les premiers, et peut-être les premiers ouvrages de ce genre à avoir été rédigés. Ces lexiques qui sont tous notés en cam, n'ont pas dû être uniquement confectionnés par des Cam car un certain nombre de mots qu'ils donnent proviennent de dialectes régionaux de la péninsule malaise, en particulier du Kelantan. Après les avoir étudiés[37], nous pensons qu'ils furent rédigés par une ou des équipes mixtes cam-malaises; le ou les Cam écrivant et donnant

[36] Il s'agit de CAM 196, CAM 146 (2), CAM 193, CAM 194, CAM 195 (1) (2) du fonds de l'École Française d'Extrême-Orient. Le septième manuscrit appartient à un particulier: on lui a arbitrairement donné la cote: CAM MT.

[37] Po Dharma [1999].

l'équivalence de l'entrée malaise. Bien que ces textes ne disent rien de leurs rédacteurs, on voit à la lecture de ces lexiques qu'ils connaissaient bien la navigation — il semble même qu'ils la pratiquaient — et qu'ils avaient des connaissances sur à peu près tous les sujets, que ce soit sur le Campa ou sur le monde malais.

Ces textes semblent avoir été réalisés pour permettre aux Cam d'apprendre le malais, alors que se développaient — dès le début du XVe siècle — des réseaux maritimes commerciaux contrôlés par les sultanats malais dans la mer de Chine méridionale et que cette langue devenait la *lingua franca* de l'Asie du Sud-Est. Ils semblent aussi l'avoir été pour permettre aux missionnaires malais musulmans, qui arrivèrent en grand nombre au Campa à partir de la fin du XVe siècle, d'apprendre le cam afin de convertir les habitants de ce pays, ainsi que pour permettre aux marins malais qui devaient attendre dans les ports du Panduranga (et du Kauthara) parfois pendant plusieurs mois l'alternance des vents de mousson, d'apprendre la langue de la population locale, afin d'avoir des contacts avec elle.

Si ces lexiques viennent une fois de plus confirmer l'existence de relations étroites entre les habitants des côtes du Campa, de la péninsule malaise et de l'archipel, ils présentent un intérêt supplémentaire. Jusqu'ici les textes littéraires cam et malais dont nous avons parlé se présentaient soit comme des décalques plus ou moins fidèles les uns des autres, soit comme des adaptations originales d'un document premier, soit comme renfermant un nombre variable d'éléments identiques. Or ces lexiques, du fait qu'ils ont été rédigés par une ou des équipes mixtes de Cam et de Malais, se présentent, eux, comme une fusion littéraire.

*

* *

Les relations entre les littératures cam et malaises ont, comme nous venons très rapidement de le voir, une ancienneté, une permanence et une importance qu'il serait vain de nier. Aussi serait-il souhaitable qu'un chercheur s'intéresse enfin à ce sujet.

BIBLIOGRAPHIE

Manuscrits cam

CAM 18 (1), 50 (7), 51 (12), 53 (6 et12), 58, 61 (1 et 4), 80 (9), 110 (3), 108; 139 (15), 146 (2), 151 (1, 5 et 20), 193, 194, 195, 196.
CAM MICRO 4 (4), 7 (3), 8 (3), 13 (3), 16, 40 (3), 48 (4 et 5), 56 (2), 66.
CHCPI 8, 24 (5), 25, 27 (30), 32 (6), CM 33, CM 34(3).
TP 41, 226, 241, 257, 331.
DHARMA 2 (3).
MEP 1189/3 (2); 1189/4 et 1190/1.

Articles et ouvrages

Abdul Rahman Al-Ahmadi, «Le Campa dans la littérature malaise», in *Actes du Séminaire sur le Campa organisé à l'Université de Copenhague le 23 mai 1987*, Paris (Travaux du Centre d'Histoire et Civilisations de la Péninsule Indochinoise) 1988, p. 107-119.

Ali Bin Ahmad, *Hikayat Inderaputera,* Dewan Bahasa dan Pustaka, Kuala Lumpur, 1968.

Chambert-Loir, H., *Hikayat Dewa Mandu, épopée malaise: texte et présentation,* Public. EFEO, 1980.

Chambert-Loir, H., «Notes sur les relations historiques et littéraires entre Campa et monde malais», in *Actes du Séminaire sur le Campa organisé à l'Université de Copenhague le 23 mai 1987*, Paris (Travaux du Centre d'Histoire et Civilisations de la Péninsule Indochinoise), 1988, p. 95-106.

Finot, F., «Recherches sur la littérature laotienne» in *BEFEO*, XVII-5, 1917, p. 116-130.

Khing Hoc Dy, *Contribution à l'histoire de la littérature khmère: I. L'épopée classique,* L'Harmattan, Paris, 1990.

Lafont, P.-B., «P'a Lak-P'a Lam. P'ommachak», *EFEO* (Bibliothèque de diffusion, VI) Vientiane, 1957.

Lafont, P.-B., Po Dharma et Nara Vija, *Catalogue des manuscrits cam des bibliothèques françaises*, Public. EFEO, CXIV, Paris 1977.

Moussay, G., «Pram Dit Pram Lak (La geste de Râma chez les Cam)», in *Asie du Sud-Est continentale (Actes de XXIXe congrès des Orientalistes)*, Paris, L'Asiathèque, vol. II, 1976, p. 131-135.

Moussay, G., *Akayet Devamano*, (Thèse de l'EPHE), Paris 1975.

Moussay, G., «Akayet Inra Patra: version cam de l'hikayat malais Indraputera», in *Le monde indochinois et la péninsule malaise*, Kuala Lumpur, 1990, p. 101-114.

Moussay, G. et Duong Than Thi, *Dictons et Proverbes cam*, Collection des Manuscrits Cam, n° 4, Kementerian Kebudayaan, Kesenian dan Pelancongan Malaysia, EFEO, Kuala Lumpur, 2002.

Mus, P., «Deux légendes chames», in *BEFEO* XXXI, 1931, p. 39-101.

Nara Vija, *Une épopée classique cam: Inra Patra. (Présentation, texte et traduction)* (Thèse de l'EPHE), Paris, 1976.

Po Dharma, *Chroniques du Panduranga*, (Thèse de l'EPHE), Paris 1978.

Po Dharma, «Note sur la littérature cam», *Shiroku*, n° 15, 1982, p. 46-47.
Po Dharma, *Le Panduranga (Campa) 1802-1835: ses rapports avec le Viêtnam*, Paris (Public. EFEO CXLIX), 2 tomes, 1987.
Po Dharma, «L'Insulinde malaise et le Campa», *BEFEO*, 87-1, 2000, p. 183-192.
Po Dharma, *Quatre lexiques malais-cam anciens rédigés au Campa*, Paris, Presses de l'EFEO, 1999.
Po Dharma, G. Moussay, Abdul Karim, *Akayet Inra Patra (Hikayat Inra Patra = Epopée Inra Patra)*, Collection des Manuscrits Cam, n° 1, Kuala Lumpur, 1997.
Po Dharma, G. Moussay, Abdul Karim, *Akayet Dewa Mano (Hikayat Dewa Mano = Epopée Dewa Mano)*, Collection des Manuscrits Cam, n° 2, Kuala Lumpur, 1998.
Po Dharma, G. Moussay, Abdul Karim, *Nai Mai Mang Makah (Puteri dari Kelantan = La princesse qui venait du Kelantan)*, Collection des Manuscrits Cam, n° 3, Kementerian Kebudayaan, Kesenian dan Pelancongan Malaysia, EFEO, Kuala Lumpur, 2002.
Roosman, R. S., «Pengaruh Hindu, Arab dan Melayu kepada kesusastraan Maranao (Filipina Selatan)», *BASIS*, Yogyakarta Maret 1973, nombor XXII p. 171-179.
Sellabear, W. G., *Sejarah Melayu*, (7e éd.) Malaya Publishing House, Singapour, 1956.
Schweisguth, P., *Étude sur la littérature siamoise*, Adrien Maisonneuve, Paris, 1951.
Winsdtedt, R. O., «The Date of Hikayat Indraputera», in *JMBRAS* 82, 1920, p. 145-146.
Winsdtedt, R. O., *A history of Classical Malay Literature*, Oxford University Press, 1958.

L'INFLUENCE DES TRADUCTIONS ÉTRANGÈRES SUR LE LANGAGE ROMANESQUE CHINOIS DES DÉBUTS DU XXe SIÈCLE

SHAO Baoqing*

Dans cette intervention, nous nous attacherons, donc, à exposer les influences exercées par les romans occidentaux sur le langage des romans chinois du début du XXe siècle moyennant le truchement de la traduction.

Avant de commencer, toutefois, voyons ce qui justifie le choix d'un tel sujet. Nous voudrions insister sur deux points: *primo*, notre période de référence constitue une phase de transition capitale pour la littérature chinoise, et particulièrement pour le roman; *secundo*, le langage étant l'élément de base du roman et le seul intermédiaire entre l'auteur et le lecteur, il constitue un indicateur incomparable pour suivre le cours de la rénovation du roman chinois au tournant du XXe siècle.

La notion de langage couvrant un éventail assez large de phénomènes, il nous faut préciser que nous nous situons ici à un niveau relativement élémentaire, celui de la phrase, et que nous laissons de côté les questions relevant spécifiquement de la narratologie, telles que l'ordre de narration, la description, le point de vue ou bien les discours. Si, incontestablement, le roman chinois a largement innové dans tous ces domaines sous l'impulsion des romans occidentaux, leur traitement nécessiterait de trop longs développements.

Commençons par un bref rappel du contexte historique dans lequel les traductions de romans occidentaux sont apparues en Chine.

À notre connaissance, on a commencé à traduire des romans occidentaux en Chine au début des années soixante-dix du XIXe siècle, et la première traduction fut un roman anglais (dont on ignore le titre original). Néanmoins, jusqu'à la guerre sino-japonaise *Jiawu*, en 1894, ces traductions furent sporadiques, de sorte que les traductions littéraires prirent un retard considérable par rapport aux traductions scientifiques, politiques et sociales, ce qui s'explique par la vision purement utilitariste qu'entretenaient les intellectuels chinois de l'époque vis-à-vis de la civilisation

* Maître de conférences à l'université Michel de Montaigne Bordeaux 3, chercheur au Centre d'études et de recherches sur l'Exrême-Orient (CEREO) de ce même établissement.

occidentale et par leur méconnaissance de la littérature occidentale. Et il faudra attendre longtemps avant que les intellectuels chinois n'admettent que les romans chinois n'étaient pas forcément les meilleurs au monde.

À la veille du XXe siècle, sous l'impulsion de quelques réformateurs visionnaires comme Yan Fu, Xia Zengyou et surtout Liang Qichao — pour qui les romans constituaient l'outil privilégié pour préparer le peuple chinois à une nouvelle société —, le roman devint le genre littéraire par excellence, et les romans étrangers, par le biais des traductions, vont remporter un succès retentissant. De fait, au cours des dix dernières années des Qing et des quelque dix années qui ont suivi l'avènement de la République, les romans, qui étaient passés jusque-là par une phase de déclin, ont connu un développement sans précédent et certainement unique dans l'histoire littéraire chinoise. Et l'engouement pour les romans occidentaux va s'étendre aux créations chinoises originales.

La découverte par le public chinois des romans occidentaux commença véritablement avec la parution, en 1899, de la traduction réalisée par Lin Shu de *La Dame aux camélias*, le roman d'Alexandre Dumas fils. Avant cela, les rares traductions disponibles n'avaient pas suscité beaucoup d'intérêt. Cette traduction, la plus célèbre de Lin Shu, connut un succès aussi fulgurant qu'inattendu, qui provoqua une sorte de réaction en chaîne dans le domaine de la traduction littéraire. À compter de ce moment, le nombre des traductions littéraires suivra une courbe exponentielle.

C'est ainsi que, pendant les premières années du XXe siècle, il a paru dans le domaine du roman plus d'œuvres traduites que d'œuvres originales, l'année 1907 constituant un pic: 172 traductions publiées en volume; 244, dans des revues. Et cette dernière année marque le point de départ d'une nouvelle période dans l'histoire chinoise de la traduction littéraire: entre 1907 et 1919, soit en douze ans, il a paru plus de 2 000 traductions de romans occidentaux, soit quatre fois et demi plus que le total cumulé de tout ce qui s'était publié dans le même genre avant 1907.

Ces chiffres sont tirés du *Nouveau Catalogue enrichi de romans de la fin des Qing au début de la République*, édité par la Société japonaise de recherche sur les romans chinois pré-modernes[1]. De la lecture de ce document, d'une importance capitale, il ressort que pendant le demi-siècle qui précède le 4 mai, et plus précisément pendant les vingt dernières années, quelque 250 traducteurs ont traduit 2 584 romans de dif-

[1] Tarumoto Teruo, *Xinbian zengbu qingmo minchu xiaoshuo mulu [Nouveau Catalogue enrichi de romans de la fin des Qing au début de la République]*, Qilu shushe, Jinan, 2002.

férentes sortes. Il ressort surtout que pendant cette période, le nombre de créations originales à dépassé celui des traductions, exception faite de la courte période allant de 1903 à 1907, période durant laquelle on a assisté à une envolée du nombre des traductions. Ces éléments corrigent une erreur ancienne, imputable à A Ying (Qian Xingchun), qui fut longtemps l'un des rares chercheurs à étudier les romans de cette période, lequel affirmait que le nombre des traductions équivalait *grosso modo* à deux fois celui des créations[2]. Certes, cette estimation concerne davantage la fin des Qing que l'ère républicaine, mais elle a souvent été reprise par la suite et extrapolée à l'ensemble de la période. Ce n'est que depuis la publication du *Nouveau Catalogue* que la vérité a pu être établie en toute rigueur.

Les données chiffrées dont on dispose désormais ne sont toutefois pas de nature à minimiser le rôle joué par les traductions, bien au contraire. Elles permettent de démontrer les influences que celles-ci ont exercées sur les activités de création romanesque des auteurs chinois: on constate en effet que, pour chacun des genres romanesques, les traductions précèdent souvent les œuvres de création, et les inspirent. Ces influences sont multiples. Les unes, suscitées avant tout par les romans politiques, sont d'ordre très général, et concernent la place du roman dans la littérature et dans la société. Les autres, suscitées principalement par les romans policiers et les romans de science-fiction, portent sur les techniques de structuration du roman, et ont contribué à rapprocher considérablement le roman chinois du roman occidental, et à éloigner le roman chinois moderne du roman chinois traditionnel: les retours en arrière (très prisés pendant un temps), les suspenses, les descriptions psychologiques, le récit à la première personne, etc.

Les premiers traducteurs littéraires étaient en grande majorité des gens qui ignoraient les langues qu'ils traduisaient. Les contacts avec l'étranger étaient de date très récente et ils étaient limités, de sorte que la plupart du temps ceux qui parlaient une langue étrangère n'avaient qu'un piètre niveau de chinois, tandis que ceux qui possédaient une bonne culture littéraire chinoise classique ne connaissaient aucun autre idiome que leur langue maternelle. Aussi était-il nécessaire d'unir les deux compétences: celui qui maîtrisait la langue étrangère expliquait le contenu du texte à traduire à son compère, lequel le transcrivait dans un chinois élégant. L'expérience nous enseigne que cette pratique ne fut pas

[2] A Ying, «Luetan wanqing xiaoshuo» [Quelques mots sur les romans de la fin des Qing], in *A Ying shuo xiaoshuo [A Ying: à propos des romans]*, Shanghai Guji chubanshe, Shanghai, 2000.

forcément synonyme de mauvaise qualité: les infidélités procédaient autant de l'idée que leurs auteurs se faisaient du roman que d'une interprétation fautive ou d'une transcription erronée de l'original. C'est ainsi que, plusieurs années durant, il n'est pas rare que les «traducteurs» — si l'on peut dire —, aient abrégé les œuvres qu'ils devaient rendre en chinois, en en retranchant tous les éléments qui, à leurs yeux, étaient superflus, à savoir notamment les longues descriptions ou les descriptions psychologiques censées nuire à la lisibilité; ou bien qu'ils aient remanié le texte à leur guise pour lui faire dire ce que bon leur semblait, sacrifiant en cela à ce qu'on a appelé la «traduction héroïque». La version chinoise des *Misérables* de Victor Hugo réalisée par Su Manshu, par exemple, et dont la première moitié correspond en gros à la jeunesse de Jean Valjean, se transforme ensuite en l'histoire d'un redresseur de torts tentant d'éliminer des fonctionnaires véreux, dans le plus pur esprit des romans traditionnels chinois; surtout, même si l'intrigue se déroule quand même en France, elle est ponctuée de nombreuses références à la culture chinoise, telles ces critiques relatives à la passivité des Chinois face aux forces de l'oppression.

Il n'empêche, assez rapidement, certaines techniques narratives occidentales, comme l'usage du retour en arrière, seront appréciées des traducteurs les plus doués et reprises dans les créations originales. À tel point que certains historiens de la littérature chinoise n'hésitent pas à affirmer que le premier chapitre, entièrement dialogué, du *Jiu Ming Qi Yuan [Le Cas extraodinaire des neuf meurtres]*, le roman de Wu Jianren, s'inspire directement de la traduction donnée par Zhou Guisheng d'un roman français de Fortuné du Boisgobey, dont le titre chinois est *Dushe quan [Le Cercle des serpents venimeux]*, qui s'ouvre lui aussi sur un dialogue[3] et dont Wu Jianren a fait le commentaire. Il en va de même de divers romans de Su Manshu qui, sur bien des points, rappellent *La Dame aux Camélias* et sont bien éloignés du modèle traditionnel du roman chinois.

Il est vrai que la qualité des traductions littéraires, au fil du temps, s'est améliorée. En schématisant les choses, on peut affirmer qu'on est passé d'un stade où l'on se contentait de restituer grossièrement l'intrigue du roman à un stade où l'on a respecté beaucoup plus fidèlement le texte de départ. Ce glissement s'est opéré quand le nombre des traducteurs a augmenté et que, parmi eux, il en est arrivé de très bons.

[3] Zhou Guisheng & Wu Jianren: *Dushe quan [Le Cercle des serpents venimeux]*, in *Wu Jianren quanji [Œuvres complètes de Wu Jianren]*, Beifang wenyi chubanshe, Harbin, 1998, vol. 9.

Mais cette plus grande fidélité au texte de départ n'était pas encore synonyme de fidélité sur le plan stylistique. Sauf exceptions — comme les frères Zhou (Lu Xun et Zhou Zuoren), qui traduisirent ensemble un recueil de nouvelles dont la diffusion demeura confidentielle —, la majorité des traducteurs se souciaient assez peu de la structure des phrases originales. Et si un petit nombre de traducteurs — comme Wu Tao ou Wu Guangjian — font preuve d'un respect scrupuleux à l'égard du texte de départ, ils sont cependant handicapés par le fait que l'immense majorité des romans occidentaux ont été traduits non pas à partir de la version originale, mais à partir du japonais. C'est le cas pour la quasi totalité des romans de Jules Verne et surtout pour les romans russes que Wu Tao traduisait fidèlement... à partir de leurs versions japonaises.

En ce sens, il est difficile de parler d'une influence des traductions sur le langage des romans chinois si l'on entend par influences un calque syntaxique reposant sur une traduction littérale: cette pratique était à peu près inexistante, ou en tout cas si marginale qu'elle n'a pas pu modeler la littérature de toute une époque. Par conséquent, c'est ailleurs qu'il convient de chercher les raisons des changements survenus. À cet égard, l'exemple de Lin Shu est édifiant. Lin Shu est l'auteur de la première traduction littéraire à succès, l'un des traducteurs les plus prolifiques de son temps et celui dont les œuvres — aussi bien de par la renommée de l'homme qui fut un lettré illustre que de par ses qualités d'écriture — ont marqué durablement des générations d'amateurs des belles lettres.

On estime à environ 183 le nombre d'ouvrages traduits par Lin Shu. Comme il ne connaissait aucune langue étrangère, il avait recours à des amis qui lui expliquaient oralement le sens du texte à traduire, après quoi il le transcrivait immédiatement dans un chinois classique élégant.

Il est légitime de penser qu'en procédant de la sorte Lin Shu ne pouvait au mieux que faire passer une idée générale et approximative de l'œuvre de départ, et qu'il n'était en aucun cas capable de transmettre le style de l'œuvre originale. Au bout du compte, toutefois, la méthode n'était peut-être pas aussi aberrante qu'on aurait tendance à le croire, et dépendait du mode de coopération choisi par le traducteur et son «informateur». Du reste, la pratique n'a pas disparu aujourd'hui, même si elle subsiste à un autre degré. Il est vrai qu'elle pouvait aboutir à bien des abus, comme on l'observe dans la production d'un bon nombre de traducteurs contemporains de Lin Shu. Mais, dans le cas de ce dernier, les choses sont plus complexes: en effet, ses traductions, selon les époques, présentent une grande hétérogénéité, imputable probablement à l'hétérogénéité des compétences de ces collaborateurs successifs. Si les traductions de Lin Shu trahissent assez gravement le texte de départ, et sont bourrées d'imprécisions ou d'erreurs plus ou moins flagrantes, ainsi que l'a remarqué Qian Zhongshu — grand savant des lettres chinoises et bon connaisseur de la culture occidentale —, un certain nombre d'entre elles, par contre, sont d'une grande fidélité[4]. Mieux, Qian Zhongshu a relevé quantité de fautes de style liées à une trop grande «fidélité» à la syntaxe d'origine, des fautes commises au regard du style classique dont Lin Shu passe pourtant unanimement pour un des représentants les plus illustres, ce qui, à tout le moins, est paradoxal. Zheng Zhenduo, lui, a préféré s'attacher à la nouveauté des tons introduits dans ces mêmes traductions. Il a exprimé cette idée dans un article rédigé en 1924, pour commémorer la mort de Lin Shu[5], et ce n'est pas le moindre mérite de cet article car, par la suite, et pendant longtemps, cette question du style a souvent été négligée.

Intéressons-nous maintenant à quelques faits marquants de ce langage. Dans ce domaine, on remarque d'emblée la prépondérance de la langue classique sur la langue vernaculaire. Cela vient de ce que cette langue était encore la langue de prédilection des intellectuels de l'époque. Mais, malgré l'affirmation souvent répétée selon laquelle la langue classique est une langue morte, plusieurs changements notables se sont produits dans l'aspect global du style, dans le vocabulaire et dans les figures stylistiques. Nous allons en donner quelques exemples, non sans admettre bien volontiers qu'il s'agit de cas trop isolés et trop rares pour qu'il soit permis d'en tirer des conclusions générales. Ces exemples ne serviront qu'à illustrer notre propos.

Penchons-nous tout d'abord sur les changements induits au niveau de l'organisation des *phrases*. Nous avons dit que, sur ce plan, les traductions fidèles étaient rares. Il faut savoir que la difficulté rencontrée par les traducteurs — et, plus tard, par les auteurs d'œuvres originales — ne tenait pas toujours au souci de «coller» aux phrases de départ, mais à des

我思上帝之心，必知我此一副眼泪实由中出，诵经本诸实心，布施由于诚意。且此妇人之死，均余搓其目，着其衣冠，扶之入柩，均我一人之力也,

problèmes plus généraux d'écriture. Ainsi dans cette phrase de Lin Shu:

> Mais je pense que le bon Dieu reconnaîtra que mes larmes étaient vraies, ma prière fervente, mon aumône sincère, et qu'il aura pitié de celle qui,

[4] Qian Zhongshu, «Lin Shu de fanyi» [Les Traductions de Lin Shu], in *Lin Shu de fanyi*, Commercial Press, Pékin, 1981, p. 41.

[5] Zheng Zhenduo, «Lin Qinnan xiansheng» [Monsieur Lin Qinnan], in *Lin Shu de fanyi*, p. 1.

> morte jeune et belle, n'a eu que moi pour lui fermer les yeux et l'ensevelir. *(La Dame aux camélias.)*

Qian Zhongshu, qui reproche à Lin Shu de faire suivre le verbe «penser» d'un complément d'objet direct démesurément long — ce qui porte atteinte aux règles du *wenyan* — en attribue la faute à la paresse du traducteur, lequel, selon lui, ne prend pas assez à cœur son travail et se contente d'un langage de bas niveau. On pourrait probablement dire aussi que les traducteurs des générations postérieures auraient pu trouver des solutions moins faciles en s'imposant davantage de recherches. Mais le fait est que c'est de cette manière que les structures des phrases occidentales complexes ont pénétré la langue chinoise.

Un autre phénomène, moins perceptible au niveau des phrases, est

> 年约二十有六七，发蓬乱如麻，面黧黑，且有烟容，目紧闭，口微张，手足已拳缩不能运动。帽破裂，尘垢约积分许，帽结已失，斜覆额际，虱屑屑下，衣襟褛，长不及膝，而所裂之孔，大小方圆，触目皆是，原质本淡蓝，今已半成墨绿，且满染油质，……

l'influence des conventions d'écriture sur les phrases, comme on l'observe dans les lignes suivantes, qui sont la description d'un mendiant:

> Il était âgé de 26 à 27 ans, ses cheveux étaient en désordre comme une touffe de lin, il avait le visage noirâtre d'un opiomane. Ses yeux étaient hermétiquement fermés, la bouche légèrement ouverte. Ses quatre membres recroquevillés ne pouvaient déjà plus bouger. Son chapeau déchiré sur lequel était déposée une poussière épaisse d'une pouce avait perdu son nœud et couvrait le front de l'homme de travers. Des poux tombaient en quantité, tandis que les habits étaient en loques et ne dépassaient pas les genoux. Ils étaient de plus parsemés de trous de toutes tailles et de toutes formes. La couleur bleu clair d'origine avait tourné au vert foncé, sous une couche de graisse...

Ce passage, tiré d'une nouvelle de création et non pas d'une traduction[6], se démarque sensiblement du langage traditionnel. Si on compare la description qui s'y trouve à celles qu'on donne des personnages dans les romans traditionnels, on remarque nettement, ici, le souci de la précision et de la vraisemblance, attesté par l'usage des adverbes 微, 约, 许, 且, 已, 本. D'autre part, on notera l'irrégularité des phrases: jusqu'au pre-

[6] Chen Jinghan, *Lubi [L'Homme gisant sur la voie publique]* (1904), in *Zhongguo jindai wenxue daxi [Anthologie de la littérature chinoise prémoderne]*, Shanghai Shudian, 1992, vol. 9.

mier point, les phrases sont de longueurs et de structures différentes, à l'exception des cinquième et sixième phrases qui, elles, sont régulières. L'explication, à notre avis, réside dans le fait que l'auteur a cherché davantage à décrire fidèlement la scène plutôt qu'à produire de belles phrases bien régulières, comme c'est généralement le cas dans les textes rédigés en langue classique.

Dans le domaine du *vocabulaire*, l'introduction des connaissances scientifiques en Chine a contribué à vulgariser les termes issus des sciences naturelles et sociales, comme en témoignent, par exemple, les articles de presse de cette période. Naturellement, cette évolution est également perceptible dans les œuvres littéraires, et on s'en avise d'autant plus facilement que, sensibles à l'évidence aux phénomènes de

不禁裂眦指发，拔剑长歌，急欲组织一完全之现象，以与欧美竞争于天演场中。

mode, certains auteurs en ont usé et abusé.

C'est le cas pour la description de ce personnage, dont on nous apprend qu'il pense chaque nuit aux souffrances endurées par le pays et aux forfaits commis par les puissances occidentales[7]:

> Il faisait de si gros yeux que ses orbites semblaient se déchirer, ses cheveux se dressaient sur sa tête. Il tirait son épée pour entonner des chants, impatient qu'il était d'organiser un phénomène complet, afin de concourir sur le terrain de l'évolution naturelle avec l'Europe et l'Amérique.

La phrase s'ouvre sur une description conventionnelle de la colère, un rien pathétique, et se poursuit par une accumulation de termes à la mode qui n'ont pas vraiment de sens. On pourrait multiplier les exemples d'un

向晓， 帘深浓睡未寤，偶为啼鸟惊觉，疑于身上之情倾吐不了，幻为汪洋巨浸，合马克深沉其中，偶出口鼻以受天气，旋复坠溺水底，不可复出者。

recours systématique à des termes scientifiques et techniques destinés à donner une apparence plus moderne au récit.

Donnons, enfin, un aperçu de quelques *métaphores* nouvelles fondées sur l'emploi de mots abstraits. Ainsi, dans ce passage tiré encore une fois de l'incontournable *Dame aux camélias* :

> Vers le matin, les rideaux étaient clos et nous étions plongés dans un sommeil profond. Quelquefois nous étions réveillés par un chant d'oiseau et *avions l'impression que le trop plein d'amour que nous avions en nous et*

[7] Bao Pi, *Hen shi [Récit du regret]* (1907), in *Qingmo minchu xiaoshuo shuxi — yanqing juan [Nouvelles chinoises de la fin des Qing au début de la République: sentimentales]*, Zhongguo wenlian chuban gongsi, Pékin, 1997.

> *que nous ne parvenions pas à déverser se transformait en un océan dans lequel je plongeais avec Marguerite. Nous n'en sortions de temps à autre que pour respirer, avant de replonger vers le fond pour ne pas en ressortir.*
> *Texte original:* Les rideaux étaient hermétiquement fermés, et le monde extérieur s'arrêtait un moment pour nous. Nanine seule avait le droit d'ouvrir notre porte, mais seulement pour apporter nos repas; encore les prenions-nous sans nous lever, et en les interrompant sans cesse de rires et de folies. À cela succédait un sommeil de quelques instants, car disparaissant dans notre amour, nous étions comme deux plongeurs obstinés qui ne reviennent à la surface que pour reprendre haleine.

Nous avons reproduit, à la suite de la traduction, le texte original, afin qu'on puisse constater les différences entre les deux versions. Elles sautent aux yeux, mais le plus important en l'occurrence n'est pas que le traducteur ait trahi l'original, le plus important, c'est que, d'une métaphore simple sur le sommeil, le traducteur a fait une métaphore filée prenant pour thème la notion d'amour, et qu'il a conféré à celle-ci une importance particulière dans le texte.

Les exemples de ce genre abondent. Globalement les structures employées par Lin Shu sont trop éloignées des structures originales pour que l'influence de la syntaxe occidentale ait pu jouer un rôle décisif. Cependant, on observe qu'à chaque fois la contrainte de l'original — une idée complexe ou nouvelle, et par conséquent difficile à exprimer dans la langue chinoise — impose au traducteur une sorte de gymnastique qui l'oblige à sortir des sentiers battus et à recourir à des structures inhabituelles.

Les métaphores construites autour des thèmes abstraits se sont rapidement imposées dans les romans de cette période. Nous nous en tiendrons à un seul exemple, un passage tiré de 玉梨魂 *Âme du poirier en jade* de

> 大凡爱情之作用，其发也至迅捷，其中也至剧烈，其吸引力至强，其膨胀力至大，然其发也、中也、吸引也、膨胀也，亦必经无数阶级，由浅而深，由薄而厚，非一蹴而就即可至缠绵固结不可解脱之地位也。即如梦霞与梨娘，其始不过游丝牵惹之情，能力至为薄弱，然后交涉愈多，而爱恋愈切，至于今，肺腑之言，不觉尽情吐露...

Xu Zhenya (1904), une œuvre que l'on tient généralement pour la première des productions du courant dit «canards mandarins et papillons». On y voit comment cet objet abstrait qu'est l'amour est développé en métaphore filée, et comment, de surcroît, on a recours à des termes scientifiques:

> Ainsi agissent en général les sentiments d'amour: à la naissance ils sont

> rapides, puis pendant le développement deviennent extrêmement violents, dotés d'une grande force d'attraction et d'expansion. Mais aussi bien leur naissance que leur développement, ainsi que l'attraction et l'expansion, passent par d'innombrables étapes, en allant toujours au plus profond, au plus épais, ne parvenant pas à un stade inséparable d'un seul coup. Le cas de Mengxia et Liniang en est un exemple: leur sentiment naissant n'était qu'un léger attachement, dont la force était très faible. Puis peu à peu, avec les contacts qui s'intensifiaient, leur affection devint plus forte, au point qu'aujourd'hui, ils ne pouvaient s'empêcher de vider ce qu'ils avaient sur le cœur...

Il est évidemment risqué de conclure que Xu Zhenya s'est directement inspiré du langage de Lin Shu, même si nous sommes en mesure d'affirmer sans risque d'être contredit qu'il en a eu connaissance. Cependant, les métaphores nouvelles de ce genre, qui constituent une rupture radicale par rapport à la tradition, devenant de plus en plus courantes dans les nouveaux romans, leur inspiration occidentale ne fait guère de doute. Et il nous semble que ces innovations ont été facilitées par l'usage du *wenyan*, une langue qui leur a donné une latitude d'expressivité inégalée face au *baihua* de l'époque.

Les changements du langage romanesque ne se limitent bien sûr pas aux trois aspects que nous avons présentés ici, et bien d'autres phénomènes mériteraient de retenir l'attention. Nous nous en sommes tenus aux points les plus évidents.

Est-ce un effet du hasard — mais la chose paraîtrait bien étonnante —, on constate que la langue du roman, à partir de cette période, innove davantage, qu'elle surprend par des images neuves, alors qu'elle avait auparavant plutôt tendance à reproduire des clichés. En fait, les innovations introduites par les traductions très en vogue parmi les lecteurs de cette époque ont influencé fortement les créations propres des écrivains. Entre autres effets, les écrivains ont fait de l'innovation stylistique un objectif important de leur création. Les histoires n'étaient plus la seule chose qui comptait dans les romans, et cela a constitué une avancée majeure pour le roman chinois.

LA REVUE *XINYUE* (1928-1933) ET L'INTRODUCTION DES LITTÉRATURES ÉTRANGÈRES EN CHINE

Jacqueline ESTRAN*

Éditée par un groupe d'intellectuels chinois qui ont, pour la plupart, suivi des études supérieures aux États-Unis, la revue *Xinyue (Croissant)* représente, au moment où une grande majorité d'intellectuels et d'artistes se regroupent derrière la bannière du Parti communiste, à la fin des années 1920, une tentative originale et singulière d'intervention dans les champs littéraire et politique. On connaît en général le rôle de Wen Yiduo et ses essais formels en matière d'écriture poétique. Dans le domaine politique, les intellectuels du groupe Xinyue tentent de mettre leur savoir et leur réflexion au service de la construction d'une Chine républicaine.

Les littératures étrangères sont représentées dans la revue *Xinyue* par cent soixante cinq textes sur un total de sept cents environ, publiés sur 43 numéros et un peu plus de cinq ans. Il s'agit soit de traductions d'œuvres, soit d'articles (textes de présentation ou essais).

LE THÉATRE: DE SHAKESPEARE À O'NEILL

Le théâtre occupe une place importante à l'intérieur du groupe Xinyue, en tant qu'objet de réflexion sur la création artistique et littéraire moderne et en tant qu'élément fédérateur. Pourtant cette place a longtemps été ignorée, du moins jusqu'à il y a peu, pour diverses raisons. En premier lieu, le groupe ne comporte pas de personnalité charismatique représentative de sa pensée ou de ses recherches dans ce domaine. Par ailleurs, c'est un groupe restreint et, en tant que tel, il lui était difficile de s'imposer et de créer une dynamique; il ne pouvait toucher qu'un public très limité. C'est aussi un groupe qui ne

* Maître de conférences à l'université Jean Moulin Lyon 3, membre du Centre d'études et de recherches sur l'Extrême-Orient (CEREO) de l'université Michel de Montaigne Bordeaux 3. Cette présentation se base sur la thèse de doctorat réalisée par l'auteur, «La revue *Xinyue* (1928-1933): sa contribution à la littérature chinoise moderne», sous la direction de Jacques Pimpaneau (INALCO, 2000).

s'est pas renouvelé et a même eu tendance à s'étioler rapidement, ce qui a posé problème dans la mesure où le théâtre est — par définition — une activité de groupe. Il n'en reste pas moins que de nombreux membres du groupe sont, à des degrés divers, intervenus dans le monde du théâtre dès le début des années vingt et ont joué un rôle important dans la promotion du théâtre moderne en Chine. Leur réflexion dans le domaine dramatique s'est élaborée, pour l'essentiel, avant la publication de la revue *Xinyue*, et c'est aussi avant 1928 que le théâtre rassemble les individus: ils mettent en place un enseignement dans le domaine dramatique et lancent un mouvement, le Mouvement pour un théâtre national *[Guoju yundong]*[1], avant de se retrouver dans la revue *Xinyue*.

Les textes consacrés au théâtre dans la revue *Xinyue* sont le fait d'un nombre restreint d'auteurs: Yu Shangyuan, Gu Zhongyi, Zhang Jiazhu, Liang Shiqiu, Xing Pengju et Shao Xunmei, auxquels s'ajoutent les traducteurs. Les dramaturges présentés sont Shakespeare, Ibsen et O'Neill et l'expressionnisme allemand est abordé en tant que mouvement.

Cinq textes sont consacrés à Shakespeare: deux essais, de Yu Shangyuan[2] et de Xing Pengju[3], et trois traductions de Liang Shiqiu[4]. Yu Shangyuan traite de la place de Shakespeare dans la dramaturgie mondiale tandis que Xing Pengju aborde le thème de la passion shakespearienne. Les articles de Liang Shiqiu sont consacrés à la biographie du dramaturge, à son public ainsi qu'à son environnement, l'Angleterre élisabéthaine. Le monde chinois connaît Shakespeare relativement tôt grâce, entre autres, à des articles de Yan Fu, Liang Qichao ou Lu Xun[5];

[1] Voir Dong Baozhong «Xinyue pai yu xiandai zhongguo xiju» [*Xinyue* et le théâtre chinois moderne], *Zhongwai wenxue [Littérature de Chine et d'ailleurs]*, vol. 6 nº 5, oct. 1977, p. 28-52 et thèse de l'auteur, p. 191-211.

[2] «Fanyi Shashibiya» [Traduire Shakespeare], *Xinyue*, III-5/6, article daté de janvier 1931.

[3] «Shashibiya lian'ai de mianmianguan» [Aspects de la passion chez Shakespeare], *Xinyue*, III-3, article daté de juillet 1930.

[4] «Shashibiya zhuanlüe» [Biographie de W. Shakespeare], *Xinyue*, I-11, et «Shashibiya shidai zhi yingguo yu lundun» [Londres et l'Angleterre de Shakespeare], *Xinyue*, I-9 (pour ces deux articles, Liang s'est basé sur l'ouvrage de W. A. Neilson et A. H. Thorndike: *The Facts about Shakespeare*, MacMillan, New York, 1913); «Shashibiya de guanzhong» [Le public de Shakespeare], *Xinyue*, II-10 (texte extrait d'un ouvrage intitulé *Shashibiya de xiju [Le Théâtre de Shakespeare]*, dont l'auteur n'a pas été identifié).

[5] Le nom de Shakespeare est attesté en Chine dès 1856. Le premier recueil présentant des pièces de Shakespeare est publié en 1903 par les éditions Dawenshe de Shanghai. Une dizaine de pièces sont ainsi présentées sous forme d'histoires, en *wenyan*. On n'en connaît pas le traducteur. D'après Jiang Longshao, «Shashi xiju zhi fanyi» [Les Traductions de l'œuvre dramatique de Shakespeare], *Zhongguo xiandai wenxue lilun jikan*

et il est, dès le début du XXe siècle, l'un des auteurs les plus traduits[6].

Au cours des années vingt, deux thèmes touchent plus particulièrement les intellectuels chinois dans l'œuvre shakespearienne: en tant que représentant de l'esprit humaniste de la Renaissance, il symbolise le rejet des contraintes d'une société féodale et l'ouverture de l'homme sur une nouvelle conception du monde. Par ailleurs, il semble que les passions amoureuses, et surtout leur impossible concrétisation, dont Shakespeare traite en profondeur dans son œuvre, font écho aux préoccupations des jeunes Chinois(es) dont certain(e)s se révoltent contre les mariages arrangés et revendiquent leur droit à la passion. La parution de ces articles, au tout début des années trente, coïncide avec le regain d'intérêt que manifestent alors les écrivains et critiques chinois pour l'œuvre de Shakespeare. Dès la fin des années vingt, les traductions se font plus nombreuses; on peut citer Zhang Caizhen (*Comme il vous plaira*, 1927), Deng Yicun (*Roméo et Juliette*, 1927), Miao Lanhui (*Les Joyeuses Commères de Windsor*, 1929) ou Dai Wangshu (*Mac Beth*, 1930)[7]. Dans la revue, on trouve un extrait de *Roméo et Juliette* (Acte II, scène 2: *Xinyue*, IV-1, 13 p.) traduit par Xu Zhimo et la maison d'édition Xinyue publie en 1930 une traduction du *Marchand de Venise*[8] réalisée par Gu Zhongyi. Vers cette même époque, la volonté de traduire l'intégralité de l'œuvre shakespearienne commence à se manifester. La nécessité de traduire des pièces et de traduire «bien» — c'est-à-dire à la fois dans le respect de l'œuvre originale et en tenant compte de la nature du public récepteur de la traduction — se fait par ailleurs sentir en raison de la situation spécifique en Chine du théâtre «moderne» (*huaju*, théâtre parlé, distinct du théâtre traditionnel chinois). En effet, celui-ci a du mal à

[Revue trimestrielle de théorie de la littérature chinoise moderne], Taipei, 1996, n° 1, p. 65.

[6] Hu Zhiyi, «Shashibiya xiju zai Zhongguo» [L'Œuvre dramatique de Shakespeare en Chine], *Zhongguo huaju yanjiu [Recherches sur le théâtre parlé chinois]*, Pékin, n° 3, juin 1991, p. 53.

[7] On compte de 1911 à 1930 une vingtaine de traductions ou nouvelles traductions de pièces de Shakespeare et plus de quarante de 1931 à 1948. D'après B. Eberstein, *Das chinesische Theater im 20. Jahrhundert*, Otto Harrassowitz, Wiesbaden, 1983, p. 354-357.

[8] *Le Marchand de Venise* est l'une des premières comédies de Shakespeare traduites en Chine (dès 1911). La version de Gu Zhongyi, revue par Liang Shiqiu, est mise en scène par Ying Yunwei et jouée par l'Association théâtrale de Shanghai *(Shanghai xiju xieshi)*, alors dirigée par Wang Zhongxian. Voir Wang Yiqun, «Shaju yanchu zai wo guo xiju wutai shang de bianqian [Évolution des représentations théâtrales de Shakespeare sur la scène chinoise], in *Shashibiya zai zhongguo* [Shakespeare en Chine], Wenyi chubanshe, Shanghai, 1987, p. 94. La pièce est reprise en 1937 par Yu Shangyuan qui en assure alors, avec Wang Jiaji, la mise en scène.

s'imposer, il n'existe pas encore de pièces chinoises d'une qualité suffisante pour attirer le public et les traductions de pièces étrangères soit ne conviennent pas pour une représentation sur scène, soit sont inadaptées au public chinois[9]. Dans la mesure où les traductions représentent la majeure partie des pièces jouées jusque dans les années trente[10], il était indispensable de chercher à produire des traductions de qualité afin de fidéliser un public tout juste naissant et, ainsi, de permettre au théâtre parlé de survivre. Cette volonté est tout particulièrement défendue par les collaborateurs de la revue, Yu Shangyuan en tête puisque c'est le thème central de l'article qu'il consacre à Shakespeare. Yu ne se contente pas de donner des conseils, il traduit quatre pièces de théâtre en trois ans: *Le canard sauvage* d'Henrik Ibsen (1928), *The Lost Silk Hut* d'Edward Dunsany (1929), *The Admirable Crichton* de James Barrie (1929) et *L'Affaire Makropulos* de Karel Capek (1930)[11]. Parmi les autres collaborateurs de la revue, Gu Zhongyi traduit, lui, près de vingt pièces de 1925 à 1944, dont deux de Shakespeare: *Le marchand de Venise* en 1930 puis *Le roi Lear* en 1944[12]. Ses choix se portent en majorité sur des auteurs anglais (A. A. Milne, J. Galsworthy, S. Houghton, etc.) mais aussi allemands (Schiller) ou français (Molière, Marcel Pagnol). À côté des traductions qu'il veut fidèles au texte original, il réalise également de nombreuses adaptations qui connaissent un réel succès et écrit ses propres œuvres dramatiques (vingt-cinq en dix ans). Liang Shiqiu commence à traduire le théâtre de Shakespeare en 1936 et le traduira dans son intégralité. Si certains critiques lui reprochent un style parfois trop littéraire ou trop proche du texte original, sa traduction reste une référence[13].

[9] Les traductions directes de pièces occidentales en chinois se révèlent, dans un premier temps, plutôt impropres à la représentation sur scène. Le public manque de repères et ne sait comment interpréter l'attitude des personnages qui évoluent sous ses yeux, l'échec de la pièce de G. B. Shaw, *Mrs Warren's Profession,* en est un exemple frappant. Voir B. Eberstein, *op. cit.*, p. 50-51.

[10] Dong Baozhong (*op. cit.*, p. 28) considère que la tendance s'inverse à partir de 1926 et qu'alors, le nombre de pièces chinoises représentées sur scène dépasse celui des pièces traduites. B. Eberstein pense, lui, que les traductions — ou adaptations — restent majoritaires (50 à 70 % des représentations) jusqu'au milieu des années trente (*op. cit.*, p. 66).

[11] D'après B. Eberstein, *A Selective Guide to Chinese Literature 1900-1949*, vol. 4 (The Drama), E. J. Brill, Leiden, 1990, p. 26. K. Capek (1890-1938) a été rédacteur de revues, auteur et metteur en scène au théâtre et écrivain (contes et récits); il a eu une influence considérable sur les arts et la littérature tchèques de son époque et était alors connu dans le monde entier.

[12] Gu ne traduit pas seulement des pièces de théâtre mais également des essais, des romans et des nouvelles (Thomas Hardy notamment). Il publie certains de ses textes en version bilingue, en particulier un choix de pièces en un acte (*Dumuju xuan [Choix de pièces en un acte]*, Beixin shuju, s.l., 1930).

[13] Voir Jiang Longshao, *op. cit.* Jiang y propose une comparaison entre la traduction de Liang Shiqiu et celle de Zhu Shenghao, sur un extrait de *Roméo et Juliette*.

Dans la revue elle-même, on trouve neuf traductions: *The Dear Departed* de S. Houghton par Gu Zhongyi, *The Twelve Pound Clock* de James Barrie par Gu Zhongyi, *The Artist, a Duologue* de A. A. Milne par Yu Gengyu, *Man and Superman: A Comedy and a Philosophy* de G. B. Shaw par Xiong Shiyi, *Followers: A Cranford Sketch* de H. Brighouse par Xiong Zhengqin, *The Long Voyage Home* d'Eugène O'Neill par Ma Yanxiang[14], *Beyond the Horizon* d'Eugène O'Neill par Gu Zhongyi, des extraits de *Roméo et Juliette* par Xu Zhimo[15] et une pièce de Tristan Bernard traduite par Li Qingya. Par ailleurs, la maison d'édition Xinyue publie également des traductions d'œuvres dramatiques, comme, par exemple, *The School for Scandal* de R. B. Sheridan[16] ou *She Stoops to Conquer* d'Oliver Goldsmith.

Les deux articles consacrés à Ibsen[17] en mai 1928 (*Xinyue*, I-3) sont de la plume de Yu Shangyuan et Zhang Jiazhu. Si Ibsen est à l'honneur, c'est en partie parce que 1928 est le centième anniversaire de sa naissance. Un regain d'intérêt se manifeste alors pour cet auteur introduit dès 1907 par Lu Xun et présenté de façon magistrale par Hu Shi en 1918[18]. Hu Shi axait à l'époque sa présentation sur deux idées principales présentes dans la dramaturgie ibsénienne: une critique de la structure familiale traditionnelle et une remise en cause des institutions morales, religieuses et légales qui entravent le développement de l'individu. Les articles publiés à la fin des années vingt tendent à réévaluer

[14] La version de Ma Yanxiang publiée dans la revue (III-10, 23 p.) est présentée comme une adaptation. Cette pièce a, par ailleurs, déjà été traduite en chinois par Gu Youcheng.

[15] Cette pièce a déjà été traduite par Tian Han en 1924 et par Deng Yicun en 1927. Ces extraits sont publiés à titre posthume.

[16] Traduction de Wu Guangjian, une autre traduction est publiée au même moment par la Commercial Press. Voir à propos de ces traductions: «Liang zhong *Zaoyao xuexiao* de yiben de bijiao» [Comparaison de deux traductions de *The School for Scandal*], *Xinyue*, II-6/7.

[17] À peu de temps d'intervalle, mais hors de la revue *Xinyue*, deux autres auteurs dans la mouvance du groupe consacrent des articles à Ibsen. Il s'agit de Xiong Foxi (avec «Shehui gaizaojia de Yibusheng yu xijujia de Yibusheng» [Ibsen le réformateur social et Ibsen le dramaturge], *Yishibao*, Tianjin, 21 nov. 1929, et «Lun *Qungui*» [À propos des *Revenants*], *Yishibao [Le Bénéfique]*, Tianjin, 24 déc. 1929) et de Chen Xiying (avec «Yibusheng de xiju yishu» [L'Art dramatique d'Ibsen], *Wenzhe jikan [Revue trimestrielle de littérature et de philosophie]*, I-1, avril 1930). La même année, Xiong met en scène *Les Revenants*. La pièce est jouée le 25 décembre 1929 par les étudiants de l'Institut national des arts de Pékin *(Guoli beiping yishu xueyuan)*, auparavant École spéciale des beaux-arts, dont Xiong Foxi dirige, depuis sa refonte en 1928, le département Théâtre.

[18] Hu Shi, «Yibushengzhuyi» [L'Ibsénisme], *Xin qingnian [Nouvelle Jeunesse]*, IV-6, juin 1918. Texte traduit en anglais par Elisabeth Eide in *China's Ibsen: From Ibsen to Ibsenism*, Curzon Press, Londres, 1987, p. 155-168. Voir également, à ce propos, B. Eberstein, *op. cit.*, p. 45-49.

l'œuvre du dramaturge norvégien en se démarquant de l'analyse de Hu Shi. L'optique est désormais plus «esthétique» et la critique insiste moins sur le message social de l'œuvre, sauf quand les auteurs ont pour objectif délibéré la promotion d'un message social et/ou politique — ce qui reste le cas pour un certain nombre. Ni Yu Shangyuan ni Zhang Jiazhu — comme d'ailleurs la plupart des critiques chinois — ne font appel au contexte (les événements européens) pour expliquer certaines pièces or celles-ci reflètent de façon très précise la société norvégienne. On sait qu'Ibsen était un lecteur assidu de la presse et que nombre de ses personnages s'inspirent d'êtres bien réels, à leur dépens parfois comme ce fut le cas pour l'inspiratrice de Nora, Laura Kieler[19]. Yu et Zhang semblent également mal connaître ou se désintéresser de l'homme Ibsen car les références biographiques sont quasiment inexistantes.

En matière de théâtre étranger, on trouve encore dans la revue des articles sur l'expressionnisme, présenté par Yu Shangyuan[20], et sur Eugène O'Neill par Zhang Jiazhu[21]. La trilogie d'O'Neill, *Mourning Becomes Electra,* est brièvement recensée par Yu Shangyuan[22] et la revue propose une version de la pièce *The Long Voyage Home*[23] réalisée par Ma Yanxiang et des extraits de *Beyond the Horizon*[24] traduits par Gu Zhongyi. Bien qu'O'Neill ne puisse être qualifié d'auteur expressionniste, ses pièces de tendance expressionniste *(The Hairy Ape, Emperor Jones)* sont, parmi les pièces expressionnistes traduites en chinois, celles qui ont eu l'influence la plus directe et la plus importante sur les dramaturges chinois. Toutefois, il n'y a pas d'amalgame dans la revue entre O'Neill et l'expressionnisme. Zhang Jiazhu a rencontré O'Neill qui est venu en Chine en 1928 et c'est à la suite de cela qu'il a rédigé son article, un texte qui porte surtout sur le personnage et son parcours dans le domaine de la création littéraire et artistique. Dans son article sur l'expressionnisme, Yu Shangyuan traite surtout des précurseurs de l'expressionnisme allemand et du mouvement expressionniste pendant et juste après la première guerre mondiale (notamment Frank Wedekind, Georg Kaiser, Ernst Toller). On peut rapprocher la position de Yu Shan-

[19] Laura Kieler (1849-1932): écrivain norvégienne et amie d'Ibsen avant la publication de la pièce dont elle fut malgré elle l'héroïne. Voir G. B. Bryan, *An Ibsen Companion*, Greenwood Press, Westport-Londres, 1984.

[20] «Zui nianqing de xiju» [Le Théâtre le plus récent], *Xinyue*, I-1, p. 189-202.

[21] «Ao Nier» [O'Neill], *Xinyue*, I-11, 14 p.

[22] «Ao Nier de san bu qu» [Une trilogie d'O'Neill], *Xinyue*, IV-4, 3 p.

[23] *The Long Voyage Home [Huan xiang]*, *Xinyue*, III-10, 23 p.

[24] *Beyond the Horizon [Tianbian wai]*, *Xinyue*, IV-4, IV-7, 41 / 19 p.

gyuan de celle de Song Chunfang, lui aussi très critique mais cherchant toutefois à comprendre et expliquer ce mouvement[25]. Yu reproche à l'expressionnisme sa subjectivité — dans la mesure où elle nie la réalité objective — et sa violence — en particulier sa volonté de destruction face à un pouvoir institutionnel.

Les textes publiés dans la revue dans le domaine du théâtre sont majoritairement le fait de personnes ayant participé au Mouvement pour un théâtre national [*Guoju yundong*] actif en 1926. Celui-ci se caractérise par l'intérêt qu'il accorde au théâtre chinois traditionnel et par la conception qu'il propose du théâtre — un théâtre inscrit dans une tradition mais prenant en compte les récentes évolutions de la dramaturgie mondiale. Lorsque paraît la revue *Xinyue*, les participants au Mouvement pour un théâtre national sont dispersés dans diverses universités, certains se sont éloignés du théâtre mais les spécialistes (comme Yu Shangyuan ou Zhang Jiazhu) exercent toujours leur art même s'ils ne sont plus ensemble. Le choix des thèmes abordés dans la revue *Xinyue* montre une évolution par rapport à 1926, là où les participants au Mouvement étaient axés sur l'étude d'un théâtre particulier[26], on trouve à présent des thèmes plus en phase avec l'ensemble du monde théâtral chinois: Shakespeare, Ibsen, O'Neill ou l'expressionnisme, même si, au niveau des traductions, le monde anglo-saxon reste dominant. Leur présentation reste originale et obéit toujours à une volonté didactique. Il s'agit de saisir l'essence du théâtre moderne avec Shakespeare, d'apprendre la technique dramatique avec Ibsen, de comprendre la conscience artistique du dramaturge avec O'Neill et de travailler à la clarté de l'expression en évitant l'excès de subjectivité de l'expressionnisme. On le voit, le théâtre étranger n'est pas un modèle, il est une source qui enseigne une histoire et des règles universelles. À partir des sujets traités, Yu Shangyuan, Gu Zhongyi et Zhang Jiazhu proposent donc dans la revue *Xinyue* une réflexion sur le théâtre mais aussi des pistes d'action. Les conseils pratiques sur l'écriture et la conception d'une pièce sont abondants et on peut quasiment lire dans leurs critiques une méthode de composition, tant les aspects traités sont variés.

[25] Ce qui s'explique notamment par le fait que Song Chunfang a vécu plusieurs années en Allemagne.

[26] Essentiellement le théâtre irlandais du Mouvement pour une renaissance littéraire irlandaise et des dramaturges de langue anglaise comme John Galsworthy, James Barrie ou G. B. Shaw.

Le roman et la nouvelle: un panorama varié

Une distinction s'opère sur un plan formel entre les articles à proprement parler (qui apparaissent en tant que tels dans le sommaire de la revue) et les textes publiés dans le cadre des rubriques périodiques («Haiwai chubanjie», Le monde de l'édition outre-mer, et «Shubao chunqiu», Annales des livres et revues) suite à la parution d'un ouvrage, cas qui concerne la grande majorité des textes.

Cinq articles conséquents sont publiés à propos du roman: Katherine Mansfield est présentée par Chen Xiying, Walter Scott par Fei Jianzhao, Thomas Hardy deux fois, par Xu Zhimo et Guo Youshou. Tandis que Ye Gongchao consacre, pour sa part, un essai au mouvement réaliste anglais.

Katherine Mansfield fait incontestablement partie des écrivains étrangers «favoris» du groupe. Xu Zhimo lui a déjà consacré plusieurs articles et traductions[27], de même que Chen Xiying — mais de dernier à un degré moindre. Chen rédige l'article[28] qu'il publie dans la revue *Xinyue* suite à la publication d'un texte de Xu Zhimo lui aussi consacré à la romancière d'origine néo-zélandaise et anglaise d'adoption. Avec quatre textes[29] — tous traduits par Chen Xiying — elle est la romancière la plus traduite dans la revue *Xinyue*. Dans son article, Chen donne une version circonstanciée de la vie et de la création de la romancière, reprenant de longs passages de son journal pour illustrer l'opiniâtreté de la jeune femme dans sa quête, l'ardeur qu'elle mettait à créer et les difficultés qu'elle a rencontrées.

Dans un style différent, Thomas Hardy apparaît lui aussi comme une figure récurrente. Xu Zhimo le présente dans le premier numéro de *Xinyue* au travers de plusieurs textes[30]. Guo Youshou relate, pour sa part, sa propre rencontre avec T. Hardy[31]. Ce sont au total quatre

[27] Voir *Xu Zhimo Quanji [Œuvres complètes de Xu Zhimo]*, Guangxi minzu chubanshe, Nanning, 1991, vol. 2, p. 110-202, p. 493-499, vol. 4, p. 291-296, p. 301, p. 694.

[28] «Manshufei'er» [Mansfield], *Xinyue*, I-4.

[29] *Xinyue*, I-5, I-12, II-1, II-8.

[30] *Xinyue*, I-1: «Tangmaishi Hadai» [Thomas Hardy], p. 65-74; «Kejian Hadai de yi ge xiawu» [Un après-midi où j'ai pu voir Hardy], p. 75-81; «Hadai zhuzuo shulüe» [Revue des œuvres de Hardy], p. 82-84; «Hadai de beiguan» [Le pessimisme de Hardy], p. 84-87. Ce sont à la fois des nouvelles et des poèmes qui sont traduits dans la revue *Xinyue* et Xu aborde les deux aspects; dans la mesure où l'influence de Thomas Hardy semble plus déterminante dans le domaine du roman, il est présenté dans ce cadre et pas dans celui de la poésie. Sur les rapports de T. Hardy et Xu Zhimo voir Liang Yihua, *Xu Zhimo xinzhuan [Nouvelle biographie de Xu Zhimo]*, Lianting chubanshe, Taipei, 1991 (rééd.), p. 128-130.

[31] «Jian Hadai de sishi fenzhong» [Quarante minutes avec Hardy], *Xinyue*, I-3.

poèmes[32] qui sont traduits dans la revue et trois nouvelles[33]. Le romancier et poète vient tout juste de s'éteindre (janvier 1928) quand paraît le premier numéro de la revue *Xinyue*. C'est donc pour Xu Zhimo l'occasion de faire le point sur la place de Thomas Hardy dans la littérature mondiale. Ce qui compte avant tout pour Xu chez Hardy, c'est son esprit créatif, l'ouverture qu'il apporte dans sa vision du monde et ce qu'il transmet aux hommes de son expérience personnelle[34]. Il voit surtout dans le «pessimisme» de Hardy — pessismisme qui semble lui être reproché par les compatriotes de Xu — l'expression de ses doutes, de ses incertitudes et le reflet de son expérience de la vie. Xu se pose en défenseur de Hardy, dont il apprécie l'œuvre, et qu'il souhaite faire aimer aussi au public chinois.

Si la Chine fête en 1932 le centième anniversaire du décès de Goethe, c'est aussi celui de Walter Scott, comme le fait remarquer Fei Jianzhao. Ce contemporain de Goethe était d'ailleurs un grand admirateur du romancier, poète et dramaturge allemand. Mais, en Chine, depuis les «traductions» de trois des romans de Scott[35], peu de personnes se sont intéressées à ce romancier. Fei Jianzhao rappelle qu'il occupe pourtant une place unique dans l'histoire littéraire par l'intérêt qu'il a porté aux événements du passé et la force avec laquelle il les a fait revivre et met, par ailleurs, en avant l'amour du terroir qui imprègne toute sa poésie.

L'étude de Ye Gongchao consacrée au mouvement réaliste[36] est centrée sur le roman et la nouvelle anglais récents (de la fin du XIXe siècle à la période contemporaine) mais elle commence par présenter les principales tendances des quatre cents ans de création littéraire qui ont précédé, depuis Malory (XVe siècle) en passant par Defoe (1660-1731) et Samuel Richardson (1689-1761), entre autres. Les romanciers récents auxquels s'intéressent plus particulièrement Ye sont: George Eliot, John Galsworthy, Charlotte Brontë, Margaret Kennedy, Samuel Butler, Thomas Hardy, Henry James, Joseph Conrad, H. G. Wells, George Moore etc. au total une trentaine d'auteurs. Pour Ye, leur principale caractéristique, qui touche à la fois leur façon de s'exprimer et leur attitude face à la création, est la distance qu'ils mettent dans leur écriture par rapport à leurs personnages. Il les perçoit comme froids, indifférents et à la

[32] Poèmes traduits par Xu Zhimo et Wen Yiduo, *Xinyue*, I-1, I-2, I-3.

[33] Nouvelles traduites par Gu Zhongyi (I-6), Li Weijian (III-5/6) et Liu Dajie (IV-2).

[34] Xu Zhimo, *Xinyue*, I-1, p. 87.

[35] Par Lin Shu, donc au début du siècle, en *wenyan*, et d'après le récit que lui en fait une personne maîtrisant l'anglais.

[36] «Xieshi xiaoshuo de mingyun» [De l'avenir du roman réaliste], *Xinyue*, I-1, p. 175-188.

recherche de rationalité et d'objectivité. Ye fait plusieurs citations de romanciers qui vont toutes dans ce sens[37]. Cette objectivité se caractérise par la conscience qu'elle a d'elle-même. À cette caractéristique s'en ajoutent deux autres: la sympathie des écrivains pour tout ce qui est «ordinaire» et leur curiosité. Alors qu'autrefois, les romans s'attachaient surtout à montrer ce qui était «beau», «bon» et «vrai», ils s'intéressent désormais indifféremment à la laideur et à la beauté, au bien et au mal, abordant tous les sujets, y compris ceux qui semblent les plus délicats. Sur la position des écrivains par rapport à leur production, il lui semble que si l'on peut dire que «la littérature est une critique de la vie» (en paraphrasant Matthew Arnold), il faut rajouter «d'après la vision qu'en a l'écrivain»[38]. L'écriture exprime forcément pour Ye la personnalité, la pensée et le point de vue de son auteur (car il n'est pas un médecin qui opère un malade). Il voit dans le détachement affiché par les écrivains se revendiquant comme réalistes une négation de leur propre condition et considère qu'il s'agit surtout d'un phénomène de mode. Cette étude ne fait pas de référence explicite à la réception du roman réaliste en Chine. Néanmoins Ye évoque à deux ou trois reprises l'influence du roman sur la société, c'est pour dire qu'elle existe mais que le roman n'est pas, de son point de vue, un outil de réforme de la société — celle-ci se réforme par d'autres moyens. Cette affirmation va à l'encontre de la volonté généralement affichée en Chine, en particulier depuis la parution de l'article de Liang Qichao[39] et l'engagement de Lu Xun sur la réforme de la société chinoise par la littérature. Le réalisme et le naturalisme sont, en tant que mouvements littéraires, présents en Chine lorsque paraît l'article de Ye Gongchao mais les romanciers qu'il cite et le mouvement anglais n'en sont pas des représentants connus — pour diverses raisons dont sans doute le fait que l'on ne puisse pas vraiment parler d'une école réaliste en Angleterre mais plutôt de tendances divergentes de l'esthétisme[40]. Son article apparaît comme un essai novateur dans le monde chinois, qui a plutôt tendance à s'inspirer du réalisme français, dans la mesure où il présente un courant réaliste peu connu mais c'est également et peut-être surtout une critique en règle des fondements du réalisme dans le domaine littéraire.

[37] Il cite notamment John Galsworthy (*The Inn of Tranquillity*, 1912) et Joseph Conrad (*A Personal Record, Some Reminiscences*, 1923), *Xinyue*, I-1, p. 178-79.

[38] Ye Gongchao, *Xinyue*, I-1, p. 185.

[39] «Lun xiaoshuo yu qunzhi zhi guanxi» [Sur les rapports entre le roman et le gouvernement du peuple], 1902.

[40] Madeleine L. Cazamian, *Le Roman et les idées en Angleterre*, vol. II, Paris, Les Belles Lettres, 1935.

Les œuvres présentées dans le cadre des rubriques périodiques font toutes partie des «grands pays» du début du XXe siècle: Royaume-Uni, États-Unis, France, Allemagne, Russie (U.R.S.S.) et Japon. Dans certains cas, les ouvrages dont il est question sont traduits en chinois, dans d'autres cas, ils sont en langue originale ou traduits en anglais (notamment pour la Russie). Il s'agit en principe d'œuvres qui sont d'actualité soit dans un pays anglophone soit en France. On peut estimer que le décalage entre ce qui se passe dans les pays occidentaux et la retranscription qui en est faite dans la revue *Xinyue* n'excède pas un an[41]. Ainsi, Liang Yuchun rend compte de la découverte toute récente d'une nouvelle inédite de Napoléon 1er (1769-1821), *Clisson et Eugénie,* relatée par la *Revue des deux mondes*[42]. Dans le cas du Japon, il s'agit d'œuvres traduites en chinois et correspondant à l'actualité éditoriale chinoise. La présence de la France, de l'Allemagne et de la Russie résulte de l'apparition de personnalités nouvelles parmi les collaborateurs. Dans la mesure où elles ont pour certaines (Li Qingya, Liang Yuchun, Li Chendong) déjà un passé dans le monde littéraire chinois, il semble que l'on puisse interpréter leur collaboration comme une ouverture du groupe fondateur de la revue, ouverture qui se traduit par l'intégration de personnes ayant des centres d'intérêts jusque là peu exploités par le groupe.

Ces œuvres ne correspondent pas nécessairement au goût des critiques qui les évoquent. Ceux-ci se font plutôt une obligation de faire partager une actualité littéraire internationale difficilement accessible aux lecteurs chinois. L'ensemble des œuvres présentées se veut donc plus une image du monde littéraire international que le reflet de leurs goûts réels. En cela, ces textes se distinguent des articles présentés hors des rubriques qui sont, eux, le fait d'un choix délibéré. Il reste que le choix de ces œuvres est tout de même dépendant de la formation des rédacteurs et des informations dont ils disposent. À cet égard, on peut noter que la majorité des ouvrages présentés sont malgré tout en langue anglaise, c'est en effet la première langue étrangère maîtrisée par les principaux collaborateurs de la revue *Xinyue.*

Dans le domaine de la traduction, on trouve, dans la revue *Xinyue*, vingt-cinq nouvelles ou extraits de romans, soit à peu près une traduc-

[41] La date de publication de l'œuvre à l'étranger est en général mentionnée.

[42] L'existence de cette nouvelle, vraisemblablement rédigée vers 1795, a été rendue publique dans les années 20 et publiée intégralement en France en 1955 seulement. D'après le *Dictionnaire biographique des auteurs*, t. III, Robert Laffont, Paris, 1980 (rééd.), p. 501.

tion tous les deux numéros. Les auteurs sont au nombre de dix-sept, quatre sont français, deux japonais, tous les autres anglais ou américains.

Pour la France, les textes traduits ressortent de registres extrêmement variés avec Marguerite de Navarre, Voltaire, Charles Nodier et Villiers de l'Isle-Adam. On peut faire remarquer que la littérature française est largement représentée en Chine à cette époque. Une comparaison avec les traductions d'œuvres romanesques publiées dans le *Xiaoshuo yuebao [Mensuel du Roman]* montre en effet que la France occupe la deuxième place, juste après la Russie, par le nombre de ses traductions de 1921 à 1925[43]. Sa position rétrograde ensuite légèrement au profit du Japon et d'autres pays d'Europe mais elle demeure très présente par le nombre d'articles et d'ouvrages qui lui sont consacrés[44]. Li Qingya a traduit trois de ces textes. Ils s'inscrivent visiblement dans son travail d'introduction de la littérature française, commencé déjà depuis plusieurs années.

Le Japon est présent avec deux auteurs, Kataoka Teppei et Sato Haruo. Tous deux sont des contemporains de la revue *Xinyue* et font partie de la génération de Hu Shi. La littérature japonaise fait partie des littératures assez bien représentées en Chine, surtout à partir de 1927. Ceci est lié à la formation des intellectuels chinois qui sont nombreux à avoir étudié au Japon mais, proportionnellement au nombre d'étudiants chinois y ayant séjourné, elle est tout de même sous-représentée — à cette époque, le japonais sert surtout de langue de médiation pour accéder à d'autres littératures.

La présence de la France et du Japon apparaît donc comme représentative d'une tendance répandue dans le monde littéraire chinois des années vingt et du début des années trente. Les romanciers anglophones sont en revanche sur-représentés par rapport à ce qui se fait dans les autres revues. En effet, dans le *Mensuel du roman*, ce sont, de 1928 à 1931, dans le meilleur des cas, quatre traductions qui sont publiées

[43] Comparaison réalisée d'après un index du *Mensuel du roman* (*Xiaoshuo yuebao suyin (1921-1931)*, Shumu wenxian chubanshe, Beijing, 1984). Jin Siyan, dans l'étude qu'elle réalise sur une période proche (1921-1925), place la France en troisième position derrière l'Inde et la Russie mais elle prend en compte tous les textes littéraires traduits. Voir Jin Siyan, *La Métamorphose des images poétiques 1915-1932: des symbolistes français aux symbolistes chinois*, Projekt, Dortmund, 1997, p. 235.

[44] Voir *Zhongguo xin wenxue daxi 1917-27 [Anthologie de la nouvelle littérature chinoise, 1917-1927]*, t. 10, Yeqiang chubanshe, Taipei, 1990 (rééd.), p. 273. Parmi les ouvrages retenus sur cette période par les compilateurs de l'anthologie, on trouve trois histoires de la littérature française pour une histoire de la littérature allemande, deux de la littérature russe, une italienne et une japonaise.

chaque année (Grande-Bretagne et États-Unis confondus) et, dans le pire, aucune (1928). Il s'agit là d'une tendance constante au cours des dix ans de parution du *Mensuel du roman*[45]. Si cela peut être rapproché du fait que les intellectuels et écrivains chinois sont peu nombreux à maîtriser l'anglais, on peut remarquer que la poésie n'est, elle, pas affectée. Les romanciers anglophones traduits dans la revue *Xinyue* sont pour la plupart anglais et sont nés — sauf E. A. Poe — dans la deuxième moitié du XIXe siècle. C'est donc un panorama des écrivains anglais ayant publié de la fin des années 1860 à l'époque contemporaine qui est présenté. La plupart ont des personnalités un peu en marge de la société. Leurs œuvres reflètent une vision du monde qui leur est propre et qu'ils ont développée à la faveur de leur isolement. Ils ont en effet tous connus des périodes plus ou moins longues de solitude ou des dépaysements brutaux. Poe, enfant adopté, n'a jamais trouvé sa place dans la société américaine. Harte et Porter ont travaillé jeunes dans des secteurs très divers avant de s'intéresser à la littérature. Conrad et Merrick ont voyagé très jeunes loin de chez eux. Katherine Mansfield quitte la Nouvelle-Zélande pour la Grande-Bretagne à l'adolescence. Ces expériences les ont nourris en les distinguant et leur ont appris à avoir un regard personnel sur le monde. Il semble que c'est la variété des univers créés par chacun de ces romanciers qui a intéressé les collaborateurs de la revue *Xinyue*. Au-delà des affinités particulières qui peuvent exister entre les lecteurs qu'ils sont et les œuvres, affinités acquises par de longues années de pratique des littératures anglaise et américaine, il semble exister une correspondance entre ce qu'eux-mêmes revendiquent en tant qu'écrivains et ces romanciers étrangers. Ceux-ci, après s'être heurtés à la réalité, ont puisé au plus profond d'eux-mêmes pour donner une vision du monde transfigurée par leur personnalité. Les collaborateurs de la revue se trouvent en porte-à-faux dans la société chinoise (c'est le cas de la plupart des intellectuels à l'époque mais cela est plus particulièrement vrai pour les membres du groupe Xinyue qui refusent d'obéir au pouvoir en place et de se plier à l'idéologie dominante parmi les intellectuels) et ils semblent connaître le même sentiment d'isolement qui accroît leur sensibilité.

Sur le plan de l'origine culturelle des écrivains, la variété est donc moins grande dans le domaine de la traduction que dans celui de la critique. La Russie et l'Allemagne sont absentes, ce qui s'explique car ni l'une ni l'autre de ces langues ne sont couramment pratiquées par les

[45] Avec une exception pour 1927, année au cours de laquelle sept textes sont publiés.

collaborateurs proches de la revue et ils se sont à de nombreuses reprises opposés à la pratique des traductions «indirectes» (c'est-à-dire passant par une langue de médiation).

Si les œuvres et romanciers présentés/traduits donnent des indications sur les principaux centres d'intérêt des collaborateurs de la revue, on note que ceux-ci ne font pas pour autant du monde anglo-américain un modèle. À l'opposé même, Ye Gongchao présente plusieurs romans qu'il n'apprécie pas et dont il expose les imperfections. Chez K. Mansfield et T. Hardy, c'est surtout l'attitude de l'écrivain qui est mise en avant, avec le dévouement de chacun à sa vocation, tandis que W. Scott est évoqué pour sa contribution simultanée à l'histoire et à la littérature. Le réalisme est examiné en tant que mouvement littéraire avec la volonté de voir ce qu'il implique comme attitude consciente de la part de l'écrivain.

La poésie: Shelley, Baudelaire et Elizabeth Barrett-Browning

Dans le domaine poétique, c'est très largement le monde anglo-saxon qui domine. Sur vingt-quatre articles, quatre seulement ne traitent pas de poésie anglaise ou américaine. Par rapport aux autres genres littéraires présents dans la revue — et notamment le roman — il apparaît que la poésie a fait l'objet d'un plus grand nombre d'essais. Les critiques d'œuvres, en revanche, sont peu nombreuses. Les auteurs de ces articles sont poètes ou critiques (Wen Yiduo, Xu Zhimo, Fang Weide, Bian Zhilin, Liang Shiqiu, Liang Yuchun, Ye Gongchao, Fei Jianzhao); deux seulement font partie des collaborateurs occasionnels de la revue (Fu Zhongtao et Xing Pengju).

Les poètes présentés dans ces articles sont: Matsuo Basho, Baudelaire, Verlaine, Goethe, William Blake, Elizabeth Barrett-Browning, Rupert Brooke, Walter de la Mare, W. H. Davies, Sarojini Naidu, Alice Meynell, Robert Bridges, John Masefield, Swinburne et les préraphaélites.

Trois articles sont consacrés à William Blake[46] par Xing Pengju. Blake est un poète connu en Chine[47]. C'est un créateur dont l'imagination fantasque évoque pour les Chinois des poètes anciens issus de leur propre civilisation comme Li He (791-817). Xing dresse un portrait très humain de Blake qui est en même temps une réflexion sur la condition de l'artiste et les conditions de la création poétique.

[46] «Bolaike» [Blake], *Xinyue*, II-8, 9, 10.

[47] Voir par exemple, Zhao Jingshen, «Yingguo da shiren Bolaike bainian ji» [Pour les cent ans du décès du grand poète anglais Blake], *Xiaoshuo yuebao*, vol. XVIII n° 8, 1927.

Dans la mesure où elle touche deux des poètes du groupe les plus représentatifs, Wen Yiduo et Xu Zhimo, Elizabeth Barrett-Browning apparaît comme une figure significative dans l'histoire du groupe. Les thèmes abordés par Xu dans l'article qu'il consacre à la poétesse trahissent ses propres préoccupations, qu'elles soient d'ordre personnel ou esthétique. La solitude de l'artiste y est longuement développée. Il ne s'agit pas d'une solitude qui serait une prise de position délibérée ou une attitude de l'artiste face au monde mais d'une solitude qui résulte de l'impossibilité qui est la sienne, la plupart du temps, de s'adapter aux normes de la société, de trouver son bonheur au sein d'une vie «ordinaire», c'est-à-dire ici au sein du couple et de la famille. Xu réalise également un commentaire des *Sonnets portugais* traduits par Wen Yiduo, ce qui lui est l'occasion de proposer une digression sur la forme du sonnet que Xu compare au *lüshi* (poème régulier) chinois, forme de base de la poésie chinoise des Tang[48].

Wen Yiduo consacre, pour sa part, une étude au préraphaélisme[49] tandis que Zhou Jiaozi traduit un texte consacré à A. C. Swinburne, un poète influencé par les préraphaélites[50]. Wen Yiduo aborde le préraphaélisme sous l'angle qui fait la spécificité de ce mouvement: le rapport entre poésie et peinture. L'intérêt qu'il porte lui-même à la peinture et son goût pour la poésie expliquent peut-être qu'il se soit penché sur des artistes conciliant ces deux arts. Partant du constat que poésie et peinture se sont souvent développées en parallèle en Occident mais sans avoir de rapports aussi proches qu'au cours de la seconde moitié du XIXe siècle en Angleterre, Wen se propose donc d'étudier pourquoi et comment les préraphaélites ont voulu mêler poésie et peinture, rappelant à ce propos le poète et peintre chinois Wang Wei (701-761). Swinburne est, à l'époque, assez connu en Chine en tant que préraphaélite.

Les poètes anglais de la fin du XIXe siècle et contemporains sont les plus importants en nombre. Ils sont pour la plupart présentés de façon systématique par Fei Jianzhao, dans une série d'articles intitulée «Xiandai shiren» [Poètes modernes][51]. Fei Jianzhao se caractérise par les abondantes citations dont il émaille ses articles et qui sont essentiellement des extraits des textes des poètes évoqués.

48 Pour des exemples de *lüshi*, voir F. Cheng, *L'Écriture poétique chinoise*, Seuil, Paris, 1982, p. 167-210.

49 «Xianlafeizhuyi» [Le Préraphaélisme], *Xinyue*, I-4. On trouve aussi dans ce numéro de la revue un portrait du préraphaélite D. G. Rossetti réalisé par Liu Haitao.

50 «Qiren shiwenbeng» [Swinburne: Thaumarturgist], *Xinyue*, III-7.

51 *Xinyue*, I-6, 7, II-6/7, II-11, III-1.

Une partie d'entre eux peut être rattachée au groupe des poètes géorgiens: c'est le cas de R. Brooke, Walter de la Mare, W. H. Davies et W. W. Gibson.

W. H. Davies est le poète qui a le plus de succès dans la revue. On le trouve longuement évoqué par Xu Zhimo[52] (essentiellement sur un plan biographique) tandis que Fei Jianzhao se consacre à sa poésie[53]. Xu Zhimo donne dans son article une version romancée et romantique de la vie vagabonde de W. H. Davies. D'un côté, il plaint sa vie d'artiste dont il détaille les difficultés matérielles. Mais, de l'autre, il présente cet homme vivant avec le ciel pour toit comme un être volontaire ayant choisi son mode de vie et heureux de vivre sans contraintes.

Dans sa présentation de Rupert Brooke, Fei met l'accent sur le rapport du poète à la mort, conçue non pas comme pouvant conduire au désespoir, mais comme permettant de relativiser les aléas de la vie. Elle n'est donc pas un néant mais plutôt une sorte de compagne, un peu comme R. Brooke ne perçoit pas le silence comme un vide mais comme une présence concrète.

Fei centre sa critique de la poésie de Walter de la Mare sur le surnaturel. L'inscrivant dans la lignée de William Blake et de Coleridge, il présente le monde de W. de la Mare comme un rêve basé sur les perceptions du poète capable de voir des choses invisibles aux autres hommes.

Wilfried Wilson Gibson est présenté, par Liang Yuchun, à l'occasion de la publication de son recueil de poèmes intitulé *The Golden Room and Other Poems*[54]. Il est qualifié de «poète populaire», dans la mesure où il «exprime des sentiments communs au peuple ordinaire à l'aide d'un vocabulaire issu du langage quotidien». Liang oppose cet emploi du langage quotidien à la tradition poétique anglaise — une opposition qui reflète celle existant en Chine entre la poésie populaire et la poésie savante traditionnelle. Gibson parle surtout du monde ouvrier situé au plus bas de l'échelle sociale, donnant à entendre le désespoir de voix habituellement silencieuses, écrasées par leur destin.

John Masefield[55] est, pour sa part, présenté par Fei Jianzhao, qui souligne les multiples aspects du talent de Masefield actif dans le théâtre, le

[52] «Yi ge xingqi de shiren» [Un poète mendiant], *Xinyue*, I-3.
[53] «Xiandai shiren» [Poètes modernes], *Xinyue*, I-7.
[54] «Jinshi shiji» *[The Golden Room]*, *Xinyue* (Haiwai chubanjie), I-11, p. 3-4.
[55] «Xinren guiguan shiren – Meishifei'erte» [Le Nouveau Poète lauréat: John Masefield], *Xinyue*, III-1.

roman, la critique mais surtout la poésie et retrace le parcours de sa vie un peu vagabonde. En effet, Masefield a arrêté tôt ses études pour travailler comme marin et a accumulé diverses expériences avant de se consacrer à la littérature, connaissant parfois des conditions de vie difficiles. Les principaux thèmes abordés par Fei sont le rapport de Masefield à la mer, sa personnalité (bienveillance), sa modernité et les influences littéraires subies.

Robert Bridges attire l'attention de Fei Jianzhao pour le long poème qu'il publie en 1929, *The Testament of Beauty*. Ce poème philosophique présente la vision du monde du poète et l'attitude que celui-ci doit avoir par rapport à la vie et aux hommes. Il retrace le combat de Bridges entre raison et instinct jusqu'à l'union qui peut se faire entre les deux. C'est, pour Fei, une transposition de la lutte existant chez Bridges entre classicisme et romantisme.

Fei Jianzhao présente également deux poétesses, Sarojini Naidu et Alice Meynell[56] (aussi citée par Liang Yuchun[57]). Toutes deux ont en commun, selon Fei, d'être largement méconnues malgré leur talent et la place qu'elles occupent dans le monde littéraire. Alice Meynell, épouse du critique Wilfrid Meynell (avec lequel elle publie une revue mensuelle de 1883 à 1895), est rattachée par Fei Jianzhao aux préraphaélites. Fei insiste sur sa tendance à l'abstraction et le ton hermétique que peut parfois prendre sa poésie mais il la place parmi les poétesses les plus importantes de la seconde moitié du XIXe siècle. Sarojini Naidu est placée sur le même plan que R. Tagore, en tant que représentante contemporaine de la poésie indienne (écrivant en anglais). Fei s'étend assez longuement sur le parcours littéraire et personnel de la poétesse. C'est donc tout à la fois son enfance avec ses premières œuvres, sa volonté de se marier hors de sa caste, ses études en Angleterre et sa rencontre avec Edmund Gosse qui sont évoqués. Le célèbre critique joue en effet un rôle important dans l'orientation de S. Naidu ainsi que dans sa reconnaissance — c'est lui qui lui conseille de puiser son inspiration avant tout dans la culture indienne et préface son premier recueil, *The Golden Threshold* (1905).

Le bref texte de Xu Zhimo consacrés aux poèmes en prose de Baudelaire[58] témoigne de l'intérêt que Xu éprouve toujours pour le poète français auquel il avait déjà consacré une traduction et un commentaire

[56] «Xiandai shiren», *Xinyue*, II-6/7, p. 1-9 pour S. Naidu, p. 9-18; pour A. Meynell.

[57] «Yalisi Meina'er zhuan» [*Alice Meynell: A Memoir* by Viola Meynell], *Xinyue* (Haiwai chubanjie), II-6/7.

[58] «Botelai de sanwen shi» [Les Poèmes en prose de Baudelaire], *Xinyue*, II-10.

remarqués en 1924[59]. Dans ce texte, Xu évoque les thèmes abordés par Baudelaire dans ses poèmes en prose, notamment celui de son rapport à la misère des hommes et à la ville. Ce que Xu souligne, c'est avant tout l'art avec lequel Baudelaire parvient à faire éprouver de la compassion pour des êtres ou des faits qui laisseraient indifférents ou seraient jugés repoussants hors de ce contexte esthétisant.

Bian Zhilin, qui a traduit Baudelaire dans la revue, propose une traduction sur Verlaine et le symbolisme[60]. Il s'agit des trois derniers chapitres d'un ouvrage de Harold Nicholson intitulé *Verlaine* (1920). Bian Zhilin ne se contente pas de publier une traduction, il la présente et donne, ce faisant, de nombreuses informations sur la réception à cette époque du symbolisme et de Verlaine en Chine.

Parmi les autres essais consacrés aux littératures non chinoises, se trouve un texte de Fu Zhongtao sur les haïkus de Matsuo Basho[61]. Cette forme connaît un grand succès en Chine au cours des années vingt et inspire un certain nombre de poètes chinois. Fu cherche, avant tout, à faire saisir ce que cette forme a de spécifique dans le contexte japonais. Goethe est, par ailleurs, évoqué brièvement par Fang Weide à propos de la traduction de son œuvre en chinois[62].

Les critiques d'ouvrages concernent, à l'exception d'un cas, uniquement des publications étrangères. Avec Ye Gongchao, Liang Yuchun et Liang Shiqiu – qui en sont les principaux rédacteurs – on retrouve les contributeurs qui sont également les plus présents dans le domaine du roman. Ils révèlent là les liens qui les unissent plus particulièrement à la poésie. La contribution de Liang Shiqiu reflète son penchant pour le classicisme. Les articles de Ye Gongchao témoignent de son intérêt pour la poésie anglaise qu'il a lui-même pratiquée à l'époque où il était étudiant et qui constituait alors son premier centre d'intérêt. Liang Yuchun a fait de brillantes études d'anglais à Beida. Lorsque la revue *Xinyue* paraît, il commence tout juste à enseigner. C'est un esprit curieux qui s'intéresse à tout et écrit surtout de la prose.

Dans le domaine de la traduction, ce sont quatorze auteurs qui sont présentés avec quarante-et-un poèmes. La France est présente avec quatre poètes: François Villon, Charles Baudelaire, Paul Verlaine et

[59] Voir Jin Siyan, *op. cit.*, p. 164-166.

[60] «Wei'erlun yu xiangzhengzhuyi» [Verlaine et le symbolisme], *Xinyue*, IV-4.

[61] «Songwei Bajiao paiju pingyi» [Traduction critique des haïkus de Matsuo Basho], *Xinyue*, IV-5.

[62] «Guanyu shiren Gede zhi si» [À propos de la mort du poète Goethe], *Xinyue*, IV-4.

Henri de Régnier. L'Allemagne est évoquée au travers d'une traduction de J. G. Herder. Tous les autres poètes sont anglais: Elizabeth Barrett-Browning, Robert Burns, Thomas Hardy, Alfred E. Housman, Christina Rossetti, Percy B. Shelley et John Keats. Les traducteurs en sont: Bian Zhilin et Liang Zhen pour la France et l'Allemagne, Wen Yiduo, Liang Shiqiu, Rao Mengkan, Xu Zhimo et Li Weijian pour l'Angleterre.

Pour la France, on observe — et bien que les traducteurs ne soient pas les mêmes que dans le domaine du roman — une même tendance à traduire des auteurs ayant vécu à des époques différentes, le XVe siècle avec Villon, le XIXe avec Baudelaire, la fin du XIXe avec Verlaine et le début du XXe avec Régnier. La présence importante de Baudelaire, celle de Verlaine et de Régnier correspondent à l'engouement ressenti par les jeunes intellectuels chinois pour ceux qu'ils ont placés dans l'école symboliste française[63]. Mais aucun des poètes chinois influencés par le symbolisme français (comme Li Jinfa, Mu Mutian, Wang Duqing ou Feng Naichao) ne fait partie des poètes de la revue *Xinyue*. L'intérêt manifesté pour ces poètes (comme pour Villon) dans la revue *Xinyue* fait donc partie d'une tendance générale observable par ailleurs dans le monde littéraire chinois.

La traduction par Liang Zhen de quelques *Volkslieder* recueillis par Herder est à mettre en rapport avec l'intérêt des intellectuels pour les chants populaires en tant que symboles de la nation à cette époque[64].

Les traductions réalisées dans le domaine anglophone confirment l'intérêt des principaux collaborateurs de la revue pour l'Angleterre du XIXe siècle. Elles reflètent les préférences individuelles des collaborateurs de la revue et mettent en lumière leurs points communs. Ainsi, Elizabeth Barrett-Browning fait l'objet d'une traduction par Wen Yiduo tandis que Xu Zhimo lui consacre un article. Wen Yiduo publie une traduction d'un poème de Hardy auquel Xu Zhimo a consacré plusieurs articles dans la revue. Wen Yiduo et Rao Mengkan traduisent tous les deux A. E. Housman. Quant à Christina Rossetti, dont un poème est traduit par Xu Zhimo, elle est apparentée au mouvement des préraphaélites, auquel Wen Yiduo a consacré un article dans la revue. Ces faits sont trop nombreux pour qu'il puisse s'agir de simples coïncidences et il est vraisemblable que Wen Yiduo et Xu Zhimo se sont concertés pour travailler sur les mêmes sujets, d'autant plus que les études et traductions

[63] Sur la réception de Baudelaire et Verlaine en Chine, voir Jin Siyan, *op. cit.*, p. 163-66.

[64] Herder est également cité dans la revue *Xinyue* par Yu Shangyuan (I-1) et Fang Weide (IV-4).

qu'ils ont réalisées paraissent au cours de la première année de parution de la revue, au moment où Wen et Xu sont tous les deux présents en tant que rédacteurs de la revue.

De Shelley à W. H. Davies, c'est tout le XIXe siècle et le début du XXe siècle anglais qui sont représentés.

A. E. Housman est le poète le plus traduit avec neuf poèmes. Ce poète secret n'a publié de son vivant que deux petits recueils (en 1896 et 1922) mais il a fortement influencé les jeunes poètes qui sont venus après lui. C'est vraisemblablement son goût pour les formes traditionnelles et conventionnelles en poésie qui a attiré Wen Yiduo et Rao Mengkan car ils y ont peut-être vu une volonté de maîtrise du langage, correspondant à ce qu'eux-mêmes cherchaient. Les poèmes traduits sont des poèmes courts (composés de deux ou trois strophes de quatre vers) qui comprennent un refrain ou des répétitions. Ce procédé permet de donner un rythme à la traduction et passe particulièrement bien en chinois. Les thèmes en sont des descriptions ou des réflexions en apparence spontanées sur divers événements de la vie.

Le poème de Hardy traduit par Wen Yiduo est un court poème au rythme alerte. Ceux choisis par Xu Zhimo sont plus longs et expriment l'état d'esprit du poète face au monde. Tout en travaillant sur la forme, Xu Zhimo présente là des facettes diverses du talent de Hardy[65].

La traduction des *Sonnets portugais* d'Elizabeth Barrett-Browning est un événement important dans l'histoire de la poésie chinoise moderne. Appliquant ses théories poétiques, Wen rend dans une forme travaillée la saveur d'une poésie passionnée. Il ne cherche pas à produire un effet de «naturel» et il apparaît clairement pour un lecteur chinois que le texte est une traduction, par la langue employée et par la façon de dire les choses, mais ceci est fait avec une recherche esthétique qui fait de la traduction de Wen un texte dépaysant possédant un charme propre.

Liang Shiqiu fait preuve d'originalité en choisissant de traduire Robert Burns. Ce poète, écossais et paysan, a écrit ses meilleurs poèmes en s'inspirant des chants populaires de son pays natal. Sa poésie est un hymne aux plaisirs de la vie. Liang en traduit une œuvre représentative, *Tam O'Shanter*, ainsi que des poèmes plus courts. Burns connaît un certain succès en Chine et a notamment été rapproché des poètes des Tang. Ce sont les thèmes abordés (liberté, amour, amitié, patriotisme) autant

[65] Xu Zhimo avait déjà traduit des poèmes de Hardy dans le *Mensuel du roman* en 1923 (vol. XIV n° 12).

que son style qui lui attirent la sympathie car ils évoquent des éléments traditionnels récurrents dans la poésie chinoise[66].

W. H. Davies se caractérise — comme Housman — par l'attention qu'il accorde à la forme. Il écrit souvent des huitains au rythme alerte et possède l'art de dire les choses avec simplicité et charme. Le poème traduit par Rao Mengkan est en décasyllabes, construits sur un rythme ternaire. L'attention accordée à la forme est là aussi particulièrement visible.

Le poème de Christina Rossetti traduit par Xu Zhimo est le chant adressé par une amoureuse à son amant sur le thème de l'évolution de leurs sentiments (une fois qu'elle ne sera plus). Xu le traduit par une alternance régulière de vers de neuf et huit syllabes (sauf une fois), choisissant un mètre très régulier (3/5 ou 3/3/3) qui confère au poème un rythme balancé et mélancolique.

Shelley et Keats, traduits par Li Weijian, illustrent par leur vie même l'époque romantique dans laquelle ils ont vécu, l'un par son esprit rebelle, l'autre par son destin tragique. Ils ont déjà fait l'objet de nombreux traductions et articles en Chine[67]. Le romantisme occidental est un mouvement qui intéresse particulièrement les écrivains chinois du début des années vingt. Li Weijian fait ces traductions au cours de ses études, il restera par la suite passionné par la poésie de langue anglaise.

En prenant pour élément de comparaison les poètes publiés dans le *Mensuel du roman* — revue dans laquelle les poètes sont peu nombreux, par rapport aux romanciers — on se rend compte que la poésie anglaise y est très bien représentée puisqu'elle est l'une des deux plus traduites avec seize auteurs et plus de trente occurrences, l'autre pays étant la Suède[68]. La France est pour sa part relativement peu présente sauf dans la dernière parution du *Mensuel du roman* en 1931. Cet intérêt pour la poésie anglaise que manifeste l'ensemble des intellectuels chinois est confirmé par la présence d'un nombre lui aussi relativement important d'articles consacrés à cette poésie (une douzaine) dans le *Mensuel du roman*. Xu Zhimo et Zhu Xiang, qui font aussi partie des collaborateurs du *Mensuel du roman*, contribuent de façon significative, mais non déterminante, aux publications dans ce domaine (avec dix traductions

[66] Voir «Luobote pengsi ji qi zhongguo duzhe» [Robert Burns et ses lecteurs chinois], *Zhongguo bijiao wenxue [Littérature comparée chinoise]*, 1991 n° 2, p. 157-169.

[67] «Ode to a Nightingale» de Keats avait fait l'objet d'un article de Xu Zhimo dans le *Mensuel du roman*, vol. XVI n° 2. Zhu Xiang avait, lui, traduit des poèmes de Keats dans le *Mensuel du roman* (vol. XVI n° 1, vol. XVI n° 12) ainsi que de Shelley (vol. XV n° 10).

[68] Comparatif réalisé d'après l'index du *Mensuel du roman*, *op. cit.*

sur trente). À première vue, avec l'Angleterre pour principal sujet, la revue *Xinyue* se situe dans une tendance générale du monde littéraire chinois pour ce qui est de la poésie. On peut noter toutefois que les traductions dans la revue participent de façon évidente à la recherche formelle menée par les poètes collaborant à la revue. Leurs efforts portent leurs fruits et s'il y a parfois quelque chose d'un peu rigide dans ces traductions (qui ne sont pas «adaptées» à l'univers chinois ni par le contenu ni par la langue), elles témoignent d'une grande maîtrise du rythme et sont à la fois rigoureuses, innovatrices et plaisantes à lire. On peut également souligner que les traductions sont accomplies pour le domaine anglais par les poètes les plus représentatifs du groupe Xinyue avec Wen Yiduo, Xu Zhimo et Rao Mengkan, qui s'obligent, en traduisant, à réfléchir sur leur pratique de la poésie et à mettre en pratique leurs idées.

Conclusion

En consacrant la partie la plus importante de son espace «littératures étrangères» aux littératures anglaise et nord-américaine des XIXe et XXe siècles, la revue occupe donc une place à part dans le monde éditorial chinois. Les revues littéraires chinoises présentent en général à l'époque un choix plus varié d'auteurs (russes, japonais, anglais et nord-américains, indiens, français, allemands et de «petits pays», comme la Lituanie, la Pologne, la Grèce, la Tchécoslovaquie, etc. qui sont absents dans la revue *Xinyue*). Toutefois, il apparaît que la situation varie en fonction du genre concerné et que, dans le domaine poétique, par exemple, la revue soit relativement en phase avec le reste du monde éditorial chinois. Par ailleurs, la revue évolue au cours de ses cinq années de parution: l'arrivée de nouveaux collaborateurs influe sur le choix des littératures présentées qui s'élargit (la France en étant la principale bénéficiaire). Il convient également de signaler que la part consacrée aux littératures étrangères diminue assez rapidement. Cette évolution se fait au profit du domaine socio-politique et de la littérature chinoise. En ce sens, les littératures étrangères semblent avoir servi, dans la revue *Xinyue* comme dans le monde littéraire chinois en général depuis le début du siècle, de «terreau», de point de référence extérieur à partir duquel s'est développée une réflexion, la réflexion se recentrant, avec le temps, sur le monde littéraire chinois.

Tableau 1 – Le roman et la nouvelle étrangers dans la revue *Xinyue*

Auteurs traduits	Auteurs présentés
	Allemagne • Goethe J. W. • Remarque E. M.
États-Unis • Harte F.B. • Poe E. A. • Porter W. S. (O. Henry)	***États-Unis*** • Lewis S.
France • Marguerite de Navarre • Nodier C. • Villiers de l'Isle-Adam • Voltaire	***France*** • Maurois A. • Napoléon 1er
Grande-Bretagne • Conrad J. • Coppard A. E. • Galsworhty J. • Garnett D. • Hardy T. • Mansfield K. • Merrick L. • Woolf V.	***Grande-Bretagne*** • Hardy T. • Huxley A. • Galsworhty J. • Lawrence D. H. • Mansfield K. • Scott W.
Japon • Sato Haruo • Kataoka Teppei	***Japon*** • Sato Haruo • Shimazaki Toson
	Russie • Gontcharov I.

Tableau 2 – Le théâtre étranger dans la revue *Xinyue*

Auteurs traduits	Auteurs présentés
États-Unis • O'Neill E.	***États-Unis*** • O'Neill E.
France • Bernard (Tristan)	
Grande-Bretagne • Barrie J. • Brighouse H. • Houghton S. • Milne A. A. • Shakespeare W.	***Grande-Bretagne*** • Shakespeare W.
Irlande • Shaw G. B.	
	Norvège • Ibsen H.

Tableau 3 – La poésie étrangère dans la revue *Xinyue*

Auteurs traduits	Auteurs présentés
Allemagne • Herder J. G.	***Allemagne*** • Goethe J. W.
	États-Unis • Poe E. A.
France • Baudelaire C. • Régnier H. de • Verlaine P. • Villon F.	***France*** • Baudelaire C. • Verlaine P.
Grande-Bretagne • Barrett-Browning E. • Brooke R. • Burns R. • Davies W. H. • Hardy T. • Housman A. E. • Keats J. • Morton C. E. S. • Rossetti C. • Shelley P. B.	***Grande-Bretagne*** • Barrett-Browning E. • Blake W. • Bridges R. • Brooke R. • Davies W. H. • De La Mare W. • Hardy T. • Masefield J. • Meynell A. • Naidu S. • Rossetti D. G. • Shelley P. B. • Swinburne A. C. • Wordsworth W.
	Japon • Matsuo Basho

ZHOU ZUOREN
ET SA LECTURE DE L'OCCIDENT

Georges BÊ-DUC*

Zhou Zuoren (1885-1967), le frère cadet de Lu Xun, est un écrivain chinois de premier plan. Son œuvre contrastée, constituée essentiellement de textes littéraires courts, a été redécouverte depuis peu mais reste méconnue. Zhou Zuoren fait partie des figures de proue du mouvement de réforme du 4 Mai 1919. Il est principalement connu comme le promoteur d'un humanisme individualiste et l'un des artisans de l'ouverture de la Chine vers l'Occident[1]. S'il est l'un des premiers à traduire Baudelaire, Dostoïevski et Poe[2], sa contribution à l'ouverture ne s'arrête pas là. Ses textes, qui regorgent de références ou de citations puisées dans de vastes lectures occidentales, portent sur la société féodale et son idéologie sous-jacente un regard à la fois très critique et très moderne. Pourtant, le côté occidentaliste et moderniste de ses écrits s'estompera peu à peu, et de plus en plus, c'est l'image d'un lettré au style classique et au tempérament tantôt détaché, tantôt tourmenté et indécis qu'ils tendront à refléter. Nous essaierons ici d'apporter quelques lumières sur ce paradoxe.

Comme de nombreux étudiants de sa génération, c'est sur le bateau qui le conduit au Japon en 1906 que Zhou Zuoren coupe sa natte, signifiant par ce geste une rupture définitive avec la dynastie mandchoue. Grâce au contact avec l'Occident — un Occident le plus souvent situé au Japon — la jeunesse espère acquérir les moyens de mettre fin à une

* Chercheur associé au Centre d'études et de recherches sur l'Extrême-Orient (CEREO) de l'université Michel de Montaigne Bordeaux 3.

[1] C'est même le seul point positif que lui concède le marxiste Xu Jie, adversaire acharné de Zhou Zuoren dans les années trente. Cf. *Sur Zhou Zuoren [Zhou Zuoren lun]*, Tao Mingzhi éd., Beixin shuju, Shanghai, 1934 (fac-similé) p. 63.

[2] La contribution de Zhou Zuoren dans le domaine de la traduction est en soi remarquable, tant qualitativement que quantitativement. Cf. Le *Grand dictionnaire de la littérature chinoise du vingtième siècle [ershi shiji Zhongguo wenxue dadian]*, vol. 1 (1897-1929), Chen Mingshu dir., Shanghai jiaoyu chubanshe, Shanghai, 1994: le nombre de titres traduits par Zhou Zuoren figurant dans ce dictionnaire disposé sous forme d'annales est impressionnant. Qian Liqun (*Zhou Zuoren [Zhou Zuoren lun]*, Shanghai renmin chubanshe, Shanghai, 1991, p. 225) signale pour sa part trente-trois ouvrages traduits par Zhou Zuoren, dont onze en collaboration.

dynastie discréditée, et pour les plus clairvoyants, de briser le carcan du féodalisme et revivifier ainsi l'âme des Chinois. Le combat politique est alors indissociable de la lutte anti-féodale. L'humiliation subie par le peuple chinois et l'urgence d'une solution s'expriment dans le radicalisme des voies suivies. Zhou Zuoren n'échappe pas à ce courant.

Ses premières lectures occidentales (à commencer par l'ouvrage d'Edward Tylor *Anthropology*[3]) indiquent néanmoins que c'est l'homme, plutôt que la nation ou la société, qui est sa préoccupation majeure. Dans un premier temps, il est vrai, Zhou Zuoren ne dissocie pas le combat social du combat pour l'individu: l'écrasement de l'individu par une société moralement délabrée est en effet la cause de l'incurie du pouvoir qui a conduit la nation aux humiliants échecs contre les puissances occidentales et le Japon.

A la fin des Qing, deux sensibilités s'affirment chez les intellectuels, en fonction de la priorité qu'ils accordent soit à la société, soit à l'individu, et elles correspondent à deux pôles différents de la culture occidentale: un pôle russe d'une part exalte le patriotisme, la démocratie, l'indépendance nationale et la prospérité, et un pôle anglo-saxon d'autre part met en avant les valeurs de liberté individuelle et de libéralisme socio-économique. Le premier, idéaliste, prône un art utile à la vie, puisqu'il devait être l'instrument de la reconstruction sociale, alors que le second, pragmatique, voit avant tout dans l'art une production individuelle et préconise l'Art pour l'Art[4].

Zhou Zuoren ne choisit pas d'emblée: ces deux tendances coexistent en effet chez Zhou Zuoren. Si l'homme, l'individu chinois est au centre de ses préoccupations, il est encore convaincu qu'une solution globale existe. Ainsi, parallèlement à ses lectures «anthropologiques», que nous observerons plus en détail, Zhou Zuoren découvre les théories des différents mouvements socialistes, en particulier celle du théoricien de l'anarchisme Kropotkine. Très attentif aux expérimentations faites dans le cadre du socialisme utopique, Zhou Zuoren devient vite adepte du mouvement «Nouveaux Villages» (*Atarashiki mura*) de l'écrivain japonais

[3] Zhou Zuoren en lut la traduction chinoise *Jinhua lun (Théorie de l'évolution)*. Cf. Susan Daruvala, *Zhou Zuoren and an Alternative Response to Modernity*, Harvard University Asia Center, Harvard University Press, Cambridge (Massachussetts) and London, 2000, p. 84. Edward B. Tylor est aussi l'auteur de *la Culture primitive [Primitive Culture]*, trad. française: Reinwold, 1875-1878, qui exerça une influence capitale sur J. Frazer.

[4] Qian Liqun, *op. cit.*, p. 78. Quant à la polémique Art pour l'Art/Art pour la Vie, Zhou Zuoren rejette dos à dos les deux thèses: cf. «Mon jardin»{A1} (Les références entre accolades renvoient à la bibliographie en fin d'article).

Mushanokôji Saneatsu[5] dont l'idée révolutionnaire d'inspiration tolstoïenne repose sur le principe «à chacun selon ses forces, à chacun selon ses besoins».

Dans une conférence tenue en 1920 à l'Université de Pékin, Zhou Zuoren dresse un panorama comparatif des littératures russe et chinoise et souligne en particulier la vocation sociale et humaniste de la première. L'idée de cet exposé où la marque de Kropotkine[6] est manifeste, est clairement de la présenter comme un modèle. C'est aussi dans la mouvance «socialiste» qu'il faut rattacher la traduction de nouvelles provenant principalement de peuples opprimés d'Europe de l'Est et du Nord (peuples finlandais, norvégien, polonais, russe, magyar et bosniaque) qu'il fait en collaboration avec son frère Lu Xun, *Recueil de nouvelles étrangères*[7].

Dans le même temps, Zhou Zuoren approfondit sa connaissance de l'homme, initiée avec E. Tylor par des lectures systématiques d'anthropologues occidentaux, principalement anglo-saxons, parmi lesquels nous retiendrons James Frazer, Andrew Lang, Jane Harrison, Edvard Westermarck, de psychologues, en particulier Havelock Ellis et Gustave Le Bon et de biologistes comme Jean-Henri Fabre[8]. A côté des œuvres de la

[5] Zhou Zuoren a consigné ses observations dans son recueil publié en 1926 *L'Art et la Vie* {C}.

[6] «La Russie et la Chine dans la littérature» {C3}. Kropotkine tint en effet des conférences à Boston en 1901, publiées sous le titre *Idéal et réalité dans la littérature russe*, paru en 1901: Zhou Zuoren qui traite du même objet — la littérature russe du dix-neuvième siècle — en reprend les idées et les conclusions principales en les rapportant à la situation chinoise.

[7] *[Yuwai xiaoshuo ji]* (1909). Cf. Ni Moyan, *Un rebelle et ermite chinois: Zhou Zuoren [Zhongguo de pantu yu yinshi: Zhou Zuoren]*, Shanghai wenyi chubanshe, Shanghai, 1990, p. 40.

[8] Zhou Zuoren (tout comme Lu Xun) était un lecteur assidu de la revue du célèbre anthropologue japonais Yanagita Kunio, «Etudes sur le folklore» [kyôdo kenkyû], qui lui permit de connaître nombre d'anthropologues occidentaux. Cf. l'article de Imamura Yoshio, «Lu Xun, Zhou Zuoren et Yanagita Kunio» [Lu Xun, Zhou Zuoren yu Liutian Guonan], in Cheng Guangwei éd., *Quatre-vingts ans d'études critiques sur Zhou Zuoren [Zhou Zuoren pingshuo bashi nian]*, Zhongguo huaqiao chubanshe, Beijing, 2000. James Frazer (1854-1941), Andrew Lang (1844-1912), Gustave Le Bon (1841-1931) ont exercé une influence capitale sur Zhou Zuoren et sont abordés dans cet article; Jane Harrison, helléniste et anthropologue (1850-1928), cf. note 41; Edvard Westermarck (1862-1939), anthropologue finlandais auteur notamment de *The History of Human Marriage (1890)* et de *The Origin and Development of Moral Ideas (1906-1908)* ; Jean-Henri Fabre, auteur de *Souvenirs entomologiques (1879-1907)* a aussi exercé une profonde influence sur Zhou Zuoren et lui a transmis en particulier son regard humaniste sur le monde des insectes. Zhou Zuoren manifeste en effet un goût prononcé pour ces «leçons de choses», anodines en apparence mais recelant des vérités universelles. Cf., entre autres, «Les *Souvenirs entomologiques* de J.-H. Fabre» {A5}, «Les mouches» {B1}.

littérature mondiale que Zhou Zuoren dévore avidement (à partir de l'anglais ou du japonais) et qui ne sont pas sans influencer son œuvre, c'est principalement cette petite pléiade de savants qui constitue l'ossature de son système de pensée.

Ce qui frappe avant tout, c'est le caractère systématique et clos de cet ensemble de lectures dont les auteurs, à l'exception des Français, sont des disciples, directs ou indirects de Tylor et appartiennent à la mouvance de l'école anglaise d'anthropologie. On remarque l'exclusion de ce programme de la philosophie. L'ancien élève de l'école navale Auguste Comte de Nankin[9] reste assez réfractaire au mode de pensée abstrait de cette discipline, même s'il cite occasionnellement Nietzsche, Schopenhauer ou Spencer[10].

Plus significatif encore est l'absence dans le programme de Zhou Zuoren, d'une perspective sociologique — du moins si l'on admet que les théories de G. Le Bon relèvent plus de psychologie sociale que de sociologie — ou économique: ni Durkheim, ni surtout Marx ou ses vulgarisateurs n'y figurent. On a vu plus haut l'attrait qu'a pu exercer sur lui la pensée de socialistes utopiques ou anarchistes comme Kropotkine. Précisément, ces formes de socialisme reposant sur l'égalitarisme et aspirant à la libération de l'individu de toute forme de pouvoir par une refonte radicale de l'ordre social ne reposent pas, comme le marxisme, sur une analyse dialectique de l'Histoire et ne débouchent pas sur la reconnaissance de l'existence de classes organiques. Or, tout comme son cadet Ba Jin, Zhou Zuoren a une conscience aiguë de l'oppression de l'individu par le système féodal. C'est de celui-ci qu'il faut avant tout le libérer. La méfiance de toute collectivité ayant ses intérêts propres au dessus de ceux de l'individu conduit Zhou Zuoren jusqu'à nier l'existence des classes sociales en Chine[11].

Il n'accorde pas plus d'intérêt à la psychanalyse, cet autre grand courant de la modernité: la théorie de l'inconscient, qui substitue de fait aux forces sociales des pulsions intérieures échappant au contrôle de l'individu conscient, est tout aussi incompatible avec l'espoir de Zhou Zuoren en une libération de l'individu, rendu à sa volonté et ses désirs sous l'éclairage de la raison[12]. En somme, c'est un positiviste et sa conception

[9] Il y séjourna de 1901 à 1905.

[10] Par exemple dans «Le culte des ancêtres» {F2}, «L'aristocratique et le populaire» {A2}, «De l'inutilité des leçons» {B7}. Rappelons que ces trois philosophes sont les philosophes occidentaux qui ont le plus marqué les intellectuels chinois du début du siècle, ceux qui répondaient le mieux à leurs aspirations.

[11] Cf. «La littérature populaire» {C1}et «En guise d'exprès» {F4}.

[12] Même s'il lui arrive aussi, à l'occasion, d'évoquer la psychanalyse: «*Dépravation*» [*Chenlun*] {A4}.

rationaliste de l'homme reste fortement ancrée dans le dix-neuvième siècle.

Après l'échec de l'expérience japonaise des «Nouveaux villages», après surtout la sission, en 1921, de l'intelligentsia en deux tendances politiques (marxiste et libérale) qui met fin au front commun du Quatre Mai, Zhou Zuoren perd toute foi en inspiration socialiste et anarchiste, comme il s'en explique dans la préface de *L'Art et la Vie {C}*. Désormais, la base théorique de son système de pensée repose presque entièrement sur la pléiade de savants que nous avons présentée.

Dans son texte capital «La littérature humaine» {C2}, Zhou Zuoren donne un exposé éclairant sur sa vision de l'homme, sa place en société ainsi que le rôle de la littérature pour promouvoir une nouvelle morale humaniste. Prenant d'emblée le contre-pied des conceptions religieuses ou philosophiques traditionnelles, Zhou Zuoren fonde toute sa conception de la nature humaine sur une définition biologique de l'homme:

> «L'homme dont nous parlons n'est pas celui dont on dit qu'il est 'l'être le plus précieux au monde' ou bien 'l'être au crâne arrondi et aux pieds angulaires'. Nous parlons de 'l'espèce humaine, qui a évolué à partir de l'animalité'. Deux points doivent être soulignés: *1)... qui a évolué... 2)...à partir de l'animalité.*»

Contre la morale néo-confucéenne (*lijiao*)[13], formaliste et traditionaliste, qui vise avant tout la cohésion sociale, la morale humaniste se refuse de dissocier l'âme et le corps, l'homme étant avant tout un être biologique. Son rapport à la société est le même que celui de l'arbre à la forêt: ce qui nuit au premier nuit au second. Les différences entre les époques ou les lieux ne changent pas ces données fondamentales.

On reconnaît dans ce texte capital le postulat qui réunit les deux penseurs anglais Frazer et Ellis: de par ses racines biologiques et leurs prolongements psychologiques, la nature humaine, est *une* dans sa diversité. C'est précisément cette unité biologique et psychologique qui peut rendre compte de la profonde unité dans le comportement et les aspirations humains: chez Frazer[14], du fait des différences spatiales et climatiques, le progrès humain ne se fait pas partout au même rythme. Cependant les *survivances* (*survivals*), dans les civilisations évoluées, de

[13] Le néo-confucianisme: réinterprétation du confucianisme au XIIe siècle sous les Song par un groupe de philosophes dont le plus important est Zhu Xi et qui deviendra «orthodoxie d'Etat au milieu du XIIIe siècle jusqu'au début du XXe» (Anne Cheng, *Histoire de la pensée chinoise*, Seuil, Paris, 1997) p. 469 et 470.

[14] *Le rameau d'or [The Golden Bough]* (1890-1915), trad. française en 4 vol., Bouquins, Paris, 1975. Pour ce qui suit, nous suivons souvent Susan Daruvala, *op. cit.*, p. 84 sq.

coutumes encore vivantes dans des peuples primitifs, témoignent de cette unité de l'espèce. Nous verrons plus bas quelle fortune considérable connaîtra cette notion de *survivance* chez Zhou Zuoren.

On aura compris, à la lecture de «La littérature humaine» que la tâche la plus pressante, dans la Chine des premières années du siècle, avant même la révolution[15], est de fonder une morale humaniste contre la morale féodale 'inhumaine' (*feirendao*). Or, c'est précisément à quoi s'est employé Ellis, dont l'œuvre a fortement marqué Zhou Zuoren[16]. Ce psychologue fonde sa pensée sur la reconnaissance des exigences biologiques et psychologiques de l'être humain, et la constatation des ravages causés par leur négation par la société puritaine anglaise. Les pratiques collectives — à travers la superstition, la morale — peuvent en effet devenir oppressantes pour l'individu. C'est ainsi que la morale puritaine du néo-confucianisme (*lijiao*) qui s'impose à chaque Chinois est une négation du biologique, une négation du corps et de ses besoins légitimes. Ce constat rousseauiste d'une rupture entre l'homme naturel et la société explique les dérèglements scandaleux de la société féodale chinoise.

Zhou Zuoren montre dans son essai «L'art de vivre» {B4} que ce conflit entre l'individu et la société aboutit à deux types de comportements, également corrompus: la pudibonderie et la débauche. L'art de vivre que prône Zhou Zuoren à la suite d'Ellis, longuement cité dans ce texte[17], consiste à harmoniser les deux tendances contradictoires et pourtant tout aussi naturelles que sont l'ascétisme (*jinyu*) et le plaisir (*huanle*). Le premier «empêche l'excès de plaisir», mais c'est «pour en augmenter le degré». Si Zhou Zuoren indique clairement sa dette envers Ellis, il tient aussi à souligner que malgré la dépravation actuelle des Chinois, cet art de vivre est à leur portée, puisqu'il fait déjà partie de leur culture:

[15] Le texte paraît en 1918, soit un an après la Révolution d'Octobre en Russie, et près de six mois avant l'effervescence du mouvement du Quatre Mai.

[16] Son œuvre la plus importante reste la monumentale *Psychology of Sex* (6 vol. 1897-1910, un septième volume parut en 1928) qu'on peut considérer comme le livre de chevet de Zhou Zuoren. Notons, entre autres ouvrages lus par Zhou Zuoren: *Affirmations* (1916), *The Dance of Life* (1923), *Impressions an Comments* (3 vol. 1913-1924), *My Confessional* (1934). Cf. «Propos d'Ellis» {B3} , «L'inutilité des leçons» {B7}, «Pétards» {A9}, «De l'obscénité» {A6}, «Littérature et morale» {A7}, «Poèmes d'Ellis» {F5}etc. Par ailleurs, Zhou Zuoren a traduit, entre autres, «Sur Zola» {C4} et des extraits d'*Impressions and Comments* {G1}.

[17] La même longue citation apparaît aussi dans «Propos d'Ellis» {B3}. Elle est résumée par cette autre, donnée également deux fois: «L'art de vivre consiste à combiner subtilement l'action de lâcher et celle de retenir» *(«All the art of living lies in a fine mingling of letting go and holding on»).*

> «Cette expression, 'l'art de vivre', c'est, pour utiliser un caractère chinois existant, ce qu'on appelle *li*[18]. [...] J'ai autrefois entendu dire que Gu Yanming critiquait la traduction anglaise du *Liji*[19] comme étant incorrecte: *li*, ce n'est pas *Rite* mais *Art*. Je trouvais cela un peu curieux, mais en fait, cela est exact. En tout cas, pour ce qui est du *li* originel, car quant au *li* postérieur de *liyi* ou *lijiao*, c'est quelque chose de perverti qui ne mérite pas cette appellation.»

L'art de vivre selon Ellis que Zhou Zuoren assimile au *li* chinois est donc la contrepartie de la morale féodale néo-confucéenne (*lijiao*) et n'est autre qu'un retour à une harmonie fondée sur la mesure, qu'ont connue aussi bien la Chine que la Grèce:

> «Ce dont la Chine a le plus besoin aujourd'hui, c'est d'une nouvelle forme de liberté, d'une nouvelle forme de tempérance (*jiezhi*) pour fonder la nouvelle civilisation chinoise; ce qui revient à restaurer l'ancienne civilisation d'il y a mille ans[20], ce qui revient aussi à la fusionner avec la civilisation grecque, fondement de la civilisation occidentale.»

Pour Ellis comme pour Zhou Zuoren, le sexe est le lieu par excellence du conflit entre les besoins légitimes de l'individu et la société qui les récuse à travers la morale féodale et la superstition. Ce conflit est exemplifié par Shanghai, théâtre d'une dépravation sexuelle dont résulte un état d'esprit malsain qui sévit à travers la littérature. Le texte «L'esprit shanghaïen» {E2}qui le dénonce, accuse le *lijiao*, ce puritanisme bienséant, d'être responsable de la vulgarité, des préjugés et de l'immoralité qui caractérisent cet esprit. Rien n'empêche pourtant de parler sainement du sexe, «qui occupe la majeure part de nos activités et de nos pensées», à condition de le faire avec goût (*quwei*), discernement et mesure[21]. Cette notion de mesure, qu'on a vu être au centre de la pensée ellisienne, est une valeur à la fois morale et artistique — Zhou Zuoren affirme dans ce même texte que l'humour, dès lors qu'il est mesuré, a sa place en art — elle a aussi une justification biologique, puisqu'elle est régulation des pulsions contradictoires. Son universalité donne une nouvelle occasion pour Zhou Zuoren de dresser un pont entre la Grèce et la Chine: à

[18] La traduction courante des termes de ce passage est la suivante, si l'on se réfère au *Dictionnaire Chinois-Français*, Shangwu yinshuguan, Beijing, 1990,: «*li* : 1. rite, cérémonie 2. politesse, courtoisie, étiquette; *liyi* : étiquette, rite protocole; *lijiao* : rites féodaux, code éthique.»

[19] Traduction française: Séraphin Couvreur, *Li Ki, Mémoires sur les bienséances et les cérémonies*, Les Belles Lettres, Paris, 1950.

[20] C'est-à-dire la civilisation antérieure à la dynastie Song (960-1279) et le *lijiao* (cf. note 13).

[21] «Il y a des conditions à cela [parler de sexe, ndt.]: 1) un goût artistique, 2) une compréhension scientifique, 3) une retenue (*jiezhi*) morale.»

travers la notion de *sophrosunè*[22] (tempérance, mesure, contrôle de soi) qu'il identifie à celle, centrale dans la philosophie chinoise, de *zhongyong* (juste milieu, c-à-d. tempérance, mesure). Ce texte montre aussi comment la morale plonge ses racines dans la science et s'épanouit en art, tous les trois n'étant en définitive qu'une reconnaissance de la nature.

Le *lijiao*, tout comme le puritanisme de la société victorienne, n'est qu'un masque plaqué sur des usages collectifs en rupture avec l'harmonie naturelle, une systématisation de pratiques et de croyances superstitieuses dont l'individu aliéné fait les frais. Rendu à sa réalité biologique, psychologique et culturelle, ce dernier peut alors seulement s'épanouir, comme homme, femme ou enfant[23]. *Le Rameau d'or* de Frazer peut justement être lu comme une démonstration, pessimiste, du point de vue d'Ellis sur la civilisation. La multitude de coutumes primitives, vivaces jusque dans les sociétés les plus évoluées, donne l'impression que la civilisation n'est «rien d'autre qu'un vernis sur un enfer de terreurs et de passions primitives[24]». Certes, la raison, la science ont pour vocation de dissiper les superstitions, de libérer l'individu de ses «terreurs», de l'arracher à l'aveuglement des pratiques collectives, mais il faut se rendre à l'évidence que leur lumière n'est que pâle lueur devant la *survivance* (cf. supra) des coutumes dont nos civilisations sont souvent le tissu.

Comment s'étonner, dans ces conditions, que l'enseignement des sages soit enseveli sous le formalisme des rites, telles des braises étouffées par la cendre. Le texte «Rentrer des funérailles et acheter de l'eau» {A8}, conclut, après une énumération de coutumes chinoises qui complète celle faite par Frazer dans *L'œuvre de Psyché*[25] à propos de la peur ancestrale du retour des défunts:

> «On peut constater comment la pensée sauvage se camoufle, profondément enracinée dans la vie moderne. La Chine que nous qualifions nous-mêmes de nation confucéenne, en est encore, en réalité, à s'adonner au chamanisme, celui-là même qui est répandu en Asie du Nord-Est. On a beau réci-

[22] Cette notion (*σοφροσύνη*), l'helléniste Zhou Zuoren a pu la trouver chez Plotin (*Ennéades*), Platon (*Critias*), à moins qu'il ne l'ait directement prise chez Ellis.

[23] La contribution de Zhou Zuoren pour la reconnaissance de la femme et de l'enfant en tant qu'êtres singuliers est importante. Cf. Shu Wu, *Zhou Zuoren, aspects positifs et négatifs de son œuvre [Zhou Zuoren de shi-fei gong-guo]*, Renmin wenxue chubanshe, Beijing, 1993, p. 127 et suiv., *Zhou Zuoren [Zhou Zuoren lun]*, *op. cit.*, p. 147 et suiv. Lire aussi, de Zhou Zuoren *Précis de littérature enfantine* {I} inspiré d'Andrew Lang.

[24] Vickery, *The Literary Impact of the Golden Bough*, Princeton University Press, Princeton, 1973, p. 13, cité par Daruvala, *op. cit.*

[25] *Psyche's Task* (1909).

ter par cœur les textes confucéens, écrire des commentaires sur les classiques taoïstes, les sages comme Confucius et Laozi, pour le peuple chinois, c'est en fait comme s'ils n'avaient jamais été. La surface de la mer est secouée par les vagues, mais le fond reste immuable.»

Zhou Zuoren donne un exemple concret de la *survivance* du primitif dans le civilisé dans «Le chien gratte le tapis» {B5}. D'après l'Américain J. H. Moore[26], pour comprendre l'insoluble problème du mal, qui divise théologiens et moralistes, il suffit d'observer un chien gratter son tapis et y faire des cercles avant de se coucher: il a conservé en effet les gestes désormais inutiles de son ancêtre le loup qui se ménageait une couche de fortune au milieu des branchages. C'est le même réflexe irréfléchi qui explique les attitudes ambiguës autour du tabou sexuel, que Frazer fait remonter aux cultes phalliques des sociétés primitives visant à garantir la fertilité. Le phénomène de la *survivance* est donc produit par ce caractère irréfléchi des pratiques collectives. La raison et la science seuls pourraient, en bonne logique, ramener l'homme à une morale naturelle. A condition de vaincre l'appareil de superstitions et de pratiques coutumières qui sous-tendent la morale féodale:

> «La société aime à s'occuper de ce qui ne la regarde pas, et ce défaut est encore plus prononcé quand il s'agit des relations entre les sexes. Quelle en est donc la raison? Si l'on considère ce fait du point de vue des *survivances [yiliu]* primitives, on remarquera que cela tient pour partie de l'instinct animal de recherche d'un partenaire, pour partie de la superstition des sauvages devant le danger du sexe. Cet héritage de nos lointains ancêtres, nous le partageons tous autant que nous sommes et il n'est pas facile d'y échapper. Mais grâce au pouvoir de la science, nous savons un peu de quoi il retourne, et la raison peut toujours nous mettre en garde, ce qui n'est pas rien. Le progrès moral ne dépend nullement de la multiplication des superstitions, mais de la clarté de la raison.»

La force des *survivances*, voilà le cœur du problème. Le point de vue de Frazer sur leur force et leur omniprésence est relayé par celui de son disciple, Andrew Lang, dans le domaine des mythes[27]. Partant des mêmes présupposés concernant l'unité de l'esprit humain, il parvient à retrouver les liens de parenté qui unissent par leurs mythes les différents peuples. La beauté des mythes grecs n'en fait pas moins des mythes, et ce sont eux qui tapissent l'édifice de la civilisation occidentale. Les *sur-*

[26] Dans une conférence ayant pour objet la morale et dont la première partie était intitulée: «Survival of Savage», comme le précise Zhou Zuoren.

[27] Andrew Lang, dont Zhou Zuoren avait lu *Custom and Myth* (1884) , et *Myth, Ritual and Religion* (1887). Lire notamment de Zhou Zuoren «Mes études hétérodoxes, 7» {L1}; cf. aussi note 23.

vivances constitutives des civilisations évoluées témoignent de la permanence chez eux d'un certain fond primitif. Si les deux savants se reconnaissent dans l'évolutionnisme, si en particulier Frazer (tout comme Ellis) partage la même foi qu'Auguste Comte en une évolution de l'humanité en trois phases successives, une phase magique, une phase religieuse, une phase scientifique[28], ces *survivances* omniprésentes représentent un véritable défi à l'évolution: à tel point que leurs ouvrages peuvent apparaître comme des antithèses aux théories de Spencer et de Darwin.

Cette idée de *survivance* obsède fortement Zhou Zuoren. Le retour de pratiques d'ancêtres disparus depuis des siècles et parcourant la nuit des temps s'apparente fort à celui de revenants. Or, des revenants de toute sorte, les littératures en regorgent! Zhou Zuoren en dresse d'ailleurs un panorama dans «Les monstres en littérature» {A3}. Particulièrement instructif à cet égard est l'essai «Les Revenants» {F3} où la pièce d'Ibsen[29] amène chez Zhou Zuoren toute une réflexion sur les «revenants» chinois, marqués, comme on peut l'être génétiquement, par les tares de leurs ancêtres. L'essai se termine sur le constat que le mécanisme de transmission du *lijiao*, fondé sur l'ignorance, fonctionne toujours, et ceci particulièrement en matière de morale sexuelle.

Evolutionnistes proclamés, Frazer et Lang se révèlent en définitive, et probablement contre leur gré, adversaires de Darwin: l'évolution ne parvient pas à effacer les scories de l'histoire, et la permanence semble vouloir avec Frazer et Lang s'imposer comme une loi. Cette loi, c'est chez Gustave Le Bon, le théoricien de l'âme collective, que Zhou Zuoren la trouve exposée. L'auteur de *Psychologie des foules* et des *Lois psychologiques de l'évolution de peuples*[30] a en effet formulé les principaux attributs de la masse: irrationnelle et intolérante, et pour cette raison

[28] Rappelons qu'Auguste Comte a formulé la «loi des trois états»: 1) l'état «théologique», 2) l'état «métaphysique», 3) l'état «positif» Cf. *Cours de philosophie positive* (1830-1842). L'influence sur Frazer est évidente. Pour les trois états chez lui, cf. *Le rameau d'or [The Golden Bough]*, *op. cit.* Cf. aussi Ellis: «Man has passed through the three stages of magic, religion and science», *The Dance of Life*, 1923.

[29] *Les Revenants [Gegangere]*, Actes Sud, Paris, 1990. Les deux essais de Zhou Zuoren se trouvent dans *Mon Jardin* {A}; Cf. aussi «La grandiose quête du vent» {H1}où Zhou Zuoren cite la réplique de l'héroïne Hélène Alving qui s'effraie de se trouver entourée de revenants, et que Zhou Zuoren reprend pour son compte. Cf. note 38.

[30] *Psychologie des foules* (1885, rééd. PUF, Paris, 1988), *Les lois psychologiques de l'évolution des peuples* (1894, rééd. Amis de G. Le Bon, Paris, 1977). Pour ce qui suit, cf. David E. Pollard, «Chou Tso-jen: A Scholar Who Withdrew», in *The Limits of Change*, Charlotte Furth dir., Harvard University Press, Cambridge (Massachussetts) and London, 1976.

réfractaire au changement. Pour Zhou Zuoren qui a perdu toute confiance en la masse[31], à quoi bon lui tenir un discours de sagesse et de raison? Car une chose est la prise de conscience individuelle, autre chose est l'éveil collectif à la raison!

> «Dans une de ses lettres, Spencer affirme que les leçons de morale sont inutiles. ''Après près de deux mille ans de propagation de la religion de l'amour, c'est encore celle de la haine qui prévaut,'' dit-il. [...] La Grèce eut Socrate, L'Inde Çākyamuni, la Chine Confucius et Laozi, qui sont tous vénérés comme des saints, mais dans leurs pays respectifs, c'est tout comme s'ils n'avaient jamais été.»[32]

Pour Le Bon, «l'histoire d'un peuple ne dépend pas de ses institutions, mais de son caractère.» [33] C'est la force de ce caractère qui peut seul l'arracher à l'emprise de ses morts. Or, c'est précisément le caractère des Chinois, forgé par plusieurs siècles de néo-confucianisme, qui dissipe l'espoir que Zhou Zuoren met encore dans leur peuple:

> «*[Ce rêve de renouveler la civilisation chinoise à partir d'une culture nationale revivifiée, ndt.]*, voilà à quoi il me prend de rêver, et voilà pourquoi je suis pour la promotion de la littérature nationale. Mais il m'arrive de penser que ces rêves sont bien légers et peu fiables. Si, comme le dit Gustave Le Bon, ce sont des fantômes qui décident pour les affaires humaines, il faudra bien croire aux juges des âmes — voire au livre des dettes du roi Piqian[34]. Les Chinois étant des esclaves prédestinés, je suis un peu refroidi devant l'idée de promouvoir quoi que ce soit.»[35]

Les circonstances sociales et historiques de la Chine ne font hélas que confirmer cette vision décourageante. Les lumières du Quatre Mai n'empêchent pas la superstition de guider les faits et gestes de la masse, et c'est toujours avec un même sentiment d'impuissance que Zhou Zuoren considère les pieds bandés des femmes, le concubinage, la limitation voire l'interdiction des études faites au femmes, les mariages arrangés, les excès dus au culte des ancêtres, et autres pratiques ancestrales[36]. Qui nierait pourtant les bouleversements que connaît la Chine du début du siècle? La culture et la sensibilité de Zhou Zuoren lui permettent cependant de discerner, derrière les changements spectaculaires (fin de

[31] Ce qu'il affirme notamment dans «La grandiose quête du vent» {H1}: «je ne crois pas moi-même en la masse et ne puis partager les convictions des communistes et anarchistes.»

[32] «De l'inutilité des leçons» {B7}.

[33] *Les lois psychologiques de l'évolution des peuples, op. cit.*, p. 90.

[34] Probablement le roi des Enfers.

[35] «Discussion avec un ami sur les livres de littérature nationale» {B6}.

[36] *Propos sur le tigre* {F}, notamment, regorge d'exemples.

l'empire, modernisation, occidentalisation et urbanisation, généralisation de l'instruction, etc.), les signes d'un profond immobilisme qui ne font que renforcer l'idée d'une inertie de la masse.

Les théories de Le Bon, les recherches de Frazer et Lang, la vision désenchantée d'Ibsen, tout cela confirme la principale leçon que Zhou Zuoren tire de l'histoire qui est que celle-ci se répète[37], que les fantômes la traversent pour la réécrire à l'identique:

> «Ce que nous dit apparemment l'Histoire, ce n'est certes que le passé. Mais le présent et le futur y figurent aussi, justement. L'histoire officielle est comme ces portraits de défunts: ils sont peints avec une particulière solennité, mais on peut toujours y reconnaître les traits des descendants. Quant aux histoires sauvages *[c-à-d. non officielles, ndt.]*, elles ont plus d'intérêt: ce sont des miniatures qui conservent plus complètement la physionomie réelle; elles laissent le spectateur frapper la table de stupéfaction et s'exclamer devant la merveille d'héritage. Tels des monstres hideux ressuscités après dix générations, les personnages historiques réapparaissent souvent dans l'arène du monde actuel, terrifiants comme des revenants. Ce plaisir de l'épouvante, celui qui ne connaît pas l'Histoire ne peut le ressentir.»[38]

Pourtant, cette acuité particulière qui rend Zhou Zuoren sensible à l'immobilité profonde en dessous des remous de surface, n'est-elle pas une forme de cécité? Aussi, à fixer le va-et-vient infini de la houle, c'est le mouvement discret mais décisif de la marée qu'on risque de manquer. Nous avons vu comment les théories de Frazer et de Lang s'opposent à l'évolutionnisme, comment aussi Zhou Zuoren ne prête pas d'attention particulière aux théories sociologiques ou économiques. Son unique objet d'intérêt est l'individu, cet être biologique: il est vrai que l'évolution de l'espèce n'est pas perceptible à l'échelle humaine. Par son refus des outils d'analyse qui lui permettraient un repérage des phénomènes

[37] Sur l'Histoire comme répétition chez Zhou Zuoren, cf. aussi «Modernité sans rupture: propositions pour une nouvelle culture globale dans la philosophie et l'esthétique du *Jingpai*» par Shu-mei Shi, in *Pékin-Shanghai — Tradition et modernité dans la littérature chinoise des années trente*, Isabelle Rabut et Angel Pino, Bleu de Chine, 2000, Paris, p. 174 et suiv.

[38] «La doctrine "fermer la porte et lire"» {G2}. Cf. «La grandiose quête de vent» {H1} : «... tout ce qui se dit en Chine actuellement figure déjà mot pour mot dans le diabolique grand livre des comptes que sont les vingt-quatre histoires dynastiques.» Cf. encore «L'Histoire» {G3}: «La discipline la plus cruelle est l'Histoire. Elle peut nous ôter les écailles sur les yeux. Elle nous donne certes l'espoir que dans des milliers d'années, il y aura du progrès, mais elle jette sur le présent l'ombre d'il y a des milliers d'années et fait qu'on ne peut s'empêcher de ressentir de la frayeur devant le pouvoir des fantômes. J'ai lu l'Histoire de la Chine et ai perdu les neuf dixièmes d'espoir dans le peuple chinois et dans moi-même. "Cadavres! Cadavres!"» Encore l'exclamation d'Hélène Alving!

précurseurs et des tendances naissantes, mais déjà irréversibles, de son époque et un décryptage plus fin de la société dans sa complexité, Zhou Zuoren s'interdit toute véritable philosophie de l'histoire. Il résume malicieusement la sienne, d'une simplicité confondante, dans l'introduction à son recueil de conférences *Les origines de la nouvelle littérature chinoise* {J}*:*

> «Si l'on pousse plus loin, qu'on veut savoir quelle en est la source *[celle de ma théorie ndt.]*, alors autant le dire franchement: cela vient de l'art des conteurs. Tandis qu'ils vont raconter quelque chose comme les *Trois Royaumes*, ils leur faut avant toute chose s'exclamer: "Il est dit que toutes les grandes affaires en ce bas monde doivent se diviser après avoir été longtemps unies, se réunir après avoir été longtemps divisées[39]." Je trouve cet adage très subtil. C'est dessus que j'ai bâti ma théorie. Si l'on dit que c'est sans fondement, c'est effectivement sans fondement. Si l'on dit que c'est bien fondé, alors c'est très bien fondé!»

Boutade visant à déjouer les esprits systématiques? Mais la troisième conférence[40] présente une théorie de l'évolution littéraire qui se résume précisément en une alternance régulière entre tendance *yanzhi* (la littérature exprimant alors des sentiments personnels), et tendance *zaidao* (la littérature étant alors le véhicule de la morale). On a bien là un mouvement pendulaire mécanique qui tient plus de la formule des conteurs que d'une quelconque dialectique. Derrière ce va-et-vient monotone se dessine bien un mouvement linéaire — la marée derrière la houle — allant de la religion à la littérature[41], puis de la littérature collective à la littérature individuelle, et dont l'essai libre (le *xiaopinwen*) représente la pointe historique la plus avancée[42]. Mais Zhou Zuoren ne va jamais plus loin que cette esquisse.

Il faut se rendre à l'évidence: Zhou Zuoren exclut de son mode de pensée la notion même d'histoire au sens moderne et s'en tient à celle qui sous-tend les *Annales dynastiques*: une suite d'événements ne mettant pas en cause une trame rudimentaire définie une fois pour toute, une

[39] *«Qieshuo: tianxia dashi, he jiu bi fen, fen jiu bi he.»*

[40] «Deuxième conférence: l'évolution de la littérature chinoise» {J2}; cf. la critique de Qian Zhongshu contre le binarisme mécanique de Zhou Zuoren in *Essais de Qian Zhongshu [Qian Zhongshu sanwen]*, Zhejiang wenyi chubanshe, Hangzhou, 1997, p. 79 et s., et in Tao Mingzhi dir. *Sur Zhou Zuoren [Zhou Zuoren lun]*, *op. cit.*, p. 154.

[41] *ibid.* Cette théorie lui vient de Jane E. Harrison, disciple de Lang (*Ancient Art and Ritual*, 1913), cf., entre autres textes illustrant l'intérêt de Zhou Zuoren pour l'helléniste anglaise: «La mythologie grecque, 1, 2» {E1} et sa traduction *«Introduction à la mythologie grecque» {*K1}.

[42] «Préface à *Essais choisis de Bingxue*» {H2}; cf. aussi: «Préface à *Anthologie de* sanwen *modernes*» {M1}.

histoire conçue comme un livre clos où le passé tient lieu de miroir du futur. Si Zhou Zuoren n'a aucune confiance en la masse et la croit incapable d'évoluer, n'est-ce pas par incapacité ou refus de penser l'évolution? Il est significatif que cette conception cyclique de l'Histoire, c'est ce que Zhou Zuoren, que nous savons ne pas être un grand lecteur de Nietzsche, veut retenir de lui, ce qu'il signale plein d'autodérision:

> «La théorie de l'évolution produisit Nietzsche dans la douleur. Certains s'enthousiasment sur sa doctrine du surhomme qu'ils portent au pinacle, alors que moi je reste fidèle à l'idée dépassée du perpétuel retour[43]. Mauvais calcul![44]»

Ce concept d'une histoire close, cycle cosmique dont l'homme n'est pas maître, c'est encore pour une grande part à Ellis qu'il le doit. Selon ce dernier, que Zhou Zuoren cite longuement dans «Propos d'Ellis» {B3}, nous nous situons toujours à un point d'intersection entre le passé et le futur, à équidistance — en équilibre — entre les traditions et le mouvement naturel de la vie. Les métaphores d'Ellis pour décrire ce mouvement placent l'homme au sein d'une nature sur laquelle il n'a pas de prise:

> «"Comme disait Héraclite au tout début de la philosophie moderne, on ne peut se baigner deux fois dans le même fleuve, même si l'on sait, aujourd'hui que le fleuve ne cesse de retourner à sa source. Il n'est pas, sur terre, un seul instant sans aurore, un seul moment sans crépuscule. Il vaut mieux saluer paisiblement les faibles rayons naissants de l'aube plutôt que de s'élancer à leur rencontre, et il ne faut pas oublier de remercier ces lueurs agonisantes qui furent une aurore."[45]»

A ce point de notre présentation, comment ne pas s'interroger sur l'attitude morale de l'intellectuel Zhou Zuoren. Une Histoire sur laquelle les hommes n'ont pas de prise, cela n'implique-t-il pas une négation de toute réforme? Le programme d'études anthropologiques entrepris dès les études au Japon visait pourtant un renouvellement de la conception traditionnelle de l'homme, et ceci dans le contexte particulier de la négation de l'individu par la société féodale. C'est ainsi que le manifeste «La littérature humaine» {C2} définit pour la littérature un programme

[43] L'éternel retour (die ewige Wiederkunft); Zhou Zuoren utilise une expression bouddhique (*shishi lunhui*), que Pollard (*op. cit.*) traduit par «the cycle of existence repeating itself» (p. 355).

[44] «Préface à *Dates* et à *Pont*» {H3}.

[45] Postface du sixième volume de *Psychology of Sex*. Nous traduisons ici la traduction qu'en donne Zhou Zuoren. Dans *Impressions and Comments*, (3 vol. Constable, London, 1913), Ellis récuse ainsi le progrès: *«What we call "progress" is the exchange of one nuisance for another nuisance.»*

humaniste de dénonciation de la société féodale et de promotion de l'individu dans lequel les sciences jouent un rôle majeur, face à l'obscurantisme de la morale néo-confucéenne. C'est pour cette raison que Zhou Zuoren s'intéresse principalement à des scientifiques, non à des philosophes ou des historiens. Cette approche positiviste suppose bien sûr une certaine foi en l'influence des écrits sur le public. Zhou Zuoren est maintenant convaincu qu'y croire serait naïf, la société contemporaine restant trop attachée à ses croyances et ses pratiques, et parce que malgré des changements superficiels, on ne peut rien attendre de l'Histoire, qui suit imperturbablement son long cours circulaire. La science devrait permettre une réforme de la société déliquescente, les lectures anthropologiques enseignent pourtant à Zhou Zuoren l'inanité d'une telle idée.

On comprend mieux, dès lors le tiraillement dont Zhou Zuoren fait état tout au long de son œuvre. De nombreuses métaphores qu'il emprunte tour à tour à l'écrivain japonais Kuriyagawa Hakuson, à Ellis ou à Platon décrivent ce tourment intérieur: il oppose ainsi l'image d'une tour d'ivoire (où la lucidité lui commande de rester) à celle d'un carrefour (où l'appelle son ambition). L'idéal serait que la tour fût construite sur un carrefour! Ailleurs, il se découvre deux personnalités contradictoires: celle d'un ermite et celle d'un rebelle! Enfin, il se sent habité par deux démons qui se disputent la direction de ses actes: un démon-gentleman et un démon-voyou! Ce conflit entre lucidité et volonté se fait jour dans l'hésitation persistante entre deux conceptions opposées de l'écriture: une écriture engagée et une écriture expressive[46].

Parti réformer la société, et s'armant pour cela de la science occidentale, Zhou Zuoren revient avec la conviction paradoxale que cela n'est que vaine illusion. Ce paradoxe s'éclaire pourtant si l'on se souvient que cette demi-douzaine d'auteurs occidentaux auprès desquels Zhou Zuoren se sent le plus redevable — Tylor, Frazer, Lang, Harrison, Westermarck, Ellis — appartiennent à la même mouvance. Disciples de Darwin, ces savants en viennent fréquemment à lui tourner le dos, le concept de *survivance* se substituant à celui d'*élimination*. L'humanisme qui les caractérise s'appuie davantage sur la biologie que sur une quelconque théorie de l'organisation sociale ou économique. Zhou Zuoren bornera sa conception de la société à la psychologie sociale de G. Le Bon. En bref,

[46] Cf. «La tour au bord du carrefour» {B2}, «Préface à *Alisma*» {D1}, «Les deux démons» {F6}. Cf. notre article «Ecrire quand même: Zhou Zuoren et le pari de l'écriture», in *Pékin-Shanghai*, *op. cit.*

en dépit de lectures étrangères innombrables, c'est un corpus restreint et exclusif qui constitue le cœur idéologique de ses références occidentales. On se risquera même à affirmer que l'ouverture idéologique de Zhou Zuoren sur l'Occident — contrairement à son exploration littéraire — n'est que relative et ne tarde pas à se muer en fermeture. Zhou Zuoren affirme fréquemment sa foi en la science. Mais il s'agit d'une science sélective et ancrée dans le dix-neuvième siècle, en retrait derrière les principaux mouvements qui constitueront la genèse de la modernité, tels que le marxisme ou la psychanalyse.

Comment ce savoir daté eût-il pu mettre Zhou Zuoren à même de déchiffrer son siècle? Doit-on s'étonner du désarroi qui traverse son œuvre, de l'amertume qui s'en dégage, derrière une tranquillité parfois forcée? Comment se résoudre en effet, à abandonner l'entreprise si salutaire de réforme morale? Comment ne pas s'y résoudre pourtant, puisque les hommes ne changeront pas? «Vanité!», s'écrie l'Ecclésiaste. Mais sachant sa quête vaine, la poursuivre quand même, n'est-ce pas dépasser la vanité?

> «"J'ai mis, *dit-il citant l'Ecclésiaste*, tout mon cœur à comprendre la sagesse et le savoir, la sottise et la folie, et j'ai compris que tout cela aussi est quête de vent. Beaucoup de sagesse: beaucoup de chagrin; plus de savoir: plus de douleur!"[47] — Pourtant, face à la vanité, il n'y a finalement qu'une chose à faire qui n'est autre que sa poursuite: l'examen de la folie et de la bêtise est encore ce qu'il y a de plus valable en ce vain monde[48].»

BIBLIOGRAPHIE

La liste suivante récapitule les textes de Zhou Zuoren cités dans l'article.

A. Ziji de yuandi [Mon jardin], Pékin, 1923:

1. Ziji de yuandi [Mon jardin] (1922)
2. Guizude yu pingminde [L'aristocratique et le populaire] (1922)
3. Wenyi shang de yiwu [Les monstres en littérature] (1922)
4. *Chenlun* [*Dépravation*] (1922)
5. Fabuer *Kunchong ji* [Les *Souvenirs entomologiques* de J.-H. Fabre] (1923)
6. Weixie lun [De l'obscénité] (1923)
7. Wenyi yu daode [La littérature et la morale] (1923)
8. Huisang yu maishui [Rentrer des funérailles et acheter de l'eau] (1923?)
9. Baozhu [Pétards] (1923)

[47] Traduction d'après *La Bible de Jérusalem*, Desclée de Brouwer, 1975.

[48] «La grandiose quête de vent» {H1}.

B. Yutian de shu [Livre des jours de pluie], Pékin, 1925:

1. Cangying [Les mouches] (1924)
2. Shizi jietou de ta [La tour au bord du carrefour] (1925)
3. Ailisi de hua [Propos d'Ellis] (1924)
4. Shenghuo zhi yishu [L'art de vivre] (1924)
5. Gou zhua ditan [Le chien gratte le tapis] (1924)
6. Yu youren lun guomin wenxue shu [Lettre à un ami sur la littérature nationale] (1925)
7. Jiaoxun zhi wuyong [De l'inutilité des leçons] (1924)

C. Yishu yu shenghuo [L'Art et la Vie] Pékin, 1926:

1. Pingmin de wenxue [La littérature populaire] (1918)
2. Ren de wenxue [La littérature humaine] (1918)
3. Wenxue shang de Eguo yu Zhongguo [La Russie et la Chine en littérature] (1920)
4. Lun Zuola [Sur Zola] *(traduction d'Ellis,* Affirmations*)*

D. Zexie ji [Alisma] Pékin, 1927:

1. Xu [Préface] (1927)

E. Tan long ji [Propos sur le dragon] Shanghai, 1927:

1. Xila shenhua yinyan [Introduction à la mythologie grecque] *(traduction de J. Harrison,* Our Debt to Greece and Rome*)* (1926)
2. Shanghai qi [L'esprit shanghaïen] (1926)

F. Tan hu ji [Propos sur le tigre] Shanghai, 1927:

1. Xu [Préface] (1927)
2. Zuxian chongbai [Le culte des ancêtres] (1919)
3. *Chonglai* [*Les Revenants*] (1923)
4. Dai kuaiyou [En guise d'exprès] (1925)
5. Ailisi de shi [Poèmes d'Ellis] (1927)
6. Liang ge gui [Les deux démons] (1926)

G. Yongri ji [Jour sans fin] Shanghai, 1929:

1. Ailisi *Ganxianglu* chao [Extraits de *Impressions and Comments* d'Ellis] *(traduction)* (1926)
2. «Bi-hu-du-shu» lun [La doctrine «Fermer la porte et lire»] (1928)
3. Lishi [L'Histoire] (1928)

H. Kan yun ji [En contemplant les nuages] Shanghai, 1932:

1. Weida de bufeng [La grandiose quête de vent] (1929)
2. *Bingxue xiaopin xuan* xu [Préface à *Pièces en prose choisies de Bingxue*] (1930)
3. *Zao* yu *Qiao* de xu [Préface à *Dates* et à *Ponts*] (1931)

I. Ertong wenxue xiaolun [Précis de littérature enfantine] Shanghai, 1932.

J. Zhongguo xin wenxue de yuanliu [Les origines de la nouvelle littérature chinoise] Pékin, 1932:

1. Xiaoyin [Introduction] (1932)
2. Di er jiang: Zhongguo wenxue de bianqian [Deuxième conférence: L'évolution de la littérature chinoise] (1932)

K. Ye du chao [Copies de lectures nocturnes] Shanghai, 1934:

1. Xila shenhua, 1, 2 [La mythologie grecque, 1, 2] (1934)

L. Kukou gankou [Fiel et miel] Shanghai, 1944:

1. Wo de zaxue, 7 [Mes études hétérodoxes, 7] (1944)

M. Zhitang xuba [Préfaces et postfaces de Zhitang] Changsha, 1987:

1. Jindai sanwen chao xu [Préface à *Anthologie de* sanwen *modernes*] (1930)

NB.: Ces textes sont accessibles dans les éditions suivantes:

- A, B, D, M: Yuelu shudian, Changsha, 1987
- G, H, K: Yuelu shudian, Changsha, 1988
- C, I, J: Yuelu shudian, Changsha, 1989
- E: Kaiming shudian, Shanghai, 1930 (fac-similé)
- F: Beixin shuju, Shanghai, 1936 (fac-similé)
- L: *Zhou Zuoren wenxuan, 1, 2,* Yang Mu éd., Hongfan shudian, Taipei, 1983

LE DANDY ET LA FEMME: LIU NA'OU ET LE NÉO-SENSATIONNISME

PENG Hsiao-yen*

Quand il arrive à Shanghai en 1926, et plus tard quand il devient la figure majeure des néo-sensationnistes, Liu Na'ou est une énigme pour nombre de ses contemporains. À Shanghai, il n'était pas rare qu'on le prenne pour un Foukiennois, et on s'est souvent mépris sur son identité: la rumeur a même couru selon laquelle sa mère aurait été Japonaise. Et beaucoup se sont interrogés sur l'origine d'une fortune qui lui avait permis de fonder, coup sur coup et sans aide, deux librairies dans un des quartiers les plus chers de Shanghai. En fait, ses parents étaient des Taiwanais. Son père était le fils d'un propriétaire foncier de Tainan, et sa mère était issue d'une famille renommée de Jiayi. Son père mourut quand il avait douze ans, et, par la suite, il eut continuellement des problèmes avec sa mère, celle-ci incarnant à ses yeux le «système féodal». Par chance, cette mère, quoique elle-même sans éducation, à l'instar de la plupart des parents taiwanais riches durant l'occupation japonaise[1], envoya ses enfants faire leurs études au Japon ou en Chine. En 1927, tandis que Liu se trouvait à Shanghai, son jeune frère et sa jeune sœur vivaient ensemble à Tokyo[2].

Grâce au journal que tint Liu en 1927, nous en savons plus sur sa vie. Il est né en 1905[3], séjourna à Tainan pour y accomplir sa scolarité primaire, avant d'entrer au lycée presbytérien de cette même ville. À la fin de la deuxième année, il quitta l'établissement et fut admis, en 1920, à la

* Chercheur à l'Academia Sinica, Taipei. Au moment où se sont tenues les Journées de l'Orient, Peng Hsiao-yen était chercheur invité au Centre d'études et de recherches sur l'Extrême-Orient (CEREO) de l'université Michel de Montaigne Bordeaux 3.

[1] Shumei Shi, «Gender, Race, and Semicolonialism: Liu Na'ous Urban Shanghai Landscape», *The Journal of Asian Studies*, vol. 55, nº 4, novembre 1996, p. 934-956.

[2] Sur le milieu familial de Liu Na'ou et son éducation à Taiwan et au Japon, voir Peng Hsiao-yen, «Langdang tianya: Liu Na'ou 1927 nian riji» [Le Flâneur du monde: le journal de Liu Nao'ou pour 1927], in *Haishang shuo qingyu: cong Zhang Ziping dao Liu Na'ou [Le Discours amoureux à Shanghai: de Zhang Ziping à Liu Na'ou*, Institut de littérature et de philosophie chinoises, Academia Sinica, Taipei, 2001, p. 106-144.

[3] Selon Yan Jiayan, Liu Na'ou serait né en 1900. Voir Yan Jiayan, *Zhongguo xiandai xiaoshuo liupaishi [Histoire des écoles de la fiction chinoise moderne]*, Renmin wenxue chubanshe, Pékin, 1989, p. 131-137.

section d'enseignement secondaire du Collège Aoyama de Tokyo. En 1923, après avoir achevé son cycle d'études secondaires, il suivit les cours de la section d'études supérieures du Collège Aoyama et, en mars 1926, obtint son diplôme de littérature anglaise avec mention. Aussitôt après, il se rendit à Shanghai et suivit le cours spécial de français de l'université L'Aurore, en même temps que Dai Wangshu (Shi Zhicun et Du Heng suivirent le même cours, mais l'année suivante). Lorsque Liu commence à tenir son journal, à compter du 1er janvier 1927, il avait déjà fini de suivre le cours de français. Durant ses pérégrinations outre mer, Liu resta en contact étroit avec ses amis du pays, parmi lesquels Huang Chaoqin, le célèbre partisan du mouvement vernaculaire à Taiwan[4]. Avec ses vieux amis de Taiwan, et ceux qu'il se fit à Shanghai, il fréquente quotidiennement les dancings, les cinémas, les bordels, les bars, etc. Son journal nous permet de nous faire une idée de la vie et de l'esthétique du dandy néo-sensationniste.

La première chose qui doit être mentionnée, ce sont ses rapports avec son épouse, lesquels influencèrent la vision stéréotypée qu'il a des femmes et qui se reflète dans ses écrits. En 1922, alors qu'il était âgé de 17 ans, Liu fut marié à sa première cousine, qui avait un an de plus que lui. Leurs mères étaient sœurs, et durant plusieurs années Liu souffrit de cette union arrangée. Comme dans beaucoup de familles riches de l'époque, sa femme n'avait pas bénéficié d'une véritable éducation et n'avait reçu que l'enseignement de précepteurs à domicile. Dans son journal, Liu se plaint à différentes reprises de ce que ses lettres soient illisibles (voir, par exemple, le *Journal* à la date du 17 janvier), signifiant par là que son japonais était médiocre. Il semble qu'en avril 1927, quand il quitta Shanghai pour retourner chez lui pendant un mois pour assister aux funérailles de sa grand-mère, il continua à lui battre froid tandis qu'elle était déterminée à user de son charme envers lui pour le séduire. Évidemment, Liu succombait toujours: de sorte qu'elle tomba enceinte et lui donna une fille, en janvier 1928.

Les commentaires que fait Liu sur elle dans son journal sont intéressants. Il se plaint de son incapacité à apprendre et à comprendre quoi que ce soit d'intellectuel, et ce faisant, il attribue sa fragilité au fait qu'elle appartient au sexe faible. Il parle d'elle et des femmes comme d'«animaux de sexe». Il parle constamment d'elle comme d'un vampire qui sape l'énergie et le sang de l'homme jusqu'à ce que «sa tête tourne et

[4] Huang Chaoqin, «Hanwen gaige lun» [Sur la réforme du chinois classique], *Taiwan*, janvier 1923, p. 25-31, et février 1923, p. 21-28 (section chinois classique).

que ses jambes ne puissent plus le porter»[5]. Cela reflète la vieille superstition sur la peur profondément enracinée de l'homme envers la femme fatale, qu'il désire et qu'il craint à la fois, puisque, selon la croyance populaire, elle provoque habituellement la mort de l'homme, une fois l'acte sexuel consommé.

Que Liu ait pu détester son épouse à cause de son ardeur sexuelle est une réaction typique de phallocrate. Prétextant un mariage arrangé et non voulu pour flirter à droite et à gauche, il multiplia les rapports sexuels avec des prostituées, des call girls ou des taxi-girls, comme il le rapporte dans son journal. Mais il ne supportait pas les pulsions sexuelles chez les femmes, ou plus précisément chez les femmes «bien». Ainsi que le révèlent les sentiments qu'il éprouve pour sa grand-mère, sa mère et sa femme, il semble qu'il divise les femmes en deux catégories: les mères et les coureuses. Le type maternel est aimable et respectable, tandis que les coureuses sont des «femelles insatiables, des vampires fantomatiques». Les personnages de femmes dans ses histoires, comme dans celles des autres néo-sensationnistes, relèvent en règle générale de la deuxième catégorie, elles sont voluptueuses et séductrices, mais aussi cruelles et perfides, prêtes à trahir les hommes à tout moment. En fait le type de la femme fatale était une image nouvelle de la femme moderne construite par les médias de Shanghai, qu'il s'agisse des films, des revues et des magazines[6]. Les écrivains qui étaient en rapport avec le journal *Jinwu yuekan (La Maison d'or)* de Shanghai montraient un intérêt similaire pour le type de la femme fatale. Les nombreuses représentations de Salomé — celle qui provoqua la mort de Saint Jean Baptiste — sur scène ou à l'écran prouvent que les femmes libérées étaient devenues les personnages favoris des amateurs de théâtre et des cinéphiles. Tout cela reflétait la culture de la Femme nouvelle dans le Shanghai des années 30[7].

En 1927, Liu se décide à s'installer pour de bon à Shanghai. Après avoir séjourné un mois à Taiwan, pour assister aux funérailles de sa grand-mère, il se rendra directement à Tokyo afin d'y étudier le latin et

[5] Liu Na'ou, «Mai 18», in *Riji [Journal]*, édité par Peng Hsiao-yen et Huang Yingzhe, in *Liu Na'ou quanji [Œuvres complètes de Liu Na'ou]*, éditées par Kang Laixin et Xu Zhenzhen, Tainanxian wenhuaju, Tainan, 2001, 1re partie, p. 322.

[6] Cf. Katherine Huiling Chou, «Representing "New Woman's: Actresses & the *Xin nüxing* Movement in Chinese Spoken Drama & Films, 1918-1949», Ph. D. Dissertation, New York University, New York, 1996.

[7] Peng Hsiao-yen, «"Xin nüxing" yu Shanghai dushi wenhua: xingaijuepai yanjiu» [«La Nouvelle Femme» et la culture urbaine de Shanghai: une étude sur le néo-sensationnisme], in *Haishang shuo qingyu: cong Zhang Ziping dao Liu Na'ou*, p. 65-103.

le français à la célèbre école de français Athena. Mais il n'apprécie guère les méthodes pédagogique de l'endroit. Il passe son temps à se promener et préfère aller dans les librairies, les dancings ou les salles de cinéma. Pour autant, il s'ennuie, et n'aime pas les «façons japonaises[8]». En plus de sa sœur et de son frère, il a, à Tokyo, de vieilles connaissances et d'autres parents, mais Shanghai et ses amis en littérature lui manquent. En septembre, il obtient de sa mère la permission de retourner à Shanghai plutôt qu'à Taiwan. Mais Liu est un voyageur impénitent. Arrivé à Shanghai le 10 septembre, il se rend à Pékin quelques jours plus tard, le 28, en compagnie de Dai Wangshu, et n'en repartira pas avant le 6 décembre.

Au départ, les deux amis projetaient de s'inscrire à l'université franco-chinoise de Pékin. Liu tentera de suivre là-bas un cours intitulé «Précis de la littérature française», le cours de Feng Yuanjun sur l'«Histoire de la littérature chinoise», ainsi que ceux de Shen Yinmo sur la poésie et le *ci*. Mais il ne se réveillera pas le jour de l'examen d'admission. De sorte que le voyage d'étude à Pékin va se transformer en un voyage d'agrément. Les passages du *Journal* de Liu qui couvrent les trois mois passés à Pékin constituent un spécimen rare de récit de voyage, où sont décrits en détail les coutumes locales, les scènes de rues, les monuments, etc. Toutefois, le plus intéressant pour nous, c'est sa façon de décrire les choses, laquelle illustre parfaitement l'esthétique du flâneur. Pour le sens commun, le flâneur est un paresseux qui passe son temps à se promener ici ou là. Or, en réalité, il est dans la vocation du flâneur de parcourir le monde, de baguenauder dans les rues et de rapporter ce qu'il voit. En d'autre termes, comme le dit Benjamin, son travail consiste en son oisiveté[9]. Sans compter que Liu n'est pas un simple flâneur. Un jour qu'il se trouve dans un bordel et qu'il observe une jeune prostituée qui l'attend, le voilà qui soupire: «Ah, mon cœur affamé! Ah, les yeux translucides que j'ai du mal à dévorer, le visage de la *modernité*[10].» Ainsi que le déclare Foucault dans «Qu'est-ce que les

[8] Liu Na'ou, *Journal*, première partie, p. 386.

[9] Walter Benjamin, *Charles Baudelaire: A Lyric Poet in the Era of High Capitalism*, trad. par Harry Zohn, Biddles Ltd., Guilford and King's Lynn, Londres, 1989, p. 11-66; Marshall Berman, *All that is Solid Melts into Air: The Experience of Modernity*, Thetford Press Limited, Londres, 1987, p. 131-171. Benjamin décrit Baudelaire comme un flâneur déambulant dans les rues des quartiers d'affaires de Paris, qui profite de son anonymat et se mêle à la foule, en éprouvant de la nostalgie pour la ville qu'il aime et déteste à la fois. Benjamin développe à partir de là son cadre théorique d'interrelations entre modernité, ville et subjectivité historique.

[10] Liu Na'ou, «17 octobre», *Journal*, deuxième partie, p. 716. «Modernité», en français dans le texte.

Lumières?», à propos du flâneur de Baudelaire: il «a un but plus élevé que celui d'un pur flâneur, un but plus général, autre que le plaisir fugitif de la circonstance». Le pur flâneur «se contente d'ouvrir les yeux, de faire attention et de collectionner dans le souvenir». Lui, au contraire, «cherche ce quelque chose qu'on nous permettra d'appeler la modernité»[11].

Liu Na'ou fut le type même du dandy. Un dandy, par définition, est un homme disposant de moyens et de loisirs, qui apporte un soin méticuleux à ses vêtements et à son aspect physique. Liu avait des goûts très arrêtés en ce qui concerne ses habits, comme on le constate à la lecture de son journal. Il avait l'habitude de choisir ses divers vêtements dans des magasins spécifiques, et ils étaient toujours confectionnés sur mesure. Par exemple, il écrit à la date du 5 avril: «Me suis fait faire un costume et deux tenues d'été chez Wang Qingchang»; à celle du 8 décembre, il note: «Me suis fait faire un smoking chez Wang Shunchang»; et le 12 décembre: «Ai fait un essayage chez Wang Shunchang»[12]. Dans un film privé, tourné selon toute probabilité à Shanghai, au milieu des années 30, *L'Homme à la caméra*, Liu apparaît dans différentes scènes, vêtu d'un costume blanc et coiffé d'un chapeau blanc, apparemment sa tenue favorite[13]. C'était, de surcroît, un passionné de danse qu'on avait surnommé le «roi de la danse»: il fréquentait régulièrement les dancings, s'exerçait avec ses amis et potassait des manuels de danse pour parfaire sa technique. Ainsi, à la date du 3 février, il écrit: «... suis retourné chez lui et lui ai parlé du fox-trot[14]». Le «lui» en question étant Lin Chengshui, un ami d'enfance originaire de Tainan, qui faisait à l'époque ses études à Shanghai. Dans la liste de ses lectures du mois d'août figure un manuel de danse, qui porte un titre anglais, *Dancing do's and don'ts*[15].

Le dandysme était pour Liu un style de vie, une question de goût, celui de la classe aisée du Shanghai métropolitain, la nouvelle aristocra-

[11] Michel Foucault, «What is Enlightenment?», in Paul Rabinow (éd.), *The Foucault Reader*, Pantheon Books, New York, 1984, p. 32-50. (Texte original: «Qu'est ce que les Lumières?», in Michel Foucault, *Dits et Écrits II, 1976-1988*, Gallimard, coll. «Quarto», Paris, 2001, p. 1389, 1388 et 1389).

[12] Liu Na'ou, *Journal*, première partie, p. 232; deuxième partie, p. 762 et 770.

[13] Ce film porte un autre titre: *L'Homme au chapeau*. Si l'on en juge par l'âge approximatif de son fils au moment du film, je suppose qu'il fut réalisé au milieu des années 1930. C'est vers 1934 que la famille Liu, avec la femme, deux fils et une fille, se transporta à Shanghai. Une fille naquit là-bas en 1936, et un fils, en 1938. Voir plus bas.

[14] Liu Na'ou, *Journal*, première partie, p. 102.

[15] Liu Na'ou, *Journal*, deuxième partie, p. 553. Dans le journal de Liu Na'ou pour 1927, on trouve une liste des lectures à la fin de chaque mois.

tie de la Chine démocratique. Pour autant, si Liu est un bel exemple du dandy shanghaïen des années 30, il ne faut pas oublier que la figure du dandy a été cernée par Baudelaire et Oscar Wilde, à Paris pour l'un et à Londres pour l'autre, à la fin de le seconde moitié du XIXe siècle. Bien que Baudelaire ne fût pas lui-même, à proprement parler, un dandy, il a composé l'unique traité sur le dandysme qui définisse le dandy en tant qu'espèce: une espèce qui s'est affranchie des frontières du temps et de l'espace.

La manière d'être du dandy — une tâche rien moins que facile à exécuter — exige de sa part un entraînement constant s'il souhaite toucher à la perfection. Foucault, dans «Qu'est-ce que les Lumières?», fait remarquer que pour être un dandy, dans la mesure où le dandy constitue la quintessence de la modernité, cela suppose une «élaboration ascétique de soi[16]». Pour Foucault, la modernité est une attitude, un *ethos*. C'est «un mode de relation à l'égard de l'actualité; un choix volontaire qui est fait par certains; enfin, une manière de penser et de sentir, une manière aussi d'agir et de se conduire qui, tout à la fois, marque une appartenance et se présente comme une tâche[17]». Parler d'«élaboration ascétique» ou de «tâche», c'est défendre l'idée selon laquelle, pour être un dandy, il faut se plier à une sorte de discipline rigoureuse semblable à celle de la religion. Reportons-nous aux passages du *Peintre de la vie moderne* de Baudelaire intitulés «La Modernité» et «Le Dandy»[18], et nous nous apercevrons que l'interprétation que donne Foucault de la modernité est largement empruntée à Baudelaire; dès lors, la signification de ce qu'il nomme l'«élaboration ascétique de soi», qui est en fait l'idée centrale de *L'Histoire de la sexualité* de Foucault, s'éclaire.

Dans «Le Dandy», le dandy est défini comme «l'homme riche, oisif», qui «n'a d'autre profession que l'élégance», qui a été «élevé dans le luxe et accoutumé dès sa jeunesse à l'obéissance des autres hommes». Il jouit toujours, «dans tous les temps, d'une physionomie distincte, tout à fait à part», il est «épris avant tout de *distinction*». En outre, le dandysme est une «institution vague», c'est-à-dire une institution sans lois écrites. Pour Baudelaire, le dandysme est une institution «en dehors des lois», mais qui possède ses propres lois, des «lois rigou-

[16] Michel Foucault, «Qu'est ce que les Lumières?», p. 1390.

[17] *Ibid.*, p. 1387.

[18] Charles Baudelaire, *Le Peintre de la vie moderne* (textes parus en feuilleton dans *Le Figaro* en 1863, et repris en volume en 1868), in Baudelaire, *Œuvres complètes*, éditées par Claude Pichois, vol. II, Gallimard, Bibliothèque de la Pléiade, Paris, 1989 (1re 1976): «La Modernité», p. 694-697; «Le Dandy», p. 709-712.

reuses auxquelles sont strictement soumis tous ses sujets, quelles que soient d'ailleurs la fougue et l'indépendance de leur caractère». Ce qui anime les adeptes de «cette institution non écrite», c'est «le besoin ardent de se faire une originalité»[19].

Pour Baudelaire, le dandysme est une «institution», et il «confine au spiritualisme et au stoïcisme». À son avis, le «goût immodéré de la toilette et de l'élégance matérielle» n'est pour le dandy qu'«un symbole de la supériorité aristocratique de son esprit». Baudelaire tient le dandysme pour «une espèce de religion» qui a la doctrine la plus rigoureuse de toutes, à savoir «l'élégance» et «l'originalité». Pour lui, le dandysme «apparaît surtout aux époques transitoires où la démocratie n'est pas encore toute puissante, où l'aristocratie n'est que partiellement chancelante et avilie», de sorte qu'il forme «le projet de fonder une espèce nouvelle d'aristocratie»[20]. Le dandy est donc un nouvel aristocrate sous le régime de la démocratie. Ainsi le dandysme, institution sans lois écrites, doctrine de l'élégance et de l'originalité, est une classe marquée par la distinction de ses goûts, qui la tient à l'écart du médiocre et du trivial (la trivialité, pour Baudelaire, étant un déshonneur absolu). Comme on le voit, l'idée bourdieusienne de la distinction vient de Baudelaire[21].

Par ailleurs, le dandysme adopte à l'égard de la femme une attitude particulière, comme tout un chacun peut s'en aviser dans le passage intitulé «La Femme» du *Peintre de la vie moderne*[22]. Les femmes appartiennent au monde qu'observe Liu Na'ou. En tant qu'observateur extérieur à ce qu'il décrit, il dépeint les apparences et les raffinements des femmes, mais se montre incapable de pénétrer leur cœur. En conséquence, les femmes qu'il décrit, que ce soit dans son journal ou dans ses nouvelles, sont en général bien habillées et séduisantes, mais n'ont pas de cœur et manquent de sentiments. Le dandy qui passe sont temps à courir après les femmes n'est en réalité qu'un misogyne invétéré: il apprécie la beauté physique de la femme en tant que sex-symbol et manifestation de l'esprit de modernité, mais il déteste son inaptitude à s'intéresser à quoi que ce soit qui touche au royaume de l'intellect et de l'âme. Voici, en définitive, à quoi se ramène l'esthétique du dandy de Liu Na'ou: les hommes gouvernent le monde de l'intellect et de l'esprit, tandis que les femmes se cantonnent au monde du corps et au monde

19 Baudelaire, «Le Dandy», p. 709 et 710.

20 *Ibid*, p. 711.

21 Pierre Bourdieu, *La Distinction: critique sociale du jugement*, éditions de Minuit, Paris, 1979.

22 Baudelaire, «La Femme», in *Œuvres complètes*, p. 713-714.

matériel. D'autre part, de façon assez ironique, un dandy comme Liu, un habitué des dancings et des bordels, est toujours engagé dans des relations charnelles avec les femmes. Comme le relève Baudelaire: «Si je parle de l'amour à propos du dandysme, c'est que l'amour est l'occupation naturelle des oisifs. Mais le dandy ne vise pas à l'amour comme but spécial[23].»

Nous pouvons prendre le *Journal*, à la date du 10 novembre, comme exemple. Liu y décrit une chanteuse d'opéra de Pékin, Jin Youqin. Même si Liu voit en elle une actrice particulière, il la considère comme la représentante d'une entité collective, les «femmes de Pékin». En d'autres termes, Jin Youqin, pour lui, n'est pas une femme dotée de pensées et d'émotions propres, ou ayant une histoire personnelle, mais un échantillon des femmes de Pékin. Ses associations d'idées, concernant la voix et le corps de cette femme de Pékin en particulier, trahissent ses préjugés contre les femmes en général. D'abord, d'après lui, l'idée selon laquelle les femmes de Pékin auraient des dispositions pour la parole est probablement erronée, pour cette raison que les discours ressortissent au domaine de l'intellect, et que l'on ne saurait avoir des dispositions pour la parole s'il l'on n'a pas reçu une bonne éducation; or les femmes de Pékin n'ayant pas reçu la moindre éducation, elles ne sauraient avoir des dispositions pour le discours, et ce ne sont que des bavardes. Ensuite, si les femmes de Pékin ne sont que des bavardes, elles ont une belle voix, qui sonne agréablement aux oreilles des hommes. Enfin, la voix de cette femme de Pékin en particulier lui paraît vérifier la métaphore élogieuse du «gazouillis d'hirondelle et chant de rossignol». Mais il n'y a que cette voix qui atteigne au domaine de la réalité. En d'autres termes, pour Liu, les femmes de Pékin (ou d'ailleurs) ne sauraient être associées à la beauté spirituelle et à la sublimation[24].

Les préjugés que nourrit Liu à l'égard des femmes, et qui transparaissent dans l'esthétique du dandy, ont certainement modelé l'image des femmes véhiculée dans ses œuvres. Et elle est conforme à l'image de la femme telle qu'elle apparaît dans les histoires des néo-sensationnistes shanghaïens en général, comme le démontre amplement «Craven "A"» de Mu Shiying, où les traits et le physique de la femme observés par la narrateur masculin se transforment en un lieu touristique pour courts séjours masculins.

Le narrateur masculin de «Craven "A"» utilise le trope de la «carte topographique» pour décrire la femme qu'il regarde. Celle-ci est assise

[23] Baudelaire, «Le Dandy», p. 710.
[24] Liu Na'ou, *Journal*, deuxième partie, p. 702.

dans un café, seule à sa table, et elle est en train de fumer. Ses yeux sont pour le narrateur «deux lacs», tantôt glacés et tantôt bouillants. Sa bouche est un «volcan» qui crache la fumée et l'odeur des «Craven "A"», la cigarette de marque étrangère qu'elle fume. À l'intérieur du volcan, on aperçoit la lave laiteuse (les dents) et une flamme au milieu (la langue). «Les gens d'ici sont encore assez primitifs, ils sacrifient des hommes lors de la fête du volcan, déclare le narrateur. Pour le voyageur, cette contrée n'est pas sûre.» Puis il décrit le paysage sous les «minces nuages» d'un dessin quadrillé en noir et blanc, qui doit être un corsage taillé dans un tissu à demi transparent. En conséquence, les «pics violets» (les tétons) des «deux collines fièrement dressées l'une en face de l'autre sur la plaine» semblent «percer les nuages».

Ensuite, la partie inférieure de la carte, cachée sous la table où la femme est assise, est comparée à un paysage du «Sud», bien plus enchanteur que celui du «Nord». Le narrateur imagine les «deux digues» (les jambes) se rejoignant sous la table en forme de «plaine alluviale triangulaire» et le «grand port» où «le bateau à vapeur fait son entrée majestueuse» en soulevant les «vagues et éclaboussant la proue». Après s'être renseigné auprès d'une connaissance sur le nom de la femme, le narrateur ajoute: «Je connais bien des histoires sur son compte. Plusieurs de mes amis ont visité cette contrée. Du fait qu'il est possible de s'y rendre facilement, presque tous ont réussi à la parcourir d'un bout à l'autre, en un jour ou deux... Les plus expérimentés sont capables de débarquer directement au port... Certains séjournent sur place un ou deux jours, d'autres y demeurent une semaine. Quand ils rentrent, ils ne tarissent pas d'éloges sur le séduisant paysage de cette contrée, et ils n'imaginent pas de lieu touristique meilleur pour les courts séjours[25].»

On a là une description typique de la «nouvelle femme» du Shanghai des années 30, et un style d'écriture propre aux néo-sensationnistes. L'histoire traite d'un type précis de relations entre hommes et femmes du Shanghai métropolitain, excluant l'amour. C'est avant tout une liaison d'un soir, à travers laquelle les deux partenaires ne recherchent que leur plaisir. Il n'y a ici ni tension psychologique ni jugement moral, au contraire des histoires d'amour érotiques des auteurs de Création comme Yu Dafu ou Zhang Ziping. Par exemple, le héros masculin de *Miyang [L'Agneau égaré]* de Yu Dafu, tourmenté par l'actrice capricieuse qui le

[25] Mu Shiying, «Craven "A"», in *Gongmu [Le Cimetière public]*, Xiandai shuju, Shanghai, 1933, p. 107-138.

piétine, finit à l'asile; la femme nouvelle, dans les histoires de Zhang Ziping, même si elle aspire à la libération sexuelle, se lamente constamment et se plaint de ce qu'il ne soit pas possible d'être réellement libre dans une société qui reste encore commandée par la morale traditionnelle. En revanche, le thème léger des histoire néo-sensationnistes est rythmé par un tempo enjoué, comme si le papillotement des scènes suivait l'œil lubrique du narrateur masculin fixé derrière la caméra. La femme, au terme de cet examen minutieux, devient un simple objet de désir, et chacune des parties de son corps n'a d'autre fonction que de procurer du plaisir aux hommes. Comme la femme n'est toujours regardée que de l'extérieur, il n'est pas étonnant que son cœur et son esprit demeure un mystère pour le lecteur aussi bien que pour le narrateur.

Au contraire des histoires réalistes du type de celles que composaient les auteurs de Création, lesquelles usent souvent de la technique de la psycho-narration pour rendre la psychologie des personnages transparente[26], les personnages des histoires des néo-sensationnistes, en règle générale, sont a-psychologiques. Nous sommes au fait de ce qu'ils voient, de la façon dont ils se comportent, de ce qu'ils disent, mais leur psychologie nous reste opaque. Il en résulte que ces personnages sont quasiment des *actants*, dépourvus souvent de noms. Et quand d'aventure ils ont un nom, ils sont interchangeables. On peut déplacer un personnage d'une histoire vers une autre, cela ne change rien, car tous les personnages sont dotés d'un trait de caractère unique: la séduction. Ainsi, la femme, dans l'esthétique du dandysme, n'est pas une femme réelle avec un cœur et des sentiments, mais un nom collectif avec un esprit symbolique au-delà de la femme réelle elle-même. Envisagés sous un angle différent, ces personnages partagent le même caractère d'anonymat que les masses qui étaient le sujet central de la littérature prolétarienne à la même époque. La principale différence réside dans ce que les histoires des néo-sensationnistes mettent en scène des bourgeois profitant de la vie cosmopolite, alors que celles de la littérature prolétarienne décrivent soit des gens des classes les plus humbles qui sont les victimes de l'injustice sociale, soit des bourgeois dont on fait les cibles à abattre.

Taiwan était le lieu de naissance de Liu Na'ou. Tokyo, la ville où il reçut son éducation. Pékin, d'un autre côté, était pour lui un lieu de pèlerinage culturel. Mais Shanghai fut sa résidence ultérieure jusqu'à la fin de sa vie. Quittant Tainan, il s'y installa vers 1934 avec sa famille, à

[26] Sur la théorie de la psycho-narration, voir Dorrit Chon, *Transparent Minds: Narrative Modes for Presenting Consciousness in Fiction*, Princeton University Press, New Jersey, 1983.

savoir son épouse, sa fille et ses deux fils. Au cours des années qui suivirent, lui naquirent là-bas une fille et un fils. Cette attirance de Liu Na'ou pour Shanghai s'explique par le fait qu'il y entrevoyait la possibilité d'y poursuivre une carrière littéraire. En 1927, Shanghai commençait à supplanter Pékin comme centre de la vie littéraire chinoise. Avec le début de la guerre civile dans le Nord et l'épuration menée par le Guomindang, nombre d'éditeurs et d'écrivains avaient émigré vers les concessions étrangères de Shanghai pour se mettre à l'abri. Il n'était pas surprenant que des hommes de lettres venus de Pékin se sentent dépaysés à Shanghai et soient humiliés de devoir vendre leurs œuvres pour gagner leur pitance. De là le débat sur l'école de Pékin et l'école de Shanghai auquel participèrent des hommes de lettres comme Shen Congwen, qui accusèrent les écrivains de Création comme Zhang Ziping et les écrivains néo-sensationnistes comme Mu Shiying de flatter le goût superficiel des lecteurs urbains.

Mais en fait, dans le monde des affaires de Shanghai, où la demande de distractions et de lectures agréables et faciles était forte, peu d'écrivains auraient pu alors préserver leur idéal littéraire et ce sentiment, hérité de la période de la révolution littéraire, d'avoir à accomplir une mission. Les magazines populaires comme *Liangyou [Compagnon]* réussirent à attirer à eux des élites comme Hu Shi, Mao Dun, Ba Jin, Shi Zhecun, Zhang Tianyi, Lin Huiyin et Lu Yan, et à obtenir d'elles de courtes saynètes vite faites destinées à l'agrément du lecteur, et qui paraissaient au milieu de photos de stars de cinéma et de danseuses de cancan. Dans le *Furen huabao [Magazine des femmes]*, des œuvres de Liu Na'ou, de Guo Jianying ou de Hei Ying voisinent à côté de dialogues comiques. La littérature fut placée sur le même plan que le commerce de la distraction. Quand Lu Xun ou Shen Congwen reprochaient à l'école de Shanghai de sacrifier au goût des collégiennes, ils déploraient la commercialisation et, partant, la dégradation de la littérature[27].

Quand Liu Na'ou planifia sa carrière littéraire, en 1927, il savait dès le départ qu'il composerait avec le goût populaire. En janvier 1927, il avait cessé de suivre les cours de L'Aurore et ne quittait plus Dai Wangshu, Du Heng et Shi Zhecun, discutant avec eux de la publication de la nouvelle revue qu'ils avaient en projet, *Jindai xin [Le Cœur moderne]*. À la date du 18 janvier, il mentionne dans son journal les règles qu'ils

[27] Voir: Lu Xun (alias Luan Tingshi), «Jingpai yu haipai» [L'École de Pékin et l'École de Shanghai], *Shen bao (Shanghai Post)*, 3 février 1937, p. 17; Shen Congwen (alias Jiachen), «Yu Dafu, Zhang Ziping ji qi yingxiang» [Yu Dafu, Zhang Ziping et leurs influences], *Xinyue [Croissant]*, vol. 3, n° 1, mars 1930, p. 1-8.

s'étaient fixées à ce propos: la revue devait être une petite revue *[xiao kanwu]* ; employer des mots faciles *[xiao wenzi]*; et comporter des illustrations et des dessins. Mais, par la suite, au cours des mois suivants et jusqu'à la fin de l'année, il n'est plus jamais question de cette revue dans le *Journal*. L'idée de publier une revue fut abandonnée jusqu'au 10 septembre 1928, date à laquelle *Wugui lieche [Train sans rails]* vit le jour. *Wugui lieche* était une revue bimensuelle qui fut publiée jusqu'au 28 décembre et compta en tout huit livraisons. Bien que Liu admît les vertus distrayantes de la littérature, il est évident que *Wuigui lieche* était destinée à ses pairs et à ses collègues intellectuels. Les vers de poésie française cités de temps en temps, dans le texte, montrent assez que les collaborateurs (et les éditeurs) cherchaient à communiquer avec leurs semblables.

Tout au long de sa carrière, Liu embrassa la culture populaire de divertissement. Durant la première période de sa carrière littéraire, il pencha en faveur du camp de gauche: la librairie Shuimo qu'il ouvrit en 1929 était alors considérée comme un lieu de rendez-vous des écrivains de gauche. Mais il développa rapidement sa théorie de la suprématie formelle *[xingshi zhishang]*, et débattit avec les écrivains de gauche sur la question de ce qu'on appelait les films mous et les films durs. Des théoriciens comme Tang Na l'accusèrent d'utiliser des choses molles pour détourner la foule de la politique, comme se plaisait à le faire la classe dirigeante, et Liu s'en prit à l'importance que la gauche accordait au contenu aux dépens de la beauté de la forme[28]. Contre le courant principal de la littérature révolutionnaire, Liu abandonna l'idéologie et affirma que l'art devait permettre aux yeux de manger de la crème glacée et à l'âme de s'asseoir dans un fauteuil[29]. En d'autres termes, l'art, pour Liu, n'est pas fait pour la vie, l'art a pour but la joie et le jeu.

La raison pour laquelle Liu Na'ou a été assassiné le 3 septembre 1940 reste un mystère de l'histoire littéraire. Mais une chose est sûre, l'événement a un rapport avec sa position politique et artistique. Auparavant, le 28 juin de la même année, Mu Shiying avait été assassiné alors qu'il tra-

[28] Voir la série d'articles publiés dans le *Chenbao (Morning Post)* en juin 1934 par Tang Na. Par exemple: Tang Na, «Qingsuan ruanxing dianying lun: ruanxing lunzhe de quwei zhuyi [Pour en finir avec la théorie du film mou: sur la théorie du divertissement défendue par les théoriciens du film mou], du 19 au 27 juin 1934.

[29] C'est, en réalité, à Huang Jiamou, l'ami de Liu Na'ou et l'éditeur avec lui de *Cinéma moderne*, qu'on doit la phrase: «Les films sont la crème glacée des yeux, et le fauteuil de l'âme.» Voir Huang Jiamou, «Yingxing yingpian yu ruanxing yingpian» [Les Films durs et les films mous], *Cinéma moderne*, n° 6, 1er décembre 1933, p. 3.

vaillait comme directeur du *Guomin xinwen [Nouvelles nationales]* que publiait le gouvernement fantoche de Wang Jingwei. Liu fut assassiné après un banquet organisé par un groupe d'amis japonais et chinois pour célébrer son accession au poste laissé par Mu[30]. Entre novembre 1937 et août 1945, Shanghai devint le théâtre de luttes pour le pouvoir et d'activités d'espionnage. La carrière cinématographique de Liu était profondément impliquée avec tous les partis: le gouvernement nationaliste, le camp de gauche et l'entourage de Wang Jingwei. Ayant franchi les frontières nationales dans sa quête de l'art et ses errances dans différents pays, il était devenu une cible des communautés internationales de Shanghai où régnaient de multiples nationalismes sous la forme du semi-colonialisme.

La carrière littéraire et cinématographique de Liu à Shanghai fut brève, et il eut peu de disciples, mais il créa un style littéraire qui devint synonyme de la métropole. Son langage vivant, marqué par le goût des plaisirs sensuels, a réussi à capter la mentalité *carpe diem* du Shanghai de l'époque, en proie à l'inflation, aux grèves, aux meurtres et à l'invasion japonaise. Ses histoires, qui traitent presque toujours d'aventures d'un soir, reflètent une image de la femme nouvelle qui, toujours vue dans la perspective de protagonistes masculins, est le mannequin vivant de la mode shanghaïenne des années 30 et une habituée des cinémas, des dancings et des champs de courses. Objet du désir masculin, celle-ci considère les hommes comme des gigolos, ainsi que les désigne une fille dans l'histoire de Mu Shiying, «Craven "A"»[31]. Cette image de la femme nouvelle est le pendant du discours sexuel tel qu'on pouvait le tenir durant les années 20 et 30, quand des intellectuels comme Zhou Zuoren et Zhang Jingsheng engagèrent des débats sur la virginité et la sexualité féminine[32].

Suivant la tendance à réécrire l'histoire littéraire, les critiques cherchent depuis plusieurs décennies des écoles qui ne correspondraient ni aux critères de la littérature révolutionnaire ni à ceux de la littérature réaliste approuvée par la théorie littéraire officielle. Il ont de quoi faire

[30] Pour une présentation journalistique de l'assassinat de Liu Na'ou, voir le *Shen bao* du 4 septembre 1940, p. 9; pour celle de l'assassinat de Mu Shiying, voir le *Shen bao* du 29 juin 1940, p. 9. Voir aussi *Guomin xinwen [Nouvelles nationales]*, du 29 juin à la fin du mois de septembre 1940.

[31] Mu Shiying, «Craven "A"», p. 107-138.

[32] Cf. Peng Hsiao-yen, «Wusi de "xin xingdaode": nüxing qingyu lunshu yu jiangou minzu guojia» [La Nouvelle Morale sexuelle au cours du mouvement du 4 mai: le discours de la sexualité féminine et la construction de l'État-nation], in *Haishang shuo qingyu: cong Zhang Ziping dao Liu Na'ou*, p. 1-26.

avec Liu Na'ou et les néo-sensationnistes, dont les écrits incarnent essentiellement un regard de dandy sur la vie, une profession de foi défiant implacablement la politique, le nationalisme et les guerres qui dominaient leur époque.

(Traduit de l'anglais par Angel Pino.)

LES MISSIONNAIRES OCCIDENTAUX, PREMIERS LECTEURS DE LA LITTÉRATURE CHINOISE MODERNE

Angel PINO* et Isabelle RABUT**

LES AUTEURS ET LEUR PERSPECTIVE

Les auteurs

C'est à des gens d'Église qui vivaient en Chine, des missionnaires de la Compagnie de Jésus (SJ) et de la congrégation du Cœur immaculé de Marie (CICM)[1], et non pas à des sinologues, qu'on doit les travaux pionniers sur la littérature chinoise du XXe siècle rédigés en langue française. Ils parurent dans les années quarante, et leurs auteurs sont au nombre de quatre[2]:

* Professeur à l'université Michel de Montaigne Bordeaux 3, responsable du Département d'études chinoises et directeur du Centre d'études et de recherches sur l'Extrême-Orient (CEREO) de ce même établissement.

** Professeur à l'Institut national des langues et civilisations orientales (INALCO), chercheur associé au Centre d'études et de recherches sur l'Extrême-Orient (CEREO) de l'université Michel de Montaigne Bordeaux 3.

[1] CICM, sigle latin de *Congregatio Immaculati Cordis Mariae*. Congrégation belge fondée en 1862, après la signature des traités de Tianjin et de Pékin, par Théophile Verbist (1823-1868), et à laquelle le pape Pie IX assigna la Mongolie. Appelée aussi Scheut, du nom du faubourg de Bruxelles où elle était basée. Les premiers scheutistes se rendirent en Chine en 1865 et y prirent la place des lazaristes, partis prématurément. Voir Daniël Verhelst et Hyacint Daniëls (éd.), *Scheut hier et aujourd'hui, 1862-1987: Histoire de la Congrégation du Cœur Immaculé de Marie CICM*, Presses universitaires de Louvain, Louvain, 1993.

[2] Voir les notices biographiques reproduites en fin de texte. Nous n'avons utilisé ici que les synthèses portant sur la littérature chinoise moderne, laissant de côté, sauf exception, les monographies individuelles que les missionnaires occidentaux ont pu consacrer à tel ou tel écrivain chinois — à plus forte raison quand elles furent réalisées par ceux d'entre eux qui n'étaient pas engagés plus que cela dans le domaine concerné, comme, par exemple, Alfred Bonningue (1908-1997), SJ: «La Renaissance culturelle: M. Hou Che», *Rythmes du Monde*, n° 1, 1947, p. 16-26. À ces travaux, il convient d'ajouter une recension anonyme — mais dont nous savons que l'auteur en est Octave Brière, dont il sera question plus loin — des ouvrages chinois parus au cours de la première moitié du XXe siècle, insérée dans la revue jésuite de Shanghai, *le Bulletin de l'université L'Aurore*: «À travers le monde des livres chinois (1940-1949)» (série III, t. 10, n° 37, janvier 1949, p. 73-103), qui réserve plusieurs pages aux œuvres littéraires, originales ou traduites (p. 87-100).

1. Henri Van Boven (1911-2003), CICM. Il nous a donné une impressionnante *Histoire de la littérature chinoise moderne*, publiée en 1946, à Pékin[3], qui brosse un panorama de la vie littéraire chinoise depuis l'époque du mouvement des réformes de 1890 jusqu'au milieu des années quarante, et qui, à ce jour, en langue française[4] en tout cas, ne connaît pas d'équivalent: il y traite ainsi d'écrivains dont les noms avaient disparu, après 1949, des études consacrées à la littérature chinoise de la première moitié du XXe siècle, et qui n'ont été redécouverts qu'il y a moins de vingt ans. Le travail se compose de quinze chapitres, et sur ces quinze chapitres, huit concernent des groupes d'écrivains ou des sociétés littéraires, et un seul un écrivain isolé, Lu Xun (1881-1936).

2. Joseph Schyns (1899-1979), CICM. Il fut le maître d'œuvre d'un énorme catalogue commenté d'œuvres littéraires chinoises, paru à Pékin en 1946, et publié d'abord en français — *Romans à lire et romans à proscrire*[5] — avant de l'être en anglais, en 1948, dans une version revue et corrigée: *1 500 Modern Chinese Novels & Plays*[6]. Cette dernière version a aussi été notablement amplifiée (la version française ne répertoriait que 600 œuvres[7]) et la sélection des textes diversifiée: elle ne s'intéresse pas seulement au roman, mais également au théâtre — auquel elle réserve une rubrique séparée, alors que dans la version française on ne trouvait que quelques rares pièces disséminées parmi les romans —, et accessoirement à différents autres genres, réunis dans la rubrique

[3] P. Henri Van Boven, CICM, *Histoire de la Littérature chinoise moderne*, Scheut Editions, Peiping, 1946, 2-187 p. (abrégé par la suite en HLCM). Nous nous appuyons également sur un échange de correspondance entre le prêtre et Angel Pino (ci après: VB-AP) et sur un entretien qu'il a bien voulu nous accorder, et qui eut lieu en août 2002, à Himeji, au Japon (ci-après: VB, août 2002).

[4] Le texte fut rédigé directement en français par son auteur mais, avant d'être envoyé à l'imprimerie, il fut revu par un locuteur francophone, le père Adolf Motte (1899-1969), CICM (VB-AP, 22 octobre 2002).

[5] *Romans à lire et romans à proscrire*, par le P. Jos. Schyns, CICM, et d'autres missionnaires en collaboration, Scheut Editions, Peiping, 1946, 297-23 p. (abrégé par la suite en RLRP).

[6] *1 500 Modern Chinese Novels & Plays*, by Jos. Schyns & others, Scheut Editions, Peiping, 1948, LVIII-465-XXIII p. (rééd., avec une notice de présentation: Lung Men Bookstore, Hong Kong, 1966, [2]-LVIII-465-XXIII p.) (abrégé par la suite en 1500).

[7] En fait 519 œuvres modernes, les autres étant des romans étrangers traduits en chinois ou des œuvres anciennes: Schyns, à propos de ces dernières, admet sa moindre compétence: «Les jugements émis sont basés en partie sur des lectures personnelles et en partie sur les renseignements recueillis chez des personnes compétentes en cette matière» (RLRP, intro., p. 36). Une des sources de référence étant en l'occurrence l'ouvrage de Ou Itaï [Wu Yitai] (1901-?), qui fut répétiteur à l'École des langues O': *Le Roman chinois*, préface de M. le professeur Fortunat Strowski, Éditions Véga, Paris, 1933 (tiré de sa thèse de doctorat, «Essai critique et bibliographique sur le roman chinois») (RLRP, intro., p. 7).

«Divers»: essais, poésie, journaux, récits de voyage, biographies ou encore correspondances[8]; et elle a été de surcroît enrichie d'un dictionnaire biographique sommaire des écrivains chinois muni de deux cents entrées. Les deux ouvrages se présentent comme des recueils de fiches de lecture plus ou moins développées (deux lignes pour les plus courtes, un peu plus d'une page pour les plus longues). Chaque notice mentionne le titre de l'ouvrage (avec sa traduction, dans la version anglaise), le nom de l'auteur et celui de l'éditeur en caractères chinois, précise la date de l'édition consultée et indique, éventuellement, la pagination; et elle est assortie d'une des quatre mentions que voici (avec traduction latine dans la version française, pour ceux qui ne sont pas des familiers de la langue de Molière[9]), lesquelles sont symbolisées par une lettre: «Livres pour tous» (T) *(Ab omnibus legi potest)*; «Livres simplement réservés» (R) *(Non ab omnibus legendus)*; «Livres doublement réservés» (RR) *(Potius reprobandus)*; «Livres à proscrire» (P) *(Condemnandus)*. Soit, dans l'édition anglaise: *«For everyone»*, *«Not for everyone»*, *«Not to be recommended to anyone»* et *«Proscribed»*[10]. La version française est précédée d'une introduction, rédigée par Schyns sur la base d'une documentation établie pour lui par Van Boven et un autre scheutiste, le père Louis Fossion (1914-)[11] (RLRP, intro., p. 45); la version anglaise s'ouvre sur une très longue présentation du roman et du théâtre chinois modernes par la romancière Su Xuelin [Su Hsüeh-lin] (1899-1999), écri-

[8] Les œuvres qui nous intéressent — les œuvres modernes — sont au nombre de 1 336 (romans, divers, théâtre): nous avons laissé de côté, ici encore, les œuvres modernes traduites d'une langue étrangère, ainsi que les œuvres classiques.

[9] Outre la version anglaise, qui paraîtra un peu plus tard, les pères de Scheut réalisèrent, comme ils l'avaient annoncé (RLRP, intro., p. 45) une version chinoise destinée au clergé chinois et aux étudiants catholiques. Nous n'avons pas pu nous la procurer, mais elle semble avoir paru sous le titre *Wenyi yuedan [Critiques littéraires et artistiques]*, Scheut Éditions, Peiping, 1947 (Schyns, avant-propos, 1500, p. II).

[10] Signalons que la «section cinéma» du Catholic Central Bureau fut chargée, à la fin des années quarante, de classer, pour les lecteurs du *China Missionary*, les films qui étaient mis alors à l'affiche en Chine, selon les catégories établies par la Legion of Decency of the U.S., lesquelles étaient, en chinois, identiques à celles du répertoire de Schyns: *«Unobjectionable for all» (Zhong)*, *«Morally unobjectionable» (Xian)*; *«Morally objectionable in part for all» (Texian)* et *«condemned» (Jin)*. («Press Review: Cinema», *China Missionary*, vol. 1, nº 4, août 1948, p. 471).

[11] Le père Louis Fossion (né le 24 octobre 1914) est arrivé en Chine en 1938, après avoir été ordonné prêtre (le 2 août 1937). Il officiait à Xiwanzi. Il a quitté la Chine en 1950, lorsque les communistes sont arrivés au pouvoir, et s'est alors rendu aux Philippines pour y fonder une mission jusqu'à ce que ses supérieurs le rappellent en Belgique afin qu'il prenne en charge la formation des futurs missionnaires de Scheut. Il a repris lui-même le chemin des missions en Asie, à l'âge de 53 ans: Hong Kong, Taiwan et les Philippines où il réside encore, trente ans plus tard. Il est actuellement à l'église St. Francis Xavier de Singapour.

vain catholique qui ne se cachait pas de partager les mêmes vues que les pères de Scheut en matière de «sélection» et d'«épuration» des lectures[12]. Au contraire de la version française qui n'associait que des gens d'Église[13] — des scheutistes principalement, et des jésuites ou des franciscains —, cette version a bénéficié du concours de contributeurs laïques et de collaborateurs chinois (1500, avant-propos, p. III-IV), mais, ici, les notices ne sont pas signées.

3. Jean Monsterleet (1912-2001), SJ. Jean Monsterleet, premier biographe de Pa Kin (1904-), soutint en 1947, à la Sorbonne, une thèse préparée sous la direction de Paul Demiéville (1894-1979), qui fut la première thèse soutenue après guerre dans le domaine des études chinoises: «Littérature chinoise contemporaine: écrivains témoins de leur temps» (sa thèse complémentaire était une traduction du roman de Pa Kin, *Wu [Brumes]*). Il en tirera la matière d'un petit livre, *Sommets de la littérature chinoise contemporaine*, paru en 1953[14] — qu'il essayera bien plus tard, mais en vain, de faire loger dans la célèbre collection «Que sais-je?» des Presses universitaires de France —, et qui fut traduit immédiatement en chinois sous un titre plus explicite que le titre original: *Xin wenxue jianshi [Histoire sommaire de la littérature nouvelle]*. L'ouvrage est divisé en quatre chapitres respectivement dédiés au roman, à la nouvelle et à l'essai, au théâtre, et à la poésie, et dans chacun desquels sont présentés de deux à cinq auteurs exemplaires du genre traité.

4. Octave Brière (1907-1978), SJ. Brière, qui était rattaché à l'université l'Aurore de Shanghai[15], publia, entre 1942 et 1948, une série d'articles sur la littérature chinoise moderne pour le *Bulletin de l'université L'Aurore* ou le *China Missionary Bulletin*, relativement à Pa Kin,

[12] Voir Sou Hsue-ling [Su Xuelin], «La Place que doivent occuper la langue et la littérature chinoises dans nos écoles catholiques», *Bulletin de l'université l'Aurore*, Série III, t. 9, n° 33-34, 1948, p. 39-48; Su Hsiue-lin, «Chinese Literature in Catholic Schools», *China Missionary*, vol. I, n° 3, 1948, p. 272-279. Convertie au catholicisme en 1927, celle-ci est présentée avant cette date par Schyns comme «matérialiste prononcée, antireligieuse et révolutionnaire» (RLRP, intro., p. 23).

[13] Schyns avoue n'avoir eu entre les mains qu'une moitié des ouvrages recensés, les autres ayant été lus par des collaborateurs (1500, avant-propos, p. II).

[14] *Sommets de la littérature chinoise contemporaine*, Domat, coll. «Connaissance de l'Est», Paris, 1953, 171 p. (abrégé par la suite en SLCC).

[15] Pour une brève présentation de l'université L'Aurore, et plus généralement sur les jésuites à Shanghai, on se reportera à Guy Brossolet, *Les Français de Shanghai, 1849-1949*, Belin, Paris, 1999, chap. 9 et 10. Voir aussi: Louis Ducathay, «La Vie tenace d'une université en Chine», *Revue d'histoire des Missions*, 6e année, n° 1, 1er mars 1929, p. 61-77; Joseph Dehergne, «Notes sur la brève histoire de l'Aurore (1903-1951)», *Études*, mai 1979.

Mao Dun (1896-1981), Su Xuelin, Hu Shi (1891-1962), Lu Xun, Lin Yutang (1895-1976) et Guo Moruo (1892-1978), en même temps que sur la philosophie ou la pensée marxiste et le communisme chinois, et il tenta de dégager les «tendances dominantes de la littérature chinoise contemporaine»[16].

Les travaux réalisés par ces quatre missionnaires renferment une masse d'information imposante: la synthèse de Van Boven contient un index de 350 noms d'auteurs, beaucoup plus que n'importe quel ouvrage récent sur la littérature chinoise moderne. Et les renseignements fournis se révèlent généralement fiables. Largement dépendants, par la force des choses, des critiques chinois[17], les missionnaires manient avec circonspection les matériaux de seconde main, *a fortiori* quand ils les soupçonnent de refléter un point de vue communiste: Van Boven met ainsi en garde ses lecteurs contre «les brochures éditées par *La Politique de Pékin*, en particulier le *Écrivains chinois contemporains*, édité en 1933, qui n'est que la traduction des essais critiques de T'sien Hing-ts'oun [Qian Xingcun][18], édition 1929, et qui défigure dans un style pamphlétaire et avec des vues bornées, la vraie physionomie de Lou Sin [Lu Xun] et Yu Ta-fou [Yu Dafu]» (HLCM, préface, p. 3), ce qui ne l'empêche pas d'utiliser lui-même, en prenant des distances, les travaux du dénommé Qian Xingcun — de son vrai nom Qian Defu (1900-1977), qui usait aussi du pseudonyme de Ah Ying[19] —, au point d'avouer rétrospectivement qu'un livre de ce «gauchiste» (il était membre du parti communiste) fut sa source documentaire essentielle (VB-AP, février 2001; VB, août 2002[20]). Enfin, les uns et les autres ont puisé lar-

[16] «Les Tendances dominantes de la littérature chinoise contemporaine», *Bulletin de l'Université l'Aurore*, série III, t. 9, n° 35, juillet 1948, p. 234-265 (abrégé par la suite en TDLCC).

[17] Van Boven: «Dans l'appréciation des auteurs et des œuvres, nous laissons généralement la parole aux critiques chinois compétents, ne nous réservant le plus souvent que le rôle de compilateur ou d'interprète» (HLCM, préface, p. 1).

[18] Tchien Hsing-tsoun, *Les Écrivains chinois contemporains*, trad. par Li Tchang-chain, Collection de *La Politique de Pékin*, 1933. L'ouvrage, dont l'avant-propos porte la date du 6 juillet 1922, avait été d'abord publié en feuilleton dans la revue, à compter du 17 septembre 1932 (19e année, n° 38). *La Politique de Pékin*, revue hebdomadaire illustrée d'expression française éditée en Chine, était dirigée par Alphonse Monestier; elle parut de 1914 à 1940.

[19] Voir Marian Galik, «Ch'ien Hsing-ts'un's Theory of Proletarian Realism and "Literature of Power"», in Marian Galik, *The Genesis of Modern Chinese Literary Criticism (1917-1930)*, Curzon Press, Londres, 1980, p. 166-190.

[20] De ce livre de Ah Ying (*Shiliao suoyin [Index de matériaux historiques]*, «Zhongguo xin wenxue daxi» [Panorama de la nouvelle littérature chinoise], 1933), et dont lui-

gement aux sources primaires telles que les autobiographies — celles de Hu Shi ou de Shen Congwen (1902-1988), par exemple —, et ont profité de la diglossie de certains connaisseurs des cultures occidentale et orientale comme Lin Yutang.

Leur perspective

Évidemment, la perspective des missionnaires ne pouvait être exclusivement académique (même si le travail de Monsterleet prit d'abord la forme d'une thèse de doctorat). Toutefois, les jésuites paraissent un peu moins assujettis que leurs collègues scheutistes à des préoccupations strictement apologétiques. En tout cas, ils ne les expriment pas dans leurs textes[21]. Ce qui s'explique probablement par la tradition propre de leur compagnie: outre la pédagogie de la foi, l'éducation de la jeunesse ou la présence et l'action évangélisatrices, les jésuites investissent volontiers le champ de la recherche intellectuelle et de l'expression culturelle, et, en dehors de leurs domaines de prédilection (la théologie ou la philosophie), on trouve parmi eux des chercheurs impliqués dans la plupart des branches «profanes» du savoir[22]. Monsterleet résumera en ces termes sa propre démarche: «Comme missionnaire jésuite, dans la tradition de mes grands prédécesseurs du XVIIe siècle, les Ricci, Schall, Verbiest, etc., j'ai voulu travailler à la rencontre de la Chine et de notre monde et faire connaître aux miens ceux dont j'avais beaucoup reçu et qu'ils auraient avantage à fréquenter[23].» En disant cela, nous ne voulons pas réduire la portée de l'apostolat de Brière ou de Monsterleet — Monsterleet n'était pas vraiment un chercheur, en dehors de son ministère, il enseignait l'anglais à l'Institut des hautes études industrielles de Tianjin —, ni diminuer les mérites intellectuels des travaux des pères de Scheut: l'ouvrage de Van Boven, par exemple, souffre la comparaison avec ceux des meilleurs sinologues.

même a utilisé l'édition de 1941, Van Boven écrivait déjà qu'il resterait «indispensable pour l'étude de la littérature contemporaine» (HLCM, p. 141). Van Boven conserva durant toute son existence l'ouvrage dans sa bibliothèque.

[21] Ainsi, la recension jésuite anonyme signalée plus haut — «À travers le monde des livres chinois (1940-1949)» — ne porte aucun jugement de valeur sur les œuvres présentées.

[22] Même si la grande majorité d'entre eux restent avant tout des «broussards». Voir Jean-Marie Mayeur et Yves-Marie Hilaire, *Dictionnaire du monde religieux dans la France contemporaine*, vol. 1 (Les jésuites), sous la direction de Paul Duclos, Beauchesne, Paris, 1985.

[23] Jean Monsterleet, «En souvenir», note dactylographiée inédite et non datée, mais rédigée à l'automne 1992.

Il faut dire que les scheutistes furent amenés à se pencher sur la littérature chinoise quasiment à leur corps défendant:

1. Les travaux des scheutistes sur la littérature ont été commandés par les circonstances et dans une certaine mesure ils furent le fruit du hasard. Ils furent réalisés pendant la Deuxième Guerre mondiale, dans les conditions que voici: après Pearl Harbour (en décembre 1941), les pères de Scheut — qui, donc, étaient Belges, et la Belgique avait résisté 18 jours à l'Allemagne (du 10 au 27 mai 1940) — furent concentrés — ils étaient quelque deux mille — et transférés à Pékin, à la maison Chabanel des jésuites. Ils y résidèrent jusqu'au 15 août 1945, et pour tromper leur désœuvrement, s'appliquèrent à rédiger les notices bibliographiques des romans qu'ils empruntaient — grâce à l'obligeance du recteur Bornet (1869-1960), un jésuite, et d'un professeur chinois, Chang Feng (1910-) — à la bibliothèque de l'université de Pékin (VB, août 2002), ou qu'ils avaient repérés dans les librairies qu'ils fréquentaient (RLRP, intro., p. 41)[24]. Ce qui ne signifie pas, pour autant, qu'ils fussent, tous en tout cas, parfaitement néophytes en la matière: Van Boven, pour s'en tenir seulement à lui, s'était déjà initié de longue date à la littérature moderne (VB-AP, juillet 2001).

2. Si les travaux des scheutistes furent d'abord des travaux de circonstance, ils n'en furent pas moins mûrement raisonnés. Partant du constat que le roman moderne pouvait exercer sur la jeunesse chrétienne des «effets funestes» (RLRP, intro., p. 37-38), les scheutistes souhaitaient contribuer à parer à ses «dangers» en aidant à son «contrôle» (RLRP, intro., p. 38 sq.) De sorte que lesdits travaux ne furent pas des travaux de pure érudition, mais qu'ils ont une vocation morale affirmée.

[24] Schyns: «L'œuvre du contrôle du livre a été entreprise par un groupe de missionnaires de la brousse, forcés à l'inaction, espérant ainsi continuer à servir la bonne cause» (RLRP, intro., p. 40); «... c'est en s'occupant de littérature chinoise que beaucoup de missionnaires, internés à Pékin, ont vu la fin de cette malheureuse guerre!!» (RLRP, intro., p. 45). Jean Monsterleet, qui eut l'occasion de se rendre là-bas à cette époque, évoque l'atmosphère qui y régnait: «La "Maison Chabanel", où nous avions étudié le chinois, a été transformée en camp de concentration pour les Pères de Scheut de Mongolie. On n'y entend que du flamand. Le R.P. Recteur et quelques Jésuites vivent là en hôtes. Le matin chacun reçoit pour la journée un demi-pain cuit à la maison. L'atmosphère est très gaie. C'est assez curieux de pénétrer dans un milieu que l'on ne connaît pas, mais où l'on est soi-même connu. Ils me connaissent de nom à cause de mes articles sur la littérature chinoise. J'ai trouvé là toute une équipe de travailleurs qui dépouillaient des romans chinois, en faisaient une courte analyse et marquaient entre quelles mains on pouvait les remettre» (Lettre de Jean Monsterleet, datée de septembre 1944, in «Échos et nouvelles» de la mission de Chine, *Chine Ceylan Madagascar*, numéro spécial, 1946, p. 8).

Du reste, le titre du gros catalogue collectif publié par eux est un détournement du titre du livre de l'abbé Bethléem[25] (paru en 1905 et qui a fait l'objet de onze éditions jusqu'en 1932), livre dont le sous-titre annonçait le propos: *Romans à lire et romans à proscrire, essai de classification au point de vue moral des principaux romans et romanciers de notre époque (1800-1904), avec notes et indications pratiques*[26]. Pour Schyns et ses collaborateurs, forts de cette conviction que l'Église, en Chine comme ailleurs, devait manifester «de plus en plus son influence moralisatrice, en prohibant et en écartant une certaine littérature romancière» (RLRP, intro., p. 2), il ne s'agissait pas de se «lancer dans l'étude de la littérature proprement dite» (RLRP, intro., p. 6) mais, conformément à l'idéal missionnaire, d'«être utile aux âmes en les guidant dans leurs lectures» (RLRP, intro., p. 1): «Nous ne nous occupons pas de la valeur littéraire des ouvrages recensés, prévient Schyns dans son introduction, mais uniquement de leur valeur morale» (RLRP, intro., p. 1), et «notre but dans cette entreprise est avant tout pastoral» (RLRP, intro., p. 6). D'où la taxinomie que nous avons évoquée plus haut et dont les principes directeurs — fondés, on va le voir, sur le rapport des romanciers à l'Église, au sexe ou à la politique — sont ceux que voici (RLRP, intro., p. 41-42): par «livres pour tous» (T), il faut entendre les romans où «il n'y a rien d'offensant pour la morale: pas de descriptions osées; pas de théories subversives, contraires aux théories de l'Église»; les «livres simplement réservés» (R) s'adressent aux personnes formées ou averties, ils contiennent «des idées fausses (par ex. sur le divorce), mais non formellement défendues par l'auteur», et sont à déconseiller plutôt au gens de la campagne («En ville on pourrait en *tolérer* la lecture, vu que

[25] Louis Bethléem (1869-1940), qui dirigeait la revue *Romans-Revue*, et qu'André Lorulot (André Roulot dit; 1885-1963), célèbre dans les milieux de la libre pensée, appelait «Bête à laine». On se souvient de lui surtout pour son combat acharné contre les illustrés étrangers, et on a pu le décrire comme «nationaliste, chauvin, antisémite et volontiers xénophobe, nettement orienté aux côtés du courant le plus conservateur de la droite française» (Jean-Yves Mollier, «Aux origines de la loi du 16 juillet 1949, la croisade de l'abbé Bethléem contre les illustrés étrangers», in *On tue à chaque page!*, Éditions du temps et Musée de la bande dessinée, Paris-Angoulême, 1999, p. 17-34). Voir Violaine Pellerin, «L'Abbé Bethléem (1869-1940): un pionnier de la lecture catholique», mémoire de maîtrise sous la direction de Jean-Yves Mollier, Université de Versailles Saint-Quentin-en-Yvelines, 1994.

[26] Dans le même registre, rappelons l'existence du gros catalogue compilé en 1933 par le P. Georges Sagehomme (1862-1937), SJ, classant les œuvres de «douteux» à «très bon»: *Répertoire alphabétique de 7 000 auteurs, avec indication de la valeur morale de leurs 32 000 ouvrages, romans et pièces de théâtre*, Casterman, Paris, Tournai (divers suppléments; 10e édition entièrement refondue, sous un titre actualisé, par le chanoine A. Donot, 1966).

les citadins ont l'esprit plus ouvert»); les «livres doublement réservés» (RR) sont, entre autres, ceux «qui combattent ouvertement les idées d'autorité»; quant aux «livres à proscrire» (P), ce sont par-dessus tout les «livres franchement obscènes», comme ceux qui «répandent un air de bordel»[27].

Sur la base de ces principes, l'examen de la production littéraire alors disponible en Chine entraîne sa condamnation sans appel: «Ce qu'on nous présente dans le roman moderne, c'est la vie légère, souvent la vie de péché; ce qu'on nous présente, ce sont des idées subversives contre la religion, ce sont des personnages ne respectant pas la dignité de la personne humaine» (RLRP, intro., p. 6). Les 519 titres de littérature moderne recensés dans le catalogue de langue française se répartissent ainsi: 138 «livres pour tous» (T) (26,6 % du total), 171 «livres simplement réservés» (R) (32,9 %), 144 «livres doublement réservés» (RR) (27,8 %), et 66 «livres à proscrire» (P) (12,71 %). Un peu plus du quart des ouvrages seulement ne pose aucun problème aux yeux des scheutistes. En revanche, si on regarde maintenant le catalogue en langue anglaise, on obtient une répartition quelque peu différente, avec une diminution concomitante du nombre des œuvres rangées dans les rubriques «livres doublement réservés» et «livres à proscrire»: «livres pour tous» (T), 41,5 %; «livres simplement réservés» (R), 33,20 %; «livres doublement réservés» (RR), 17,9 %; et «livres à proscrire» (P), 7,36 %. Sans qu'on puisse pour autant déterminer si ces variations sont imputables à des critères de lecture moins stricts, à l'élargissement du panel des œuvres recensées, à la largeur de vue des nouveaux rédacteurs, ou tout simplement à un examen plus attentif des titres sélectionnés.

En effet, eu égard au contexte dans lequel ces recensions furent réalisées — notamment pour le catalogue en langue française —, il est probable que les jugements furent trop rapides — d'après un des rédacteurs (VB, août 2002), les livres, qui devaient être restitués assez vite à leur propriétaire, étaient généralement parcourus en diagonale —, et c'est certainement ce qui explique l'insertion de l'avertissement suivant, indiquant que les auteurs des recensions sont «prêts à revenir sur [leurs] jugements, si des lecteurs voulaient leur signifier des erreurs en apportant leurs raisons» (RLRP, p. 45). Au demeurant, ce sera le cas pour

[27] La sélection proposée par les pères de Scheut écarte la plupart des ouvrages de ce genre, dont Schyns fait observer qu'ils sont vendus sous le manteau. Toutefois, il dénonce le commerce «des livres d'anatomie, de physiologie, des livres expliquant scientifiquement (?) les relations sexuelles, etc.» et celui des «photographies dites "d'art", où on nous présente des nudités» (RLRP, intro., p. 42-43).

quelques titres, dans la version anglaise de l'ouvrage: les jugements furent «modifiés après un échange de vues avec des lecteurs qualifiés» (1500, avant-propos, p. II).

On ne recommande guère, sans restrictions, que les œuvres des «converties catholiques» Zhang Xiuya (1919-2001) et Su Xuelin, celles de la «protestante» Bing Xin (1900-1999), mais aussi du «non chrétien» Ye Shaojun — plus connu sous son nom de plume de Ye Shengtao (1894-1988) (RLRP, intro., p. 34). Toutefois, certains auteurs confirmés, parmi lesquels Lu Xun ou Pa Kin — bien qu'ils nient l'au-delà, à l'instar de la grande majorité des auteurs chinois, ils «ont parfois entrevu une lueur de la vérité au sujet de l'existence de Dieu» (RLRP, intro., p. 31) — ou Ding Ling (1904-1986), ont produit quelques nouvelles qui «peuvent être lues sans danger» (RLRP, intro., p. 34).

3. Les scheutistes, cependant, n'écartaient pas l'éventualité de compléter ce travail préliminaire par «une analyse et une critique littéraires» — lors de sa traduction en chinois (RLRP, intro., p. 45) —, ni même celle de le prolonger par des travaux envisageant les choses sous un angle plus strictement littéraire. Le même ouvrage compilé sous la direction de Schyns annonce des «cahiers spéciaux, à paraître ultérieurement, sous la rubrique générale d'"Études critiques et littéraires"» — réalisés par des «confrères plus compétents» (RLRP, intro., p. 6) —, au nombre desquels le livre de Van Boven, qui était déjà achevé[28] (RLRP, p. 45). Nonobstant, l'histoire proposée par Van Boven ne semble pas avoir été composée par lui dans cette perspective (VB, août 2002), même si, à bien des égards, elle se prête à une telle lecture: pour Van Boven son œuvre devait servir avant tout de support pédagogique à l'usage des élèves dont lui et ses coreligionnaires avaient la charge en Mongolie; avant d'être contraint de vivre à Pékin, Van Boven enseignait dans une école normale primaire du vicariat de Suiyuan. Il s'agissait de «mettre tous les matériaux ainsi rassemblés à la disposition des missionnaires, pour les aider dans la tâche culturelle qu'ils ont à accomplir» (HLCM, préface, p. 2). Et cette tâche culturelle, Van Boven ne la limite pas à l'histoire de la littérature: s'il privilégie cette dernière, c'est par inclination personnelle et surtout pour les raisons conjoncturelles qui viennent d'être signalées. Mais qu'on sache qu'à la même période, et dans le même esprit, il rédigera une histoire tout court de la Chine moderne, laquelle ne vit jamais le jour (il la finira bien des années plus tard, au

[28] Il devait être suivi d'un «dictionnaire franco-chinois des expressions utilisées en littérature moderne» et d'une «nouvelle série de critiques de romans» (RLRP, p. 45).

Japon, et elle n'a été dupliquée qu'à quelques exemplaires[29]). On signalera par ailleurs que Van Boven — malgré l'invitation de Schyns — n'avait pas l'intention de poursuivre dans la voie des études littéraires (VB, août 2002). Car les scheutistes caressèrent ce projet: après la guerre, en 1947, le Chapitre général de la congrégation décida de cantonner un groupe de missionnaires dans l'apostolat auprès des intellectuels chinois, ce qui donna lieu à la fondation, à Pékin (Beiping), de l'Académie Verbist: son premier secrétaire général fut le P. François Legrand (1903-1984)[30], mais il sera remplacé très vite par Schyns[31].

4. Les scheutistes ne limitaient pas leur travail à un banal inventaire de l'existant. Pour eux, l'«influence moralisatrice» de l'Église devait aboutir à la «la création d'une littérature saine» (RLRP, intro., p. 2), d'autant «que l'Église Catholique possède [...] de fortes assises en Chine; qu'elle y est plus connue, et qu'après la guerre elle pourra faire valoir ses droits» (RLRP, p. 38). Schyns parle ainsi du combat à mener pour démontrer aux romanciers non chrétiens «que la doctrine de l'Église est la seule fondée sur la raison» (RLRP, intro., p. 39) — affirmant, au passage: «... nous possédons déjà des intellectuels pour remplir cette tâche; libre à nous d'en former de nouveaux» (RLRP, intro., p. 39) — et, au-delà, il affiche la prétention «de secouer un peu les catholiques, pour faire produire à l'Église de Chine tout ce qu'elle peut, et d'aider à créer une littérature catholique[32]» (RLRP, intro., p. 29).

[29] La version originale a été rédigée en néerlandais, puis traduite en anglais par son auteur en 1998 (VB-AP, 22 octobre 2002): Henri Van Boven, CICM, «One Hundred Years of History of China, 1842-, *Xi Chao Shi liao*», maison Chabanel (Peking, 1942-1945), et Junshin Residence (Himeji, 1997), 182 p.

[30] François Legrand composa à cette occasion un ouvrage intitulé *Apostolat intellectuel en Chine: quelques suggestions pour l'après-guerre* (éditions de l'Aucam, Louvain, 1947). Devenu membre de la Commission synodale, et après avoir dirigé le *Missionary Bulletin* et le Bureau catholique central sis à Shanghai (qui avait remplacé la Commission synodale en décembre 1947), le P. Legrand fut expulsé de Chine, où il avait passé un quart de siècle (dont 32 mois dans les geôles communistes), en mai 1954. De retour de Taiwan, où il avait brièvement séjourné pour y juger des possibilités locales d'apostolat, il créa l'année suivante, en Italie, une revue internationale de documentation et d'expériences apostoliques, *Le Christ au monde*, qui paraît toujours (sa nécrologie figure dans le volume de l'année 1984).

[31] «Père Joseph Schyns (1899-1978)», notice nécrologique parue dans la revue congrégationnelle, *Chronica CICM*, bulletin mensuel, 49e année, no 10, décembre 1979, p. 229-230 (sans mention d'auteur); «Universiteit in China: De Verbist Academie, Centrum van universiteitsleven in Peking», *Missien van Scheut*, no 8, septembre 1951, p. 166-167.

[32] Littérature catholique déjà embryonnaire, selon Schyns, et qui prenait forme à l'université Furen, en la personne de Zhang Xiuya (RLRP, intro., p. 26).

LES ÉTUDES

Même s'il leur arrive de développer pour la littérature chinoise un intérêt qui va au-delà de leur mission pastorale, scheutistes et jésuites partagent néanmoins une même conviction. Étant venus en Chine avec des intentions apologétiques, ils considèrent l'histoire de la littérature chinoise moderne comme une partie de l'histoire intellectuelle et spirituelle du pays, et y recherchent des indices qui leur permettraient de mieux appréhender l'état d'esprit actuel des Chinois.

Leurs études dans le domaine de la littérature moderne revêtent donc une signification stratégique. Pour Van Boven, «il est nécessaire que nous connaissions les influences capables de contrecarrer notre action, et aussi celles qui peuvent être utilisées pour la seconder» (HLCM, préface, p. 3). Et Brière, parfaitement persuadé, lui aussi, de ce que la littérature pouvait être un raccourci idéal pour se frayer un accès au cœur du peuple chinois, lui fait écho:

> Pour connaître les idées qui font fortune dans la masse, pour tâter, dirions-nous, le pouls d'une nation, la littérature nous offre parfois un tableau plus fidèle que ses grands systèmes philosophiques (TDLCC, p. 236).

La vision missionnaire de la littérature chinoise moderne, telle qu'elle se révèle à travers l'œuvre de ces auteurs, sera ainsi axée principalement autour de questions politiques, sociales, morales et spirituelles.

La dimension politique

L'accent mis sur la dimension politique n'est certes pas une surprise, car il entérine directement la politisation de la littérature chinoise moderne: «Un seul problème se pose sous des formes diverses, celui de la littérature d'engagement», dit Monsterleet (SLCC, p. 13). Et, ailleurs, on insiste sur la «force prédominante du courant socialo-communiste» dans le monde des lettres: «... le point de vue social prime tous les autres; et les écrivains s'apitoient à tour de rôle sur la misère de la société ou stigmatisent l'ordre actuel»[33]. Loin d'écarter cet aspect de la vie littéraire, les missionnaires, soucieux de rendre compte avec exactitude des forces à l'œuvre dans le pays, notamment de la progression du parti communiste, se sont employés à traquer et à cerner l'appartenance politique de chaque écrivain. Monsterleet décrit Pa Kin comme «un anarchiste indépendant» et Lao She (1899-1966) comme «un modéré» (SLCC, p. 16). Brière situe Mao Dun, Guo Moruo ou Lu Xun «à la

[33] «À travers le monde des livres chinois (1940-1949)», p. 101-102.

lisière du groupe marxiste» (TDLCC, p. 264)[34] et note que Wang Duqing (1898-1940) a été membre du parti trotskiste de Chen Duxiu (TDLCC, p. 266). Van Boven se demande comment définir Lu Xun d'un point de vue politique: il voit en lui un «communiste menchévique»[35] après 1930, et affirme que, bien que l'auteur, dans la préface à son recueil *Erxinji [Duplicité]*[36], ait nié avoir été communiste, il était au moins «communisant» (HLCM, p. 121). L'image cavalière de la littérature moderne d'avant 1937 dessinée ci-dessous par Monsterleet atteste la conviction profonde de ses pairs quant à l'importance des tendances politiques (surtout celles de gauche):

> ... un gros bloc à gauche — «La Ligue» — très productif, bruyant et batailleur; à l'extrême-droite quelques nationalistes de second ordre et les humoristes influents de «Vent d'Ouest»; au centre un groupe d'indépendants de toutes nuances — «Les Contemporains» — dont la renommée grandit de jour en jour (SLCC, p. 17).

«Les Contemporains» sont ainsi amalgamés, selon des critères uniquement politiques, dans un «tiers-parti» (SLCC, p. 16), sans égard pour leur rôle dans la diffusion du «modernisme» (une question quasiment ignorée des missionnaires).

Une preuve supplémentaire de cette préoccupation pour la politique nous est administrée par l'essai de Brière sur «Les Tendances dominantes dans la littérature chinoise contemporaine», où il concentre son attention exclusivement sur les écrivains de gauche, de Lu Xun à Jiang Guangci (1903-1931).

Plus généralement, on relève chez les missionnaires un intérêt pour les dynamiques de groupes. Van Boven avait même une certaine connaissance de ce qu'on désigne aujourd'hui sous les vocables d'«école de Shanghai» et d'«école de Pékin»[37]: tandis que la première est explicitement mentionnée, comme un synonyme de «littérature

[34] Dans «À travers le monde des livres chinois (1940-1949)», on qualifie Mao Dun de «grand admirateur de la Russie soviétique» (p. 89) et Guo Moruo, de «marxiste notoire» (p. 90).

[35] On doit porter au crédit de Lu Xun, selon Schyns, le fait d'avoir défendu une «révolution individuelle et constructive parmi toutes les classes dirigeantes de la société et non une révolution exclusivement "par" et "pour" le prolétariat». Et aussi d'avoir contribué à incliner la «littérature communiste» dans un sens «mensjeviste *[sic]* et plus humanitaire» (RLRP, intro., p. 25).

[36] Texte rédigé en avril 1932, dont on trouvera une version française dans Lu Xun, *Œuvres choisies*, t. III (Essais, 1928-1933), Éditions en langues étrangères, Pékin, 1985, p. 169-172, sous le titre «Introduction à *Double Loyauté*».

[37] Su Xuelin en parle également (1500, p. XVII). Sur ces deux groupes, voir Isabelle Rabut & Angel Pino (éds), *Pékin — Shanghai, tradition et modernité dans la littérature chinoise des années trente*, Bleu de Chine, Paris, 2000.

canards mandarins et papillons» (HLCM, p. 29), la seconde, si elle n'est pas citée en tant que telle, transparaît en filigrane dans son tableau du milieu intellectuel gravitant autour de l'université Qinghua, dans la mouvance de Liang Shiqiu (1903-1987) et du courant *Xueheng (Critical Review)*[38].

La dimension sociale

Scheutistes et jésuites, comme on peut l'attendre de gens voués aux activités missionnaires, ont une vision instrumentale de la littérature. Ils ne prisent guère les valeurs esthétiques pures, qu'ils accusent de dégénérer facilement en formalisme. Brière loue Su Mei (la romancière catholique Su Xuelin dont nous avons déjà parlé à plusieurs reprises) pour son «romantisme de bon aloi», qui «rejette l'idéal égoïste des "tours d'ivoire", méprise ces écrivains incapables de guider la foule et de prendre leurs responsabilités»[39]. Et Van Boven critique les membres de la société Croissant pour leur attitude «trop aristocratique, trop libérale», et pour n'avoir pas saisi assez «le rôle social et vivifiant de la littérature dans les circonstances de la Chine actuelle» (HLCM, p. 87). Selon lui: «Le groupe du "Croissant", qui prétendait constituer l'élite intellectuelle de la nation et porter le flambeau de la culture nouvelle, faillit sombrer dans une inertie bourgeoise, dans l'individualisme et le libéralisme spencérien» (HLCM, p. 94).

Ces préoccupations sociales expliquent que tous aient peu ou prou adhéré à l'esthétique du réalisme et se soient montrés beaucoup moins ouverts aux écrivains dont l'œuvre résiste à l'analyse de type réaliste. Shen Congwen, par exemple, est crédité d'un don pour l'observation et d'une imagination fertile, mais ses descriptions sont jugées trop fantasques et superficielles: «Dans ses romans, écrit Monsterleet, il s'attache parfois à des descriptions pittoresques, mais fantaisistes, de

[38] Van Boven: «Depuis 1928, ces auteurs [c'est-à-dire Liang Shiqiu et les membres du courant *Xueheng*] eurent une influence indirecte assez grande à Pékin, surtout dans les milieux de l'université Ts'ing-hoa [Qinghua]. Ils modifièrent en plusieurs points les côtés excessifs de la révolution littéraire de Hou Che [Hu She] et Tch'en Tou-sieou [Chen Duxiu], et se rapprochèrent à bien des égards des manières de voir de Tcheou Tsouo-jen [Zhou Zuoren] et de ses disciples» (HLCM, p. 30). Courant considéré comme conservateur, *Xueheng* apparut au début des années vingt sous l'influence du «néo-humanisme» de Irving Babbitt, et édita une revue du même nom (1922-1933); ses principaux animateurs, des enseignants de l'université de Nankin, furent Mei Guangdi (1890-1945) et Wu Mi (1894-1978).

[39] Octave Brière, «Sou Mei ou Lou I, ses contes et sa critique», *Bulletin de l'Université l'Aurore*, série III, t. 4, nº 4 (nº 16), 1943, p. 929.

peuplades encore à demi sauvages» (SLCC, p. 58-59). Encore lui concède-t-il, nonobstant ces défauts, une partie entière de son chapitre sur la nouvelle, en tant qu'«un des initiateurs de la littérature régionaliste», alors que Van Boven le relègue sans état d'âme parmi les écrivains de second rang (HLCM, p. 119).

La littérature populaire *[tongsu wenxue]*, quant à elle, est complètement ignorée, de même que Zhang Ailing (1920-1995) ou Qian Zhongshu (1910-1998) qui accédèrent pourtant à la notoriété sur la scène littéraire shanghaïenne dans les années quarante[40].

Les dimensions morale et spirituelle

Le moralisme missionnaire s'accorde sur bien des points avec celui des critiques communistes d'après 1949, mais aussi avec celui des néo-traditionalistes des années vingt et trente, qui réclament une littérature «saine»: il se focalise sur la représentation du sexe, et vise au premier chef la société Création et son romantisme «décadent». Pour Brière, Yu Dafu (1896-1945) est «un esthète pessimiste, maladif», pas très éloigné de Zhang Ziping (1883-1959), chez qui «c'est l'érotisme à jets continus» (TDLCC, p. 264).

On a vu plus haut, à travers l'ouvrage coordonné par Schyns, quel violent rejet la liberté des mœurs revendiquée par les auteurs du 4 mai suscitait chez ces avocats du mariage chrétien. Mais c'est la spiritualité qui est, logiquement, au cœur même de l'approche missionnaire de la littérature chinoise moderne. L'espoir ultime des historiens engagés qu'ils furent est de dénicher chez les auteurs chinois des traces de ce sens du mystère qui pourrait les mener à la découverte de la Vérité, incarnée dans l'Église chrétienne. Hélas, peu d'écrivains répondent à cette attente: le réalisme social auquel la plupart d'entre eux se sont adonnés s'avère le plus souvent dénué de conscience métaphysique. Pa Kin «explore davantage toute l'étendue de la souffrance sensible qu'il n'approfondit le mystère de la condition humaine», déplore Monsterleet (SLCC, p. 36), qui pointe la même déficience dans les pièces de Cao Yu (1910-1996)[41]: «Il n'y a pas de dialogue entre l'homme et cette Puissance qui l'enveloppe et le mène vers sa destinée» (SLCC, p. 106). Van Boven remarque pareillement que les œuvres de Pa Kin laissent le lecteur sur «une impression de

[40] Leurs noms (ainsi que ceux de Yang Jiang et de Shen Congwen) sont absents de la liste d'œuvres littéraires (de 25 auteurs différents) publiées entre 1940 et 1949, donnée par le *Bulletin de l'Université l'Aurore* en 1949 (tome 10, n° 37).

[41] Monsterleet avait personnellement rencontré Pa Kin (avec lequel il entretint une correspondance) et Cao Yu.

vide, due à l'absence de l'idée de Dieu et de l'au-delà» (HLCM, p. 153). Car malgré ses références positives à l'Ancien Testament — que Monsterleet a pieusement localisées dans ses écrits — et les confidences qu'il a pu faire au missionnaire — «Après avoir lu ce que vous me dites de la doctrine sociale catholique, je m'aperçois que nous sommes beaucoup plus proches que je ne le pensais», lui écrira-t-il en juin 1948; et, en février 1947, «Aussi, entre nous deux il n'y a qu'une différence de méthode et non pas d'objectif» —, et que celui-ci n'a pas manqué de rapporter dans sa biographie de l'écrivain, Pa Kin reste réfractaire à la conversion et lui préfère la révolution sociale.

On ne s'étonnera pas, dès lors, que les rares conversions enregistrées parmi les écrivains chinois aient été saluées avec enthousiasme, et qu'elles aient valu aux intéressés une place sans commune mesure avec leur stature véritable. Ainsi en va-t-il de la catholique Su Xuelin, baptisée à Lyon[42], qui figure parmi les quatre auteurs — à côté de Lu Xun, Zhou Zuoren (1885-1967) et Bing Xin — choisis par Monsterleet pour illustrer la nouvelle et l'essai[43], et à laquelle Brière, donc, a consacré un essai entier. Van Boven se console du peu d'attraction exercé par la doctrine chrétienne sur les hommes de lettres en rappelant que Zhou Zuoren projetait vers 1907 de traduire le Nouveau Testament (HLCM, p. 48), et que son frère Lu Xun «entrevit une solution basée sur la conscience sociale et sur l'humanitarisme se rapprochant en plusieurs points essentiels de la conception chrétienne du monde» (HLCM, p. 44). Malheureusement, Lu Xun ne développa pas ces intuitions jusqu'à acquérir une conscience purement chrétienne, et demeura, comme tant d'autres, au seuil de l'illumination. C'est ainsi, déplore Van Boven, que: «Privés d'une direction clairvoyante, tant subjective qu'objective au sujet de la vraie voie, plusieurs finirent par adhérer à la solution de gauche» (HLCM, p. 45).

On ne peut qu'être frappé par l'analogie entre le langage employé par les missionnaires et celui des historiens communistes de la littérature, la révélation chrétienne jouant ici le rôle du dogme marxiste en tant que «vraie voie» sur laquelle l'écrivain doit cheminer pour trouver des solutions aux problèmes de l'humanité, et lumière suprême sans laquelle la

[42] Brière s'étend sur son baptême, qui eut lieu dans la basilique de Fourvière, et sur sa conversion dans l'étude qu'il lui consacre («Sou Mei ou Lou I, ses contes et sa critique»).

[43] Monsterleet a détaché les pages qu'il a consacrées à Su Xuelin et à Bing Xin dans sa thèse, et les a publiées: «De l'amour d'une mère à l'amour de Dieu: Sou Siue-Lin (Sou Mei) témoin de son temps», *China Missionary Bulletin*, Hong Kong, n° 1, 1952, p. 8-15; «Rêve d'amour et de beauté: la vie idéale selon Pingsin», *China Missionary Bulletin*, Hong Kong, n° 2 et n° 3, 1954, p. 110-115 et 253-259.

littérature est condamnée à rester le royaume de l'obscurité et du pessimisme. Seule, résume Van Boven, la vérité catholique peut «remplir le vide qu'on ressent dans la littérature chinoise. Ce sont ces vérités qui dissiperont l'atmosphère générale de mélancolie et de pessimisme dans laquelle elle se meut» (HLCM, p. 175)[44].

Anticommunisme et néo-traditionalisme

L'anticommunisme est un thème omniprésent dans les essais des scheutistes et des jésuites sur la littérature. Le communisme y est dépeint comme une idéologie matérialiste et totalement destructrice, qui incarne les tendances les plus négatives de la civilisation occidentale et dénigre les critères moraux universels enseignés par des institutions stables telles que l'Église catholique[45]. Par ailleurs, la stratégie des missionnaires chrétiens dans ces contrées éloignées, spécialement en Chine, les portait à s'adapter aux cultures locales et à composer avec elles. Selon Van Boven, «nous venons en Chine [...] pour fonder l'Église du Christ, et nullement pour y apporter la civilisation ou la culture d'un pays étranger» (HLCM, p. 2-3). Cet universalisme conservateur les a amenés à se montrer plutôt critiques envers l'iconoclasme du 4 mai et à accepter beaucoup des points de vue soutenus par les mouvements traditionalistes tels que le courant *Xueheng*, ou, à tout le moins, à s'intéresser de beaucoup plus près aux controverses de l'époque sur la culture nationale qu'on ne le fera dans les études ultérieures, quand les positions du 4 mai seront admises comme allant de soi: en témoigne le texte de Van Boven, qui expose par le menu les opinions de Liang Shiqiu, pour conclure: «Quant à l'essentiel, il semble qu'il faut lui donner raison» (HLCM, p. 30-33).

La place privilégiée que nos missionnaires réservent au mouvement Création — et qu'on ne retrouvera pas dans les ouvrages plus tardifs — est liée à leur croisade inlassable contre les utopies révolutionnaires destructrices. «Les extrémistes de la culture nouvelle et les idéalistes romantiques rêvaient d'abattre d'un seul coup tout le passé traditionnel», explique Van Boven (HLCM, p. 41). L'esprit de rébellion des créationnistes, aspirant à une recréation du monde, les lui rend suspects d'avoir subi une influence protestante: «ils portent tous des marques

[44] Voir aussi Van Boven: «aucun d'eux [les écrivains du groupe *Yusi*] ne trouva jamais la vraie solution du problème fondamental de la vie» (HLCM, p. 36).

[45] Van Boven évoque «la révolte exagérée contre tout ce qui est sain et humain» (HLCM, p. 41), et il soutient que l'esprit de la lutte des classes est basé sur le principe: «Démolir est plus important que construire» (HLCM, p. 63).

plus ou moins accentuées d'influences protestantes» (HLCM, p. 61); «Yu Ta-fou, Kouo Mo-jo, Tchang Tse-p'ing, etc… ont visiblement tous subi les influences d'un protestantisme défectueux, déformant la révélation chrétienne parce que reniant tout dogmatisme» (HLCM, p. 62-63). L'«idéalisme faux» qui les meut[46] est précisément ce qui les aurait conduits à se fourvoyer dans le marxisme. Car la «mystique marxiste», pour reprendre les mots de Brière, représente la même «évasion de la réalité» que les rêveries romantiques des écrivains de Création[47]. Dès lors, on comprend que le mouvement soit passé du slogan de «l'art pour l'art» à l'engagement révolutionnaire, même si certains de ses membres, comme Yu Dafu et Zhang Ziping, «rousseauistes» plutôt que «communistes», n'ont pas suivi (TDLCC, p. 264).

La rhétorique missionnaire

En dépit de ces convictions tranchées, on ne peut qu'admirer la façon prudente et équilibrée dont scheutistes et jésuites expriment certains de leurs points de vue: «Mais après tout, écrit Van Boven à propos de la Société de recherche littéraire [Wenxue yanjiu hui], le principe selon lequel la littérature doit être au service de la vie, contenait bien un danger imminent, notamment de réintroduire en littérature les défauts fraîchement vaincus du moralisme littéraire» (HLCM, p. 43). On appréciera également ce jugement sur Yu Dafu et Zhang Ziping: «Alors que Yu Ta-fou laisse l'impression d'une personnalité sincère, même si elle est déséquilibrée […] Tchang Tse-p'ing reste sans excuse aucune» (HLCM, p. 79). Si le langage de ces hommes d'Église n'est certes pas celui des universitaires d'aujourd'hui, l'absence d'outils d'analyse objectifs est compensée chez eux par un sens de la formule teinté d'imagination poétique ou d'impertinence, qui peut être éclairant quand il se combine avec une vraie lucidité. En voici quelques échantillons:

- Zhou Zuoren: «profond et léger, il nous rappelle parfois Maurois» (Monsterleet, SLCC, p. 62);
- Xu Zhimo: «parfois d'une étonnante mièvrerie» (Monsterleet, SLCC, p. 121);
- Guo Moruo et Mao Dun: «les poèmes de Kouo Mo-jo, cascades aux eaux bruyantes et écumantes dévalant des montagnes après les

[46] Van Boven: l'expression se trouve dans un passage traduit de Liang Shiqiu (HLCM, p. 64).

[47] Brière, «Un écrivain populaire: Lou Sin», *Bulletin de l'Université l'Aurore*, série III, t. 7, n° 1 (n° 25), p. 67.

grosses pluies d'été; les romans historiques de Maotouen, rivières de plaine drainant la boue jaunâtre des campagnes et la pourriture des villes qu'elles traversent» (Monsterleet, SLCC, p. 15);

- Lu Xun: «cette personnalité puissante, sinon sympathique» (O. Brière[48]);
- *Sishi tongtang [Quatre générations sous le même toit]* de Lao She[49]: «Décidément, Laoche n'a pas le génie des grands ensembles» (Monsterleet, SLCC, p. 52).

À propos de la traduction

Les missionnaires ont suivi avec une attention particulière le développement de la traduction dans la Chine moderne, dont ils ont constaté que la place qu'elle occupait était à peu près égale à celle des créations originales[50]. Les catalogues de Schyns répertorient respectivement 29 (RLRP, p. 287-297) et 64 (1500, p. 352-364) romans étrangers traduits en chinois. Toute une section de l'essai de Brière sur «Les Tendances dominantes de la littérature chinoise contemporaine» traite du «mouvement des traductions», car «la révolution littéraire est l'aboutissement direct de la poussée vers l'occidentalisation en Chine» (TDLCC, p. 252). Il classe les influences par pays, s'interrogeant sur les raisons du succès de la littérature russe et avançant l'hypothèse que si Balzac a été moins traduit que d'autres romanciers français, c'est parce que ses œuvres offrent «un tableau de mœurs» et pas encore «un roman social» (TDLCC, p. 256). Il fournit, en sus, quelques indications utiles touchant aux goûts des lecteurs chinois en énumérant les auteurs étrangers les plus lus dans la Chine de l'époque et les livres qui se vendaient le mieux: on apprend ainsi que Upton Sinclair était devenu, après 1927 en Chine, l'écrivain américain le plus illustre, et que *À l'ouest rien de nouveau*, de E.M. Remarque, ou *L'Éducation de l'amour*, de E. de Amicis, remportèrent un vif succès.

Conclusion

Documentalistes zélés et spectateurs attentifs des événements de la scène littéraire chinoise de leur temps, les missionnaires se sont néan-

[48] *Ibid.*, p. 74.

[49] Le roman, composé entre 1942 et 1944, a été rendu en français: *Quatre générations sous le même toit*, 3 vol., le premier traduit par Xiao Jingyi, les deux autres par Chantal Chen-Andro, Mercure de France, Paris, 1998-2000.

[50] [Brière], «À travers le monde des livres chinois (1940-1949)», p. 98.

moins trouvés en porte-à-faux avec leur sujet d'étude. Le mouvement pour la nouvelle culture, parce qu'il menaçait des valeurs à leur avis fondamentales, ne pouvait manquer de susciter leur réprobation. Leur enquête centrée sur les «idées», au sens étroit du terme, et peu sensible aux aspects formels, débouche presque toujours sur le désenchantement. C'est là le sort inévitable de toute vision de la littérature qui, au lieu d'épouser son développement, la juge en fonction de ce qu'elle n'est pas encore ou, pis, de ce qu'on voudrait qu'elle fût.

En somme — qu'on nous pardonne ce clin d'œil —, les travaux des scheutistes et des jésuites sur la littérature chinoise moderne sont des livres pour tous dont la lecture est à recommander, même s'il n'est pas proscrit, ici ou là, de les prendre avec quelques réserves.

Annexes Biographiques

Henri Van Boven (1911-2003), CICM

Hubert Henri Van Boven est né le 26 juillet 1911, à Anvers. Il achève en juin 1929 ses humanités, au collège Notre Dame (Anvers), et s'engage, le 7 septembre, dans la congrégation du Cœur immaculé de Marie (CICM). C'est une retraite donnée par le père lazariste Vincent Lebbe (1877-1940), et à laquelle il participe alors qu'il n'avait que douze ans, qui fut à l'origine de sa vocation. Il prononce ses premiers vœux le 8 septembre 1930 et entame une première année de philosophie à Scheut (Belgique) — suivie d'une deuxième, à compter de juillet 1931, mais à Nimègue, en Hollande — ainsi que des études de chinois. En juillet 1932, il entreprend, à Louvain, sa première année de théologie — qui sera celle des vœux définitifs —, et continue l'apprentissage du chinois avec le P. Joseph Mullie (1886-1976), un scheutiste spécialiste de la grammaire mandarine. En 1933, toujours à Louvain, et parallèlement à sa formation en théologie, il s'initie au sanscrit et à la phonétique. Il est ordonné prêtre à Scheut, le 17 août 1935, au terme de sa quatrième année de théologie (accomplie comme les précédentes à Louvain).

En septembre 1936, il quitte la Belgique pour la Chine. Il séjourne à Taipingcang, au nord-ouest de Pékin (alors Beiping), une maison CICM d'étude, pour s'entraîner à la langue mandarine parlée. C'est ici qu'il découvre les romans de Pa Kin (1904-), dont l'expression «limpide et simple» lui fait «vivre la vie intime des jeunes Chinois». Affecté au diocèse de Suiyuan, dans la mission de la Mongolie du Sud-Ouest (aujourd'hui Hohhot, Mongolie intérieure), le 28 juin 1937, il est vicaire de Chengkuihaizi, et, en juin 1938, il est nommé professeur à l'école normale de Balagai (Palakai), près de Baotou.

La Deuxième Guerre mondiale éclate: la Belgique, les Pays-Bas et les alliés déclarent la guerre au Japon le 7 décembre 1941. Les Japonais, qui ont envahi la Chine, limitent les activités des scheutistes. En février 1942, Van Boven est interné au camp de concentration de Weixian (Shandong), un complexe de la mission des presbytériens américains, avec quelque 2 300 civils, dont 300 prêtres, comme lui, et autant de religieuses. Tous les scheutistes des vicariats de Xiwanzi et de Suiyuan — à l'exception d'un seul, trop âgé et malade — se retrouvent ici. En août 1943, sur intervention du nonce apostolique — Mgr Mario Zanin (1890-1958), un Italien —, qui a obtenu que les religieux appartenant aux nations membres de l'Entente soient placés sous la surveillance des religieux ressortissants des nations de l'Axe ou de la France de Vichy, il est du lot des missionnaires belges qui sont envoyés à Pékin: lui-même, et un groupe de 150 personnes, est accueilli à la maison Chabanel des jésuites — probablement à l'annexe sise rue Labrousse, et dont le ministre était le père Paul Bornet (1869-1960) —, tandis qu'un autre groupe, de même importance, est dirigé à Taipingcang, désormais sous l'autorité des prêtres allemands de la SVD (Société du Verbe Divin). C'est à la maison Chabanel, pour tromper son ennui, qu'il s'attaque, avec les autres pères de Scheut, et sous la direction de Joseph Schyns, à la confection du recueil *Romans à lire et Romans à proscrire* (voir, *infra*, la notice consacrée à Schyns). Il se met également, en usant de la bibliothèque de la maison Chabanel, à la rédaction d'un ouvrage personnel sur la littérature chinoise moderne, destiné à son enseignement à l'école normale. À l'occasion de ces loisirs forcés, il tente, à tout hasard, d'entrer en relation avec l'écrivain Zhou Zuoren (1885-1967), alors en charge du bureau central de l'Éducation de la Chine du nord et membre du gouvernement pro-japonais de Nankin, mais qui réside à Pékin où il est directeur de la bibliothèque de l'université de Pékin et doyen de l'Institut de littérature, pour le questionner sur son frère, le célèbre Lu Xun (1881-1936). Contre toute attente, Zhou Zuoren répond à sa lettre et l'invite à son bureau, lui écrivant en substance: «Il y a trop à dire, rencontrons-nous plutôt.» Muni d'une autorisation exceptionnelle de sortie, Van Boven s'entretiendra deux heures avec Zhou Zuoren, discutant avec lui de la littérature russe, de Tolstoï, de Dostoïevski ou de Gorki en particulier, du christianisme et de l'«humanitarisme». Zhou Zuoren s'excusant de ne pas pouvoir prolonger leur tête-à-tête, il le recommande à un de ses amis, le professeur Chang Feng (1910-), un fin connaisseur des lettres chinoises modernes qui de surcroît sait le français (il enseigna notamment, de 1946 à 1952, au département des langues occidentales de l'université de Pékin). Le professeur Chang Feng rendra visite à Van Boven deux fois par semaine, supervisant le travail du missionnaire et lui procurant la documentation qui lui est nécessaire. Les deux hommes ne se reverront plus jamais. Il entreprend aussi une histoire de la Chine, qu'il ne terminera que plus d'un quart de siècle plus tard, et qui ne sera reprographiée qu'à un nombre très limité d'exemplaires.

Le 15 août 1945, lorsque le Japon capitule, Van Boven, repoussant l'offre qui lui est faite de pousser ses recherches à Pékin, décide de retourner en Mongolie. Hélas, toutes les voies de communication étant bloquées, du fait de la guerre civile, il est contraint de demeurer sur place, avec les autres pères de Scheut, mais chez les Franciscains. En mai 1946, il réussit enfin à rentrer en Mongolie, effectuant une partie du trajet à pied, car la ligne de chemin de fer est interrompue en différents lieux. Au printemps 1946, il commence à enseigner à Beiying. Son histoire de la littérature est pratiquement bouclée, et un père belge du CICM, Adolf Motte (1899-1969), s'offre pour réviser le texte: bien que flamingant, Van Boven a composé son livre directement en français (son histoire politique, en revanche, il la rédigera en néerlandais, et la traduira lui-même en anglais). La même année, Van Boven récupère son poste à l'école normale de Balagai.

En 1947, il est nommé curé de la paroisse de Balagai. En novembre 1948, les militaires communistes s'installent dans les bâtiments de la cure. Bien qu'ils soient libres de leurs mouvements, les missionnaires ont le sentiment d'être prisonniers. Ils tiendront jusqu'en juin 1949. La route est, par Pékin, étant fermée, Van Boven part par «les sables», et rejoint la Belgique. Il ne désespère pas, alors, de pouvoir revenir en Chine un jour.

En Belgique, Van Boven enseigne le chinois, l'anglais et la missiologie dans une maison CICM d'étude.

En octobre 1952, il embarque à Marseille pour le Japon, et s'installe à Himeji, dans la préfecture de Hyogô où les scheutistes ont créé une nouvelle mission en 1947. Comme il a vécu en Chine, il est appelé à Tokyo, par la police militaire américaine, afin d'y subir un interrogatoire. Le 17 janvier 1953, il est nommé curé à Kakogawa, non loin de Himeji (archidiocèse de Osaka), où une église vient d'être bâtie. Il n'en bougera pas pendant dix ans, jusqu'au printemps 1962, date à laquelle il se rend pour quelques semaines aux États-Unis, à New York, puis en Belgique. En 1963, à son retour au Japon, il s'installe dans la paroisse de Kasaoka (préfecture de Okayama, diocèse de Hiroshima), où il restera presque deux décennies, ne s'absentant que pour un congé sabbatique en Belgique, en 1970 (au cours duquel une crise d'infarctus l'oblige à s'hospitaliser) et pour un voyage d'un mois effectué en Chine, parmi un groupe de touristes hollandais, en septembre 1980, où il croisera Pa Kin ainsi que le fils de Lu Xun.

En 1981, il cède son poste de Kasaoka pour un autre à Okayama. Et au début de 1982, il accepte une paroisse dans le sud de la ville. Il passera quatre ans à l'église Midorimachi.

En 1986, nouveau voyage en Chine. Trois semaines durant, il sillonne à bicyclette les missions de Suiyuan à la rencontre des prêtres qui les animent.

Peu après, il est nommé vicaire, et a pour fonction de s'occuper des étrangers — des Philippins et des Sud-Américains, surtout — dans la cathédrale de Hiroshima, à Noborimachi. Mais le 1er juin 1996, victime d'une hémorragie cérébrale, il doit être hospitalisé, à Hiroshima d'abord, puis à Nibuno (préfecture de Hyôgo). Au bout d'un an de convalescence, il s'installe, en 1997, à la maison de retraite des pères de Scheut à Himeji, attendant sa «destination suivante: le ciel». Il y arrivera le 9 janvier 2003, victime d'une crise cardiaque. Sa messe funèbre sera dite le 13 janvier, à la chapelle de l'hôpital Sainte Marie de Nibuno, et ses cendres seront inhumées dans le cimetière du CICM à Nibuno, parmi celles de ses confrères morts avant lui qui avaient, pareillement, œuvré en Chine ou au Japon.

Au soir de son existence, Henri Van Boven n'avait toujours pas oublié ses «premiers amours» *[sic]*, et ses treize années chinoises. N'éprouvant aucun intérêt pour les lettres japonaises, il avait caressé le projet de reprendre son histoire de la littérature chinoise moderne, en annotant l'un des deux exemplaires qu'il en avait conservés, et en prenant des notes sur les deux revues chinoises auxquelles il s'était abonné en 1980, *Chinese Literature* et *Wenxue pinglun [Critique littéraire]*. Et tant qu'il l'avait pu, il avait fréquenté les librairies chinoises de Tokyo.

Henri Van Boven est l'auteur de deux ouvrages: *Histoire de la Littérature chinoise moderne*, Scheut Editions, Peiping, 1946, 2-187 p.; «One Hundred Years of History of China, 1842-, *Xi Chao Shi liao*», maison Chabanel (Peking, 1942-1945), et Junshin Residence (Himeji, 1997), reprographié, 182 p. (il s'agit de la version anglaise, traduite par son auteur, d'un texte rédigé en néerlandais).

Sources: Notice biographique rédigée par l'intéressé à l'intention d'Angel Pino, 22 octobre 2002; lettres d'Henri Van Boven à Angel Pino, 2 février, 21 juillet et 16 décembre 2001; entretien avec Henri Van Boven (propos recueillis par Angel Pino et Isabelle Rabut), Himeji, Japon, 26 août 2002; message de Gilbert De Schampheleere (CICM), du 6 mars 2003; message de Nestor Pycke (CICM), archiviste de la compagnie (Casa Generalizia, Rome), du 6 mars 2003; *Scheutnieuws: Missiehuis van Scheut*, Brussel, mars-avril 2003, p. 8; Daniël Verhelst et Hyacint Daniëls (éd.), *Scheut hier et aujourd'hui, 1862-1987: Histoire de la Congrégation du Cœur Immaculé de Marie CICM*, Presses universitaires de Louvain, Louvain, 1993.

Joseph Schyns (1899-1979) CICM

Hubert Joseph Schyns est né à Gemmenich (province de Liège, Belgique méridionale), le 22 septembre 1899, et il est décédé à Verviers (Belgique méridionale), le 20 octobre 1979, quelques semaines après avoir concélébré une messe d'action de grâces à l'occasion du soixantième anniversaire de son entrée en religion. Il est enterré à Jambes, ancienne commune belge de la banlieue de Namur, aujourd'hui intégrée à Anvers, où une partie de la communauté de la congrégation du Cœur immaculé de Marie (CICM) est installée.

Après avoir accompli sa scolarité primaire dans sa ville natale et ses humanités à Liège, il entre au noviciat de Scheut, à Bruxelles, où il passera un an (du 7 septembre 1918 au 8 septembre 1919). C'est encore à Scheut qu'il reçoit sa formation philosophique (du 8 septembre 1919 au 8 septembre 1921), et à la maison de formation de Louvain qu'il fait sa théologie (du 8 septembre 1921 au 8 septembre *[sic]* 1925). Ses derniers relevés de notes portent les appréciations suivantes: «bon étudiant», «très pieux, régulier et beaucoup d'ordre», «caractère franc et ouvert mais un peu sentimental», «bon travailleur» «pas de côté marquant».

Schyns a prononcé ses vœux temporaires le 8 septembre 1919 et ses vœux définitifs le 8 septembre 1922, et il a été ordonné prêtre le 28 septembre 1924.

Envoyé en Chine le 25 août 1925, il y œuvrera comme missionnaire pendant vingt-quatre ans, exerçant son ministère pastoral en Mongolie et ne s'absentant du pays qu'un an, entre septembre 1935 et septembre 1936, pour rentrer en Belgique où il remplira les fonctions de propagandiste pour la province de Liège.

En Chine, Schyns commence par apprendre le chinois, à l'école scheutiste des langues de Tianjin (d'août 1925 à septembre 1926). Après quoi, il est affecté successivement en différents lieux de l'actuelle province du Hebei: Xiwanzi (à l'origine vicariat apostolique de Mongolie centrale puis vicariat apostolique de Tchagar, et aujourd'hui district de Chongli), de septembre 1926 à septembre 1929, comme vicaire; Laohugou (district de Luanping), de septembre 1929 à octobre 1930, comme curé; Nanhaoqian (district de Shangyi), d'octobre 1930 à juillet 1935, comme économe et directeur de pensionnat, puis curé; Gonghui, de mars 1937 à février 1943, comme curé et doyen.

Lors de la Deuxième Guerre mondiale, il est interné au camp de Weixian (Shandong) puis à Pékin (alors Beiping), de mars 1943 à septembre 1945 (voir, *supra*, la notice consacrée à Van Boven). Durant cette période, longue de deux ans et demi, il s'adonne à des recherches sur la littérature chinoise moderne. Il fut le maître d'œuvre d'un énorme catalogue commenté d'œuvres littéraires chinoises, publié à Pékin en 1946, et paru d'abord en français avant de l'être en anglais, en 1948, dans une version revue et corrigée: *Romans à lire et romans à proscrire*, par le P. Jos. Schyns, CICM, et d'autres missionnaires en collaboration, Scheut Editions, Peiping, 1946, 297-23 p.; *1 500 Modern Chinese Novels & Plays*, by Jos. Schyns & others, Scheut Editions, Peiping, 1948, LVIII-465-XXIII p. (rééd., avec une notice de présentation: Lung Meng Bookstore, Hong Kong, 1966, [2]-LVIII-465-XXIII p.). En juillet 1947, il devient secrétaire de l'Académie Verbist (Beiping), le Chapitre général de la congrégation des pères de Scheut ayant décidé de spécialiser certains d'entre eux dans l'apostolat auprès des intellectuels chinois. Il n'en a que plus de raisons de persévérer dans ses travaux relatifs aux lettres chinoises et, de 1947 à 1949, il suit, en qualité d'élève libre, des cours dans cette spécialité à l'université de Pékin. Le 1er février 1949 — date à laquelle les troupes communistes font leur entrée dans ce qui n'est pas encore la capitale —, il est nommé recteur de la maison Verbist (en chinois: Banmuyuan, Jardin d'un demi-*mu*). Au bout de quelques mois, après qu'a été engagé le mouvement de réforme de l'Église, il est arrêté (le 25 juillet 1951), torturé et emprisonné treize mois durant, avant d'être (le 6 septembre 1952) «expulsé à perpétuité» du territoire chinois.

De retour en Europe, Schyns s'installe à Ramet (province de Liège, Belgique), où les scheutistes possèdent une maison et où il restera jusqu'en 1959. Après un an de repos, il se consacre à des conférences et rédige le récit de sa douloureuse expérience dans les geôles communistes, qui sera publié sous le titre *Aveux Spontanés* (éditions Omega, Anvers, et Scheut Editions, Pékin, 1954; rééd.: 1955). En 1954, appelé à décliner ses titres honorifiques et ses décorations pour un questionnaire interne de sa congrégation, il écrit, non sans humour: «1. Ordre de la pendaison dans les prisons communistes de Pékin [...]; 2. Ordre d'invalidité pour le reste de mes jours.» De 1959 à 1979, les vingt dernières années de sa vie, il officie comme vicaire à l'église Saint-Remacle de Verviers.

Sources: Quatre questionnaires remplis par l'intéressé à l'intention de sa hiérarchie (1936, 1952, 1954 et 1976) et les relevés de ses résultats en théologie, Archives CICM, Vatican (documents communiqués par le P. Nestor Pycke, archiviste de la congrégation; Casa Generalizia, Rome); notice nécrologique parue dans la revue congrégationnelle, *Chronica CICM*, bulletin mensuel, 49e année, no 10, décembre 1979, p. 229-230 (sans mention d'auteur); «Universiteit in China: De Verbist Academie, Centrum van universiteitsleven in Peking», *Missien van Scheut*, no 8, septembre 1951, p. 166-167; Daniël Verhelst et Hyacint Daniëls (éd.), *Scheut hier et aujourd'hui, 1862-1987: Histoire de la Congrégation du Cœur Immaculé de Marie CICM*, Presses universitaires de Louvain, Louvain, 1993.

Jean Monsterleet (1912-2001), SJ

Jean Albert Corneille Monsterleet a vu le jour à Hondschoote (département du Nord), le 12 avril 1912. Il est entré le 2 novembre 1929 au noviciat de la Compagnie de Jésus, à Florennes (Belgique), dépendant de la province de Champagne, et, de 1931 à 1933, a séjourné au juvénat de Roheampton House, en Angleterre. Après avoir accompli ses obligations militaires (Nancy, 1933-1934), il a suivi sa formation de philosophie au Scolasticat de Vals près Le Puy (1934-1937).

Monsterleet est parti pour la Chine du Nord (où les jésuites de la province de Champagne étaient responsables d'un diocèse et de l'Institut des hautes études industrielles de Tianjin) en 1937. Il y est demeuré jusqu'en 1951, exception faite d'un court séjour de quelques mois en France, en 1946 et 1947, pour y soutenir une thèse de doctorat en Sorbonne sur la littérature chinoise, préparée sous la direction de Paul Demiéville (1894-1979). C'est en Chine, à Shanghai, qu'il a été ordonné prêtre, le 2 juin 1943, et à Tianjin, qu'il a prononcé ses vœux solennels, le 2 février 1948.

En octobre 1937, il intègre la maison Chabanel, où il s'entraînera à la langue chinoise pendant deux ans. Après quoi, de septembre 1939 à septembre 1940, il passe sa période de «régence» à l'Institut des hautes études industrielles de Tianjin, découvrant là-bas, auprès des étudiants qu'il est chargé de surveiller, les romans de Pa Kin, un auteur dont il sent qu'il «influencera sa vie»: il le rencontrera à trois reprises, entretiendra avec lui une correspondance et lui consacrera un livre, la première biographie jamais parue sur Pa Kin, après avoir essayé en vain de faire paraître la version française de *Jia [Famille]*, qui ne verra le jour que trente ans plus tard.

De 1940 à 1945, il fait sa théologie et son «troisième an» de probation à Zikawei (Shanghai). Il effectuera durant cette période un court séjour dans la mission jésuite de Xianxian (Hebei), et un bref passage comme professeur d'anglais au collège secondaire annexe de l'Institut des hautes études industrielles de Tianjin. C'est au cours de ces années-là qu'il compose ses premiers articles sur la littérature chinoise contemporaine. Après avoir soutenu sa thèse en France, il revient en Chine, à compter de septembre 1947, et est affecté en qualité de professeur à l'université de Jingu et y enseigne, en chinois, la littérature comparée (contemporaine) ou, à l'occasion, le français.

Il demeurera à son poste jusqu'à son expulsion de Chine, le 14 mai 1951: Monsterleet assistera aux première loges à la réforme de l'Église. Après six mois d'attente à Singapour, de juillet 1951 à février 1952, et comme il ne s'offre à lui aucune perspective apostolique à Taiwan ou aux Philippines, il rentre en France.

De 1952 à la fin 1955, il séjourne à la Procure des missions, à Lille, donnant sermons et conférences sur la Chine, et rédigeant plusieurs ouvrages sur la situation politique dans le pays qu'il venait d'abandonner à son corps défendant, et où il ne retournera plus jamais. À la fin de 1955, il quitte la France pour le Japon: professeur à l'université Sophia de Tokyo de 1956 à 1968, il enseigne la langue et la littérature françaises.

Désireux de mener davantage d'activités dans le domaine spirituel, il se rend par la suite au Brésil, à Porto Alegre, après un intermède de six mois en France (de la mi-octobre 1968 jusqu'au début de l'année 1970), pour deux ans d'exercices et de sessions sur le Nouveau Testament. Supportant mal le climat local, il regagne définitivement la France: vicaire à Lille, de 1970 à 1979 (à la paroisse Sainte Catherine jusqu'en 1972, à la paroisse du Sacré-Cœur ensuite), prédicateur de retraites aux laïcs, prêtres et religieuses, à compter de septembre 1979, et résidant aux «Fontaines», à Chantilly (où il travaille au fichier de la bibliothèque et compose ses dernières œuvres, dont un livre qui paraîtra en 1993), jusqu'au 19 juin 1998 et à la fermeture du centre culturel. Après quoi, en août 1998, atteint déjà du mal qui l'emportera, il se retire à la Maison Saint Jean de Lille, s'adonnant désormais exclusivement à des travaux apostoliques.

Jean Monsterleet est mort, le mercredi 3 octobre 2001, au matin, à l'hôpital Saint Vincent de Lille. Ses obsèques furent célébrées à la Maison Saint Jean, le lundi 8 octobre. Il repose maintenant au cimetière sud de Lille, dans la concession des jésuites.

Sur la situation de la Chine après l'arrivée au pouvoir du parti communiste, et notamment la situation de l'Église, Monsterleet a écrit trois ouvrages: *Vu en Chine*, P. Téqui, Paris, 1952, 125 p. (sous le pseudonyme de Louis Dransart); *L'Empire de Mao Tsetung, 1949-1954*, SILIC, Lille, 1954, 224 p., dont certains chapitres sont repris du livre précédent (réédition en 1955, et traductions castillane, italienne et allemande); *Les Martyrs de Chine parlent...: l'Empire de Mao Tsé-toung contre l'Église du Christ*, préface de Jean de Fabrègues, avant-propos des éditeurs, Amiot-Dumont, coll. «Bibliothèque catholique», Paris, 1953, 224 p. (versions allemande, anglaise et américaine).

Ses deux thèses sont intitulées respectivement: «Littérature chinoise contemporaine: écrivains témoins de leur temps», thèse pour le doctorat ès-lettres présentée à la Faculté des lettres de l'Université de Paris, sd [1947], 3 vol, II-413 p., dactylographié; «Pa Kin, "Brumes", roman traduit du chinois avec introduction et notes», thèse complémentaire pour le doctorat ès-lettres présentée à la Faculté des lettres de l'Université de Paris, sd [1947], XVI-107 p., dactylographié. La deuxième est restée totalement inédite, en revanche l'auteur a tiré de la première un mince ouvrage, *Sommets de la littérature chinoise contemporaine*, Domat, coll. «Connaissance de l'Est», Paris, 1953, 171 p., qui sera partiellement traduit en chinois par un jésuite de Hong Kong, Zhu Yuren (le P. Michel Chu): *Xin wenxue jianshi (Highlights of Contemporary Chinese Literature)*, Catholic Truth Society, Hong Kong, 1953, 15-18-96 p.

Sur Pa Kin, Monsterleet a composé un livre, dont seule la version chinoise nous est connue intégralement: Mingxingli [Monsterleet], *Ba Jin de shenghuo he zhuzuo [Ba Jin, sa vie et son œuvre]*, traduit du français par Wang Jiwen, Wenfeng chubanshe, Shanghai, 1950 (reprint: Shanghai shudian, Shanghai, 1986). La version française n'a jamais paru, et le manuscrit original semble avoir été perdu. Trois chapitres ont malgré tout été sauvés, qui furent confiés par l'auteur à différentes revues: «Humanité-Dieu ou Homme-Dieu», *China Missionary Bulletin*, Hong Kong, n° 6, 1950, p. 521-525; «En quête de lumière et de vie: Pa Chin, un romancier chinois moderne», *Mission Bulletin*, vol. IX, n° 6, juin 1956, p. 406-411; «Pa Chin», *France-Asie, revue de culture et de synthèse franco-asiatique*, t. VII, n° 68, janvier 1952, p. 732-745. À quoi il faut ajouter des extraits des chapitres I et II de ce livre: «Note sur Pa Chin et les maîtres qui l'ont formé», *Revue de littérature comparée*, Librairie Marcel

Didier, Paris, vol. 28, n° 1, janvier-mars 1954, p. 89-92. Avant cela, Monsterleet avait publié sur le même auteur une étude dont il a repris des éléments dans sa thèse: «La Condition humaine dans "Chia" de Pa Chin», *Dossiers de la commission synodale*, Pékin, vol. 15, n° 12, 1942, p. 578-599.

On doit à Monsterleet d'autres études sur la littérature chinoise moderne, qu'il a intégrées dans sa thèse, ou qui en furent détachées par la suite: «L'Univers de Ts'ao Yu [Cao Yu]», *Dossiers de la Commission synodale*, Pékin, vol. 17, n° 1, 1944, p. 175-188 (publiée sous le pseudonyme de Gérard de Boll, adaptée en chinois par Guo Shihao, sous le titre «Cao Yu de yuzhouguan» [La Vision de l'univers de Cao Yu], *Dagong bao [L'Impartial]*, 26 février 1946); «Procès de la civilisation: "L'Homme de Pékin" de Ts'ao Yu [Cao Yu]», *Bulletin de l'université L'Aurore*, Shanghai, vol. 3, n° 5, 1944, p. 417-431; «Deux races, deux générations: "Les deux Ma" de Lao She», *Dossiers de la Commission synodale*, Pékin, vol. 18, n° 1, 1945, p. 67-82; «De l'amour d'une mère à l'amour de Dieu: Sou Siue-Lin [Su Xuelin] (Sou Mei [Su Mei]) témoin de son temps», *China Missionary Bulletin*, n° 1, 1952, p. 8-15; «Les Confessions d'un humoriste dilettante: l'importance de Lin Yutang», *ibid.*, vol. V (VI), n° 2 et n° 3, février et mars 1953, p. 119-124 et 243-249; «Rêve d'amour et de beauté: la vie idéale selon Pingsin», *ibid.*, n° 2 et n° 3, 1954, p. 110-115 et 253-259.

À quoi on peut ajouter quelques notes parues dans des journaux ou des publications grand public. Pour être complet, il faut encore dire que Jean Monsterleet a publié plusieurs études sur le catholicisme au Japon, ainsi que des commentaires sur le Nouveau Testament.

Source: Angel Pino, *L'Anar et le Missionnaire: les lettres de Pa Kin à Jean Monsterleet, 1946-1951*, Librairie You Feng, Paris (à paraître).

Octave Brière (1907-1978), SJ

Né le 16 octobre 1907, près de Sable, dans la Sarthe (France), Octave Brière — qui était entré au petit séminaire de La Flèche à l'âge de 13 ans mais qui opta finalement pour la vie de missionnaire —, intégra la Compagnie de Jésus le 2 janvier 1925: il fut reçu au noviciat des jésuites de la province de Paris quelques mois plus tard, le 2 novembre 1925.

Brière quitta Marseille pour la Chine à l'été 1934, et étudia la langue chinoise pendant un an à Zikawei (Shanghai). Après quoi, il devint préfet des étudiants au Collège Saint Ignace, où il enseignait le français. C'est aussi à Zikawei qu'il fit sa théologie, de 1936 à 1940, et c'est là-bas qu'il fut ordonné prêtre, le 7 juin 1939. Il effectua son troisième an (de noviciat) à Wuhu (Anhui). Revenu à Zikawei, il officia, de 1941 à 1946, comme économe et prêtre assistant dans une importante paroisse, tout en s'occupant du confessionnal et en continuant d'expliquer le français au Collège Saint Ignace, enseignement qu'il dispensera à l'université L'Aurore à compter de 1947, après avoir été un an durant ministre du grand séminaire.

Expulsé de Chine en juillet 1953, il gagna Hong Kong (où il travailla à la confection du dictionnaire chinois-polyglotte — hongrois, espagnol, latin, français et anglais — qui débouchera finalement, un demi-siècle plus tard, sur le *Grand Dictionnaire Ricci de la langue chinoise*), puis Taiwan, où il apprit le dialecte taiwanais. En 1963, après avoir été, pendant un an, prêtre assistant à Taipei et cinq ans vicaire, à Suao, d'un père canadien, il fut choisi pour fonder la petite paroisse de Li-che-chien, qu'il ne quitta qu'en 1977, pour se retirer à la maison de retraite de Taichung. Il est mort le 26 août 1978.

Entre 1942 et 1948, Brière publia, sur la littérature chinoise moderne, une série d'articles pour le *Bulletin de l'université L'Aurore* ou le *China Missionary*, à propos de différents auteurs: «Un romancier chinois contemporain: Pa Kin [Ba Jin]», *Bulletin de l'Université l'Aurore*, série III, t. 3, n° 3, 1942, p. 577-598 (il existe deux versions chinoises: O•Buliye'er [O. Brière], «Zhongguo xiandai xiaoshuojia Ba Jin», trad. par Zhang Wuyan, *Fudan daxue xuebao [Revue de l'université Fudan]*, t. 3, n° 3, 1943 [reprise dans Zhang Lihui et Li Jin (éds), *Ba Jin yanjiu zai guowai*, p. 313-332]; Ao•Buli'ai [O. Brière], «Ba Jin: yiwei xiandai Zhongguo xiaoshuojia», trad. par Jian Zheng, *Wanxiang [Toutes choses]*, vol. 3, n° 5, 1er novembre 1943); «Un peintre de son temps: Mao T'oen [Mao Dun], romancier et théoricien», *ibid.*, t. 4, n° 1 (n° 13), 1943, p. 236-256; «Sou Mei [Su Mei] ou Lou I [Lu Yi], ses contes et sa critique», *ibid.*, t. 4, n° 4 (n° 16), 1943, p. 920-933; «Un maître de la pensée en Chine: Hou Che [Hu Shi]», *ibid.*, t. 5, n° 4 (n° 20), 1944, p. 871-893, et t. 6, n° 1 (n° 21), 1945, p. 41-73; «Un écrivain populaire: Lou Sin», *ibid.*, t. 7, n° 1 (n° 25), p. 51-78; «Lin Yu-tang, l'essayiste et l'humoriste», *ibid.*, t. 9, n° 33-34, janvier-avril 1948, p. 58-86; «Le Témoignage de deux écrivains chinois [Mao Dun et Guo Moruo] sur l'URSS», *China Missionary*, vol. I (II), n° 1 (7) et 2 (8), septembre et octobre 1949, p. 42-47 et 117-120. Il s'essaya aussi à dégager les «tendances dominantes de la littérature chinoise contemporaine»: «Les Tendances dominantes de la littérature chinoise contemporaine», *Bulletin de l'Université l'Aurore*, série III, t. 9, n° 35, juillet 1948, p. 234-265 (résumé en anglais: «Dominating Tendencies of Present Day Chinese Literature», *China Missionnary*, vol. I, n° 7, décembre 1948, pp. 855-856). À cette liste, il convient d'ajouter une recension anonyme, «À travers le monde des livres chinois (1940-1949)» (*Bulletin de l'Université l'Aurore*, série III, t. 10, n° 37, janvier 1949, pp. 73-103), que la version anglaise permet d'authentifier: «New Chinese Books (1940-49)», *China Missionary*, vol. II, n° 5, mai 1949, p. 558-564; et n° 6, juin 1949, p. 688-691.

Il publia parallèlement plusieurs études sur la philosophie ou la pensée marxiste et le communisme chinois qui prouvent son inclination pour les sujets théoriques et l'histoire des idées. On lui doit une très longue étude intitulée «Les Courants philosophiques en Chine depuis 50 ans (1898-1950)» (*Bulletin de l'Université l'Aurore*, Shanghai, série III, t. 10, n° 40, octobre 1949, p. 561-654), dont il a été tiré plus tard une version américaine (*Fifty years of Chinese philosophy, 1898-1948*, trad. du français par Laurence G. Thompson, et édité avec une introduction par Dennis J. Doolin, Praeger, New York, 1965), ainsi que les articles suivants: «La Philosophie marxiste en Chine», *Dossiers de la Commission synodale*, Pékin, vol. 13, n° 1 et n° 2/3, janvier et février-mars 1940, p. 20-26(6) et 194-213; «Une carrière orageuse: la vie de Tch'en Tou-Sieou [Chen Duxiu]», *Bulletin de l'Université l'Aurore*, série III, t. 5, 1944, p. 393-416; «Les 25 ans du parti communiste en Chine», *ibid.*, t. 7, n° 27, 1946; «L'Effort de la philosophie marxiste en Chine», *ibid.*, t. 8, n° 3 (n° 31), 1947, p. 309-347; «L'Histoire de la civilisation chrétienne selon les marxistes»,

China Missionary, vol. I, n° 3, 1948, p. 302-313; «En feuilletant le catalogue d'une librairie marxiste», *ibid.*, vol. I, n° 4, août 1948, p. 405-415.

Sources: Notices nécrologiques parues dans *China Province News*, vol. 21, n° 9-10, septembre-octobre 1978, p. 56-57, et dans *Chine Madagascar*, n° 170, décembre 1978-janvier 1979, p. 23; publications citées.

PROUST EN CHINE: TRADUCTION, RÉCEPTION ET RÉÉCRITURE

ZHANG Yinde
Université de la Sorbonne Nouvelle (Paris III)

Proust n'eût sans doute pas imaginé que dans la «résistance des distances traversées» son œuvre serait traduite un jour en chinois, une langue qui lui paraissait aussi hermétique et dérisoire que le volapük[1]. Pourtant c'est chose faite. *Zhuiyi sishui nianhua* (*Le Souvenir des années passées comme l'eau écoulée*), tel est le titre sous lequel *À la recherche du temps perdu* est disponible dans sa traduction intégrale, depuis une quinzaine d'année. Marcel Proust n'est plus, aujourd'hui en Chine, un nom abstrait, mais l'écrivain français plébiscité comme le plus important[2]. Sa renommée, sans doute, n'est pas étrangère à cette réalisation. Fruit de sept ans de labeur collectif, réunissant les efforts d'une quinzaine de traducteurs, le roman de Proust est paru chez Yilin entre 1989 et 1991[3]. Saluée comme l'une des meilleures réalisations parmi les travaux portant sur les littératures étrangères[4], la traduction fait l'objet

[1] Voir le jugement que porte Rachel sur la Berma dans Marcel Proust, *A la recherche du temps perdu*, Gallimard, 1954, «Bibliothèque de la Pléiade», t. III, p. 1003. Proust n'eût pas de toquade de chinois, comme M. de Charlus, et les rares propos qu'il tenait sur cette langue mystérieuse semblent liés à la personnalité de d'Hervey de Saint-Denys (1823-1892), sinologue, professeur de chinois au Collège de France en 1874. Cf. *Ibid.*, t. II, p. 718. Sur le personnage historique du marquis de Saint-Denys et ses rapports avec la sinologie, cf. Angel Pino, «Abrégé dûment circonstancié de la vie de Marie Jean Léon Le Coq, baron d'Hervey, marquis de Saint-Denys», in Marie-Claire Bergère et Angel Pino (dir.), *Un Siècle d'enseignement du chinois à l'École des Langues Orientales 1840-1945*, L'Asiathèque, 1995, p. 95-130.

[2] Dans un sondage réalisé par le journal *Zhonghua dushu zhoubao* (*Lire en Chine*), le 15 septembre 1999, sur les 100 œuvres chinoises et étrangères élues «classiques du XXe siècle», les résultats classent *A la recherche du temps perdu* de Proust comme premier titre français (sur 11 titres) et troisième sur l'ensemble de la liste, juste après *Histoire d'A Q* de Lu Xun *et Cent ans de solitude* de G. Garcia Marquez.

[3] Marcel Proust, *Zhuiyi sishui nianhua* (*A la recherche du temps perdu*), 7 volumes, Nanjing, Yilin chubanshe, 1989-1991. Yilin l'a réédité dans un ensemble de 3 volumes en 1994. Voir les comptes rendus critiques que nous en avons écrits: Zhang Yinde, «Proust en chinois», *Bulletin Marcel Proust*, n° 42, 1992, p. 154-171; Xu Jun, «De la reproduction des métaphores proustiennes: à propos de la traduction de Proust en chinois,» *ibid.*, p. 172-178; Xu Hejin, «La Traduction de *La Recherche* en chinois», *ibid.*, p. 179-180.

[4] Elle a obtenu le premier prix au «Premier concours national des meilleurs livres de littérature étrangère», organisé en novembre 1991 par le Bureau de l'Information et des Publications du Ministère de la Culture de Chine.

de rééditions en Chine continentale comme à Taiwan[5], sans compter son accessibilité sur Internet[6]. Aboutissement d'une série de tentatives dispersées mais «préparatoires», cette traduction est suivie par d'autres entreprises de traduction[7] ou études herméneutiques, suscitant un vif intérêt de la part des critiques comme des écrivains. Il nous paraît intéressant d'examiner d'abord le développement des activités réceptives dans leurs aspects historiques, thématiques et génératifs. Pour ce faire, je rappellerai d'abord des traductions et critiques réalisés depuis les années trente. J'évoquerai ensuite quelques questions soulevées dans la dernière traduction intégrale d'*À la recherche du temps perdu*, avant de considérer, enfin, des jeux de transformations et de réécriture, à travers l'exemple de Yu Hua, notamment son roman *Cris dans la bruine*.

Traduction et critique

La première apparition du nom de Proust remonte en 1932, dans le numéro 4 de la revue *Xiandai* (*Les Contemporains*), publiée à Shanghai et dirigée par Shi Zhecun. On lit en 1934 dans *Dagongbao* (*L'Impartial*), journal de Tianjin, un extrait de *Du côté de chez Swann* — les pages initiales consacrées au sommeil. La traduction, due à Bian Zhilin (1910-2000), sera intégrée dans un recueil que le poète-traducteur fait paraître deux ans plus tard: *Xichuangji* «Fenêtre sur l'Ouest», dans lequel Proust est en bonne compagnie: Baudelaire, Mallarmé, Rilke, Gide, Joyce, Woolf, etc.[8]. On trouve ensuite sous la plume de Ye Lingfeng (1905-1975), écrivain polymorphe, un éloge de la modernité qu'incarnent Proust, Gide, Joyce et Dos Passos[9]. Mais l'écrivain quitta le pays

[5] La dernière réédition: Marcel Proust, *Zhuiyi sishui nianhua* (*A la recherche du temps perdu*), Nanjing, Yilin chubanshe, 2001, 2 vol. (brochés). Taiwan a repris l'édition continentale de Yilin en la convertissant en version de chinois non simplifié. Cf. Marcel Proust, *Zhuiyi sishui nianhua* (*A la recherche du temps perdu*), Taipei, Lianjing chuban shiye gongsi, 1993, 7 vol. Pour la réception de la littérature française à Taiwan, cf., Esther Lin, «Présence de la littérature française contemporaine à Taiwan», in Muriel Détrie (éd.), *France-Asie. Un Siècle d'échanges littéraires*, Paris, Libraire-Editeur You Feng, 2001, p. 181-198.

[6] Le site «Fayu yu wenxue» (Langue et littérature françaises) (http://zhonglin.topcool.net/index1.htm), par exemple, offre la version intégrale de la traduction réalisée par Yilin chubanshe.

[7] Notamment la traduction de *Contre Sainte-Beuve* et d'une édition abrégée de *RTP*: Marcel Proust, *Bo Sheng Bofu* (*Contre Sainte-Beuve*), trad. par Wang Daoqian, Nanchang, Baihuazhou wenyi chubanshe, 1992; Marcel Proust, *Zhuiyi shishui nianhua* (*A la recherche du temps perdu*), trad. par Zhou Kexi, Shanghai yiwen chubanshe, 1997.

[8] Bian Zhilin, *Xichuangji* (*Fenêtre sur l'Ouest*), Nanchang, Jiangxi renmin chubanshe, 1981. (1re éd.: Shanghaï Commercial Press, 1936).

[9] Ye Lingfeng, *Dushu suibi* (*Au fil de la lecture*), Hong Kong, Nanyuan shuwu, 1979 (1re éd.: Shanghaï zazhi gongsi, 1946).

pour Hong Kong vers 1949, comme un certain nombre d'hommes de lettres de sa génération, avant que les fenêtres sur l'Ouest ne fussent toutes condamnées.

Pendant les années trente-quarante, le monde littéraire chinois a pris connaissance du nom de Proust grâce à des publications individuelles comme collectives. La revue *Xiandai* le présentait au public sous formes diverses: chroniques, photos et commentaires dispersés, sans lui accorder une place privilégiée ni former une opinion toujours favorable sur la modernité que l'écrivain français représente. L'article de Bernard Fail, traduit par Dai Wangshu, «La littérature française après la Grande Guerre», considère le deuxième volume de la *Recherche, À l'ombre des jeunes filles en fleurs,* comme aussi novateur et dérangeant que les œuvres de Gide et de Valéry[10], tandis que dans «Le néo-romantisme», traduit par Shi Zhecun, Aldous Huxley reproche à Proust le culte de la machine et de la vitesse au détriment de la description psychologique[11]. Quant à Zhou Qiying (Zhou Yang), c'est au nom d'un moralisme virulent qu'il attaque l'écrivain français, traité de «maître en masturbation», «qui décrit le sourire d'une dame en six pages»[12].

On observe des appréciations plus averties dans une revue spécialisée, destinée prioritairement au milieu de francisants mais accessible à un public plus large en raison des traductions et des articles en chinois qu'elle publiait. Il s'agit de *Fawen yanjiu* (*Études françaises*), revue bilingue français-chinois, consacrée à la langue et la littérature françaises dans les années quarante, entre 1939 et 1943. D'abord mensuelle, avec dix numéros par an (suspension juillet-août), et puis bimestrielle, elle était éditée par le bureau franco-chinois de publication de Pékin, avant d'être prise en charge par le Centre franco-chinois d'études sinologiques. Les dernières livraisons incluaient, parallèlement aux lettres françaises, des «lectures chinoises», pour céder ensuite entièrement la place à ces dernières à partir de 1944. *Études françaises* se proposait de faire connaître les maîtres de la littérature française, en publiant dans chaque numéro une étude d'ensemble consacrée à un grand écrivain, ancien ou moderne, des extraits de textes originaux annotés en chinois, ou en regard de leur traduction. Chaque numéro comprenait en outre un texte français proposé en traduction aux étudiants de langue française de différentes universités chinoises, dans le cadre d'un concours primé.

[10] *Xiandai* (*Les Contemporains*), n° 4, vol. I, 1932, p. 488.

[11] *Ibid.*, n° 5, vol. I, p. 633.

[12] Zhou Qiying, «Shui jujue zhenli yu wenxue?» (Qui refuse la vérité et la littérature?), *ibid.*, n° 6, vol. I, p. 797.

C'est en effet sous toutes ces formes et rubriques que figure Proust, qui devait ainsi rencontrer un public élargi. Les deux premières apparitions de l'auteur dans la revue étaient sans doute destinées aux étudiants francisants. Un texte abrégé sur l'épisode de «la mort de Bergotte», tiré de *La Prisonnière*, a été d'abord proposé comme exercice de traduction[13], dans un numéro de 1940. Le choix se justifie peut-être par cette rencontre entre la Chine et l'Europe et les affinités esthétiques qu'elle établit car c'est en visitant l'exposition hollandaise, devant *La Vue de Delft* de Ver Meer que l'écrivain éprouve un malaise fatal. Or le fameux «petit pan de mur jaune» à l'extrême droite du tableau est comparé à «une précieuse œuvre d'art chinoise», suscitant à l'écrivain des inspirations sur l'écriture et le traversant d'une lumière d'éternité: «Mes derniers livres sont trop secs, il aurait fallu passer plusieurs couches de couleur, rendre ma phrase en elle-même précieuse, comme ce petit pan de mur jaune.»

Un an après, un autre extrait tiré d'*À l'ombre des jeunes filles en fleurs* a fait l'objet d'une annotation. Il s'agit du voyage en train que le narrateur effectue de Saint-Cloud à Balbec, en compagnie de sa grand-mère. Une notice en chinois situe l'extrait en expliquant le but du voyage thérapeutique du jeune narrateur. Les notes en chinois portent essentiellement sur les mots difficiles et les points grammaticaux. Mais c'est sans doute en raison de la poésie que contient le passage que la rédaction l'a choisi puisqu'il s'agit d'un moment paisible que traverse le voyageur, contemplant les lumières aurorales et percevant une paysanne qui vient vendre le café au lait, sur le quai d'une petite gare au fond d'une gorge encaissée entre deux montagnes. Le passage mêle l'évocation du souvenir à la méditation sur la beauté et le bonheur, provoqués par l'interruption de l'habitude[14].

Si ces lectures sont réservées aux étudiants en études françaises, une approche d'ensemble sur Proust, qui précède par ailleurs le texte annoté d'*À l'ombre des jeunes filles en fleurs*, devait s'adresser à un public plus large. Tseng Kuie-tche (Zeng Juezhi) fournit un aperçu sur la vie et l'œuvre de l'auteur, non sans apporter des précisions sur les aspects originaux de la création proustienne: la mémoire, le temps et l'essence de

[13] *Études françaises*, n° 6, vol. I, 1940, p. 447; Cf. Marcel Proust, *A la recherche du temps perdu*, édition publiée sous la direction de Jean-Yves Tadié, Gallimard, «Bibliothèque de la Pléiade», 1988, t. III, «La Prisonnière», p. 692-693.

[14] Marcel Proust, *À l'ombre des jeunes filles en fleur* «extrait», annoté par Tchang Lomine (Zhang Ruoming), *Études françaises*, n° 1, vol. III, 1942, p. 12-17. Cf. Marcel Proust, *op. cit.*, t. II, p. 16-19.

la vie révélée par l'art. Si la traduction du titre du roman de Proust laisse percevoir une certaine négligence, *Shiqu shijian de zhuixun*, l'article en revanche ne manque pas d'observations pertinentes, pour se terminer par exemple sur cette note intéressante: «D'aucuns le comparent à Saint-Simon et à Balzac, sans doute avec raison du point de vue des descriptions de la société humaine. C'est cependant l'un des rares écrivains, de tradition française, qui soit versé dans la psychanalyse (*xinli fenxi*). D'une analyse étonnamment puissante, il exploite l'inconscient, que traitent souvent des écrivains russes modernes, fusionnant ainsi les littératures de l'Europe du Nord et celle du Sud... De ce point de vue, l'auteur d'*À la recherche du temps perdu* est un précurseur donnant des inspirations pour des écrivains futurs.»[15]

La seule traduction publiée par la revue, toujours accompagnée du texte original, est tirée non pas d'*À la recherche du temps perdu*, mais d'une œuvre de jeunesse de l'auteur: «La Fin de la jalousie», nouvelle recueillie dans *Les Plaisirs et les jours*: elle évoque la mort d'Honoré qui n'a pas survécu à sa passion; c'est seulement sur son lit mortuaire qu'il parvient à transcender sa jalousie. Le choix d'une nouvelle semble justifié par la possibilité de donner accès à un texte intégral, publié par ailleurs en 4 livraisons, et surtout, vu les aspects fondamentaux que retient l'article critique, par des analyses psychologiques, portant en l'occurrence sur la jalousie, et annonçant déjà *Un Amour de Swann*[16].

Après une longue période de silence, qui ne frappait pas seulement l'écrivain français, la Chine post-maoïste (re)découvre Proust, inscrit dans l'engouement que l'intelligentsia chinoise manifeste pour les auteurs occidentaux du XXe siècle si longtemps ignorés ou redoutés. Dès 1979, des traductions fragmentaires ont été effectuées, sans qu'aucune, toutefois, n'ait prolongé sa promenade au-delà du jardin de Swann. On peut signaler, parmi les travaux les plus marquants, *l'Anthologie des œuvres modernistes étrangères*, due aux spécialistes de littératures occidentales, Yuan Kejia, Dong Hengxun et Zheng Kelu. Le volume II de la série recueille les trop célèbres «Petites madeleines» et un passage tiré d'«Un amour de Swann»[17]. La revue *Shijie wenxue* (*Littérature mon-*

[15] Tcheng Kuie-tche (Zheng Juezhi), «Pulusite» (Marcel Proust), *ibid.*, n° 1, vol. III, 1942, p. 1-11.

[16] «Jidu xin zhi zhongjing» (La Fin de la jalousie), traduite par Tchang Tien-ya (Zhang Dieya), *ibid.*, n° 3-6, vol. 4, 1943, p. 190-198; 272-280; 354-364; 436-443. Cf., Marcel Proust, «La fin de la jalousie», in *Jean Santeuil* précédé de *Les Plaisirs et les jours*, édition établie par Pierre Clara, Gallimard, «Bibliothèque de la Pléiade», 1971, p. 146-165.

[17] «Xiao madelan dianxin» (Petites madeleines) et «Siwan de aiqing» (Un Amour de

diale) consacre également des pages à Proust avec, entre autres, la traduction du premier chapitre de «Combray» et celle de la déjà ancienne biographie écrite par Léon Pierre-Quint[18]. Une étude moins ancienne est traduite l'année de la parution des premiers volumes en version intégrale du roman[19]. Ces traductions fragmentaires aboutissent à cette entreprise collective, destinée à apporter une réponse rapide au désir qu'éprouve le public chinois de découvrir l'intégralité d'un chef-d'œuvre de la littérature occidentale du XXe siècle.

Parallèlement aux traductions, les travaux critiques abondent, où les revues spécialisées jouent un rôle initiateur non négligeable, mais restreint. Des ouvrages d'histoire littéraire étrangère, destinés aux étudiants, ont diffusé, quant à eux, les premiers fruits des recherches en incluant des chapitres sur l'écrivain, aussi synthétiques soient-ils[20]. Ces travaux révèlent le souci qu'ont les critiques de bien souligner la place primordiale qu'occupe Proust non seulement dans la littérature française mais aussi mondiale[21]. Il est ainsi souvent mêlé aux noms les plus illustres de la littérature du XXe siècle: V. Woolf, J. Joyce, F. Kafka, W. Faulkner. Une telle juxtaposition favorise sans doute l'image d'un Proust romancier du «courant de conscience», faisant écho aux débats qui animaient le milieu littéraire, à la charnière des années soixante-dix et quatre-vingt[22]. Les récits expérimentaux faisant appel à de nouvelles techniques

Swann), trad. par Gui Yufang, in *Waiguo xiandaipai zuopin xuan* (*Anthologie des œuvres modernistes étrangères*), Shanghaï wenyi chubanshe, volume 2, 1981, p. 7-68.

[18] Léon Pierre-Quint, «Pulusite zhuan» (Marcel Proust. Sa vie, son œuvre) (Les cinq premiers chap.), trad. par Jiang Yimin, *Shijie wenxue* (*Littérature mondiale*), n ° 2, 1988, p. 5-75; Marcel Proust, «Zhuiyi shishui nianhua. Xuanzhang» (A la recherche du temps perdu (extrait)), trad. par Xu Zhimian, *ibid.*, p. 75-121.

[19] Claude Mauriac, *Pulusite* (*Marcel Proust par lui-même*), trad. par Xu Congshan et Zhong Yanping, Beijing, Shehui kexue chubanshe, 1989.

[20] Cf. par exemple, Wang Tailai, «Proust», in Zhu Weizhi et Zhao Li (éds.), *Waiguo wenxueshi. Oumei bufen* (*Histoire des littératures étrangères [Europe-Amérique]*), Tianjin, Nankai daxue chubanshe, 1985, p. 669-677.

[21] Cf. l'article de Luo Dagang en guise de «préface» à la traduction d'*A la recherche du temps perdu*: «Non seulement la France mais aussi les communautés internationales reconnaissent unanimement qu'*À la recherche du temps perdu* est l'un des romans les plus importants du XXe siècle. Cela est une thèse établie.» Luo Dagang, «Essais sur *À la recherche du temps perdu*», in Proust, *Zhuiyi sishui nianhua (À la recherche du temps perdu)*, *op. cit.*, vol. 1, 1989, p. 1.

[22] *L'Anthologie des œuvres modernistes étrangères*, par exemple, classe Proust sous la rubrique «courant de conscience», précédant V. Woolf, J. Joyce, W. Faulkner et Yokomitsu Riichi, *op. cit.*, p. 1-274. Xu Hejin, «Masai'er Pulusite» (Marcel Proust), *Waiguo wenxue baodao* (*Bulletin de Littératures étrangères*), n° 2, 1982, p. 44-51; Feng Hanjin, «Faguo yishiliu xiaoshuojia Pulusite jiqi zhuiyi wangxi» (Proust, romancier français de «courant de conscience» et son *À la recherche du temps perdu*), *ibid.*, n° 5, 1982, p. 39-45. Wang Tailai, en bon connaisseur de la littérature française, indique bien que les his-

narratives, notamment au monologue intérieur, comme chez Wang Meng, incitent les critiques à spéculer sur l'hypothétique filiation, en trouvant chez l'écrivain français l'une des sources d'inspiration possibles[23].

Si dans les années 80 le nom de Proust est confondu avec d'autres «classiques modernes» pour la technique d'écriture novatrice qui conforte la critique, les recherches se diversifient et s'approfondissent durant la décennie suivante, montrant de plus en plus l'originalité de l'écrivain français. Les travaux s'organisent d'abord autour de l'édition intégrale de la *RTP*, qui offre, entre autres, un lieu de discussions fécondes sur les problèmes théoriques et pratiques de la traduction. Le seul titre du roman suscite déjà des échanges de points de vue passionnés et passionnants[24]. Si l'édition de Yilin se fixe, faute de mieux, à l'intitulé actuel, plus ou moins sinisé, les variations apparaissent dans d'autres versions ou dans des travaux critiques. Le style proustien, avec sa syntaxe si particulière et ses métaphores si essentielles, ne saurait taire commentaires et interrogations sur les difficultés rencontrées dans la langue d'arrivée, d'autant plus que la traduction participe d'une réalisation collective, porteuse de la diversité stylistique. A la sortie de *La Recherche* en novembre 1991, s'est organisé à Pékin un colloque où ces questions ont été débattues en présence de spécialistes chinois et français[25]. Les discussions et les dialogues non seulement s'engagent entre les collègues chinois continentaux mais aussi, au-delà, avec la participation de ceux de Taiwan, des échos se prolongeant même sur les forums internationaux[26]. Si tout le monde s'accorde à dire que la langue chi-

toriens occidentaux de la littérature française n'appliquent pas le terme de «courant de conscience» à Proust, sans pour autant résister à l'idée répandue d'un Proust «précurseur du roman de courant de conscience». Cf. Zhu Weizhi et Zhao Li, ouvrage *op.cit.*, p. 668-669.

[23] Gao Xingjian *Xiandai xiaoshuo jiqiao chutan* (*Premières réflexions sur les techniques du roman moderne*), Guangzhou, Huacheng chubanshe, 1982, p. 32-33 (1e éd.: 1981). Cf. Françoise Naour, *Le Courant de conscience dans la littérature romanesque chinoise contemporaine: le cas de Wang Meng (1978-1980)*, thèse de doctorat non publiée, soutenue à l'Université Lille 3 en décembre 2000.

[24] Cf. l'article du rédacteur de Yilin: Han Hulin, «Pulusite de *À la recherche du temps perdu* dingming shimo» (Comment on a arrêté la traduction chinoise du titre d'*A la recherche du temps perdu*), *Zhongguo fanyi* (*Traduction en Chine*), n° 3, 1988, p. 38-39; Cf. aussi la participation de Bian Zhilin au débat: Bian Zhilin, «Pulusite xiaoshuo juzhu de zhongyiming haixu zhenzhuo» (De la nécessité de poursuivre des réflexions sur la traduction chinoise du titre du roman monumental de Proust), *ibid.*, n° 6, 1988, p. 25-29.

[25] Jean Milly, «La Chine rattrape le temps perdu», *Libération*, 26 décembre 1991.

[26] Voir par exemple les réflexions faites par Zhou Kexi sur les problèmes de traduction, notamment du traitement de la longue phrase proustienne: Zhou Kexi, «Shijian zai yishu zhong yongcun» (Le temps éternel dans l'art — en guise de préface), in Marcel

noise ne souffre ni les phrases longues ni les subordinations multiples, les solutions retenues par les traducteurs et les critiques découlent avant tout des compétences et imaginations individuelles, sans aboutir à aucun consensus.

En dehors des réflexions sur la traduction, les études se poursuivent depuis plus d'une dizaine d'années dans des perspectives diversifiées et avec des approches multiples. Certaines privilégient une démarche thématique[27], d'autres s'inscrivent dans des optiques narratologiques[28] ou sémiologiques d'inspiration deleuzienne[29]. Les chercheurs s'intéressent donc aussi bien aux aspects narratifs, psychologiques et sociologiques qu'à la portée esthétique et philosophique que comporte *La Recherche*, révélant ainsi au public chinois la richesse et les multiples facettes que recèle l'œuvre proustienne. Leurs travaux tentent d'en établir une syn-

Proust, *Zhuiyi shishui nianhua* (*A la recherche du temps perdu*), trad. par Zhou Kexi, Shanghai yiwen chubanshe, 1997, p. 10-15. On peut d'autre part se référer à un ensemble d'essais et de souvenirs que Han Hulin a écrits et regroupés dans *Shenghuo biji* (*Essais sur la vie*), Beijing, Huaxia chubanshe, coll. «Essais de rédacteurs célèbres», 1998. Concernant les discussions engagées entre les collègues continentaux et taiwanais, on peut se reporter à l'article d'un professeur de l'Université nationale centrale de Taïwan, Jin Hengjie, «Dui Xu Jizeng xiansheng yi Masai'er Pulusite Zhuiyi sishui nianhua di'er-juan Siwan zhi lian de shangque» (Quelques remarques sur la traduction du chapitre *Un amour de Swann* réalisée par Xu Jizeng), *Zhongguo fanyi* (*Traduction en Chine*), n° 5, 1991, p. 38-42 et à celui de Shi Kangqiang, «Aijin er wuxi» (La Compassion et non le triomphalisme), in *Dushi de chake* (*Un Amateur de thé métropolitain*), Shenyang, Liaoning jiaoyu chubanshe, 1995, p. 177-185. Quant aux discussions déroulées à l'étranger, notamment en France, à part les articles de Xu Jun, de Xu Hejin et de Zhang Yinde signalés plus haut, on peut aussi lire les propos de Yuan Shuren: Marie-Noëlle Tranchant, «Proust en idéogrammes: nous avons rencontré la traductrice chinoise de *La Recherche*», *Le Figaro littéraire*, 16 mai 1988. Nous avons par ailleurs animé en 1990 en Arles une table ronde consacrée aux traductions de Proust dans différentes langues dont le chinois: «Proust traduit et retraduit», table ronde animée par Zhang Yinde, in *Septièmes assises de la traduction littéraire*, Actes Sud, 1991, p. 21-51.

[27] Cf. notre étude: Zhang Yinde, «Xianshi, xinli, yishu — lun zhuiyi shishui nianhua de sanchong neihan» (Réalité, psychologie et art: la triple dimension de *La Recherche*), *Shanghai wenlun* (*Shanghai Literary theory*), n° 2, 1990, p. 62-66; plus récemment, Tu Weiqun, «Xunmi pulusite de fangfa — lun yuedu» (A la recherche de la méthode proustienne: à propos de la lecture), *Waiguo wenxue pinglun* (*Foreign Literature Review*), n° 3, 1998, p. 21-27.

[28] Cf. Zhang Yinde, «Pulusite xiaoshuo de shijian jizhi» (La Temporalité dans le roman de Proust), *Waiguo wenxue pinglun* (*Foreign Literature Review*), n° 4, 1989, p. 45-51; plus récemment, Zhang Xinmu, «Lun zhuiyi sishui nianhua de xushu chengshi» (Le Mode narratif dans *La Recherche*), *Guowai wenxue* (*Littérature étrangère*), n° 1, 1998, p. 79-83.

[29] Cf. Liu Ziqiang, «Pulusite de xunmi» (La Quête de Proust), *Dangdai waiguowenxue* (*Littératures étrangères contemporaines*), n° 3, 1987, p. 167-171. Cf. aussi, plus récemment, Zhang Xinmu, «Lun zhuiyi sishui nianhua zhong de fuhao chuangzao» (La Production des signes dans *La Recherche*), *Waiguo wenxue pinglun* (*Foreign Literature Review*), n° 2, 1997, p. 42-50.

thèse réunissant la biographie intellectuelle de l'auteur et l'analyse textuelle du roman[30].

Les écrivains ne sont pas insensibles à ce monument français, fût-ce, chez certains, sur un mode négatif. La dimension comme le style de cette œuvre ne suscite pas un enthousiasme unanime. Wang Meng déclare qu'il ne parvient pas à terminer la lecture de Woolf, Proust ou Garcia Marquez, dans la mesure où les rapports qui le lient aux littératures étrangères relèvent plutôt de rencontres fortuites que d'emprunts ou d'imitation forcenés[31]. Ma Yuan, reconnu comme l'un des piliers de l'avant-garde littéraire chinoise à travers ses récits auto-réflexifs et métafictionnels, émet aussi des réserves à l'égard de Proust en estimant que son roman pose des problèmes de lisibilité. Il regrette par ailleurs que Gide ait cédé à la pression de la mode, en acceptant, pour finir, de le publier[32]. Chen Cun exprime son scepticisme de façon encore plus explicite, en affirmant que «si Proust est traduisible en chinois, en revanche, on ne saurait partager sa sensibilité»[33]. Tout en incorporant la mémoire involontaire dans son roman, *Respirer*, Sun Ganlu adopte néanmoins un ton amusé en la détournant, me semble-t-il, de son efficacité première et de sa signification initiale[34]. Quant à Wang Xiaobo, il rejette le titre chinois de l'œuvre de Proust pour en proposer un autre, qu'il utilise dans son propre roman insolent et digressif, *L'Age d'or*[35].

[30] Cf. notre étude: Zhang Yinde, *Pulusite jiqi xiaoshuo* (*Proust et son roman*), Hong Kong, Sanlian shudian, 1992. (autre éd.: Taibei, Yuanliu chuban gongsi, 1992). Cf. aussi les travaux de synthèse réalisés par Tu Weiqun, *Pulusite pingzhuan* (*La Biographie critique de Proust*), Hangzhou, Zhejiang wenyi chubanshe, 1999; *Cong Pulusite chufa* (*Départ de Proust*), Beijing, Shehui kexue wenxian chubanshe, 2001. Les deux ouvrages constituent les deux volets issus d'un ensemble de projets de recherche: le premier suit Proust dans son parcours intellectuel et la naissance de sa vocation d'écrivain, tandis que le deuxième tente de dégager quelques aspects parmi les plus importants de l'écriture proustienne, en s'appuyant sur les travaux universitaires français et américains.

[31] Song Weijie, «De la métamorphose en dix ans: reportage sur le colloque "La littérature mondiale et la littérature chinoise en développement"», *Littérature mondiale*, n° 1, 1998, p. 291.

[32] Ma Yuan, «Du roman», in *Ma Yuan wenji* (*Œuvres de Ma Yuan*), vol. 4, Beijing, Zuojia chubanshe, 1997, p. 405-407.

[33] Chen Cun, «Tan zhuiyi sishui nianhua» (À propos d'*À la recherche du temps perdu*) (1991), in *Bainian liushou* (*Réflexions sur le siècle*), Beijing, Qunzhong chubanshe, 1995, p. 256.

[34] Sun Ganlu, *Huxi* (*Respirer*), Guangzhou, Huancheng chubanshe, 1993, p. 34. Trad. fr.: Sun Ganlu, *Respirer*, roman traduit du chinois par Nadine Perrot, Editions Philippe Picquier, 1997, p. 49: «Il songea soudain qu'il lui semblait avoir déjà vu l'homme quelque part, mais la méthode proustienne de réminiscence ne lui fut d'aucun secours. Pistant la mauvaise haleine, il se pressura la tête sans parvenir à éveiller en lui le souvenir de l'homosexuel.»

[35] Wang Xiaobo, dans *L'Age d'or*, évoque *À la recherche du temps perdu*, en propo-

Ces réticences et réserves contrastent avec d'autres écrivains qui captent chez Proust des messages plus positifs, tout en en fournissant des interprétations qui renvoient à leurs propres préoccupations thématiques. En évoquant le souvenir de Gaomi, son pays natal, lieu mythique de ses histoires romanesques, Mo Yan ne se contente pas de se prévaloir du Yoknapatawpha de Faulkner ou du Macondo de Garcia Marquez, mais parle de sa «compréhension d'*A la recherche du temps perdu* de Proust,» car comme l'écrivain français, il s'attache à son pays d'enfance, en entretenant la mémoire grâce à une fixation spatiale[36]. Auteur de récits de structure savante mais d'une sensibilité à fleur de peau, où le moindre signe se prête à un travail de décryptage minutieux, Ge Fei semble surtout apprécier chez Proust son sens de l'observation, son intuition et «ces associations d'idées» qui «sont les seuls liens existant entre la sensation et la mémoire»[37]. Si Wang Anyi, si attachée à la finesse des sentiments et aux analyses psychologiques, insiste sur l'expérience individuelle, unique et exclusive que dégage l'œuvre de Proust[38], en revanche, Zhang Wei, chantre de l'humanisme contre une société en mutation de plus en plus soumise à des lois mercantiles, voit en Proust avant tout une vie dédiée à la vocation littéraire que rien n'ébranle[39]. Dans un autre ordre d'idée, la toute jeune et controversée Wei Hui, résolue à écrire sur la génération «cool», fait sienne cette

sant de le traduire par *Sishui liunian* (*Les Années passées comme l'eau*), expression proprement chinoise, au lieu de *Zhuiyi sishui nianhua.* Il l'adopte d'ailleurs comme titre de la troisième partie de ce roman primé à Taïwan. Wang Xiaobo, *Huangjin shidai* (*L'Age d'or*), Guangzhou, Huacheng chubanshe, 1997, p. 145. Traduction française: *L'Age d'or*, trad. par Jacques Seurre, Versailles, éd. du Sorgho, 2001.

36 Mo Yan, «Au-delà du pays natal» (Chaoyue guxiang), in *Hui changge de qiang* (*Le Mur chantant*), Beijing, Renmin ribao chubanshe, 1998. p. 226.

37 Ge Fei, «Roman et mémoire», «L'intuition chez Proust», in Annie Curien (coordination), *Lettres de Chine*, Bleu de Chine, 1996, p. 57; 127-129. Cf. aussi ses commentaires sur Su Tong en faisant l'éloge de l'intelligence en retrait, dont parle Proust dans *Contre Sainte-Beuve*: Ge Fei, «Shinian yiri» (Dix ans comme un jour), in Geng Zhanchun (éd.), *Xinshidai de rennai. Zuojia sanwen juan* (*La Résignation de la nouvelle époque. Anthologie des essais*), Beijing, Shehui kexue wenxian chubanshe, 1998, p. 338-339.

38 Wang Anyi estime que les impressions et les souvenirs chez Proust, comme chez V. Woolf, «ne sont accessibles qu'à l'individu en question. Nous ne pouvons pas trancher pour savoir si cet individu est l'auteur lui-même, mais comme tout cela est créé par l'auteur, il est fort probable que le sentiment provient de lui. Le plus important est que ce sentiment revient toujours à un seul individu, quel qu'il soit, et qu'il ne peut être partagé par une deuxième personne». Wang Anyi, «Shui lai ting gushi» (Qui vient écouter l'histoire?) (1990), in Wang Anyi, *Piaopuo de yuyan* (*Le Langage en dérive*), *Wang Anyi zixuanji* (*Œuvres choisies*), vol. 4, Beijing, Zuojia chubanshe, 1996, p. 422.

39 Cf. Zhang Wei, «Notes à la lecture de quatre écrivains français», in *Lettres en Chine, op. cit.*, p. 122-123.

vocation littéraire dans sa nouvelle, «Une Alliance en papier», dans laquelle la narratrice évoque des rencontres amoureuses fugitives et des sentiments nostalgiques en compagnie des «trois doux volumes de Proust»[40].

Problèmes de traduction

Avant de considérer l'incidence qu'exercent ces diverses perceptions de l'œuvre de Proust sur la propre création de certains écrivains chinois, examinons d'abord quelques problèmes liés à la traduction proprement dite.

Parmi d'innombrables défis à relever dans la traduction de l'œuvre de Proust, le plus grand est, à l'évidence, de savoir comment affronter les redoutables circonvolutions de la phrase proustienne, cette «syntaxe sans rivage» selon W. Benjamin, d'autant plus qu'un fossé profond sépare le français, langue alphabétique à syntaxe extensible, du chinois, où la densité sémantique prédomine au détriment d'une syntaxe inconsistante. L'écriture proustienne résiste, en effet, à cette langue rétive à des subordonnées et des périodes aussi longues. Ne possédant pas de pronom relatif, elle transforme automatiquement toute subordonnée relative en une sorte d'épithète ou de déterminatif. Or une accumulation de trois déterminatifs alourdit aussitôt la phrase. La traduction surmonte ces difficultés inhérentes à la langue-cible en adoptant une stratégie générale qui consiste à éviter de chercher l'équivalent absolu en reconstituant les phrases longues, mais cela se réfère plutôt au critère chinois, en recréant des phrases qui dépassent la moyenne syntaxique du chinois. Ce qui prime, c'est le vraisemblable, l'impression de longues phrases. Un choix qui ne répond pas à la norme syntaxique du français, mais bien au rythme auquel s'est habitué notre souffle[41].

La phrase proustienne subit donc segmentation et réorganisation, faisant place le plus souvent au groupe transphrastique. Soucieux d'abord de l'intelligibilité du texte traduit, ce travail d'assemblage et d'agencement offre un résultat mitigé. Ainsi, contrairement à ce que l'on redoutait, les barrières dressées par les phrases les plus longues se sont laissé

[40] Wei Hui, «Zhi Jiezhi» (Une Alliance en papier), in *Qishi niandai yihou xiaoshuo xuan* (*Anthologie de nouvelles écrites par la génération post-soixante-dix*), Shanghai, Shanghai wenyi chubanshe, 2000, p. 89-118.

[41] Comme l'indique M. Granet: «Le rythme, dans la prose chinoise, a les mêmes fonctions que remplit ailleurs la syntaxe», *La Pensée chinoise,* A. Michel, 1968, p. 71. Granet montre cette spécificité à propos de la langue chinoise classique, mais la remarque vaut aussi, dans une certaine mesure, pour le chinois moderne.

franchir avec une relative aisance. C'est le cas pour la plus longue phrase dans «Combray I», qui développe en cinquante et une lignes les thèmes fondamentaux du souvenir, des chambres, de la dissociation de la personnalité. La traduction suit le déploiement successif de ces longues périodes, introduites par «où» et reliées par des tirets. La traduction transforme simplement chaque subordonnée en phrase (unité syntaxique complète en chinois marquée par un point), avec une petite initiative de sinisation, consistant à substituer les alinéas aux tirets, d'usage peu fréquent dans la ponctuation chinoise[42]. On observe un même travail de réaménagement dans le traitement de cette phrase amplifiée, dans *Sodome et Gomorrhe,* qui énonce d'un seul tenant, dans un même souffle, toutes les facettes du problème de l'homosexualité. Elle est découpée en phrases courtes, mais ordonnées, reliées par des virgules et des points-virgules. La traduction joue alors sur l'ambiguïté entre les phrases indépendantes et la ponctuation originale, signifiant la longue phrase sans compromettre sa lisibilité[43].

Mais des incertitudes se repèrent ici et là. Le traitement de la longue phrase dans *Le Temps retrouvé* laisse percevoir certaines hésitations, non pas dans le découpage général de la phrase, mais dans la traduction de la dernière proposition subordonnée. Fidèle à la construction originale — la succession des deux relatives, introduites par «lesquelles» et «que» et rendues plus ardues par l'alternative des pronoms indéfinis, «telle puis telle» et «tel puis tel» —, la traduction s'enlise dans une suite de déterminatifs, rendant la lecture embrouillée et obscure[44].

L'assurance de la lisibilité se paye parfois au prix de la création d'un autre ordre de lecture. Dans une page de *La Fugitive*, le narrateur décrit sa mère comme une effigie, comme si la vie de la personne la plus aimée ne devait sa justification qu'à l'art. Mais ce contrepoint esthétique doit sa force à une construction syntaxique particulière, une structure énigmatique dont la clé ne se livre qu'à la fin d'une série d'images et de descriptions. Par souci de clarté, la traduction a réorganisé la phrase de façon à inverser l'ordre, en anticipant le mot «mère». La dernière partie de la phrase retraduite donnerait ceci:

我有過這樣的時刻, 即當我回想起聖洗堂, 回想起我面對這聖約翰將耶穌浸入其中的約旦河的波濤, 而游艇正在小廣場前等候我們, 這時我便不能不動情地 想到, 在涼爽的半明半暗中, 在我身旁, 有一位身着孝服的婦人, 她臉上帶者卡帕契奥的"

[42] *RTP*, t. I, p. 7-8; *traduction chinoise*. vol. I, p. 7-8.
[43] *RTP*, t. II, p. 615-618; *traduction chinoise*, vol. IV, p. 15-17.
[44] *RTP,* t. III, p. 897; *traduction chinoise*. vol. VII, p. 204-205.

聖于絮爾”中那位老婦人的畢恭畢敬而又熱情洋溢的虔誠表情，而這位臉頰紅潤，眼神憂傷，罩着黑面網的婦人就是**我的母親**，對我來説，從此没有人和東西能把她和聖馬可教堂那光綫柔和的殿堂分開，我確信總能在殿堂裏再找到她，因爲她在那兒就象在一幅拼花圖案中一樣占有一個專門的，固定不變的位置。

> … Je ne pouvais penser sans émotion que, dans cette fraîche pénombre, à côté de moi, il y eût une femme drapée de deuil; elle avait sur son visage l'expression de la femme âgée avec sa ferveur respectueuse et enthousiaste qu'on voit dans la *Sainte Ursule* de Carpaccio; et cette femme aux joues rouges, au regard triste, en voile noir, était précisément **ma mère**; pour moi, rien ne pourra la séparer du sanctuaire doucement éclairé de la Basilique Saint-Marc; j'étais persuadé de la retrouver dans le sanctuaire, car elle y occupera comme dans une mosaïque une place réservée et immuable[45].

La phrase, en chinois, est parfaitement équilibrée, mais l'équilibre s'obtient en perdant la force énigmatique que contient le mot «ma mère» dans sa position clausulaire. Un exemple similaire se trouve dans *Le Côté de Guermantes*, où une solution meilleure aurait semblé plus difficilement envisageable que dans le cas précédent, puisque l'auteur détache le nom de son complément en reléguant ce dernier à la fin de la phrase. Sans autre choix, la traduction en vient à souder les deux éléments, effaçant ainsi l'effet créé par la disjonction et le retardement:

> Si cette vocation fût advenue ce soir-là, cette voiture eût mérité de demeurer plus mémorable pour moi que celle du docteur Percepied. (J'avais composé dans la voiture du docteur Percepied une petite description des clochers de Martinville; je l'avais trouvée précisément il y a peu de temps; je l'avais arrangée et envoyée au *Figaro*, mais il n'y en avait aucune nouvelle)[46].

[45] *Traduction chinoise*, vol. VI, p. 226. Le texte original: «Une heure est venue pour moi où, quand je me rappelle le baptistère, devant les flots du Jourdain où Saint-Jean immerge le Christ, tandis que la gondole nous attendait devant la Piazzeta, il ne m'est pas indifférent que dans cette fraîche pénombre, à côté de moi, il y eût une femme drapée dans son deuil avec la ferveur respectueuse et enthousiaste de la femme âgée qu'on voit à Venise dans la *Sainte Ursule* de Carpaccio, et que cette femme aux joues rouges, aux yeux tristes, dans ses voiles noirs, et que rien ne pourra plus jamais faire sortir pour moi de ce sanctuaire doucement éclairé de Saint-Marc où je suis sûr de la retrouver parce qu'elle y a sa place réservée et immuable comme une mosaïque, ce soit *ma mère*.» *RTP*, t. III, p. 646.

[46] *Traduction chinoise*, vol. III, p. 391. Le texte original : «Si cela fût advenu ce soir-là, cette voiture eût mérité de demeurer plus mémorable pour moi que celle du docteur Percepied sur le siège de laquelle j'avais composé cette petite description — précisément retrouvée il y a peu de temps, arrangée, et vainement envoyée au *Figaro* — des clochers de Martinville.» *RTP*, t. II, p. 397.

Différence de perception temporelle, mais aussi de perception spatiale. Comme les longues phrases se transforment en groupes transphrastiques, le récit enchâssé se donne à lire parfois comme une digression juxtaposée. Dans *Du côté de chez Swann*, le souvenir de maman évoque, en l'espace d'une phrase continue et par une série de subordonnées, des indications plus complexes que de simples adjectifs pourraient le faire, sur les personnes, le temps et les aspects, et par là même un récit à l'intérieur d'un récit. Lisons la retraduction:

> Je savais... l'ombre que faisait le store du magasin où maman entrait avant la messe faire ses emplettes. Le magasin avait une odeur de toile écrue; maman y achetait peut-être un mouchoir et le patron le lui ferait montrer en cambrant la taille; lui-même, se préparait à fermer en passant dans l'arrière-boutique pour mettre sa veste du dimanche et se laver les mains. Il avait l'habitude de se frotter les mains une fois toutes les cinq minutes, même si dans les circonstances les plus mélancoliques, il devait pourtant les frotter d'un air d'entreprise, de partie fine et de réussite[47].

Les développements annexes se composant dans le texte original de phrases subordonnées, l'ajout des éléments narratifs et descriptifs s'introduit de façon imperceptible, comme s'ils s'englobaient naturellement dans le premier récit concernant maman. Segmentée en phrases indépendantes, la traduction occasionne un certain hiatus, offrant non pas le même récit, complété des informations métadiégétiques, mais plutôt une digression juxtaposée, en dépit de l'isotope assuré par le thème et le rhème.

Mais les longues phrases, souvent engendrées par les métaphores, créent des difficultés à un autre niveau: diversité et harmonie du contenu. La traduction de ce «fondu»[48], de cette cohérence sémantique, s'avère une véritable prouesse. Un immense investissement dans une analyse littéraire approfondie permet aux traducteurs non seulement de démêler les imbrications des subordonnées, mais aussi de déchiffrer des

[47] *Traduction chinoise*, vol. I, p. 67. Le texte original: «et je savais exactement... l'ombre que faisait le store du magasin où maman entrerait peut-être avant la messe, dans une odeur de toile écrue, faire emplette de quelque mouchoir que lui ferait montrer, en cambrant la taille, le patron qui, tout en se préparant à fermer, venait d'aller dans l'arrière-boutique passer sa veste du dimanche et se savonner les mains qu'il avait l'habitude, toutes les cinq minutes, même dans les circonstances les plus mélancoliques, de frotter l'une contre l'autre d'un air d'entreprise, de partie fine et de réussite.» *RTP*, t. I, p. 65.

[48] Comme l'affirme Proust lui-même: «... une espèce de fondu, d'unité transparente, où toutes les choses, perdant leur aspect premier de choses, sont venues se ranger les unes à côté des autres dans une espèce d'ordre, pénétrées de la même lumière, vues les unes dans les autres, sans un seul mot qui reste en dehors, qui soit resté réfractaire à cette assimilation... Je suppose que c'est ce qu'on appelle le Vernis des Maîtres». Marcel Proust, *Correspondance*, Plon, tome II, p. 86.

liens implicites entre les choses, entre différents éléments; ils prêtent autant d'attention à des «détails», à des indices spatio-temporels, aux sons et à l'ambiguïté des mots, ou simplement aux «riens», qui constituent parfois de véritables «détonateurs d'analogies». En donnant à lire un texte qui transcende les «aspects premiers des choses», la traduction ne nous prive pas de la possibilité de repérer cette complexité harmonieuse.

Un grand nombre de métaphores demeurent ainsi presque intactes, avec des réseaux d'images toujours perceptibles. S'agissant d'abord des «métaphores métonymiques», fondées sur la présence d'éléments spatiaux, leur conservation ne rencontre pas de difficultés particulières puisque la motivation du rapprochement s'aperçoit explicitement: le clocher de Saint-Hilaire à Combray est successivement comparé à une ruine pourpre, à une brioche et à un coussin. Ce phénomène de mimétisme réitéré, dans la traduction, ne compromet en rien l'intelligibilité, car les trois éléments: le vignoble, la brioche et l'heure d'aller dire bonsoir s'inscrivent sans ambiguïté dans le texte traduit[49]. Dans d'autres cas, avec des rapports d'analogie plus subtils, de synesthésie par exemple, l'appréhension se réalise non sans effort, ni brio. Le septuor, déployé dans une métaphore filée qui traverse des pages entières, reste associé à la couleur rose et mystérieuse, par opposition à la sonate liliale et candide. La recherche de la cohérence homogénéise la série d'images: on n'a pas traduit simplement certains des mots de l'ensemble, mais l'ensemble de ce champ conceptuel[50].

Mais ici comme ailleurs, l'opération translinguistique ne réussit pas toujours un transfert complet. L'ambiguïté du langage ou la syntaxe particulière imposent des limites au travail de transposition. La polysémie de certains mots dissimule parfois l'élément générateur de la métaphore. Dans *Le Côté de Guermantes*[51], si le narrateur compare la salle de l'Opéra aux profondeurs sous-marines, fournissant ensuite une description prolongée des divinités mythologiques de la mer, c'est seulement en français qu'un lecteur peut soupçonner l'origine de cette analogie: dans le mot «baignoire», l'ambiguïté sémantique permet au narrateur de mettre en communication les deux univers. Quand bien même on y ajouterait une note, la traduction doit se rendre à ses limites, sauf trouvaille

[49] *RTP*, t. I, p. 62 et 65; *traduction chinoise,* vol. I, p. 66-67. Seulement dans la première comparaison, on ne sait pour quelle raison, la couleur est plus tirée vers le rouge que vers le violet.

[50] *RTP*, t. III, p. 250 et sq.; *traduction chinoise*, vol. V, p. 243 et sq.

[51] *RTP*, t. II, p. 38; *traduction chinoise*, vol. III, p. 30.

providentielle, devant une telle polysémie. D'ailleurs, comment pourrait-on procéder autrement en cherchant à préserver, dans la traduction de *La Jalousie* de Robbe-Grillet, à la fois le sentiment et l'objet? Mais d'autres pages semblent plus conscientes du problème auquel elles tentent de remédier par des explications. Dans *Les Jeunes filles,* l'analogie établie vraisemblablement aussi à partir de la polysémie d'un mot comme «baie», suscite l'introduction d'une note fort utile pour l'appréciation du passage métaphorique[52].

Quant aux déviations sémantiques, elles ne proviennent pas de l'ignorance du champ sémantique garantissant la cohérence de la métaphore filée, mais de la difficulté, voire de l'impossibilité de respecter en même temps le sémantique et le syntaxique, le remaniement du second portant au premier un préjudice fatal. Certaines pages en viennent ainsi à introduire des éléments étrangers au champ sémantique original, d'autres, au contraire, à laisser certains éléments traîner dehors. Prenons l'exemple de cette belle série d'images décrivant la chambre de tante Léonie. La métaphore repose sur une succession d'adjectifs, qui mêlent les sensations olfactives aux connotations comportementales et morales du personnage. L'hypallage associé à une construction adjectivale si étendue finit par provoquer un rétrécissement sémantique: le changement syntaxique obligé force à interpréter ces adjectifs, donc à en privilégier un sens. Sans que des éléments étrangers fassent intrusion dans le champ conceptuel de la langue-source — ce qui est déjà une belle performance — la traduction est contrainte d'en sacrifier certains éléments, réduisant ainsi la densité homogène du texte français. Les odeurs «lingères, matinales, dévotes, heureuses d'une paix...» deviennent:

潔净的床單, 清新的晨意, 虔誠的氣氛, 和諧地融合在一片寧静之中…

traduction chinoise, t. I, p. 51.

> «Les linges propres, l'air frais du matin et l'atmosphère dévote se fondent harmonieusement dans une paix générale[53] ...»

Dans cette entreprise collective, le style hétérogène est inévitable, la compétence et la sensibilité individuelle jouant un rôle prééminent. La

[52] *RTP*, t. I, p. 540; *traduction chinoise,* vol. II, p. 96: «Quand, après le déjeuner, nous allions, au soleil, prendre le café dans la grande *baie* du salon (...) la lumière de deux heures de l'après-midi, différente de ce qu'elle était partout ailleurs dans le *golfe* où elle faisait jouer à nos pieds ses flots d'or, parmi lesquels les canapés bleuâtres et les vaporeuses tapisseries émergent comme des îles enchantées.» On lit une note expliquant que le mot «baie» en français signifie à la fois «fenêtre» et «golfe».

[53] *RTP*, t. I, p. 49; *traduction chinoise*, vol. I. p. 51.

traduction ainsi réalisée est par conséquent conditionnée par des lectures individuelles, éminemment subjectives, qui rejoignent la sensibilité esthétique de Proust, pour qui la lecture est l'expérience revécue de chacun des individus et l'affirmation de son autonomie. Lire un auteur consiste non seulement à se rapprocher de lui, mais encore «à s'incorporer à lui, adhérer à sa façon la plus intime, la plus secrète, de penser, de sentir et de vivre»[54]. La lecture exige de nous un effort particulier, «une véritable descente au cœur de soi-même»[55], pour prolonger en soi le rythme de la pensée d'autrui. Proust invite donc son lecteur à une «autre lecture»: son roman est une incitation pour chacun à construire sa propre lecture du monde et de soi-même[56].

On trouve bien dans cette autonomie accordée au lecteur une ultime consolation qui permettrait d'exorciser le pessimisme ressenti devant l'originalité intraduisible de l'écriture de Proust et le caractère irréductible du génie de la langue française. L'éternel imparfait? Il se fond littéralement dans ces millions de caractères. La magie des noms propres? Elle aussi, disparaît dans la forêt des idéogrammes. Le nom de Guermantes, dont «la syllabe "antes" en arrive à contenir tous les traits» du personnage comme l'a si bien démontré Jean Milly[57], inspirerait probablement chez le lecteur chinois d'autres images que «lumière orangée», «amarante et légendaire»[58]. Tout en entrevoyant à travers le nom de Florence une cité fleurie et embaumée, on est déjà moins en mesure de repérer des traces de coutumes anciennes dans les syllabes «hétéroclites» du nom de Balbec, sans parler de Parme, dont l'oreille chinoise ne capte qu'une sonorité aussi claire et aérée que Proust le sent lourd et étouffant[59].

Sachant que le petit pan de mur jaune, «si on le regardait seul», serait «comme une précieuse œuvre d'art chinoise, d'une beauté qui se suffirait à elle-même»[60], et qu'à partir d'un malentendu sur l'idéogramme chinois Ezra Pound a construit toute une leçon d'imagisme, ni l'inaccessibilité du mystère, ni la réceptivité créatrice ne doit étonner.

[54] G. Poulet, «Préface» à R. de Chantal *Marcel Proust: critique littéraire*, P.U. de Montréal, 1967, t. 1, p. IX.

[55] J. Ruskin, *Sésame et les Lys*, trad. notes et préf. de Proust, Mercure de France, 1906, p. 86, note 1.

[56] Proust, *RTP*, t. III, p. 1033: «Pour en revenir à moi-même, je pensais plus modestement à mon livre, et ce serait même inexact que de dire en pensant à ceux qui le liraient, à mes lecteurs. Car ils ne seraient pas, selon moi, mes lecteurs, mais les propres lecteurs d'eux-mêmes.»

[57] Jean Milly, *La Phrase de Proust*, Larousse, 1975, p. 79.

[58] *RTP*, t. I, p. 171; t. II, p. 12-15; *traduction chinoise*, vol. I, p. 172; vol. III, p. 4-7.

[59] *RTP*, t. I, p. 387-388; *traduction chinoise*, vol. I, p. 383-384.

[60] *RTP*, t. III, p. 186-187.

La réécriture

Si différentes que paraissent ces perceptions, deux thèmes semblent retenir surtout nos écrivains chinois: le rôle de la mémoire et du temps dans l'écriture romanesque, à travers la mise en texte des expériences individuelles, intériorisées certes, mais toujours en rapport avec le monde. C'est ce que montre l'un des aspects caractéristiques de l'œuvre de Yu Hua.

La première rencontre de Yu Hua avec l'œuvre de Proust suscite un intérêt qui se justifie sans doute par la volonté de l'auteur d'accréditer les créations expérimentales auxquelles son nom est associé. Il tente en effet de plaider en faveur de ce courant en soulignant la nécessité, dans le contexte chinois du milieu des années quatre-vingt, de rénover et de révolutionner le langage narratif. Ainsi considère-t-il, en reprenant la définition que Ionesco donne de l'avant-garde, que le courant avant-gardiste, révélé comme le plus actif entre les années 20 et 30 trouve sa légitimité dans les impératifs d'innovation artistique ou littéraire: «... dans le domaine littéraire, les écrivains les plus imaginatifs et les plus perspicaces ont rejoint sans exception ce courant de rénovation. Ils sont Kafka, Joyce, Proust, Sartre, Camus, Eliot, Beckett, Ionesco, Robbe-Grillet, Simon, Faulkner, etc.»[61]. La revendication de Yu Hua repose sur le constat qu'il dresse des interdits et des réticences qui frappent encore le discours romanesque même si la littérature en Chine acquiert une certaine liberté thématique. Si le choix des sujets varie selon la littérature des «cicatrices», de la «réflexion» et de la «quête des racines», «il existe encore toutes sortes de règles concernant la narration. On peut dire que la littérature d'avant-garde en Chine est fondamentalement une révolution sur le plan narratologique»[62].

A la différence de certains écrivains qui se sont imposés au début des années quatre-vingt, ce désir chez Yu Hua du renouvellement du discours narratif ne sera pas d'ordre purement technique, correspondant à un engouement d'emprunt formel, mais se traduit plutôt, à l'instar de Wang Anyi, par l'expression originale d'expériences individuelles et de perceptions personnelles. La littérature doit reposer, selon Yu Hua, sur le vécu et les impressions personnelles et non sur «la connaissance ordinaire et commune» (*dazhong changshi*). En citant un passage du *Temps retrouvé* concernant le souvenir de Combray et de Doncière lié aux

[61] Yu Hua, «Chuantong xiandai xianfeng» (Tradition, modernité et avant-garde), *Jinri xianfeng* (*Avant-garde aujourd'hui*), nº 3, 1995, p. 5.
[62] *Ibid.*, p. 6.

facultés sensorielles et à la synesthésie[63], il affirme: «Combray et Doncière sont deux toponymes. Ici, le bruit de cloches et le calorifère n'ont plus la signification de notions ordinaires, connues de tous: ils s'écartent du collectif pour se diriger vers ce qui est individuel»[64]. La valorisation d'un moi phénoménologique et d'un sujet sensible unique est ainsi l'idée que Yu Hua retient de l'œuvre de Proust, idée qui s'inscrit en même temps dans une réception générale[65].

L'enseignement particulier que Yu Hua tire de ses lectures de Proust concerne le temps et la mémoire, deux dimensions universalisables, selon lui, car omniprésentes, dans toute création littéraire, dès lors qu'il s'agit de la représentation de la vie. Ainsi en commentant *Trois Sœurs-En attendant Godot*, pièce mise en scène par Lin Zhaohua et jouée en 1998 à Pékin, Yu Hua développe-t-il le thème de l'attente qui justifie la réunion des deux pièces de Tchekhov (1901) et de Beckett (1951). Il établit un lien avec Proust, chez qui le thème de l'attente revêt une signification spécifique dans la mesure où, intimement liée à l'expérience de la vie, l'attente y révèle toute son importance temporelle: «Marcel Proust a transformé l'attente, à travers son roman-fleuve *A la recherche du temps perdu*, en un récit autobiographique qui montre la façon dont il apprécie sa propre existence.» Yu Hua recourt à la métaphore de l'eau pour signifier les relations entre le récit et le temps que suggère le même thème: «L'attente chez Proust comme chez Dante est le temps qui coule dans la narration. A la manière de l'eau de la rivière qui caresse un galet, Proust et Dante laissent leur flux narratif venir caresser tous les galets qui attendent sur le rivage. Ainsi sans arrêt disparaît et réapparaît leur attente.»[66]

L'impact de Proust sur Yu Hua ne se traduit pas seulement dans son discours critique, mais aussi dans l'intertextualité qui nous invite à voir la manière dont il incorpore les références proustiennes dans ses propres

[63] «...elle (la nature) ne m'avait permis de connaître, souvent longtemps après, la beauté d'une chose que dans une autre, midi à Combray que dans le bruit de ses cloches, les matinées de Doncières que dans les hoquets de notre calorifère à eau.» Proust, *RTP*, t. 3, p. 889-890.

[64] Yu Hua, «Xuwei de zuopin» (Œuvre fictive), in *Yuhua zuopinji* (*Œuvres de Yu Hua*), Beijing, Zhongguo shehui kexue chubanshe, 1995, vol. 2, p. 278.

[65] Cf. Chen Jin, *Dangdai zhongguo de xiandaizhuyi* (*Le Modernisme dans la Chine contemporaine*), Beijing, Zhongguo wenlian chuban gongsi, 1988. 164-165. L'auteur cite d'ailleurs le même passage du *Temps retrouvé*, traduit et recueilli dans Wu Lifu (éd.), *Xiandai xifang wenlun xuan* (*Anthologie des théories littéraires occidentales modernes*), Shanghai, Yiwen chubanshe, 1983, p. 127, 131.

[66] Yu Hua, «Qikefu de dengdai» (L'attente de Tchekhov), *Dushu* (*Lire*), n° 7, 1998, p. 8.

récits ainsi que les jeux de transformation et de réécriture qui s'y inscrivent.

Dès 1988, année de la publication d'*Un monde évanoui*[67], Yu Hua commence en effet à explorer les réseaux de relations qui tissent le monde: entre l'homme et la réalité sociale, l'homme et son environnement naturel, ainsi qu'entre les êtres humains eux-mêmes. Les rapports secrets, fugitifs et évanescents qu'il croyait déceler lui ont révélé un monde gouverné par la force du destin. Cette méditation sur le destin, largement entamée, rencontre des échos à travers la lecture de Proust, qui lui a permis de découvrir et de déchiffrer une force superposée: le temps. Le texte le plus enthousiaste et le plus illustratif de cette nouvelle lecture du monde est sans doute *Quelques pages pour Yang Liu*, paru l'année suivante[68], où il tente de mettre en texte cette vision inédite du monde en structurant l'histoire par le temps. Il en «éprouve une joie immense, en entrant dans un univers tout nouveau»[69], car il en possède derechef une clé pour appréhender le passé: «Le monde se constitue de ce qui s'y est passé. Son architecture est bien le temps, qui représente la totalité du monde. Bien entendu, le temps en question n'est plus un temps réel, car il n'est plus fixé dans un ordre[70] ...» Cette temporalité spécifique est tributaire de la mémoire, qui révèle les significations insoupçonnées des choses en insérant le passé dans une réorganisation temporelle: «Un tel ordonnancement est sans doute le travail de la mémoire. Nous l'appelons la logique de la mémoire. La signification du temps réside donc dans le fait qu'il possède le pouvoir permanent de restructurer le monde. Autrement dit, après chaque restructuration réalisée par le temps, le monde révèle un nouveau visage[71].» Le temps lié à la mémoire sera désormais au centre de sa thématique romanesque.

Vivre, publié en 1992, transfigure précisément cette nouvelle perception temporelle. Le roman marque un tournant capital dans la création de Yu Hua, avec une réorientation notable vers la narration linéaire et un univers plein d'humanisme. Ce retour ostentatoire à une écriture plus traditionnelle occulte parfois la recherche qu'il poursuit sur le temps.

[67] Yu Hua, *Shishi ruyan* (Un Monde évanoui), in *Œuvres de Yu Hua, op. cit.* vol. 2, pp. 46-86. Trad. fr.: Yu Hua, *Un Monde évanoui,* récits traduits du chinois par Nadine Perront, Editions Philippe Picquier, 1994.

[68] «Ciwen xiangei shaonü Yangliu» (Quelques pages pour Yang Liu), in *ibid.*, pp. 87-119. Trad. fr. in *Un Amour classique*, trad. par Jacqueline Guyvallet, Actes Sud, 2000, p. 143-198.

[69] *Ibid.*, p. 287. Au dire de l'auteur, la structure originale a été malheureusement modifiée et aplatie par la rédaction lors de sa publication dans la revue *Zhongshan.*

[70] *Ibid.*, p. 286.

[71] *Ibid.*

L'histoire se déploie en effet selon les souvenirs de Fu Gui, protagoniste de l'œuvre. À la différence des villageois amnésiques, il se délecte de l'anamnèse, en racontant inlassablement sa vie: «Il aimait évoquer sa vie, comme si par ce moyen, il pouvait revivre chacun de ses moments[72].» C'est sans doute la meilleure façon pour lui d'affronter l'acharnement du destin en refusant l'oubli et l'usure du temps. Si la mémoire est honorée dans *Vivre* par la mise en scène d'un survivant des cataclysmes, c'est par le biais d'une fiction autobiographique, *Zai xiyu zhong huhan* (*Cris dans la bruine*)[73], que l'auteur décline la mémoire dans tous ses aspects, en avouant son attachement à Proust[74].

Le narrateur évoque le souvenir de son enfance passée au milieu des scandales du village, de la mort de certains de ses proches et de son éveil sexuel. L'histoire se déroule sur un fond de légendes familiales, avec l'image floue et mystérieuse de son arrière grand-père, tailleur de pierre et constructeur de ponts. Mais ce sont surtout les rapports tendus et distants entre le père et le narrateur qui en constituent les motifs récurrents. L'enfant quitte en effet la famille à l'âge de six ans pour aller vivre auprès d'un couple stérile, qui a une meilleure situation matérielle. Après la mort de son père adoptif, officier affectueux, qui s'est suicidé à la suite du scandale causé par ses liaisons extraconjugales, l'enfant revient au pays. Il rencontre sur le chemin du retour son grand-père qui ne le reconnaît pas et qui cherche aussi à regagner le village. Pendant ce temps un incendie détruit la maison natale.

L'écriture autobiographique liée à l'enfance et à la formation de l'auteur n'est pas sans rappeler *The Catcher in the Rye* (*L'Attrape-cœurs*) (1945) de J. D. Salinger ou *A Portrait of the Artist as a Young*

[72] Yu Hua, *Huozhe* «Vivre!», in *Œuvres de Yu Hua, op. cit.*, vol. 3, p. 257. Trad. fr.: Yu Hua, *Vivre!*, roman traduit du chinois par Yang Ping, Le Livre de poche, 1994, p. 47.

[73] Yu Hua, *Zai xiyu zhong huhan* «Cris dans la bruine», in *ibid.*, pp. 3-228 [intitulé originellement *Huhan he xiyu* «Cris et bruine» quand il est paru dans la revue *Shouhuo*, n° 6, 1991]. Le roman existe en traduction française, que nous n'avons pas pu malheureusement utiliser pour ce travail: *Cris dans la bruine*, traduit par Jacqueline Guyvallet, Actes Sud, 2003.

[74] Yu Hua affirme dans la «Préface» qu'il a écrite pour l'édition italienne du roman publié en 1998: «Cela doit être un livre de souvenirs, dont la structure provient de la perception du temps, plus exactement, de celle du temps vécu, à savoir du temps du souvenir...» *Wo Nengfou xiangxin ziji* (*Puis-je croire à moi-même?*), Beijing, Renmin ribao chubanshe, 1998, p. 149. Interrogé par l'écrivain Yang Shaobin sur les influences qu'il aurait reçues de Proust, il répond: «Proust est capable d'impressions prolongées et ininterrompues; il a ce don qui dépasse de loin la longueur d'*A la recherche du temps perdu*. Ses impressions sont si singulières et, en même temps, si familières qu'elles nous entraînent dans son univers...» À l'observation faite par l'interviewer: «Votre premier roman *Cris dans la bruine* revêt un style dont la finesse laisse percevoir quelque parenté avec *À la recherche du temps perdu*», il répond: «Je l'espère.» *Ibid.*, p. 256.

Man (*Portrait de l'artiste en jeune homme*) (1916) de James Joyce. Le roman cependant s'imprègne des réminiscences d'*A la recherche du temps perdu*, comme le montre déjà ce début qui porte sur le sommeil ou plutôt le demi-réveil de l'enfant:

> En 1965, un enfant commença à éprouver une peur indicible dans la nuit. Je me souviens de cette nuit de bruine. J'étais déjà couché, après avoir été mis au lit comme un jouet, tant j'étais petit. L'auvent qui dégouttait de pluie révélait l'existence du silence. Je m'endormais progressivement, pour oublier petit à petit le bruit. Cela devait être à ce moment-là, au moment même où j'entrais en sommeil de façon paisible et calme, qu'un sentier semblait apparaître silencieusement, écartant progressivement les arbres et les buissons. Les cris d'une femme ressemblant aux pleurs se firent entendre de loin: une voix rouillée résonna soudain dans la nuit couverte d'un silence de mort. L'enfance, dans mon souvenir actuel, frissonne sans cesse[75].

La replongée vingt-cinq ans plus tard dans cette nuit de cauchemar, à la recherche de ces cris mystérieux et étranges, ou de manière plus insistante encore, pour «entendre une voix qui répondait», apparaît comme un geste d'exorcisme accompli grâce à une écriture nourrie par la mémoire[76].

Exorcisme contre la peur, mais aussi contre la mort, dont l'accident meurtrier de son petit frère — sa noyade dans un lac — constitue un événement majeur qui obsède d'autant plus l'enfant qu'il demeure inexplicable:

> On doit dire qu'il n'y avait rien d'extraordinaire au moment où, cet été fatidique, mon petit frère sortit de la maison, car des milliers de fois il l'avait quittée comme ça. Mais à cause du drame qui suivit la sortie de Sun Guangming, mon souvenir modifie la situation. Quand, après avoir traversé le long chemin de la mémoire, mon regard atteint de nouveau Sun Guangming, l'endroit d'où il sortait n'était plus une maison. Par mégarde mon petit frère est sorti du temps. Une fois qu'il a quitté le temps, il s'est figé, tandis que nous continuons notre chemin sous la propulsion du temps. Sun Guangming aura vu que le temps emporte son entourage et son environnement. J'observe cette scène réelle: après l'enterrement, le mort gît à jamais alors que les êtres vivants continuent à se mouvoir. Une telle scène est l'indice que fournit le temps aux êtres, qui errent encore dans la réalité[77].

Un tel passage nous laisse percevoir l'emprise du temps, maître de notre destin, notre vie entière étant placée sous ses auspices et sous son action. Seule la mort semble nous permettre d'y échapper. L'auteur transforme

[75] *Ibid.*, p. 4.

[76] Wang Dewei, «Shanghen jijing, baoli qiguan» (Improvisations sur les traumatismes et spectacles de violence), *Dushu* (*Lire*), nº 5, 1998, p. 113-121.

[77] Yu Hua, *Cris dans la bruine*, *op. cit.*, p. 26.

d'ailleurs ici l'espace en temps; tous nos rapports avec l'environnement se projettent sur un axe temporel[78]. Mais l'auteur semble suggérer deux temporalités distinctes. Le temps matériel nous emprisonne dans un dilemme inexorable: en restant à l'intérieur de ce temps, l'homme est condamné à «l'errance», tandis qu'en le quittant, c'est la mort qui le guette. En revanche, le temps imaginaire, celui de la mémoire et de l'écriture, est libérateur: il permet de conjurer la mort en nous rendant à la fois conscients du temps écoulé et capables de le ressusciter.

Yu Hua semble emprunter une voie originale pour affronter Thanatos. La mémoire involontaire, réutilisée et réécrite par Yu Hua, prend une tournure recontextualisée et personnelle. En retrouvant un journal qu'il a tenu pendant son enfance et sur lequel il avait noté toutes les brimades qu'il a subies de son père, le narrateur nous confie:

> Bien des années après, je conservais encore ce cahier. Pourtant l'odeur de moisi qui s'en dégageait ne me permettait pas de retrouver clairement ma rancune d'antan. A la place est plutôt apparu un léger étonnement, qui a rappelé le souvenir des saules de Nanmen. Je me souviens qu'un matin au début du printemps j'ai découvert avec surprise que les branches desséchées s'étaient tout d'un coup couvertes de tendres bourgeons verts. C'était une belle image qui, émergeant, nombre d'années plus tard, de mon souvenir, s'associait étroitement, contre toute attente, au cahier de chinois insinuant pourtant l'humiliation subie. C'est peut-être cela la mémoire, qui surgit, ayant transcendé les rancœurs du monde de poussière[79].

La démarche analogique et métaphorique est visiblement moins esthétique qu'éthique, visant plus à dégager une certaine sagesse qu'à sublimer l'art dans sa fonction révélatrice de l'essence de la vie. «Le monde de poussière» nous renvoie à une sorte de compassion bouddhique mêlée à un humanisme confucéen sous-jacent, qui annonce déjà l'effort, si caractéristique du ton de *Vivre* et du *Vendeur de Sang*[80], de surpasser le traumatisme historique, de vaincre la fatalité et d'atteindre la sérénité suprême. En définitive, au-delà de *Cris dans la bruine*, l'ensemble de l'œuvre de Yu Hua sera habité par un rapport particulier au temps et à l'histoire, dans un déploiement thématique qui ne cesse de dialoguer avec Proust.

[78] L'auteur dit par ailleurs que: «En réalité, nous ne vivons pas sur terre, mais plutôt dans le temps. Champs, quartiers, rivières, maisons ne sont que nos compagnons dans le temps. Il nous propulse ou nous rejette, en nous changeant.» *Ibid.*

[79] *Ibid.*, p. 9-10.

[80] Yu Hua, *Xusanguan maixueji* (*Le Vendeur de sang*), Haikou, Nanhai chuban gongsi, 1998 (1re éd.: 1993). Trad. fr.: Yu Hua, *Le Vendeur de sang*, roman traduit du chinois par Nadine Perront, Actes Sud, 1997.

LA VILLE DE SHANGHAI VUE PAR LES ÉCRIVAINS INDONÉSIENS DANS LA PREMIÈRE MOITIÉ DU XXe SIÈCLE

Laurent METZGER
Maître de conférences, Université de La Rochelle

La ville de Shanghai a de tous temps attiré Chinois et étrangers. Parmi ceux qui ont été fascinés par cette ville, on relève beaucoup d'écrivains tant chinois qu'étrangers. Toute une littérature a ainsi été rédigée sur la ville, ou elle a pris pour cadre cette grande ville.

On pense ainsi d'abord à André Malraux et à son roman *La Condition humaine*[1]. Par ailleurs un des derniers romans qui a eu pour cadre la ville de Shanghai est probablement *The Master of Rain* de Tom Bradby, qui est sorti en 2002[2]. Ce roman évoque de façon magistrale le personnage très controversé de Du Yue Sheng. De leur côté les historiens ont aussi été très nombreux à évoquer cette ville. Un exemple tout récent: *Histoire de Shanghai* de Marie-Claire Bergère publié le mois dernier par Fayard à Paris.

Les écrivains indonésiens, surtout ceux d'origine chinoise, ont aussi été intéressés par cette ville et l'ont donc évoquée. On relève ainsi au moins une vingtaine de romans dont certains personnages passent ou vivent à Shanghai. Il faut sans doute rappeler que les liens du sang étaient très forts pour les Chinois d'Outre-Mer. Alors tout ce qui se passait dans la mère patrie était fortement ressenti par les communautés chinoises d'Asie du Sud-Est. L'intérêt pour le pays d'origine est donc resté très ancré dans la population chinoise d'Asie du Sud-Est jusqu'au moment des indépendances, comme celle d'Indonésie en 1945, de Malaisie en 1957, de Singapour en 1965 et de Brunei en 1984.

Evidemment La Seconde Guerre mondiale a été fortement ressentie par la communauté chinoise d'Asie du Sud-Est.

Un grand nombre de Chinois de cette région se sont sentis profondément concernés par ce qui se passait en Chine continentale. Il faut aussi mentionner que la Seconde Guerre mondiale a été beaucoup plus longue

[1] Publié par Gallimard, en 1933. Ce roman a reçu le Prix Goncourt cette année-là.
[2] Publié par Bantam Press à Londres.

en Asie puisque les premières interventions japonaises ont eu lieu en 1931. La guerre a donc duré 14 ans en Asie.

Depuis quelques temps, plusieurs chercheurs ont fait connaître la littérature rédigée par les Chinois du pays qui est actuellement appelé Indonésie. On peut ainsi citer Claudine Salmon, du CNRS, Dede Oetomo de Jakarta, Leo Suryadinata, de Singapour, John Kwee de Nouvelle Zélande, Bill Watson de Grande Bretagne etc.[3].

Néanmoins il ne semble pas que ces chercheurs aient remarqué que la ville de Shanghai est présente dans une bonne vingtaine des romans qu'ils appellent «sino-malais». Certes il n'est pas aisé de rassembler ces romans qui sont éparpillés dans différentes bibliothèques universitaires de Malaisie, de Jakarta et de l'Université Cornell aux Etats-Unis.

Dans une première partie nous voudrions présenter quelques caractéristiques de ces romans indonésiens sur Shanghai.

– Tout d'abord il faut signaler que ces romans sont plutôt précis quant aux lieux et aux dates. C'est d'ailleurs un fait assez remarquable de toute la littérature consacrée à la ville de Shanghai, ce que nous avions déjà remarqué dans un ouvrage que nous avons rédigé sur cette ville, intitulé *Les Lauriers de Shanghai*[4]. Ainsi en ce qui concerne cette ville, l'écrivain semble en pas vouloir prendre de liberté quant aux événements qui se sont déroulés ou quant aux lieux fréquentés par tel ou tel personnage. La littérature est donc très précise et nous allons voir plus tard que cet aspect est très utile dans notre connaissance de la ville. Ainsi un roman a pour titre *Zhu Yi Pa* «Dix-huit septembre», de Hauw Siauw Seng. En fait il s'agit de l'appellation chinoise de l'Incident de Moukden, qui a bien eu lieu le 18 septembre 1931.

– Le deuxième aspect de cette littérature est qu'elle décrit abondamment la Seconde Guerre mondiale, telle qu'elle a eu lieu en Asie. C'est ainsi qu'on peut se rendre compte que la communauté chinoise d'Outre-Mer a réellement souffert lorsque les troupes japonaises ont commencé leurs incursions en Chine en particulier en Mandchourie. La littérature des Chinois d'Indonésie évoque par leurs titres — tels que *Pengorbanan di Medan Perang*, «Victime sur le champ de bataille» de Joseof Sou'yb, *Batalion Setan* «Le Bataillon du diable» de Njoo Cheong Seng, *Louku-*

[3] Cf par exemple la publication colligée par Claudine Salmon, *Le Moment «sino-malais» de la littérature indonésienne*, Paris, Cahier d'Archipel, n° 19, 1992.

[4] Publié par Olizane à Genève en 1999.

chiao-Shanghai « Le Pont de Marco Polo-Shanghai» de Tan Boen Soan etc. — et aussi par leurs contenus, les atrocités de la guerre.

Un point important de la guerre est la présence de volontaires chinois d'Asie du Sud-Est. Plusieurs romans font en effet mention de volontaires chinois qui ont quitté leur pays pour aller combattre aux côtés des Chinois de Chine continentale, la mère patrie, contre l'occupant japonais. Ainsi le personnage appelé Dr Tan dans le roman *Pendekar dari Chapei*, «Le Héros de Zhabei» de Kwee Tek Hoay se porte volontaire pour se battre en Mandchourie, puis à Shanghai dans ce roman. On retrouve le même engagement dans le roman *Pendekar Merah*, «Le Héros rouge» où le personnage du même nom se rend en Mandchourie pour lutter contre le protectorat que le Japon veut imposer à cette province de Chine sous le nom de Manchoukouo. Dans le roman *Battalion Setan*, l'auteur nous rappelle le courage manifesté par les volontaires chinois d'Outre Mer désirant mourir pour la mère patrie, comme leurs homologues de Chine continentale (p. 75).

Bien entendu, de nombreux romans antérieurs à 1930, ne portent pas sur la Seconde Guerre mondiale. Mais la plupart des romans sont situés dans le temps. Ils correspondent donc à une période précise de l'histoire de la Chine et de Shanghai.

Dans le roman *Loukuchiao-Shanghai 1937* «Le Pont de Marco Polo-Shanghai 1937» il est question d'un train blindé (p. 32). Ce fait nous rappelle que Malraux a lui aussi évoqué un train blindé, à propos des événements de 1927.

– Le troisième aspect que l'on peut indiquer est le fait que le nom même de la ville apparaît dans plusieurs titres de romans. On peut ainsi citer *Shanghai 1933, Lukuchiao-Shanghai, Shanghai 1937*, *Oejan Gerimis di Shanghai* «Pluie fine sur Shanghai» et *Shanghai Waktoe Malam* «Shanghai la nuit». Dans le même domaine des titres, on peut aussi ajouter que l'adjectif «merah» qui signifie «rouge» en malais-indonésien est également souvent présent dans les titres des romans. Certes les Chinois affectionnent tout particulièrement cette couleur que l'on trouve dans tous les temples et palais en Chine, mais on peut aussi ajouter que cette couleur est aussi celle du socialisme et du communisme. Ces deux mouvements étant très présents en Chine au XXe siècle. Nous avons donc relevé les titres de *Patjar Merah Indonesia* «L'Ami rouge», de Matu Mona, *Pendekar Merah* « Le Héros rouge» de Tan Boen Soan.

Un autre aspect que l'on peut noter dans ces romans est que les personnages voyagent beaucoup. Il ne s'agit donc pas d'une pure et simple évocation de la ville de Shanghai, mais bien plutôt de passage à cette ville d'un grand nombre de Chinois d'Outre-Mer. Evidemment certains quartiers et sites célèbres de la ville sont mentionnés. Le lecteur retrouve ainsi une évocation du grand centre d'amusement Le Grand Monde, en chinois «Dashijie», que beaucoup d'écrivains chinois et étrangers ont décrit. En ce qui nous concerne l'évocation du Grand Monde apparaît dans le roman *Battalion Setan* «Le Bataillon du diable» de Njoo Cheong Seng (p. 39). Plusieurs fois le quartier de Zhabei est décrit dans les romans des auteurs indonésiens, parce que c'est dans ce quartier qu'il y a eu des combats acharnés. André Malraux évoque aussi ce quartier dans *La Condition humaine*.

On trouve aussi un aspect intéressant en ce sens que parfois les rapports entre les Chinois et les Japonais ne sont pas que ceux de belligérants mais d'amitié ou même d'amour. Ainsi dans *Kimono Dadoe*, «Le Kimono rose» de Oen Hong Seng, le héros est épris d'une japonaise, puis il meurt dans la Bataille de Zhabei, dans un quartier Nord de la ville, où une bataille a fait rage en 1932. La Bataille de Zhabei est en fait souvent décrite par les auteurs indonésiens d'origine chinoise.

Dans une seconde partie, nous voudrions aborder un nouvel aspect de cette littérature, à savoir son apport pour nous aider à mieux connaître et comprendre l'histoire. Cette partie sera sans doute plus controversée en ce sens que le plus souvent les historiens, et nous pensons qu'il y en a parmi vous aujourd'hui ici, ignorent la littérature ou du moins ne lui accordent aucune place dans leur recherche. Je crois que dans le cas de la ville de Shanghai, il faudrait accorder une plus grande place à la littérature qui, à mon avis, complète l'information que l'on peut recueillir par les ouvrages historiques. C'est ce que nous avons essayé de montrer dans l'ouvrage cité ci-dessus, *Les Lauriers de Shanghai*. Certes on peut toujours se dire que les romanciers ont utilisé les sources historiques pour donner un cadre, une justification à leur fiction. Mais encore une fois, je crois que dans le cas de Shanghai, les romanciers ne se sont que très peu écartés des événements que la ville a connus. Alors, lorsque les événements sont rapportés dans la littérature, ils sont le plus souvent exacts et peuvent nous aider à mieux comprendre ce qui s'est réellement passé dans la ville à telle ou telle époque. Bien plus pour mieux comprendre et apprécier la littérature, il faut connaître l'histoire. Si on ne connaît pas très bien la période en question, on peut ne pas comprendre ce qui se passe dans l'ouvrage littéraire.

En ce qui concerne la ville de Shanghai, je peux donner deux exemples précis où le chercheur s'est un tant soit peu fourvoyé parce qu'il ne connaissait pas très bien la période historique du roman.

Ainsi dans le cas de l'écrivain indonésien Shamsuddin Saleh, il a été dit qu'il était très imaginatif et qu'il parlait de réseaux de façon très vague. En fait cela est inexact, car cet auteur indonésien a évoqué les réseaux du Comintern dans les années 1930 en Asie et un des personnages que ce chercheur n'avait pas identifié était en fait un français, dont le pseudonyme était Le Fun, dans le roman. Il s'agissait donc du pseudonyme «Lefranc» de l'agent français du Comintern, Joseph Ducroux, qui a été arrêté à Singapour en juin 1931[5]. Ce n'est qu'en ayant pris connaissance de l'histoire de la région à cette époque que l'on peut comprendre qu'il s'agissait d'un véritable personnage et que l'auteur n'avait donc pas une imagination fertile, comme le laissait supposer ce chercheur. Le roman en question de Shamsuddin Saleh était *Siasat yang dashat* «Une enquête tragique». Dans ce roman plusieurs personnages se rendent à Shanghai, car la ville était un centre important du Comintern en Asie entre les deux guerres mondiales.

Un autre cas dans lequel un chercheur s'est également fourvoyé concerne le roman *Patjar Merah* «L'Ami rouge». Dans une étude, le chercheur pense qu'il s'agit d'un personnage fictif. De plus, pour cet chercheur le roman est franchement négatif: «L'apparente ignorance des faits qui conduit Matu Mona [l'auteur du roman, ou plutôt son pseudonyme] à un tel récit...»[6]. Mais en fait lorsqu'on lit le roman et que l'on connaît un peu les personnages qui ont fait partie du Comintern, du moins à une époque, on pourrai aisément reconnaitre que le héros de ce roman n'est autre que Tan Malaka, un communiste et nationaliste indonésien dont Helen Jarvis a traduit les mémoires. En comparant les mémoires de Tan Malaka et le roman on s'aperçoit rapidement qu'il s'agit de la même personne. Par ailleurs dans *Patjar Merah* comme dans *Siasat yang dashat*, on remarque des personnages français. En fait dans le second roman, le quartier de Belleville de Paris est évoqué (p. 72 et suivantes).

Dans ces deux cas précis, on remarque donc un lien très fort entre littérature et histoire. D'aucuns vont affirmer que les écrivains connaissaient bien l'histoire et ont pu ainsi utiliser le cadre, l'atmosphère pour situer leur roman dans une époque précise. On peut aussi penser que

[5] Cf notre article «Joseph Ducroux, A French Agent of the Comintern in Singapore in 1931-1932» published in *The Journal of the Malaysian Branch of the Royal Asiatic Society*, Kuala Lumpur, Part I, vol. LXIX, June 1996, p. 1-20.

[6] Cf Thomas Rieger, «La guerre sino-japonaise dans la littérature indonésienne» dans *Le Moment sino-malais de la littérature indonésienne*, textes réunis et présentés par Claudine Salmon, Cahier d'Archipel 19, 1992, p. 114.

l'écrivain a parfois une connaissance assez intime de l'histoire et qu'il utilise cette connaissance comme toile de fond à ces ouvrages littéraires. Toujours est-il que les deux, littérature et histoire, sont souvent associées et presque toujours dans le cas de Shanghai.

En conclusion, que peut-on ajouter?

Tout d'abord on doit noter que cette littérature a été celle de pionniers, ce sens que elle a souvent précédé la littérature indonésienne moderne telle qu'elle est habituellement décrite. Premièrement cette littérature a délibérément utilisé la graphie latine, alors que pendant longtemps les écrits littéraires dans la région utilisaient encore la graphie arabe. De plus la langue employée est moderne, claire et précise. Les auteurs indonésiens d'origine chinoise savaient donc très bien manier cette langue, alors qu'on a souvent dit qu'ils ne s'étaient pas du tout intégrés dans leur nouveau pays et qu'ils ne pensaient que retourner au pays d'origine. Bien plus, certains ont reconnu que cette littérature indonésienne d'auteurs chinois a en fait précédé la littérature moderne indonésienne. C'est ce qu'a révélé un article de la revue littéraire indonésienne *Horison*[7]. Dans cet article il est dit que le célèbre roman indonésien *Sitti Nurbaya*, qui est considéré comme un des meilleurs et des premiers romans indonésiens contemporains, a été influencé par des romans d' auteurs indonésiens d'origine chinoise. Néanmoins ce point de vue est nouveau et n'est pas toujours connu. Ainsi dans un article de la revue *Archipel*, Pierre Labrousse évoque ce célèbre roman indonésien sans mentionner les origines chinoises qu'il aurait[8].

[7] Cf le numéro XVIII, p. 336 de cette revue.

[8] Cf «Le Tombeau de "Sitti Nurbaya": essai de lecture sociale», *Archipel*, n° 23, 1982, p. 177-200.

AHMET HAMDİ TANPINAR, ROMANCIER ET MÉMORIALISTE DE LA TURQUIE MODERNE

Timour Muhidine
(INALCO)

Pour ceux qui ne le connaissent pas (et cela est largement le cas en France puisqu'il n'est toujours que peu accessible en traduction), A.H. Tanpınar est l'un des auteurs majeurs, central à tous les points de vue, de la littérature turque contemporaine. A cela plusieurs raisons: il n'est certes pas le seul à couvrir plus d'une moitié du XXe siècle (né en 1901, il décède en janvier1962) mais il est sans doute le seul grand intellectuel à cheval sur deux — peut-être devrait-on dire trois — grandes cultures: la culture classique turco-ottomane, la culture républicaine et la culture française qu'il connaissait en profondeur. Et ce qui le différencie de ses contemporains, c'est qu'il accepte cette idée de synthèse au lieu d'opposer comme deux tendances irréconciliables, l'Orient et l'Occident. C'est donc cette situation très particulière — et quasiment idéale — qui permet la production d'une œuvre que l'on considère comme ancrée dans la question de l'identité culturelle.

Outre deux volumineuses anthologies, respectivement de Namık Kemal et Tevfik Fikret (poètes turcs du XIXe siècle), il participe au mouvement de traduction, la «renaissance turque», des années 1940: il donne des versions turques de trois pièces d'Euripide ainsi que de plusieurs auteurs français contemporains, dont quatre chapitres de *Monsieur Teste* de Paul Valéry[1], l'un des écrivains dont il se réclame le plus. Néanmoins son œuvre critique repose sur deux volumes: *l'Histoire de la littérature turque du XIXe siècle* (1949) et ses *Articles de Littérature* rassemblés en 1969.

Par ailleurs, il est (et le réclame lui-même) essentiellement considéré comme poète même si les démêlés concernant la publication de son unique recueil mériteraient une place à part dans l'histoire littéraire: en 1961, critique et romancier déjà connu, il se voit contraint de publier le

[1] Il traduit pour les revues *Hayat* et *Görüş*, Anatole France, Paul Valéry et Paul Morand (en collaboration avec S.K. Yetkin) puis en 1945, un ouvrage sur la sculpture grecque de Henri Lechat.

recueil *Şiirler* (trente-sept poèmes ciselés comme les vers de Mallarmé ou Valéry) à compte d'auteur, aux éditions Yeditepe[2]

En tant que romancier, il fait paraître ses premier et troisième romans en feuilleton; seuls *Sérénité* et *l'Institut de remise à l'heure des montres et pendules* paraissent directement sous forme de livre et connaissent un vrai succès d'estime. C'est également un épistolier brillant et l'on attend avec curiosité de voir publier son journal intime, encore inédit hormis quelques fragments parus en revue. Lorsqu'il décède en 1962, il est reconnu mais pas encore connu du grand public. À ce titre, on doit remarquer qu'il connaît une réévaluation notable depuis le début des années 1990. Longtemps considéré avec une légère suspicion de la part des auteurs de la branche laïque et républicaine (en réalité la majorité) pour ses sympathies envers l'ancien monde, les traditions culturelles, la musique orientale, etc..., il est maintenant accepté comme faisant partie intégrante du panthéon littéraire. Pourtant cette attirance pour deux cultures entrées en conflit au cours du XXe siècle ne fut pas toujours facile à vivre: son âme était déchirée comme lui-même l'explique fort bien dans une lettre adressée à l'un de ses éditeurs, Yaşar Nabi:

> *«Mon cher Yaşar Nabi: vous voyez bien que ma vie est pleine de retards, de choses repoussées à plus tard. Vous y avez ajouté les mouvements de marée d'une foule de pensées. Jusqu'en 1932, j'étais un Occidentaliste radical. Après 1932, j'ai fait l'expérience de l'Orient. Je crois que notre vrai mode de vie devrait être une synthèse de ce genre.* Cinq Villes *et* Sérénité *sont des recherches en vue de cette synthèse. Ces deux œuvres sont les pivots de mes œuvres à venir[3].»*

HISTORIEN DES IDÉES ET PROSATEUR

On a parfois l'impression que l'œuvre proprement créatrice de A. H.Tanpınar a commencé par une phase préparatoire assez longue où il a pu exercer son goût de la critique littéraire mais également des dons de «relecture» de l'ancienne culture au moment où elle s'apprête à disparaître au profit d'une modernité incarnée par une langue nouvelle, et ce parallèlement à une idéologie républicaine qui entend faire table rase du passé. Ainsi son *Histoire de la littérature turque du XIXe siècle* (1942) qui, contrairement à ce qu'annonce le titre, ne se limite pas exclusivement à une histoire littéraire: c'est, avant la lettre, une remarquable his-

[2] *Şiirler*, Yeditepe Yay., 78 p., 1961. Une édition proposant un fac similé du tapuscrit corrigé par Tanpınar est parue en 1999 aux éditions Yapı Kredi (Istanbul).

[3] «Yasar Nabi Nayir'a Mektup», pp. 64-65, *Edebiyatçıarımız Konuşuyor*, Varlık, Istanbul: 1953.

toire des mentalités d'une époque de grands bouleversements. Tanpınar y évoque tour à tour l'état de la culture classique écrite et populaire puis détaille l'introduction des modes littéraires occidentales, la manière dont les grandes figures du moment (souvent citées mais évalués de manière superficielle) font accéder la prose turque à l'essai, au roman et à la nouvelle modernes: Namık Kemal, Recaizade Ekrem ou encore Ahmet Midhat Efendi, le polygraphe génial de la seconde moitié du XIXe siècle, sorte de Alexandre Dumas mâtiné de Jules Verne et d'Emile Littré.

Sans oublier l'essort des autres arts: peinture, musique, photographie dans l'Empire ottoman. Et pour servir de socle à toute cette démonstration, des déclarations théoriques qui ouvrent un article resté fameux, «Les Courants de la Littérature turque»:

> *«Notre littérature turque moderne s'ouvre sur une crise de civilisation: afin de pouvoir analyser les courants qui traversent la littérature turque d'aujourd'hui, il faut nous concentrer sur quelques grandes réalités et en particulier prendre en compte le fait que cette littérature est née d'un changement de civilisation[4]».*

En réalité, cette crise n'est toujours pas résolue et en arrive à représenter l'inspiration principale de la production culturelle turque. Avec la fracture ou la synthèse Orient-Occident, il s'agit en fait — et Ahmet Hamdi Tanpınar en a une conscience aigüe — d'une question éminemment linguistique. Dans la suite du même article, il évoque d'ailleurs le violent et rapide changement de langue et les problèmes que cela pose dans le cadre des sciences et de la philosophie:

> *«Il n'est nul besoin de dire que le point le plus important de la question de langue pour notre culture est celui des termes scientifiques et surtout philosophiques. La formule de Unamuno» La métaphysique est une métalinguistique «pourrait servir de programme à notre vie intellectuelle. En réalité on imagine que la pensée turque qui oscille depuis treize siècles entre divers glossaires ne se trouvera elle-même que dans la langue turque[5].»*

Un second ouvrage occupe une place à part dans l'œuvre: *Cinq Villes* (1946). Rare occurence dans une littérature qui n'affectionne guère le *Travel Writing*, ce recueil offre le portrait artistique, historique et sentimental de Istanbul, Bursa, Ankara, Konya et Erzurum. Il y développe en pleine époque kémaliste cette idée subversive que le passé vit avec nous et se montre parfois plus fort que le présent; à ce titre le portrait d'An-

[4] «Türk Edebiyatında Cereyanlar», *Edebiyat üzerine Makaleler*, p. 101, Dergâh Yay. (3üncü baskı), Istanbul, 1992.

[5] *Ibid.*, p. 103.

kara est éloquent et tranche sur les autres car il est à la fois le plus court et se concentre sur l'époque récente. Autant pour éviter de tirer la ville vers le passé que pour rappeler son faible héritage archéologique et monumental, il évoque ainsi la visite de la citadelle d'Ankara qui pourrait bien figurer une montée au Parthénon de la république:

> *«Mais non, Ankara ne se prête pas facilement à ce genre de fantasmagories historiques. Ici, un seul événement, une seule époque, un seul homme règnent sur l'imagination. Cette ville s'est si complètement vouée à lui qu'elle est devenue sienne. Le lion hittite, la colonne romaine, la pierre provenant d'une basilique byzantine, la bataille que se livrèrent Bayezid Ier et Tamerlan, tout vous ramène en fin de compte aux journées héroïques, aux douleurs salvatrices d'il y a vingt ans, ainsi qu'aux événements qui en furent la conséquence naturelle*[6]*.»*

Une conception originale du Temps

Bien que le roman *Sérénité* (1949) ait connu un plus grand succès et contribué à la fortune littéraire de Tanpınar, nous nous concentrerons sur *Cinq Villes* et *l'Institut de remise à l'heure des montres et pendules*. Le passage de l'espace au temps se produit en laissant de côté la notion de progrès et en privilégiant la réanimation du passé, une forme d'actualisation. Voici ce que l'on peut lire dans l'essai consacré à Bursa («Le temps à Brousse»):

> *«Au fur et à mesure que lentement je me délasse, le paysage et les choses alentour s'éloignent de moi. Je reste en tête à tête avec la rose qui dans le petit jet d'eau va et vient, s'adaptant au mouvement de l'eau et avec les bruits de cette eau qui soudain m'entourent de tous côtés. Je sens que ce bruit d'eau crée au-dessus de la ville une autre ville invisible. Une architecture plus fluide, tout à fait imaginaire, aussi présente cependant que les objets que nous voyons, recouvre tout. Avec ses couleurs d'arc-en-ciel, elle recommence, plus nette, plus limpide, toute la vie. Peut-être que le temps véritable est celui-là dans son sens absolu et que moi, je vis maintenant dans un monde abstrait*[7]*.»*

La culture turco-ottomane représente un temps monolithique et plusieurs des personnages du romancier incarnent cette conception, souffrant de ce que le temps soit disloqué: à travers les bouleversements particulièrement rapides des années 1920 et 1930, la société turque paraît déréglée, comme le temps lui-même. En réalité, il semble que ce soit l'unité perdue qui endeuille l'écrivain: l'unité et l'innocence premières

[6] *Cinq villes*, p. 279, Publisud- Editions Unesco, Paris, 1995.
[7] *Ibid.*, p. 180-181.

que le romancier assimile aux traditions mais qui, en de nombreux points ressemble au paradis de l'enfance, est le lieu où le temps n'est pas encore fragmenté.

On a beaucoup dit que cette conception originale qui court à travers toute l'œuvre de Tanpınar fut empruntée à Bergson, d'ailleurs très apprécié d'une école de penseurs turcs, mais on reconnaîtra simplement que le romancier turc adapte à son propos les notions de durée et mémoire. On ne niera pas que sa proximité avec le philosophe Mustafa Şekip Tunç (1886-1958), principal introducteur en Turquie à la fois de Bergson justement et de nombreux théoriciens de la psychologie[8], lui autorise une familiarité rapide avec les thèmes du penseur français. Et il ne paraît guère étonnant que la durée considérée comme «un registre où le temps s'inscrit» soit constamment présente dans le rapport à l'écriture de Ahmet Hamdi Tanpınar.

Le grand intérêt pour les méandres de l'esprit humain, la vie de l'esprit qui n'est certes pas la psychologie telle qu'on l'entend alors, mais plutôt une vision à mi-chemin de la métaphysique et de la sociologie, avait de quoi séduire le romancier. Lui aussi travaille sur cette matière humaine, d'autant plus que la génération des années 1920 cherche à se démarquer du positivisme très présent des auteurs précédents. Par ailleurs, on peut rappeler que la théorie de «l'élan vital» bergsonien leur paraît s'appliquer parfaitement au réveil de la nation turque et à sa guerre d'indépendance.

Néanmoins, nous avons le sentiment qu'Ahmet Hamdi Tanpınar aura peut-être été plus sensible à l'intellectualisme ironique du *Monsieur Teste* (1919) de Paul Valéry[9]:

> *«A force d'y penser, j'ai fini par croire que M. Teste était arrivé à découvrir des lois de l'esprit que nous ignorons (...)*
> *L'art délicat de la durée, le temps, sa distribution et son régime, — sa dépense à des choses bien choisies, pour les nourrir spécialement, — était une des grandes recherches de M. Teste*[10]*.»*

[8] Hayrani Altıntaş a consacré une étude bio-bibliographique à M.Ş. Tunç: *Mustafa Şekip Tunç*, Kültür Bakanlığı Yay.: 1040, Ankara, 1989. A.H. Tanpınar et M.S. Tunç seront collègues à l'Université d'Istanbul jusqu'en 1953; ils avaient aussi été associés à l'aventure de la revue *Dergâh* (1921-1923).

[9] Le premier article de critique publié par A.H. Tanpınar est consacré à Valéry: «Paul Valéry», *Görüş* n° 2, Eylül 1930. Il traduit ensuite le premier chapitre de *Monsieur Teste* en 1933-34: «M. Teste ile geçirdiğim gece», *Yeni Türk* n° 15 et 16-17. En 1947, paraissent deux chapitres supplémentaires: «Bir Dostun Mektubu» et «Madame Emilie Teste'in Mektubu» dans la revue *Istanbul* (n° 2 et 4). Finalement la préface du livre, «Monsieur Teste mukkadimesi» paraît dans *Tercüme Mecmuası,* Cilt X, n° 55, de janvier 1953.

[10] *Monsieur Teste*, L'Imaginaire/Gallimard, Paris: 1978, p. 19-20.

Mais là où l'écrivain français exprime avec une émotion volontairement contenue la disparition du monde d'avant 1914 et l'avènement d'une sensibilité moderne, A.H. Tanpınar cherche à traduire le lien ininterrompu avec la grande tradition ottomane. Si l'un est un moderniste «scientifique», le second est un moderne «nostalgique». D'ailleurs l'inscription dans l'Histoire adopte des formes radicalement différentes chez les deux écrivains; considérant le cas d'Istanbul, le philosophe Önay Sözer cerne ainsi les motivations de l'écrivain:

«Il s'agit plutôt d'une nostalgie qui, résistant avec son contenu passé à un logos du présent, s'étend à partir d'un passé devenu impossible jusqu'à un présent problématique, voire jusqu'au futur. Dans toute sa complexité, la nostalgie appartient à notre vie de tous les jours, à nos rêves quotidiens de bonheur. On voit déjà ce sentiment se partager entre le passé et un futur vaguement contenu dans le présent: » nos rêves«. Etre nostalgique (dans le sens le plus subtil) implique une vision du futur, même imaginaire[11].»

La synthèse du temps et de l'espace: *Le Rêve*

Chez Ahmet Hamdi Tanpınar, de nombreux textes s'appuient sur une théorie du rêve et de la rêverie: dans plusieurs passages d' «Istanbul» (*Cinq villes*) comme dans les nouvelles intitulées «Les Rêves d'Abdullah Efendi» et «Les Rêves», dans *Sérénité* et même dans les analyses (cette fois-ci inspirées par la psychanalyse freudienne) des rêves de Hayri, le protagoniste de *L'Institut de remise à l'heure des montres et pendules.* L'existence serait recouverte d'une sorte de voile qu'il importerait de soulever et auquel le «rêve éveillé» (pour reprendre un terme de Bachelard), permettant une perception plus intense, permettrait d'accéder.

On doit en réalité distinguer chez lui deux caractéristiques attachées au rêve: une catégorie esthétique (dont on pourrait établir le lexique, la texture, la forme et la couleur) mais aussi un motif psychologique en rapport avec la volonté d'évasion face à l'angoisse que génère le monde.

«On dit que le rêve est une seconde vie. La vie éveillée et l'état de rêve demeurent côte à côte comme deux chambres imbriquées l'une dans l'autre. Tout d'un coup, on saute de l'un à l' autre, puisque le héros du drame est bien plus l'esprit que la matière[12].»

Dans cet article de la revue *Ülkü* (1943), «Şiir ve Rüya» (Poésie et rêve), on retrouvait Baudelaire et la «chambre double» du *Spleen de Paris.*:

[11] Sözer, Önay, «Le Temps et la ville: "Istanbul" d'Ahmet Hamdi Tanpınar», p. 142, *Istanbul réelle, Istanbul rêvée*, IFEA/L'Esprit des Péninsules, Paris: 1998.

[12] «Şiir ve Rüya», *Edebiyat Üzerine Makaleler*, p. 30. Dergâh Yay., 1992 (3e éd.).

«Une chambre qui ressemble à une rêverie, une chambre véritablement spirituelle où l'atmosphère stagnante est légèrement teintée de rose et de bleu.
L'âme y prend un bain de paresse, aromatisée par le regret et le désir — C'est quelque chose de crépusculaire, de bleuâtre et de rosâtre: un rêve de volupté pendant une éclipse.»

Bien évidemment on a plus d'une fois cherché à distinguer chez Tanpınar l'influence des théories freudiennes... Celles-ci ne lui étaient certes pas inconnues (entre autres et là encore par les travaux de son ami M.S. Tunç qui dès 1926 traduit les *Cinq conférences sur la psychanalyse*) mais il les considérait d'un oeil critique. D'ailleurs le personnage du Docteur Ramiz (*L'Institut de remise à l'heure des montres et pendules*) est en l'incarnation vivante, à mi-chemin des expériences spirites et de la science:

«Déjà ce jour-là, j'avais compris que le Docteur Ramiz ne voyait pas la psychanalyse comme une méthode à appliquer à un patient, mais comme le seul moyen de réformer le monde, à l'instar des religions qui se présentent comme l'unique voie de salut. Pour lui, cette nouvelle science était tout. Le crime, le meurtre, la cupidité, la maladie, la pauvreté, la malchance, le fait de naître avec un handicap, l'hostilité, c'est-à-dire tout ce qui transforme notre vie en enfer, dépendait de la volonté. Il n'y avait que la psychanalyse. Tout découlait finalement de la psychanalyse. C'était la clé suprème du mystère de la vie[13]*.»*

En cela il est bien différent du point de vue adopté dans «Les Rêves d'Abdullah Efendi» qui est une nouvelle à résonnance freudienne. Abdullah Efendi y est très largement la proie de ses désirs, d'une manière assez classique. Si l'analyse, voire l'interprétation des rêves est présentée avec humour, comme un dévoiement de théories sur lesquelles on n'a guère de prise, la rêverie occupe une place centrale chez Tanpınar et permet le retour à un état initial de la conscience — ou plutôt initie un fructueux aller-retour entre l'état primal de l'enfance et la conscience d'écrivain adulte, confirmé.

L'INSTITUT DE REMISE À L'HEURE DES MONTRES ET PENDULES (1961) COMME ROMAN MODERNE

Tout d'abord, j'aimerais dire que l'on a ici à faire à un roman dickensien où la tendresse pour les faiblesses de l'être humain, les tics et marottes familiales permet une sorte de réconciliation avec les thèmes

[13] «L'Institut de remise à l'heure des montres et pendules» (*Saatleri Ayarlama Enstitüsü*), p. 100. Yapı ve Kredi Yay., Istanbul, 2000.

souvent tragiques que développait *Huzur* (Sérénité). Car Mümtaz, le héros de ce roman, souffre d'un violent conflit intérieur: il est tiraillé entre goût esthétique et valeurs socio-politiques. Ce conflit s'incarne dans son attirance pour deux femmes, deux types de femmes, Nuran et Ihsan. Pour finir il y aussi Suat, «l'homme nouveau» qui est en fait une imitation de l'Occidental et permet une critique d'une partie non négligeable de l'intelligentsia turque. Mais ce récit est aussi trop proche de l'auteur, il est presque trop autobiographique, alors que dans *l'Institut*, A.H. Tanpınar semble prendre la bonne distance narrative.

On pourrait insister sur la voix particulièrement ironique attribuée au narrateur, Hayri Irdal, qui confère au roman ce ton inhabituel: un anti-héros souvent poignant dont les déficiences, les soubresauts existentiels sont entièrement à l'image de la Turquie dans sa période de transition. L'action couvre les années suivant les *Tanzimat* (les réformes engagées à partir des années 1830), la longue période hamidienne (1876-1908), les débuts de la République et enfin les années 1930 à 1950. La boucle est bouclée: les réformes entreprises ne débouchent que sur une acculturation.

Seconde caractéristique du roman, la mise en place d'une galerie d'excentriques dont on connaît peu d'équivalent dans la littérature turque: Halit le Régulateur, le Docteur Ramiz et Lûtfullah Efendi, pour ne retenir que les principaux, sont drôles et tragiques à la fois car, qu'ils soient visionnaires ou illuminés, tous cherchent à transformer la réalité qui est loin de leur convenir…

Mais les excentriques se trouvent aussi dans la famille ou les proches: le père et la tante du narrateur (qui occupe le centre d'une histoire d'héritage et de résurrection tout à fait farfelue) puis Abdüsselam Bey qui semble à lui seul incarner la Turquie ottomane:

> *«Abdüsselam Bey était un homme actif et très riche qui vivait avec toute une tribu dans un konak de vingt ou trente pièces. La particularité de la demeure était qu'elle absorbait ceux qui y mettaient les pieds ou commettaient l'inadvertance d'y naître. Ce vieux monsieur, pur produit d'Istanbul, raffiné et de noble allure dans ses chemises blanches amidonnées avait — sans en prendre la mesure — entassé dans le konak un nombre inimaginable de personnes venues des quatre coins de l'Empire, gendres, jeunes épousées, quelques belles-sœurs et beaux-frères, d'innombrables enfants et peut-être un aussi grand nombre de belles-mères, beaux-pères, vieilles tantes maternelles et paternelles, de jeunes cousines et une dizaine de servantes. (…)*

A l'intérieur de cette demeure qui, de l'extérieur, paraissait d'une taille infinie, les gens vivaient pratiquement les uns sur les autres. La situation de chacun reposait presque sur la même confusion. Sa première femme était de la proche famille du Bey de Tunis, de la lignée du Chérif. Sa seconde épouse était un produit du Sérail, une Tcherkesse de haut rang dont on disait qu'elle était intime avec le sultan Abdülhamid. La femme de l'un des frères appartenait à la famllle du Khédive d'Egypte tandis que l'autre était la fille du chef de je ne sais quelle tribu du Caucase. Chaque épousée était apparentée soit à un fameux maréchal ou était fille de vizir ou petite-fille d'un bey albanais[14]*.»*

Et cette perception permet deux choses: tout d'abord une évocation farfelue et subversive de la société (et de la politique) turque qui tranche avec les romans idéologiques des années 1940 et 1950. A.H. Tanpınar traite avec beaucoup d'humour, non seulement la vie d'un ancien *konak* au début du XXe siècle mais aussi, par exemple, l'espionnage généralisé de la période hamidienne, les superstitions qui soutiennent une société où la science fait défaut, et où par contre le goût pour la médecine et les croyances populaires est encore très vivace; néanmoins, en ce qui concerne l'époque républicaine, c'est surtout l'oubli radical des traditions qui est mis à l'index. Et il choisit pour cela d'en imputer la responsabilité (dans la partie II, au Chapitre 9 du roman) au cinéma, le cinéma hollywoodien des années 1940: ainsi la seconde femme de Hayri Irdal, Pakize, est totalement infatuée de ce spectacle, elle y perd son âme au point de se prendre pour Jeannette Mc Donald et de voir son époux sous les traits de Clark Gable! Il est amusant de noter que cette critique du septième art né avec le XXe siècle était déjà présente dans la partie «Istanbul» des *Cinq Villes:*

«Nous vivons une époque où c'est le cinéma qui, de l'extérieur, règne sur nos goûts. Nous nous réunissons dans des salles obscures. Nous écoutons les chansons que le fils d'un magnat du fer extraordinairement intelligent, hardi et loyal chante en raclant sa guitare, sous le ciel étoilé de Honolulu, à une belle lavandière, nos oreilles s'emplissent de ces grotesques braillements que nous retrouvons le lendemain sur les rives du Bosphore dans les sifflements des employés de magasin, nous admirons la toilette de la femme, les cabrioles de l'homme, en un mot, nous nous repaissons d'un tas de sottises[15]*.»*

On notera que cet argument qui permet de stigmatiser la fêlure Orient-Occident sera repris par un jeune romancier, Orhan Pamuk, dans son roman *Le Livre noir* (*Kara Kitap*, 1990) où un chapitre entier s'intitule:

[14] *Ibid.*, p. 39-40.
[15] *Cinq Villes*, Editions Unesco/Publisud, Paris, 1995, p. 48.

«Nous avons perdu notre âme au cinéma». La confusion des valeurs prend ainsi forme dans la fascination pour les films populaires et une réalité «déplacée».

On sait dès les premières lignes du roman que Hayri Irdal n'a rien d'un homme de culture: mais le questionnement permanent sur la santé d'esprit du narrateur constitue l'un des ressorts dramatiques les plus novateurs du roman. Après avoir mis en doute l'ensemble de la société et du monde stambouliotes, le narrateur, Hayri Irdal lui-même fait l'objet d'un traitement médical et même d'une cure psychanalytique. Sa vie se présente comme un échec: à l'image des nombreux fanatiques d'Occident que propose le roman turc du XXe siècle, il ne peut dépasser le seuil de la modernité et reste condamné à vivre dans un no man's land intellectuel.

Néanmoins des idées animent le roman, même si ce n'est pas — à la différence de *Sérénité* — un roman à thèse. On y voit beaucoup plus l'aboutissement d'un système intellectuel et esthétique où, l'aspect satirique aidant, l'auteur finit sur une vision pessimiste de l'état de l'âme turque. A force de devenir étranger à soi-même, l'atmosphère devient absurde et suffocante.

Il faudrait pour finir évoquer la langue de l'écrivain: marquée par le flottement entre vocabulaire classique (arabe et persan) et la poussée du turc purifié (*öztürkçe*), on a parfois le sentiment d'être confronté à une variation sur des modes ottomans *finissants.* Des textes où la langue porte en elle sa propre nostalgie tout en s'ouvrant au lecteur contemporain. S'il se montre adepte de périodes assez longues, de phrases complexes qui permettent à la sensibilité de l'écrivain de s'exprimer, A.H. Tanpınar sait aussi bâtir des dialogues asez vifs et jouer sur le lexique pour transmettre toute l'ironie d'univers contrastés que créent les années de la république. Cette écriture est aussi un catalogue tout à fait intéressant des possibilités du turc littéraire.

Un Homme du doute

Quoique le romancier continue de se plaindre, de regretter l'incompréhension qui s'attache à son œuvre, il est parvenu à une forme de coexistence assez réussie. Il a élaboré des formes particulières, une matière narrative qui recourt aussi bien à la rêverie qu'au dialogue philosophique et s'impose comme novatrice, particulièrement dans le cadre du roman turc contemporain, bridé par un réalisme dominant. On peut aussi rappeler que sa poésie est néo-classique à l'époque où le vers libre et les recherches poétiques sont devenues monnaie courante...

Un critique turc, Ahmet Oktay[16], a qualifié Tanpınar d'*homme de l'hésitation*; comme Schopenhauer ou Nietzsche invoqués (dans *L'Institut de remise à l'heure des montres et pendules*) par le Docteur Ramiz, et qui suggéraient un «homme du doute», sa conscience créatrice s'affirme à une époque qui est l'entre-deux de la Turquie: non seulement le moment de passage de l'Empire à la République, mais aussi une période de sécularisation rapide et un moment de pause dans l'idéologie qui voit son avenir flotter devant elle. En constante recherche, adonné à la fluctuation, A.H. Tanpınar est aussi moderne en cela: à l'image de son œuvre inachevée, le goût du fragment et le questionnement profond sur sa condition d'homme et d'écrivain parviennent à conférer une certaine grandeur tragique à la recherche d'identité de l'intellectuel turc.

[16] «Tanpınar: Bir Tereddütün Adamı», *Defter*, p. 49-61, Bahar 1995, Sayı: 23.

LA «POSTCOLONIALITÉ» DANS LA LITTÉRATURE ET LA CRITIQUE LITTÉRAIRE INDIENNES

Annie MONTAUT
INALCO, CEIAS (CNRS/EHESS)

INTRODUCTION: UNE NOUVELLE PROBLÉMATIQUE?

Le texte littéraire de l'Inde coloniale puis post-coloniale a récemment fait l'objet d'études qui ont considérablement enrichi la tradition critique, longtemps demeurée prise dans la paraphrase, le jugement de valeurs ou la critique des sources et des influences[1], sans générer pour autant une histoire littéraire qui soit une histoire culturelle spécifique[2]. Ce tournant dans l'approche des productions culturelles est lié aux récents travaux des historiens et historiographes du groupe dit Subalterniste (*Subaltern Studies*[3]), visant à retrouver la voix et l'action («agency») des humbles dans l'élaboration du sujet colonial puis post-colonial — la «véritable» histoire n'est pas faite par les princes ou les grands leaders, tous occidentalisés dans le contexte indien, mais par le peuple, un peuple loin d'être aussi passif que le représente l'histoire officielle de l'Inde moderne. Un tel projet, en essence analogue à celui de Michelet (faire parler les muets de l'histoire) en diffère toutefois par l'association centrale qu'il postule entre la rébellion du peuple dominé et la critique de la modernité, la modernité étant assimilée au discours

[1] Voir par exemple *A Critical Survey of Hindi Literature,* Ram Awadh DVIVEDI, Dehli, Motilal Banarsidass, 1967.

[2] L'histoire littéraire qui dérive de ces approches s'est contentée de la périodisation et des découpages liés aux influences occidentales, y compris chez le très érudit Peter GAEFFKE (*Hindi Literature in the Twentieth Century*, Berlin, Harrassowitz, 1978): ainsi le «progressisme» (*pragativâd*) influencé par le réalisme social et le marxisme, puis l'«expérimentalisme» (*prayogvâd*) lié à la découverte de l'existentialisme français et même le Nouveau Roman (*naî kahânî*) dans les années soixante, dont la spécificité indienne disparaît souvent dans les histoires littéraires. Une telle périodisation donne l'impression d'une rupture radicale avec la littérature dite «médiévale», la modernité semblant se construire par plagiat des sources occidentales en rupture avec l'héritage indigène.

[3] La revue *Subaltern Studies* a jusqu'à présent présenté onze volumes d'études entre 1982 et 2000. L'essentiel de ses apports en est présenté par Jacques POUCHEPADASS («Les *Subaltern Studies*, ou la critique postcoloniale de la modernité», *L'Homme* 156, octobre-décembre 2000, p. 161-86).

dominant, le grand récit («the great narrative») des colonisateurs, vecteur en Inde de la rationalité occidentale et de son idéologie à prétention universelle. Après avoir essentiellement étudié divers exemples de rébellion paysanne, tribale, et à un moindre degré, ouvrière, comme expression des voix «subalternes», les Subalternistes s'orientent depuis les années quatre-vingt-dix vers une critique des lumières et de la rationalité occidentale qui passe avant tout par l'analyse de discours, ce qu'on a appelé le «linguistic (ou discursive) turn», et exploitent de façon privilégiée diverses productions culturelles, dont le texte littéraire, et non plus seulement les sources classiques de l'historien[4]. La question philosophique de la différence, comme réponse à l'universalisme qui soustend le grand récit colonial, est donc devenue centrale. Pour Dipesh Chakrabarty c'est un enjeu plus crucial aujourd'hui que les préoccupations démocratiques, la démocratie étant fondée sur un égalitarisme d'inspiration occidentale et donc à déconstruire[5].

Une telle insistance sur la différence antagonisée à la modernité universaliste ne va pas sans polariser une binarité dont Tanika Sarkar souligne les dangers:

> most recent works on cultural developments in the colonial period tend to assume the operations of a single, monolithic colonial discourse with fully hegemonic capabilities. All that Indians could possibly do was to either form a secondary, derivative discourse that simply extended the message of the master-text, or refuse and resist its positions and language. I was particularly keen to avoid this perspective. It necessarily robs colonised Indians of effective agency and evacuates an especially complicated historical problem of all complexities. It is striking that it is only third world histories that are made so monochromatic and flat, capable of being read off from a single and simple perspective. I think the acceptability of these readings in the first world owes a lot to an unstated conviction there that historical processes in the third world had been without much depth or thickness and an understanding can easily be managed by positing a single binary opposition as the only axis around which they revolve. This particular axis — the totalising power of colonial discourse — also has the further advantage of reaf-

[4] Cet infléchissement de la perspective originelle est dû à la difficulté voire à l'impossibilité de capturer les voix «subalternisées» dans leur expression directe (il faut dont en lire le reflet indirect à travers les voix dominantes, d'où l'analyse de discours, critique, «déconstructioniste», pratiquée sur ces dernières). Infléchissement non seulement dans la recherche des sources (recherche de l'essence de la subalternité plutôt que sa voix) mais aussi des enjeux de la recherche, qui dérivent depuis vers une critique des «lumières» occidentales.

[5] «Having an egalitarian society and political democracy may be laudable thoughts in themselves but these thoughts are not as important or as sensitive as the philosophical question of difference» («Marx after Marxism. A Subaltern Perspective», in *Economic and Political Weekly*, 29-5-1993).

firming the ubiquity of western presence and the everlasting mastery of its knowledge-systems in Indian history since both complicity and resistance of Indians would equally and exclusively shape themselves around a colonial agenda and be eternally parasitic upon it[6] ...

FÉCONDITÉ ET LIMITATIONS DE CETTE PROBLÉMATIQUE DANS LE CHAMP LITTÉRAIRE

Les travaux auxquels fait vraisemblablement — car ils ne sont pas nommément cités — allusion cette critique constituent une tentative pour décoder le discours des penseurs indigènes, le plus souvent hommes de lettres aussi, dans le cadre de leur rapport avec le double héritage de la pensée occidentale transmise par les Britanniques et de la tradition indienne (dont les grands textes classiques ont été précisément «retrouvés» par les philologues britanniques et occidentaux). Cette approche remet en question la nature de la contribution «réformatrice» au nationalisme indien, le plus souvent jusque là analysée comme une intégration de la rationalité et du modernisme libéral occidental (ainsi l'abolition de la coutume «barbare» des *sati*, immolation des veuves sur le bûcher de l'époux, des mariages d'enfants, de l'interdiction de remariage pour les veuves, le droit des femmes à l'alphabétisation, le droit à la liberté, etc.) et un retour aux valeurs premières de l'hindouisme (ou du védisme) débarrassées des scories des superstitions obscurantistes ou des «déviations» sociales[7]. Un des travaux les plus marquants en ce sens a été l'étude pionnière, bien qu'elle ne s'inscrive pas directement dans le groupe des subalternistes, de Vasudha Dalmia sur Bharatendu[8], écrivain hindi, dramaturge et journaliste généralement considéré comme le père de la pensée réformatrice et du pré-nationalisme, malgré des professions de foi loyalistes (pro-britanniques) ambiguës mais récurrentes. L'auteur renouvelle la perception de Bhartendu et de son temps (c'est-à-dire de la culture du réformisme) en décrivant la transformation et la complexification des concepts clefs de la culture hindoue de l'époque (et des mots

[6] Tanika SARKAR,, «A Book of Her Own, a Life of Her Own, Autobiography of a Nineteenth Century Woman», in *From Myths to Markets. Essays on Gender*, Kumkum SANGARI & Uma CHAKRAVARTI (eds.), Indian Institute of Advanced Studies, Shimla, 1999, p. 118-9; voir aussi «The Hindu Wife and the Hindu Nation: Domesticity and nationalism in nineteenth century Bengal», *Studies in History* 8-2, N-Delhi, Sage Publications, 1992.

[7] C'est le cas de l'Ârya Samaj, société réformiste formée à la fin du XIXe siècle (1875) par Dayanand Sarasvati, ou, au Bengale, du Brahmo Samaj, fondée par Ram Mohun Roy (Rammohan Roy).

[8] Vasudha DALMIA, *The Nationalisation of Hindu Traditions: Bhartendu and his times*, 1997, New-Delhi, Oxford University Press.

pour les dire) sous l'impact des changements historiques et économiques dans les divers segments de la société locale (à Bénarès), montrant qu'il y a eu une négociation continue entre les acteurs en présence (beaucoup plus complexe que la simple confrontation de la colonisation et d'une tradition hindoue monolithique inchangée au cours des siècles). Ce processus ininterrompu de négociation et d'interaction aboutit à des reconceptualisations cruciales qui mettent en cause la permanence des signifiés sous les signifiants: ainsi un mot comme *dharma* ne recouvre pas la même chose quand il est manipulé par tel ou tel des mouvements de la fin du XIXe siècle, moins encore dans ses emplois antérieurs à la colonisation et à la religion dévotionnelle; il y a là un processus de traduction au sens large, qui joue aussi bien sur les mots et concepts de l'hindouisme que sur ceux de la modernité occidentale.

Avec un autre corpus, Sudhir Chandra explore l'attitude ambivalente d'écrivains et penseurs comme Rabindranath Tagore, Bankim Chandra Chatterjee au Bengale, Ranade dans l'aire culturelle marathe, Bhartendu encore — autant d'écrivains qui jouèrent un rôle considérable dans le réformisme, la «renaissance» indienne, et la genèse du nationalisme. Etudiant les réponses données par ces écrivains à la modernité occidentale, réponses qui reformulent la pensée indigène quant à la notion d'individu, de société, quant à la place des femmes, aux différences religieuses, aux hiérarchies de caste, l'auteur cherche à montrer le poids du colonialisme et de ses valeurs dans la structure sociale et culturelle aujourd'hui dominante dans l'Inde indépendante. Le titre de l'ouvrage et son sous-titre sont suffisamment éloquents quant aux enjeux que se propose l'analyse: *The oppressive present. Literature and social consciousness in colonial India*[9]. Les sources littéraires sont certainement présentées dans toute la complexité du contexte historique et social et l'on voit clairement apparaître contradictions et dissidences tant par rapport à l'expression de la tradition orthodoxe que par rapport à l'impact de la pensée occidentale, mais l'enjeu n'en est pas moins de situer ces auteurs dans une critique générale de la rationalité occidentale, polarisée sur les lieux et les moments de la rébellion culturelle[10], définissant ces écrivains «exemplaires» par leur relation avec la culture coloniale.

[9] Oxford University Press, 1992. Les titres des grandes sections de l'ouvrage sont aussi éloquents: 1. Crushed by English Poetry, 2. Tradition: Orthodox and Heretical, 3. Defining the Nation.

[10] La notion de «moment de la rébellion» a été privilégiée par les Subaltern studies car c'est là qu'affleure de façon tangible la marque de la résistance à la domination. Seul lieu où puisse donc se saisir la pratique d'une pensée «différente», elle cristallise l'autre (le subalterne) dans son agressivité réactionnelle, oblitérant le quotidien de l'altérité, qui n'est pas nécessairement agressif.

Cela est tout aussi net chez Sudipta Kaviraj, autre historien de la même tendance qui s'est plus encore intéressé au texte comme texte littéraire — la fiction, le théâtre, à côté des discours et des pamphlets de type plus discursif que littéraire — et à un écrivain en propre, dans une monographie au titre, aussi, éloquent: *The unhappy consciousness. Bankimchandra Chattopadhyay and the formation of nationalist discourse*[11]. La conscience malheureuse dont il s'agit, Heidegger — mais non Hegel — est brièvement cité[12], est d'ordre politique. Malgré l'excellence des analyses sur l'humour et la farce dans leur rapport à la modernité, et l'intéressant chapitre sur la «liminalité», Bankim est d'un bout à l'autre de l'ouvrage défini par la dialectique déchirante qui le construit comme sujet idéologique et politique, une dialectique entre culture de la modernité occidentale colonisatrice (les «babous» au service des Anglais) et culture indigène (les femmes non embourgeoisées).

Or, cette culture indigène, qui ne se laisse pas «traduire» dans les mots et les concepts de la rationalité occidentale, est généralement définie négativement — comme une culture de la résistance à l'universalisme des lumières, n'apparaissant que dans sa «différence» — et, on l'a assez fait remarquer, essentialisée dans ce processus, et radicalisée comme différentiel absolu, incommensurable (voir introduction). Partha Chatterjee, dans *Provincializing Europe*, aborde longuement cette incommensurabilité[13]. Il faudrait détailler deux ou trois des points qui touchent particulièrement à la littérature, Tagore et la notion d'imagination («Imagination and the concept of Nation»), Ram Mohun Roy et l'émergence du sujet «moderne» dans le contexte colonial. Le long chapitre consacré à ce dernier part d'une accusation récurrente: Ram Mohun Roy, et avec lui les réformistes en général, seraient les fourriers de l'idéologie moderne (rationalité des lumières) en Inde et l'Inde postcoloniale, pétrie dans sa structure politique et administrative des concepts transmis par cette classe de penseurs, resterait donc prisonnière de cette contradiction. P. Chatterjee montre que cette interprétation de la pensée réformatrice, dans la condamnation des *sati* par exemple, comme héritière directe de la doctrine de la «sensibilité» de Hume et Adam Smith, donc des lumières, fondées sur le rationalisme, résulte d'un malentendu lui-même dû à un effet de traduction. Le mot pour pitié/ com-

[11] Oxfort University Press, 1998. Du premier chapitre (A taste for transgression) au dernier (Tragedy, Irony and Modernity). Chattopadhyay et Chatterji sont des variantes du même nom.

[12] Heidegger dans la première note, et très allusivement, pour le héros problématique, Lukacs et René Girard. Les deux références à Hegel, encore plus allusives, ne concernent pas la conscience malheureuse.

[13] Princeton University Press, 2002.

passion/ sensibilité par exemple (traduit par *sensibility*, où l'on croit pouvoir repérer toute l'idéologie du XVIIIe siècle) est en bengali (comme en hindi et en indo-aryen en général qui reprend du sanscrit les termes techniques abstraits) *karuna*, mot et notion incompréhensibles si on ne les recontextualise pas dans la théorie du «cœur véridique» (*sahriday*) de l'esthétique classique (celle du rasa, où objet vu et sujet de perception fusionnent)[14]. Même analyse pour l'imaginaire (dévoilement, et non évasion, de la vérité par la vision au-delà ou à travers le «réel», *bastav*, chez Tagore, accusé par la jeune génération d'une abstraction typiquement bourgeoise typiquement 'coloniale'), la notion de communauté (*birâdrî*), celle de nature (*prakriti*). P. Chatterjee fait donc l'étude de la rencontre, sur un mot/un concept, de deux univers incompatibles, que l'on croit par l'artifice d'une illusoire traductibilité équivalents, celui de la rationalité (*enlightenment*) occidentale du XVIII-XIXe siècle, et celui de la tradition culturelle (la «grande») indienne.

A cet horizon doublement réducteur qui consiste à évaluer la subjectivité de l'artiste et son expression littéraire à l'aune du projet nationaliste et, corollairement, à ériger la différence en absolu de la résistance, on peut penser que l'observation d'autres lieux de la «subalternité», et notamment celle du féminin dans le régime patriarcal que représente la société indienne traditionnelle représente une alternative féconde. De fait, cette approche, qui construit évidemment son corpus spécifique, a coïncidé avec le développement des «gender studies» et s'est avérée extrêmement féconde dans les études textuelles en Inde.

L'étude de *Amar Jiban* (1868), autobiographie d'une femme bengalie autodidacte au milieu du XIXe siècle qui a servi de source à Tanika Sarkar pour explorer la voix subalterne, décrit l'émergence d'un nouveau sujet de conscience dans la moyenne bourgeoisie bengali au milieu du XIXe siècle, ni passif ni autonome, dont les modes d'action («agency»)

[14] Si l'on tolère la *sati* en Inde, c'est que l'habitude empêche de ressentir la compassion pour la victime, faculté universelle du cœur humain dans la doctrine de Hume. Ce type de déconstruction est entièrement fondé sur l'analyse interne de discours, comme, pour Tagore (accusé par une partie de l'intelligentsia bengali d'avoir été le fourrier du rationalisme occidental, abstrait et bourgeois), sa réhabilitation en tant que penseur indien ne passe que par l'analyse des mots clefs qu'il emploie en bengali). Sur le même sujet, Rammohan Roy et la pratique de la *sati*, Ashish NANDY — dans le même horizon de critique de la modernité— montre avec des méthodes entièrement différentes l'ambivalence de l'idéologie de Roy quant à l'émancipation des femmes: la sociologie familiale et intellectuelle sert de contexte au démontage plus ou moins freudien de la personnalité de l'auteur et des déterminations qui le contraignent à condamner la *sati* («Sati: a nineteenth century tale of women, violence and protest», in *At the Edge of Psychology*, Oxford University Press, 1980, p. 1-31.

et de conscience sont le fruit d'une négociation entre dominants et dominés plus que d'une simple opposition. Malgré la faible marge d'autonomie dont jouissent les femmes de cette condition à cette époque, l'auteur montre que la relation ambivalente au modèle patriarcal dominant, lui-même s'intégrant de façon ambiguë au modèle colonial, peut être subvertie au point qu'une voix, sinon libre du moins dissidente, puisse exprimer son existence originale et ce, en utilisant le modèle hagiographique (l'hagiographie de Chaitanya, en bengali) comme fil conducteur de sa propre biographie. De cette critique jamais ouverte que l'autodidacte élabore dans l'intertextualité et que son exégète déchiffre entre les lignes, émerge bien ce qu'on peut appeler un sujet de conscience qui se détermine à travers un jeu de contraintes multiples et non dans une bi-polarisation, comme le souligne T. Sarkar:

> I chose to abandon what seemed to me a sterile and stale organisational principle and focus for exploring social and cultural problems in the nineteenth century. I did not use this text just to probe its precise relationship with systems of colonial power-knowledge. I saw it as being shaped by many histories that interanimate and transact with one another. I also saw it as an autonomous endeavour that creates its own world of meaning out of a whole range of given meanings[15].

Cependant, ce récit de vie qu'est l'autobiographie de Rashsundari est analysé, et l'analyste en énonce clairement l'objectif, dans une perspective d'anthropologie culturelle. D'autres formes culturelles, par exemple les chansons de femmes de caste plus modeste au Rajasthan et au Madhya Pradesh dans *Listening to the Heron's tales*, sont exploitées dans cette perspective par Goodwin Raheja & Grodzins pour invalider l'idée reçue propagée quant à la psyché féminine indienne[16]: modèle de soumission à un univers patriarcal dominé par la figure de Sita, qui rend la révolte informulable et inarticulable[17]. Ce modèle, critiqué par les deux auteurs (qui se placent dans le sillage théorique des Subaltern Studies) comme typiquement brahmane, mâle et reflet d'une culture de l'élite, est radicalement subverti par les chansons de femmes, notamment les chan-

[15] Suite du texte cité *supra*, dans «A Book of Her Own», p. 119.

[16] GOODWIN RAHEJA, Gloria & Ann GRODZINS, *Listening to the heron's words. Reimagining Gender and Kinship in North India*, Oxford University Press, 1996. L'idée reçue à laquelle s'en prennent les deux auteurs est celle qu'a popularisée le psychanalyste Sudhir KAKAR (*The Inner World. A Psycho-analytic Study of Childhood and Society in India (*trad française *Moksha, Le Monde Intérieur)*, Oxford University Press, 1978).

[17] Voir l'interrogation, depuis largement mise en question, de Gayatri SPIVAK: «Can the subaltern speak?», formule titre d'un article de 1985 («Can the Subaltern Speak? Speculations on Widow Sacrifice», *Wedge* 7/8, p. 120-130).

sons-injures (*gâlî-gît*) où les femmes entre elles s'autorisent des doubles sens obscènes pour mettre en question la structure de l'autorité patriarcale en la moquant.

Une telle perspective, indéniablement adéquate au type de textes qu'elle suscite, encore qu'on ait pu reprocher aux études féministes dans leur ensemble de remplacer une polarité réductrice par une autre[18], aurait, extrapolée au texte littéraire, des effets considérablement réducteurs quant au sens même et à la portée du texte[19]. Même en prenant soin de repérer les tropes proprement littéraires, une lecture inféodée à un projet herméneutique qui polarise une binarité dominé/dominant aboutit nécessairement à réduire les deux termes de la polarité à une différence incommensurable et à éluder la spécificité de l'auteur et de son univers imaginaire.

[18] Ou de s'autoriser de cette polarité pour hiérarchiser d'autres types de violence (comme en interprétant les récits de vie des femmes enlevées («abducted») au moment de la partition (Urvashi BUTALIA, *The Other side of Silence. Voices from the Partition of India,* New-Delhi, Viking, 1998; Ritu MENON & Kamla BHASIN, *Borders and Boundaries. Women in India's Partition*, New-Delhi, Kali For Women, 1998). Un spécialiste de la partition, de sa littérature et de ses déchirements comme Alok Bhala est amené à s'insurger contre cette hiérarchisation de la violence (communication orale au colloque international «Living together separately», Delhi, décembre 2002). Vinay BAHL met aussi très fortement en garde contre les dangers de la polarisation des différences («Situating and Rethinking *Subaltern Studies* for Writing Working Class History», in *History after the Three Worlds, Post-Eurocentric Historiographies*, Arif DIRLIK, Vinay BAHL & Peter GRAN (eds.), Rowman & Littlefield Publishers, Boulder-New-York-Oxford, 2000: 85-124).

[19] Un des exemples les plus clairs en est l'analyse d'une pièce de Bhishm SAHANI, auteur hindi célèbre pour avoir produit *la* représentation nationale de la Partition avec son roman *Tamas* (Ténèbres), porté à l'écran sous forme de feuilleton télévisuel puis de film (immédiatement vendu en vidéo). Jaydev, auteur lui-même par ailleurs de l'ouvrage *The Culture of Pastiche*, et Singh montrent comment Bhisham Sahani, dans sa pièce *Madhavi*, réécrit l'histoire de la princesse, non du point de vue patriarcal qui est celui des sources sanscrites, mais du point de vue de la femme. La triste histoire de cette princesse apparaît dans les sources anciennes (*Mahabharata*) comme écrite dans les marges de la noble histoire de son partenaire principal, Galav, un prince sommé, pour convaincre de ses talents diplomatiques et politiques et permettre à son patron d'acquérir les cheveux requis par le grand sacrifice de l'*ashvamedha*, de fournir en courtisanes parfaites divers personnages de la notabilité militaire; le talent de Madhavi lui permet ainsi d'honorer ses engagements. Ils s'éprennent l'un de l'autre, et lorsque enfin ils pourraient se marier et vivre en couple, lui manifeste son mépris pour une femme perdue ou du moins sa soumission aux normes sociales et morales de son milieu. Silence de la victime. La pièce de Bhishm Sahani présente au contraire une héroïne qui exprime sa souffrance et met explicitement en accusation, dans les latitudes qui sont les siennes, la société et l'hypocrisie de son appareil de conventions, l'auteur étant crédité par Singh et Jaydev d'une vision typiquement subalterne, parce qu'il montre en Madhvi l'intériorité d'un sujet de conscience souffrant, dominé mais conscient et, par sa conscience, lieu d'une «agency» (décision autonome de se faire renonçante, condamnation argumentée des circonstances qui la contraignent à dette résolution). Naissance, donc, du sujet de la modernité par la rébellion féminine. CQFD.

Ainsi, l'étude très ingénieuse que fait Amir R. Mufti des nouvelles de Manto, écrivain d'expression ourdou[20]. Mufti commence par une lecture «against the grain» de l'histoire littéraire ourdou, le grain étant en l'occurrence que le regain et le déclin de popularité du ghazal comme genre accompagne l'intériorisation du déni de la réalité (et, précise-t-il, en particulier de la réalité indienne) caractéristique de la littérature ourdou, le ghazal en tant que forme étant supposé ne pas pouvoir relever les défis que relève la littérature réaliste hindi (réalisme social essentiellement exprimé dans la forme romanesque). La lecture à contre fil, réflexion sur la «canonisabilité des formes de la culture indienne dans le discours national», montre que la nouvelle en tant que forme correspond dans la littérature ourdou de cette époque (1930-47) à une voix qui se démarque de celle du roman pour dire (et protester contre) sa minorisation par la culture nationaliste. Cette dernière définit typiquement le héros national comme conscience nationale laïque (secular), dans *Intouchable* de Mulk Raj Anand (1935), *Discovery of India* de Nehru (1946), *Godân* (Le Don de la vache) de Premchand (1936). Elle s'appuie sur le protocole du réalisme social, schématisé par Mulk Raj Anand (Conférence des Ecrivains Progressistes, All India People Writers Association) dans les termes suivants: «to release the dormant possibilities of our people burried in an animal biology», la vocation de la littérature moderne apparaissant donc comme l'instrumentalisation du passage de la préhistoire à la modernité. L'auteur contraste ensuite les personnages féminins chez Manto avec la figure féminine dans les grands récits nationaux où la femme est invariablement allégorique de la mère et de la nation (Mother India) et où le citoyen moderne est appelé à s'investir dans une relation de pitié filiale. Les possibilités d'allégorie nationale chez Manto proposent un autre modèle que celui de Mother India lisible dans les grands romans de la culture hindi, en quoi cette «méta-allégorie» constitue une remise en question de la totalité construite par l'imagerie nationale.

Voici l'histoire, brièvement résumée, dont l'analyse aboutit à dévoiler cette méta-allégorie comme sens fondamental de l'œuvre de Manto: dans «Kâlî shalvâr», Le pantalon noir, Sultana et son homme, Khuda Baksh, photographe spécialisé dans le portrait de militaire et d'administrateur britannique, émigrent de Lahore à Delhi (avant la partition) pour des raisons économiques. Comme il ne trouve pas de travail, le couple a

[20] Amir MUFTI, «A Greater Story-writer than God: Genre, Gender and Minority in Late Colonial India», *Subaltern Studies* XI, 2000, p. 1-37.

du mal à survivre. Elle doit affronter la vie métropolitaine, dans un petit appartement dans un compendium près de la voie ferrée, avec des toilettes à chasse d'eau qui la terrorisent (symbole du choc de la modernité). A l'approche de Muharram, fête musulmane (shiite) pour laquelle il lui faut un shalwar noir, le même que celui de sa voisine Mukhtar, elle cherche à se procurer de quoi l'acheter en trouvant des hommes, et le premier à répondre à ses invites, un jour de flânerie autour de la gare où il l'aperçoit à sa fenêtre, est un hindou, Shankar. Il n'y a pas de passe mais de longues conversations, au terme desquelles il promet de lui apporter l'argent, lui demandant en échange ses propres boucles d'oreilles. In extremis, Shankar ramène, non pas l'argent mais le shalwar noir. Au moment de la fête, Sultana voit ses boucles sur les oreilles de sa voisine, laquelle voit son shalwar sur Sultana, et la nouvelle finit sur le regard que se lancent les deux femmes, et sur le silence de leur bienfaiteur, sans commentaire.

En quoi l'œuvre est-elle une méta-allégorie? Par exemple, les veines qui marquent le territoire du corps féminin, dont le lacis est comparé chez Manto avec celui des rails qu'observe l'héroïne Sultana (semi-prostituée) de sa fenêtre en attendant d'éventuels clients, sont investies, pour Mufti, d'une fonction méta-allégorique: elles mettent en équation la modernisation nationale (les rails, donc le projet nehruvien de modernité laïque et d'industrialisation de l'Inde) et le bordel (le personnage de Sultana) par le biais de la comparaison et du thème des allées et venues. Quant au silence final du héros hindou, Shankar, qui donne à Sultana le pantalon échangé contre les boucles d'oreille de la voisine, qui discute avec Sultana des rapports entre communautés et qui met l'humanité au-dessus des symboles sectaires[21], il symbolise son ambivalence, à la fois trahison et amour, une ambivalence méta-allégorique de la relation qu'entretient l'idéologie nationale du Congrès avec la minorité musulmane. Les prostituées chez Manto, avatars modernes de la courtisane (centrale dans la culture ourdou) constituent selon Mufti un «supplément» de la figure maternelle au «moment du départ» du projet nationaliste indien, supplément structuré par l'amour et non la piété filiale. Le sujet musulman dans la nation indienne ne peut pas être un fils comme les autres, il est nécessairement assujetti à la majorité et mis dans une position de minorisation (que traduit officiellement la politique de «discrimination positive» de l'Inde indépendante) et c'est cette minorisation

[21] Lors de ses conversations avec Sultana, il se présente implicitement comme un apôtre de la laïcité, précisant que tous se valent, maulvi et pandits.

que critique Manto en en démontant les mécanismes par l'interprétation méta allégorique du matériel allégorique.

UNE RÉPONSE D'ÉCRIVAIN CONTEMPORAIN À CE TYPE DE LECTURE HISTORIOGRAPHIQUE ET À SES ENJEUX[22]

La téléologie de cette interprétation, dans un langage délibérément très post-moderne, est à ce point inféodée à la saisie du projet nationaliste et à la mise en évidence des différences culturelles qui en altèrent la portée (pour en dénoncer la visée totalisante) qu'on ne sait même pas dans quel style Manto s'exprime, ni le phrasé ni la composition des textes n'étant commentés[23]. Ce que crée cette lecture à contre grain, c'est une archive de la conscience malheureuse qui contraste avec le triomphalisme de la conscience nationale dominante[24].

Mais si on lit Premchand et en particulier l'œuvre citée par Mufti et Singh, *Godân*, sans horizon téléologique, ce n'est pas le sujet d'un discours national totalisant qu'on y surprend. Sur cet auteur et son époque, qu'il s'agisse de la culture hindoue «nationale» ou de ses subalternes, voici la lecture d'un écrivain et essayiste contemporain[25]: «Etre un écrivain Indien véritablement moderne, être moderne et Indien à la fois, cela demande un immense effort d'imagination: entrer dans le courant central d'une civilisation qui sous toutes les distorsions qu'elle a subies ici et là a su garder vivant le flot qui l'anime depuis trois mille ans. La distorsion même semble le prix exigé par l'histoire comme condition de survie, son espace vital. Et de fait, les distorsions de surface sont si inextricablement liées à la texture d'origine qu'il est à peu près impossible de démêler l'une des autres. (...) L'écrivain indien moderne ne peut pas s'offrir le luxe d'agir en observateur extérieur cynique et détaché, et pas davantage il ne peut se constituer en voix de l'intérieur, fasciné par la lumière interne de cette civilisation au point de s'aveugler sur les zones d'ombre[26] qui frappent si aisément l'observateur extérieur. Il lui faut être de l'intérieur et de l'extérieur à la fois (...). A l'époque de Premchand, l'intervention étrangère dépassait les sphères politique

[22] Premchand, ni Manto, n'étant plus de ce monde.

[23] On sait que ce sont des particularités importantes du style de Manto.

[24] Egalement souligné dans le chapitre consacré à Premchand de *Continuing Dilemmas. Understanding Social Consciousness* de Sudhir CHANDRA (N. Dehli, Tulika, 2002).

[25] Nirmal Verma («Indian fiction and colonisation», dans *Time and Memory*, Vagdevi Prakashan, 1989, («L'Art et la Conscience dans l'Inde d'aujourd'hui», 2004).

[26] «Areas of darkness» dans le texte, claire allusion à Naipaul, qui intitule ainsi son premier ouvrage sur l'Inde, observation sans pitié d'une société décomposée.

et économique, plus subtilement et insidieusement, à une échelle civilisationnelle colossale, elle déracinait l'ensemble de la paysannerie en la privant non seulement de la terre mais de tous ses liens avec son passé, l'aliénant ainsi de son être propre (*âtman*). C'est précisément cet être endommagé de l'Indien ordinaire, ni purement traditionnel ni complètement colonisé, âme écartelée, qui est le thème essentiel de Premchand. Le choix du roman «réaliste» n'a pas été pour lui une simple commodité, il correspondait aussi au besoin intérieur de refléter les changements et les glissements subtils d'une société jusque là extraordinairement résistante à tout changement, donnant ainsi une image qui aboutit inévitablement à une version dégénérée de l'archétype noble et idéalisé. Le passé mythique et sa déviation historique dans le présent, fantaisie et vérité s'y combinent comme dans toute société traditionnelle. Dans l'hébétude post-coloniale, aujourd'hui encore, tout Indien du nord peut toujours percevoir dans le monde fictionnel de Premchand quelque chose de la vérité ambivalente de son propre moi. (...) A la différence des premiers romans «réformistes», idéalistes et nostalgiques du système de valeurs morales traditionnel, ses dernières œuvres prennent en compte la détérioration radicale de la structure organique des relations entraînée par la colonisation, la transformation du dévouement et du devoir, jadis source de rédemption spirituelle, en source d'esclavage intolérable, détresse indicible, dépravation intérieure, en ambiguïté et noirceur, alors que les normes proposées par les maîtres du jour comme rationnelles et réelles restent totalement incompréhensibles, vagues, sinistres: d'où la schizophrénie morale (...). Les dernières œuvres (dont *Godân*, «Le Suaire») témoignent d'une amertume, d'un ressentiment et d'un désespoir derrière lesquels couve la réalisation sauvage, fiévreuse d'une sombre vérité, une quasi révélation. Laquelle? Au-delà du désenchantement et du désespoir, car il n'avait pas, à la différence de Gandhi, d'affinité avec les traditions religieuses hindoues, celle d'un esprit d'abandon, d'une audace inouïe (jusqu'au blasphème), qui ne peut apparaître qu'une fois tous les masques tombés, une fois mise à nue, totalement dévoilée, la face du mal. C'est l'abandon à la jubilation blasphématoire, la danse et le rire des deux ivrognes à la fin du Suaire (...)[27]. Ce moment de révélation est un choc intense, mais aussi une profonde illumination.»

[27] Ghîsû se leva. Il semblait nager dans les vagues de l'extase. «Oui, mon fils, dit-il, elle ira au paradis. Si elle ne va pas au paradis, alors qui ira? Les gros bonnets qui pillent des deux mains les pauvres gens et qui vont au Gange se laver de leurs péchés et aux temples offrir leurs libations?» ... Il retomba dans prostration du désespoir. «Mais la

On est loin du triomphalisme attribué par Mufti au leader littéraire du grand récit national. On est loin aussi, bien que les prémisses de l'analyse consonnent parfaitement avec celles des archivistes de la conscience malheureuse, de la réduction du texte à cette conscience. Car pour l'artiste c'est non dans le désespoir et le tragique mais dans l'audace de l'abandon, la jubilation, le blasphème, l'illumination de la révélation que se situe l'apport fondamental de Premchand. La polarisation de l'opposition entre la «culture ourdou» et la «culture nationale» (du Congrès, imagerie hindoue idéologie laïque) revient à occulter ce que Nirmal Verma appelle la vérité du texte, liée pour lui à la mise à nu de l'individu: à la création de situations qui contraignent le sujet à se débarrasser des fausses consciences, des faux repères, en l'occurrence des oripeaux désormais vides du *dharma* et du *karma*, qui n'est plus qu'un appareil de conventions déconnecté des réalités économiques et sociales et de l'imagerie de la piété filiale. Ce sont ces situations extrêmes, induisant ce choc et cette illumination dont il crédite les derniers héros de Premchand, privilégiées par N. Verma romancier, mais aussi par Jainendra Kumar, qui permettent au héros de voir plus et mieux. Elles visent à faire voir et sentir au lecteur et non à résoudre des problèmes, voir et faire voir de tous les points de vue à la fois[28]. La mise à nu de l'homme débarrassé par des circonstances exceptionnelles des mensonges ou des masques dont il peut se soutenir est aussi le thème du roman de Anantamurthy, *Samskara*, histoire d'un brahmane rebelle, conscient de la vacuité des repères de caste dans un nouvel ordre économique et social

malheureuse a tant souffert dans sa vie et elle est morte dans les affres!» hurla Madhav en se couvrant la face. «Pourquoi pleures-tu, mon garçon? le consola Ghisu. Réjouis-toi qu'elle ait échappé si jeune aux rets de l'Illusion et aux soucis de ce monde. Heureux qui rompt si tôt les chaînes de la *mâyâ* !» Alors ils se levèrent et entonnèrent le chant: «Ah! perfide, pourquoi nous fais-tu les yeux doux...» Les ivrognes les regardaient, médusés, et eux continuaient de chanter à tue-tête, le cœur noyé d'ivresse. Puis ils se mirent à danser. À sauter, à bondir, à tomber, à rouler les yeux, à faire des mimiques, à prendre des poses, pour finir par s'effondrer, ivres morts.

[28] Le thème du voir et du regard passe par les mots hindi *dekhnâ* (regarder, voir), référant à la simple perception ou intention visuelle, mais aussi *drishti* et *darshan* (de la même base sanscrite DARSH) fortement connotés (contemplation religieuse, intellectuelle ou spirituelle, propre à susciter la fusion de l'observateur avec l'objet observé, *darshan* étant aussi le terme qui désigne l'école philosophique). La vision chez Nirmal, celle qui permet de tout embrasser, délinéarisant ainsi le temps chronologique, est toujours doublée par le travail de la remémoration: la mémoire, *smriti*, est la doublure du regard, c'est aussi dans la tradition classique le complément écrit de la révélation (orale: *shruti*) du corpus védique. *Dhalân se utarte* (En descendant la pente) chapitre «kâl aur smriti» (le temps et la mémoire), traduction française dans *Dédale* 11-12, *Poétique, rhétorique, métaphysique*. L'écriture poétique/fictionnelle diffère ainsi de la dialectique et du mouvement discursif par sa capacité à transcender la linéarité.

où ces repères sont déconnectés de leur substrat religieux et moral. Ce roman a été apprécié comme tel (comme roman sur la vérité de l'homme dépourvu de ses repères, c'est-à-dire création singulière recourant à des moyens stylistiques et imaginaires pour exprimer une réflexion sur le sens de la vie, le devenir-humain dans une société donnée) par un écrivain, Naipaul, mais accueilli en Inde à l'époque par une controverse sur la déchéance du brahmane et l'acceptabilité de sa description[29].

Le sens de la littérature, coloniale, postcoloniale ou non, ne se réduit pas à l'opposition des nationalismes ou des régionalismes culturels, à la marginalisation du sujet de la culture musulmane chez Manto par exemple, ni, plus généralement, à l'aveu d'incommensurabilité entre deux ordres de pensée ou deux systèmes de repérage: modernité *vs* prémodernité, histoire *vs* mythe, rationalité/vision objective *vs* mentalité sauvage/croyances et non distinction entre sujet et monde, etc[30].. Mais, pour citer encore Nirmal Verma, opposer une culture à une autre est déjà mettre en position d'extériorité par rapport à sa culture l'Indien dont le sentiment d'appartenance, vague, non soutenu par une tradition ni historique ni religieuse, ni par les symboles nationaux, est justement, contrairement à la notion même de «conscience culturelle», de ne pas avoir conscience d'une culture spécifique[31], défini qu'il est par un sens de la

[29] *Samskara* a été traduit en français par Anne-Cécile Padoux, L'Harmattan; Naipaul en parle avec perspicacité dans *An Area of Darkness* (au chapitre «A defect of vision»).

[30] Ashish NANDY dans «Histoire de l'identité politique indienne» (*La Revue des Deux Mondes*, Septembre-Octobre 2001, p. 36-42), constate la coexistence de ces deux ordres de pensée en Inde, éventuellement chez le même individu, Kakar la commente de façon critique, sous le terme de «sous-développement du moi» indien, dans *The Inner World* (*op. cit.*, p. 130).

[31] «La conscience d'une «tradition» historiquement donnée à un Anglais, à un Allemand par le sens du passé, est quelque chose dont je suis dénué; je ne me souviens pas de qui j'étais parce que je vis et me souviens *dans le présent, qui a toujours été*. Cela fut jadis un sentiment étrange — d'appartenir à quelque chose que l'on n'a pas gagné/acquis, ni par l'histoire ni par un acte de conversion. Ni une religion institutionnelle ni une quelconque entité politique unifiée, ces deux sources majeures d'identification d'un peuple, n'ont joué un rôle appréciable dans la confirmation de mon *indianité*. Et cependant j'éprouve un vague sentiment d'appartenance, sentiment trop personnel pour être égoïste, trop vaste pour être patriotique, impossible à définir en termes historiques, et que je ne pourrais pas non plus catégoriser en termes psychologiques ou émotionnels. Qu'est-ce que j'entends exactement par sens de la relation, dont la perte m'a réduit à l'état d'orphelin dans ma propre culture? Laissez-moi dire d'emblée que même la notion de «culture» en tant que conscience réflexive (conscious awareness) d'un certain système (pattern) de rites, de croyances et de symboles, est un emprunt à l'Occident totalement étranger à la conscience indienne. Ce n'est pas une fenêtre par laquelle on entrait en relation avec le monde extérieur parce que ce que je voyais de l'autre côté de la fenêtre n'était guère différent de ce que mes ancêtres y voyaient — un vaste paysage d'arbres, de rivières, de bêtes et d'hommes, paysage inchangé, et même si j'étais à la fenêtre, j'étais aussi parmi

relation, de l'appartenance à un tout, de l'interconnection du moi avec le paysage, les autres hommes, les bêtes, le passé, de même que le temps du mythe n'a pas de vision objectivante du passé comme en a le temps de l'histoire: ce mode d'appartenance, qui, historisé (et devenu conscience de sa propre indianité) par la colonisation, s'évanouit et laisse le sujet «orphelin de sa propre culture». Au-delà même de cette objectivation invalidante aux yeux d'un auteur indien, irait-on chercher le sens de l'œuvre d'un Thomas Mann dans l'expression de sa germanité différencielle (par rapport à quoi?), d'un Proust dans l'expression de sa francité distinctive, demanderait-on aux auteurs du premier monde de faire sens exclusivement par leur position idéologique vis à vis d'un discours dominant quel qu'il soit?[32]

AU-DELÀ DES POLARISATIONS RADICALES ET DES DIFFÉRENCES INCOMMENSURABLES: LES CONTENUS DE VALEUR

Les conclusions des Subaltern Studies vont, outre le modèle de bipolarité qui s'en dégage, vers l'incommensurabilité des systèmes conceptuels eux-mêmes au principe des différences culturelles: l'insistance sur les contresens dus à la traduction qui reflètent l'absorption d'une culture indigène «traduite» dans le langage de la culture dominante (laïcité, «secularism» est un de ces mots) est significative. Dans cette perspective, dé-traduire, retrouver l'original dans son «authenticité», c'est libérer, libérer des lumières occidentales, mais du coup la libération dans leur spécificité irréductible des «mots de la tribu» aboutit à s'interdire toute interprétation (et toute pratique) fondée sur de l'universalisable[33].

ces créatures, partie de ce paysage. Il est remarquable que ce sentiment de relation intime, non seulement au sens des diverses composantes du paysage, mais également entre l'observateur et l'observé, celui qui voit et l'objet qui est vu, constitue un modèle à la fois plus riche d'âme et plus spontané que celui que véhicule le terme de «culture» (Verma 2004).

[32] La manie de demander aux auteurs indiens de justifier leur choix linguistique, comme si se situer par rapport à l'anglais représentait le tout d'une «différence», comme si leur intérêt littéraire se réduisait à ce choix, est dans cet ordre d'idées à peu près aussi choquante que de réduire Montaigne au choix de son vernaculaire, à une époque où le latin était la langue d'instruction, ou, en contexte plurilingue, de demander au prix Nobel de 2002 pourquoi il écrit en chinois, ou à Thomas Bernard, Suisse, pourquoi l'allemand et pas le français.

[33] Contradiction qui se retrouve aussi dans la Constitution Indienne (droits des minorités *vs* droits de l'individu): et l'une des critiques les plus fortes faites au courant subalterniste consiste à les accuser de se faire involontairement l'allié objectif du regain des «croyances», comme des crispations identitaires (régionales, sexistes, dalits, etc.).

Il suffit cependant de parcourir les productions de la littérature dite «*dalit*» (litt. «opprimé»), expression s'il en est de la voix subalterne, pour constater qu'elle ne valorise pas la différence en tant que critique de la modernité mais se réclame implicitement de l'universalisme des droits de l'homme par exemple[34]. Si on conçoit les mondes culturels comme étanches, et la différence comme ayant valeur en soi, les contenus de valeurs véhiculés par cette «pensée de la différence» ont du coup moins d'importance que le fait même de résister, d'être «autre», comme si l'insistance exclusive sur les lieux et les moments de la rébellion vidait cet être-autre de tout contenu positif[35].

Pourtant, ces romans et ces œuvres nous disent quelque chose d'autre que le combat douteux de leur auteur pour se situer envers le grand récit colonial ou postcolonial. Quelque chose qui est peut-être, et même assurément, indien, mais qui n'est ni monolithique, ni constant, et surtout qui est partageable par d'autres cultures. Comme le notait Nirmal Verma encore, le mode d'interrelation, de communication holistique avec l'environnement cosmique, naturel et spirituel, est peut-être indien mais c'est aussi le mode d'être que privilégient d'autres cultures et auquel renvoie l'art en général dans ses réalisations les plus fortes. Je ne peux ici que reprendre brièvement les conclusions de mes travaux antérieurs pour illustrer le dire du texte littéraire moderne et postcolonial, pour ne pas trop déborder le cadre de cette présentation, nécessairement schématique.

L'œuvre fictionnelle de Nirmal Verma, pour commencer, pourrait assurément se lire comme un répertoire des mots et concepts de la différence, qu'on étiquette cette dernière indianité ou prémodernité: j'ai montré ailleurs que la thématique de l'ouverture d'un moi individuel sur ce qui le transcende en l'englobant (*âtman*[36]) est en effet l'enjeu central

[34] Sur la littétature dalit, dont les œuvres importantes émanent surtout de la tradition marathe, la meilleure synthèse aujourd'hui est celle de Arjun DANGLE (*Poisoned Bread* Orient Longman, 1994).

[35] Comme le note à juste titre Veena DAS («Subaltern as a perspective», *Subaltern Studies* VI, p. 310-25), si les Subalternistes ont reproché aux exégètes dominants soit d'ignorer la réalité des systèmes culturels dominés soit de les juger du point de vue de la culture dominante, eux-mêmes en font souvent autant, défendant la spécificité du «sauvage» à partir de l'idéologie brahmanique ou occidentale: ce qui est inversé c'est le jugement (positif et non plus négatif), non le point de vue. Elle cite par exemple Hardiman («From Custom to Crime: the politics of drinking in colonial South Gujarat» (*Subaltern Studies* IV, 1985 et «The Bhils and Sahukars of Eastern Gujarat», *Subaltern Studies* V, 1987) où l'auteur justifie le comportement économique (irrationnel) des Bhils par leurs limitations sociales et leurs croyances religieuses, et trouve une rationalité cachée à leur pratique de l'alcool (apport nutritionnel, occasions religieuses, etc.).

[36] Qu'on peut traduire par «âme» ou considérer comme un de ces concepts irréducti-

de cette écriture poétique. Les stratégies formelles passent par le jeu sur la dépersonnalisation du personnage (dans l'organisation énonciative, par l'alternance du 'je' et du 'il' pour le même référent, thématiquement, par la prépondérance des états seconds, fièvre, rêve éveillé, dédoublement, et des temporalités liminales, adolescence, mort, exil, etc., stylistiquement, par une ponctuation qui transforme les démarcations claires en plages de sens qui s'enchaînent et se juxtaposent en glissando plutôt qu'elles ne s'articulent logiquement, par des comparaisons qui doublent la réalité d'une autre réalité); elles aménagent l'accès à une temporalité délinéarisée, par la mémoire, par la recherche d'un présent absolu qui annihile la séquentialité, et par la structure musicale de l'œuvre, en motifs qui se répètent et se font écho. Les termes employés pour décrire ces états de supra conscience sont souvent ceux de la philosophie classique ou de la mystique médiévale indienne (le point focal *bindu*, la libération *moksh*, *chutkârâ*). La façon dont l'univers naturel, et en particulier végétal et minéral, est intégré à la subjectivité humaine aussi participe d'un principe holistique (non distinction du sujet et du cosmos, non séparation du soi et de l'autre), où la vocation de l'humain (*manushya*) se situe au-delà et peut-être à l'encontre de celle de l'individu (*vyakti*)[37]. On peut donc insister sur le caractère mythique de cette pensée et la figer dans son irréductibilité. On peut aussi bien lire l'œuvre, et c'est ce qui a le plus souvent été pratiqué jusqu'aux années quatre-vingt-dix, comme une écriture et une thématique typiquement occidentalisée[38], les personnages et les décors étant plus empruntés à la classe moyenne urbaine anglicisée qu'au village traditionnel, les formes narratives, peu ou pas d'événements, s'apparentant plus aux récits occidentaux de son époque qu'à l'art de raconter traditionnel. On pourrait du reste aussi la lire comme un parfait exemple de l'écriture de la dissémination, du décentrement, déconstruisant l'«onto-logo-théocentrisme». Mais on peut aussi, surtout si on tient compte de la facture stylistique, considérer que cette voix chargée de faire éprouver (plus que de démontrer) un certain

blement intraduisibles. Pour une présentation plus détaillée de l'univers fictionnel de Nirmal Verma, voir Annie MONTAUT «Une poétique du mode paisible dans la littérature hindi» (*Dédale* 11-12, *Poétique, rhétorique, métaphysique*, 2001) et «Contemporary western techniques in Nirmal Verma: production of new meanings», *Hindi* 1, 1999, p. 149-74.

[37] *manushya* remonte étymologiquement au Manu de la tradition et est chez Nirmal la désignation de l'humain comme non séparé, *vyakti* désignant l'individu séparé.

[38] Chez Indranath MADAN (*Âj kâ hindî upanyâs*, Delhi, 1966, p. 100-6), Lakshmi Sagar VARSHNAY (*Hindi Upanyâs, upalabdhyân*, 1970, Delhi, p. 136-8) pour ne citer que les critiques qui ont vraiment analysé les œuvres. L'appréciation a considérablement changé depuis l'attribution du prestigieux prix littéraire Gyânpîth à l'auteur.

rapport de l'homme au monde et de soi à soi s'adresse à tous depuis un contexte culturel spécifique. C'est du reste le propre de la grande littérature, banalité, mais une banalité oblitérée par les approches du type subalterne. Ni conscience malheureuse, ni conscience triomphaliste, l'univers imaginaire construit par le texte de Nirmal est une approche de la conscience comme mode empathique, une invite à renouer avec la nature et autrui sur un mode trans-subjectif[39].

La conscience intégrale, c'est aussi le contenu de valeur essentiel d'un très célèbre roman de Jainendra Kumar qui influença toute la génération contemporaine, *Tyâg Patr*, litt. la lettre de démission ou le renoncement mystique, puisque le terme a en hindi les deux sens. Mais ce contenu de valeur n'apparaît pas si l'on s'attache exclusivement aux contenus thématiques et narratifs: l'héroïne, jeune tante d'un narrateur juge réputé en fin de carrière qui la laisse s'abîmer dans l'enfer du mariage forcé, de la répudiation et de la misère, a en effet été appréciée par nombre de lecteurs et de critiques comme l'exemple même de la soumission à l'ordre patriarcal, victime passive de l'injustice sociale. L'acte de renoncement même du narrateur, qui se fait sadhou (ermite anachorète) en démissionnant par fidélité aux principes et au souvenir de cette tante, a souvent été jugé comme un symbole de lâcheté démissionnaire et égoïste devant l'injustice sociale. Par une autre caractéristique, le croisement de l'histoire biographique et du discours interprétatif du narrateur, le livre a été interprété comme la première expression de la littérature d'introspection en hindi[40]. L'œuvre pourrait aussi bien se lire comme une expression de l'idéologie jaina (plus encore que gandhienne) et pointer l'intraductibilité d'un terme comme *tyâg*, ou encore des réflexions sur la temporalité, proches dans le vocabulaire et le sens, sinon dans le style[41], de celle de Nirmal. On peut souligner l'appareil métanarratif de type philosophique qui reprend les mots de l'*advaita* (philosophie du non dualisme) et le langage upanishadique avec ses définitions négatives du principe absolu (sans début, sans fin, sans milieu), et le rattacher à une conception du

[39] Le 'je', *aham*, étant toujours resitué dans le cadre de ce qui le déborde en l'englobant, *âtman* (soi, moi élargi, désindividualisé), propriété spécifique de l'humain *manushya* en tant qu'il s'oppose à l'individu *vyakti*. Voir note 37.

[40] Chez Gaeffke par exemple (*op. cit.*).

[41] L'abolition de la triple distinction présent-futur-passé (*trikâl bhed*) met en prise sur le présent absolu (*sampûrn vârtamân*). Pour une étude complète, voir Annie MONTAUT, «A story of tyâg: Coping with liminality», in *Narrative Strategies. Essays in Literature and Film*, Theo DAMSTEEGT & Vasudha DALMIA (eds.), Leiden, Research School, p. 136-49, et l'introduction à la traduction française à paraître chez Gallimard (Connaissance de l'Orient) et Kumar 2004, introduction.

sujet comme «non séparé», en lien avec la relation fusionnelle mère-enfant qui est celle du narrateur et de sa tante, et plus généralement celle du moi indien selon Kakar[42]. A se centrer sur l'examen de la facture formelle du texte, on déchiffrerait le livre comme une réflexion proustienne et une sorte de genèse de l'écrivain et de l'écriture. Ce qui ressort du croisement de toutes ces lectures, dont la somme seule permet de faire justice au texte, c'est que l'auteur amène son lecteur dans le champ de l'expérience des limites[43], territoire liminal, où les mots pour dire l'état de conscience indivise qu'il suggère sont spécifiquement indiens mais recréés dans un imaginaire fictionnel tel qu'il touche universellement.

Il est donc évident que les grandes œuvres littéraires ne se réduisent pas à la construction d'un sujet national par déconstruction ou mimique[44] d'une idéologie occidentale. La polémique quant à leur degré d'indianité où les enferme trop souvent une critique traditionnelle, renouvelée chez les subalternistes par celle de leur degré d'inféodation à la «modernité» et à la «rationalité occidentale», continue pourtant à constituer le critère essentiel d'appréciation. Ainsi encore du cas d'Agyeya, leader de la tendance dite expérimentaliste dans les années quarante et cinquante. Son roman *Apne apne ajnabî* (1961), litt. *Chacun son étranger*, a massivement été déprécié comme plagiat de la littérature de l'absurde et de l'existentialisme occidental. Roman expérimental construit en trois histoires apparemment sans rapport autre que la continuité des personnages (la vieille Selma de la première histoire, opposée à la jeune «existentialiste» Yoke, est une jeune femme dans la seconde histoire, et Yoke plus âgée se retrouve dans la dernière histoire), les lieux sont anonymes et sans la moindre référentialité indienne. Tous constituent des huis clos à deux plus ou moins artificiels (une avalanche, une inondation, un tremblement de terre, une occupation militaire) où se pose avec insistance la question du sens de la vie et de la mort, de la solitude, de la liberté et du rapport à autrui. Les formulations sont quasi décalquées de l'existentialisme français. Mais chaque histoire, à la faveur de la situation de choc induite par la condition d'enfermement, se termine par une transformation intérieure de l'héroïne du même ordre et

[42] *The Inner World*, *op. cit.*, pp. 129 sq., sur le narcissisme primaire (archaic narcissism) qui sous-tend l'élaboration du sujet dans le contexte de la famille traditionnelle indienne.

[43] Le mot pour les dire est *mâryâdâ*, et tout le roman tourne en fait sur le sens et la légitimité qu'il convient d'accorder à la limite et à l'univers normé limité par les catégories cognitives et sociales conventionnelles.

[44] Voir le concept de «mimicry» élaboré par Ashish NANDY pour caractériser la réponse du colonisé à l'idéologie coloniale (*The Intimate Ennemy*, Dehli, Oxford University Press, 1983).

à l'issue du même type de dialogue avec l'autre. Ainsi la jeune Yoke, porte-parole de l'existentialisme, de l'individualisme, de l'absurde, dans la première partie, ne représente-t-elle qu'une voix (qui se retrouve dans celle de la jeune Selma), en dialogue avec celle de la vieille Selma, fruit de la transformation qu'a déclenchée en elle son partenaire de la seconde partie du roman. Les valeurs de l'existentialisme sont donc présentées en dialogue, et en dialogue polémique, avec une pensée «autre». Quant à cette altérité, qui passe entre autres par un processus de traduction de concepts comme «liberté» et «libération» ou de glose de concepts comme «absurde»[45], elle ne se borne pas à subvertir ou à contester l'existentialisme occidental. Elle a un contenu propre (valorisation d'une éthique du don, de la présence à autrui et à soi dans l'instant de l'échange, éloge du sacrifice comme partage, construction d'un temps subjectif qui transcende les divisions chronologiques, transformation des stratégies de maîtrise en stratégies d'acceptation et de respect, etc.), qui est certes ancré sur une spécificité culturelle (hindoue en l'occurrence) mais la déborde par le type même de dialogue instauré explicitement.

Plus récemment, une œuvre comme celle de K.B. Vaid, étiquetée par tout un courant critique comme dépourvue d'indianité et anglicisée jusqu'au pastiche (de Beckett), témoigne, si on l'observe dans sa facture formelle et notamment stylistique, d'un rapport beaucoup plus complexe aux traditions culturelles hindi et ourdou. Le titre même de son roman le plus critiqué sur ce plan, traduit en anglais sous le titre *Dying alone*, est en hindi *Dûsrâ na koî*, littéralement «il n'en est pas d'autre», fragment d'un vers de la poétesse mystique médiévale Mira, qui met l'autre en attente. Or cet autre absent dans le titre de Vaid est chez Mira le nom du dieu Krishna (*mhârâ rî girdhar gopâl* «que le divin bouvier qui soulève la montagne»), ce qui donne au titre de Vaid le sens d'une quête mystique en l'absence de son support divin. De fait, le texte entier, derrière ses contenus beckettiens (ressassement d'un vieillard solitaire exilé, cacochyme et impotent), élabore par sa syntaxe et ses figures une véritable théologie négative qui vise à déconstruire les catégories de la rationalité pour amener son narrateur à confronter ce «grand vide» (*mahâshûnya*) où s'annulent toutes les oppositions, toutes les différences, ce

[45] L'une parle de *âzâdî, svatantratâ* (liberté, autonomie), l'autre répond par les termes de *muktî, moksha* (libération au sens philosophique et religieux); ce qui est «absurde» (*arthahîn*) dans la première partie (le sans début sans fin, le ni obscur ni clair, le liminal) correspond aux conditions mêmes de la signifiance (*arthvattâ*) dans la seconde et troisième parties. Voir pour plus de détails Annie MONTAUT, «L'influence occidentale dans la littérature indienne contemporaine», *Bulletin d'Etudes Indiennes* 11-12, 1993-4, p. 127-46.

point focal (*bindu*) où l'angoisse s'abolit en un sentiment de fusion cosmique[46]. Mais un tel horizon, où la mystique soufie comme l'hindouisme classique est aussi présente que parodiée, n'est pas une simple réflexion sur l'indicibilité du principe suprême, faisant de l'auteur un agnostique mystique obsédé par l'absence de Dieu. Cette interrogation, indéfiniment renouvelée par le langage, ouvrant l'ère du scepticisme critique, ouvre aussi chez Vaid à la tolérance, à la critique, par l'humour, de l'absolutisme du pur, et notamment dans le registre religieux qui est aussi culturel et lexical en Inde. Le double stock lexical arabe et persan d'un côté, sanscrit de l'autre, qui alimente subtilement le comique du texte, sert aussi, explicitement dans le roman sur la partition, à dire la culture composite indo-musulmane et à explorer les racines des tensions pour les exorciser[47]. Le cadre référentiel et cognitif est indéniablement indien, les questions s'adressent à tous.

Symétriquement et inversement, un auteur réputé «régionaliste» et «bien indien» comme Nagarjun, pourrait être déconstruit comme «progressiste» d'inspiration occidentale, le marxisme le plus explicite et simplifié sous-tendant ses romans ruraux, et découlant tout autant que le libéralisme de l'inféodation à la modernité occidentale[48]. Réduire son univers romanesque à l'expression de la régionalité subalternisée (le Bihar, décor général de l'œuvre, se prêtant particulièrement à ce type d'analyse) comme à celle de l'euphorie nationaliste d'abord, ensuite de l'opposition au pouvoir congressiste (la sympathie pour les maoïstes naxalites du Bihar, pour la jeunesse instruite communiste) fausserait également la lecture en la polarisant. Polarisations contradictoires apparemment, mais qui ont pour commun résultat d'effacer l'apport le plus original de l'auteur: il construit en effet un univers où la justice sociale, argument central chez lui, du statut des femmes à celui des exploités dans le monde agricole ou pêcheur, s'appuie sur une analyse des rapports de classe nettement «occidentale» et non moins nettement indienne et 'pré-moderne'. Le combat de ses héros que sont les pêcheurs

[46] Toute assertion ou presque est désassertée par une syntaxe modalisée (hypothétique, négative, interrogative) et un dispositif de métaphores et comparaisons qui s'auto-annulent dans leur diversité même pour un même référent, fonctionnant comme un aveu d'impuissance à dire le réel dans les catégories du jugement et de l'énoncé thétique.

[47] Voir sur ce sujet Annie MONTAUT, «Vaid and the poetics of void: how to resist communalism and globalization», *Hindi* 6, 2002, p. 84-111. Version française modifiée à paraître dans *Purushartha* 24. Voir aussi les introductions de *Histoire de renaissances*, Krishna Baldev VAID, Langues & Mondes/ L'Asiathèque, 2002, et *La Splendeur de Maya*, Krishna Baldev VAID, Editions Caractères, 2002.

[48] Comme l'affirment du reste les Subalternistes, considérant le néo-libéralisme capitaliste et le marxisme comme le double produit de l'idéologie des lumières.

du Bihar, dans le roman *Les fils de Varuna*, par exemple, contre la mafia congressiste, celui des «Nouvelles plantes» que sont les jeunes communistes instruits contre les latifundiaires, pour la défense des biens communaux, montre bien, parfois dès le titre, que les deux cadres cognitifs sont en synergie et non en opposition[49]: c'est sur Varuna, le dieu védique de la pluie, patron des pêcheurs, sur des croyances locales, sur un rapport de type «mythique» à l'environnement, comme sur les acquits d'une instruction «moderne» que s'appuient les défenseurs du progrès social, politique et économique. Les «lumières» ne sont pas chez lui en conflit mais en accord ou en complémentarité avec la mentalité «archaïque» qui suppose entre l'homme, la nature et les dieux un continuum et donc dans le tissu social et sa gestion une participation des dieux et des éléments naturels égale à celle de l'homme. Le meilleur exemple en est la structure narrative même du roman *Bâbâ Batesarnâth* (1951) qui raconte la victoire des jeunes villageois contre l'élite politique et économique dans la protection de l'arbre tutélaire (le banyan). C'est en soi une allégorie, mais une allégorie que, si l'on entre dans l'univers de croyance du texte, on doit prendre à la lettre: l'arbre, pendant le sommeil du jeune homme, se transforme en *mahâpurush*, (avec toutes les connotations du terme sanscrit désignant l'homme primordial), toujours en bois mais avec des bras, une barbe chenue, un torse puissant, une voix, et c'est cette voix qui narre la saga de sa vie (*jâtaka-kathâ*, terme connotant, lui, les récits bouddhistes), depuis le début du nationalisme indien, et lui prescrit la stratégie à adopter dans l'affaire de détournement du terrain. Ce sont les jeunes qui agissent, vont au tribunal, se mobilisent, mais la parole est d'un bout à l'autre à l'arbre, lequel est d'un bout à l'autre un arbre, un lieu de rassemblement social parce qu'il est sacré, et le porte parole de la mémoire collective sans laquelle l'action sociale serait vouée à l'échec.

Monde fictif évidemment. Mais la structure de la fiction même, et les mots chargés (par leur récurrence, leur collocation dans le réseau de signifiants du texte) qui créent ce monde fictif, proposent un «habitat»

[49] Respectivement *Varuna ke bete*, et *Nae paudh* (trad. française sous le titre de *Nouvelle Génération*, chez L'Harmattan, par F. Boschetti, 1987). On peut noter au passage à quel point l'image d'un récit nationaliste triomphaliste et centré sur la dévotion à Mother India associé aux écrivains de l'AIPWA (Association des Ecrivains Progressites cf *supra*) est simplificatrice. Nagarjun est un brahmane (de son vrai nom Vaidyanath MISHRA) et emprunte son premier nom de plume à un logicien classique de la tradition bouddhiste, le second (Yâtrî, «voyageur») à la tradition des poètes mystiques errants. C'est sous ce second qu'il publie en maithili (langue du Bihar parfois classée dans la sous-famille bengalie, plus souvent comme «dialecte» oriental du hindi).

qui, dans le jeu complexe qu'il reflète entre pré-modernité et modernité, a quelque chose de toujours actuel à nous dire sur les rapports entre les hommes et entre l'homme et la nature en général. Il ne s'agit pas d'une régression à un quelconque univers mythique, mais d'une prise de conscience de la solidarité entre l'exploitation des ressources naturelles (en termes pré-modernes, la négligence et l'injustice faite aux divinités qui protègent les hommes leur rendant culte correctement) et l'exploitation d'une partie de l'humanité par l'autre, à quelque échelle que ce soit.

On peut trouver aujourd'hui ailleurs que dans la littérature, chez Anil Agarwal par exemple[50], une pensée très proche de cette solidarité entre équité politique et sociale, environnement et croyances: il montre avec des arguments très convaincants le rapport logique entre durabilité du développement, équité sociale et vision holistique de l'homme dans son «habitat» et, corollairement, entre la croissance des inégalités, locales et globales, le pillage des ressources naturelles par les intérêts des multinationales et l'oubli des mythes qui inscrivent l'homme dans l'univers, systèmes de croyances illustrant les enjeux du lien entre l'homme et la nature, systèmes qui peuvent être très divers. Pour lui, le mythe de la descente du Gange, qui doit s'arrêter dans la chevelure de Shiva pour ne pas détruire le monde par la force de son flot torrentiel, a une signification tout à fait concrète: Shiva étant associé pour tout Indien à l'Himalaya, la déforestation qui y sévit avec ses conséquences sur la vie écono-

[50] Directeur du Center for Science and Environment à Delhi, auteur ou coordinateur de plusieurs ouvrages majeurs sur les enjeux sociaux de la protection de l'environnement en Inde et sur les alternatives déjà mises en place par divers groupes de solidarité. Voir aussi le travail de la Gandhi Peace Foundation dans ce domaine et notamment les publications d'Anupam MISHRA sur les techniques traditionnelles de l'eau (traduction française, *Traditions de l'eau au désert indien: les gouttes de lumière du Rajasthan*, L'Harmattan, 2000). L'histoire et les réflexions qui suivent sont empruntées à «An Indian Environmentalist's Credo», d'Anil AGARWAL, dans *Social Ecology* (Oxford India University Press (Paperbacks), 1994, pp. 346-86). Du même auteur, on peut lire en français «Les enjeux de l'environnement», *La Revue des Deux mondes*, septembre-octobre 2001, p. 80-90.

[51] Il en va de même pour les «histoires de déesses», croyances locales, mythologie classique ou folklore que Mrinal PANDE (*Devi. Stories of the goddesses*) met en relation avec les mouvements de femmes dans l'Himalaya et ailleurs en Inde pour montrer l'impact positif dans l'action sociale et l'engagement dans l'histoire de ce qui peut, lu autrement, caractériser la pensée mythique dans son «obscurantisme» et sa «soumission passive». Prendre les choses à la lettre n'est pas nécessairement en oublier l'esprit , et par exemple les croyances que peuvent enregistrer les historiens avec un rien de condescendance correspondent à des déchiffrements du monde qui ont aussi leur vérité; ainsi dans une communauté de banya vishnouites du centre de l'Inde, Gandhi serait un avatar de Vishnou, réincarné donc en banya, pour venir à bout des plus puissants banya du monde, les Anglais...

mique et sociale (que le mouvement Chipko a dénoncées avec succès) revient à couper les mèches de Shiva et à déchaîner le flot meurtrier de la Ganga. On peut lire cette «vision des choses» comme une spécificité culturelle intraduisible, une différence ineffable, un «supplément» qui n'en finit pas d'empoisonner les rapports entre les mondes, premier ou tiers. On peut aussi y lire l'expression spécifique d'un souci qui est le nôtre à tous[51]. Et qui peut nous le désigner, ce problème, comme global, à la mesure précisément de sa localité.

Même dans le très moderne roman d'Alka Saraogi, *Kalikatha*[52], qui se donne explicitement comme enjeu l'écriture de l'histoire (ratée) de l'Inde indépendante, une des réussites du texte est de rapatrier la conscience mythique avec et dans la conscience historique. L'univers fictif créé par Alka Saraogi réinterprète l'Inde coloniale et poscoloniale, en dénonçant aussi la nouvelle dépendance que l'ordre mondial entraîne pour des pays comme l'Inde. Elle impute cette dépendance, pour part, à l'oubli culturel (plus le concept de culture est objectifié comme tel et glorifié par quantité de tendances plus ou moins suspectes, plus sa vitalité s'évanouit) et la dénonce à travers un voyage d'anamnèse, chez le héros, précisément traumatisé par un accident cardiaque et renvoyé à tout ce qu'il a refoulé pour réussir, anamnèse du rapport à Gandhi, au Gange, à la ville des petites gens, à la nature. La séquence onirique et utopique où l'on voit «le pays le plus riche du monde» subir les conséquences de la globalisation des injustices est certes un artifice narratif, il n'en signifie pas moins la solidarité des sorts du premier et du tiers ou du quart monde. Et peut-être que l'écrivain, par nature (si l'art est l'équivalent fonctionnel pour les sociétés modernes du mythe dans les sociétés archaïques) a vocation à faire coexister ces modes incompossibles, mais cette vocation peut donner à penser, même si elle ne se dit pas dans la rhétorique canonique. Transformer l'impensable en possible, c'est bien ce que fait la littérature en imaginant des alternatives, des modes de pensée et de vie qui ne soient pas déterminés par les systèmes connus. Evaluer par conséquent la «vérité» des *Fils de Varuna* de Nagarjun par la fidélité du texte à la voix «authentique» des pêcheurs du Bihar par exemple serait prendre le texte littéraire pour un document ethnographique ou sociologique, ce à quoi il n'est guère possible de le réduire sans en fausser la portée. Construction imaginaire, si la littérature a toujours une raison d'être, c'est bien de nous faire partager, par sa forme qui en appelle à l'émotion subjective et non à l'argumentation, cette

[52] Traduction française aux Editions Gallimard, 2002, par A. Montaut.

imagination alternative, capable de dépasser les systèmes de représentation reconnus.

Si la régression vers un passé mythique, essentialisé lui aussi dans sa construction même comme l'autre de la modernité rationnelle, relève de l'absurdité, ignorant l'intense rupture de la colonisation et la redéfinition des cadres cognitifs et sociaux qui s'en sont suivis, le rôle de certaines valeurs, disons mythiques ou archaïques pour faire vite, encore perpétuées par la culture indienne, est assurément crucial dans cette imagination alternative[53]. Ces valeurs conservent justement leur vitalité dans la mesure même où elles ne sont pas objectifiées et essentialisées en symbole de l'altérité réactionnelle — dès lors qu'elles sont instrumentalisées dans ces polarisations[54], elles font davantage la fortune des gourous de pacotille et des partis intégristes qu'elles ne participent véritablement à l'invention du quotidien dans un monde alternatif. Mais tant qu'elles demeurent l'expression d'un mode de pensée et de pratiques spontanées, elles contribuent à ancrer le sujet humain dans l'inter-relationalité et la cohabitation harmonieuse avec la nature, elles comptent dans la construction de notre écoumène. Ce mode d'être au monde, très indien certes, n'est pas pour autant irréductiblement spécifique, et Nirmal Verma, qui en parle avec beaucoup de finesse dans «Le temps et la création», le compare du reste à ce que Freud caractérise comme conscience mythique ou pensée archaïque[55] à tendance fusionnelle, effacée par les modes de socialisation adulte et rationnelle mais ressurgissant dans l'art

[53] Voir l'opposition dont se sert Ashish NANDY entre pensée mythique et pensée historique dans sa description de «l'identité politique indienne», deux modes qui co-existent souvent chez le même individu (2001). Ailleurs le même auteur crédite même le mode mythique d'une capacité à renouveler le concept de révolution permanente, dans la mesure où il rompt avec les déterminismes de la causalité («an oriental version of the concept of permanent revolution», *The Intimate Ennemy*, *op. cit.*, p. 62).

[54] Paradoxalement, reconnaître et légitimer les différences en les radicalisant comme le font les Subalternistes n'autorise qu'une fiction de reconnaissance: si les entités culturelles n'ont rien à voir philosophiquement culturellement, il est impossible de penser ensemble une gestion des inégalités économiques ou sociales; et la revendication du droit pour chacun de penser séparément dans son système aboutit à laisser à ceux qui en ont les moyens politiques et économiques la liberté de «globaliser» leur mode de gestion supposé seul universalisable. Vinay BAHL a par ailleurs bien montré que la différence commercialisée sous forme d'ethnicité ou de kitch est devenu un produit de consommation parfaitement intégré au marché global qui en neutralise ainsi le potentiel subversif («Situating and Rethinking *Subaltern Studies* for Writing Working Class History», *op. cit.*).

[55] «Kâl aur smriti» (*op. cit.*). Voir la tendance fusionnelle, bien connue dans la subjectivité indienne, et l'aspiration à l'état non séparé (non separateness): Richard LANNOY en donne des descriptions empiriques et des analyses convaincantes dans *The Speaking Tree, a Study of Indian Culture and Childhood* en 1975 avant que Kakar l'ait popularisée avec *The Inner World* (*op. cit.*).

(ou les conduites névrotiques, ou le transport amoureux). Chez N. Verma, l'art a dans les sociétés modernes une fonction comparable à celle qu'a le mythe dans les sociétés dites primitives ou traditionnelles, créer ou valider une image holistique des rapports du sujet à l'univers par une vision totale de toutes les réalités simultanément. Un ordre culturel a beau favoriser tel ou tel mode relationnel (celui de l'ego rationnel par exemple ou à l'inverse du «soi» non rationnel), il est délicat de faire de ce mode un principe constitutif monolithique. A ériger ces différents traits du comportement émotionnel et cognitif en incommensurable, on exclut toute solidarité possible. Or, insiste Nirmal Verma, cette solidarité est non seulement possible mais nécessaire et c'est sur ces champs du dialogue (expression qui sert de titre à un de ses derniers recueils d'essais) que peut se construire une imagination alternative.

A une époque où la crise de la modernité et la question du «vivre ensemble» touchent le monde entier, il est vital de ne pas polariser les différences susceptibles de construire de faux antagonismes. Dans le questionnement d'Alain Touraine en 1997, *Comment vivre ensemble: égaux et différents*, œuvre qui enchaîne sur sa *Critique de la modernité* cinq ans plus tôt, une large part de la réflexion se nourrit des mêmes prémisses et des mêmes constats que celle des subalternistes et de Nandy. Les alternatives proposées et les conclusions visent, elles, à dépasser les antagonismes et les différences par l'invention du sujet de conscience libre et responsable. Solidarités autour de projets concrets non centralisés et force de la vie émotionnelle dans le respect de l'autre, ces exigences du sujet libre sont aussi des enjeux que nous aident à penser les œuvres littéraires indiennes.

Bibliographie

AGARWAL, Anil, «An Indian Environmentalist's Credo», in *Social Ecology*, Oxford India University Press (Paperbacks), 1994: 346-86; et «Les enjeux de l'environnement», *La Revue des Deux mondes*, septembre-octobre 2001: 80-90.

BAHL, Vinay, «Situating and Rethinking *Subaltern Studies* for Writing Working Class History», in *History after the Three Worlds, Post-Eurocentric Historiographies*, Arif Dirlik, Vinay Bahl & Peter Gran (eds.), Rowman & Littlefield Publishers, Boulder-New-York-Oxford, 2000: 85-124.

BUTALIA, Urvashi, 1998, *The Other Side of Silence. Voices from the Partition of India,* New-Delhi, Viking.

CHANDRA, Sudhir, 1992, *The Oppressive Present. Literature and Social Consciousness in Colonial India*, New-Delhi, Oxford University Press.

CHANDRA, Sudhir, 2002, *Continuing Dilemmas. Understanding Social Consciousness* (2 vol.), N. Dehli, Tulika.
CHATTERJEE, Partha, *Provincializing Europe*, Princeton University Press, 2002 (notamment les chapitres sur la naissance du sujet et la notion d'imagination).
DALMIA, Vasudha, 1997, *The Nationalisation of Hindu Traditions: Bhartendu and his times*, New-Delhi, Oxford University Press.
DANGLE, Arjun, 1997, *Poisoned Bread,* New-Delhi, Orient Longman.
DAS, Veena, «Subaltern as perspective», *Subaltern Studies* VI: 310-25.
DVIVEDI, Ram Awadh, 1967, *A Critical Survey of Hindi Literature*, Dehli, Motilal Banarsidass.
GANDHI, Leela, *Postcolonialism. A Critical Introduction*, Edimbourgh University Press, 1998.
GLISSANT, Édouard, 1997 *Traité du Tout-Monde (Poétique IV)*, Paris, Gallimard.
GOODWIN RAHEJA, Gloria & Ann GRODZINS 1996, *Listening to the heron's words. Reimagining Gender and Kinship in North India*, Oxford University Press.
GUHA, Ramchandra, 2000, *Environmentalism, A Global History*, Oxford University Press.
HANNERZ, Ulf, 1992 «The Global Ecumene», in *Cultural Complexity. Studies in the Social Organization of Meaning*, New York, Columbia Univerity Press: 217-311.
KAKAR, Sudhir, 1978, *The Inner World. A Psycho-analytic Study of Childhood and Society in India (*trad française *Moksha, Le Monde Intérieur)*, Oxford University Press.
LANNOY, Richard, 1975, *The Speaking Tree, a Study of Indian Culture and Childhood* en New-Delhi, Oxford Universisty Press.
MENON Ritu & Kamla BHASIN, 1998, *Borders and Boundaries. Women in India's Partition*, New-Delhi, Kali For Women.
MONTAUT, Annie, 1993-4, «L'influence occidentale dans la littérature indienne contemporaine», *Bulletin d'Etudes Indiennes* 11-12, p. 127-46.
MONTAUT, Annie, 1998, «A Story of *Tyâg*: Coping with Liminality», in *Narrative Strategies. Essays in Literature and Film*, Theo DAMSTEEGT & Vasudha DALMIA (eds.), Leiden, Research School, p.136-49.
MONTAUT, Annie, 1999, «Contemporary Western Techniques in Nirmal Verma: Production of New Meanings», *Hindi* 1, p. 149-74.
MONTAUT, Annie, 2002, «Vaid and the Poetics of Void: How to Resist Communalism and Globalization», *Hindi* 6, p. 84-111.
MONTAUT, Annie (ed.) 2004, *Littérature et poétiques pluriculturelles en Asie du Sud*, Purushartha 24.
MUFTI, Amir R., 2000, «A Greater Story-writer than God: Genre, Gender and Minority in Late Colonial India», *Subaltern Studies* XI, 1-37 (sur Manto).
NANDY, Ashish, 1983, *The Intimate Ennemy*, New Delhi, Oxford University Press.
NANDY, Ashish, 2001, «Histoire de l'identité politique indienne», *La Revue des Deux Mondes*, Septembre-Octobre 2001.
POUCHEPADASS, Jacques, 2000, «Les *Subaltern Studies*, ou la critique postcoloniale de la modernité», *L'Homme* 156, octobre-décembre, 161-86.
SARKAR Tanika, 1992, «The Hindu Wife and the Hindu Nation: Domesticity and Nationalism in Nineteenth Century Bengal», *Studies in History* 8-2, New-Delhi, Sage Publications.

SARKAR, Tanika, 1999, «A Book of Her Own, a Life of Her Own, Autobiography of a Nineteenth Century Woman», in *From Myths to Markets. Essays on Gender*, Kumkum Sangari & Uma Chakravarti (eds.), Indian Institute of Advanced Studies, Shimla.

SINGH Pankaj & Jaydev, 2000, «Decentering a Patriarchal Myth: Bhisham Sahani's Madhavi», in *From Myths to Markets* (Sangari & Chakravarti eds.), Shimla Institute of Advanced Studies, 1-17.

Subaltern Studies, vol. 1-11.

TRIVEDI, Harish & Meenakshi Mukherjee (eds.), 1996, *Interrogating Postcolonialism, Theory, Text and Context*, Indian Institute of Advanced Studies, Shimla.

ANANTHAMURTHY, *Samskara*, Paris, L'Harmattan, 1985.

KUMAR, Jainendra, *Un amour sans mesure*, Paris, Gallimard, 2004.

MISHRA, Anupam, *Traditions de l'eau au désert indien, Les gouttes de lumière du Rajasthan*, Paris, L'Harmattan, 2000.

RUSHDIE, Salman, *Patries Imaginaires*, Paris, Bourgois, 1993.

SARAOGI, Alka, *Kalikatha*, Paris, Gallimard, 2002.

VAID, Krishna Baldev, *Histoire de renaissances*, Paris, Langues & Mondes, 2002; *La Splendeur de Maya*, Paris, Caractères, 2002.

VERMA, Nirmal, *Un Bonheur en lambeaux*, Arles, Actes Sud, 2002; *Le Toit de tôle rouge*, Arles, Actes Sud, 2004.

VERMA, Nirmal, 1986, «Indian fiction and colonialism», in *Word and Memory*, Bikaner, Vagdevi Prakashan.

VERMA, Nirmal, 2004, «L'Art et la conscience dans l'Inde d'aujourd'hui», trad. du hindi, *Purushartha* 24: 39-75.

RAPPORTS ENTRE FORMES LITTÉRAIRES ET TRADITIONS ORALES AU PANJAB PAKISTANAIS

Denis MATRINGE
CEIAS, EHESS-CNRS

Garcin de Tassy (1794-1878), qui dirigea l'École des Langues Orientales, présida la Société Asiatique et fut élu en 1838 à l'Académie des inscriptions et belles-lettres au fauteuil de Talleyrand, ne se rendit jamais en Inde. Mais sachant l'arabe, le turc et le persan — il suppléa, à l'occasion, au cours de Sylvestre de Sacy —, il devint spécialiste d'hindoustani, tout particulièrement de sa variante ourdou, et produisit une œuvre abondante sur cette langue et sa littérature, qu'il enseigna jusqu'en 1877. Il était aussi un grand connaisseur de la culture musulmane de l'Inde, — pays où il ne se rendit jamais, mais où il avait de nombreux correspondants. Grâce à ces derniers, il ouvrait chaque année son cours par un «état de la littérature hindoustani» (Husain 1962). Que vont donc faire loin à l'est de Genève ceux qui travaillent sur les littératures «vernaculaires» de l'Inde?

Pour apporter des éléments de réponse à cette question, je vous entretiendrai de certaines de mes recherches «ethno-littéraires» dans le Panjab pakistanais, en cherchant à mettre en lumière l'apport du terrain à la compréhension des trois formes poétiques les plus pratiquées localement (*qissa*, poème épico-lyrique, — *kafi*, poème soufi — et ghazal).

Les *qissa*, attestés dans la littérature panjabi depuis le XVIIe siècle, sont des lais qui racontent dans un idiome élaboré les légendes de la tradition orale ou des histoires d'amour venues des mondes arabe et iranien (Matringe 1988: 20-23). Apparentés aux *masnavi* persanes et urdu (Suvorova 2000), ils en diffèrent toutefois en ce que d'une part ils narrent toujours une histoire, généralement d'amour, et que d'autre part ils sont pour la plupart écrits en strophes non de deux, mais de quatre vers rimés, selon une tradition typiquement indienne. En outre, leur métrique n'est pas fondée sur une alternance de syllabes brèves et longues comme dans la prosodie arabo-persane et urdu, mais sur le nombre de mores et les ictus, comme dans la poésie panjabi traditionnelle. Chaque vers consiste en deux hémistiches d'inégale longueur, et la rime, quant à elle, porte sur le groupe voyelle longue — consonne — voyelle longue qui termine chaque vers. Enfin, le dernier vers de chaque strophe comporte en général le nom de plume du poète. Ces *qissa* ont en général pour titre le nom de l'héroïne suivi de celui du héros ou de l'auteur. L'héroïne y joue toujours le rôle le plus actif et imagine les stratagèmes qui lui permettront de rencontrer son aimé à loisir. Le premier *qissa* qui soit parvenu jusqu'à nous est *Hir* de Damodar (début du XVIIe siècle, voir bibliographie). Ensuite, de nombreux *qissa* furent composés jusqu'aux années qui suivirent la conquête britannique, et avec le temps, certaines légendes en vinrent à être liées au nom du poète qui en avait écrit la version la plus magistrale (Matringe 1998).

Ma première rencontre avec ce genre remonte au milieu des années 1970, alors que j'étais VSNA au Pakistan. Elle se produisit à Nurpur, à quelques kilomètres à l'est d'Islamabad. Ce village abrite le sanctuaire de Barri Shah Latif, renonçant musulman du XVIIe siècle plus connu sous le nom de Barri Imam, «l'imam forestier», saint tutélaire du nord du Pothohar et du Hazara (Matringe 2000a: 146-147). Aux abords du sanctuaire où se déroulent toutes sortes de manifestations hétéropraxes, de grands manguiers offrent un abri naturel aux musiciens et aux chanteurs. C'est là qu'un soir, à l'occasion d'une de mes visites à ce lieu qui ne laissait pas d'intriguer ma curiosité, j'entendis pour la première fois des bardes (*dhadhi*, Rose 1911-1919 vol. II: 234) conter l'histoire de Hir et Ranjha, dont j'avais entendu parler. Ce qui me saisit, à une époque où je ne comprenais pas assez la langue pour suivre la fable, fut la technique de présentation. À de brefs passages narratifs succédaient des parties versifiées chantées sur un *rag* extrêmement poignant. J'appris plus tard qu'il s'agissait du *rag «bhairaivi»* dont, pour reprendre à peu près les mots d'Alain Daniélou, l'expression se caractérise par une tristesse mélancolique, mêlée tout à la fois de tendresse et de passion amoureuse (Daniélou 1980: 179).

La scène à laquelle j'avais assisté manifestait en fait l'un des aspect de la vie du plus prodigieux chef-d'œuvre de la littérature panjabi précoloniale: *Hir Varis Shah* (Matringe 1988). Ce lai fondé sur la légende de Hir et Ranjha fut achevé par Varis Shah en 1766 (voir bibliographie: sources). Son contenu est infiniment touchant en matière d'humbles amours humaines, mais terriblement ironique en matière sociale et religieuse, et le poème est écrit dans un style qui fait s'entrechoquer de façon enchanteresse et dévastatrice tous les registres, du sublime au grotesque, du précieux à l'obscène. Comme d'autres lais, celui de Varis

Shah est repassé dans la tradition orale, sous diverses formes. Il est souvent repris par les bardes lorsque, racontant l'histoire de Hir et Ranjha, ils en chantent les moments les plus intenses, comme dans la séance à laquelle j'avais assisté à Nurpur; il fait, notamment dans le village natal de l'auteur, l'objet de surprenantes compétitions de récitation de la part de villageois qui l'ont mémorisé: un connaisseur lance un vers, et chacun des deux compétiteurs assis au centre du cercle des auditeurs récite une strophe à son tour. Le premier qui sèche ou manifestement se trompe est remplacé par un autre. Le vainqueur est celui qui a tenu le plus longtemps. Au XIXe siècle, le poème de Varis Shah a été repris par un nommé Piran Ditta (voir bibliographie: sources), qui dit avoir médité 40 jours sur la tombe de Varis Shah avant de produire un texte qui, à force de coupures et d'interpolations, oriente le poème vers le soufisme populaire. C'est cette version qui est utilisée pour les manifestations dont il vient d'être question et pour d'autres, comme des lectures vespérales faites dans les milieux ruraux.

Certains *qissa* sont aussi utilisés en contexte mystique (Matringe 2004). Ils sont lus dans des cénacles soufis pour créer une atmosphère et susciter un état spirituel d'émotion et de réceptivité propres à des pratiques comme le *zikr* (*EI*^{2}, *s. v.* *dhikr*) et la méditation (*fikr*, *EI*^{2}, *s. v.*); il arrive aussi qu'un passage d'un texte fasse l'objet d'une insertion (*gira*) dans un poème soufi (*kafi*) chanté lors d'une séance de *qavvali*. Parfois encore, la lecture d'un *qissa* est pour un maître spirituel l'occasion de commentaires, notamment sur le lien entre amour «mondain» — et donc «symbolique» (*'ishq-i majazi*) — et amour «vrai», c'est-à-dire amour du «Vrai», de Dieu (*'ishq-i haqiqi*) [Schimmel 1975: 287-294].

Le terrain apporte aussi beaucoup à la compréhension de l'autre grand genre de la littérature musulmane en panjabi: les *kafi* (Matringe 2000b: 126-130). Ces dernières, formellement proches de la ballade folklorique et longtemps transmises oralement, sont surtout destinées à être chantées dans les séances rituelles de chant soufi (*qavvali* [Qureshi 1986]). Celles de Shah Husain (XVIe siècle), Sultan Bahu (XVIIe siècle), Bullhe Shah (XVIIIe siècle) et autres Khwaja Ghulam Farid (XIXe siècle) dénoncent l'hypocrisie ritualiste au nom d'un mysticisme fusionnel fondé sur l'amour (Rama Krishna 1938, seule étude d'ensemble, mais vieillie, sur la poésie soufie en panjabi).

Le chercheur pourra s'émerveiller de la hardiesse apparemment syncrétique de certains de ces poèmes, admirer leur force de contestation des ordres établis et s'extasier devant la formulation radicalement locale (langues, images, symboles) d'une grande mystique universelle (le soufisme). Mais c'est sur le terrain qu'il découvrira l'usage des *kafi* dans les séances de *qavvali* (Matringe 2000b). Il pourra prendre la mesure du maniement expert de la forme par les chanteurs spécialistes du chant soufi (*qavval*), qui répètent à l'envi les vers qui «marchent», qui insèrent dans le poème principal (*ciz*) d'autres poèmes ou extraits de poèmes, parfois d'un genre et même d'une langue différents. Le but de la séance de *qavvali* est l'extase des musiqués. Assurément la musique et l'art des *qavval* sont des adjuvants puissants. Mais si l'émotion des auditeurs est si totale, c'est aussi que les *kafi*, par le jeu de leur symbolique propre, mobilisent ce qui est au cœur de leur univers culturel et quotidien en le réorientant vers le sentiment du divin. Les travaux de la meule et du filage symbolisent l'effort aimant pour se rendre agréable à Dieu (Rama Krishna 1938: 14-18; Eaton 1978: 155-164). L'héroïne des légendes d'amour, quant à elle, représente l'âme du mystique en quête d'union divine, et les poètes soufis panjabis dans leurs textes parlent d'eux-mêmes au féminin (Matringe 1992).

Confronté à cet usage traditionnel de la *kafi*, le chercheur comprendra aussi l'impossibilité de retrouver l'*urtext* de poèmes transmis oralement par des générations de chanteurs, avec bien des variantes dialectales et textuelles pour un même corpus, noté du reste pour la première fois à l'époque des britanniques, soit par des anglais curieux de «things indian», soit par des Panjabis que les maîtres d'alors avaient intéressés au folklore.

La forme de la *kafi* est aussi susceptible d'autres usages. Certains sont «traditionnels»: ainsi le chant des *faqir* aux abords des tombes, ou l'usage que des raconteurs d'histoires ambulants (*mirasi*, *dastango*) font de certaines *kafi* pour tirer la morale de fables dont le thème est généralement la critique ironique de l'ordre socio-politique (Matringe 1996). D'autres usages sont apparus plus récemment. J'en prendrai un exemple frappant. Dans les années 1960 au Pakistan, des intellectuels panjabis de gauche, intéressés par leur identité culturelle doublement refoulée (lors du mouvement national, et par les dictatures), et regroupés dans des associations sans cesse interdites et sans cesse recréées sous d'autres noms, contribuèrent à une redécouverte de l'héritage de la culture musulmane en panjabi, fondèrent des associations, lancèrent des revues, éditèrent des textes classiques et créèrent une littérature et une presse pakistanaises en panjabi (Shackle 1970). Or à l'époque de la dictature militaro-islamiste de Zia-ul-Haq (1977-1988) certains de ces intellectuels écrivirent, principalement à Lahore, des *kafi* dans le style ancien, habillant d'une forme religieuse «classique» un message d'indéniable protestation politique. Ils le firent, de surcroît, en réactualisant le vieil idiome littéraire qui mêlait les deux dialectes de Lahore (panjabi dit central) et de Multan. Cette façon de faire servait un double objectif: la fidélité à la langue du modèle imité, la *kafi* ancienne, et la volonté non seulement d'utiliser littérairement une langue de culture autre que l'ourdou prôné par l'idéologie officielle, mais aussi d'affirmer l'unité culturelle du Panjab. Certains Panjabis de la région de Multan ne l'entendirent pas de cette oreille et inclurent cette pratique dans leur dénonciation de l'impérialisme du Panjab central, eux qui allaient jusqu'à demander la partition du Panjab pakistanais entre Panjab et Siraiki Suba (Siraiki étant l'un des noms donnés à la variété méridionale du panjabi) [Shackle 1976, 1980 et 1977; Rahman 1996].

Mais revenons en à la séance de *qavvali*. Cette dernière est un excellent laboratoire anti-fonctionnaliste. En effet, par des insertions dans les *kafi*, ou même en en faisant le centre d'un chant, les spécialistes du chant soufi (*qavval*) intègrent régulièrement à leurs séances des ghazals (*EI*^{2}, *s. v. ghazal*). Or traditionnellement, ces derniers fonctionnent dans un tout autre univers culturel, non religieux: celui des assemblées poétiques appelées *musha'ira* (Matringe 2000c).

À l'époque de leur plus haut éclat, dans les cours mogholes du XVIIIe siècle, ces assemblées étaient organisées par un maître de cérémonie, souvent le prince en personne, qui choisissait le mètre et la rime à utiliser, chaque auteur étant tenu de les adopter. Afin d'éviter erreurs et fautes de goût, les disciples comme le mécène d'un maître de renom *(ustad)* pouvaient demander à ce dernier de corriger leurs vers. Le jour du *musha'ira,* le maître de cérémonie, après une réception raffinée, disposait en cercle ses invités selon une étiquette stricte, plaçant à ses côtés les meilleurs poètes, entourés de leurs disciples. Pour inviter un participant à déclamer ou à chanter ses vers, on plaçait devant lui une petite lampe à huile. Les auteurs les plus prestigieux étaient appelés en dernier.

Le ghazal dominait alors plus encore qu'aujourd'hui la poésie ourdou. Il existe sur ce genre une abondante littérature (Russel 1992: 26-74), et je me bornerai ici à rappeler les principaux aspects du ghazal ourdou classique. Il s'agit le plus souvent d'un poème d'amour, mais parfois aussi de mystique ou d'éloge de la poésie, fondé sur un répertoire limité d'images et de métaphores de base, composé d'un nombre variable de couplets sémantiquement indépendants. Les deux vers du premier couplet et le second vers des suivants riment, selon un schéma AA, BA, CA, etc. Le rythme aussi est fixe dans chaque poème: il existe de très nombreux mètres fondés sur une succession de pieds où alternent voyelles brèves et voyelles longues. Le dernier couplet comporte, en manière de signature, le nom de plume du poète. L'indépendance des couplets s'explique, comme l'a montré Ralph Russel (1970), par les circonstances dans lesquelles le ghazal était destiné à être récité. Les *musha'ira* en effet, liés à la vie de cour, étaient des compétitions où la rhétorique et le brillant comptaient plus que la profondeur et le lyrisme, et où un distique, avec son ordre des mots inhabituel, ses vocables rares et ses effets de style et de sens, devait parfois être répété à plusieurs reprises, avec les accents, les intonations et les gestes appropriés, avant d'être compris par l'auditoire dans un instant d'intellection jubilatoire se traduisant par des «*vah! vah!*», des «*kya bat hai!*» («quelle affaire!») et autres «*subhan Allah*» («louange à Allah»). Cette indépendance des couplets était palliée non seulement par un rythme et des rimes fixes, mais aussi par une thématique et une imagerie limitées. Les ghazals d'un auteur sont regroupés, en tête de ses autres écrits poétiques, en un ou plusieurs recueils appelés *divan*, et classés alphabétiquement selon leur rime.

La pratique des *musha'ira* s'est perpétuée en Asie du Sud, et le terrain est irremplaçable pour s'en faire une idée. Il est tout aussi irremplaçable pour percevoir la variété des usages socio-culturels de ce genre. Car à côté de la *qavvali* et de la *musha'ira*, il faudrait citer les salons bourgeois, où l'on en fait chanter par des professionnels, et aussi les couvents soufis, où les maîtres en écrivent et en commentent, et mentionner encore les films, dont bien des chansons sont des ghazals ou des succédanés de ghazals; il faudrait évoquer enfin toutes ces circonstances de la conversation où des vers de Mir (XVIIIe siècle), de Ghalib (XIXe siècle) ou d'Iqbal et de Faiz (XXe siècle) viennent donner force et couleur à un propos.

Ces quelques observations auront servi, je l'espère, à montrer combien pour apprécier ces trois genres et leurs usages, le poème narratif appelé *qissa*, le poème soufi appelé *kafi* et le ghazal, on gagne à les voir vivre sur le terrain.

BIBLIOGRAPHIE

Sources

DAMODAR. *Hir*. Ed. Muhamma 'Asif Khan. Lahore: Panjabi Adabi Board, 1976.

PIRAN Ditta. *Hir Varis Shah sab ton vaddi te asli*. Lahore: Shaikh Ghulam Husain and Sons. Sans date.

VĀRIS Shah. *Hir Vāris Shah*. Ed. Sharif Sabir. Lahore: Varis Shah Memorial Committee, 1986.

Études

DANIÉLOU, Alain. 1980. *The Ragas of Northern Indian Music*. New Delhi: Munshiram Manoharlal.

EATON Richard. 1978. *Sufis of Bijapur. Social Roles of Sufis in Medieval India*. Princeton: Princeton University Press.

HUSSAIN, Sayida Surriya. 1962. *Garcin de Tassy. Biographie et étude critique de ses œuvres*. Publications de l'Institut Français d'Indologie n° 22. Pondichéry: Institut Français d'Indologie.

MATRINGE, Denis. 1988. *Hir Varis? Shah, poème panjabi du 18e siècle. Introduction, translittération, traduction et commentaire* (strophes 1 à 110). Publications de l'Institut Français d'Indologie 72. Pondichéry: Institut Français d'Indologie.

MATRINGE, Denis. 1992. «Krishnaite and Nath Elements in the Poetry of the Eighteenth-Century Panjabi Sufi Bullhe Shah». *Devotional Literature in South Asia*. Dir. Ronald Sturat McGregor. University of Cambridge Oriental Publications 46. Cambridge: Cambridge University Press.

MATRINGE, Denis. 1996. «'Écoute ce que dit Bullhe Sah': la tradition orale de la poésie soufie en panjabi aujourd'hui». *Traditions orales dans le monde indien*. Dir. Catherine Champion. Puruśārtha 18. Paris: Éditions de l'École des Hautes Études en Sciences Sociales, 1996. 39-49.

MATRINGE, Denis. 1998. «Légendes épico-lyriques du Panjab et réformisme sikh dans les années 1920-1930». *Diogène* 181: 51-68.

MATRINGE, Denis. 2000a. «La Création d'un saint d'un le Panjab pakistanais». *Journal Asiatique* 288.1: 137-152.

MATRINGE, Denis. 2000b. «Une séance de *qavvali* archétypale». *Le Rajasthan, ses dieux, ses héros, ses hommes*. Dir. Annie Montaut. Paris: INALCO.

MATRINGE, Denis. 2000c. «Une poétique de la convivialité: ghazal et *musha'ira* dans l'Inde moghole». *Dédale* 2000: 140-156.

MATRINGE, Denis, 2004, «D'eau, de sable et de feu: poésie narrative et soufisme dans le Panjab du 18e siècle». *De l'Arabie à l'Himalaya: chemins croisés en hommage à Marc Gaborieau*. Dir. Véronique Bouillier et Catherine Servan-Schreiber.

QURESHI, Regula. 1986. *Sufi Music in India and Pakistan*. Cambridge Studies in Ethnomusicology. Cambridge: Cambridge University Press.

RAHMAN, Tariq. 1996. *Language and Politics in Pakistan*. Karachi: Oxford University Press.

RAMA Krishna, Lajwanti. 1938. *Panjabi Sufi Poets*, Londres et Calcutta. Réimpr. New Delhi: Ashajanak Publications, 1973.

ROSE, Horace Arthur. 1911-1919. Rose, *A Glossary of the Tribes and Castes of the Punjab and North-West Frontier Province. Based on the Census Report for the Punjab, 1883 (...) and (...) 1892 (...)*, vol. 1 Lahore, Superintendent, Govt. Printing, Punjab, 1919; vol. 2. and 3 Lahore, Civil and Military Gazette Press, 1911 et 1914).

RUSSEL, Ralph. 1970. «The Urdu Ghazal in Muslim Society». *South Asian Review* 3.2: 141-149.

RUSSEL, Ralph. 1992. *The Pursuit of Urdu Literature*. Londres: Zed Books Ltd.

SHACKLE, Christopher. 1970. «Panjabi in Lahore». *Modern Asian Studies* 4: 239-67.

SHACKLE, Christopher. 1976. *The Siraiki language of central Pakistan: a reference grammar*. London: SOAS.

SHACKLE, Christopher. 1977. «Siraiki: a language movement in Pakistan». *Modern Asian Studies* 11: 379-403.

SHACKLE, Christopher. 1979. «Problems of classification in Pakistan Panjab». *Transactions of the Philological Society* : 191-210.

SCHIMMEL, Annemarie. 1975. *Mystical Dimensions of Islam*. Chapel Hill: The University of North Carolina Press.

SUVOROVA, Anna. 2000. *Masnavi. A Study of Urdu Romance*. Trad. du russe par S. Osmana Faruqi. Oxford and New York: Oxford University Press (original russe: 1992).

LE VERS LIBRE AU TIBET: UNE FORME LITTÉRAIRE DE L'INTIME AU SERVICE D'UN PROJET COLLECTIF

Françoise ROBIN
(INALCO)

Hors du Tibet[1] et de la Chine, la poésie en vers libre d'expression tibétaine demeure un sujet peu exploré par les spécialistes, et cela, pour plusieurs raisons: tout d'abord, elle n'a fait son apparition sur la scène littéraire tibétaine que relativement tardivement (1983); d'autre part, apparentée à une forme culturelle «importée» de Chine contemporaine (le vers libre a été inauguré en Chine dès les années 1920), elle a au mieux suscité l'indifférence, au pire la suspicion, parmi les chercheurs occidentaux en quête de modes d'expression «authentiques» de l'identité tibétaine. D'autre part, sa double association à la laïcité et à la modernité l'a privée de l'intérêt accordé aux manifestations culturelles tibétaines traditionnelles, bouddhisme bien sûr, histoire, médecine, littérature traditionnelle, et art. D'un point de vue logistique et pratique enfin, ce n'est qu'en se rendant sur place, au Tibet, que l'on peut obtenir les revues et ouvrages qui y sont consacrés, les magazines littéraires et les livres étant publiés pour la plupart sur des zones géographiques limitées (cantons, préfectures) et ne bénéficiant pas de structures de distribution nationales, et encore moins, internationales.

Et pourtant... Cette production culturelle, outre son aspect purement littéraire, dévoile à qui l'observe patiemment des trésors d'informations sur le Tibet d'aujourd'hui, parce que les écrivains et les poètes, au Tibet comme ailleurs, ont toujours été à l'avant-poste de la réflexion sociale, et, sous des formes codées parfois, politique. L'observation de la lente évolution des formes poétiques au Tibet, qui culmine avec le premier poème revendiqué comme manifestation de la versification libre (1983),

[1] Le terme «Tibet» utilisé dans le cadre de ce travail désigne non pas la seule Région Autonome du Tibet (chinois: Xizang, tibétain: Bod rang skyong ljongs) de la République Populaire de Chine (R.P.C.), mais l'ensemble des zones culturelles et ethniques tibétaines, qui ont fait l'objet d'un découpage et se partage maintenant entre entre les provinces du Yunnan, du Sichuan, du Gansu et du Qinghai, ainsi que la région appelée «Région Autonome du Tibet».

reflète l'évolution de la civilisation tibétaine, qui n'accède que très tardivement à une conscience nationale et des formes artistiques «modernes». Nous serons amenés d'autre part à remarquer que l'adoption, par les Tibétains, de cette forme éminemment liée à l'intimité de l'individu, se pare de caractéristiques que ne possédait pas le vers libre dans la deuxième moitié du XIXe siècle, lorsqu'il apparut pour la première fois en Occident. Le poète tibétain qui introduira cette forme poétique en tibétain s'empare en effet de cette expression qui signe l'accès à la modernité, pour lui faire porter un message «nationaliste»[2]. Ainsi, ce qui en Occident signalait l'extrême singularité individuelle, ainsi que l'époque le voulait, revêt au Tibet, près de cent ans plus tard, un sens collectif, un idéal communautaire, un projet ethnique.

Avant de plonger dans le monde de la création poétique contemporaine, nous allons retracer brièvement et à traits forcément sommaires les grands moments de l'histoire littéraire tibétaine.

A la faveur de son unification politique et de son expansion au VIIe siècle, le Tibet connut entre 608 et 830 de notre ère une période rythmée par les conquêtes et les batailles sur tout le haut-plateau tibétain et au-delà. Sous le règne du premier empereur (*btsan po*), Srong btsan sgam po (617-649 ou 650), fut élaboré l'alphabet tibétain en trente signes consonnes et quatre voyelles; il permit à l'empire de se consolider et d'adopter progressivement un fonctionnement digne du grand empire d'Asie centrale qu'il était devenu. En 779, le bouddhisme devint religion d'Etat, une partie de la cour succombant à l'attrait du bouddhisme venu d'Inde et de Chine. L'énergie et les moyens investis dans les affaires martiales étaient dès lors partiellement réorientés vers les préoccupations religieuses — non sans résistance de la part des tenants de la religion royale en vigueur jusque là, centrée sur la personne «puissante» de l'empereur. Une des manifestations de ce changement de cap est l'immense entreprise de traductions à partir du sanscrit — et du chinois —, favorisée par le *btsan po* Khri Srong lde btsan (742-799 ou 802), puis par ses successeurs Khri Lde srong btsan *alias* Sad na legs (dates de règne: 799 ou 803-815?) et Khri Lde gtsug btsan *alias* Khri Ral pa can (dates de règne: 815-838 ou 841). Grâce aux manuscrits pré-

[2] Le terme est ici employé dans un sens délibérément flou, car il recouvre plusieurs réalités selon les époques et les personnes. Le terme en tibétain qui peut s'en rapprocher le plus est *mi rigs kyi la rgya*, «*la rgya* de la nationalité [tibétaine]». *La rgya* est un terme récurrent dans les écrits tibétains dans années 1980, et signifie d'une façon large l'honneur, la fierté. Il ne signifie pas séparatisme pour autant.

servés à Dunhuang (actuel Gansu), sur la route de la Soie, et découverts au début du XXe siècle par les orientalistes et explorateurs Paul Pelliot (1878-1945) et Sir Aurel Stein (1862-1943), une partie de la production écrite d'alors nous est connue: ces manuscrits attestent, outre de la traduction de textes religieux, de l'existence de formes poétiques anciennes, la plus répandue, avec le *glu*, étant le *mgur*, une forme de poésie chantée, dont la versification est presque toujours régulière (avec des exceptions toutefois), les vers courts (quatre, cinq, six, sept syllabes en général), qui a recours aux onomatopées, aux redoublements syllabiques, aux motifs tibétains, avec notamment des analogies constantes entre le monde des hommes et le monde naturel. Ces textes brodent élégamment sur les thèmes chevaleresques du serment juré entre dirigeants et affidés, sur leurs obligations mutuelles (protection du puissant contre allégeance du vassal), glorifient la force et la bravoure, etc. Le bouddhisme brille par son absence.

Après un effondrement de l'empire au milieu du IXe siècle pour des raisons que nous n'évoquerons pas ici, le bouddhisme s'implante à nouveau dans les mentalités à partir du XIe siècle (on parle de deuxième diffusion du bouddhisme au Tibet, *phyi dar*). Le *mgur*, toujours pratiqué, se pare peu à peu de reflets bouddhiques, ainsi dans les chants mystiques d'un Mi la ras pa par exemple (1040-1123)[3], ou d'un Go brag pa Bsod nams rgyal mtshan (1170-1249)[4], donnant naissance à la forme hybride des *nyams mgur*, littéralement «chants d'expérience [mystique]» qui commentent de manière poétique les étapes spirituelles par lesquelles passe le pratiquant du bouddhisme, et mêlent métaphores typiquement tibétaines (étagement du monde, faune réelle — yak, vautour, poisson «œil d'or» — ou imaginaire — lion à crinière de turquoise) aux notions bouddhiques les plus élevées (*dharmakāya* comparé au ciel, etc.).

Parallèlement à ce courant autochtone, Sa skya Pa*n*chen (littéralement «grand savant de la région de Sa skya») Kun dga' rgyal mtshan (1182-1251), l'un des plus grand hiérarques tibétains d'alors, se fait le relais de la culture savante indienne bouddhique, pour déplorer la pauvreté des compositions poétiques des Tibétains au regard des chefs d'œuvre sanscrits qu'il admire tant et lit dans le texte. Il entreprend alors, entre autres, la traduction du traité de poésie sanskrit *Kāvyadarsa* (Miroir de l'orne-

[3] Pour une traduction en français, voir Bacot 1925 et Lamothe 1986 & 1993.
[4] Stearns 2000.

mentation, tib.: *Snyan ngag me long*, également connu sous le titre de *Me long ma*), traité de composition poétique ornée et versifiée du savant indien Dandin (VIIe s. de notre ère), en même temps qu'il finalise le classement des connaissances en dix sciences, sur un modèle indien ancien. Cinq sciences, qualifiées de «majeures», font l'objet d'une partition en une «science de l'intérieur» (tibétain: *nang don rig pa*), c'est-à-dire le bouddhisme, et quatre sciences de l'extérieur (tib.: *phyi'i rig pa*), à savoir la grammaire (tib.: *sgra rig pa*), la rhétorique-philosophie (tib.: *tshad ma rig pa*), la technique ou science du faire (tib.: *bzo ba rig pa*), et la médecine (tib.: *gso ba rig pa*). Cinq autres sciences sont qualifiées de mineures dont trois qui concernent plus particulièrement la composition littéraire et la poésie: la poésie (tib.: *snyan ngag*), la métaphore (tib.: *mngon brjod* ou *ming gi nges brjod*), et la stylistique (tib.: *sdeb sbyor*), les deux restantes étant le théâtre (tib.: *zlos gar*), et l'astrologie et le calcul (tib.: *skar rtsis*). Sa traduction du *Kāvyadarsa* reste inachevée à sa mort, mais ses disciples principaux veilleront à la traduction intégrale du texte, posant ainsi les bases d'un modèle absolu de la composition poétique (*snyan ngag*) par l'honnête homme, le savant bouddhiste. C'est le début de la longue carrière couronnée de succès du *Me long ma* parmi les couches lettrées à partir du XIIIe s. Les «conglomérats opaques»[5] du *snyan ngag* (poésie ornementale) dont le «style ampoulé désespère le traducteur»[6] sont la marque de reconnaissance des lettrés entre eux, ils signent l'authentique formation religieuse, car ils sont inspirés par la tradition indienne la plus pure, gage d'authenticité. Il y a fort à parier que le Tibet «d'en bas», le Tibet laïque, n'y entend goutte, et n'y goûte guère. Or, au Tibet à cette époque, et jusqu'à la première moitié du vingtième siècle, le centre de formation intellectuelle par excellence est le monastère: les bases formelles introduites par Sa skya Pandita perdureront jusqu'en 1950, figeant la composition poétique dans des schémas arrêtés. Après une période de déclin de l'influence indienne (due entre autres à la disparition du bouddhisme en Inde), ces bases seront ravivées durant le XVIIe s., sous la houlette du cinquième Dalai-Lama Ngag dbang blo bzang rgya mtsho (1617-1682), qui donnera une impulsion nouvelle aux influences sanscrites. Ce renouveau d'intérêt pour le monde indien peut s'expliquer par le souci de retour aux grandes sources auxquelles avait puisé le Tibet du temps de sa gloire impériale, par le parallèle qu'établit le Cinquième Dalai-Lama entre son

[5] Bacot s.d. Jacques Bacot fut président de la Société Asiatique de 1946 à 1951.
[6] Stein 1987: 176.

accession au pouvoir et le règne des *btsan po* sept siècles auparavant, mais également par l'influence des savants indiens et des artistes néwars (vallée de Kathmandou) invités au Tibet central en cette époque d'effervescence artistique et intellectuelle — la construction du gigantesque palais du Potala et le goût de l'érudition du «Grand Cinquième» n'y sont pas pour rien. Dans le domaine poétique toutefois, ce sont des motifs plus doctrinaux qui expliquent ce regain d'intérêt pour le *Me long*: les représentants de l'école *Karma pa* composaient à l'époque des vers satiriques brocardant la pauvreté des compositions poétiques de style *kāvya* des *Dge lugs pa*, leurs grands rivaux[7]. Si ces railleries révélaient bien sûr un jugement de valeur esthétique et intellectuel (les maîtres *karma pa*, notamment *'Brug pa Bka' brgyud*, ont en effet produit des œuvres marquantes dans le domaine de la composition poétique en style *kāvya* comme dans le genre des *mgur*), elles reflétaient également l'animosité entre ces deux écoles. C'est que l'accession du 5e Dalai-Lama aux pouvoirs spirituel et temporel s'était faite au détriment des *Karma pa* (principalement la branche des *Zhwa dmar pa*), principale rivale alors de l'école *Dge lugs pa*[8]. Le hiérarque tibétain réagit en imposant aux religieux *dge lugs pa* l'apprentissage du sanscrit[9]. Le 5e Dalai-Lama lui-même, particulièrement friand de compositions faisant appel au *kāvya*, composa un commentaire du traité *Me long ma, Snyan 'grel dbyangs can dgyes glu* (Commentaire du Kāvya, Joyeux chant mélodieux), ainsi qu'en 1643 une «Chronique historique», connue sous son titre abrégé de *Mélodie de la reine du printemps* (*Dpyid kyi rgyal mo'i glu dbyangs*)[10]. Le colophon versifié de cette œuvre décrit l'intention de son auteur:

> Le pouvoir du lion, roi des hauts lieux, virtuose des trois techniques dans les quatre territoires et des champs enneigés infinis
> S'approche à un rythme régulier: les bracelets qui ornent ses pattes tintin-

[7] Smith 2001b: 244.

[8] A tel point que, pour des raisons en théorie philosophiques mais en réalité politiques, les troupes des Mongols Hoshuud, disciples et alliés du 5e Dalai-Lama et de son ministre Sde srid Sangs rgyas rgya mtsho (1653-1705, actif à partir de 1679), «persécutèrent les écoles religieuses *Jo nang* et *Karma Bka' brgyud*. Rien que dans la région de Cha 'phreng, dans le sud du Khams, cent treize monastères *Karma Bka' brgyud* furent détruits» (Tashi Tsering 2000: 4).

[9] On notera en passant que l'influence chinoise sur le Tibet dans les domaines religieux (confucianisme, taoïsme) et littéraire (roman populaire, poèmes laïques des Tang) était à l'époque quasiment nulle, et que cette ignorance du voisin chinois dans ces domaines perdurera jusqu'à l'annexion de 1950. Le domaine des arts plastiques religieux (peinture, sculpture) bien sûr atteste à l'inverse de profondes influences.

[10] Rgyal dbang Lnga pa chen mo 1988.

nabulent de «Svasti!» [Augure!], et diffusent les *kha rgyan* des personnes raffinées
Le moine Tshangs dbang sras mo, souriant, se divertit dans le lac de l'esprit agité des vagues de la connaissance, et grâce à un trésor de préceptes
Conformément aux objurgations semblables à la montagne Mandhara du Maître des Hommes[11], a produit de gracieux lotus, dotés d'immortalité
Si les sages dont les branches de l'intelligence sont déployées
Souhaitent que poussent les préceptes des histoires étonnantes et merveilleuses
À partir de la matrice du Printemps de notre mère, le Pays des Neiges
Qu'on leur lise cette «Chronique, Chant de la reine du Printemps»[12].

La composition poétique tibétaine semble se complaire dès lors, pour nous autres observateurs et lecteurs occidentaux, dans des figures obscures et conventionnelles tirées de la culture indienne, tant du point de vue de la forme (vers de vingt et une syllabes par exemple), que du fond (métaphore de la douce pluie qui régénère, de la lune qui rafraîchit, plaqués tels quels au Tibet, dont le contexte climatique n'a pourtant que peu de rapport avec celui de l'Inde), qui font les délices des cercles monastiques éduqués de l'époque. Les thèmes sont quasiment exclusivement religieux et savants, le quotidien ne se voyant octroyé que peu de place dans la création poétique. Le tableau ne serait pas complet toutefois si l'on omettait les auteurs qui ne se conforment pas à ce modèle: parmi les plus connus, on peut citer 'Brug pa Pad ma dkar po (1527-1592), Jo nang Tā ra nā tha (1575-1638), le 6e Dalai-Lama Tshangs dbyangs rgya mtsho (1683-1706?)[13], 'Jigs med dbang po (1728-1791), Thu'u bkwan Blo bzang chos kyi nyi ma (1737-1802), ou Zhabs dkar Tshogs drug rang grol (1781-1851)[14]. Shar Skal ldan rgya mtsho (1607-1677), fondateur du grand monastère d'obédience *dge lugs pa* de Rong bo dgon (actuel Qinghai), composa le *mgur* suivant:

Oh oh! Le puissant Maître de la mort
Ouille! A quand sa venue, nulle certitude

[11] Gushri Qan, mécène et protecteur mongol du Dalai-lama et du Tibet au XVIIe s.

[12] *Mi mjed zhing gi gangs ri'i spo la sde bzhi'i rtsal gsum yongs su rdzogs pa'i mtho ris rgyal po gdong lnga'i dbang / Rim par byon la bsngags tshigs swasti'i sgra yi gdub sil 'khrol bas ya rabs mdun sa'i kha rgyan spel legs 'di / Shes bya'i rba klong yid mtshor rol ba'i bande Tshangs dbang sras mos bzhad pa'i 'dzum ldan legs bshad gter mdzod kyis / Mi bdag gsung gi ri bo man dha ra yis bskul ltar dpyad gsum dag pa'i 'chi med lus phra'i pad mo bskrun // Gangs can 'dzin ma'i dpyid kyi mngal khur las / Blo gros yal 'dab dar ba'i shes ldan rnam / Ngo mtshar gtam gyi legs bshad skyes 'dod na / Deb ther dpyid kyi rgyal mo'i dbyangs 'di bsten* (Rgyal dbang Lnga pa chen mo 1988: 200-201). Ces vers, ainsi que leur traduction, sont cités avec quelques différences mineures dans Ahmad 1970: 23-24. Je m'en suis inspirée pour ce travail.

Allez! Consacre-toi bien à cette vie-ci
Hé hé! La Joie est Gloire, compris?
Oui oui, si si[15]!

Le Tibet au xxe siècle: Dge 'dun chos 'phel

Dans la première moitié du XXe s., la société tibétaine enregistre quelques innovations. A l'époque, le Tibet connaît en effet des velléités d'ouverture vers le monde extérieur à la suite de l'invasion britannique de 1904 qui se solde par l'établissement de postes de commerce et d'un représentant de sa Très Gracieuse Majesté à Lhasa et dans quelques autres bourgades tibétaines. Une classe bourgeoise de marchands commence à émerger, les yeux rivés sur les potentialités offertes par les marchés indiens[16] ou chinois. Les deux tentatives d'implantation d'écoles «modernes» au Tibet ayant à vingt ans d'intervalle cédé rapidement sous la pression du corps clérical (Rgyal rtse en 1923 et Lhasa en 1944), des enfants de la noblesse sont envoyés dans les écoles missionnaires en Inde, au Darjeeling, tandis que quelques Tibétains des marches du nord-est se tournent vers la Chine pour y acquérir une formation politique. Pour l'anecdote, le cinéma, ainsi que la voiture et l'électricité, font leur apparition à Lhasa dans les années 1930 et tout Lhasa ne parle bientôt plus que du *Bde skyid gling rkun ma khra khra* (le voleur à rayures de Bde skyid gling[17], qui désignait le personnage de Charles Chaplin dans *Charlot Prisonnier*). Des peintres, jusque là exclusivement tournés vers les représentations religieuses, exécutent les portraits des nobles[18], et des Tibétains installés en Inde tentent de mettre sur pied un Parti Progressiste tibétain, inspiré par le républicanisme chinois qui promet l'émancipation des «nationalités» qui compose la Chine sur le modèle soviétique.

[13] Dont on peut lire certains poèmes traduits en français dans Baker & Laird 2000, Bianu 1996, van Heurck 1984, Vilgrain 1986.

[14] On lira avec intérêt la traduction érudite, sous la direction de Matthieu Ricard, de la vie et des chants de ce yogi. Voir Shabkar 2001.

[15] «'O'o kun la dbang bsgyur 'chi bdag / A'u nam 'ong nges pa med ya / Kho re tshe 'di blo yis thongs tang / He he blo bde dpal yin e go / Ya yi ya yi» (Shar skal ldan Rgya mtsho 1994: 78).

[16] Sur les quelques romans contemporains que compte le Tibet (voir note 41), trois abordent de différentes manières le thème des échanges commerciaux entre le Tibet et l'Inde: Dpal 'byor 1985, Brag gdong Bkras gling Dbang rdor 1997 et Lhag pa don grub 2000.

[17] Nom tibétain du lieu de projection, où était implantée la mission britannique, à Lhasa. Brag gdong Bkras gling Dbang rdor, communication personnelle, Lhasa, juillet 2000.

[18] Lire à ce sujet Stoddard 1999.

D'un point de vue littéraire, à quelques exceptions près, l'heure est pourtant encore à la composition selon des règles pluricentenaires, victime de ce que Smith appelle une «sorte de pétrification intellectuelle»[19]. Parmi les rares personnes qui se démarquent, on compte bien sûr l'iconoclaste et incontrôlable Dge 'dun chos 'phel (1903-1951), unanimement reconnu comme le plus grand intellectuel tibétain de tout le XXe s. Il se rend en Inde, y apprend l'anglais et développe une pensée politique engagée — il fait parti des fondateurs du Parti progressiste qui aspire à réformer le Tibet[20]. Il compose entre 1946 et 1950 ce que d'aucuns considèrent comme la «première manifestation de la poésie moderne»[21], depuis la prison où il a été jeté à son retour, soupçonné d'être un agent communiste:

«Ici, à l'instar de tous,
La divine et indestructible corde *rmu*
M'attache à l'espace du *dharmadhātu* infini [...]
L'esprit est tel le ciel mais s'il s'embourbe
Ne serait-ce qu'un peu dans le corps de chair et de sang
Alors on craint le froid, le chaud, la faim, la soif
Et on s'imagine que ces souffrances sont infinies
Mais quoi... Ce corps, paré des connaissances acquises par mille et mille efforts,
Ce corps va bientôt épuiser ses quelques années de présence sur terre
Conformément aux édits royaux de l'absolue réalité[22]».

La forme est classique (vers de longueur modérée: neuf syllabes à scansion régulière) mais on décèle en elle les traits d'une poésie «moderne»: l'expression simple de sentiments humains, la situation dans le temps et l'espace [«ici»], et la relation directe à l'expérience humaine (solitude) vécue par l'auteur, loin des ornements fleuris et de la rhétorique précieuse du style *kāvya*, mais au contraire dans un langage qui, s'il est élégant, n'en demeure pas moins simple. L'autre nouveauté

[19] Smith 2001b: 245.

[20] Voir à son sujet Stoddard 1985.

[21] Skyabs chen bde grol, communication orale, Rma chu, juillet 2002. Huber 1997 pose que le guide de pèlerinage rédigé par Dge 'dun chos 'phel est le premier roman tibétain moderne.

[22] *'Di na su yang gang gis myi shes pa'i / G.yung drung lha yi rmu thag ring mo 'dis / Mtha' myed chos dbyings rig pa'i dbyings su btags /... Mkha' dang mnyam pa'i sems kyi cha shes gcig / Sha khrag lus kyi 'dam du tshud pa na / Tsha grang bkres skom re dogs 'jig skrag gi / Sdug bsngal 'di la zad mtha' myed pa snyam / 'On kyang 'bad pa brgya yis bsgrub sgrub pa'i / Shes rig dpal gyis spras pa'i lus po 'di / Chos nyid gnam gyi rgyal mo'i bka' lung bzhin / Sa steng 'di ru lo shes sdod par zad.* Cité dans Tshe ring dbang rgyal & Lcang zhabs pa 'Gyur med tshe dbang 1999: 106-108.

réside dans les allusions graphiques[23] et terminologiques à l'époque impériale, glorieuse période que Dge 'dun chos 'phel a étudiée en Inde où J. Bacot lui avait confié des extraits des manuscrits de Dunhuang. Paradoxalement, cet hommage à la lointaine histoire impériale peut être interprété comme un trait moderne, puisque le premier grand poète moderne des années 1980 reprendra à son compte les allusions à l'empire tibétain conquérant et indépendant, dans un mouvement qui n'est sûrement pas dénué d'arrière-pensées politiques. Cela n'est pas sans évoquer non plus un motif déjà connu de l'histoire et de la littérature tibétaines, où des personnages mystiques, des *gter ston* («montreurs de trésors»), extraient des textes-«trésors» (*gter ma*) depuis le sol ou, plus souvent, depuis leur esprit. Les textes 'extraits' par ce processus, qui font la part belle à la création littéraire[24], s'attachent eux aussi à la glorification du passé impérial tibéto-tibétain du Pays des neiges: les auteurs convoquent ainsi la mémoire du passé glorieux du Tibet, à des moments critiques de l'histoire nationale (invasion puis présence mongole des XIIIe-XIVe siècles, période post-Révolution culturelle, etc.)[25], comme cela est avéré dans de nombreuses histoires littéraires de peuples colonisés.

Il faut ici évoquer Shel dkar gling pa (c. 1864-1913), ou plutôt, le poème qui l'a rendu célèbre. Celui qui allait devenir ministre (*bka' blon*) peu avant de mourir, avait accompagné le 13e Dalai-Lama lors de son exil à Darjeeling (Inde) entre 1909 et 1912, pour fuir l'invasion des troupes mandchoues. Il composa à cette occasion *Dpal gyi chos 'khor Lha sa dran glu* (Complainte nostalgique de Lhasa, glorieux centre religieux)[26]. Cette cantilène plaisante, en mètre régulier (neuf pieds), est constituée de quarante-cinq quatrains dont la majorité se compose selon la structure suivante: les trois premiers vers évoquent une scène de la vie

[23] Le poème contient des archaïsmes graphiques tels que la lettre souscrite *ya btags* affixée à la lettre-racine *ma*, ainsi que le deuxième suffixe *da drag*.

[24] Tucci 1949: 112 a été le premier spécialiste à considérer ces découvreurs comme des auteurs à part entière: «ces *gter ston* doivent être considérés, plutôt que comme des découvreurs, comme des compilateurs et parfois en réalité comme *les auteurs de ces œuvres* ». Gyatso 1996: 160 parle de l'«importance de l'individu charismatique dans l'ensemble de la tradition des Trésors. Ici, *la vertu de la création règne en maître* ». Blondeau 1999: 42 considère que certains des textes révélés par des découvreurs «présente[nt] de véritables qualités narratives et, parfois, littéraires [... O]n se trouve devant *l'œuvre d'auteurs véritables* » (pour les textes cités, c'est moi qui souligne).

[25] Voir respectivement à ces sujets Dreyfus 2002 et Germano 1998.

[26] Bka' blon Shel dkar gling pa 1991: 48-57. On trouvera une reproduction de la page de couverture originale (1936) de ce poème, publié en format traditionnel oblong (*dpe cha*), dans Upton 1999a: 20.

de Lhasa, riche en sensations (sons, odeurs, scènes agréables, etc.), qui se poursuit sur le quatrième pour se conclure par «Lhasa me manque» (*Lha sa dran*). Le recours systématique au redoublement syllabique en chaque début de vers, technique déjà avérée dans les manuscrits de Dunhuang, confère à l'ensemble un rythme plaisant mais surtout, il insuffle la vie aux scènes décrites. Nous traduisons ici deux quatrains, l'un laïque, l'autre religieux:

> «Les serveuses de *chang*[27], beautés divines, jolies fleurs
> Décochent en coin des regards *cling* ! *cling* !
> "Buvez! Buvez! Allez! Allez!" disent-elles, et l'on est saoul
> Lhasa me manque, j'y pense encore et encore [...]
> Les officiants font sonner leurs cymbales et leurs tambours *dzim* ! *dzim* !
> Les graines jetées en l'air tourbillonnent, comme courbées de respect
> Les mantras «*Hûm* ! *hûm* ! *phat* ! *phat* !» expulsent au loin
> Les armées de démons tout penauds, tout penauds, Lhasa me manque[28].»

Ce court poème se distingue par plusieurs caractéristiques, qui le rendent archétypique d'une certaine évolution poétique et intellectuelle: tout d'abord, même s'il n'est pas exempt de références religieuses, au contraire[29], il n'est toutefois pas uniquement orienté vers la spiritualité. Il abonde en scènes du quotidien de Lhasa de l'époque (la foule, les pique-nique, les banquets), décrites avec vivacité, non pour les condamner comme répréhensibles, traitement qui guettait jusqu'alors toute évocation de la vie en société laïque, mais au contraire pour noter l'attachement, le manque, la nostalgie qu'inspirent ces scènes. Un pas important est franchi dans la conception de la littérature poétique, puisqu'elle se conçoit alors, et pour la première fois depuis bien des siècles, comme véhicule d'expression de sentiments laïques, sans souci d'édification morale. Ce n'est donc pas un hasard si ce poème a été composé par un laïc, loin du Tibet et du monde familier de l'auteur, pendant une période d'exil où la souveraineté du Tibet était en danger (ultime incursion des troupes mandchoues au Tibet avant l'écroulement final de la dynastie en

[27] Boisson tibétaine, à base d'orge fermenté.

[28] *«Snying snying me tog lha mdzes khrung zhu mas / Zim zim mig gi zur mda' 'phen bzhin par / Bzhes bzhes mchod mchod zer nas chang rag ni / Yang yang gus pas 'dren pa'i Lha sa dran / [...] Dzhim dzhim rnga sbub dkrol ba'i a mchod rnams / 'Thul 'thul gus dud 'bru sna 'thor ba dang / Hûm hûm phat phat sngags sgras 'dre rgod dpung / 'Khum 'khum rgyang ring skrod pa'i lha sa dran* (on notera les effets d'assonance entre *dkrol ba* du premiers vers et *skrod pa* du second, et l'allitération en *u* du second). Bka' blon Shel dkar gling pa 1991: 52.

[29] Upton *ibid.* indique que, si ce texte a bien fait l'objet d'une utilisation pour un manuel scolaire de langue tibétaine en République populaire de Chine, quatorze quatrains seulement ont été reproduits, écartant ceux dont le contenu religieux était trop patent.

1911). C'est au cours de son exil à Darjeeling que le 13e Dalai-Lama vit sa conscience nationale aiguisée au contact de l'Inde et des Britanniques, et qu'il prit conscience de la nécessité de son expression publique: vingt-deux jours après son retour à Lhasa en janvier 1913, il proclama la rupture des liens de suzerain à vassal qu'entretenaient la Chine mandchoue et le Tibet, puisqu'une république chinoise avait remplacé le régime dynastique bouddhique des Mandchous[30]. Et ce n'est pas un hasard non plus si ce poème a trouvé un éditeur, non pas au Tibet (les seules structures d'imprimerie au Tibet étaient rattachées au monastères, on en comptait des centaines sur tout le territoire, mais leur production était presque uniquement religieuse), mais à Kalimpong (Inde), vingt ans plus tard, en 1936, sous l'égide de la Mirror Press, animée par le Révérend G. Tharchin[31]. Malheureusement, la disparition de Shel dkar gling pa en 1913 mit un point final à sa carrière littéraire[32], et il semble qu'il n'ait été suivi d'aucun successeur littéraire immédiat.

Jusqu'en 1950, la prise de conscience du passé glorieux et conquérant du Tibet et une certaine ouverture à d'autres cultures ne concernaient toujours qu'une partie infime de la population, membres éclairés de la noblesse, nouveaux bourgeois assoiffés de reconnaissance sociale, ou électrons libres inclassables. Simultanément, par-delà les montagnes, le colonialisme occidental exerçait sa pleine puissance sur une grande partie du monde, avec pour effet secondaire — entre autres —, pour les peuples colonisés, l'accès à des formes littéraires nouvelles (principalement européennes) qui devaient renouveler la création littéraire autochtone. On pense à la forme romanesque, pur produit de l'Occident[33],

[30] On trouvera ce texte (considéré par les Tibétains comme une déclaration d'indépendance, ce que rejettent les autorités chinoises), dans Goldstein 1993: 60-61.

[31] Tibétain chrétien et nationaliste, le Révérend Tharchin anima un des rares journaux tibétains publiés avant l'invasion chinoise, le *Yul phyogs so so'i Gsar 'gyur Me long* (Le Miroir de l'information de toutes les régions), organe de presse où furent d'ailleurs publiés de nombreux articles de Dge 'dun chos 'phel (voir Stoddard 1985, Tashi Tsering 1998 et Dawa Norbu 1998). Jusqu'en 1950, très peu de journaux tibétains avaient paru: outre le journal mentionné ci-dessus, il y eut le *La dwags ag par* en 1904 au Ladakh sous l'impulsion de A. H. Franke (voir Bray 1998); un journal de propagande publié à Lhasa par les autorités mandchoues à la fin de 1909 (Dhondup 1976: 33); un bulletin d'information de propagande chinoise nationaliste en tibétain et en chinois, publié entre 1935 et 1937 par la Chine nationaliste et qui contenait des articles afférant à l'actualité chinoise et internationale, aux politiques du gouvernement républicain, aux activités religieuses en lien avec le Tibet et la Mongolie, etc. (voir Jagou 2002).

[32] Il semble qu'il n'ait pas laissé d'autres écrits.

[33] Sir V. S. Naipaul, qui incarne la tension entre «dominants» (il écrit en anglais) et «dominés» (il est originaire de Trinidad et Tobago) prétend que «le roman est une mani-

reprise à leur compte pour des motifs nationalistes par des auteurs colonisés[34]. Mais le Tibet, lui, reste claquemuré et isolé derrière les hautes barrières de montagnes qui l'entourent.

1950-1980: LA VIE INTELLECTUELLE EST TOURNÉE VERS LA POLITIQUE

L'altérité et le monde moderne se rappellent avec brutalité au Tibet lors de l'invasion chinoise en 1950: toutefois, la spécificité du Tibet et le terrain délicat qu'il présente obligent les autorités chinoises à adapter et ralentir le rythme des réformes. Au niveau de l'éducation, des écoles sont montées, et des jeunes gens prometteurs (par leurs capacités, mais aussi parce qu'ils sont issus de l'aristocratie) sont envoyés en «Chine», dans divers «Instituts des nationalités» récemment fondés, pour y acquérir une formation laïque en chinois, en tibétain et en politique. Plus de mille ans après la frénésie des traductions bouddhiques à partir du sanskrit, on assiste parmi une partie de la nouvelle classe intellectuelle laïque à une frénésie de traductions de textes marxistes, des œuvres de Mao Zedong — dont le traducteur est un éminent membre du clergé réformateur, Mdo sbis Dge bshes Shes rab rgya mtsho (1884-1968)[35] —, ainsi qu'à la compilation de dictionnaires intégrant le vocabulaire idéologique marxiste. Mais de production littéraire, point, ou si peu. Sur le plan de la fiction, un professeur de l'Institut Central des Nationalités de Beijing, Rdo rje rgyal po, élabore en 1959 une longue nouvelle au titre évocateur: *Ye shes sgrol ma et le forgeron*. Ye shes sgrol ma est fille d'aristocrate, mais elle aime un forgeron (une des rares classes sociales méprisées au Tibet, où le concept de «caste» n'existe pas). Les vues

festation de l'intérêt de l'Occident pour la condition humaine, une réponse au 'ici et maintenant'... En Inde, on préfère satisfaire l'aspiration fondamentale de l'homme pour l'invisible. Certainement pas une bonne qualification pour écrire et lire des romans» (Libération 14/11/02). Cette réflexion semble pouvoir s'appliquer aux Tibétains, même s'il convient toujours d'user avec la plus grande circonspection de généralités de la sorte.

[34] Pour un panorama certes un peu daté mais éclectique de la production littéraire moderne en Asie du Sud-est, on se référera à Lafont & Lombard 1974. On se contentera ici d'y relever que «[l]es littératures des Philippines, de Malaisie et d'Indonésie ont en commun d'être apparues dans une atmosphère de nationalisme et de lutte pour l'indépendance» (Lombard 1974: 165).

[35] Originaire de Rdo sbis (ch.: Xunhua) en A mdo (Qinghai actuel), ce moine érudit supervisa une nouvelle édition de *Bka' 'gyur*, en cent volumes. Plus tard, brouillé avec les autorités de Lhasa, il rejoignit les rangs des Républicains chinois, et joua un rôle important dans le cadre des rapports entre les Chinois républicains puis communistes, et les cercles monastiques tibétains. En 1963, il révisa la traduction en tibétain des œuvres de Mao Zedong en quatre volumes. Les versions divergent sur les événements qui menèrent à sa mort, ainsi que sur le lieu de son décès, pendant la Révolution culturelle.

révolutionnaires viendront-elles à bout du racisme de classe? L'amour marxistement correct triomphera-t-il?[36] C'est, autant que l'on puisse en juger, l'unique exemple de création littéraire «moderne» autochtone avant le début des années 1980[37]. La scène poétique quant à elle offre une œuvre singulière: en 1963, paraît dans le *Quotidien de la Région Autonome du Tibet* (*Bod ljongs nyin re'i tshags par*, fondé en 1956), un poème politique traduit du ouïghour, *Salam Lha sa*[38], qui célèbre l'inclusion du Tibet dans la grande patrie chinoise, à renforts d'images poético-politiques. Ce poème aurait pu ouvrir une brèche, être le déclencheur de la composition en vers libre, car le traducteur (anonyme) opta pour une versification libre. Cela n'est pas sans rappeler que le vers libre fut inspiré aux poètes français dans les années 1880, par la traduction non versifiée que Jules Laforgue (1860-1887) fit en 1886 de deux poèmes de W. Whitman (1819-1892), *One's-self I Sing* (Je chante le soi-même) et *O Star of France* (O Etoile de France), eux-mêmes en versification irrégulière et écrits par Whitman en 1870-1871. Cela ouvrait la voie à un nouveau style de composition puisqu'on considère «Orient» de Gustave Kahn (1859-1936), publié dans le magazine *La Vogue* du 25 octobre 1886, comme le premier poème en vers libre de langue française. Au Tibet toutefois, cette première resta sans effet puisque l'heure n'etait pas au lyrisme, à la création littéraire, à l'introspection personnelle, ou à la nécessaire émulation artistique interdisciplinaire (en France, les premiers vers libres ont fait écho à la musique «libre» de Wagner), mais à l'éducation politique des minorités sur le thème de la lutte des classes. Cette intensification trouvera son apogée tragique lors de la Révolution culturelle (1966-1976), mais elle était déjà bien lancée dès 1958, dans le cadre de la campagne «Anti-droitiers», en réaction au camouflet infligé au pouvoir central par l'échec du «Mouvement des cent fleurs» (1957). Dans les zones de «minorités nationales» (ainsi que Beijing désigne les peuples non-Han incorporés à son territoire), les leaders locaux qui avaient exprimé des inquiétudes et des doléances liées à leur «nationalité» en avaient été les premières victimes, puisqu'on les avait accusés de «patriotisme ethnique local» (ch. *difang minzu zhuyi*). La mise en place de communes dans le monde tibétain, dès 1956, avait également provoqué le recours à des politiques répressives, notamment en zone

[36] Voir Rdo rje rgyal po 1992.

[37] Les manuels scolaires élaborés dans les années 1950 et 1960 à l'intention des établissements scolaires secondaires et supérieurs contiennent peut-être des créations en matière de littérature, mais ils ne sont pas d'accès facile.

[38] Voir Kha li mu ho khra ye phu 1963.

tibétaine où toute manifestation d'une altérité ethnique ou culturelle vis-à-vis de la Chine, après avoir été tolérée dans un but pratique, était à nouveau mise au banc des accusés «contre-révolutionnaires»[39].

1978: UNE NOUVELLE SOCIÉTÉ, UNE NOUVELLE LITTÉRATURE

Fin 1978, le 3e Plenum du 11e Congrès du Parti Communiste Chinois entérine la sortie de la Révolution culturelle et la relative libéralisation de la société. En juillet 1980 se tient la première conférence de création littéraire des minorités nationales de Chine à Pékin. Le message porté par cette conférence est politique mais il encourage également la formation des écrivains et une plus grande variété des formes littéraires pratiquées par les écrivains des minorités. En 1980 et 1981 sont lancés les deux premiers et plus éminents magazines littéraires de langue tibétaine, *Bod kyi rtsom rig sgyu rtsal* (Littérature du Tibet) à Lhasa et *Sbrang char* (Douce pluie) à Xining (Qinghai)[40]. Cependant, jusqu'en 1983, la production poétique en tibétain reste cantonnée aux modèles traditionnels, même si des innovations sont attestées dans le domaine de la fiction — *Gtsug g.yu*, de Dpal 'byor, premier roman moderne de langue tibétaine, est publié en feuilleton dès 1981 dans la revue *Bod kyi rtsom rig sgyu rtsal*, et connaît un succès fulgurant, avant de paraître sous forme de livre en 1985[41].

L'acteur principal de la renaissance littéraire tibétaine, et en l'occurrence de la naissance de la littérature moderne au Tibet, est Don grub rgyal (né en 1953, il se suicidera en 1985). Ce jeune homme brillant,

[39] Pour un bref aperçu des différentes politiques qui se sont succédées à cette époque dans une zone de peuplement tibéto-mongol, voir par exemple Dhondup & Diemberger 2002: 214-215. Pour une étude plus générale, voir Shakya 1998 et Smith 1996.

[40] En Chine et au Tibet, ce sont les magazines qui diffusent la nouvelle littérature.

[41] Dpal 'byor 1985. Nous avons dénombré dix-sept romans de langue tibétaine parus sous format de livre depuis cette époque. Il faudrait y ajouter les romans publiés en chinois par des auteurs tibétains — leur représentant le plus célèbre à l'étranger est A lai, dont l'ouvrage *Red Poppies*, outre qu'il a obtenu en 2001 le prestigieux prix littéraire Mao Dun accordé tous les quatre ans en Chine, a fait l'objet d'une traduction en anglais et en français — Tashi Dawa (tib.: Bkra shis zla ba, ch.: Zhaxi Tawa) n'est pas pris en compte dans cette catégorie, car son appartenance à l'ethnie tibétaine est l'objet de controverses, et ce, en dépit de son nom tout à fait tibétain. D'autre part, certains intellectuels tibétains de l'exil commencent à publier directement en anglais des œuvres de fiction, comme par exemple Jamyang Norbu et son *Mandala de Sherlock Holmes* (Paris: Philippe Picquier, 2001), écrit en anglais à l'origine (*Sherlock Holmes: The Missing Years*. Delhi: Harper and Collins, 1999).

issu d'un village reculé de l'A mdo (à l'extrême nord-est de la zone culturelle tibétaine, dans l'actuelle province du Qinghai), avait réussi en 1978 le nouveau concours d'entrée à l'Institut Central des Nationalités de Beijing, et intégré le département des 'Etudes de tibétain ancien'. Là, une nouvelle génération de jeunes Tibétains, originaires d'horizons divers, trouvaient à se côtoyer en terre «étrangère», conditions favorables à l'émergence d'un sentiment nationaliste. La formation ne portait par sur des matières exclusivement religieuses (comme cela avait été le cas dans l'ancien Tibet), ou politiques (comme cela avait été le cas depuis 1951), mais sur l'histoire et la littérature — même si la politique n'était pas absente du cursus. Sous la férule de son maître Dung dkar Blo bzang 'phrin las (1927-1997), Don grub rgyal s'intéressa tout particulièrement à l'époque impériale et aux formes poétiques des *mgur* et des *glu*, au sujet desquels il publiera son travail de maîtrise[42]. Cet élève surdoué et indiscipliné aura l'honneur d'être le premier auteur tibétain moderne que publiera la très officielle Maison d'édition des Minorités de Pékin[43]. Mais il faudra attendre 1983 pour lire le premier poème tibétain en vers libre (*rang mos snyan ngag:* «selon son désir»), intitulé *Lang tsho'i rbab chu* (La cascade — ou torrent — de la jeunesse)[44]. Comme de coutume dans le cas de rupture stylistique, le monde littéraire tibétain fut coupé en deux: pour les avant-gardistes, «la littérature ici subit une exquise crise, fondamentale»[45], tandis que les conservateurs ne se résolvaient pas à considérer un tel texte comme de la poésie, d'autant plus que la culture tibétaine sortait à peine de dix ans de cataclysme et qu'ils craignaient que cette révolution artistique ne vînt porter une estocade fatale à une convalescente encore bien fragile. Voici un court extrait de ce long poème (sept pages) dont la mise en page et la versification évoquent les cascades du torrent:

«Ciel azur, ciel pur
Soleil chaud, soleil doux
Terre ample, terre vaste
Ravissante fleur, splendide fleur
Haut sommet, éclatant sommet
É Ma!

[42] Don grub rgyal 1985.
[43] Don grub rgyal 1981a.
[44] Don grub rgyal 1997c. Ce poème a été traduit dans son intégralité en anglais (Don grub rgyal 2000) et en finnois (Don grub rgyal 2002). Il a fait l'objet d'un certain nombre de reprises dans des anthologies publiées aussi bien au Tibet qu'en exil.
[45] Mallarmé avait ainsi accueilli en 1886 les premiers poèmes en vers libre (Mallarmé 1999: 5).

Plus joyeux encore, Sur l'abrupte paroi rocheuse, là, devant
C'est le torrent, il dévale, tout en vagues
Ecoute
Le flot de l'eau, son cristallin et mélodieux
La mélopée de la jeunesse — la mélodie des fées
L'hymne de Brahma
Le chant du coucou
Ô! Ce torrent naturel est extraordinaire
Majestueux et spectaculaire
Cœur sans crainte
Bravoure intrépide
Corps épanoui
Ornements splendides et flatteurs
Chant mélodieux et harmonieux
C'est....
Le torrent de la nouvelle jeunesse du Tibet, pays des neiges
C'est....:
La jeunesse tibétaine — années 80, XXe siècle — Ardente et tournée vers le ciel
Âpre au combat tout en style
C'est la mélodie du chant de la jeunesse.»

Si le lyrisme de ce poème peut surprendre hors contexte, il faut, pour saisir son impact et son origine, le replacer dans l'arrière-plan de l'époque: il signe l'accession d'une nouvelle classe d'érudits (laïque et jeune) à la scène intellectuelle, à cheval sur le Tibet et la Chine, critique des aspects négatifs de la tradition ancestrale et avide de la «modernité»proposée par l'intelligentsia socialiste. Une des cibles favorites de Don grub rgyal est le conservatisme de la société tibétaine et notamment celle du corps clérical. Sa célèbre nouvelle «La réincarnation»[46], dont le protagoniste est un faux *sprul sku*[47] qui abuse la crédulité des dévots tibétains, illustre bien ce point de vue et celui d'une partie de sa génération «qui se sent étrangère à deux cultures dominantes au Tibet contemporain: le communisme chinois et le bouddhisme. Le premier n'a pas de crédibilité car il représente la culture des occupants et a été imposé par la «destruction, la torture, la pauvreté et la famine». Le second est peut-être plus précieux et central pour la culture tibétaine, mais il est incapable de prévenir l'anéantissement qui menace les Tibétains»[48]. Don grub rgyal entretient donc une relation ambiguë avec sa culture: il est à la fois pétri de culture ancienne (le bouddhisme et les références au «vieux» Tibet impérial

[46] Don grub rgyal 1981b.
[47] Littéralement, «corps d'émanation». Terme générique désignant les maîtres réincarnés.
[48] Dreyfus 2002: 50.

parsèment ses poèmes) et d'amour pour sa terre[49], tout en étant conscient de ses défauts et de son besoin urgent de réformes.

Si nous tentons de réfléchir aux raisons pour lesquelles le vers libre n'a pu advenir au Tibet avant une époque récente, plusieurs hypothèses sont envisageables.

Les Mandchous avaient réussi à partir de 1850 environ à instiller chez les Tibétains une méfiance envers les étrangers, qu'ils faisaient passer pour des impies nuisibles à la religion bouddhique. Le Tibet interdit dès lors son territoire à pratiquement tout étranger[50], accentuant l'isolation naturelle du Tibet et le coupant des innovations intellectuelles du monde alentour.

Le statut de l'individu au Tibet n'est pas sans incidence sur la création artistique: dans sa vision orthodoxe du moins, le bouddhisme tibétain enseigne que le moi est illusoire, à l'instar de tous les phénomènes, alors qu'y a-t-il à exprimer? Le vers libre étant lié à l'expression individuelle, représente-t-il une forme de création que le Tibet ne pouvait pas inaugurer spontanément? Serait-il, à l'instar du roman, une expression artistique exclusive de l'homme occidental? Cette attitude de méfiance envers le «moi» débouchait traditionnellement au Tibet sur un désintérêt, voire une méfiance, envers l'originalité et la création. Lorsqu'il y a innovation et démesure, elles sont plutôt le fait de marginaux de la société: saints fous (*smyon pa*) avec leurs *mgur*, découvreurs de trésors (*gter ston*), ou yogis atypiques. Mais même ces originaux n'aspirent pas toujours à dépasser les limites imposées par la tradition: c'est pourquoi l'un des plus grands poètes d'entre les mystiques, Zhabs dkar (cf. ci-dessus), prend la peine de préciser, au sujet de ses chants, qu'ils «ne sont pas de simples chimères qui [lui] seraient venues à l'esprit. Ils sont fondés sur les écrits de nos ancêtres spirituels[51]». Les Tibétains, comme les

49 Le premier poème en vers libre mongol, par *Ulaan baatar* de Ts. Tsedenjav (1947), était un hymne à la capitale. Les aspirations nationalistes des jeunes intellectuels des Mongols de la période soviétique et des Tibétains de la période post-maoïste se rejoignaient donc. Au sujet de la littérature moderne mongole, voir Gerasimovich 1970. Don grub rgyal connut un succès populaire après la mise en musique par Gcod pa thar de son poème *E ma mtsho sngon po* (Lac Bleu! Hourra!), où la description des différents état du lac (le Lac bleu, tib.: Mtsho sngon po, ch.: Qinghai), emblématique de sa région d'origine, peut être interprétée comme la métaphore du Tibet sous le joug de la Chine.

50 La famille aristocratique Pha lha enfreignit l'interdit en accueillant Sarat Chandra Das, *pandita* indien envoyé par les Britanniques au Tibet en reconnaissance dans les années 1880. Elle fut par la suite privée de la jouissance de son domaine privé, dont les fruits tombèrent dans l'escarcelle des finances publiques de l'état tibétain. Le couple Pha lha exilé pendant sept ans. Voir Petech 1973: 23, 84-85.

51 Zhabs dkar 2001: 146.

penseurs indiens, se faisaient traditionnellement de l'honnête homme une conception particulière: paralysé par la déférence envers la parole du Bouddha et les commentaires validés par la tradition, l'homme de lettres ne s'adonnait à la composition qu'après maintes requêtes insistantes de ses pairs, formule que l'on retrouve dans la majorité des colophons. Car de quel droit pouvait-il reformuler de manière forcément maladroite ce que ses éminents prédécesseurs avaient si parfaitement et excellemment exprimé? Il s'ensuit que le commentaire était le genre favorisé par les érudits.

On peut également invoquer le caractère fondamentalement pastoral et rural de la société tibétaine: en 1948, lors de son passage à Lhasa — la capitale —, Giuseppe Tucci estimait sa population à vingt à trente mille âmes[52]! Or, l'effervescence artistique a bien souvent partie liée au besoin de divertissement d'une classe urbaine et bourgeoise, ainsi que l'a montré André Lévy pour la Chine des Tang et des Song[53].

Comment expliquer dès lors l'innovation de Don grub rgyal? Du point de vue de la forme, celui-ci fut certainement en contact à partir de 1979, à Beijing, avec la scène poétique chinoise de l'époque, qui vivait à l'heure de la «poésie obscure» (*menglong*), où contestation politique, amour, amitié, étaient exprimés de façon voilée et très personnelle. De plus, il avait connaissance de l'existence de *mgur* irréguliers, remontant à l'époque impériale, comme il le nota dans son travail sur cette forme poétique. Comme tous les jeunes de sa génération, Don grub rgyal avait en outre été élevé avec le slogan «Destruction des quatre vieilleries». La totale nouveauté de l'époque, après l'anéantissement de la grande majorité des repères traditionnels, exigeait une toute nouvelle expression poétique pour laquelle la tradition héritée de l'Inde avec ses élégances empesées semblait bien inadaptée.

Mais peut-on parler pour autant d'une rupture totale? Pas totalement, et ce, pour deux raisons: en premier lieu, le poème de Don grub rgyal conserve des thèmes (la nature), des images (Brahma), un rythme, profondément tibétains et une moitié du poème est en réalité constituée de vers réguliers, régularité qui ira en s'amenuisant à mesure que d'autres poètes tibétains s'essaieront à ce genre. De plus, la versification irrégu-

[52] *Op.cit.* Tucci nota toutefois qu'entre ses deux passages, séparés par dix années, la population semblait avoir augmenté dans la ville de Rgyal rtse, alors la troisième ville du Tibet après Lhasa et Gzhis ka rtse.

[53] Lévy 1971: 3-10.

lière était déjà attestée dans l'histoire de la poésie tibétaine, ainsi que Poucha et Don grub rgyal lui-même l'ont signalé [54]: il existe en effet des quatrains à trois vers de longueur égale, et un vers (le premier, le second, le troisième ou le quatrième) plus court ou plus long de un, deux ou trois pieds[55], mais aussi des strophes de cinq vers (beaucoup plus rares) qui poussent l'irrégularité jusqu'à se comporter de la sorte: 9 + 7 + 9 + 11 + 9. Les poèmes sur lesquels s'appuie Poucha étant principalement des traductions de *dohā* (chants mystiques indiens) en tibétain nous ne nous y attarderons pas — d'autant plus que leur traducteur, Grags pa rgyal mtshan, semble avoir été «un piètre connaisseur du sanscrit[56]». Ceux que Don grub rgyal cite en exemple sont principalement issus du *Mgur 'bum* (Cent mille chants *mgur*) de Mi la ras pa, déjà connus des spécialistes. Nous aimerions ajouter ici un exemple atypique, plus proche de nous dans le temps: *Chig brgyud man ngag gi yi ge rin po che'i mdzod* (Le trésor des précieux préceptes écrits de l'auto-disciple[57]), dont l'auteur est Rdza Dpal sprul O rgyan 'jigs med chos kyi dbang po (1808-1887)[58]. Ses cinq premières strophes connaissent quelques variations de longueurs de vers qu'on pourrait rapprocher de celles qui sont attestées par Poucha (6 + 7 + 6 + 6 + 5 pieds; 6 + 6 + 5 + 4; 6 + 3 + 3 + 3; 7 + 3 + 3 + 3), mais la sixième est en revanche atypique: elle se décompose en quatre vers de 6, 4, 3, et 5 pieds chacun[59]. La dernière est tout aussi inédite: 10, 4, 5 et 4 vers[60].

Ces arguments n'invalident toutefois pas Don grub rgyal comme introducteur du vers libre au Tibet: il a en effet créé *sciemment* un courant, alors que Rdza Dpal sprul a confectionné ce poème sans revendication esthétique (autant que l'on puisse en juger du moins, puisque ses préoccupations étaient avant tout religieuses), et sans conscience des mouvements esthétiques qui agitaient l'autre côté de la planète à l'époque. Il n'est pas fortuit toutefois que ces deux personnages parta-

[54] Poucha 1950, Don grub rgyal 1985.

[55] Ainsi, la structure suivante est attestée par Poucha: vers à 7 pieds, vers à 7 pieds, vers à 9 pieds, vers à 7 pieds, soit 7 + 7 + 9 + 7.

[56] Kværne 1977: 21.

[57] *Chig brgyud* désigne la lignée qui ne comprend qu'un seul élément, c'est-à-dire où le maître est également le disciple.

[58] Voir Rdza Dpal sprul 1994. Je tiens à remercier ici Rdo rje tshe ring, lui-même un des plus importants poètes tibétains contemporains, pour m'avoir fait découvrir ce poème.

[59] *Gsang dos pa gsum yod de / Rang gi yon tan / Gzhan gyi skyon / Phyin chad kyi bsam blo* (Rdza Dpal sprul 1994: 18).

[60] *Bstod smad gnyis ka mi nyan pa gsum yod / Rang gi nye 'brel / Rgyus med kyi bla ma / Lar su la yang* (Rdza Dpal sprul 1994: 22).

gent plusieurs points communs: même origine 'provinciale' ou périphérique (Khams pour le premier, A mdo pour le second), même originalité, et même caractère difficile (les excès de Rdza Dpal sprul enfant «amenèrent ses moines à le renvoyer du monastère et c'est ainsi que s'interrompit sa lignée de réincarnation»)[61]. Il fallait qu'il fût un garçon singulièrement turbulent... Il se distingue également des autres religieux tibétains en ce qu'il porta une attention particulière au monde, à la société (*'jig rten*) parmi laquelle il évoluait. Il est en effet l'auteur du charmant et touchant *Gtam Padma dga' tshal gyi zlos gar* (Le Théâtre du jardin des lotus)[62], commandité par un jeune aristocrate de sa région d'appartenance, terrassé de douleur après le décès de sa jeune épouse victime d'une épidémie. Cet apologue bouddhique met en scène deux abeilles éperdues d'amour, qui, toutes à leur passion, négligent de mettre en pratique les enseignements bouddhiques exposés par un ermite qui demeure dans une grotte voisine. Une tempête vient interrompre ce tableau idéal: la dame-abeille, qui butinait un lotus, se retrouve prisonnière de celui-ci quand la tempête se lève, et meurt étouffée après une longue agonie au cours de laquelle Rdza Dpal sprul décrit l'ultime échange verbal désespéré et empreint de regrets entre elle et son bienaimé. A la mort de celle-ci, il se réfugie, éploré, auprès de l'ermite dont il regrette de n'avoir pas écouté les conseils plus tôt, et se tourne vers le *dharma*. Nous pouvons poursuivre l'analogie entre Rdza Dpal sprul et Don grub rgyal avec *Kun bzang Bla ma'i zhal lung*[63]. Dans ce texte toujours régulièrement lu et publié, Rdza Dpal sprul expose les préceptes de base des vues *rdzogs chen pa* (la Grande Perfection) dans une langue claire, qui abonde en références populaires (anecdotes et contes), et surtout, dans un dialecte du Khams enfin susceptible d'être compris par tous ses lecteurs. Ce genre d'initiative était particulièrement rare à l'époque, et l'est encore de nos jours[64]. Don grub rgyal, quant à lui, a

[61] Smith 2001a: 276 note 35.

[62] Rdza Dpal sprul 2000. David-Néel 1977: 7-30 a donné la traduction d'une version abrégée de ce texte, dont elle traduit le titre par «Le Roman du bosquet du lotus».

[63] Rdza Dpal sprul 1993. Cette deuxième édition post-Révolution culturelle (la première datait de 1987) faisait passer le tirage total pour cet ouvrage à trente et un mille exemplaires, ce qui prouve sa popularité: rappelons qu'on estime la population tibétaine à six millions, dont un tiers à peine est alphabétisé. Cela correspondrait en France à un tirage d'environ neuf cent mille exemplaires.

[64] Une autre exception est Gung thang Dkon mchog bstan pa'i sgron me (1762-1823), qui eut recours au dialecte de l'A mdo pour un de ses sermons. Voir à ce sujet Norbu 1995 et Steinkellner 1980. Ce même hiérarque tibétain composa également le *Traité de l'eau et des arbres*, fable édifiante qui rencontre toujours un certain succès auprès des lecteurs tibétains.

composé un dialogue entier en dialecte de l'A mdo, pour la radio tibétaine, où il avait longtemps été employé[65]. Il y est question, entre deux personnages, de l'usage de la langue tibétaine, ou plutôt de son mésusage, par Dbang chen, un cadre tibétain (du Parti communiste). Une des réparties les plus mordantes et éloquentes du dialogue est la suivante:

- Le secrétaire [local du Parti] Dbang chen ne pourrait-il pas parler le tibétain?
- Idiot! Le secrétaire Dbang chen ne va pas parler tibétain!
- Et pourquoi donc?
- Il perdrait son prestige de secrétaire!
- Ne raconte donc pas de balivernes!
- Je suis sincère! Si un Tibétain parle tibétain, il ne pourra pas passer pour un secrétaire[66]!

Quel parti tirer de cette mise en parallèle? Que l'un comme l'autre ont eu recours à la composition poétique dans un style particulier et novateur pour mettre en avant des valeurs qui leur paraissaient fondamentales: le premier, un bouddhisme fédérateur à la fois non-partisan et soucieux des petites gens, le second, un projet collectif visant à unir les Tibétains. Rdza Dpal sprul est en effet un représentant de la première génération de maîtres éclectiques ou tolérants (*ris med pa*) qui verront le jour au Khams pendant le XIXe siècle[67] et renouvelleront le bouddhisme tibétain qui s'essoufflait dans des attitudes sectaires[68], tandis que le second tentera d'éveiller un sentiment national tibétain chez ses compatriotes d'infortune, dans un contexte hostile mais qui à l'époque (début des années 1980) laissait la porte ouverte à une autonomisation du monde tibétain. Ces deux combats, pour différents qu'ils soient, reflètent les

[65] Don grub rgyal 1997b.

[66] Don grub rgyal 1997b: 45.

[67] Il sera l'un des maîtres spirituels de 'Ju Mi pham (1846-1912) alias 'Jam mgon Mi pham rgya mtsho, maître au renom incontesté encore de nos jours, qui fit partie de ces maîtres qui «cherchaient à incorporer dans le bouddhisme *khams pa* [de la région du Khams] les croyances et coutumes auxquelles tenaient les petits nomades et agriculteurs. On pourrait presque dire que ces maîtres avaient une approche anthropologique» (Smith 2001b: 230-231). C'est à ce titre qu'il s'intéressa à l'épopée de Ge sar, épopée qui était encore à l'époque condamnée par certaines écoles bouddhiques, selon le proverbe tibétain: *Mi tshe stong zad la gtong na / 'dzam gling gshob sgrung la ltos /* (Si tu veux gaspiller ta vie / Lis les calembredaines de l'Epopée de Gesar).

[68] Smith 2001b: 246 rapporte une anecdote savoureuse à son sujet: un jour où des religieux opposés à son attitude non-partisane étaient venus l'importuner dans sa retraite méditative et l'enjoignaient de leur révéler le nom de l'école à laquelle il se rattachait, l'identité de son maître spirituel, et son nom initiatique (*gsang mtshan*), il répondit aux deux premières questions «le Bouddha» et «les Trois Joyaux» (le Bouddha, les enseignements et la communauté monastique bouddhique). Comme réponse à la troisième, il montra son pénis, dont un des noms en tibétain est également *gsang mtshan*.

préoccupations correspondant à deux périodes différentes, mais montrent combien la littérature peut révéler des humeurs d'une époque. L'époque de Rdza Dpal sprul n'était pas au nationalisme[69], mais au religieux; celle de Don grub rgyal, qui suit de près la Révolution Culturelle, n'est au contraire plus au religieux, mais au nationalisme. Ainsi, bien loin des préoccupations individuelles que le vers libre a d'abord servies lors de sa toute première apparition dans le monde occidental, le thème du «Torrent de la jeunesse» est éminemment collectif. Grand est donc le décalage entre l'avènement du vers libre en France où il est l'expression éminemment subjective de l'intériorité qui ne se plie à aucune convention (Rimbaud, Mallarmé), et au Tibet où au départ il est le véhicule d'un manifeste fédérateur de toute une «minorité nationale». Don grub rgyal fait donc d'une pierre trois coups: il innove sur le plan littéraire, revendique une 'tibétanité' difficile à cerner mais pourtant profondément éprouvée par les Tibétains aujourd'hui, et ancre sa génération dans l'ère moderne après tant d'années d'isolement, mettant au service des Tibétains un moyen de rejoindre la mouvance mondiale, de sortir le Tibet de l'isolement et de l'anachronisme, par l'adoption d'une forme littéraire universellement reconnue comme moderne. C'est pourquoi la première manifestation de la modernité poétique ne procède pas pour lui d'une tentative de distinction personnelle, de recherche de l'originalité qui ne sert que l'artiste lui-même, mais d'une tentative d'accrocher le wagon de la littérature tibétaine au convoi des créations modernes.

Le vers libre, et après?

La voie ainsi frayée, et après avoir inspiré plusieurs poèmes (voir par exemple *Gangs ljongs lags Ma yum* de Chab 'gag Rdo rje tshe ring)[70] qui chez nous seraient taxés de plagiat mais que la société tibétaine admet comme signe de reconnaissance de la qualité de l'œuvre originale[71], l'innovation de Don grub rgyal a été reprise à son compte par toute une génération de jeunes gens enthousiastes. Les vannes de la création s'ouvrent, comme si Don grub rgyal avait décloisonné deux mondes

[69] Les mouvements régionalistes indépendantistes qui agitèrent le Khams durant la première moitié du XXe siècle furent-ils toutefois influencés entre autres par la mouvance *ris med pa*, particulièrement développée dans cette région, et qui mettait l'accent sur une certaine identité locale — notamment grâce à la valorisation des dialectes *khams pa* et l'étude des coutumes locales? Ceci rapprocherait encore un peu plus Rdza Dpal sprul et Don grub rgyal.

[70] Chab 'gag Rdo rje tshe ring 1993.

[71] Au sujet du plagiat et de la notion de création dans le monde tibétain, voir Cabezón 2001.

qui jusque là ne se mêlaient pas: le monde de l'écriture et le monde laïc. La conjonction de plusieurs facteurs explique cet engouement: l'euphorie de la période post-Révolution culturelle; un espoir de démocratisation en Chine même; une politique d'éducation qui prend en compte les particularités tibétaines (il fallait rattraper le gâchis de la génération sacrifiée) qui fit accéder une proportion non négligeable de la population à l'alphabétisation en tibétain; une toute relative liberté d'expression politique; un soutien aux activités éditoriales de publication de textes littéraires anciens[72]; une explosion des prix littéraires[73]; une politique de soutien aux revues littéraires en langue tibétaine sur l'ensemble du territoire chinois[74]; enfin, en novembre 1985, le suicide de Don grub rgyal qui laisse une lettre-testament (rédigée en chinois) à ses amis où il explique que si ses écrits n'ont pas réussi à faire avancer les Tibétains, il espère que son suicide, sacrifice ultime et absolu, saura éveiller leur conscience[75]. Les équipes éditoriales des revues littéraires croulent sous les propositions de poèmes en vers libres (une estimation du rédacteur-en-chef du magazine *Bod kyi rtsom rig sgyu rtsal* donne la statistique de trente poèmes reçus pour un publié)[76], sans parler de recueils de poèmes publiés à compte d'auteur dont il existe maintenant des dizaines de titres[77].

Mais ce mouvement enthousiaste de «démocratisation poétique» (nul besoin de formation classique pour coucher sur le papier ses sentiments 'selon son propre désir', seule l'ardeur compte) retombe à partir de 1987, notamment en RAT: la répression des manifestations indépendan-

[72] Voir à ce sujet Stoddard 1996: 138-140, 143.

[73] Nous avons relevé entre 1981 et 2001, plus de cinquante cérémonies de remise de prix littéraires à des auteurs tibétains. Il est bien évident que les considérations politiques et personnelles influent presque toujours les décisions des jurys respectifs.

[74] Les revues et journaux de langue tibétaine n'ont cessé d'éclore depuis 1980, pour les uns éphémères, pour les autres durables, pour les uns faisant appel au financement des autorités locales, pour les autres à la générosité de mécènes privés. Sur environ quatre-vingt-dix titres recensés depuis 1980, il semble qu'une trentaine était toujours en cours de publication pour l'année 2002. Quarante serait certainement une estimation plus proche de la réalité, car nous n'avons pas eu accès à toutes les publications, notamment celles qui ne bénéficient que d'une distribution très localisée.

[75] En 1991 déjà, «les légendes commençaient à apparaître à son sujet» (Moon 1991: 17 note 149). En 1999, M. Kapstein le décrivait comme un «héros moderne», un «saint littéraire postmoderne» (Kapstein 1999: 45, 48).

[76] Lhun grub rnam rgyal, rédacteur-en-chef de la revue, communication personnelle, Lhasa, été 2000.

[77] La publication d'ouvrages sous forme de livres connaît une certaine embellie depuis qu'une maison d'édition du Gansu, semi-officielle, a pris le relais des maisons d'éditions nationales chères (la majorité des livres est publiée à compte d'auteur) et frileuses.

tistes de Lhasa (1987, 1988), celle de la place Ti'an an man à Beijing (1989), l'accentuation de la propagande politique en zone tibétaine, la présence d'un leadership intransigeant en Région Autonome du Tibet en la personne de Chen Kuiyuan, 1992-2000)[78], engendreront vexations, frustration, découragement chez les Tibétains de toute classe sociale. Cela est plus particulièrement vrai de la RAT qui a produit très peu de poètes d'envergure depuis dix ans. Dans les zones périphériques, la situation reste préoccupante, mais moins dramatique toutefois.

Les poèmes publiés changent d'orientation: le déclin de l'euphorie artistico-nationale de la première moitié des années 1980 et la familiarisation graduelle avec la versification libre font évoluer la poésie vers l'expression individuelle, et non plus du groupe. L'expression se fait mélancolique et subjective, si subjective que les poèmes composés aujourd'hui adoptent à leur tour une tournure obscure. Le grand public, dérouté et démuni (la formation scolaire et universitaire en tibétain ne prépare guère au décryptage ou à l'appréciation des nouvelles formes poétiques), est en train de se détourner insensiblement de la création littéraire, qui est à son tour en passe de devenir l'apanage d'un petit cercle d'érudits, des *happy few* modernes en quelque sorte, en rupture avec le Tibet populaire — rappelant l'évolution qu'a connue, quelques siècles plus tôt, la poésie classique au Tibet, et la poésie «moderne» en Occident.

Toutefois, le ton «nationaliste» associé depuis Don grub rgyal à l'écriture en tibétain se prolonge et perdure d'une autre manière dans le contexte politique global chinois. En effet, le seul fait de composer en tibétain avec art et créativité implique une certaine altérité face au monde chinois, la maîtrise de la langue et de l'écriture tibétaine requérant des efforts que tout l'environnement social et politique chinois contribue à décourager depuis maintenant plus d'une dizaine d'années, tout particulièrement en RAT[79]. L'un des plus grands parmi les poètes contemporains, Ljang bu, conscient de s'être coupé de son public en

[78] Sur cette période et ce dirigeant, voir Barnett 2001.

[79] En 1989, si la RAT comptait 2 250 écoles primaires où le tibétain était enseigné, il n'existait qu'un seul collège où le tibétain était langue d'enseignement — dans le même temps, les établissements de niveau collège où l'enseignement était assuré en chinois ne manquaient pas: quarante collèges, treize collèges techniques (Voir Stites 1999: 118). Il est vrai que la RAT est, paradoxalement, la région la plus mal lotie en matière d'enseignement secondaire en langue tibétaine. A Songpan (Sichuan) par exemple, le collège de langue tibétaine monté en 1988 connaît jusqu'en 1996 une croissance régulière de ses effectifs (Upton 1999b: 303).

explorant des pistes alternatives, revient depuis quelques années à une poésie plus simple, plus dépouillée, dont le message n'est pas moins percutant. Aux dernières nouvelles, son recueil publié en 2001 se vend bien à Lhasa.

Confession écrite[80]
19/1/2000

Je suis un esclave
J'ai dû dire: «mais certainement»
A l'éducation, aux doctrines

Je suis un esclave
J'ai dû dire: «mais certainement»
Au pouvoir, à l'argent

Mais certainement
Je suis un esclave
Je suis un esclave

Le couperet invisible[81]
10/12/2000

Tiens-toi tranquille
Ils arrivent
Mieux vaut ne pas parler
On pourrait te couper la langue

Tourne un compliment, une flatterie
Revêts tes dents blanches d'un sourire
Incline donc la tête

Mais certainement
Mais On t'a tranché les oreilles.

BIBLIOGRAPHIE

Ahmad, Zahiruddin. 1970. *Sino-Tibetan Relations in Seventeenth Century.* Roma: Istituto Italiano per il Medio ed Estremo Oriente, Serie Orientale Roma XL.
Bacot, Jacques. s. d. [1912]. *Le Tibet révolté.* Paris: Peuples du monde.
Bacot, Jacques. 1925. *Le poète tibétain Milarépa.* Paris: Brossard.
Baker, Ian, & LAIRD, Thomas F. 2000. *Le Temple secret du Sixième Dalaï-lama.* Paris: La Martinière.
Barnett, Robert. 2001. «The Chinese Frontiersman and the Winter Worms. Chen Kuiyuan in the T.A.R., 1992-2000», in http.www.columbia.ed/itc/ealac/barnett/pdfs/links-chenpiece.pdt
Bianu, Zéno. 1996. *L'Abeille turquoise.* Paris: Le Seuil, Points Sagesse.
Bka'blon Shel dkar gling pa. 1991 [1936]. «Lha sa dran glu», in *'Bol gtam 'dems sgrigs.* Lhasa: Bod ljongs mi dmangs dpe skrun khang, 48-57.
Blondeau, Anne-Marie. 1999. «Les textes-trésors (*terma*)», in *Action Poétique* n° 157 *Tibet aujourd'hui.* Paris: Farrago / Les Belles-lettres, 40-42.
Brag gdong Bkras gling Dbang rdor. 1997. *Bkras zur tshang gi gsang ba'i gtam rgyud* [L'histoire secrète de la famille Bkras zur]. Lhasa: Bod ljongs mi dmangs dpe skrun khang. Ce livre a été ensuite traduit en anglais par l'auteur lui-même et publié à Beijing: Tailing W. 1998. *The Secret Tale of*

[80] *Nga rang bran g.yog yin / Nga rang gis slob gso dang / Ring lugs la lags so zer dgos byung // Nga rang bran g.yog yin / Nga rang gis dbang shed dang / Dngul lor la lags so zer dgos byung // Lags so lags so / Nga rang bran g.yog yin / Nga rang bran g.yog yin.* Ljang bu 2001a.

[81] *Kha rog ger sdod dang / Khong tsho yong gin 'dug / Gtam smra bar mi rigs / Lce leb gcod srid kyi red // Kha yag ngo bstod cig shod dang / So dkar pags 'dzum zhig ston dang / Mgo lcog ldem ldem zhig byos dang // 'On kyang am cog bcad song.* Ljang bu 2001b.

Tesur House. A Tibetan Novel, A Chronicle of Old Tibet. Beijing: China Tibetology Publishing House. Il a également été traduit en allemand à partir de l'anglais: Tailing W. (tr. Diethelm Hostra). 2001. *Das Geheimnis des Hauses Tesur.* Bad Honnef: Horlemann).

Bray, John. 1998. «The Contribution of the Moravian Mission to Tibetan Language and Literature», in *Lungta* 11 *Christian Missionaries and Tibet,* Winter 1998: 4-8.

Cabezón, José. 2001. «Authorship and Literary Production in Classical Buddhist Tibet» in Newland, Guy (éd.), *Changing minds: Contributions to the Study of Buddhism and Tibet in Honor of Jeffrey Hopkins.* Ithaca: Snow Lion, 233-264.

Chab 'gag Rdo rje tshe ring. 1993 [1986]. «Gangs ljongs lags Ma yum», in 'Gyur med (éd.), *Lang tsho'i rbab chu.* Xining: Mtsho sngon mi rigs dpe skrun khang, 51-59.

David-Néel. Alexandra. 1977. *Textes tibétains inédits.* Paris: Pygmalion.

Dawa Norbu. 1998. «Pioneer and Patriot (An Extract from an Interview with Rev. G. Tharchin)», in *Lungta* 11 *Christian Missionaries and Tibet,* Winter 1998: 11-12.

Dhondup, K. 1976. *The Water-Bird and Other Years.* Dharamsala: LTWA.

Dhondup, Yangdon, et Diemberger, Hildegard. 2002. «Tashi Tsering: The Last Mongol Queen of 'Sogpo' (Henan)», in *Inner Asia* 4 (2002): 197-224.

Don grub rgyal. 1981a. *'Bol rtsom zhogs pa'i skya rengs.* Beijing: Mi rigs dpe skrun khang.

Don grub rgyal. 1981b. «Sprul sku», in *Sbrang char* 3: 3-24.

Don grub rgyal. 1985. *Bod kyi mgur glu byung 'phel gyi lo rgyus dang khyad chos.* Beijing: Mi rigs dpe skrun khang.

Don grub rgyal. 1997a [1985]. «'Di na yang drag tu mchong lding byed bzhin pa'i snying gson po zhig 'dug», in Ban go & Bkra rgyal (éd.), *Dpal Don grub rgyal gyi gsung 'bum,* vol. 1. Beijing: Mi rigs dpe skrun khang, 90-94.

Don grub rgyal. 1997b. «Bod yig slob pa», in Ban go & Bkra rgyal (éd.), *Dpal Don grub rgyal gyi gsung 'bum,* vol. 6. Beijing: Mi rigs dpe skrun khang, 43-50.

Don grub rgyal. 1997c [1983]. «Lang tsho'i rbab chu», in Ban go & Bkra rgyal (éd.), *Dpal Don grub rgyal gyi gsung 'bum,* vol. 1. Beijing: Mi rigs dpe skrun khang, 130-137.

Don grub rgyal (trad. Shakya, Tshering). 2000. «The Torrent of Youth», in Shakya, T., Stewart, F., & Batt, H. J. (éd.), *Manoa: Song of the Snow Lion.* Honolulu: University of Hawai'i Press, 9-13.

Don grub rgyal (trad. Virtanen, Riika). 2002. «Nuoruuden Vesiputous», in *Kirjoi Kirjallisuus-ja kulttuurilehti* 2 (2002): 10-11.

Dpal 'byor. 1985. *Gtsug g.yu.* Lhasa: Bod ljongs mi dmangs dpe skrung khang.

Dreyfus, Georges. 2002. «Tibetan Religious Nationalism: Western Fantasy or Empowering Vision?», in Klieger P. Christiaan (éd.) *Tibet, Self and the Tibetan Diaspora. Voices of Difference.* Proceedings of the Ninth Seminar of the International Association for Tibetan Studies, vol. 2. Leiden: Brill, 37-56.

Gerasimovich, Ludmilla K. 1970. *History of Modern Mongolian Literature (1921-64).* Bloomington: The Mongolia Society, Occasional Papers n° 6.

Germano, David. 1998. «Re-membering the Dismembered Body of Tibet», in Goldstein, Melvyn C. & Kapstein, Matthew (éds), *Buddhism in Contemporary Tibet*. Berkeley: University of California Press, 53-94.

Goldstein, Melvyn C. 1993 [1988]. *A History of Modern Tibet 1913-1951. The Demise of the Lamaist State*. Delhi: Indian Book Company.

Gyatso, Janet. 1996. «Drawn from the Tibetan Treasury: the *gTer ma* Literature», in Cabezón, José & Jackson, David (éds), *Tibetan Literature*. Ithaca, New York: Snow Lion, 147-169.

Huber, Toni. 1997. «Colonial Archeology, International Missionary, Buddhism and the First Example of Modern Tibetan Literature», in Kieffer-Pulz & Hartmann (eds.), *Indica and Tibetica vol. 30. Studies in Honor of Heinz Bechert on the Occasion of his 65th Birthday*. Swishal-Odendorf: 297-318.

Jagou, Fabienne. 2002. «The Sixth Panchen Lama's Chinese Titles», in Epstein L. (éd.), *Khams pa Histories, Proceedings of the Ninth Seminar of the IATS, 2000*, vol. 4. Leiden: Brill, 85-102.

Kapstein, Matthew T. 1999. «Dhondub Gyal, the Making of a Modern Hero», in *Lungta* 12 *Contemporary Tibetan Literature*: 45-48.

Kha li mu ho khra ye phu. 1963. «Sa lam Lha sa», in *Bod ljongs nyin re'i tshags par* 7/2/1963.

Kværne, Per. 1986 [1977]. *An Anthology of Buddhist Tantric Songs. A Study of the Caryâgîti*. Bangkok: White Orchid Press.

Lamothe, Marie-José. 1986, 1993. *Les Cent mille chants de Milarépa*, vol. I, II et III. Paris: Seuil.

Lafont, P.-B. et Lombard, D. (éd.). 1974. *Littératures contemporaines de l'Asie du Sud-est*. Paris: L'Asiathèque.

Lévy, André. 1971. *Etudes sur le conte et le roman chinois*. Paris: EFEO.

Lhag pa don grub. 2000. *Drel pa'i mi tshe*. Beijing: Mi rigs dpe skrun khang.

Ljang bu. 2001a. «Ngos len zhu yig», in *Snyan rtsom gzi mig dgu pa*. Xining: Zhang kang gyi ling dpe skrun khang, 21.

Ljang bu. 2001b. «Gzugs med kyi gtub gri», in *Snyan rtsom gzi mig dgu pa*. Xining: Zhang kang gyi ling dpe skrun khang, 41.

Lombard, Denys. 1974. «Pour une étude comparée des littératures comparées d'Insulinde», in Lafont, P.-B. & Lombard, D. (éd.), *Littératures contemporaines de l'Asie du Sud-est*. Paris: L'Asiathèque, 165-171.

Mallarmé, Stéphane. 1999 [1886]. *Musique et littérature — La crise de vers*. Paris: Ivréa.

Moon, A. A. 1991. «Modern Tibetan Fiction. Part III. Who writes them, and how were they influenced?», in *Tibetan Review* XXVI(12): 13-20.

Norbu, Thubten J. 1995 [1983]. «Gungthangpa's Text in Colloquial Amdowa», in *Contributions on Tibetan Language, History and Culture. Proceedings of the Csoma de Körös Symposium Held at Velm-Vienna, Austria, 13-19 September 1981*, vol. 1. Delhi: Motilal Banarsidass Publ., 221-242.

Petech, Luciano. 1973. *Aristocracy and Government in Tibet*. Roma: Istituto Italiano per il Medio ed Estremo Oriente, Serie Orientale Roma XLV.

Poucha, Pavel. 1950. «Le Vers tibétain», in *Archív Orientalni* XVIII: 188 sq.

Rdo rje rgyal po. 1992 [1959?, 1980]. *Rdo rje rgyal po'i gsung rtsom phyogs bsgrigs*. Xining: Krung go'i Bod kyi shes rig dpe skrun khang: 823-889.

Rdza Dpal sprul. 1993. *Snying thig sngon 'gro'i khrid yig — Kun bzang bla ma'i zhal lung*. Chengdu: Si khron mi rigs dpe skrun khang.

Rdza Dpal sprul. 1994. «Chig brgyud man ngag gi yi ge rin po che'i mdzod», in *Ljang gzhon* 5, 17-22.

Rdza Dpal sprul. 2000. *Gtam padma'i tshal gyi zlos gar*. Lhasa: Bod ljongs mi dmangs dpe skrun khang.

Rgyal dbang Lnga pa chen mo [5e Dalai-Lama]. 1988 [1957]. *Bod kyi deb ther dpyid kyi rgyal mo'i glu dbyangs*. Beijing: Mi rigs dpe skrun khang.

Shabkar Tsogdruk Rangdrol (trad. Ricard, Matthieu & al.). 2001. *The Life of Shabkar: the Autobiography of a Tibetan Yogin*. Ithaca: Snow Lion.

Shakya, Tshering. 1999. *The Dragon in the Land of Snows*. Londres: Pimlico.

Shar Skal ldan rgya mtsho. 1994. *Shar Skal ldan rgya mtsho'i mgur 'bum*. Xining: Mtsho sngon mi rigs dpe skrun khang.

Smith, E. Gene. 2001a [1969]. «The Autobiography of the Nyingmapa Visionary Mkhan po Ngag dbang dpal bzang and his Spiritual Heritage», in *Among Tibetan Texts. History and Literature of the Himalayan Plateau*. Boston: Wisdom Publications, 13-31.

Smith, E. Gene. 2001b [1970]. «'Jam mgon Kong sprul and the Nonsectarian Movement», in *Among Tibetan Texts. History and Literature of the Himalayan Plateau*. Boston: Wisdom Publications, 235-272.

Smith, Warren. 1996. *Tibetan Nation — A History of Tibetan Nationalism and Sino-Tibetan Relations*. Boulder: Westview Press.

Stearn, Cyrus. 2000. *Hermit of Go Cliffs*. Boston: Wisdom Publications.

Steinkellner, Ernst. 1980. «A Literary Source for the 18th Century Spoken Tibetan (Amdowa)», in *Acta Orientalia Hungaricae* XXXIV, 245-248.

Stites, Regie. 1999. «Writing Cultural of Boundaries. Nationality Minority Languages Policy, Literacy Planning, and Bilingual Education», in Postiglione, Gerard A. (éd.) *China's National Minority Education. Culture, Schooling and Development*. New York, London: Falmer Press, 95-130.

Stoddard, Heather. 1985. *Le Mendiant de l'Amdo*. Paris: Société d'ethnographie, coll. Recherches sur la Haute-Asie, 9.

Stoddard, Heather. 1996. «Tibetan Publications and National Identity», in Barnett, Robert & Akiner, Shirin (éds), *Resistance and Reform in Tibet*. Delhi: Motilal Banarsidass, 121-156.

Stoddard, Heather. 1999. «La peinture contemporaine à la fin du XXe siècle», in *Action Poétique* 157 *Tibet aujourd'hui*. Paris: Farrago / Les Belles-lettres, 61-67.

Tashi Tsering. 1998. «The Life of Rev. G. Tharchin: Missionary and Pioneer», in *Lungta* 11 *Christian Missionaries and Tibet*: 9-10.

Tashi Tsering. 2000. «Editorial», in *Lungta* 13 *Situ Panchen, His Contribution and Legacy* : 3-7.

Tshe ring dbang rgyal & Lcang zhabs pa 'Gyur med tshe dbang (éd.). 1999. *Mkhas dbang Dge 'dun chos 'phel skor la dpyad pa tshangs pa'i drang thig*. Chengdu: Si khron mi rigs dpe skrun khang, 106-108.

Tucci, Giuseppe. 1949. *Tibetan Painted Scrolls* (2 vol.). Roma: Libreria dello Stato.

Tucci, Giuseppe. 1987. *To Lhasa and Beyond*. Ithaca: Snow Lion.

Upton, Janet. 1999a. «Cascades of Change. Modern and Contemporary Literature in the PRC's Junior-Secondary Tibetan Language and Literature Curriculum», in *Lungta* 12 *Contemporary Tibetan Literature* : 17-28.
Upton, Janet. 1999b. «The Development of Modern School-Based Tibetan Language Education in the PRC», in Postiglione, Gerard A. (éd.) *China's National Minority Education. Culture, Schooling and Development.* New York, London: Falmer Press, 281-339.
van Heurck, Philippe. 1984. «Chants attribués à Tsang Yang Gyatso, Sixième Dalai Lama, Contribution à l'étude de la littérature tibétaine», in *Opuscula Tibetana*, fasc. 16. Rikon: Tibet Institut.
Vilgrain, Bénédicte. 1986. *Le Chant de l'oiseau.* Fata Morgana.

TABLE DES MATIÈRES

CHAPITRE I

PROLOGUE

CHAPITRE II

ITINÉRAIRES DE LA CONNAISSANCE DU MONDE

CHAPITRE III

FORMES LITTÉRAIRES ET AIRES CULTURELLES